OEUVRES

COMPLÈTES

DE POTHIER.

~~~~~~~~~~~~~~

TABLE DES MATIÈRES.

OEUVRES

COMPLÈTES

DE POTHIER.

NOUVELLE ÉDITION.

TABLE GÉNÉRALE DES MATIÈRES.

A PARIS,

CHEZ THOMINE, LIBRAIRE,

RUE DE LA HARPE, N.º 78.

M. DCCCXXIV.

MEAUX, IMPRIMERIE DE DUBOIS-BERTHAULT.

NOTICE

SUR LA VIE ET LES OUVRAGES

DE POTHIER ;

Par M. St.-A. BERVILLE,

AVOCAT A LA COUR ROYALE DE PARIS.

————◦◦◦————

On peut partager en deux classes les hommes qui se sont fait un nom dans les sciences : les uns, doués d'un esprit investigateur, vont à la recherche des vérités nouvelles, ouvrent des routes non encore frayées, s'égarent quelquefois, mais, dans leurs erreurs même, imposent par la hardiesse et par la vigueur de leur marche : d'autres, moins brillans, mais non moins utiles, viennent à la suite des premiers, choisissent dans ce qu'ils ont inventé, rectifient, assemblent, ordonnent les principes découverts avant eux, et achèvent, à l'aide de la patience et de la raison, l'édifice dont le génie a créé les matériaux et posé les fondemens. Tel fut Rollin pour la science de l'Éducation ; tel fut Pothier pour la science du Droit. Placé moins haut, peut-être, dans l'opinion des jurisconsultes, que les Cujas et que les Dumoulin, il est pourtant, à juste titre, regardé comme un guide encore plus sûr : il leur est habituellement préféré pour l'enseignement élémentaire et pour l'usage du barreau ; enfin, il a obtenu l'éminent honneur de voir ses doctrines consacrées par le lé-

gislateur dans la partie la plus étendue et la plus importante de notre Code civil.

Cet honneur, il le doit à la rectitude de son esprit, moins hardi que judicieux, à la candeur de son âme, à la probité de ses décisions. Toutes les pages de ses écrits nous montrent à la fois l'homme de sens et l'homme de bien ; et cette impression, produite par ses ouvrages, est encore confirmée par l'histoire de sa vie.

Robert-Joseph Pothier naquit à Orléans, le 9 janvier 1699, d'une famille de magistrats. Dès l'âge de cinq ans, il perdit son père, conseiller au Présidial de cette ville. Resté seul avec sa mère, il fut envoyé au collège des Jésuites. L'enseignement y était d'une extrême faiblesse : cependant, grâces à ses dispositions et à son goût pour le travail, il y fit de bonnes études. Après les avoir terminées, il suivit les cours de l'École de Droit ; ses progrès furent rapides, malgré la négligence avec laquelle cette science intéressante était alors enseignée. Vinnius, dont le Commentaire sur les Institutes jouit d'une juste réputation, fut son guide dans l'étude des lois romaines.

Au moment de prendre un état, Pothier eut un instant le désir d'embrasser la vie religieuse ; elle convenait à la tranquille simplicité de son caractère. Toutefois, la piété filiale triompha de cette vocation ; il ne voulut point se séparer de sa mère : au lieu d'entrer, comme il en avait eu le dessein, dans la congrégation des chanoines réguliers, il se voua aux fonctions de la magistrature. Il fut reçu, en 1720, conseiller au bailliage d'Orléans.

À peine alors âgé de vingt et un ans, il signala ses débuts dans cette honorable carrière par une religieuse application aux devoirs qu'elle impose. Le premier il usa du droit accordé aux rapporteurs d'opiner, même avant l'âge de vingt-

cinq ans, dans les affaires confiées à leur examen. Il approfondit successivement les diverses parties de la Jurisprudence, composant, pour son propre usage, un Traité sur chaque matière, à mesure qu'elle devenait l'objet de ses études.

Après avoir ainsi exploré les principales matières du Droit français, Pothier entreprit le même travail sur le Droit romain. En ouvrant ce vaste trésor de jurisprudence, il se sentit frappé à la fois, et de la supériorité des lois romaines sur nos coutumes demi-barbares, et de la confusion qu'il vit régner dans le recueil compilé par Tribonien. Il conçut l'idée de disposer dans un ordre meilleur ces matériaux précieux, légués par l'expérience des temps antiques à l'ignorance des temps modernes. Un tel travail n'exigeait pas moins de courage et de patience que de raison et de savoir : d'autres l'avaient déjà tenté en vain. Sans se laisser intimider par l'inutilité de leurs efforts, Pothier entreprit à son tour ce qu'ils n'avaient pu exécuter ; il y consacra douze années de sa vie. Le savant et vertueux chancelier d'Aguesseau, instruit de son dessein, désira connaître son travail, l'encouragea par de justes éloges, et l'aida de ses conseils. M. de Guienne, avocat, ami de Pothier, se chargea de la révision des épreuves, et rédigea même la préface de l'ouvrage. Grâces à ces secours, grâces surtout à l'active persévérance de l'auteur, les Pandectes parurent en 1748 ; et, dès ce moment, Pothier commença d'être compté parmi les premiers jurisconsultes dont la France s'honore.

L'étude du Droit était devenue une passion chez Pothier ; il désirait surtout vivement de se voir appelé à professer la science qu'il venait d'enrichir d'un bel ouvrage. En 1749, la chaire de Droit français devint vacante, par la mort de M. Prévôt de la Janès. Pothier fut désigné pour la remplir. Il accepta avec joie cette fonction qu'il n'avait point briguée, et

bientôt ses soins éclairés firent fleurir, dans la Faculté d'Orléans, les études législatives, que les talens de son prédécesseur avaient commencé à ranimer. Il fonda des prix, ouvrit des concours, établit des exercices : il continua chez lui les conférences que M. Prévôt de la Janès avait ouvertes pour ses élèves. Bientôt s'éleva autour de lui une génération de jurisconsultes qu'il avait formés ; et, dans les dernières années de sa vie, assis sur le fauteuil du magistrat, il s'y voyait entouré de ses élèves, devenus ses collègues.

Grâces aux habitudes laborieuses qu'il avait contractées, les travaux de l'enseignement, réunis aux fonctions de la magistrature, ne suffisaient pas pour occuper tous ses instans. Au milieu de ces occupations multipliées, il trouva le temps de composer cette foule de Traités, monumens précieux du savoir le plus étendu, uni à la raison la plus pure. On les vit se succéder rapidement, et presque d'année en année, depuis 1760 jusqu'en 1772. L'Introduction à la coutume d'Orléans parut la première. Bientôt, quittant le Droit coutumier pour le Droit romain, ouvrage d'une philosophie bien plus élévée, il essaya de faire passer dans notre jurisprudence les principes de cette législation que l'admiration des modernes a désignée sous le nom de *raison écrite*. Le Traité des *Obligations*, le plus populaire et peut-être le plus parfait de ses ouvrages, servit, en quelque sorte, d'introduction aux Traités particuliers qui devaient le suivre. Bientôt parurent les Traités du contrat de *Vente*, de *Constitution de rente*, de *Louage*, et tant d'autres, dont la collection forme un corps presque complet de Droit civil.

Après ce coup d'œil rapide jeté sur la carrière de Pothier, considéré comme professeur et comme écrivain, il est temps de le faire connaître dans sa vie privée et dans ses relations domestiques.

Du côté des avantages extérieurs, Pothier n'était pas favorisé de la nature. Sa figure était douce, mais insignifiante; sa taille élevée, mais sans grâce et sans proportion : sa démarche était gauche et roide, son corps penché d'un seul côté. Assis, la longueur de ses jambes l'embarrassait; il était obligé de les replier d'une manière bizarre. Nul maintien dans la société ; une maladresse peu commune dans les moindres mouvemens : tels étaient les traits qui frappaient, à la première vue, dans l'auteur du Traité des *Obligations*. Lui-même s'exécutait de fort bonne grâce sur ce chapitre : il s'amusait quelquefois à raconter comment, à Paris, un jour, passant en robe devant un café, des jeunes gens étaient sortis pour le montrer au doigt.

Sa tenue était aussi négligée que sa personne ; il fallait que sa gouvernante eût soin de renouveler sa garde-robe, et lorsqu'on le voyait en habit neuf, c'était à elle, non à lui, qu'on en faisait compliment. Lui-même ne s'apercevait du changement opéré dans sa toilette que lorsqu'on le lui faisait remarquer. Le même désordre qui régnait dans sa parure, régnait aussi dans sa bibliothèque : il fallait encore que la domestique, aidée d'un ami de son maître, se chargeât de la remettre en ordre une fois tous les ans.

Sa distraction, son insouciance des soins domestiques, égalaient presque celles du bon La Fontaine. Jamais il ne savait le compte de son argent : quand sa caisse était vide, c'était encore sa gouvernante qui s'occupait de faire rentrer les fonds, et qui l'obligeait à préparer les quittances. Il ne tenait point d'état de ce qui lui était dû ; aussi l'ignorait-il souvent. On raconte que son notaire lui portant un jour six années d'un loyer qu'il l'avait chargé de toucher, eut toutes les peines du monde à lui faire accepter cette somme, qu'il soutenait ne pas être due, et fut obligé de se fâcher

pour y réussir. Ayant placé une somme d'argent par l'entremise du même notaire, il ne se souvenait plus, lorsque, six mois après, l'officier public vint lui apporter la grosse du contrat, d'avoir fait ce placement : il ne se rendit qu'en voyant sa signature sur la minute.

En 1736, Pothier s'était rendu à Paris sur l'invitation de d'Aguesseau, qui avait désiré le connaître et conférer avec lui sur son ouvrage. N'ayant pas trouvé le ministre visible la première fois qu'il se présenta chez lui, il allait repartir sans l'avoir vu, si ses amis ne l'eussent déterminé à rester.

Étant allé voir la mer, seul voyage d'agrément qu'il ait fait en sa vie, il arrive au Havre un dimanche; on lui offre du poisson frais : *Je ne suis pas si dupe,* répond-il naïvement, *que de faire maigre un dimanche.* Cette simplicité rappelle celle de Carle Vanloo, qui ne voulut jamais recevoir douze cents francs pour un tableau qu'on avait promis de lui payer cinquante louis.

On pense bien qu'avec ce caractère, Pothier devait être gouverné dans son intérieur. Jamais il n'avait voulu se marier, ne s'étant pas, disait-il, senti assez de courage. Le sort, moins libéral envers lui qu'envers La Fontaine, ne lui avait pas envoyé une madame de la Sablière. Heureusement, Thérèse Javoi, sa gouvernante, était dévouée et fidèle. Entrée chez lui dès 1729, elle avait senti le besoin de se mettre à la tête de la maison; elle y régnait en maîtresse absolue, gouvernant l'intérieur, et dirigeant en partie les affaires du dehors. Son maître se reposait sur elle de tous les soins domestiques. « Il fallait, disait-elle, pour son bien, le mener » comme un enfant. » Pothier craignait de lui déplaire; il se cachait d'elle pour ses aumônes, et quand elles devenaient excessives, Thérèse, pour le contraindre à l'économie, le

menaçait de prendre à crédit les provisions du ménage, chose qu'il ne pouvait souffrir.

Mais sous ces habitudes simples et sous cet extérieur inculte, se cachait une belle âme et une raison supérieure. Tout entier à l'étude et au désir d'être utile, Pothier ne connut jamais ni les distractions de la société, ni les séductions de l'intérêt. Sa modeste ambition se bornait à conserver le patrimoine de ses pères dans l'état où il l'avait reçu. Recevait-il un remboursement, il replaçait ses fonds à des conditions semblables : un alignement l'obligeait-il à se défaire d'une maison, il en rachetait une autre d'égale valeur. Quelques traits feront connaître son désintéressement.

M. Guyot, jurisconsulte estimable, s'était trouvé en concurrence avec lui pour la chaire de Droit français. Pothier, sensible seulement au seul plaisir d'enseigner une science qu'il aimait, voulut partager avec son honorable émule les émolumens de la place qu'il venait d'obtenir : ce dernier eut beaucoup de peine à se refuser à ses vives instances. C'est ce même jurisconsulte qui, devenu professeur à son tour, a présidé, après la mort de Pothier, à l'édition de ses OEuvres posthumes.

N'ayant pu partager avec M. Guyot les produits de sa place, Pothier les consacra en entier à l'encouragement de ses élèves. Il institua des prix, distribua des médailles, et répandit, par ces concours, dont il faisait les frais, une émulation nouvelle parmi les jeunes adeptes de la Jurisprudence. Toujours zélé pour les progrès de la science à laquelle il avait consacré sa vie, il ne voulut recevoir aucun argent de ses ouvrages, afin que les libraires pussent les donner à un prix moins élevé.

Ennemi de l'éclat et du faste, c'était en œuvres charitables que Pothier dépensait son revenu ; il consacrait aux in-

digens les nombreuses épargnes que lui procuraient ses habitudes si modestes. Toutes les demandes trouvaient chez lui
un accueil favorable, tous les besoins un soulagement assuré.
Il ménageait ses fermiers dans les années difficiles ; il payait
l'apprentissage des pauvres enfans. Dans les temps de disette,
il se privait même du nécessaire pour aider les malheureux,
et sa gouvernante était obligée de tenir caché l'argent nécessaire à l'entretien de la maison.

C'était par un sage emploi de son temps, par la régu-
larité de sa vie, que Pothier pouvait suffire à ses nombreux travaux et à l'exact accomplissement de tous ses devoirs. Magistrat assidu au Palais, professeur assidu dans sa
chaire, il trouvait encore le temps de composer d'importans
ouvrages, et de répondre aux consultations qu'on lui de-
mandait de toutes parts ; car son savoir et sa probité lui
avaient érigé dans sa propre maison une sorte de tribunal.
Pothier se levait à cinq heures du matin, allait à l'office, dé-
jeûnait à six heures, travaillait ou tenait l'audience jusqu'à
midi, dinait, faisait sa leçon à une heure et demie, rentrait
jusqu'à sept heures dans son cabinet, soupait et se mettait au
lit à neuf heures. Il portait le scrupule et la délicatesse au
point de ne pas vouloir se faire celer tant qu'il était chez lui.
Avait-il un travail urgent à terminer, il allait travailler chez
un ami, dans le voisinage. En 1730, il acheta une petite
ferme à Lû, en Beauce, près de Châteaudun : c'est là qu'il
passait en partie les étés et qu'il travaillait à ses Traités sur
le Droit. Un logement modeste, et plus modestement meu-
blé, au rez-de-chaussée, un petit jardin, dans un terrain
aride, planté d'ifs et d'épines, dessiné à l'antique, composaient
toute son habitation champêtre (*). Lorsqu'il fut nommé pro-

(*) Un de ses amis lui témoignait un jour le regret que cette habitation n'eût

fesseur, en 1750, il cessa d'aller à sa campagne, excepté pendant les vacances. Une maladie grave dont il fut attaqué peu de temps avant la publication de ses Pandectes, et qui, après avoir fait craindre pour sa vie, le retint long-temps perclus des deux jambes, lui rendit l'exercice plus difficile, et le contraignit à une vie sédentaire, qui, au surplus, convenait assez à ses goûts et à ses occupations. Lorsque ses amis l'engageaient à prendre quelque exercice, il répondait que le chemin de sa maison au Châtelet était un exercice suffisant.

La droiture, la modestie, la piété, s'unissaient chez Pothier au désintéressement et à l'amour de ses devoirs. Dans les premières années de sa carrière civile, il avait mêlé à l'étude du Droit l'étude de la Théologie. Plein de la lecture de saint Augustin, de Nicole et des autres écrivains de Port-Royal, il avait embrassé les principes austères du jansénisme: on dit même qu'il existe entre les mains de sa famille quelques lettres inédites relatives aux querelles des Jésuites avec les Jansénistes. M. Dupin jeune, à qui l'on doit une notice pleine d'intérêt sur l'auteur du Traité des *Obligations* (*), rapporte à ce sujet « qu'un des derniers évêques d'Orléans, qui était
» au nombre des enfans de Loyola, gourmanda sévèrement
» le chanoine aux soins duquel était confiée la conservation
» de la Bibliothèque d'Orléans, pour avoir laissé dans cette
» bibliothèque un exemplaire des Pandectes, que le prélat
» croyait être un ouvrage en faveur de Jansénius et de sa
» doctrine. Le bon chanoine eut beaucoup de peine à faire
» entendre à sa grandeur qu'il n'était pas question de la bulle

---

pas été assise à quelque distance, sur un meilleur terrain : *Vraiment*, dit-il, on *a bien fait; les autres terres donnent du blé, et le terrain est assez bon ici pour se promener.*

(*) Cette notice a paru dans la *Galerie française.*

» *Unigenitus* dans les Constitutions de Justinien, et que Pa-
» pinien ni ses confrères ne s'étaient jamais occupés des cinq
» propositions, ni en droit ni en fait. »

Citoyen bienfaisant, professeur plein de zèle, Pothier fut
en même temps un magistrat intègre autant qu'éclairé. Ayant
négligé, dans le rapport d'une affaire, une pièce décisive,
dont l'omission entraîna, pour la partie qui l'avait produite,
la perte du procès, il répara noblement cette faute involon-
taire, en indemnisant, sur sa propre fortune, la victime de
son erreur. On le trouvait toujours prêt à remplir les devoirs
de sa place, quels qu'ils fussent. Cependant on évitait de le
charger de l'instruction des procès criminels ; ses sens et son
âme se révoltaient au spectacle affreux de la torture. Répu-
gnance honorable, qu'auraient dû partager tous les ministres
d'une loi dont l'absurdité pouvait seule égaler l'horreur !

Doué d'une modération inaltérable et d'une rare tranquillité
d'âme, Pothier n'avait qu'une passion, celle de la justice et
de la vérité. Quelquefois, il faut l'avouer, cette passion, si
louable dans son principe, altérait en lui l'impassibilité du
magistrat. Simple juge, il avait peine à renfermer ses impres-
sions pendant le cours des plaidoiries : président, il inter-
rompait souvent les défenseurs, engageait des discussions
avec eux, et faisait ainsi dégénérer l'audience en controverse.
De maladroits panégyristes ont voulu lui faire de ce défaut
même un sujet d'éloge : ils ont oublié que le premier devoir
du juge est d'écouter, et qu'il doit s'imposer souvent d'entendre ce qui lui paraît inutile, s'il ne veut s'exposer à étouf-
fer des détails nécessaires.

Ce reproche, que tant de motifs atténuent, est, au reste,
le seul que Pothier ait mérité dans le cours de sa carrière judiciaire. Atteint d'une fièvre, qu'on ne crut pas d'abord
mortelle, il expira le 2 mars 1772, à l'âge de 73 ans, après six

jours de maladie, et vingt-quatre heures d'une léthargie qui l'empêcha de sentir les approches de la mort. Il fut inhumé avec une simplicité plus convenable à l'humilité qu'il avait montrée pendant sa vie qu'à l'illustration qu'il avait répandue sur sa ville natale. L'administration municipale lui fit élever un monument décoré d'une épitaphe où sont rappelées *la candeur de son âme, la simplicité de ses mœurs* et *la sainteté de sa vie.* Dans ces derniers temps, ses cendres, déposées alors au grand cimetière, ont été transférées dans l'église cathédrale de Sainte-Croix, et sa tombe chargée d'une inscription nouvelle. L'Académie d'Orléans a mis, en 1822, son éloge au concours ; le prix a été décerné à un jeune magistrat, M. Boscheron-Desportes, dont le discours, pensé avec sagesse, écrit avec élégance, méritait le succès qu'il a obtenu.

Nous nous sommes surtout attaché, dans cette courte notice, à faire connaître la personne de Pothier : la postérité a prononcé sur ses ouvrages. Peut-être, pour l'étendue des idées, pour la hardiesse de la pensée, pour l'énergie du style, n'est-il pas au niveau des jurisconsultes philosophes du XVIe siècle ; mais, venu après eux, il a pu mettre à profit leurs travaux : doué de ce sens droit qui compare et qui choisit, de cet esprit d'ordre qui dispose les objets et les met à leur place, de cette netteté d'expression qui porte la lumière dans les intelligences, peut-être est-il demeuré plus utile que ces maîtres de la science. Son élocution, qui manque de concision, d'élégance et de nerf, mais qui se distingue par le naturel et la clarté, plaît encore par un caractère de naïveté et de *bonhomie* : elle convient surtout à l'enseignement, qui veut moins de vigueur que d'abondance, moins de profondeur que de lucidité.

Il en est de même de sa doctrine : ses traités sont écrits

sous l'influence d'une raison timide, mais sûre, qui s'élève
peu, mais qui ne s'égare jamais. Moins jaloux d'étaler les res-
sources d'une dialectique savante, que d'arriver à la vérité
par la voie la plus simple et la plus facile, il se tient en garde
contre un abus trop commun dans les sciences métaphysiques,
l'abus du raisonnement. L'équité est son but, la bonne foi
est son guide : il les défend contre les subtilités du droit,
poussées quelquefois trop loin par les jurisconsultes, romains et
par leurs interprètes : chez lui, la science du Droit n'est que
la science de ce qui est juste et raisonnable. Jamais son jugement ne se laisse séduire, ni par les erreurs de l'imagination
qui se fait illusion à elle-même par d'ingénieux paradoxes,
ni par l'amour-propre qui sacrifie la vérité au désir d'éton-
ner, ni par le rigorisme qui ne connaît que des principes ab-
solus, et qui marche à l'absurde par un enchaînement de
déductions exactes en apparence. On chercherait vainement
un seul sophisme dans le vaste recueil de ses ouvrages.

En parlant de Pothier, nous nous sommes trouvé conduit tout à l'heure à parler de Rollin : il serait difficile,
en effet, de n'être pas frappé des rapports d'esprit et de
caractère, et, pour ainsi dire, de l'air de famille qui règne
entre ces deux hommes de bien : c'est la même candeur de
sentimens, la même simplicité de mœurs, la même pureté
de cœur, la même douceur, la même piété, la même
modestie. Tous deux appliqués à l'étude, tous deux amis
de la jeunesse, tous deux zélés pour leurs devoirs, ils
semblent encore se rapprocher par la conformité de leurs
opinions religieuses et par celle de leur carrière, vouée également, en grande partie, aux nobles fonctions de l'enseignement public. Un dernier trait achèvera leur parallèle :
tous deux, sans avoir inventé, ont pris place à côté des esprits inventeurs, par l'art peu commun de faire un choix ju-

dicieux dans les idées d'autrui, et d'en composer un corps de saines doctrines. Leur style même se ressent du rapport de leurs esprits et de leurs caractères. Plus orné, plus littéraire chez Rollin, dont la vie s'était écoulée dans le commerce des écrivains de l'antiquité, il se distingue également chez l'un et l'autre par un ton de simplicité naïve, de droiture et d'honnêteté qui commande la confiance : chez l'un et l'autre, on reconnaît le langage de la sagesse unie à la vertu.

C'est à cette justesse de sens, à ce culte de la bonne foi, caractères particuliers de ses ouvrages, que Pothier doit surtout l'estime qu'on lui accorde dans les écoles, et l'autorité qu'on lui accorde au barreau. On doit ajouter que ses Traités, à peu d'exceptions près, roulent sur des matières d'un fréquent usage et d'un intérêt général.

Les conventions sont la source principale du Droit naturel, et le fondement de tout Droit civil. C'est pour elles et c'est par elles que la société civile s'est formée ; d'elles seules dérive, parmi les hommes, toute autorité légitime. Plus le système social se perfectionne et se rapproche de la vérité, plus aussi le domaine des conventions s'étend, plus leur liberté se développe, plus elles exercent d'influence sur la jurisprudence et les lois. C'est dans les conventions, en effet, que la raison d'équité domine ; c'est là que se réfugie le principe salutaire de l'égalité, souvent altérée ailleurs par des institutions vicieuses : c'est là, par conséquent, que la philosophie de la législation doit se montrer avec le plus d'avantages. Aussi les lois qui leur sont relatives sont-elles, en général, celles qui atteignent le plus tôt un certain degré de perfection. La législation romaine, si défectueuse dans les parties qui se rattachent au système politique, la législation romaine, qui consacra l'esclavage, qui, dans ses dispositions sur les testamens, sur l'adoption, sur l'organisation de la famille et du pouvoir do-

mestique, accuse si fortement l'influence d'une aristocratie
ambitieuse, la législation romaine est un modèle de sagesse
dans la partie des obligations, libre qu'elle était ici de cette
dangereuse influence, et tout entière livrée, dès-lors, aux sa-
lutaires directions de la loi naturelle. Pothier trouva en elle un
trésor de décisions ingénieusement équitables, dont il fondit
la substance avec un rare bonheur dans ses nombreux Traités.

Le Droit romain lui-même fut aussi, nous l'avons vu, l'objet de ses travaux; et gardons-nous de croire que le perfec-
tionnement de notre système législatif et l'émission de nos
Codes nouveaux aient rendu ses travaux inutiles. Sans doute,
aujourd'hui que la France est régie par une législation positive
et uniforme, l'étude du Droit romain a perdu quelque chose de
l'importance qu'elle devait avoir alors que ce Droit gouvernait
une moitié du royaume comme loi écrite, et l'autre moitié
comme autorité de doctrine; sans doute aussi le jurisconsulte
ne doit consulter qu'avec précaution, dans ce Code antique,
plusieurs lois dont l'esprit n'est plus en harmonie avec celui
de nos institutions: mais son ensemble n'en offre pas moins
un immense et précieux répertoire de jurisprudence, un vaste
sujet d'études philosophiques, une source féconde de lumières
pour l'application des lois.

Si Pothier revenait parmi nous, il s'applaudirait sans doute
de voir encore l'étude du Droit romain en honneur dans nos
écoles de Législation; mais peut-être s'affligerait-il de l'absence d'autres études, que le progrès de nos institutions a
rendues indispensables. Sous l'empire d'une constitution qui
appelle tous les citoyens à prendre part aux affaires publiques, il semble qu'on ne devrait pas chercher en vain,
dans nos Académies, des cours de Droit administratif, d'économie politique, et surtout de Droit public. Il semble aussi
que le Droit naturel devrait y faire la base de l'enseigne-

ment. Cependant , des chaires récemment instituées ont cessé d'exister, sans qu'on puisse s'expliquer le motif de leur suppression : d'autres , impatiemment sollicitées par le vœu général , sont encore attendues depuis long-temps : espérons que ce vœu sera un jour exaucé , et que ces lacunes , trop affligeantes , finiront par disparaître.

TABLE GÉNÉRALE

DES

MATIÈRES.

A.

ABANDON de biens. Ne donne lieu à aucun profit, t. XVI, p. 180; t. XVIII, p. 298 et 402. (*Voyez* CESSION.)

Abandon de la communauté au mur mitoyen, pour se dispenser des réparations, renferme celui du terrein, t. VII, p. 313. — De quelles réparations décharge l'abandon, *id.* p. 314. — Cas auquel cet abandon se révoque, *id.* p. 315. (*Voy.* MITOYENNETÉ, MUR MITOYEN.)

Abandon. La femme qui abandonne son mari est privée de son douaire, t. XIII, p. 241-242. (*V.* DOUAIRE.)

Abandon. Quand le domaine d'une chose est-il perdu par l'abandon qu'en fait le propriétaire? t. XIV, p. 485. — Peut-on abandonner le domaine d'une chose pour partie? *id.*, p. 485-486. — On n'est pas censé abandonner le domaine des marchandises qu'on jette à la mer pour alléger le vaisseau, *id.* p. 486-487. — Lorsqu'un débiteur abandonne ses biens à ses créanciers, quand en perd-il le domaine? *id.*, p. 488-489.

ABEILLES sont meubles, t. XI, p. 44.

ABORDAGE. Dommage causé par abordage est une avarie d'une espèce singulière, t. VI, p. 470. — Qui doit supporter les dommages en cas d'abordage? *id.* p. 471. — Les marchandises doivent-elles y contribuer? *id.* p. 472. — S'il y avoit faute de la

part de l'un des maîtres. — Par qui seroit réparé le dommage, *id.* p. 472-473.

Abordage. Ce que c'est : l'assureur est-il tenu d'indemniser l'assuré en cas d'abordage, t. IX. p. 276.

ABSENCE. Y a-t-il dissolution de communauté par la longue absence d'un conjoint dont on n'a pas de nouvelles, t. XII, p. 38.

ABSENT dont on n'a pas de nouvelles, s'il est censé avoir succédé à ses parens morts depuis son absence, t. XVIII, p. 4-5. — De quand sa succession est-elle censée ouverte? *id.* p. 22-24.

Absent. Lorsqu'une rente viagère se trouve créée sur la tête d'un absent, lequel a depuis reparu, la prescription de 30 ans ne court pas contre le créancier qui n'a pu justifier de son existence, t. V, p. 200-201.

Absent. La femme d'un absent, dont on n'a aucunes nouvelles n'est pas dispensée d'autorisation, elle doit se faire autoriser par le juge, t. X. p. 670. — *Quid* pour les actes de pure administration? *id.* p. 670-671.

Absent. De quel temps sa succession est réputée ouverte, t. XXI, p. 233.

Quand et comment ses parens peuvent se mettre en possession de ses biens, *id.* p. 234.

ACCEPTATION de la lettre de

I

change. — Forme de l'acceptation ; doit se faire par écrit, t. V, p. 229. — En quel sens cela s'entend-il ? *ib.* 230. — Termes dans lesquels se fait l'acceptation, *id.* p. 230. Un banquier qui a écrit une acceptation au bas d'une lettre laissée chez lui en son absence, peut-il changer de volonté et barrer son acceptation avant que de rendre la lettre ? *id.* p. 230-231. — Le mot *vu* renferme-t-il une acceptation, *id.* 231. — Le long temps pendant lequel celui sur qui la lettre est tirée, a gardé la lettre, fait-elle présumer l'acceptation, *id.* 231-232. — *Quid*, s'il y avoit lieu de présumer le dol ? *id.* p. 232. — L'acceptation doit être pure et simple, *id.* p. 232. — *Quid*, de l'acceptation *pour payer à moi-même*, lorsque l'accepteur est créancier du propriétaire de la lettre, *id.* p. 232. — Acceptation *pour payer à qui par justice sera ordonné*, *ibid.* 232. — L'acceptation doit se faire pour la même somme et pour la même échéance, *id.* p. 233. — Ce n'est que l'acceptation qui rend débiteur envers le propriétaire de la lettre celui sur qui elle est tirée, *id.* 292. (*Voy.* ACCEPTEUR, CHANGE.)

Acceptation de Communauté. Créanciers de la femme, peuvent, pour elle, accepter la communauté quoiqu'elle y ait renoncé *in fraudem*, t. XII, p. 65. — Il n'y a que la femme ou ses héritiers qui aient le choix d'accepter la communauté ou d'y renoncer ; le mari n'a pas ce droit, *id.* p. 66. — La femme n'accepte pas valablement la communauté avant sa dissolution, *id.* p. 66-67. — L'acceptation de communauté se fait *verbis aut facto.* Quels faits sont censés la renfermer, *id.* p. 67-73. — La femme qui renonce, quoique *aliquo accepto*, ne fait pas acte de commune, *id.* p. 73-77. — L'acceptation de communauté peut-elle se faire sous bénéfice d'inventaire ? *id.* p. 74-76. — Effets de l'acceptation de communauté, *id.* p. 75-76. (*Voyez* COMMUNAUTÉ.)

Acceptation des Successions ; ce que c'est qu'accepter, t. XXI, p. 245. — Quand l'acceptation est-elle pure et simple, *id.* p. 246. — On

peut accepter une succession *aut verbo aut facto*, *id.* 246. — L'héritier présomptif, pour vendre les effets de la succession ou faire des baux, doit se faire autoriser par le juge, *id.* p. 248. — Explication de ces mots *qui appréhende les biens sans avoir d'autre qualité ou droit que celui d'héritier*, *id.* 248-249. — *Quid*, si l'un des héritiers présomptifs était en même temps créancier ou légataire de la succession, *id.* p. 249-250. — On peut quelquefois faire acte d'héritier sans appréhender rien des biens de la succession, *id.* p. 250. — La cession de droits successifs renferme la volonté d'être héritier, *id.* p. 252-253. — Il n'en est pas de même de celui qui renonce à la succession moyennant une somme, *id.* p. 253. — *Quid*, si le roi fait don aux héritiers d'*un office* tombé aux parties casuelles, *id.* p. 254. — Par qui une succession peut-elle être acceptée ? *id.* p. 255. — *Quid*, de la succession déférée à un mineur, à une femme, *id.* p. 255. — Les héritiers de l'héritier peuvent l'accepter, *id.* p. 256. — Une succession ne peut être acceptée que quand elle est déférée, *id.* p. 256. — Il faut aussi que ceux qui y sont appelés ayent connoissance de son ouverture, *id.* p. 257. — Un héritier ne peut plus l'accepter après qu'il y a renoncé, *id.* p. 257-258. — Si un débiteur insolvable a renoncé à une succession opulente, ses créanciers peuvent l'accepter pour leur compte, *id.* p. 260. — Effet de l'acceptation, *id.* p. 261. — L'héritier qui a accepté une succession étant mineur, peut se faire restituer, *id.* p. 262. — Effet de la restitution contre l'acceptation, *id.* 263. — Acceptation de la succession sous bénéfice d'inventaire, *id.* p. 265. (*Voy.* BÉNÉFICE D'INVENTAIRE, SUCCESSION.)

Acceptation des donations. Ce que c'est, t. XXIII, p. 37. — Solemnité de l'acceptation, *id.* p. *id.* — L'acceptation peut être faite par charte séparée de la donation, *id.* p. 38. — La donation n'est valable alors que du jour de l'acceptation, *id.* p. 38-39. — Conséquence de ce prin-

cipe, *id.* p. 39 et suiv. — L'acceptation doit être faite du vivant du donateur, *id.* p. 42. — Elle ne peut se
faire aussi que du vivant du donataire, par lui-même ou par son
procureur, *id.* p. 43. — Le donataire
doit être capable de recevoir des
donations lors de l'acceptation, *id.*
p. 43-44. — Elle peut se faire, ou
par le donataire lui-même, ou par
son procureur, soit spécial, soit
général, ou par son tuteur ou autre
administrateur, *id.* p. 44. — Peut
être faite par les père et mère du donataire, *id.* p. 45. — Par les mineurs
pubères ou par les interdits pour
prodigalité, *id.* p. *id.* — Par qui
peuvent-elles être acceptées pour
les communautés, *id.* p. *id.* — Donations fidéicommissaires valent en
vertu de l'acceptation du premier
donataire, *id.* p. 45-46. — Donations
faites par contrat de mariage, ne
sont sujettes à la solemnité de l'acceptation, *id.* p. 46. (*Voy.* DONA-
TION ENTRE-VIFS.)
Acceptation de la garde noble se
fait différemment selon les différentes coutumes, t. XX. p. 115. —
Celles de Paris veut qu'elle se fasse
en jugement, *id.* p. *id.* — Elle n'a
déterminé aucun temps pour l'acceptation de la garde, *id.* p. 116. —
Les arrêts ont jugé que le survivant
qui a accepté la tutelle, est censé
avoir tacitement répudié la garde,
id. p. 117-118. — *Quid*, si celui qui
par erreur se croyoit noble, a accepté en jugement la garde-noble,
id. p. 118. — Il y a des coutumes,
telles que la nôtre, qui font acquérir
de plein droit la garde, soit noble,
soit bourgeoise, au survivant ou
autre, s'ils ne l'ont pas répudiée,
id. p. 119. — Ils doivent y renoncer
dans la quinzaine, *id.* p. *id.* — Le
survivant à qui la garde-noble de
ses enfans est déférée, peut l'accepter à l'égard de l'un de ses enfans et
y renoncer à l'égard des autres, *id.*
p. 119-120. — Le gardien noble, qui
étoit mineur, peut-il être restitué
contre l'acceptation de la garde, *id.*
p. 147.
ACCEPTEUR. Du contrat qui
intervient entre l'accepteur et le
propriétaire de la lettre, t. V, p.
287-288. — Des obligations qui en
naissent, *id.* p. 288. — La faillite
du tireur ne rend pas l'accepteur
qui n'a pas de fonds, restituable
contre son acceptation, *id.* p. 290.
— Quoiqu'elle n'ait été faite que
depuis la faillite ouverte qu'il ignoroit, *id.* p. 290-291. — *Quid*, s'il
avoit été induit à accepter par le
dol du propriétaire ou du porteur,
id. p. 290. — Accepteur qui, trompé
par la falsification de la lettre, a
payé trop, a-t-il recours contre le
tireur, *id.* p. 272-277. — A-t-il recours contre son correspondant lorsqu'il a payé une fausse lettre, *id.* p.
277-278. — A-t-il recours contre le
tireur lorsqu'il l'a payée au voleur
de la lettre, *id.* p. 278-279. — Utilité
de l'acceptation, *id.* p. 296. — Le
propriétaire de la lettre est-il tenu
de la faire accepter? *id.* p. 297. —
Le porteur, son mandataire, y est-
il tenu, *ibid. id.* — Accepteur qui a
accepté une lettre tirée pour le compte d'un
autre, a-t-il action contre le tireur,
id. p. 281. — Doit-il renouveler sa
protestation lors du paiement, *id.*
p. 282. — Du quasi-contrat entre le
tireur ou endosseur, et entre celui
qui accepte ou qui acquitte une
lettre de change pour faire honneur,
soit au tireur soit à quelqu'un des
endosseurs, *id.* p. 285. — Celui qui
acquitte une lettre pour faire honneur, doit la laisser protester sur
celui sur lequel elle est tirée, *id.*
p. 286. — Par le paiement, il est
subrogé de plein droit à tous les
droits du propriétaire de la lettre,
id. p. 286-335. — Il est sujet au
même délai, *id.* p. 287. (*Voy.* ACCEP-
TATION *de la lettre de change.*)
ACCESSION. Manière d'acquérir
le domaine, t. XIV. p. 394. —
C'est par droit d'accession que les
productions d'une chose sont acquises au propriétaire de la chose
qui les a produites, *Vi ac potestate
rei suæ;* comme les fruits d'un héritage, les petits qu'un animal a mis
bas, les enfans dont une esclave
négresse est accouchée, *id.* p. 395 et
suiv. — Les cas d'un usufruitier,

d'un fermier, d'un possesseur de bonne foi, sont-ils de véritables exceptions au principe, *id.* p. 397 et suiv. — C'est aussi par droit d'accession que nous acquérons le domaine des choses qui s'unissent à la nôtre, de manière qu'elles en deviennent des parties accessoires. Exemples du cas auquel cette union se forme sans le fait de l'homme, *id.* p. 400 et suiv. (*Voy.* ALLUVION, ILE, PIGEONS.) — Exemple du cas auquel l'union se forme par le fait de l'homme, et quatre règles pour juger laquelle des choses unies est la chose principale, et laquelle est l'accessoire, *id.* p. 406 et suiv. (*Voyez.* EDIFICES, SEMENCES, PLANTATIONS.) — Exception à la première règle pour la peinture et l'écriture, *id.* p. 409-411. — Il n'y a lieu au droit d'accession que lorsque la chose unie à la mienne forme un tout composé de parties cohérentes, *id.* p. 417-418. — Le domaine que nous acquérons par droit d'accession des choses unies à la nôtre par notre fait, ou celui d'un autre, n'est qu'un domaine momentané, qui ne dure que jusqu'à leur séparation, *id.* p. 413-415. — En quels cas celui à qui elles appartenoient avant l'union, est-il reçu, ou non, à en demander la séparation, *id.* p. 415-416. (*Voy.* CONFUSION (Domaine), SPÉCIFICATION.)

ACCOMMODEMENS *de famille* passent pour avancement de succession , t. XVI, p. 42. — Ne donnent lieu aux profits, *id.* p. 184.

Accommodemens de famille sont des propres de succession, t. XI, p. 123. (*Voy.* PROPRES.)

Accommodemens de famille entre pères, mères et enfans, ne donnent lieu aux profits, t. XIX, p. 292. — *Quid*, si un père donne un fief à son fils, à la charge d'acquitter ses dettes, *id.* p. 294.

ACCROISSEMENT. Droit d'accroissement entre colégataires , t. XVII, p. 493.

Accroissement. (Communauté.) A quel titre la part de l'un des enfans qui meurt sans enfant, durant la continuation de communauté ,

accroit-elle aux autres enfans, t. XII, p. 352. — La veuve de cet enfant peut-elle demander la part qu'elle a comme commune, dans la part de son mari qui accroit aux autres, *id.* p. 355. — Lorsque c'est un petit enfant qui meurt, à qui accroit sa part, *id.* p. *id.* — L'accroissement ne se fait qu'à ceux qui ont accepté la continuation, *id.* p. *id.* — Principes de la coutume d'Orléans sur l'accroissement différens de ceux de la coutume de Paris, *id.* p. 356-357. (*Voy.* COMMUNAUTÉ. Continuation de communauté.)

Accroissement. Quand il a lieu entre plusieurs légataires d'une même chose ou d'une même somme, t. XXII, p. 285. — Les colégataires conjoints par une même disposition avec celui qui ne recueille pas sont préférés aux autres, *id.* p. 286. — Différence sur le droit d'accroissement entre les colégataires d'une chose en propriété et les colégataires en usufruit, *id.* p. 288. — Entre quels légataires y a-t-il lieu au droit d'accroissement, *id.* p. 290. — A-t-il lieu lorsque le testateur a assigné à chacun des légataires sa part dans la chose, *id.* p. 291. — *Quid*, lorsqu'une chose a été léguée à deux personnes sous une alternative, *id.* p. 293. — Constitution de Justinien, qui établit des différences entre les différentes espèces de conjoints, *id.* p. 294. — Est-elle suivie dans nos usages? *id.* p. 296. (*Voy.* DONATIONS TESTAMENTAIRES.)

ACCRUES sur l'héritage chargé de rente foncière, à qui appartiennent, t. VII. p. 77.

ACCUSATION des crimes. Par qui elle peut être intentée, t. XXV, p. 206. — Elle peut l'être non-seulement par la personne offensée, mais par le mari, par le père, par la veuve, les enfans, etc. *id.* p. 206-207. — Elle l'est par l'officier chargé du ministère public, pour la poursuite de la vengeance publique, *id.* p. 207. — Aux dépens de qui l'accusation se poursuit, *id.* p. 208. — Elle ne peut être intentée que contre les personnes qui ont commis le crime, ou qui y ont par-

ticipé, *id.* p. *id.* — Cas où l'accusation peut être intentée après la mort du coupable, *id.* p. 208-209. — Peut être intentée contre celui qui a commis le crime, quelle que soit sa condition, *id.* p. 209. — De droit commun, la connoissance appartient au juge du lieu où le crime a été commis, *id.* p. 210. — *Quid*, si le crime a été comploté dans un lieu et exécuté dans un autre? *id.* p. *id.* — *Quid*, si le crime consiste dans une continuation d'action? *id.* p. 212 — Première exception à l'égard des cas royaux, *id.* p. 213. (*Voy.* LÈSE-MAJESTÉ.) — Crimes dont la connoissance est attribuée à certains juges extraordinaires, *id.* p. 217. — Seconde exception à l'égard de la qualité de l'accusé, *id.* p. 221-222. — Certains officiers ont leurs causes commises, même en matière criminelle, devant certains juges, *id.* p. 222-223. — Ecclésiastiques peuvent être poursuivis devant le juge séculier, pour raison du *délit privilégié*, *id.* p. 223. — Peuvent demander leur renvoi devant l'official pour *délit commun*, *id.* p. *id.* — Troisième exception qui résulte du droit de prévention, *id.* p. 224. (*Voyez* PRÉVENTION.)

ACCUSÉ de crime capital, la donation qu'il fait doit-elle être regardée à cause de mort, t. XXIII, p. 12-13. — S'il a été depuis condamné, la donation ne sera pas valable, *id.* p. 13-14.

ACHETEUR. (*Voy.* OBLIGATION DE L'ACHETEUR.)

ACQUEREUR. (Retrait.) *Tiers acquéreur.* Le remboursement qui est dû au tiers acquéreur sur qui on exerce le retrait, ne se règle pas sur ce que l'héritage lui a coûté, mais sur ce qui auroit dû être remboursé au premier acheteur, t. IV, p. 231. — Ce tiers et son vendeur doivent-ils en ce cas se faire raison du plus ou du moins, *id.* p. 231-232. — Lorsque le retrait s'exerce par un lignager plus proche sur un lignager plus éloigné, qui a retiré, doit-il être remboursé de ses frais, *id.* p. 233-234. — Un tiers acquéreur sur qui on exerce le retrait, est tenu

indirectement des dégradations, *id.* p. 277.

ACQUÉREMENS-IMMEUBLES. Que comprend par ces termes l'article 68 de la coutume de Dunois, t. XIV, p. 267. (*Voy.* DON MUTUEL DE LA COUTUME DE DUNOIS.)

ACQUÊTS. Quels immeubles sont acquêts, t. XXII, p. 1. — Ceux que nous acquérons de nos ascendans à titre onéreux sont acquêts, *id.* p. 14. — *Quid*, s'il m'est vendu au-dessous de sa valeur, *id.* p. *id.* — L'héritage dont l'origine est incertaine est présumé acquêt, *id.* p. 45. (*Voy.* PROPRES.)

Acquêts. Sont-ils sujets au retrait, t. IV, p. 32-33. (*Voy.* PROPRES, Retrait.)

ACTES *authentiques*, t. II, p. 234. — Acte authentique fait foi provisionnellement, quoiqu'il soit argué de faux, *id.* p. 236. — Il fait pleine foi de tout le dispositif contre ceux qui ont été parties à l'acte, leurs héritiers et successeurs, *id.* p. 236. — Même de ce qui n'y est compris qu'en termes énonciatifs, pourvu que l'énonciation eût quelque trait au dispositif, *id.* p. 236-237. — Il prouve contre les tiers *rem ipsam*, c'est-à-dire que l'acte a été passé; mais il ne fait pas foi contre eux de ce qui y est énoncé, si ce n'est *in antiquis*, *id.* p. 238. — L'inventaire qui énonce qu'il s'est trouvé un tel brevet d'obligation fait-il foi de la dette, *id.* p. 239. — Actes qui ne sont pas authentiques par l'incompétence de l'officier ou le défaut de forme, lorsqu'ils sont signés des parties, valent entr'elles comme actes sous signatures privées, *id.* p. 235. (*Voy.* COPIES.)

Actes sous signature privée. Ils ne font foi contre la partie qui les a souscrits qu'autant qu'ils ont été reconnus par elle, ou déclarés pour reconnus; en quoi ils diffèrent des authentiques, qui ne sont sujets à reconnoissance, t. II, p. 240-241. — Ils prouvent contre les tiers *rem ipsam*, c'est-à-dire que l'acte a été passé, en quoi ils conviennent avec les actes authentiques; mais ils ont cela de moins, qu'ils ne font point

foi contre les tiers que l'acte a été passé au temps de sa date, mais seulement du jour qu'ils sont rapportés et produits au tiers, à moins que l'acte n'eût une date constatée par le décès de l'un des souscripteurs, *id.* p. 244-245. (*Voy.* ÉCRITURES PRIVÉES.)

Actes reçus par un notaire compétent produisent hypothèque, t. XX, p. 181. (*Voy.* NOTAIRES.) — Ces notaires sont ceux établis dans le royaume, *id.* p. 181-182. — *Quid*, des actes passés par les notaires étrangers, *id.* p. 182. — *Quid*, des actes des notaires apostoliques, *id.* p. *id.* — Les actes des notaires des justices subalternes, aussi bien que ceux des notaires royaux, produisent hypothèque sur tous les biens des contractans, *id.* p. 183. — Les actes qu'ils passent hors leur territoire, ne peuvent produire hypothèque, *id.* p. *id.* — Privilége des notaires de Paris, d'Orléans et de Montpellier, *id.* p. *id.* — Les contrats de mariage des princes et princesses du sang, reçus par un secrétaire d'état, produisent hypothèque, *id.* p. 184. — Les actes des notaires doivent être revêtus des formes requises pour produire hypothèque, *id.* p. 184-185. — Les actes sous signatures privées, reconnus pardevant notaires, ou en justice, produisent aussi hypothèque, *id.* p. 186.

Actes exécutoires. Qui sont-ils, t. XXIV, p. 289. — Actes devant notaires, pourquoi sont exécutoires, *id.* p. *id.* — Où les actes sont-ils exécutoires, *id.* 290. — Nécessité du *pareatis*, pour faire exécuter une sentence d'un juge hors sa juridiction, *id.* p. 291. — Jugemens des juges d'église s'exécutent sans *pareatis*, mais emportent seulement une *exécution personnelle*, *id.* p. *id.* — Les jugemens et actes passés en pays étrangers ne peuvent être exécutés dans le royaume, *id.* p. 292. — Forme requise pour faire une exécution en vertu d'un acte, *id.* p. *id.* — Contre qui les actes sont-ils exécutoires, *id.* p. 293. — Exécution cesse par la mort de l'obligé, ou civile ou naturelle, *id.* p. 294.

Ou par le mariage de la fille obligée; *id.* p. *id.*

ACTION. Ce que c'est, t. XVI, p. 80. — Différentes espèces d'actions, *id.* p. 80-88.

Action ex empto, de l'acheteur contre le vendeur ou ses héritiers. Sa nature et ses qualités, t. III, p. 44. — A quoi est tenu l'acheteur pour être reçu à l'intenter, *id.* p. 44 et suiv. — L'héritier pour partie de l'acheteur, peut-il demander au vendeur la part qui lui est due dans la chose vendue, sans offrir le total du prix? *id.* p. 45. — L'acheteur peut-il contraindre le vendeur à livrer la chose sans lui offrir le prix, lorsque la sentence qui condamne le vendeur à livrer, ne porte pas expressément en payant le prix, *id.* p. 46-47. — L'acheteur qui a terme par le contrat pour le paiement du prix, est reçu à demander la chose sans offrir le prix, à moins que sa fortune n'eût été dérangée depuis le contrat, *id.* p. 48. — Des lettres d'état, ou de répit lui donnent-elles le même droit) *id.* p. *id.* — L'acheteur peut-il, en vertu de cette action, se faire livrer la chose *manu militari*, *id.* p. 49 et suiv. — L'action *ex empto*, soit en cas de défaut de tradition, soit en cas d'éviction, a deux principaux objets : 1.° la restitution du prix; 2.° les dommages et intérêts, *si quid supra pretium intersit*, *id.* p. 52 et suiv. — La détérioration de la chose survenue par cas fortuits ne décharge pas le vendeur de la restitution du prix total, *id.* p. 53. — Lorsque la chose vendue est un héritage reversible, ou une chose dont la durée est bornée, l'acheteur évincé, après avoir joui un temps considérable, peut-il prétendre la restitution du total du prix, p. 112 et suiv. — Lorsqu'avant l'éviction la rivière a emporté une partie de l'héritage, quelle portion du prix doit rendre le vendeur, en cas d'éviction d'une partie du surplus, *id.* p. 114 et suiv. — *Quid*, en cas d'éviction pour le total du surplus, *id.* p. 118 et suiv. — *Quid*, du cas auquel avant l'éviction d'une partie, l'héritage auroit accru par alluvion? *id.*

p. 122-123. — Cas auquel il auroit été diminué d'un côté, et seroit accru de l'autre, id. p. 123 et suiv. — Quelles déductions peut opposer le vendeur sur le prix qu'il doit restituer en vertu de l'action ex empto, id. p. 91-92. — Des dommages et intérêts qui font le second objet de l'action, ex empto. (Voy. DOMMAGES ET INTÉRÊTS.) — Quel prix doit restituer le vendeur, et de quels dommages et intérêts est-il tenu, lorsque c'est un second acheteur qui est évincé, id. p. 110. — L'acheteur doit être acquitté par son garant des condamnations intervenues contre lui, pour les dégrations, le rapport des fruits, et les dépens. (Voy. DÉGRADATIONS, DÉPENS, FRUITS.)

Action ex empto. Pour la garantie des charges réelles non déclarées. (Voy. GARANTIE DES CHARGES RÉELLES.) — Pour la garantie des vices rédhibitoires (Voy. GARANTIE DES VICES REDHIBITOIRES.) — Pour le défaut de la contenance déclarée au contrat. (Voy. CONTENANCE.) — Pour le défaut des qualités déclarées au contrat, id. p. 205-206.

Action ex vendito, du vendeur contre l'acheteur, id. p. 218. (Voy. sur cette action les mots OBLIGATION DE L'ACHETEUR, PRIX, INTÉRÊTS, BONNE FOI.)

Action du retrayant contre le vendeur, et vice versâ. Le retrayant a les mêmes actions que l'acheteur; et est tenu des mêmes actions, t. IV, p. 284. — En est-il tenu de la même manière que l'acheteur, id. p. 294 et suiv.

Action de retrait. (V. RETRAIT.)

Action en répétition de retrait (V. RÉPÉTITION.)

Action ex locato qu'à le locateur pour le paiement des loyers. (Voy. LOYERS.)

Action ex conducto qu'à le locataire pour se faire délivrer la chose, est personnelle, t. VI, p. 43. — Mobilière, quand même le bail seroit d'un héritage, id. p. id. — Divisible ou indivisible, suivant la nature de la chose louée, id. p. 43-44 — Se

donne contre le locateur, ses héritiers ou successeurs universels, id. p. 44-45. — Non contre le tiers acquéreur, id. p. 45. — En quel cas le locateur est-il tenu de cette action, id. p. 46-47. — Si la chose avoit péri ou étoit mise hors de commerce, id. p. 48. — Peut-il être contraint, manu militari, à la tradition, id. p. 48-49. — En quoi se résout cette action à défaut de tradition, id. p. 49-50. (Voy. DOMMAGES ET INTÉRÊTS.)

Action ex conducto en garantie des troubles et évictions, a lieu contre le locateur et ses successeurs universels, t. VI, p. 68-69. — Contre les cautions, non contre celui qui auroit simplement consenti le bail, id. p. 69. — En quoi diffère-t-elle de l'action ex exempto, id. p. id. — Quand est-elle ouverte, id. p. 71-72. — Quels sont les deux objets de cette action, id. p. 72. (V. DOMMAGES ET INTÉRÊTS.)

Action ex conducto pour obliger le locateur à faire les réparations, t. VI, p. 83.

Action ex conducto pour la garantie des vices de la chose, t. VI p. 88-89. (Voy. DOMMAGES ET INTÉRÊTS.)

Action ex conducto, qu'ont les affréteurs contre le maître locateur du navire, t. VI, p. 384-385. — Action ex locato qu'a le maître pour le paiement du fret, id. p. 415. — Action ex locato qu'ont les matelots pour le paiement de leurs loyers, id. p. 524-525. — Action pro socio, qui naît pour les matelots engagés au fret ou au profit, id. p. 525.

Action personnelle du bailleur contre le preneur qui naît de l'obligation de payer la rente, t. VII, p. 28. — Cette action lui donne droit 1.° d'exiger le paiement, id. p. 29. — 2.° de rentrer dans l'héritage faute de paiement, id. p. id. — Elle a lieu contre les tiers acquéreurs et contre leurs héritiers, id. p. 57-58. — Elle a lieu contre tous les héritiers pour les arrérages courus du temps de la possession du défunt, id. p. 58-59. — Comment sont-ils tenus de ceux courus depuis sa mort, id. p. 59. — Chaque déten-

teur est tenu solidairement, *id.* p.
60. — Il ne peut même opposer l'exception de division, *id.* p. *id.* — Que
peut demander le créancier par
l'action personnelle, *id.* p. 61.

Action hypothécaire du créancier
de rente foncière contre les détenteurs, t. VII, p. 61-62. — D'où
naît-elle et qu'a-t-elle de plus que
la simple action hypothécaire, *id.*
p. 62. — Pour quels arrérages a-t-elle lieu, *id.* p. 63.

Action mixte des créanciers de
rente foncière, t. VII, p. 64-65. —
Son objet, *id.* p. *id.* — Se donne-t-elle contre les nouveaux propriétaires et possesseurs de l'héritage
sujet à la rente, *id.* p. 65. — Ou
contre ceux qui se portent pour propriétaires, *id.* p. 68. — Quoique
l'héritage soit saisi réellement ou
féodalement, *id.* p. 66. — Ou chargé
d'usufruit, *id.* p. 67. — Contre le
mari pour les propres de la femme,
id. p. 67-68. — Contre les usufruitiers, *id.* p. 67. — Elle ne procède
pas contre les fermiers et locataires,
id. p. 66. — Ni contre le seigneur de
fief qui tient en sa main l'héritage,
par suite d'une saisie féodale, *id.*
p. 68. (*Voy.* BAIL A RENTE.)

Action aquæ pluviæ arcendæ, t.
VII, p. 329. — En quels cas y a-t-il
lieu ou non à cette action, *id.* p. 329-330. — Fins et conclusions de cette
action, *id.* p. 330.

Actions communi dividundo et familiæ erciscundæ, t. VII, p. 290. —
En quoi diffèrent de l'action *pro
socio*, *id.* p. *id.* — Par qui peuvent-elles être intentées, *id.* p. 290-291.
— Pour quelles choses, *id.* p. 291.
La prescription court-elle contre la
demande en partage, *id.* p. 292. —
Quid, d'un testament fait à condition
de rester dans l'indivision, ou d'une
convention de ne pas partager; *id.*
p. 291-292.

Action finium regundorum. Nature
et qualités de cette action, t. VII,
p. 322-323. — Par qui et contre qui
peut-elle être intentée, *id.* p. 323-324. — Objet de cette action, *id.*
p. 324-325.

Action pro socio, t. VII, p. 246-247.

Action appelée *condictio indebiti*.
(*Voy.* CONDICTIO INDEBITI.)

Action commodati directa, du prêteur contre l'emprunteur dans le prêt
à usage, t. VIII, p. 55. — Lorsque
le prêt a été fait à plusieurs, les
emprunteurs en sont-ils tenus solidairement, *id.* p. 55-56. — Comment
chacun des héritiers de l'emprunteur
en est-il tenu, *id.* p. 56-57. — Objet
principal de cette action : la restitution de la chose prêtée, *id.* p. 57.
— Comment l'emprunteur y est-il
contraint, *id.* p. 57-58. — Lorsqu'il
ne l'a plus par sa faute, il doit
rendre le prix, *id.* p. 58. — Dommages et intérêts résultans de la
détérioration, et du retard, *id.* p.
58 et suiv. — Restitution des fruits
et des choses accessoires, *id.* p. 61.

Action commodati contraria, de
l'emprunteur contre le prêteur dans le
prêt à usage, t. VIII, p. 62 et suiv.
(*V.* OBLIGATION DU PRÊTEUR.)

Action ex mutuo, du prêteur contre
l'emprunteur, dans le prêt de consomption. Celui à qui appartenoient
les deniers que vous avez prêtés en
votre nom, a-t-il cette action, *id.*
p. 115. — L'objet de cette action,
lorsque c'est un prêt d'argent, est
une somme pareille à celle qui a été
prêtée en espèces qui ont cours au
temps du paiement, quoique de
moindre valeur que celles dans lesquelles le prêt a été fait, *id.* p. 116
et suiv. — Distinction de Barbeyrac,
à cet égard, rejetée, *id.* p. 118 — Le
prêteur peut aussi conclure aux intérêts du jour de la demande, *id.* p.
120. — Lorsque le prêt a été fait
d'une quantité de choses fongibles,
autres que de l'argent, l'objet de
l'action est d'une pareille quantité
de choses de même qualité, *id.* p.
120 et 121. — Faute de la rendre, le
juge condamne à en payer l'estimation : eu égard à quel temps ? *id.* p.
121. — *Quid*, si l'emprunteur étoit
en demeure de rendre, *id.* p. 122. —
Exception contre cette action : 1.°
lorsque la demande est prématurée,
id. p. 126-127. — 2.° lorsqu'il y a
une saisie-arrêt, jusqu'à ce qu'il en
ait été fait main-levée, *id.* p. 127.

Action depositi directa. Quelle est

cette action, t. VIII, p. 3o6. — Ne peut être intentée que par le déposant; le propriétaire de la chose, lorsque ce n'est pas en son nom que le dépôt a été fait, n'a que la voie de l'entiercement ou de l'arrêt, *id.* p. 3o6-3o7. — *Quid*, si plusieurs personnes avoient donné une chose en dépôt, *id.* p. 3o7. — Contre qui cette action a-t-elle lieu? *id.* p. 3o8. — Comment chacun des héritiers du dépositaire en est-il tenu, *id.* p. 3o9-3io. — Quelles exceptions peuvent être opposées contre cette action, *id.* p. 3ii.

Action depositi contraria, t. VIII, p. 3i3. — Obligation du déposant envers le dépositaire, *id.* p. *id.*

Action mandati directa. Son objet, t. IX, p. 48. — Elle s'intente par le mandant ou ses héritiers, contre le mandataire, *id.* p. 49. — Lorsqu'il y en a plusieurs, ils sont tenus solidairement, *id.* p. *id.* — Cette action étoit *famosa*, *id.* p. 5o-5i.

Action mandati contraria. Son objet, t. IX, p. 72. — Lorsqu'il y a plusieurs mandans, se donne-t-elle solidairement contre chacun, *id.* p. 73. — Le mandataire peut-il l'intenter contre celui dont il a géré l'affaire, lorsque c'est de l'ordre d'un autre, *id.* p. 73-74. — Est-il toujours reçu à cette action incontinent après sa gestion, *id.* p. 74. — Le mandant ne peut, pour se défendre de cette action, offrir d'abandonner tout ce qui lui revient du mandat, *id.* p. 75.

Action negotiorum gestorum directa. Cette action a lieu contre celui qui a géré l'affaire de quelqu'un, soit par lui-même, soit par un autre, t. IX, p. 191-192. — Lorsqu'il y a plusieurs *negotiorum gestores*, ils ne sont pas tenus solidairement, mais chacun seulement pour ce qu'il a géré, *id.* p. 192. — Cette action passe aux héritiers et contre les héritiers, *id.* p. 193. — L'approbation de la gestion n'exclut pas cette action, *id.* p. 194.

Action negotiorum gestorum contraria, t. IX, p. 194. — Il faut, pour qu'elle ait lieu, que celui dont on a géré l'affaire en ait approuvé la gestion, ou que l'affaire fût une affaire indispensable, qu'il n'eût pas manqué de faire lui-même s'il eût été à portée, *id.* p. 195 et suiv. — Le principe du droit romain, qu'on n'a l'action contre un impubère, dont on fait l'affaire, que jusqu'à concurrence de ce qu'il en a profité, doit-il être suivi dans notre jurisprudence, *id.* p. 199. — Cas particulier auquel l'action *negotiorum gestorum* n'a pas lieu, *id.* p. 201-202. — Ce qui est préalable pour intenter cette action, *id.* p. 202. — Deux objets de cette action, *id.* p. 202-203.

Action pignoratitia directa, t. IX, p. 228. — Ses objets, *id.* p. 228-229. — Pour que le débiteur puisse intenter cette action, il faut que la dette pour laquelle le nantissement est intervenu, soit entièrement acquittée en principal, intérêts et frais, *id.* p. 230-231. — Il n'importe comment, *id.* p. 234-235. — Le créancier peut même retenir la chose pour une autre dette liquide, *id.* p. 232-233. — Cette action peut aussi être intentée lorsqu'on a satisfait d'ailleurs le créancier. Différence entre la satisfaction et le paiement, *id.* p. 235. — *Quid*, si le créancier n'est ni payé ni satisfait, *id.* p. 237. — La vente de la chose donne aussi ouverture à cette action pour rendre compte du prix, *id.* p. *id.*

Action pignoratitia contraria. Objets de cette action : lorsque la chose donnée en nantissement n'appartient pas à celui qui l'a donnée, t. IX, p. 239-240. — Ou lorsqu'elle est déjà obligée à un autre, *id.* p. 241. — Ou lorsqu'elle a un vice inconnu au créancier, qui la rend de nulle valeur, *id.* p. *id.* — Toute espèce de dol de celui qui a donné la chose en nantissement, donne ouverture à cette action, *id.* p. 242. — Le remboursement des impenses y donne-t-il lieu, *id.* p. 242-243.

Action qu'ont les assureurs pour le paiement de la prime. (*Voy.* PRIME. PRIVILÉGE.)

Action de l'assuré contre l'assureur, t. IX, p. 339. — Choses préalables à cette action. 1.° L'assuré doit faire

aux assureurs une signification de l'avis qu'il a eu de l'accident qui a causé la perte du vaisseau, *id.* p. 341 et suiv. — 2.º Il doit lui faire son délaissement. (*Voy.* DÉLAISSEMENT.) — 3.º Il doit faire une déclaration des autres assurances qu'il a fait faire, et de l'argent qu'il a pris à la grosse sur les effets assurés, *id.* p. 350 et suiv. — Peine de la fausse déclaration, quelle est-elle, et quand a-t-elle lieu, *id.* p. 351. 4.º L'assuré doit signifier aux assureurs les pièces justificatives du chargement de la valeur des effets assurés, et de leur perte, *id.* p. 353 et suiv. — Quelles sont les preuves du chargement, *id.* p. 355. (*Voy.* CONNOISSEMENT.) — De la valeur des effets, *id.* p. 357. — Des pertes *id.* p. 360. — Quand cette signification doit être faite, *id.* p. 360. — Exceptions contre cette action. (*Voy.* EXCEPTION *de l'assureur contre la demande des assurés.*) — Condamnation qui intervient sur cette action, et déductions qui doivent être faites, *id.* p. 363 et suiv. Action de l'assuré pour se faire indemniser des avaries, *id.* p. 367. — En cas de perte presque totale, a-t-il le choix des deux actions, *id.* p. 371. — Temps dans lequel elle doit être intentée, *id.* p. 372. (*Voy.* ASSURANCE, AVARIE.)

Action qu'a le donneur à la grosse contre l'emprunteur, t. IX. p. 435.

Actions qui naissent de la négociation d'une lettre de change. Ce qu'elles ont de particulier, t. V, p. 294-295. — Sont de la compétence des consuls, *id.* p. *id.* — Peuvent être intentées sans faire contrôler la lettre et les billets qui servent de fondement à la demande, et sans statuer sur la reconnoissance, *id.* p. 295. — Le demandeur peut avant qu'il ait été statué sur la demande, saisir et arrêter, *id.* p. *id.* — Le propriétaire de la lettre de change peut intenter en même temps toutes ses actions contre tous ceux qui sont tenus de la dette de la lettre de change, mais le paiement qui lui est fait par l'un d'eux libère d'autant tous les autres, *id.* p. 322-323. (*Voy.* CHANGE.)

Actions qui naissent de l'hypothèque, t. XX. p. 208.

Action hypothécaire, simplement dite; sa nature, t. XX, p. 208. — Elle ne peut être intentée que par le créancier et contre le possesseur de l'héritage, *id.* p. 208-209. — Peut-elle être donnée contre l'usufruitier, *id.* p. 209. — Si l'héritage hypothéqué appartient à une femme mariée, l'action doit être donnée contre le mari et la femme, *id.* p. 210. — Le tiers détenteur peut opposer l'exception de discussion. (*Voy.* DISCUSSION.) — Il peut aussi opposer l'exception des impenses. (*Voy.* IMPENSES.) — Exception de la garantie concernant cette action. (*Voy.* GARANTIE.) — Exception *cedendarum actionum.* (*Voy.* EXCEPTION CEDENDARUM ACTIONUM.) — L'effet de l'action hypothécaire est de faire condamner le tiers détenteur à délaisser, *id.* p. 226. — Le tiers détenteur peut éviter ce délai en payant la créance, si elle est d'une somme exigible, ou en s'obligeant à la rente, *id.* p. *id.* — Le paiement de la dette est *in facultate solutionis*, *id.* p. 228. — Il ne peut être condamné au délai qu'en l'état où l'héritage se trouve, *id.* p. 229. — Il est tenu du rapport des fruits, et des dégradations depuis la demande, *id.* p. *id.* — Il n'est pas tenu de payer les arrérages de rentes courus depuis la détention, *id.* p. 230. — Différence à cet égard entre le détenteur d'un héritage sujet à rente foncière, et le détenteur d'un héritage hypothéqué pour rente constituée, *id.* p. *id.* — Il en est autrement, s'il a été chargé de la rente, *id.* p. 231. — Il est de son intérêt de sommer son garant avant que de délaisser, *id.* p. 232-233. — On crée un curateur, sur lequel le créancier fait saisir et vendre, *id.* p. 233. — Le juge permet quelquefois au créancier de prendre l'héritage en paiement de ses créances, *id.* p. 234. — Ce que c'est que l'*action personnelle hypothécaire*, *id.* p.

id. — Dans cette action, on conclut directement à ce que le défendeur soit condamné à payer, *id.* p. 235. — L'action personnelle hypothécaire renferme deux actions véritablement distinctes l'une de l'autre, *id.* p. 235-236. — Avis contraire de Loyseau, suivi de son temps, *id.*, p. *id.* — Ce que c'est que l'*action d'interruption*, *id.* p. 238. — Il ne peut y avoir d'exception de discussion contre cette action; et elle peut être intentée avant que le terme du paiement soit échu, ou que la condition existe, *id.* p. 238-239. (*Voy.* HYPOTHÈQUE.)

Action de partage. (*V.* PARTAGE.)

Action confessoria servitutis ususfructus, par laquelle la douairière revendique son droit d'usufruit, t. XIII, p. 168. — Quand peut-elle être donnée contre les tiers détenteurs des héritages sujets au douaire, *id.* p. 170. — Fin de non-recevoir contre cette action, *id.* p. 171.

Action hypothécaire de la douairière contre les tiers-acquéreurs des biens hypothéqués à son douaire. (*Voy.* HYPOTHÈQUE, DOUAIRE.)

Action des enfans pour leur douaire coutumier, t. XIII, p. 311 et suiv.

Action contre les tiers détenteurs, *id.* p. 316.

Action pour leur douaire conventionnel, *id.* p. 317. (*V.* DOUAIRE.)

Action de revendication des avantages indirects entre conjoints, t. XIV, p. 41-42. — Le conjoint donateur, ses héritiers et autres successeurs universels, ont l'action de revendication de l'héritage donné à l'autre conjoint, tant contre le conjoint donataire et ses héritiers qui s'en trouvent en possession, que contre les tiers détenteurs, *id.* p. 42. — Cette action ne se prescrit point à l'égard du donataire et de ses héritiers, tant que ce sont eux qui possèdent la chose, *id.* p. 44. — Elle se prescrit, à l'égard des tiers détenteurs, par les voies ordinaires, *id.* p. 46. — Le demandeur sur cette action doit faire raison des améliorations, *id.* p. 47. — Lorsque l'héritage est dégradé, qui sont ceux qui sont tenus des dégradations, *id.* p.

47-48. — Du rapport des fruits sur cette action, *id.* p. 49. — De l'action de revendication à l'égard des meubles ou d'une somme d'argent que l'un des conjoints a donnée à l'autre, *id.* p. 53 et suiv.

Action personnelle in factum, que le conjoint donateur et ses héritiers ont contre le donataire et ses héritiers; d'où naît-elle, t. XIV, p. 42-43. — En quel cas est-elle nécessaire, *id.* p. 52.

Action hypothécaire, *id.* p. 53. (*Voy.* AVANTAGES INDIRECTS.)

Actions des créanciers et légataires contre les héritiers et autres successeurs universels, t. XXI, p. 445. — Les créanciers ont une action personnelle contre chacun des héritiers, pour la part dont ils sont héritiers, *id.* p. *id.* — Les créanciers hypothécaires de la succession ont en outre l'action hypothécaire contre chacun des héritiers qui possèdent quelque immeuble de la succession, et contre les tiers détenteurs, *id.* p. 446. — L'héritier peut être déchargé de la condamnation solidaire, en abandonnant sa part dans les immeubles, *id.* p. 447. — Recours de l'héritier qui a été obligé de payer la dette en entier, *id.* p. 448. — Comment les créanciers hypothécaires de la succession acquièrent l'hypothèque sur les biens des héritiers, *id.* p. 449. (*Voy.* SUCCESSION.)

Actions qu'ont les légataires pour la prestation de leur legs, t. XXII, p. 223. — *Action personnelle ex testamento*, contre qui elle se donne, *id.* p. 224-225. — Quels héritiers et quelles autres personnes sont tenus des legs, *id.* p. 225. — *Quid*, si le testateur n'a pas exprimé quelles personnes il chargeoit des legs, *id.* p. 227. — Distinction à faire entre les legs, de corps certain et les autres legs, *id.* p. *id.* — L'héritier aux propres doit-il contribuer avec l'héritier aux meubles et acquêts, aux legs par proportion à la valeur du total des propres, où seulement par proportion à la portion disponible de ces propres, c'est-à-dire au prorata seulement du *quint*, *id.* p. 227-218. — *Quid*, lorsque le legs

est d'un corps certain, qui appartient à un étranger, *id.* p. 229. — Lorsque celui qui a été grevé de la prestation du legs ne recueille pas la succession ou ce qui lui a été laissé, celui qui la recueille à sa place est-il tenu du legs, *id.* p. *id.* — *Quid,* si le légataire grevé de la prestation du legs ne recueilloit pas le legs, et s'il a des colégataires, *id.* p. 231-232. — Comment la délivrance doit-elle être faite au légataire *id.* p. 232. (*Voy.* DÉLIVRANCE.) — *Action de revendication* du légataire contre l'héritier, *id.* p. 245. — *Action hypothécaire* accordée aux légataires, *id.* p. 246. — A lieu, quand même le testament seroit olographe, *id.* p. *id.* — N'a lieu sur la part des biens du testateur, échue à chaque héritier, que pour la part des biens dont cet héritier est tenu du legs. *id.* p. 246-247. (*Voy.* TESTAMENT.)

Action du substitué contre le grevé ou ses héritiers, t. XX, p. 444. — 1.° Action personnelle *ex testamento* *id.,* p. *id.* — 2.° Action de revendication, *id.* p. *id.* — 3.° Action hypothécaire, *id.* p. *id.* (*Voy.* SUBSTITUTIONS.)

Action possessoire, t. XV, p. 54. (*Voy.* COMPLAINTE.)

Action du seigneur de censive contre le censitaire afin d'exhiber les titres, t. XX, p. 38. — Est une action personnelle, *id.* p. *id.* — Contre quels acquéreurs elle a lieu, *id.* p. 39-40. — *Quid,* de celui qui possède à titre d'héritier, *id.* p. 40. — Ce que c'est qu'exhiber, *id.* p. 41. — *Quid,* s'il n'y avoit point de titre d'acquisition, ou s'il étoit sous seing-privé ou verbal, *id.* p. 41-42.

Action qu'a le seigneur pour se faire payer de ces cens, *id.* p. 44. — Cette action est personnelle et a lieu contre le censitaire, même après qu'il a cessé de posséder, *id.* p. 44-45.

Action de salaire. Comment elle s'exerce par les procureurs, t. XXIV, p. 277. — Comment elle se prescrit, *id.* p. 2-8.

ADDICTIO *in diem,* ce que c'est que cette clause, t. III, p. 345. — Pour qu'il y ait ouverture à la clause sous laquelle cette vente est contractée, il faut qu'il se trouve un second acheteur non supposé, n'importe qu'il soit solvable, *id.* p. 346. — Il faut que le second marché soit plus avantageux, *id.* p. 346-349. Il faut que le vendeur ait accepté le second marché proposé, *id.* p. 348. — S'il y a plusieurs vendeurs ou plusieurs héritiers du vendeur, peut-il être accepté par les uns et rejeté par les autres, *id.* p. 349. — Il faut que le premier acheteur ait refusé les conditions offertes par le second, *id.* p. 350. — Action qui naît de la clause sous laquelle est contractée la vente *addictio in diem,* est une branche de l'action *ex vendito,* est personnelle, réelle, *id.* p. 350-351. — Elle est transmissible, *id.* p. 351. — Différence de l'*addicto in diem* et des *adjudications sauf quinzaine,* *id.* p. 352-391. (*V.* ADJUDICATION SAUF QUINZAINE.)

ADJECTUS *solutionis gratiâ;* ce que c'est, t. II, p. 18 *et suiv.* — Est différent d'un simple fondé de pouvoir pour recevoir, *id.* p. 22. — Peut-on lui payer lorsqu'il a changé d'état, *id.* p. *id.* — S'il a fait banqueroute, *id.* p. *id.* — A ses héritiers ou successeurs, *id.* p. 21.

ADJUDICATION, *adjudicataire,* Où doit se faire l'adjudication des biens vendus par décret, t. XVIII, p. 456. — Est-on admis encore à enchérir après l'adjudication pure et simple, *id.* p. 455-456, 494. — Obligation du procureur qui s'est rendu adjudicataire, *id.* p. 456 et suiv. — De sa partie, *id.* p. 457. — Quel droit donne l'adjudication à l'adjudicataire, *id.* p. 462. — Peut-il demander sa décharge en cas d'appel, *id.* p. 458-459.

Adjudication sauf quinzaine, diffère de l'enchère, t. XVIII, p. 454.

Adjudication sur folle enchère, t. XVIII, p. 457.

Adjudication sauf quinzaine ou remise. — Ce que c'est, t. III, p. 390-391. — Différence de ces adjudications sauf quinzaine, de la vente appelée *addictio in diem,* *id.* p. 391. — Différence de ces adjudications

et des simples enchères, *id.* p. 392.
— L'adjudication sauf quinzaine est
détruite, et l'adjudicataire déchargé
par une enchère qui survient, qui
est acceptée par le juge, quand
même l'enchérisseur seroit insolvable; *secus*, si elle étoit nulle dans
la forme, ou par l'incapacité de
l'enchérisseur, *id.* p. 392-393. —
Si après une enchère survenue celui
qui étoit adjudicataire sauf quinzaine, enchérissoit et devenoit de
nouveau adjudicataire, ce ne seroit
pas l'adjudication sauf quinzaine,
qui est détruite, mais la nouvelle
adjudication, qui seroit son titre,
id. p. 391. — Lorsqu'il n'est survenu aucune enchère, l'adjudication
sauf quinzaine subsiste, et l'adjudication pure et simple n'en est que
la confirmation, *id.* p. 391-392.

Adjudication, transfère à l'adjudicataire le domaine de propriété,
t. XIV. p. 474.

Adjudication pure et simple, t.
XXV, p. 29. — Toutes personnes
peuvent contracter, peuvent se
rendre adjudicataires, *id.* p. *id.* —
Personnes exceptées par les réglemens, *id.* p. 29-30. — Le saisissant
et les opposans peuvent-ils se rendre
adjudicataires, *id.* p. 31. — Quand
l'adjudication est censée parfaite,
id. p. 32. — Enchères du tiercement
reçues dans la huitaine, *id.* p. 32-
33. — Après l'adjudication sur le
tiercement on n'en reçoit point
d'autres, *id.* p. 33. — Expédition ou
grosse de l'adjudication, ce qu'elle
doit contenir, *id.* p. 34. — Obligation du procureur, qui s'est rendu
adjudicataire, de faire sa déclaration dans la huitaine, *id.* p. 35. —
Quid, s'il s'est rendu adjudicataire
pour une personne notoirement insolvable, *id.* p. 35-36. — Adjudicataire est obligé de consigner dans
la huitaine le prix de son adjudication, *id.* p. 36. — Le saisi est-il
libéré par cette consignation envers
les créanciers, *id.* p. 37. — Le prix
est réputé le bien du saisi, jusqu'a-
près la distribution faite, *id.* p. 38.
— Conséquences qui en résultent,
id. p. *id.* — Adjudicataire peut être
contraint par corps au paiement, *id.*

p. 39-40. — L'héritage peut être
recrié à sa folle enchère, *id.* p. 40.
— Procédure pour parvenir à la
réadjudication sur la folle enchère,
id. p. 40-41. — *Quid*, si la nouvelle
adjudication est faite à un moindre
ou plus haut prix que la première,
id. p. 41. — Effet de l'adjudication,
id. p. 42. — Elle ne donne point à
l'adjudicataire l'action en garantie,
id. p. *id.* — Elle n'est point sujette
à rescision, *id.* p. 43. — Dans la
coutume d'Orléans, elle n'est point
sujette au retrait lignager, *id.* p. 43.
— Droit que purgent l'adjudication
ou le décret, *id.* p. *id.* (*Voyez*
DÉCRET.)

ADMINISTRATEURS. Peuvent-
ils acheter les choses qui font partie
des biens dont ils ont l'administration? t. III, p. 12. (*Voy.* VENTE.)

ADMINISTRATION *de la so-
ciété*. Que comprend l'administration
de la société qui est confiée à quelqu'un des associés, t. VII, p. 193-
194. — Diffère-t-elle de l'administration du mari dans la communauté
conjugale, *id.* p. 196. — Différence
d'un associé à qui l'administration
a été donnée par le contrat de société et d'un procureur-général, *id.*
p. 197. — Lorsque l'administration
a été donnée à plusieurs, chacun
peut-il gérer sans l'autre, *id.* p.
197-198.

Administration du mari dans la
société conjugale. (*Voyez* MARI,
PUISSANCE MARITALE.)

ADOPTION. (*Voy.* PARENTÉ
CIVILE.)

ADSIGNATIO. Ce que c'est, t.
V, p. 378. (*Voy.* RESCRIPTION.)

ADULTÈRE. Étoit anciennement
empêchement dirimant dans tous les
cas contre la femme et son adultère,
t. X, p. 208 et suiv. — Selon la discipline présente, il ne l'est que
lorsqu'il a été commis sous promesse
d'épouser, ou qu'il a été accompagné du meurtre du mari, *id.* p.
212. — A plus forte raison, l'adultère public que commet une femme
en épousant, du vivant de son mari
qu'elle sait vivant, un autre homme,
doit-il former un empêchement à
ce que, même après la mort du

premier, on ne puisse réhabiliter ce prétendu mariage, *id.* p, 213-214. — *Quid,* si le second mariage n'a pas été consommé charnellement, *id.* p. 214. — *Quid,* si ce second mariage avait été contracté de bonne-foi par l'autre partie, *id.* p. 216. — Tous ces cas s'appliquent également à l'adultère de l'homme, *id.* p. 216-217.

Adultère de la femme rompt-il le lien du mariage, t. X, p. 458. — Passages de saint Mathieu sur cette question, *id.* p. *id.* — La question a souffert difficulté dans les premiers siècles; examen des conciles d'Arles et d'Elvire, *id.* p. 460 et suiv. — Plusieurs distinguoient l'adultère de la femme de celui du mari, *id.* p. 462. — Quelques anciens Pères ont cru que l'adultère de la femme rompoit le lien du mariage, *id.* p. 463. — Saint Augustin a traité la question *ex professo*, et l'a décidée pour l'indissolubilité du lien, *id.* p. 464-465. — La décision de saint Augustin a été constamment suivie dans l'église latine, *id.* p. 467 et suiv. — Ce qui se passa sur cette question au concile de Trente, *id.* p. 471.

Adultère (accusation d'). Le mari seul est recevable à l'intenter, t. X, p. 502. — Lorsqu'il l'a intentée de son vivant, ses héritiers peuvent reprendre l'instance, à moins qu'il ne s'en soit désisté ou ait pardonné de son vivant, *id.* p. *id.* — Lorsque le mari ne se plaint pas, le ministère public ne peut intenter cette accusation s'il n'y a scandale public, *id.* p. 503. — Peines qu'il est d'usage de prononcer contre les femmes convaincues d'adultère, *id.* p. 503-504. — La peine de réclusion ne rend pas la femme absolument incapable de mariage après la mort de son mari, *id.* p. 504.

Adultère prive la femme de son douaire, t. XIII, p. 240. — L'héritier du mari ne peut l'opposer, lorsque le mari ne s'en est pas plaint de son vivant, *id.* p. *id.* — *Quid,* si elle s'étoit réconciliée avec son mari après une sentence rendue contre elle, *id.* p. 241.

Adultère. Jugement de séparation rendu contre la femme pour cause d'adultère, dissout la communauté et prive la femme d'y prendre part, t. XII, p. 38 - 64. — Si le mari reprend sa femme, la communauté se rétablit-elle, *id.* p. 38-39.

AFFINITÉ. Ce que c'est, t. X, p. 144. — Ce qui produit l'affinité selon le droit civil, *id.* p. 145. — Selon le droit canon, *id.* p. *id.*

Affinité, forme un empêchement selon le Lévitique, non-seulement dans la ligne directe, mais dans quelques degrés de la collatérale, t. X, p. 146. — Par l'ancien droit romain, l'empêchement de l'affinité est borné à la ligne directe. Constance défendit depuis d'épouser la veuve de son frère, et la sœur de sa défunte femme, *id.* p. 147. — Valentinien et Théodose renouvelèrent cette loi, *id.* p. *id.* — Les lois romaines n'ont pas étendu la dispense plus loin. Bévue de l'auteur des conférences de Paris, *id.* p. 147-148. — L'église défendoit les mariages dans les degrés d'affinité collatérale mentionnés au Lévitique, dès avant que les lois romaines les eussent défendues, *id.* p. 148. — Extension de l'empêchement d'affinité en collatérale dans les mêmes degrés que ceux de parenté, *id.* p. 149 et suiv. — Le concile de Latran l'a restreint au quatrième, de même que celui de parenté, *id.* p. 153.

Affinité du second et du troisième genre, abrogés par le concile de Latran, t. X, p. 153-154.

Affinité (espèce d') qui naît de la fornication : le concile de Trente a restreint au second degré de la collatérale l'empêchement qui en résulte, t. X, p. 154-155. — Cet empêchement étoit-il connu par les lois romaines, *id.* p. 156. — Étoit-il admis dans l'église dans les premiers siècles, *id.* p. 158. — Avant le concile de Trente il s'étendoit aussi loin que celui de l'affinité proprement dite, *id.* p. 159 et suiv. — Le concile, en bornant l'empêchement au second degré, permet-il le mariage dans les degrés ultérieurs,

id. p. 161-162. — Admet-on la preuve du commerce charnel qu'on prétend avoir produit l'empêchement, *id.* p. 162 et suiv. — Cette affinité est un empêchement dirimant à l'égard du mariage qui seroit contracté depuis le commerce charnel qui l'a produite, *secùs* du mariage durant lequel ce commerce est intervenu, *id.* p. 164 et suiv.

AFFIRMATION *du prix.* (Retrait lignager.) N'est requise pour faire courir le temps du retrait que lorsque le retrayant la demande, t. IV, p. 239-240. — Dans les coutumes qui la requièrent, rien ne peut dispenser de cette formalité, *id.* p. 236-237.

AFFRÉTEUR. Ce que c'est, t. VI, p. 355. — Droit de l'affréteur du navire entier, *id.* p. 369. — L'affréteur ne peut sous-fréter à plus haut prix, *id.* p. 391-392. — Droit de l'affréteur n'est pas *jus in re*, *id.* p. 392. — D'où il suit que le propriétaire peut vendre son navire sans charger l'acquéreur de l'entretien de la charte-partie, *id.* p. *id.*

AGE. De porter la foi, t. XVI, p. 340. — De tester, t. XVII, p. 55. — Des témoins dans un testament solennel, *id.* p. 351-352.

Age requis pour être juge, pour être témoin dans les actes solennels, t. XXIII, p. 305. — Priviléges d'exemption accordés à l'âge de 70 ans, *id.* p. 306.

Age. Quel est l'âge requis pour les fiançailles, t. X, p. 28. — Pour le mariage, *id.* p. 74-75.

Age, disproportion d'âge entre les conjoints les rend-elle incapables de se faire un don mutuel, t. XIV, p. 132-133.

Age requis pour tester suivant les loix romaines et suivant le droit coutumier, t. XXII, p. 155-156. — Quelle loi on doit suivre pour l'âge de tester dans les coutumes qui ne s'en sont pas expliquées, *id.* p. 157-158.

Age pour porter la foi, t. XIX, p. 26. — Si le vassal n'a pas l'âge, le seigneur doit lui donner souffrance, *id.* p. *id.*

Age requis par les coutumes, par rapport au droit de garde, t. XX, p. 110.

AGENS DE CHANGE. Il leur est défendu de faire le change, t. V, p. 219. — Effet de cette défense, *id.* p. 219-220. Tout transit leur est défendu, *id.* p. 220.

AGRES *et apparaux.* Que comprennent-ils, t. IX, p. 402.

AINÉ. Droit d'aînesse. Quel est le fils aîné, et à qui est dû le droit d'aînesse, t. XVI, p. 275. — Sur quelles espèces de biens a-t-il lieu ou non, *id.* p. 277-278. — En quoi consiste-t-il, *id.* p. 284-384 et suiv. — A quel titre l'aîné a-t-il ce droit, *id.* p. 284. — Doit-il céder à la légitime, *id.* t. XVII, p. 334. — Les père et mère y peuvent-ils donner atteinte, *id.* t. XVI, p. 285-286.

Aîné. Peut-il prétendre son droit d'aînesse dans les biens retranchés par l'édit des secondes noces, t. XXIII, p. 177-178. — Il n'a ce droit d'aînesse que lorsqu'il est héritier, *id.* p. 178. — L'aîné des enfans doit-il avoir droit d'aînesse dans les biens retranchés par le second chef de l'édit, *id.* p. 195.

Aîné. Fils aîné, âgé de 20 ans, peut porter la foi pour ses frères et sœurs, t. XIX, p. 26-27. — Le fils aîné n'est point obligé à rendre cet office si bon ne lui semble, *id.* p. 27-28. — Si le fils aîné vient à mourir, les enfans, héritiers de leur père, ne pourront porter la foi que pour la portion de leur père, *id.* p. 28-29. — L'aîné a-t-il droit de porter la foi pour ses frères et sœurs, tant avant qu'après le partage, *id.* p. 29-30. — L'enfant qui vient à la succession, par représentation du fils aîné mort avant son père, a-t-il, dans les coutumes de Paris et d'Orléans, le droit qu'auroit en son père de porter la foi pour ses cohéritiers, *id.* p. 31. — *Quid,* si le fils aîné est représenté par plusieurs enfans, *id.* p. 31-32. — *Quid,* si l'aîné n'a laissé que des filles, *id.* p. 32. — L'aîné ne peut avoir ce droit s'il renonce, *id.* p. *id.*

AINESSE. Droit d'aînesse accordé par la plupart des coutumes au fils aîné, t. XXI, p. 88. — Ac-

cordé par les coutumes de Paris et d'Orléans au fils aîné ou à ceux qui le représentent dans la succession des biens nobles, *id* p. *id.* — Quel est ce fils aîné auquel ce droit est accordé, *id.* p. *id.* — Le fils a le droit d'aînesse sur ses sœurs, quoiqu'elles soient ses aînées, *id.* p. 89. — Entre deux jumeaux, lequel est réputé le fils aîné, *id.* p. 90-91. — La coutume accorde pareillement ce droit aux enfans de l'aîné qui le représentent, *id.* p. 92. — L'aîné, dans la subdivision, prend lui-même sur ses frères et sœurs un droit d'aînesse, *id.* p. 92-93. — Le préciput doit-il avoir lieu dans la subdivision du lot échu à chaquebranche cadette, *id.* p. 94. — L'aîné des représentans qui a renoncé à la succession de son père, peut-il le prétendre dans la subdivision? *id.* p. 94-95. — Les coutumes de Paris et d'Orléans n'accordent ce droit que sur les biens nobles, *id.* p. 95. — Il faut que l'héritage soit tenu en fief par le défunt, *id* p. 95-96. — *Quid*, de l'héritage tenu en franc-aleu, *id.* p. 96. — *Quid*, des rentes foncières à prendre sur un fief, *id.* p. *id.* — *Quid*, de la créance, ou action tendante à avoir un fief, *id.* p. 99. — *Quid*, des dommages et intérêts, *id.* p. 100-101. — *Quid*, des choses dont le défunt n'avoit qu'une propriété imparfaite, *id.* p. 103. — *Quid*, si le défunt avoit acheté un héritage à charge de réméré, et qu'il soit exercé après sa mort, *id.* p. 104-105. — *Quid*, si le fief qu'avoit le défunt en commun, est licité après sa mort et adjugé à un copropriétaire, *id.* p. 105-106. — *Quid*, si, sur la licitation, l'aîné et ses frères se rendent adjudicataires, *id.* p. 107. — Des choses dont le défunt n'avoit que la possession civile, *id.* p. 108. — *Quid*, si le vrai propriétaire approuve la vente qui avoit été faite au défunt, *id.* p. 109-110. — En quoi consiste le droit d'aînesse sur les héritages qui y sont sujets, *id.* p. 111. (*Voyes* MANOIR.) — Portion avantageuse de l'aîné dans le surplus des biens, *id.* p. 132. (*Voy.* PRÉCIPUT DE

L'AÎNÉ.) — L'aîné ne peut prendre son droit d'aînesse qu'à titre d'héritier, *id.* p. 136. — Le droit d'aînesse est une légitime à laquelle les père ou mère, ou autres ascendans, ne peuvent donner atteinte, *id.* p. *id.* — La légitime féodale est le total que la coutume accorde à l'aîné, *id.* p. 136-137. — Ce qu'elle a de moins que la légitime de droit, *id.* p. 137. — Les père et mère peuvent-ils diminuer le droit d'aînesse par des donations entre-vifs à leurs puînés, *id.* p. 137-138. — Disposition particulière de la coutume d'Orléans, qui permet aux père et mère d'exclure le droit d'aînesse dans les fiefs qu'ils acquièrent, *id.* p. 139-140. — Comment se doit faire cette déclaration, *id.* p. 140. — Des héritages qui sont susceptibles de cette déclaration, *id.* p. 141. — Peut-on faire cette déclaration pour des héritages à nous donnés ou légués par un collatéral ou par un étranger, *id.* p. 143. — Par qui cette déclaration peut-elle être faite, *id.* p. 144. — Chacun ne peut la faire que pour sa propre succession, *id.* p. *id.* — Et pour la succession que nous transmettons à nos descendans, *id.* p. 145. — L'aîné peut-il renoncer à son droit d'aînesse, *id.* p. 146. — Quelques autres prérogatives du droit d'aînesse, *id.* p. 146-147.

AJOURNEMENT. Ce que c'est, t. XXIV, p. 2. — Par qui il peut être fait, *id.* p. 3. — Les huissiers ou sergens peuvent-ils faire cet acte pour leurs parens, *id.* p. *id.* — Doit-il être fait en présence de records, *id.* p. 5. — En quel cas est-il besoin d'une commission pour faire l'ajournement, *id.* p. *id.* — L'ajournement peut se faire en quelque lieu que ce soit, pourvu qu'il soit convenable, *id.* p. 6. — Doit être fait à la personne ou à son vrai domicile, *id.* p. 7. — Exceptions de cette règle, *id.* p. *id.* — Etrangers, où doivent-ils être assignés, *id.* p. 8-9. — *Quid*, de ceux qui n'ont aucun domicile connu, *id.* p. 9. — Où se fait l'ajournement contre une communauté, *id.* p. *id.* — Ajournement doit se faire de

Jour, *id.* p. 10. — Ne doit point se faire les dimanches et fêtes sans nécessité, *id.* p. 10-11. — Forme intrinsèque de l'ajournement, *id.* p. 11. — Doit être fait un acte original par écrit qui reste au demandeur, et autant de copies que de personnes assignées, *id.* p. *id.* Exploits d'ajournement doivent être libellés, *id.* p. 12. — L'exploit doit contenir cinq choses, par rapport à l'huissier qui le fait, *id.* p. 13. — Ce qu'il doit contenir par rapport au demandeur, *id.* p. *id.* — Ce qu'il doit contenir par rapport à la personne assignée, *id.* p. 14. — La juridiction doit être exprimée par l'exploit, *id.* p. 15. — Forme extrinsèque des ajournemens, *id.* p. *id.* (*Voy.* CONTRÔLE.) — Pièces dont doit être donnée copie, *id.* p. 16.

ALLIANCE *spirituelle* (trois espèces d') t. X, p. 169 et suiv. — La loi de Justinien, qui a fait un empêchement dirimant de la première espèce, est le plus ancien monument de l'alliance spirituelle, *id.* p. 172.

Alliance de compérage, t. X, p. 170. — Discipline dans les différens temps sur l'alliance spirituelle, *id.* p. 172 et suiv. — Le concile de Trente a restreint l'empêchement de l'alliance spirituelle aux deux premières espèces et a abrogé toutes les autres, *id.* p. 184 et suiv.

Alliance spirituelle est un empêchement dirimant du mariage qui interviendroit depuis qu'elle a été contractée, non de celui pendant lequel elle a été contractée, t. X, p. 187-188. — Différentes extensions de l'alliance spirituelle abrogées par le concile, *id.* p. 190 et suiv.

ALIÉNATION. Femme mariée ne peut faire aucune aliénation sans être autorisée, t. X, p. 6,5.

ALIMENS. Dette pour alimens, n'est susceptible de compensation, t. II, p. 126.

Alimens. Dans quel cas doivent-ils être fournis par les pères et mères à leurs enfans, et comment les pères et mères doivent-ils y contribuer, t. X, p. 363. — Dans quels cas les enfans doivent-ils être condamnés à fournir des alimens à leurs pères et mères, *id.* p. 366. — De quelle manière ces alimens doivent être fournis, *id.* p. 367. — Cette dette est-elle solidaire entre tous les enfans, *id.* p. *id.* — Comment doit-elle être répartie entre tous les enfans, *id.* p. 368. — Cette obligation s'étend-elle aux petits-enfans, *id.* p. 370.

Alimens des conjoints et des enfans sont charges de la communauté, t. XI, p. 249. — *Quid*, de ceux qui sont fournis à la femme par son créancier qui la tient en prison, *id.* p. 237-238.

Alimens. Le gardien noble doit nourrir et entretenir ses mineurs à ses frais, et leur donner une éducation convenable, t. XX, p. 134.

ALTERNATIVE. *Obligations alternatives.* Quelles obligations sont alternatives, t. I, p. 203. — Dans les obligations alternatives, le débiteur a le choix de payer l'une des choses dues, s'il n'est autrement convenu ; mais il n'est pas admis à offrir partie de l'une et partie de l'autre, *id.* p. 204. — Principes et corollaires sur la nature des obligations alternatives, *id.* p. 205 et suiv. — Lorsqu'une des choses comprises en une obligation alternative, est périe par la faute ou sans la faute du débiteur, l'obligation subsiste dans les autres choses, sans que le débiteur soit admis à offrir, ni le créancier à exiger le prix de celle qui n'existe plus, *id.* p. 206-207. — Le débiteur de deux choses dues sous une alternative, qui en a payé une, croyant, par erreur, la devoir déterminément, peut-il la répéter en offrant l'autre, *id.* p. 208-209. — Lorsque deux choses dues sous une alternative ont été payées l'une et l'autre par le débiteur qui croyoit, par erreur, le devoir conjointement, est-ce lui, ou le créancier, qui a le choix de celle qui doit être rendue, *id.* p. 211-212. — Paiement partiel d'une dette alternative n'éteint la dette pour aucune partie, *id.* t. II p. 57-58.

ALLUVION. (Retrait.) Ce qui

est accru par alluvion, doit être délaissé au retrayant, t. IV, p. 259. — Différence à cet égard entre le retrait et le réméré. Pourquoi, *id.* p. *id.*

Alluvion. Le vendeur est-il tenu de la garantie de ce qui est accru par alluvion, t. III, p. 118. — Dans le cas du réméré, le vendeur qui l'exerce en doit-il profiter, *id.* p. 318-319.

Alluvion. Le fermier a-t-il droit de jouir de ce qui est accru par alluvion durant le cours du bail, t. VI, p. 193. — Différence à cet égard entre le contrat de vente et le contrat de louage, *id.* p. 193-194.

Alluvion. A qui appartiennent les alluvions, t. XIV, p. 400-401. (*Voy.* ACCESSION.)

AMENDES. Pour infraction de saisie féodale, t. XVI, p. 3-5. — Pour retard de donner dénombrement, *id.* p. 375-376.

Amende ou *défaut* faute de paiement de cens, t. XVI, p. 397. — Pour ventes recélées, *id.* p. 400. — Pour dommages de bêtes. (*Voy.* DOMMAGES.)

Amende. La société *universorum bonorum* est-elle tenue des amendes et réparations civiles auxquelles l'un des associés est condamné, t. VII, p. 180-181.

Amende à laquelle le mari est condamné par un jugement à une peine capitale, n'entre pas en communauté, t. XI, p. 218. (*Voy.* CONFISCATION, DÉLIT.)

Amende pour ventes recélées. Ce que c'est, t. XX, p. 30. — De combien elle est dans la coutume de Paris et dans celle d'Orléans, *id.* p. 31. — Il ne peut y avoir lieu à cette amende qu'autant qu'il y a eu un profit de vente dû au seigneur, *id.* p. 32. — Il faut aussi qu'il ait été recélé, *id.* p. 34. — *Quid,* si l'acquéreur a déprié frauduleusement, *id.* p. *id.* — *Quid,* si le seigneur a assisté au contrat, *id.* p. 35. — Contre quelles personnes cette amende peut-elle être demandée, *id.* p. 36. — Est-elle due par un

mineur ou par un insensé, au nom duquel l'acquisition est faite, *id.* p. 36-37. — Quand l'amende est censée remise, *id.* p. 37.

AMEUBLISSEMENT, t. XVII, p. 29-36.

Ameublissement. Ne donne lieu au retrait, t. IV, p. 77.

Ameublissement. Convention d'ameublissement. Ce que c'est, t. XI, p. 272. — Mineurs peuvent-ils, en se mariant, ameublir leurs immeubles, *id.* p. 276.

Ameublissement général. Que comprend-il, t. XI, p. 273.

Ameublissement particulier. Est déterminé ou indéterminé. Quelle clause renferme un ameublissement indéterminé, t. XI, p. 274 et suiv. — Clauses qui ne renferment aucun ameublissement, *id.* p. 275. — Effets de l'ameublissement général et de l'ameublissement particulier d'un corps certain, *id.* p. 277 et suiv. — Le conjoint qui ameublit un corps certain, est-il garant de l'éviction, *id.* p. 279 et suiv. — L'ameublissement n'a d'effet que pour le cas de la communauté, *id.* p. 281-282. — Le propre ameubli conserve, hors ce cas, sa qualité de propre, *id.* p. *id.* — Effet de l'ameublissement indéterminé, *id.* p. 282-283.

Ameublissement des propres du mari ne donne lieu au rachat, si la femme ou ses héritiers renoncent à la communauté, t. XIX, p. 423. — Ni, s)., par le partage, les propres ameublis par le mari tombent en son lot, *id.* p. 423-424. — La femme doit le rachat, si le propre ameubli par le mari tombe en son lot, *id.* p. 424. — Si la femme a ameubli son propre, le seigneur ne peut exiger le rachat dès le temps du mariage, *id.* p. 424-425. — Si le mari aliénoit pendant la communauté le propre ameubli par sa femme, le rachat seroit dû pour l'ameublissement, *id.* p. 425. — Et de même s'il tombe au lot du mari ou à ses héritiers, *id.* p. 426. — Si la femme, renonçant à la communauté, reprend son propre ameubli, en vertu de la

clause apposée au contrat, est-il dû rachat, *id.* p. 426-427. — *Quid,* s'il n'y a pas de clause de reprise, mais qu'elle reprenne son propre ameubli pour l'emploi de ses deniers dotaux, *id.* p. 428. (*Voy.* COMMUNAUTÉ, FIEFS.)

AMORTISSEMENT. Droits d'amortissement d'indemnité payés par des gens de main-morte, doivent-ils être remboursés par le lignager qui exerce le retrait sur eux, t. IV, p. 218.

ANCRAGE, t. VI, p. 467.

Ancrage. Droits d'ancrage. Ce que c'est, t. IX, p. 299.

ANIMAUX. Quand sont-ils meubles ou immeubles, t. XI, p. 41 et suiv.

ANTICHRÈSE. Ce que c'est, t. XX, p. 295. — Effet de l'antichrèse, selon les principes du droit romain, *id.* p. 297. — Le créancier qui jouit par antichrèse doit être tenu des charges réelles annuelles de l'héritage, *id.* p. 297-298.

Antichrèse réprouvée par Justinien, à l'égard des laboureurs, t. XX, p. 298. — En France, l'antichrèse ne peut avoir lieu dans le prêt d'argent, *id.* p. 298-299. — Peut-elle avoir lieu entre le créancier et le débiteur d'une rente ou d'une somme portant intérêt, *id.* p. 299. — Il n'y a que le débiteur qui soit recevable à opposer le vice de cette convention, *id.* p. 300.

ANTICIPATION. Baux faits par anticipation, t. VI, p. 32-33.

APANAGISTE. Si la foi lui peut être portée, t. XIX, p. 30. — S'il peut saisir féodalement, *id.* p. 89-90. — S'il a le droit de retrait féodal, *id.* p. 534.

APPEL *des jugemens.* Quand cesse-t-on d'y être recevable, t. II, p. 341 et suiv.

Appel. Ce que c'est, et ses espèces, t. XXIV, p. 212.

APPELLATION *verbale, et appellation sur procès par écrit.* (Procédure civile.) t. XXIV, p. 213-214. — On peut appeler de tous les jugemens des juges inférieurs, *id.* p. 214. — Cas où les jugemens ont force de chose jugée, *id.* p. 214-215.

— Quelles personnes peuvent appeler, *id.* p. 215. — Dans quel temps, *id.* p. 216. — L'imitation de la règle qui accorde dix ans pour appeler, *id.* p. *id.* — Comment on interjette appel, *id.* p. 218. — L'effet de l'appel est ordinairement suspensif, *id.* p. *id.* — Sentences qui s'exécutent malgré l'appel, par la nature de l'affaire, *id.* p. 219. — En matière de police, tous jugemens définitifs ou provisoires s'exécutent par provision, *id.* p. 221. — Sentence en matière de discipline ecclésiastique, *id.* p. *id.* — Sentences en matière sommaire, quand s'exécutent par provision, *id.* p. 221-222. — Sentences de condamnation fondées en titre s'exécutent par provision, *id.* p. 223-224. — Défenses d'exécuter les sentences, ne doivent être accordées dans ces cas, *id.* p. 224. — *Quid,* si le juge ordonne l'exécution provisoire dans un cas où il lui est défendu, *id.* p. 225. — L'exécution des sentences provisoires ne s'étend pas régulièrement aux dépens, *id.* p. 226. — Condition de donner caution pour l'exécution provisoire, *id.* p. 226-227. — Ce que c'est que relever l'appel, *id.* p. 228. — Ce qu'il y a de particulier à l'appel comme d'abus, *id.* p. *id.* — Appel doit être relevé devant le juge supérieur immédiat, *id.* p. 229. — Quelles personnes on peut intimer sur l'appel, *id.* p. *id.* — Cas auxquels on peut intimer les juges, *id.* p. *id.* — *Quid,* si l'appelant a eu pour partie le procureur-fiscal d'une justice subalterne, *id.* p. 230. — Dans quel temps l'appel doit être relevé, *id.* p. 231. — Anticipation sur l'appel, ce que c'est, *id.* p. 232. — Procédure sur l'appel quand l'appellation est verbale, *id.* p. 233. — *Quid,* si l'appelant ou l'intimé ne comparoît point, *id.* p. 233-234. — Amende qui doit être consignée, *id.* p. 234. — Forme de procéder dans les appellations de procès par écrit, *id.* p. *id.* — Appel d'incompétence ou de déni de renvoi, quand y a-t-il lieu, *id.* p. 33. — Où se portent ces appellations, *id.* p. *id.* — Comment elles sont

vidées, *id.* p. *id.* Peines portées contre les juges qui retiennent les causes qui ne sont pas de leur compétence, *id.* p. 36. (*Voy.* REVENDICATION.) Appel de l'adjudication par décret; quelles personnes peuvent l'interjeter, t. XXV, p. 60. — Un tiers peut aussi appeler du décret, *id.* p. *id.* — Peut-on interjeter appel pendant trente ans, *id.* p. 61-62. — Les moyens d'appel peuvent être tirés du fond ou de la forme, *id.* p. 63. — Effet de l'appel de l'adjudication, *id.* p. 64. — L'adjudicataire peut-il demander à être déchargé lorsqu'on interjette appel de l'adjudication, *id.* p. 65. — Effet de l'arrêt qui infirme l'adjudication, *id.* p. 66. — Cas où le procureur du saisissant doit l'acquitter des condamnations, *id.* p. *id.* — L'adjudicataire peut-il répéter des créanciers ce qu'ils ont reçu, *id.* p. 66-67. — Cas où la requête civile a lieu contre l'adjudication, *id.* p. 67. — La lésion d'outre moitié donne-t-elle lieu de se pourvoir contre l'adjudication, *id.* p. 67-68. (*V.* ADJUDICATION, DÉCRET.)

Appellation. (Procédure criminelle.) Ce que c'est, et de quelles sentences on peut appeler, t. XXV, p. 348. — Sentences dont l'appel est nécessaire, *id.* p. 348-349. — Appel peut-être interjeté tant par l'accusé que par la partie civile, ou la partie publique, *id.* p. 349. — Appel se porte dans la cour, *omisso medio,* quand le crime est de nature à mériter peine afflictive, *id.* p. 349-350. — Ce qui doit être observé pour parvenir à faire juger l'appel, *id.* p. 350. — Effet de l'appel, *id.* p. 352. — Décrets et jugemens d'instruction s'exécutent nonobstant l'appel, *id.* p. 353.

APPOINTEMENT à décréter, t. XVIII, p. 431. — De quand court la quarantaine, *id.* p. 491.

Appointement en droit, ou à mettre, ou autres, t. XXIV, p. 123. — Ce que c'est qu'appointement en droit ou à mettre, *id.* p. 124. — Certaines matières où il est défendu de les prononcer, *id.* p. 124-125.

Appointement de jonction, t. XXIV, p. 126. — Procédure sur l'*appointement en droit, id.* p. 127. — Avertissemens et autres écritures du ministère des avocats, *id.* p. 127 et suiv. — Inventaire de production et procédure du ministère du procureur, *id.* p. 127. — Communication par les mains du rapporteur, *id.* p. 129-130. — Procédure sur l'*appointement à mettre, id.* p. 131. — Si on doit faire des écritures sur cet appointement, *id.* p. 131-132. — *Délibéré sur le bureau, id.* p. 132. — On ne fait, en exécution de ce jugement, aucun inventaire, aucunes écritures, etc., *id.* p. 132-133. — A lieu principalement dans les matières sommaires, *id.* p. 133.

Appointement de conclusions, t. XXIV, p. 126. — Quelle en est la forme, *id.* p. 235-236. — Il forme la contestation en cause, *id.* p. 237. — Écritures qui se signifient après cet appointement, *id.* p. 237-238.

APPORT à la communauté, t. XVII, p. 25.

Apport. Quelles choses s'imputent sur la somme qu'un conjoint a promis apporter en communauté, t. XI, p. 262 et suiv. — Celles dont la communauté a été évincée peuvent-elles s'y imputer, *id.* p. 271. — Par quels actes les conjoints peuvent-ils justifier leur apport? *id.* p. 267-268.(*V.* COMMUNAUTÉ.)

Apport. L'apport mis en communauté par le prédécédé, dont ses père et mère exercent la reprise en renonçant à la communauté, en vertu de la clause du contrat de mariage, entre-t-il dans le don mutuel fait au survivant, t. XIV, p. 140-141. — Y entre-t-il pour le total, *id.* p. 142. (*Voy.* DONATIONS ENTRE ÉPOUX.)

ARBITRES. Par devant lesquels chaque associé a droit de demander le renvoi sur l'action *pro socio,* t. VII, p. 247.

Arbitres. Renvoi devant les arbitres. Peut-il être demandé dans le contrat d'assurance. Différences à cet égard entre ce contrat et celui de société, t. IX, p. 393-394. — Procédure devant les arbitres, *id.* p. 395-396.

Arbitres. Qui sont-ils, t. XXIV, p. 209. — Forme ordinaire de procéder devant les arbitres, *id.* p. 209-210. — Appellent un tiers pour les départager, si le pouvoir leur en est donné, *id.* p. 210. — Jugement rendu par les arbitres, homologation du jugement, *id.* p. 210-211.

ARBRES. A quelle distance doivent-ils être de l'héritage voisin, t. XVII, p. 248.

Arbres. A quelle distance du voisin doivent-ils être plantés, t. VII, p. 331-332. — Le titre *de arboribus cædendis* est-il observé, *id.* p. 332.

Arbres, arbustes, quand sont-ils meubles ou immeubles, t. XI, p. 37. — Arbres de haute futaie coupés pendant le mariage n'entrent point en communauté, *id.* p. 88. — *Secùs,* s'ils avoient été coupés avant, *id.* p. 89.

ARCHIVES. Ce que c'est, t. II, p. 246. — Foi que font les actes tirés des archives publiques, *id.* p. *id.*

ARGENTERIE. Ce que comprend le legs d'argenterie, t. XXII, p. 329. — Ce qui fait partie des bijoux et de la toilette n'y est pas compris, ni l'argent monnoyé, *id.* p. *id.*

ARMEMENT ET VICTUAILLES, que comprennent-ils, t. IX, p. 402.

ARRÉRAGES *de rentes.* Chaque année d'arrérages forme autant de dettes différentes, t. II, p. 32. — Paiement des trois dernières années d'arrérages fait présumer le paiement des précédentes, *id.* p. 327. — Cette présomption exclut-elle le créancier de prouver que les anciens arrérages lui sont dus, *id.* p. 327-328.

Arrérages de rentes constituées. Quand sont-ils exigibles, t. V, p. 102. — Où sont-ils payables, *id.* p. 102-103. — Le débiteur d'une rente peut retenir sur les arrérages les dixièmes, vingtièmes et autres semblables impositions, *id.* p. 104-105. — Pourvu qu'il les paie lui-même de ses biens au roi, et jusqu'à concurrence seulement de ce qu'il en paie, *id.* p. 105. — Les communautés ecclésiastiques peuvent-elles les retenir sur les rentes qu'elles doivent, *id.* p. 107-108. — Peut-on les leur retenir sur les rentes qui leur sont dues, *id.* p. 109. — Les débiteurs de rentes constituées contribuent-ils aux impositions particulières faites sur les fonds sur lesquels la rente est assignée, *id.* p. 110. — Différence à cet égard entre la rente constituée et la rente foncière, *id.* p. *id.* — Les quittances de trois années consécutives font présumer le paiement des années précédentes, *id.* p. 111. — Prescription de cinq ans des arrérages. (*Voy.* PRESCRIPTION.) — Longue prestation des arrérages. Quand fait-elle foi de la rente à défaut de titre. Prestation de dix ans, *id.* p. 129-130. — Prestation de trente ans, *id.* p. 130-131. — Prestation de cent ans, *id.* p. 136. — La longue prestation comment s'établit-elle. (*Voy.* QUITTANCES.)

Arrérages. Comment ils se forment, t. VII, p. 16-17.

Arrérages de rentes se comptent et s'acquièrent jour par jour. Conséquence de ce principe, t. XI, p. 204-205.

Arrérages de cens. Quand sont-ils acquis à la communauté lors de sa dissolution, t. XI, p. 208-209.

ARRET, ou saisie-arrêt. Cas auxquels on peut arrêter sans titre, t. XVIII, p. 404.

Arrêt du prince. Peut-il augmenter ou diminuer le fret. Distinction si le fret se paie au voyage ou au mois, t. VI, p. 413-414. — Décharge-t-il les parties de leurs obligations respectives, *id.* p. 421-423. — Diminue-t-il les loyers des matelots, *id.* p. 490-491.

Arrêt du prince. Ce que c'est, t. IX, p. 284. — En quel cas est-il aux risques de l'assureur, *id.* p. 284 et suiv.

ARRHES. Nature du contrat d'arrhes lorsqu'elles se donnent pour un marché proposé et non conclu, t. III, p. 376-377. — Celui qui a donné les arrhes est-il tenu de l'éviction des arrhes, *id.* p. 377-378. — Quelles sont les obligations de celui qui les a reçues, *id.* p. 378. — *Quid,* si c'est par consentement ré-

ciproque que le marché ne se fait pas, *id.* p. 378-379. --- Des arrhes qui se donnent pour preuve d'un marché conclu, *id.* p. 359. --- Lorsqu'on a donné ces arrhes, la partie qui manque à son obligation peut-elle être tenue à autre chose qu'à la perte des arrhes qu'elle a données, ou à la restitution au double de celles qu'elle a reçues, *id.* p. 380 et suiv. --- L'acheteur qui a payé, quoique par contrainte, ne doit pas perdre ses arrhes, *id.* p. 383. --- L'acheteur qui, en cas d'inexécution du marché de la part du vendeur, s'est fait payer de ses dommages et intérêts, n'a que la simple répétition de ses arrhes, *id.* p. *id.* --- Les arrhes seules sont-elles preuves du marché, *id.* p. 384 (*Voy.* VENTE.)

Arrhes. Y a-t-il lieu à la restitution du double des arrhes, lorsque le propriétaire qui les a reçues veut se loger dans sa maison, t. VI, p. 265. (*Voy.* LOUAGE.)

Arrhes de mariage, t. X, p. 36.

ARTILLERIE placée dans un château, est-elle meuble ou immeuble, t. XI, p. 55.

ASSOCIE. Associé oblige ses associés en contractant, t. 1, p. 81. --- Quand est-il censé contracter pour les affaires de la société, *id.* p. *id.*

Associé. L'associé de mon associé n'est pas mon associé, t. VII, p. 214. --- Conséquence de ce principe, *id.* p. 214-215.

ASSURANCE. Contrat d'assurance en général. Ce que c'est, t. IX, p. 248. --- Contrat d'assurance maritime, *id.* p. 249. --- Nature de ce contrat, *id.* p. 250. --- A quelles classes de contrat doit-il être rapporté, *id.* p. *id.* --- Peut-on assurer une chose qui n'existoit plus lors du contrat, *id.* p. 254. --- Le contrat est nul, 1.º lorsque l'assuré avoit connoissance de la perte des effets assurés, *id.* p. *id.* --- Comment l'assureur peut-il faire la preuve du dol de l'assuré, *id.* p. 254-255. --- 2.º Lorsque l'assuré, lors du contrat, avoit eu le temps

d'en avoir connoissance, quel est ce temps, *id.* p. 260 et suiv. --- Effet de la clause qui déroge à cet égard à l'article 39, *id.* p. 263 et suiv. (*Voy.* NOUVELLES.) --- Choses qu'on peut assurer, *id.* p. 265. --- On ne peut assurer la vie d'une personne, *id.* p. 266. --- Peut-on assurer celle des esclaves, *id.* p. 266. --- On peut faire assurer sa liberté, *id.* p. 267. (*V.* LIBERTÉ.) --- On ne peut faire assurer que ce qu'on court risque de perdre, *id.* p. *id.* --- On ne peut faire assurer ce qu'on a pris à la grosse, *id.* p. 267-268. --- On peut faire assurer ce qu'on a prêté à la grosse, *id.* p. 269. --- On ne peut faire assurer par un second acquéreur ce qui a déjà été assuré par un premier, *id.* p. 271. --- Mais je puis faire assurer la solvabilité du premier, et je lui ai donnée, *id.* p. *id.* --- L'assureur peut faire réassurer ce qu'il a assuré, *id.* p. 271-272. --- On ne peut faire assurer le fret à faire, ni le profit espéré, mais bien celui qui est acquis, *id.* p. 272. --- Ni les loyers de gens de mer, *id.* p. 273. --- Déduction du dixième sur les effets assurés, *id.* p. 273 et suiv. --- Le contrat d'assurance est nul, si lors du contrat l'assureur savoit, ou avoit eu le temps de savoir que les risques étoient passés, *id.* p. 277-278. --- Le contrat est-il nul ou réductible, lorsqu'il a été fait pour une somme qui excède la valeur des effets assurés, *id.* p. 303. --- Entre quelles personnes peut-il intervenir, *id.* p. 317 et suiv. --- Peut-il se faire verbalement, et quand la preuve testimoniale peut-elle en être permise, *id.* p. 321 et suiv. (*Voy.* ABORDAGE, ACTIONS *qu'ont les assureurs*, etc. ACTION *de l'assuré*, ARBITRES, ARRÊT DE PRINCE, ASSURÉ, ASSUREUR, AVARIES, BONNE-FOI (*Assu*rance), CONNOISSEMENT, EXCEPTIONS *des assureurs*, HOSTILITÉS, JET, POLICE D'ASSURANCE, PRIME, PROFIT MARITIME, RISQUES.)

ASSURÉ. Ce que c'est, t. IX,

p. 249. — Contracte l'obligation de payer la prime, *id*, p. 377. — (*V.* PRIME, DEMI POUR CENT.)

ASSUREURS. Ce que c'est, t. IX, p. 249. — De quels risques, pertes et dommages sont-ils tenus, *id*. p. 279 et suiv. (*Voy.* RISQUES.) — Pendant quels temps, *id*. p. 290 et suiv. — Ne sont pas tenus des pertes arrivées par la faute des maîtres et mariniers, s'ils ne s'en sont chargés, *id*. p. 294 et suiv. — Ni de celles arrivées par le vice propre de la chose, *id*. p. 296-297. — Ni des frais et impôts, *id*. p. 297-298. (*Voy.* PILOTAGE, TOUAGE, LAMANAGE, ANCRAGE, DROITS *de congé, visite, rapports.*) — Ne sont tenus des risques lorsqu'on s'est écarté de ce qui est porté par la police, si ce n'est de leur consentement, ou dans un cas de nécessité, *id*. p. 299 et suiv. — Comment se partagent-ils lorsque l'assurance est faite pour une somme moindre que la valeur des effets assurés, *id*. p. 307 et suiv. — Obligations des assureurs qui naissent du contrat d'assurance, *id*. p. 332-333. Premier chef : l'obligation de payer la somme assurée; en quel cas, *id*. p. 334 et suiv. (*Voy.* PRISE, NAUFRAGE, BRIS.) — Quel laps de temps donne lieu à la présomption de la perte du vaisseau dont on n'a pas eu de nouvelles, et à cette obligation, *id*. p. 339-340. — Second chef : obligation d'indemniser des avaries, l'assuré, *id*. p. 280, 332-333. (*Voy.* AVARIES.)

ATTERMOIEMENT. Conciliation de ce qui s'observe dans ces contrats avec la règle que les contrats n'ont d'effet qu'entre les parties contractantes, t. I, p. 84. — L'exception qui résulte d'un contrat d'attermoiement est-elle une exception personnelle au débiteur, qui ne puisse passer à ses cautions, *id*. p. 369-370.

AUBAINS. T. XVI, p. 16. — N'ont d'héritiers, t. XVIII, p. 3. — Ne succèdent, *id*. p. 6. — Sont capables de donations, t. XVII, p. 291. — Femme aubaine, a-t-elle droit de communauté, *id*. p.

3. — De douaire, *id*. p. 183-184. — Droit d'aubaine, t. XVIII, p. 82. — *Aubains* ou étrangers, qui sont-ils, t. XXIII, p. 251-252. — Ancienne condition des aubains, *id*. p. 252-253. — Condition actuelle des aubains, *id*. p. 253. — Ne peuvent exercer aucune fonction publique, *id*. p. *id*. — Aubains doivent donner caution, *judicatum solpi*, *id*. p. 255-256. — *Quid*, lorsque deux étrangers plaident ensemble, *id*. p. 257. — Ne peuvent être témoins dans les testamens, *id*. p. 258. — Deux conjoints peuvent-ils se faire un don mutuel, lorsqu'ils sont tous deux étrangers, ou l'un d'eux, *id*. p. 260. — Une femme étrangère peut-elle prétendre douaire coutumier ou préfix sur les biens de son mari situés dans le royaume, *id*. p. 261-262. — Aubains, ne peuvent transmettre leurs successions à leurs parens, ni recueillir les leurs, *id*. p. 262. — Exceptions, *id*. p. *id*. — Peuvent-ils se servir de la prescription? *id*. p. 264. — Peuvent-ils exercer le retrait lignager, *id*. p. 265. — Ne peuvent acquérir le droit de citoyen que par lettres de naturalité, *id*. p. 266-267. — Comment elles s'obtiennent, *id*. p. 267. — Étrangers naturalisés jouissent de presque tous les droits de citoyens, *id*. p. 267-268. — Doivent avoir pour héritiers leurs plus proches parens regnicoles, *id*. p. 268. — La veuve de l'étranger lui succède-t-elle en vertu de l'édit *Unde vir et uxor*, *id*. p. 268-269. — Quelques villes ont obtenu que ceux qui s'y établiroient, seroient naturalisés, *id*. p. 269. — Quelques peuples jouissent des droits d'originaires français, *id*. p. 270.

Aubaine. Femme aubaine a-t-elle droit de douaire, t. XIII, p. 10-11.

Aubain. Ce que c'est, t. XXI, p. 5. — Il ne peut régulièrement transmettre sa succession, *id*., p. *id*. — Exceptions, s'il a des enfans nés et établis dans le royaume ou naturalisés, *id*. p. 5-6. — Autres exceptions concernant certaines nations; les marchands fréquentant les foires de Lyon; les ambassadeurs rési-

dens, et les docteurs régens et les écoliers des universités, *id.* p. 6-7. — Aubains non-naturalisés ne sont capables de recueillir aucunes successions en France, *id.* p. 16. — Mêmes exceptions que ci-dessus, *id.* p. 16 et suiv. — Rentes exceptées du droit d'aubaine, *id.* p. 18.

Aubains peuvent donner entre-vifs, t. XXIII, p. 2. — Peuvent aussi recevoir les donations entre-vifs, *id.* p. 15

AUGMENTATION. Effet de cette clause dans un legs, t. XXII, p. 322.

Augmentation de gages des offices est acquêt, *id.* t. XXII. p. 41-42.

AUTORISATION du mari nécessaire à la femme, t. X. p. 656.

Autorisation du mari ; sa définition, son fondement, t. X. p. *id.* — En quoi diffère-t-elle de celle d'un tuteur, *id.* p. 656-657. — Est plus qu'un simple consentement, *id.* p. 658, 700-701. — La fiancée a-t-elle besoin d'autorisation, *id.* p. 659. — Quelles femmes ont besoin d'autorisation, *id.* p. 662. — (*Voy.* Absent, Démence, Marchande publique, Mort, Mort civile, Séparation.) — Mari quoique mineur, peut autoriser sa femme majeure, *id.* p. 672. — Mari, mineur, peut-il se faire restituer dans l'autorisation donnée à sa femme majeure, et dans quel cas, *id.* p. 672-673. — Mari mineur peut-il autoriser sa femme mineure, pour quels actes, *id.* p. 674. — Lorsque le mari est majeur, il sert de curateur à sa femme, *id.* p. *id.* — Pour quels actes la femme a-t-elle besoin d'autorisation, *id.* p. 675. (*Voy.* Injure, Marchande publique, Ester en jugement, Séparation, Exclusion de communauté.) — Eu a-t-elle besoin lorsqu'elle s'oblige pour tirer son mari de prison, *id.* p. 677-678. — *Quid*, si c'est pour s'en tirer elle-même, *id.* p. 678-679. — Autres actes favorables, *id.* p. 679. — L'autorisation est-elle nécessaire dans les actes passés entre le mari et la femme, tel qu'est un don mutuel, *id.* p. 679-680. — Dans les testamens, *id.* p. 681. — Dans

les actes qu'elle fait au nom d'un autre, *id.* p. 687-688. — Elle n'en a pas besoin pour les obligations qui se contractent sans aucun fait de sa part, *id.* p. 689. — Ni pour celles qui naissent des délits, *id.* p. 690-691. — *Secùs*, du dol qu'elle commet en contractant, *id.* p. 691. — Femme non autorisée, qui prend la qualité de fille ou de veuve, s'oblige-t-elle, *id.* p. *id.* — Comment le mari doit-il interposer son autorisation dans les actes extra-judiciaires, *id.* p. 698-699. — Pour quels actes doit-elle être spéciale, *id.* p. 699. — Quand l'autorisation générale suffit-elle, *id.* p. 698-699. — Quand l'autorisation du mari doit-elle être interposée *id.* p. 702. — Celle interposée depuis rétablit-elle l'acte, *id.* p. 703-704.

Autorisation du juge. Quand doit-elle être obtenue, *id.* t. X, p. 660. Son effet à l'égard du mari, *id.* 661. — Différence de l'autorisation pour les actes judiciaires, et de celle pour les extra-judiciaires, *id.* p. 705-706. — Effet tant de l'autorisation que du défaut d'autorisation, *id.* p. 706.

Autorisation nécessaire à la femme pour le don mutuel, t. XIV, p. 157-158.

AVAL. Ce que c'est, t. V, p. 292. — Rend-il sujets à la contrainte par corps ceux qui ne sont pas marchands, *id.* p. 293. — Peuvent-ils opposer les exceptions de division et de discussion, *id.* p. 293-294. (*V.* Change.)

AVANCEMENT de succession. Quels biens sont avancement de succession, t. XVI, p. 38 ; t. XVII, p. 373. — Ne donnent lieu aux profits. (*Voy.* Rapport.).

AVANTAGES INDIRECTS *défendus entre mari et femme.* Différentes espèces, t. XIV, p. 65. — C'est un avantage indirect prohibé, lorsque dans les états que les conjoints font du mobilier que chacun d'eux avoit lors de leur mariage, l'un d'eux comprend dans le sien moins qu'il n'avoit pour diminuer ses reprises, on souffre que l'autre conjoint comprenne dans le sien plus qu'il n'avoit pour les augmenter,

id. p. 66 *et suiv.* — Suppression des pièces justificatives des reprises dont l'un des conjoints est créancier ; ou des pièces justificatives des récompenses dont il est débiteur, *id.* p. 68. — Fausse énonciation du prix dans le contrat de vente des propres de l'un des conjoints, *id.* p. 69. — Substitution de billets portant constitution de rente au profit du mari, à la place de ceux subis au profit d'une personne dont la succession lui est échue, durant le mariage, *id.* p. 69-70. (*Voy.* sur les contrats d'où peuvent résulter des avantages indirects, les mots LEGS, CONTRATS, FIDÉI-COMMIS, PAIEMENT, DÉCHARGE, ACTION DE REVENDICATION, CONVENTION. (Donation entre époux.)

Avantages sujets à rapports, t. XXI, p. 326. — Tous les avantages tant directs qu'indirects, faits par les père et mère et autres ascendans, sont sujets à rapport, *id.* p. *id.* — Ce que c'est qu'avantages indirects, *id.* p. *id.* — Dans le cas d'une vente faite au-dessous de la juste valeur, l'enfant est-il obligé au rapport de l'héritage, ou à ce qui manque au juste prix, *id.* p. 327-328. — Décharge et quittance données par père ou mère peuvent passer pour avantages suivant les circonstances, *id.* p. 330. — *Quid*, de la remise faite à un enfant en cas de faillite, *id.* p. 331. — Il n'y a lieu au rapport que lorsqu'un père ou une mère ont fait sortir quelque chose de leurs biens pour faire passer à leurs enfans, *id.* p. 331-332. — Différens exemples, *id.* p. 332 *et suivantes.* — *Quid*, lorsqu'un père a acheté un héritage au nom et pour le compte de son fils, et l'a payé de ses deniers, *id.* 337. (*V.* RAPPORTS.)

AVARIES. Ce que c'est, t. VI, p. 426. — Deux espèces, *id.* p. 427. — *Avaries communes ou grosses*, *id.* p. *id.* — Différentes espèces d'avaries grosses ou communes, *id.* p. 453 *et suiv.* — Première espèce. Composition pour le rachat du navire. (*Voy.* RACHAT. COMPOSITION.) — Deuxième espèce. Jet. (*V.* JET.) — Troisième espèce. Câbles et mâts rompus, en quel cas sont une avarie simple, *id.* p. 457-458. — Quatrième espèce. Dommages causés par le Jet. (*Voy.* JET.) — Cinquième espèce. Pansement et nourriture du matelot blessé en défendant le navire, *id.* p. 459. — Quand les blessures du matelot ne sont-elles pas avaries communes, *id.* p. 459-460. — Ce qui est payé aux héritiers du matelot tué, est avarie commune, *id.* p. *id.* — Dommage causé au navire pendant le combat, est avarie commune, *id.* p. 461. — Sixième espèce. Frais de la décharge pour entrer le navire dans un havre ou le remettre à flot, en quel cas ne sont avaries communes, *id.* p. *id.* — Septième espèce. Perte des marchandises déchargées dans les allèges ; en quel cas n'est avarie commune, *id.* p. 462. — Déboursés pour lamanage, touage, pilotage, forment une espèce particulière d'avarie commune, différentes des autres, et qu'on appelle menue avarie, *id.* p. 464-465. — *Quid*, lorsque ces frais sont faits à l'occasion d'une tempête ou d'une chasse, et dans une autre pour que celui de la destination, *id.* p. 465-466. Echouement fait exprès sur une côte lorsqu'un vaisseau est poursuivi ; frais faits dans un port où un vaisseau poursuivi s'est réfugié, sont avaries communes, *id.* p. 467-468.

Avaries simples, t. VI, p. 427, 468-469. — Par qui sont-elles supportées, lorsqu'elles arrivent par force majeure, *id.* p. 468-469. — Par la faute du maître ou de ses gens, *id.* p. 469. (*V.* CHARTE-PARTIE.)

Avaries, ce que c'est, t. IX, p. 367. — Clauses qui déchargent les assureurs des avaries ou de certaines avaries, *id.* p. 368-369. — De quelles avaries est tenu le donneur à la grosse, *id.* p. 425-426. (*Voy.* ASSURANCE, PRÊT A LA GROSSE.)

AVENANT Ce que c'est, t. IX, p. 325.

AVERSIONEM. Vente *per aversionem*, t. III, p. 244.

AVOCATS, s'ils sont incapables de recevoir des donations de leurs cliens, t. XXIII, p. 33.

Avocats. Écritures qui sont de leur ministère, t. XXIV, p. 127 *et suiv.* — Causes renvoyées devant les avocats des parties, *id.* p. 133-134.

B.

BAIL A LOYER OU FERME. Successeurs à titre singulier ne sont obligés à l'entretien des baux, t. XVII, p. 201. — La douairière est-elle tenue, *id.* p. 200-201. — Le seigneur qui exploite son fief doit entretenir les baux, *id.* p. 201. (*V.* LOUAGE, LOYER.)

Bail à loyer ou ferme. Le retrayant est-il tenu d'entretenir les baux faits par le vendeur à des tiers, t. IV, p. 292. — A l'acheteur pour un bail qui auroit précédé la vente, *id.* p. 292-293. — Est-il tenu entretenir ceux faits par l'acheteur, *id.* p. 294.

Bail par devant notaire l'emporte sur un bail sous seing-privé. Effet de cette règle, t. VI, p. 46.

Baux. Le mari peut-il faire des baux des héritages propres de sa femme; sa femme est-elle toujours obligée de les entretenir, t. X, p. 715 *et suiv.*

Baux. La douairière est-elle tenue de l'entretien des baux faits par le mari, t. XIII, p. 203 *et suiv.* — Le propriétaire qui rentre après l'usufruit fini, n'est par obligé d'entretenir ceux faits par la douairière, si ce n'est pour l'année commencée, *id.* p. 252. — Les fermiers ou locataires n'ont en ce cas aucun recours contre l'héritier de la douairière, lorsqu'elle a fait le bail en cette qualité. *Secus,* si elle l'a fait en son propre nom, *id.* p. *id.*

Baux. Quels successeurs sont tenus à l'entretien des baux. (*Voy.* ENTRETIEN DU BAIL, SUCCESSEURS, LOCATAIRES.)

BAIL A RENTE. Rente créée par bail est foncière, t. XVIII, p. 135.

Bail à rente rachetable, ou non rachetable, sans démission de foi, ne donne ouverture à la foi ni aux profits, t. XVI, p. 323 *et suiv.* — Lorsqu'il y a démission de foi, le bail à rente rachetable donne ouverture au profit de quint, *id.* p. 181. 327-328. — *Secus,* du bail à rente non rachetable, *id.* p. 181. — Le bail à rente, même non rachetable, donne ouverture au profit de vente lorsque l'acquéreur donne en outre une somme d'argent, *id.* p. 182. — Quand donne-t-il lieu au retrait t. XVIII, p. 225-226. — Lorsqu'il a été fait avec rétention de foi, le rachat de la rente donne-t-il lieu au retrait de l'héritage, *id.* p. 231. (*Voy.* RENTE FONCIÈRE.)

Bail à rente rachetable, t. IV, p. 57. — Donne-t-il lieu au retrait, *id.* p. 57-58.

Bail à rente non-rachetable, t. IV, p. 75. — Donne-t-il lieu au retrait, *id.* p. *id.* — Si cependant le rachat de la rente avoit été fait dans l'année, *id.* p. 76.

Bail à rente. Ce que c'est que le contrat de bail à rente, t. VII, p. 2. — En quoi ressemble-t-il au contrat de vente, *id.* p. 23. — En quoi en diffère-t-il, *id.* p. 4 *et suiv.* — En quoi ressemble-t-il au bail à ferme ou à loyer, *id.* p. 3-4. — En quoi en diffère-t-il, *id.* p. 3-4. Ce bail à rente est un contrat réel, *id.* p. 4. — Quelles choses sont susceptibles du bail à rente, *id.* p. 7. — Peut-on bailler à rente l'héritage d'autrui, *id.* p. 8-9. — *Quid,* de celui qui appartient au preneur, *id.* p. 9. — Clauses dont est susceptible le bail à rente, *id.* p. 34-35. — Clause pour deniers d'entrée, *id.* p. 35-36. — Cette clause rend le bail à rente sujet au retrait, comme étant mêlé de vente, *id.* p. 36. — Clause de fournir et faire valoir, *id.* p. 36-37. — Clause de payer à toujours, à perpétuité, *id.* p. 38. — Clause de payer la rente aux tiers à qui le bailleur la doit, et de l'en indemniser, *id.* p. 130. — Clause de payer tant que la rente aura cours, *id.* p. 130 *et suiv.* — Clause d'améliorer l'héritage de manière qu'il

vaille toujours la rente et plus, id. p. 39. — Clause de faire certaines améliorations, id. p. 39 et suiv. 131-132. — Clause de payer en arrérages sans diminution, id. p. 43. — S'étend-elle aux vingtièmes, id. p. 43-44. — Clause de faculté de rachat, (Voy. RACHAT.) — Clause de rétention de foi, id. p. 55. — (V. ACTION PERSONNELLE du bailleur contre le preneur, ACTION HYPOTHECAIRE, ACTION MIXTE, DEGUERPISSEMENT, PRESCRIPTION (Bail à rente), RENTE FONCIÈRE.)

Bail à rente rachetable équipolle à vente, et donne lieu au quint, t. XIX, p. 276.

Bail à rente avec démission de foi et deniers d'entrée, est un contrat mêlé de vente, id. p. 277-432.

Bail à rente avec rétention de foi ne donne lieu à aucun profit, id. p. 432. — Avec démission de foi et faculté de racheter, donne lieu au profit de vente, id. p. id.

Bail à rente rachetable sans rétention de foi, donne lieu au retrait féodal, id. p. 509.

Bail à rente non rachetable ne donne lieu ni au quint ni au retrait féodal, id p. 510. — Si la rente a été créée sans faculté de rachat, et néanmoins depuis rachetée, y a-t-il lieu au retrait féodal, id. p. 511-512. — Le seigneur peut-il être admis à la preuve par témoins qu'il y a eu convention secrète de racheter la rente, id. p. 513-514. (Voyez FIEFS.)

BAIL JUDICIAIRE, t. XVIII, p. 438. — Conversion du bail conventionnel en judiciaire, id. p. 439. — De ceux à qui il n'est pas permis de s'en rendre adjudicataires, id. p. 439-340. — Tiercement du bail, id. p. 441. — Obligation du fermier judiciaire, id. p. id. — Quand finit ce bail, id. p. id.

Baux judiciaires. Qu'est-ce qu'un bail judiciaire, t. VI, p. 256-257. — Plusieurs espèces, id. p. 257. — Baux judiciaires des héritages saisis réellement : nature de ces baux, id. p. id. — Le bail conventionnel peut-il être converti en bail judiciaire,

id. p. 258. — En quoi diffèrent des baux ordinaires, id. p. 258-259. — Personnes à qui il est défendu de se rendre adjudicataires des baux judiciaires, id. p. 259. — Quand finit le bail judiciaire, id. p. 260-261. — Il n'y a lieu à la tacite réconduction dans les baux judiciaires, id. p. 238.

Baux judiciaires. Ce que c'est et en quel cas ils ont lieu, t. XXIV, p. 379-380. — Conversion des baux conventionnels en judiciaires, id. p. 380. — Quelles choses doivent concourir pour que cette conversion ait lieu, id p. 380-381. — Peut-on demander cette conversion contre le fermier ou locataire, id. p. 382-383. — Le fermier n'y peut être contraint qu'à la charge qu'il ne sera pas sujet à la contrainte par corps, id. p. id. — Procédure pour parvenir au bail judiciaire, id. p. 384. — Quid, s'il ne se présente personne pour enchérir, id. p. 385. — Adjudication des baux judiciaires, id. p. 386. — Qui sont ceux auxquels il est défendu de se rendre adjudicataires, id. p. id. — Obligation de donner caution, id. p. 388. — Tiercement sur l'adjudication, id. p. 389. — Fermier judiciaire doit demander la visite des biens, pour constater les réparations, et comment il en doit être fait marché, id. p. 389-390. — Comment le fermier judiciaire doit jouir, id. p. 391. — Quand finit le bail judiciaire, id. p. 391-392. (Voyez LOUAGE.)

BAIL. (Baillistres), t. XVI, p. 287, 342-461 et suiv.

Bail (Garde-noble.) Ce que c'est, t. XX. p. 94. — A quelles personnes ce droit est déféré par la coutume d'Orléans, id. p. 94-95. — Elle ne défère ce droit qu'aux collatéraux qui sont majeurs, id. p. 107. (V. GARDE NOBLE.)

BALISES. Ce que c'est, t. VI, p. 467.

BANNALITÉ. Ce que c'est, t. XVI, p. 308. — A qui ce droit peut-il appartenir, id. p. 309. — Comment s'établit-il, id. p. 312, 391-392. — Comment se perd-il. id. p. 313-314. — En quoi consiste la ba-

nalité de four et de moulin, *id.* p. 308-309. — Sur quelles personnes s'exerce ce droit, *id.* p. 310-311. — A l'égard de quelles choses, *id.* p. 311-312.

Bans *de mariage.* Ce que c'est. Origine de ce mot. Antiquité et motif de cette discipline, t. X, p. 54-55. — Sont-ils d'une absolue nécessité, *id.* p. 56-57. — Leur forme, *id.* p. 57. — Par qui, où, et en quel temps se doit faire leur publication, *id.* p. 57 *et suiv.* — Choses dont le Curé doit s'assurer avant de les publier, *id.* p. 61. — Des dispenses de bans, *id.* p. 61-62. — Des oppositions aux bans, *id.* p. 64 *et suiv.* — Un curé n'a pas droit de former opposition aux bans que des personnes qu'il prétend ses paroissiens, font publier dans une autre paroisse, *id.* p. 423. — Il est défendu aux curés, à peine de suspense, et de dommages et intérêts, de passer outre à la célébration du mariage, au préjudice des oppositions aux bans, *id.* p. 350-351. — Doivent laisser l'intervalle usité, quoiqu'il n'y ait d'opposition, *id.* p. 352. (*V.* CARÈME.)

BATARERIE *de patron.* Ce que c'est, t. IX, p. 295.

BATARDS. Peuvent tester, t. XVIII, p. 108. — Ne succèdent, *id.* p. *id.* — Qui leur succède? *id.* p. 82 *et suiv.*

Bâtards sont incapables de donations universelles de leur père et mère, mais capables de donations particulières, t. XXIII, p. 303-22. — *Quid,* des bâtards adultérins ou incestueux, *id.* p. 303-22. — Bâtards jouissent de l'état civil; mais ils n'ont pas les droits de famille, *id.* p. 302. — Comment peuvent-ils devenir légitimes, *id.* p. *id.* — Exceptions des bâtards adultérins ou incestueux, *id.* p. 303.

Bâtards. Enfans nés d'un mariage valablement contracté, mais privé par la loi des effets civils, ne sont pas bâtards, quoiqu'ils n'aient pas les droits de famille, t. X, p. 407. — Obligations des pères et mères envers leurs enfans bâtards, et des bâtards envers leur père et mère, *id.* p. 370-371.

Bâtards. N'ont pas besoin du consentement de leur père et mère pour se marier, *id.* p. 310-311.

Bâtards. Ne succèdent pas même à leur mère, t. XXI, p. 29. — et leurs père et mère ne leur succèdent point, *id.* p. *id.* — Lorsqu'une parenté est formée par plusieurs générations, s'il y en a une seule qui soit formée par une conjonction illégitime, la parenté n'est pas légitime et conséquemment ne peut donner le droit de succéder, *id.* p. 30. (*V.* MARIAGE, SUCCESSION.).

BENEDICTION *nuptiale.* Son antiquité, t. X, p. 314-315. — N'étoit pas néanmoins dans les premiers siècles de nécessité pour la validité du mariage, *id.* p. 316-317. — Ni même pour le sacrement, *id.* p. 319. — Loi des rois de France, qui ont requis pour la validité du mariage la bénédiction nuptiale, ou du moins l'intervention du curé, *id.* p. 320 et suiv. — Discipline de l'église dans le douzième siècle, sur les mariages clandestins qui ne se faisoient point en face de l'église, *id.* p. 323 et suiv. — Ce qui se passa à ce sujet au concile de Trente, *id.* p. 326 et suiv. — Forme prescrite par le concile de Trente, et par nos ordonnances, pour la célébration des mariages. (*Voy.* CURE.)

BENEFICE *de cession*, t. XVIII, p. 298-299. (*Voy.* CESSION.)

Bénéfice de restitution pour lésion énorme, n'a lieu en aliénation de meubles, t. XVIII, p. 406. — Contre les adjudications par décret, *id.* p. 476-477. (*Voy.* LESION, RESCISION, RESTITUTION.)

Bénéfice d'inventaire, quand l'héritier peut-il l'obtenir, et de qui, dans la coutume d'Orléans, t. XVIII, p. 28-29. — Ce qu'il doit faire pour en jouir, *id.* p. 29. — Comment doit-il vendre les biens, *id.* p. 132. — Principe général sur l'effet de ce bénéfice, *id.* p. 30. — Il empêche l'héritier d'être tenu des dettes sur ses propres biens, *id.* p. *id.* — Il empêche la confusion de ses actions, *id.* p. 32-33. — De l'abandon fait par l'héritier bénéficiaire, *id.* p. 33. — Du compte qu'il doit, *id.* p.

33-34. — Contre qui le bénéfice a-t-il lieu, *id.* p. 34-35. — Préférence de l'héritier simple sur l'héritier bénéficiaire, *id.* p. 35.

Bénéfice d'inventaire. Ce que c'est, t. XXI, p. 264. — Différence de l'acceptation sous bénéfice d'inventaire et de l'acceptation pure et simple, *id.* p. 265. — Un testateur peut-il défendre que son héritier use du bénéfice d'inventaire, *id.* p. 265-266. — Quelles choses sont requises pour le bénéfice d'inventaire, *id.* p. 266. — Dans le pays coutumier, il faut obtenir des lettres de chancellerie, et les faire entériner, *id.* p. 266-267. — Nécessité de faire inventaire, *id.* p. 269. — Doit être fait devant notaire, *id.* p. 270. — S'il doit être conclu et affirmé, *id.* p. *id.* — Administration des biens par l'héritier bénéficiaire, *id.* p. 271. — Ce qu'il doit observer touchant la vente des meubles, *id.* p. 272. — Touchant la vente des immeubles, *id.* p. *id.* — Premier effet du bénéfice d'inventaire de n'être pas tenu sur ses propres biens, *id.* p. 274. — Ce que l'on doit allouer dans son compte, *id.* p. 275-276. — Peut-on lui contester ce qu'il a payé à des créanciers, *id.* p. 276. — Second effet du bénéfice d'inventaire, en ce que l'héritier ne confond point ses droits et actions, *id.* p. 279. — Peut-il revendiquer son héritage vendu par le défunt, *id.* p. 280-281. — Troisième effet du bénéfice d'inventaire, de pouvoir renoncer aux biens de la succession, *id.* p. 281-282. — L'enfant, héritier bénéficiaire, qui a renoncé, demeure-t-il sujet au rapport envers ces cohéritiers, *id.* p. 283-284. — Contre quels créanciers a lieu le bénéfice d'inventaire, *id.* p. 284-285. — Préférence accordée à l'acceptation pure et simple sur l'acceptation sous bénéfice d'inventaire, *id.* p. 285. — Sur quoi elle est fondée, *id.* p. 286. — Quels héritiers bénéficiaires peuvent être exclus par les héritiers purs et simples, *id.* p. 288. — Quelles personnes peuvent exclure l'héritier bénéficiaire, en se portant héritiers purs et simples, *id.* p. 290. — La sœur, en offrant d'être héritière simple, peut-elle exclure ses frères, héritiers bénéficiaires, de la succession des fiefs, *id.* p. 292-293. — Le mineur peut-il exclure le plus proche héritier bénéficiaire, en se portant héritier pur et simple, *id.* p. 293. — Les créanciers d'un parent qui auroit pu ainsi exclure l'héritier bénéficiaire, peuvent-ils user de ce droit, *id.* p. 294-295. — Comment l'héritier bénéficiaire peut-il éviter cette exclusion, *id.* p. 295-296. — Terme accordé par la coutume d'Orléans, *id.* p. 296. — Effet de l'exclusion de l'héritier bénéficiaire par l'héritier simple, *id.* p. 297. — Ce qu'il a fait pendant sa jouissance doit être entretenu lorsqu'il n'a pas excédé les bornes de l'administration, *id.* p. 297-298. — Les immeubles qui ont été vendus par décret sur l'héritier bénéficiaire, ne peuvent être revendiqués par l'héritier pur et simple, *id.* p. 298-299. — L'héritier bénéficiaire doit rendre compte de tout ce qui lui est parvenu, *id.* p. 300. — Si l'héritier bénéficiaire a exercé le retrait féodal, doit-il rendre l'héritage retiré à l'héritier pur et simple, *id.* p. 302. — L'héritier simple a hypothèque sur les biens de l'héritier bénéficiaire, *id.* p. 302-303.

Bénéfice. Les mutations des titulaires des bénéfices donnent lieu au rachat, t. XIX, p. 443-444. — De quel jour le rachat est-il dû quand la mutation se fait par résignation, *id.* p. 444-445. — *Quid*, lorsque le bénéfice a vaqué, *per obitum*, *id.* p. 445-446.

BESTIAUX. Le propriétaire qui rentre en jouissance de l'héritage, après la mort de la douairière, peut retenir les bestiaux qui ont été placés par la douairière, en payant le prix, t. XIII, p. 253-254.

Bestiaux. Sont-ils meubles ou immeubles, t. XI, p. 44 et suiv.

BILLET *sous signature privée*, antérieur au mariage, fait au profit du mari, constitue-t-il un propre ou un conquêt, t. XVII, p. 13.

Billet à domicile. Ce que c'est, t. V, p. 371.

Billet à ordre; Ce que c'est, et sa différence des simples billets, t. V, p. 372 et suiv. — Temps dans lequel le porteur d'un billet à ordre doit faire ses diligences contre le débiteur, *id.* p. 374. — Les dénoncer, *id.* p. 375. — Différence des simples billets à ordre, et des billets de change, *id.* p. 375-376. — Billet à ordre rend-il le débiteur sujet à la juridiction consulaire et à la contrainte par corps, *id.* p. 376.

Billets au porteur, Ce que c'est, défendus, depuis rétablis, t. V, p. 377-378. (*Voy.* PORTEUR.)

Billets de change. (*Voy.* CHANGE.)

Billets en blanc, t. V, p. 377.

Billet d'une femme mariée, daté d'avant le mariage; quand est-il à la charge de la communauté, t. XI, p. 238-239.

BLAMES. Sont faits ou sur ce qui est compris dans le dénombrement, ou sur ce qui y est omis, t. XIX, p. 234. — Ces blâmes doivent être articulés, *id.* p. 234-235. — Le temps accordé au seigneur pour fournir les blâmes, est différent, suivant les coutumes, *id.* p. 235. — Est de quarante jours, suivant les coutumes de Paris et d'Orléans, *id.* p. *id.* — Où doit être portée l'action, *id.* p. 235-236. — Le seigneur a droit de demander au vassal la communication de ses titres, en offrant de lui communiquer les siens, *id.* p. 237-238. — Si le seigneur a fourni des blâmes, mais a laissé passer trente ans sans faire statuer sur les blâmes, le dénombrement sera-t-il censé reçu, *id.* p. 240-241. (*Voy.* FIEFS.)

BOIS TAILLIS. Coupe de bois taillis faite durant le mariage entre-t-elle en communauté, t. XI, p. 89.

BONNE-FOI (Vente.) Oblige le vendeur à n'user d'aucun mensonge, ni même d'aucune réticence, sur ce qui concerne la chose qui fait l'objet du marché, t. III, p. 181 et suiv. — Certaines réticences, punies même dans le for extérieur, comme lorsque le vendeur n'a pas déclaré que la chose ne lui appartenoit pas, ou n'a pas déclaré les hypothèques dont elle étoit chargée; quelle obli-gation naît de cette réticence, *id.* p. 184-185. — Si la réticence des circonstances extrinsèques que l'acheteur avoit intérêt de savoir, est permise, *id.* p. 187-188. — Exemple tiré de Cicéron, *id.* p. 187. — La bonne-foi oblige le vendeur à ne pas vendre au-delà du juste prix : quel est le juste prix, *id.* p. 190-191. — Quand est-il permis d'ajouter au juste prix celui de l'affectation, *id.* p. 192 et suiv. — Un marchand qui, ayant dessein de garder une marchandise qu'il prévoyoit devoir augmenter de prix, la vend à quelqu'un avant ce temps pour lui faire plaisir; peut-il ajouter quelque chose au juste prix, pour le dédommager des gains qu'il espéroit y faire, *id.* p. 197. — Peut-on vendre au-delà du juste prix ce qu'on vend à crédit, *id.* p. 197-198. — La bonne-foi oblige l'acheteur à ne rien dissimuler de la connoissance qu'il a de la chose, *id.* p. 229. — L'acheteur ne doit pas acheter au-dessous du juste prix, *id.* p. 231. — Peut-il se faire diminuer quelque chose sur le prix pour l'avance qu'il fait du prix avant que d'entrer en jouissance, *id.* p. 231 et suiv. (*Voy.* OBLIGATIONS *du vendeur,* OBLIGATIONS *de l'acheteur.*)

Bonne-foi (Bail à rente); bonne-foi nécessaire pour la prescription, t. VII, p. 141.

Bonne-foi. (Louage.) Obligations qui en naissent de la part du locateur, t. VI, p. 90 et suiv. — De la part du conducteur, *id.* p. 146 et suiv. — A quoi la bonne-foi oblige-t-elle le locateur d'ouvrage, *id.* p. 280. — Des obligations du conducteur qui naissent de la bonne-foi, *id.* p. 291-292. — *Voy.* OBLIGATIONS *du locateur,* OBLIGATIONS *du conducteur,* OBLIGATIONS *du locateur d'ouvrage,* OBLIGATIONS *du conducteur d'ouvrage.*)

Bonne-foi. (Assurance.) La bonne-foi oblige les parties dans le contrat d'assurance de ne rien dissimuler de ce qu'elles savent sur ce qui peut augmenter ou diminuer les risques, t. IX, p. 388 et suiv. — Elle oblige le marchand à déclarer la qualité

de ses marchandises, qui les rend
sujettes à plus de risques, *id.* p.
391. — Elle oblige chacune des
parties à ne pas induire l'autre en
erreur par de fausses déclarations,
id. p. 391-392. — A quoi oblige-
t-elle par rapport aux prix de l'assurance, *id.* p. 388-389.

Bonne-foi. (Mariage.) Effet de la
bonne-foi dans un mariage, déclaré
nul pour un empêchement dirimant,
t. X, p. 85, 408-409. — Effet de
la bonne-foi dans un mariage contracté avec un mort civilement, *id.*
p. 407. — Lorsqu'il n'y a qu'une
des parties de bonne-foi, sa bonne-
foi suffit vis-à-vis les enfans nés de
ce mariage, *id.* p. 409-410. (*Voy.*
MARIAGE.)

Bonne-foi. (Communauté.) Donne
les effets civils à un mariage nul,
t. XI, p. 30. — Fait profiter le conjoint des conventions et donations

portées au contrat de mariage lorsqu'il a ignoré l'empêchement, *id.*
p. 11.

BORDEREAU. Lorsque quel-
qu'un se reconnoît débiteur et dépositaire d'une certaine somme, suivant le bordereau des espèces, c'est
de la somme que composent les espèces exprimées au bordereau, plutôt que de celle exprimée par l'acte,
qu'il est débiteur, t. II, p. 244.

BORNAGE, t. VII, p. 322 *et
suiv.* (*Voy.* ACTION *finium regundorum.*)

BOUÉE. Ce que c'est, t. VI, p.
473.

BRIS DE VAISSEAU donne-t-il
lieu à l'action de l'assuré, t. IX,
p. 336-337.

BUTIN. Trois espèces, t. XIV,
p. 352-353. (*Voyez* CONQUÊTE,
PRISE.)

C.

CABARETIERS. N'ont point
d'action, t. XVII, p. 283.

CADAVRES. Cas où le procès
peut être fait au cadavre ou à la
mémoire d'un défunt, t. XXV, p.
376. — Procès fait avec le curateur
créé au cadavre ou à la mémoire, *id.*
p. 376-377. — Peine que l'on a coutume de prononcer contre un cadavre ou contre la mémoire, *id.* p.
377.

CAMBIUM, t. V, p. 203. —
Reale, id. p. *id.* — *Mercantile, id.*
p. 304. (*Voy.* CHANGE.) — *Combio
con la ricorsa, id.* p. 244.

CAPACITÉ *des personnes.* Lois
qui obligent les mineurs à requérir le consentement de leurs père
et mère pour se marier, sont des
lois qui exercent leur empire sur
tous les Français, même hors du
royaume, t. X, p. 207-208.

Capacité des personnes à l'effet de
tester, t. XXII, p. 149-150. — Il
n'y a que ceux qui jouissent des
droits de citoyens qui peuvent tester,
id. p. 150. — Exceptions, *id.* p. 150-
151. (*Voy.* ÉTRANGERS, RELI-
GIEUX, CONDAMNÉS.)

CAPITAINE. Ne doit rien prendre sur un vaisseau qui a amené,
t. XIV, p. 373. — Devoir du capitaine à l'égard du vaisseau qu'il a
pris, *id.* p. 374 *et suiv.*

CAPTATION. Ce que c'est
qu'une disposition captatoire, t.
XXII, p. 140-141.

CARÊME. Antiquité et solidité
de la discipline, de ne pas célébrer
les mariages en carême et autres
temps défendus; scandaleuse facilité
avec laquelle on en accorde dispense, t. X, p. 352 *et suiv.*

CARRIÈRES. Quel droit y a la
douairière, t. XIII, p. 176-177.

Carrières. Les pierres qu'on en
tire pendant le mariage doivent-
elles être regardées comme fruit,
et comme telles entrent-elles dans
la communauté, t. XI, p. 89-90, 187.

CAS FORTUIT, le locataire n'en
est tenu, à moins que sa faute n'y
ait donné lieu, t. VI, p. 143.

CAS ROYAUX. La connaissance
en est attribuée aux baillis et sé-
néchaux royaux, t. XXV, p. 213-
214. — Quels sont les cas royaux,
id. p. 214. — Définition donnée par

M. Talon, *id.* p. *id.* — Trois cas royaux concernant la religion, *id.* p. 214-215. — Autres crimes compris parmi les cas royaux, *id.* p. 216. — Trois autres cas royaux mentionnés par plusieurs coutumes, *id.* p. 216-217.

CASSATION DE MARIAGE. Ce que c'est, t. X, p. 414. — Demande en cassation de mariage peut s'intenter par l'une des parties, même par celle qui a trompé l'autre, pourvu qu'elle allègue un vice absolu, mais elle n'est pas recevable à alléguer un vice respectif, *id.* p. 415 et suiv. — L'impuissant n'est pas recevable à opposer son vice d'impuissance, *id.* p. 417. — Pères, mères, tuteurs, sont parties capables pour attaquer le mariage d'un mineur fait sans leur consentement, *id.* p. 418. — Fins de non-recevoir résultantes de l'approbation que les père et mère y ont depuis donnée, *id.* p. 418-419. — De ce que le mineur devenu majeur persévère dans le mariage, *id.* p. 419. — En général tous ceux qui ont un intérêt né à la nullité d'un mariage sont recevables à l'attaquer. Par exemple, lorsqu'un homme a épousé une seconde femme du vivant de la première, la seconde femme dont on attaque le mariage, est recevable à attaquer le premier mariage, pour faire valoir le sien, *id.* p. 422. — Parens collatéraux des parties ne peuvent, tant qu'elles vivent, attaquer leur mariage, n'ayant alors aucun intérêt, mais y peuvent être reçus après leur mort pour contester aux enfans la qualité d'héritiers, et les conventions matrimoniales à la veuve, *id.* p. 419 et suiv. — Curé n'est pas partie capable pour attaquer un mariage célébré par un prêtre étranger sans son consentement, *id.* p. 422-423. — La partie publique n'attaque pas un mariage s'il n'y a scandale, *id.* p. 423-424. — Le promoteur n'a pas ce droit, même en cas de scandale, *id.* p. 424. — Cas particulier auquel la déclaration du 16 juin 1697 permet aux promoteurs d'assigner devant l'évêque les parties pour la représen-

tation de leur acte de célébration de mariage, *id.* p. 425-426. — Lorsque c'est l'une des parties contractantes qui se pourvoit contre son mariage, elle peut prendre la voie ordinaire, en portant la demande devant l'official, à qui nos rois ont attribué la connoissance de ces matières, ou prendre la voie extraordinaire, qui est l'appel comme d'abus, *id.* p. 428-430. — Lorsque ce sont les pères et mères qui attaquent le mariage, et les parens collatéraux après la mort de l'une des parties, c'est par la voie de l'appel comme d'abus, *id.* p. 431. — Choses particulières dans les demandes en cassation de mariage. Faits, quoique avoués par la partie, ne sont pas tenus pour avérés, et le juge n'en doit pas moins faire la preuve, *id.* p. 432. — Un empêchement dirimant ne peut s'établir par la déclaration d'une partie, quoiqu'elle offre de la confirmer par serment, et qu'elle soit soutenue du bruit public, *id.* p. 432-433. — Un jugement, quoique passé en force de chose jugée, peut se rétracter sur des preuves de nouveau survenues, *id.* p. 435.

CASSATION. Voie de cassation, ce que c'est, t. XXIV, p. 260. — Cas ordinaires où elle a lieu, *id.* p. *id.* — Délai pour se pourvoir en cassation, *id.* p. *id.*

CATHARES. Hérétiques qui condamnoient les seconds mariages, t. X, p. 505.

CAUSE. (Obligation.) Fausseté de la cause pour laquelle une obligation a été contractée la rend nulle, t. I, p. 41. — Il en est de même lorsque la cause blesse la justice ou les bonnes mœurs, *id.* p. 42. — Lorsque la cause pour laquelle l'obligation a été contractée, blesse les bonnes mœurs du côté des deux parties, quoique l'obligation soit nulle, si elle a été accomplie, il n'y a pas lieu à la répétition de ce qui a été payé. *Secùs*, lorsque la cause de l'obligation ne blessoit la justice que du côté de celui qui stipuloit, *id.* p. 43 *et suiv.* — La promesse que je vous ai faite de vous donner une

certaine chose pour commettre un crime, m'oblige-t-elle dans le for de la conscience après que vous l'avez exécuté. *id.* p. 44-45. — Est-ce une cause juste lorsqu'on promet quelque chose à quelqu'un pour qu'il fasse ce qu'il étoit déjà obligé de faire, *id.* p. 46-47. — Exposition de la règle *duæ causæ lucrativæ non possunt in eamdem rem et personam concurrere*, t. II, p. 160 *et suiv.*

CAUTION, Cautionnement. Ce que c'est, t. I, p. 352. — Cautionnement renferme un bienfait vis-à-vis du débiteur pour qui la caution s'oblige, mais non vis-à-vis du créancier envers qui elle s'oblige, *id.* p. 353. — Il ne peut y avoir de cautionnement sans une obligation principale, *id.* p. 353-354. — La caution ne décharge pas le débiteur principal de son obligation, mais y accède, *id.* p. 354. — La caution ne peut s'obliger pour une chose différente de celle à laquelle est obligé le débiteur principal, *id.* p. 354. — Peut-on se rendre caution pour une somme, lorsque le débiteur principal doit ou du blé ou du vin, *id.* p. 355. — *Quid*, si quelqu'un s'obligeoit de me remettre un héritage, et qu'un autre le cautionnât pour l'usufruit de cet héritage, *id.* p. *id.* — La caution peut s'obliger à moins, mais ne peut s'obliger à plus que ne l'est le débiteur principal, *id.* p. 355 et suiv. — Lorsque la caution s'est obligée à plus, le cautionnement est-il entièrement nul, *id.* p. 360-361. — La caution ne peut s'obliger à plus, mais peut s'obliger plus étroitement, *id.* p. 362. — L'extinction de la dette principale éteint celle des cautions, *id.* p. 363. — Exception, *id.* p. 378-379. — Quelle confusion éteint le cautionnement, *id.* p. 364, 379-380. — La caution peut opposer toutes les exceptions réelles que le débiteur peut opposer, mais non les personnelles, *id.* p. 365 et suiv. (*V.* ATTERMOIEMENT.) — Le créancier peut-il, en convenant avec son débiteur de ne pas exiger de lui sa dette, se réserver de l'exiger de la caution, *id.* p. 371 et suiv. — Le débiteur ne peut, au préjudice de ses cautions, renoncer à une exception réelle qui lui a été acquise, *id.* p. 366-367. Restitution obtenue par le débiteur contre son obligation, si elle est fondée sur quelque vice réel de l'obligation, entraîne la rescision de celle des cautions. *Secùs*, si elle est fondée sur quelque raison personnelle au débiteur, comme sur sa minorité, *id.* p. 377-378. — (*Voy.* MINEURS.) — Cautionnement subi envers vous dans une certaine qualité, passe à celui à qui votre qualité passe, *id.* p. 381-382. — Différentes espèces de cautions conventionnelles, légales, judiciaires, *id.* p. 382-383. — Quelles personnes peuvent s'obliger comme cautions, *id.* p. 383 et suiv. — Une femme le peut-elle, *id.* p. *id.* — Un mineur quoiqu'émancipé, quoique marchand, ne le peut, *id.* p. 386. — *Quid*, si c'étoit pour tirer son père de prison, *id.* p. 387. — Quelles qualités sont requises dans les personnes qu'on présente pour caution, *id* p. 388-389. — Quand un débiteur est-il tenu de donner une autre caution à la place de celle qu'il a donnée, *id.* p. 390. — Celui qui est tenu de donner une caution, peut-il être admis à donner des gages à sa place, *id.* p. 390-391. — Pour qui peut-on se rendre caution, *id.* p. 391-392. — Envers qui, *id.* p. 392. — Pour quelles obligations, *id.* p. 392 et suiv. — On ne peut être caution pour une obligation nulle, *id.* p. 395-396. — On peut être caution pour une obligation naturelle, *id.* p. 392-393. — Quelles sont les obligations naturelles pour lesquelles les cautions peuvent intervenir, *id.* p. 393. — Peut-on l'être pour celle d'une femme mariée qui a contracté sans être autorisée, *id.* p. 393-394. — *Quid*, si quelqu'un s'étoit obligé, conjointement avec une femme non autorisée, non comme caution, mais comme débiteur principal, *id.* p. 395. — On peut être caution de l'obligation d'un fait quoique personnel au débiteur principal, *id.* p. 396. — On peut être caution d'un cautionnement, *id.* p. *id.* — Par le droit

romain, la femme ne pouvoit recevoir de son mari des cautions pour la restitution de sa dot, *id.* p. *id.* — Le cautionnement se contracte par le seul consentement, pourvu que la volonté de s'obliger soit bien marquée, *id.* p. 397. — Il peut se contracter avant ou depuis l'obligation principale, et sans que le débiteur qu'on cautionne y consente, *id.* p. 398-399. — Cautionnement en termes généraux et indéfinis s'étend à toutes les obligations du débiteur cautionné, résultantes du contrat, aux intérêts comme au principal, à celles qui naissent de la demeure ou de la faute de ce débiteur, *id.* p. 399-400. — S'étend-il aux frais faits contre le débiteur, *id.* p. 400. — Il ne s'étend point aux obligations qui naissent d'une cause étrangère, *id.* p. 400-401. — Cautionnement limité pour une certaine somme ne s'étend aux intérêts, *id.* p. 399. — Manière dont s'éteignent les cautionnemens, *id.* p. 402-403. — La caution est déchargée lorsque le créancier a reçu volontairement un héritage en paiement de sa dette, quoiqu'il en soit par la suite évincé, *id.* p. 402-403. — Est-elle déchargée lorsque le créancier s'est mis hors d'état de lui céder ses actions, *id.* p. 402. — La caution n'est pas déchargée par le terme que le créancier accorde au débiteur, *id.* p. 403-404. — Ni par les poursuites faites contre lui, *id.* p. 404. — Exceptions que peut opposer la caution. (*Voy.* Discussion, Division, Cession d'actions.) — Quelles actions a de son chef la caution contre le débiteur principal après qu'elle a payé, *id.* p. 426. — Quelle espèce de paiement lui donne cette action, *id.* p. 427-428. La caution a-t-elle action lorsque le créancier, en faveur de la caution, a fait remise de la dette, *id.* p. 428. — *Quid*, si la remise étoit faite pour récompenser des services que la caution a rendus au créancier, *id.* p. *id.* — La caution qui a payé a-t-elle action contre le débiteur, lorsqu'elle a négligé d'opposer les fins de non recevoir qu'elle avoit droit d'opposer au créancier, *id.*

p. 429. — La caution qui a payé dans l'ignorance que la dette étoit acquittée, a-t-elle action contre le débiteur, *id.* p. 431. — La caution qui a payé a-t-elle recours contre le débiteur principal, lorsque ce débiteur a payé une seconde fois au créancier, faute d'avoir été averti par la caution, *id.* p. 432. — La caution qui a payé pour le débiteur principal, a-t-elle action contre lui aussitôt qu'elle a payé, *id.* p. 426. — La caution qui s'est obligée pour plusieurs débiteurs solidaires, a action pour le total contre chacun d'eux, *id.* p. 433. — Dans ce cas, le débiteur qui a payé doit-il exiger de la caution la cession d'action contre ses co-débiteurs, *id.* p. 434. — La caution a action contre le débiteur principal, même avant qu'elle ait payé, 1.º lorsqu'elle est poursuivie par le créancier ; 2.º lorsque ce débiteur est en faillite ; 3.º après l'expiration du temps dans lequel le débiteur s'est obligé de la décharger, *id.* p. 436-437. — *Quid*, lorsque l'obligation est de nature à durer un certain temps, *id.* p. 438. — La caution d'une rente peut-elle convenir avec le débiteur qu'il la rachètera dans un certain temps, *id.* p. 439-440. — Le droit qui résulte de cette convention s'exerce-t-il à la rigueur, *id.* p. 442. — Lorsqu'il n'y a pas de clause par laquelle le débiteur se soit obligé envers la caution au rachat de la rente, la caution peut-elle l'y obliger après un temps considérable, *id.* p. 441-442. — Lorsque la caution est devenue l'unique héritière du créancier, ou lorsqu'elle est même à titre singulier aux droits du créancier, peut-elle user de la convention par laquelle le débiteur s'étoit obligé envers elle au rachat, *id.* p. 442-443. — *Quid*, si la rente étoit tombée au lot de ses co-héritiers, *id.* p. 443. — *Quid*, lorsqu'elle n'est devenue héritière que pour partie, *id.* p. 445. — Lorsque la caution qui est devenue propriétaire de la rente, cesse de l'être, son cautionnement revit-il, *id.* p. 446. — La caution qui a racheté la rente et s'est fait subroger

aux droits du créancier, a l'option, ou d'user de la subrogation, en se faisant continuer la rente, ou de se faire rembourser des deniers du rachat, *id*, p. 446 et suiv. — La caution qui a payé sans subrogation, a-t-elle quelqu'action de son chef contre ses co-fidéjusseurs, *id*. p. 449. — A-t-elle quelqu'action contre eux avant que d'avoir payé, *id*. p. 451. — Une caution qui a payé a-t-elle action contre les certificateurs de ses co-fidéjusseurs, *id*. p. 453.

Caution. (Vente.) L'acheteur, en cas de trouble en sa possession, peut, en payant le prix, exiger une caution; mais s'il a payé, il ne peut demander caution, t. III, p. 221. — L'exception de garantie a lieu contre les cautions du vendeur, *id*. p. 141-142.

Caution. Caution d'une rente viagère ne peut demander sa décharge, t. V, p. 176.

Caution. (Douaire.) Quelle caution doit donner la douairière, t. XIII, p. 200-201. — Dans les cas où elle doit donner caution fidéjussoire, que faudroit-il faire si elle ne pouvoit trouver de fidéjusseurs, *id*. p. 203. — Douairière à qui on a donné quelque chose en propriété pour son douaire, est-elle obligée de donner caution, *id*. p. *id*.

Caution. (Don mutuel.) Le donataire mutuel doit donner caution, et il est saisi du jour qu'il en a présenté une, t. XIV, p. 172-173. — *Quid*, s'il n'en trouvoit point, *id*. p. 174-175. — Les conjoints ne peuvent par le don mutuel, se décharger de la caution, *id*. p. 175. — Les héritiers du prédécédé peuvent bien en décharger le donataire mutuel, mais leur décharge n'empêche pas les légataires particuliers qui ont intérêt à la conservation du don mutuel, de la demander, *id*. p. 176. — Différence entre la coutume de Paris et celle d'Orléans, sur la caution requise pour le don mutuel, *id*. p. 177. — Est-elle nécessaire pour le don mutuel de la coutume de Dunois, et les conjoints

peuvent-ils s'en décharger par le contrat, *id*. p. 276-277.

Caution. (Garde-noble.) Le gardien noble ne doit donner caution, t. XX, p. 134. — Celui qui a la garde bourgeoise doit la donner dans la coutume de Paris, *id*. p. *id*. — La gardienne noble qui se remarie, doit donner caution dans la coutume d'Orléans, *id*. p. *id*.

Caution. Ce que c'est, t. XXIV, p. 284. — Ce que doit faire la partie qui est tenue de donner caution, *id*. p. *id*. — Quelle caution peut-être valablement contestée, *id*. p. 285. — Procédure sur la contestation de la caution, *id*. p. 285-286.

CEDULE, ou promesses privées qui sont écrites d'une autre main que celle du débiteur qui les a signées, ne sont valables si le débiteur n'a pas écrit au bas de sa main, bon pour telle somme, t. II, p. 242. — Exception à l'égard de certaines personnes, *id*. p. *id*. — Lorsque la somme contenue dans le corps de la cédule, et celle exprimée par le *bon* sont différentes, laquelle est due, *id*. p. 242-243. — Cédule qui se trouve entre les mains du débiteur est présumée payée ou remise, *id*. p. 244.

CENS. Censive. Seigneur de censive; ce que c'est, t. XVI, p. 393. Droits des seigneurs de censive, *id*. p. 393-394. — Actions desdits seigneurs, *id*. p. 403. — Nature du cens, *id*. p. 394-395. — Différentes espèces de cens et de censives, *id*. p. 396-397; 409-410, 422. — Censives requérables, *id*. p. 431. — Cens sur le cens n'a lieu, p. 421. — (*V*. SAISIE CENSUELLE. VENTE.)

Cens. Ce que c'est que le contrat de bail à cens, t. XX, p. 1. — Ce que c'est que le cens, *id*. p. *id*. — Ce que c'est que le seigneur de censive, *id*. p. *id*. — Différence du cens et de la rente foncière, *id*. p. *id*.

Cens sur cens n'a lieu, t. XX, p. 3. — De la nature du cens, de la foncialité du cens, *id*. p. 4-5. — Si le cens est divisible ou indivisible, *id*. p. 5-6. — Est divisible dans la coutume d'Orléans, *id*. p.

5. — De l'imprescriptibilité du cens, *id.* p. 7. — Les arrérages sont sujets à la prescription ordinaire, *id.* p. 7-8. — Le cens n'est pas sujet à compensation, *id.* p. 8-9. — La saisie-arrêt faite sur le censitaire par le créancier du seigneur de censive, ne dispense pas le censitaire d'aller au lieu indiqué pour la réception des cens, *id.* p. 11. — Différentes divisions du cens, *id.* p. 12. — Du cens portable, *id.* p. 13. — Du cens requérable, *id.* p. 14. — Défaut faute de paiement du cens (*V.* DÉFAUT. (Cens.) — Qui doit payer le cens, du possesseur ou du propriétaire de l'héritage censuel qui ne possède pas, *id.* p. 19. — Des profits censuels. (*Voy.* PROFIT.) — De la reconnoissance censuelle, *id.* p. 42. — Chaque nouveau censitaire doit cette reconnoissance, *id.* p. 43. — A ses frais, tant pour l'acte que pour l'expédition, *id.* p. *id.* — De quelques espèces de censives particulières dans la coutume d'Orléans, *id.* p. 55. — Censive à droit de ventes, *id.* p. *id.* Censives à droit de relevoisons. (*Voy.* RELEVOISONS.)

CENTIÈME-DENIER, par qui est-il dû et quand, t. XIV, p. 207.

CESSION *d'action.* Tout débiteur qui paie ce qu'il doit pour un autre ou avec un autre, a droit d'exiger que le créancier lui cède ses actions, et tous les droits qu'il a contre les autres débiteurs, t. II, p. 44. — Il suffit que cette cession soit requise, quand même le créancier la refuseroit; la loi subroge le débiteur qui l'a requise en toutes les actions du créancier, t. I, p. 240, t. II, p. 45-46. — Elle ne peut être requise, ni même accordée, que lors du paiement contre les débiteurs d'une même dette, t. II, p. 53. — Elle peut l'être *ex intervallo*, lorsque la dette procède d'une cause différente, *id.* p. 43. — Dumoulin pensoit que le débiteur qui avoit droit de demander la subrogation, étoit subrogé de plein droit quoiqu'il ne l'eut pas demandée; mais son opinion n'a pas été suivie; t. I, p. 241-242. Cas auxquels la subrogation a lieu sans être requise, t. II, p. 54-55. — Un étranger qui paie la dette d'un autre qu'il n'a pas intérêt d'acquitter, ne peut obliger le créancier à lui céder ses actions, *id.* p. 45. — Le créancier qui s'est mis hors d'état de pouvoir céder ses actions, perd-il son droit de solidité et son droit contre les cautions, *id.* p. 46 et suiv. (*V.* EXCEPTION *cedendarum actionum.*)

CESSION. *Bénéfice de cession*, n'a lieu pour fermages, t. VI, p. 162.

Cession. Bénéfice de cession, ce que c'est et son origine, t. XXV, p. 118. — Il n'y a que les Français naturels ou naturalisés, qui puissent y être admis, *id.* p. *id.* — Ceux qui ont perdu la vie civile ne doivent pas y être reçus, *id.* p. 118-119. — N'a pas lieu pour dettes qui procèdent du crime ou dol, *id.* p. 119. — Ni en faveur des dépositaires ou administrateurs ou tuteurs, *id.* p. 119-120. — N'a pas lieu en matière criminelle pour réparation civile, *id.* p. 120. — Ni pour marchandise achetée en marché public ou à l'encan, *id.* p. 121. — Ni pour dettes de deniers royaux, *id.* p. *id.* — Ce bénéfice peut être obtenu par le débiteur, soit avant, soit après qu'il est emprisonné, *id.* p. 122. — Ce que doit faire le débiteur pour y être admis, *id.* p. 122-123. — Est tenu de comparoir en personne à l'audience, *id.* p. 123. — *Quid*, de la condition de porter le *bonnet vert*, *id.* p. 124. — Effet de la cession de biens, *id.* p. 125-126. — Elle n'emporte aucune infamie de droit, mais exclut des charges et fonctions publiques, *id.* p. 126. (*Voy.* BÉNÉFICE *de cession*, ABANDON *de biens.*)

CESSIONNAIRES, (Successions.) *Cessionnaires de droits successifs* tenus des dettes et charges des successions, mêmes de celles acquittées avant la cession, t. XXI, p. 425. — Le cessionnaire tenu de ce que le défunt devoit à son cédant, *id.* p. 425-426. — Mari à cause de sa communauté semblable à un cessionnaire de droits successifs par rapport aux successions échues à sa femme, *id.* p. 426.

Cessionnaires de droits successifs.

Diffère du cessionnaire des prétentions à une succession, t. XIV, p.
573-574.

CHAÎNES. Ce que c'est, t. VII,
p. 301.

CHAMPART, t. XVI, p. 437-438.
Champart. Le fermier en est-il tenu
sans convention, t. VI, p. 152.
Champart. Ce que c'est, t. XX
p. 79. — Est seigneurial lorsqu'il
est la première redevance dont l'héritage soit chargé, *id.* p. *id.* — Mais
si l'héritage est chargé d'un cens,
il n'est pas seigneurial, mais une
simple rente foncière, *id.* p. 80. —
Lorsque le champart est seigneurial, il a les prérogatives des redevances seigneuriales, *id.* p. *id.* —
Conséquences, *id.* p. 80-81. — Disposition de l'article 143 de la coutume d'Orléans, *id.* p. 81. — *Quid*,
lorsque le champart n'est pas seigneurial, *id.* p. *id.* — Ce sont les
titres et la possession qui déter-
minent la quotité, *id.* p. 82. — La
dîme se lève avant le champart : le
champart est requérable et ne s'ar-
rérage pas, *id.* p. *id.* — Sur quelles
terres il se perçoit, *id.* p. 82-83. —
Les terres tenues en fief ne sont point
sujettes au champart, *id.* p. 83. —
Le champart est aussi dû pour les
accrues, *id.* p. *id.* — Le détenteur
des terres sujettes à champart doit
donner avis au seigneur avant d'enlever, *id.* p. 84. — Cet avertissement
se fait verbalement, *id.* p. *id.* —
Le redevable doit prendre des témoins pour faire compter ses gerbes
avant que de les enlever, *id.* p. 85.
— Les possesseurs des terres sujettes
au champart, doivent les cultiver,
id. p. 87. — Punition du tenancier
qui laisse ses terres incultes, *id.* p.
id. — Les propriétaires des terres
à champart peuvent-ils en changer
la forme, *id.* p. 87-88. — Indemnité
due au seigneur en ce cas, comment
se règle, *id.* p. 88. — Le seigneur
de champart n'a que la voie d'action pour se faire payer, tant du
champart que de l'amende, *id.* p.
89. — Le seigneur de champart peut-
il demander des reconnoissances de
ce droit, *id.* p. 90. — Le seigneur
qui justifie de la possession annale,

doit être maintenu par provision,
id. p. *id.* — Comment le droit s'é-
tablit au pétitoire, *id.* p. 90-91.

CHANGE. *Billet de change.* Ce
que c'est, t. V, p. 364. — Deux
espèces de billets de change, *id.* p.
id. — *Billets de change pour lettres
fournies.* Ce que c'est. Sa forme,
id. p. 364-365. — Peine du défaut de
forme, *id.* p. 365. — *Billet de change
pour lettres à fournir.* Ce que c'est.
Sa forme, *id.* p. 365-366. — Troisième espèce de billets de change,
id. p. 366. — *Billets de change* sont
ou payables à une personne déterminée ou à ordre, *id.* p. 367. —
Lorsqu'ils sont à ordre, ils se né-
gocient comme les lettres de change,
leur endossement produit les mêmes
obligations et actions, *id.* p. 367-
368. — Différence sur l'espèce de di-
ligence à laquelle est tenue le porteur
en cas de refus de paiement, *id.* p.
368-369.

Contrat de change. Définition de
ce contrat., t. V, p. 203-204. —
Étoit-il connu aux Romains, *id.* p.
206-207. — Son origine, *id.* p. 207.
— Le contrat qui intervient entre
le tireur et le donneur de valeur,
est le contrat de change, *id.* p. 234.
— Différence de ce contrat et du
prêt, *id.* p. 235-236. — Il faut qu'il
y ait sérieusement remise de place
en place pour que le contrat soit
un vrai contrat de change, et non
un prêt d'argent déguisé, *id.* p. 241
et suiv. — Le contrat appelé *il
cambio con la ricorsa*, est-il un vrai
contrat de change, *id.* p. 244. —
Obligations qui naissent du contrat
de change. (*Voy.* TIREUR, DON-
NEUR DE VALEUR, ACCEPTEUR.)
— Le contrat de change ne peut
se résoudre ni recevoir de changement sans le consentement des parties, *id.* p. 257-258. — Le contrat
qui intervient entre l'endosseur et
celui au profit de qui il passe son
ordre, et de qui il reçoit la valeur,
est aussi contrat de change, *id.* p.
260. — *Droit de change.* Ce que c'est,
id. p. 237-238. — Quelle espèce d'injustice peut se commettre à l'égard
du droit de change, *id.* p. 239 et
suiv. — *Lettre de change.* Sa défi-

nition, *id.* p. 203-204. — Ses différentes espèces. Première division,
id. p. 207 et suiv. — Seconde division, *id.* p. 210 et suiv. — Combien de personnes interviennent dans
la négociation de la lettre de change,
id. p. 212 et suiv. — Qualité qu'elles
doivent avoir, *id.* p. 217-219. (*Voy.*
AGENS DE CHANGE, ECCLÉSIAS-
TIQUES, MINEURS, FEMMES SOUS
PUISSANCE DE MARI.) — Ce qui
constitue l'essence de la lettre de
change, *id.* p. 221-222. — Sa forme,
id. p. 222-223. — Quatre choses que
requiert l'ordonnance pour la forme
de la lettre de change : 1.° nom de
celui qui tire la lettre, de celui sur
qui elle est tirée, de celui à qui
elle est payable, *id.* p. 222; 2.°
temps du paiement, peine de ce
défaut, *id.* p. 222-223; 3.° nom de
celui qui en a donné la valeur, *id.*
p. 223; 4.° expression de l'espèce
de valeur, peine de ce défaut, *id.*
p. 223. — Omission de la date ou
du lieu du paiement; par qui peuvent-ils être opposés, *id.* p. 225. —
On peut fournir plusieurs exemplaires d'une lettre de change, *id.*
p. *id.* — Le propriétaire peut exiger un second exemplaire lorsqu'il
a égaré le premier, *id.* p. 226. —
Comment. *id.* p. 298-299. — Caution qu'il doit donner pour être payé
sur le second exemplaire, *id.* p. 299.
(*Voy.* concernant les matières relatives au contrat de change, les mots
ACCEPTATION *de la lettre de*
change, ACTIONS *qui naissent de*
la lettre de change, AVAL, BIL-
LETS, COMPENSATION, CONFU-
SION (Change), CONTRAINTE
PAR CORPS, ENDOSSEMENT,
PAIEMENT, (Change) PRESCRIP-
TION, (Change) PROTET, PRO-
VISION.)

Change ou intérêt dû pour la partie
de la somme donnée à la grosse,
pour laquelle le contrat ne subsiste
pas, t. IX, p. 406-407. (*Voyez*
PRÊT A LA GROSSE.)

CHANGEMENT *de route*, *de*
voyage, de vaisseau. L'assureur est-
il chargé des risques dans ces cas,
t. IX, p. 281-282.

CHAPEAU ou *chausse* du maître,
t. VI, p. 393-394.

CHAPELAINS des hôpitaux peuvent-ils recevoir des testamens, t.
XXII, p. 107.

CHAPELLE. Ornemens de chapelle dans un château sont-ils meubles ou immeubles, t. XI, p. 55-56.

CHARGES *réelles de l'héritage.*
Le fermier n'en est tenu, t. VI, p.
151 et suiv.

Charges du don mutuel. Le donataire mutuel doit avancer les frais
funéraires du prédécédé, et la portion des dettes mobilières de la communauté, dont la succession du
prédécédé est tenue, t. XIV, p.
186-187. — Soit qu'elles aient été
contractées avant ou depuis le don
mutuel, *id.* p. 188-189. — Soit
qu'elles soient dues à des tiers, soit
qu'elles soient dues aux conjoints,
id. p. 189-190. — Même pour ce
dont les héritiers aux propres du
prédécédé doivent contribuer, *id.*
p. 192. — N'est pas tenu des autres
dettes mobilières de la succession,
qui ne sont pas dettes de communauté, si ce n'est hypothécairement,
mais sauf son recours, *id.* p. 188. —
Le donataire mutuel doit avancer
les frais d'inventaire et de liquidation, *id.* p. 193. — Il n'est pas tenu
d'avancer les legs, *id.* p. 194. —
Sauf dans quelques coutumes les
legs modiques, *id.* p. 195. — On
suit à cet égard la coutume du lieu
qui régissoit les biens compris au
don mutuel au temps du contrat,
id. p. 195-196. — Le donataire mutuel est obligé aux réparations de
son temps. (*Voy.* RÉPARATIONS.)
Il est tenu d'acquitter, sans répétition, les arrérages des rentes foncières et ceux des rentes constituées
dues par la communauté, courues
pendant tout le temps que dure son
usufruit, *id.* p. 205-206. (*Voyez*
RACHAT, RELEVOISON, FRANC-
FIEF, CENTIÈME DENIER, OF-
FICE.)

CHARTE-PARTIE, t. VI. p.
355. — Son étymologie, *id.* p. *id.*
— Sa définition, *id.* p. 356. — Différentes espèces, *id.* p. 356-357.

— Trois choses forment la substance de ce contrat, *id.* p. 358-359. — Sa forme, *id.* p. 364 et suiv. — Ce que renferme l'acte de charte-partie, *id.* p. 365. Obligations qui en naissent.(*V.* OBLIGATION(Charte partie.) — Comment se résout-il, *id.* p. 420 et suiv. — Interdiction de commerce la résout-elle avant le départ du bâtiment, *id.* p. 420-241.
— L'arrêt du prince interrompt-il cette charte, *id.* 422. (*V.* ACTION *ex conducto des affréteurs* etc. AVARIES, FRET ET CONTRIBUTION, LOYERS *des matelots*, MATELOTS. MARCHANDISES, OBLIGATIONS *du maître du navire.*)

Charte-partie considérée comme *locutio operis transvehendarum mercium*, t. VI, p. 423-424.

Charte-partie. Ce que c'est, t. XIV, p 371.

CHASSE. Droit de chasse, peut-il se louer, t. XIII, p. 189.

Chasse. Droit de chasse regardé comme honorifique, t. XIII, p. 189.

Chasse. Espèce d'occupation, t. XIV, p. 304. — Principes du droit romain sur la chasse, *id.* p. 305. — Le chasseur qui chasse sur l'héritage d'autrui contre la défense du propriétaire, acquiert-il le domaine du gibier qu'il prend, *id.* p. 305-306. — L'animal pris au piège est-il acquis aussitôt à celui qui l'a tendu, *id.* p. 306. — Suffit-il d'avoir blessé le gibier pour en acquérir le domaine, *id.* p. 307-308. — Les souverains se sont réservé le droit de chasse pour eux et pour ceux auxquels ils ont jugé à propos de le communiquer ; ont-ils eu ce droit, *id.* p. 308-309. — Lois qui ont défendu la chasse en France. A quelles personnes, *id.* p. 310 et suiv. — C'est au roi à qui appartient éminemment le droit de chasse; ceux qui en ont le droit, ne le tiennent que de lui, sous les limitations qu'il a jugé à propos d'y apposer, *id.* p. 313 et suiv. — Dans les terres qui sont hors les plaisirs du roi, le droit de chasse appartient au propriétaire du fief; *id.* p. 316. — Un gentil-homme a-t-il le droit de chasser sur ses terres qu'il tient en censive, sans le consentement du seigneur, *id.* p. 317 et suiv. — Un roturier peut-il chasser sur les terres qu'il tient en franc-aleu, *id.* p. 319-320. — Le suzerain peut chasser sur les terres de ses vassaux modérément et en personne, *id.* p. 316. — Haut-justicier peut chasser en personne sur les fiefs d'autrui qui sont dans l'étendue de sa justice, *id.* p. 320-321. — *Quid,* lorsque la haute justice appartient à plusieurs, *id.* p. 322-323. — Ceux qui ont le droit de chasse n'en peuvent user que pour leur plaisir, *id.* p. 323. — Peuvent-ils faire chasser leurs domestiques, *id.* p. 323-324. — Peut-on affermer la chasse, *id.* p. 324-325. — Le droit de chasse ne comprend pas toute sorte de gibier, *id.* p. 325. — Ceux qui ont droit de chasse ne peuvent chasser ni dans les lieux, ni dans les temps défendus, *id.* p. *id.* — Ne peuvent chasser que de la manière permise, *id.* p. 325-326. — Comment ceux qui ont droit de chasse empêchent-ils les autres de chasser, *id.* p. 326.

CHATELAIN. Droit des seigneurs châtelains. t. XVI, p. 358, 365.

CHATELET D'ORLEANS. Son sceau est attributif de juridiction, t. XVIII, 418. — Privilége des notaires du Châtelet, *id.* p. 417-418.

CHAUDIÈRES. Quand sont-elles meubles ou immeubles ; t. XI, p. 50-51.

CHAUMES. Fermier peut-il vendre les chaumes, t. VI, p. 136.

CHEPTEL. Trois espèces, t. VII, p. 341.

Cheptel ordinaire. Sa définition, *id.* p. *id.* Premier point de vue sous lequel il peut être considéré : cheptel considéré comme contrat de société, *id.* p. 343 et suiv. — Second point de vue ; cheptel considéré comme contrat de bail, *id.* p. 346-347. — Le cheptel ordinaire par lequel le preneur est chargé pour moitié du risque de la perte pour la part qu'on lui accorde dans le profit, est mal-à-propos condamné par l'auteur des Conférences, *id.* p. 350 et suiv. — Il est autorisé par les coutumes, *id.*

p. 353 et suiv. — Réponses aux autorités des conciles alléguées contre les cheptels, *id.* p. 364-365. — Cheptel peut n'être pas licite dans certaines provinces, *id.* p. 363-364. — Ni à l'égard de toutes sortes d'animaux, *id.* p. 365-366.

Cheptel à moitié, t. VII, p. 405 et suivantes.

Cheptel de fer, t. VII, p. 411. — Le bailleur conserve-t-il la propriété des bêtes dans le cheptel de fer, *id.* p. 411 et suiv. — Cheptel de fer, mal-à-propos condamné par l'auteur de la morale de Grenoble, *id.* p. 416 et suiv.— Espèces particulières de cheptel de vaches, usité dans le vignoble d'Orléans, *id.* p. 419-420. — Lorsqu'il n'y a pas de temps limité pour la durée de ce cheptel, la vache néanmoins ne peut être retirée par le bailleur ni rendue par le preneur, que *tempore opportuno*, *id.* p. 421-422. — Peut-on licitement charger le preneur du risque pour moitié, en lui donnant la moitié des veaux, *id.* p. 423-424. — Clauses illicites dans les contrats de cheptel, *id.* p. 367 et suiv. — Clause de pouvoir demander le partage toutes fois et quantes bon semblera, est-elle valable lorsqu'elle n'est pas réciproque, *id.* p. 397-398. — Comment s'entend cette clause, *id.* p. 398-399. — Quelles sont les obligations tant du bailleur que du preneur, dans le contrat de cheptel. (*Voyez* OBLIGATIONS. (Cheptel.) — De quelles fautes est tenu le preneur. (*Voyez* FAUTE. (Cheptel.) — Comment s'exerce le partage du cheptel. (*Voy.* PARTAGE DU CHEPTEL.) — Droit de suite qu'a le bailleur. (*Voy.* SUITE. (Cheptel.) — Du renouvellement du cheptel. (*Voy.* TACITE RENOUVELLEMENT. — Temps de la durée du cheptel. (*Voy.* TEMPS. (Cheptel.) — Le preneur peut-il s'opposer à la saisie du cheptel faite par les créanciers du bailleur. (*Voyez* SAISIE. (Cheptel.)

CHEVAL DE SERVICE, t. XVI, p. 379.

CHOSES. Division des choses, t. XVI, p. 21 et suiv.

Choses sont corporelles ou incorporelles, t. XXIII, p. 373. — Les choses corporelles sont meubles ou immeubles, *id.* p. *id.* — (*Voyez* MEUBLES, IMMEUBLES.) — Division des choses incorporelles en meubles et immeubles, *id.* p. 374. — Choses qui ont une situation, *id.* p. 396. — Meubles n'ont point de situation, et sont régis par la loi du domicile, *id.* p. 396. — Droits incorporels réels ont la même situation que l'héritage, *id.* p. 396-397.

Chose jugée. Présomption *juris et jure* qui résulte de l'autorité de la chose jugée, t. II, p. 332 et suiv. — Quels jugemens ont l'autorité de chose jugée, *id.* p. 332-333. (*Voy.* JUGEMENS.) Quelle est l'autorité de la chose jugée, *id.* p. 359. — A l'égard de quelles choses a lieu l'autorité de la chose jugée, *id.* p. 361. — Il faut que ce soit *eadem res*, *id.* p. 362 et suiv. — *Eadem causa petendi*, *id.* p. 366 et suiv. — *Eadem conditio personarum*, *id.* p. 370-371. — N'importe que ce soit *eodem an diverso genere judicii*, *id.* p. 371. — Entre quelles personnes a lieu l'autorité de la chose jugée, *id.* p. 372. et suiv.

CITOYENS. Vrais et naturels français, qui sont-ils, t. XXIII, p. 247. — *Quid*, des enfans nés dans un pays étranger, d'un père français, *id.* p. 248. — *Quid*, de ceux qui sont nés dans des provinces réunies à la couronne, ou qui en ont été démembrées, ou qui ont été rendues par un traité de paix, *id.* p. *id.* — *Quid*, de ceux qui sont nés dans un pays sur lequel nos rois ont des droits, *id.* p. 249. — Pour qu'un enfant né en pays étranger soit français, faut-il que le père et la mère soient français, *id.* p. 250. — *Quid*, des enfans qui ne sont pas nés en légitime mariage, *id.* p. 251. — Comment les Français perdent les droits de regnicoles, *id.* p. 271. — Disposition de l'ordonnance de 1669, à l'égard de ceux qui s'établissent sans permission en pays étrangers, *id.* p. 272-273. — *Quid*, des enfans nés hors de France, de Français expatriés, *id.* p. 273.

CLAUSE *de constitut*, ce que c'est, t. XIV, p. 439 et suiv.

Clause de dessaisine-saisine. Ce que c'est, t. XIV, p. 441.

CLOAQUE, ce que c'est, t. VII, p. 304-305. — A quelle distance doit-elle être du mur mitoyen, id. p. 304.

CODICILES. Formes des codiciles, t. XXII, p. 115-116.

COMBAT DE FIEF, t. XVI, p. 381-382.

Combat de fief. Ce que c'est, t. XIX, p. 75. — Dispositions des coutumes de Paris et d'Orléans, id. p. id. — Quand il y a lieu à la disposition de ces articles, id. p. 76. — Le vassal peut-il se pourvoir avant que d'avoir été interpellé par aucun, s'il a juste sujet de croire qu'il le sera, id. p. 77. — *Quid*, si l'un des deux seigneurs justifioit être en possession de la mouvance, id. p. id. — Exception à l'égard du roi, id. p. 77-78. — Est-ce combat de fief lorsqu'il n'est pas contesté que le fief relève de certaine seigneurie, mais que la propriété de cette seigneurie est contestée entre deux personnes, id. p. 78. — Le vassal doit, en ce cas, porter la foi à celui qui est en possession du fief dominant, id. p. 79. — *Quid*, si la possession du fief est contestée entre deux personnes, id. p. 79-80. — Quel bénéfice la coutume accorde au vassal dans le cas du combat de fief, et sous quelles conditions, id. p. 80. — La coutume d'Orléans accorde deux bénéfices : la main-levée provisionelle, et la réception par main souveraine, id. p. 81. — La coutume n'accorde la main-levée au vassal qu'en consignant. id. p. 85. — Si le vassal avoit payé les profits à l'un des seigneurs, seroit-il obligé de les consigner de nouveau sur la saisie de l'autre, id. p. 86.

COMMENCEMENT DE PREUVES. (*Voy.* PREUVES.)

COMMETTANT. Est tenu des obligations de son préposé, lorsqu'il a contracté pour les affaires auxquelles il étoit préposé, et qu'il n'a pas excédé les bornes de la commission, t. I, p. 462 et suiv. — Il en est tenu quoiqu'il n'en ait pas profité, le préposé ayant diverti les deniers, id. p. 465-466. — Il est tenu des délits de son préposé commis dans les fonctions auxquelles il est préposé, id. p. 468. — Plusieurs commettans sont tenus solidairement sans division ni discussion, id. p. 467. (*Voy.* PRÉPOSÉ.)

COMMISE. Quand le droit de commise est-il acquis au seigneur de fief, t. XVI, p. 135. — A quoi s'étend-il, id. p. 136. — Sous quelles charges, id. p. 139. — Comment s'exerce la commise : de l'action de commise, et des manières dont cette action s'éteint, id. p. 142 et suiv. (*Voy.* DÉSAVEU, FÉLONIE.)

Commise. Héritage qu'un seigneur a eu par droit de commise est acquêt, et non conquêt, t. XI, p. 113.

Commise. Ce que c'est que le droit de commise, t. XIX, p. 155. — De la commise par désaveu. (*V.* DÉSAVEU.) — La commise ne se fait point *ipso jure*, et de l'action de commise, id. p. 172. — Elle s'éteint si le seigneur est mort avant qu'elle ait été intentée, id. p. id. — *Quid*, si le seigneur avoit légué l'action de commise, id. p. 173. — A quelles choses s'étend la commise, id. p. 174. — La commise s'étend-elle aux alluvions, id. p. id. — Le vassal ne pourroit-il pas enlever ce qu'il a bâti sur le fief, id. p. id. — De quel jour sont dus au seigneur les fruits du fief sujets à la commise, id. p. 177-178. — Si les charges réelles et les hypothèques imposées par le vassal s'éteignent par la commise, id. p. 178-179. — *Quid*, si les charges n'avoient été imposées que depuis le désaveu, id. p. 180-181. — Si la commise a lieu au préjudice des créanciers chirographaires et engagemens personnels du vassal, id. p. 181. — Le seigneur qui a acquis par droit de commise est-il tenu d'entretenir les baux faits par le vassal, id. p. 183. — Au profit de qui est la commise quand le mari a été désavoué pour le propre de sa femme, le titulaire pour la seigneurie de son bénéfice, le seigneur pour le fief saisi féodalement, id. p. 184.

185. — De la commise pour félonie.
(*Voy.* FÉLONIE.)

COMMISSAIRES aux saisies réelles, t. XVIII, p. 430. — Leurs fonctions et obligations, *id.* p. 434 et suiv.

Commissaire aux fruits saisis. Ce que c'est, t. XXIV, p. 315. — Ce qu'il est chargé de faire, *id.* p. *id.* — Commissaires aux saisies réelles établis en titre d'office, *id.* p. 373-374. — Leur première fonction est d'enregistrer la saisie réelle, *id.* p. 374. — La seconde, de faire procéder aux baux, *id.* p. 376. (*Voy.* BAIL JUDICIAIRE.) — La troisième, de faire payer les fermes et loyers, *id.* p. *id.* - - La quatrième, de payer suivant qu'il est ordonné, *id.* p. 377. — La cinquième, de porter la foi ou demander souffrance, *id.* p. 378. -- La sixième, de rendre compte, *id.* p. *id.*

COMMISSION , est nécessaire pour saisir féodalement, même dans les coutumes qui semblent supposer que la saisie féodale peut se faire sans cela, telle qu'est la coutume d'Orléans, t. XIX, p. 112-113. — Doit être spéciale, *id.* p. 113. — Le défaut de sceau n'est pas une nullité, *id.* p. *id.*

COMMISSIONNAIRES qui font assurer les effets des négocians, s'obligent-ils en leur nom, t. IX, p. 320-321. (*Voy.* CONMETTANT, PRÉPOSÉ.)

COMMISSOIRE. (*Voy.* PACTE COMMISSOIRE.)

COMMUNAUTÉ de biens entre mari et femme. Ce que c'est, t. XVII, p. 1. — DEUX espèces, *id.* p. 1 et suiv. — De quels biens est composée la communauté coutumière, *id.* p. 4 et suiv. ; 118-119. — S'étend-elle à ceux acquis dans les provinces où elle n'est pas admise, *id.* p. 2-3; — Ses charges, *id.* p. 14 et suiv. 119 et suiv. — De la communauté conventionnelle, *id.* p. 21. — Des différentes clauses qui l'étendent, la restreignent, la modifient, *id.* p. 25 et suiv. — Clause d'exclusion de communauté, *id.* p. 47-48. — Pouvoir du mari sur les biens de la communauté, *id.* p. 96-97; 125-126.

--- De la dissolution de la communauté, *id.* p. 52-53; -- Acceptation de la communauté, *id.* p. 53-54. — Renonciation à la communauté, *id.* p. 55; 136-137. --- Du cas auquel l'un des héritiers de la femme accepte et l'autre renonce, *id.* p. 58-59. --- Partage de la communauté, *id.* p. 59-60. — Créances des conjoints contre la communauté, *id.* p. 63 et suiv. --- Dettes des conjoints envers la communauté, *id.* p. 71-72. -- Dettes de la communauté; comment les conjoints en sont-ils tenus entre eux lors de la dissolution, *id.* p. 84 et suiv; 119-120. — Comment le mari en est tenu vis-à-vis des créanciers, *id.* p. 85. — Comment la femme en est-elle tenue, *id.* p. 86-87; 119-120.

Continuation de communauté entre le survivant des deux époux et les héritiers du prédécédé; sa nature et son origine, t. XVII, p. 145-146. --- Entre quelles personnes et auquel cas a-t-elle lieu, *id.* p. 179-180. — Choses dont elle est composée, *id.* p. 150-151; 181. --- Ses charges, *id.* p. 152. — Pouvoir du survivant, *id.* p. 150. — De la dissolution de cette société, *id.* p. 154-155. --- Du partage, *id.* p. 155-156. --- Prélèvemens et rapports , *id.* p. 156 et suiv. --- Comment les associés sont-ils tenus des dettes lors de la dissolution, *id.* p. 160. — Si les héritiers du prédécédé peuvent renoncer à cette continuation de communauté, comment se fait cette renonciation, et son effet, *id.* p. 161-162. -- Du cas auquel les uns l'acceptent, et les autres y renoncent, *id.* p. 163. --- *Continuation de communauté composée ou tripartite*, qui a lieu lorsque le survivant se remarie, *id.* p. 164. — Des choses dont elle est composée, *id.* p. 166-167. --- Ses charges, *id.* p. 168-169. --- Qui en est le chef, et son pouvoir, *id.* p. 165-166. — Sa dissolution, *id.* p. 169. --- Le partage, les prélèvemens et rapports, *id.* p. 170 et suiv. -- Comment chacun des associés est tenu des dettes, *id.* p. 173-174. -- Renonciation à cette communauté, *id.* p. 175. -- Lorsque

l'homme s'est obligé, par le contrat du second mariage, à faire inventaire, les enfans héritiers de leur père peuvent-ils demander à leur belle-mère le partage par tiers, *id.* p. 175-176.

Communauté. La clause d'exclusion de communauté ne dispense pas la femme de l'autorisation pour aucun acte, t. XI, p. 436. — Elle ne prive en rien le mari de ses droits sur les propres de sa femme, *id.* p. 437.

Communauté. Sa définition, son fondement, t. XI, p. 15. — En quoi exorbitante des sociétés ordinaires, *id.* p. 15-16. — Quatre espèces de lois en France par rapport à la communauté, *id.* p. 16-18. — Deux espèces de communauté, 1.° la conventionnelle, *id.* p. 18. (*Voy.* CONVENTIONS MATRIMONIALES.) — 2.° La légale et la coutumière ; celle-ci renferme une convention implicite : conséquence de ce principe, *id.* p. 18 et suiv. — Quelle loi doit prévaloir, lorsque les parties ne se sont pas expliquées sur la communauté et sont de différentes provinces, *id.* p. 21 et suiv. — Entre quelles personnes la communauté conjugale peut-elle être contractée, *id.* p. 29-30. — Quand commence-t-elle, *id.* p. 31-32. — Trois espèces de choses dont la communauté est composée en actif, meubles, conquêts et fruits des propres, *id.* p. 32-33. — Meubles entrent en communauté, tant ceux que chacun des conjoints avoit lors du mariage, que ceux acquis à quelque titre que ce soit, *id.* p. 33-34. (*Voy.* MEUBLES.) — Créances mobilières, sont comprises sous le terme de meubles, et entrent en communauté, *id.* p. 34. — Créances personnelles des conjoints, d'où tirent-elles leurs qualités de mobilières ou immobilières. (*Voy.* CRÉANCES PERSONNELLES.) — Dettes, quand sont-elles meubles ou immeubles. (*Voy.* DETTES. (Communauté.) — Les créances mobilières entrent en communauté, quand même elles seroient propres fictifs pour le cas de la succession

du conjoint, *id.* p. 69 et suiv. — Meubles provenus de l'héritage propre de l'un des conjoints, sans en être des fruits, n'entrent pas en communauté, *id.* p. 88 et suiv. — Choses meubles substituées à un propre de communauté, n'entrent en communauté, *id.* p. 91 et suiv. — Meubles donnés à la charge qu'ils n'entreront point en communauté, n'y entrent pas, *id.* p. 94-95. — Mobilier d'un mineur qui se marie *de suo*, n'y entre que jusqu'à concurrence du tiers de ses biens, *id.* p. 95-96. — La communauté est aussi composée des conquêts. (*Voyez* CONQUÊTS. (Communauté.) — Des fruits des propres. (*V.* FRUITS. (Communauté.) — La communauté est composée en passif, 1.° des dettes mobilières de chacun des conjoints, antérieures au mariage, *id.* p. 215 et suiv. — Quand même elles excéderoient son bien, *id.* p. 221-222. — Première exception à l'égard de celles qui ont pour cause le prix d'un propre, *id.* p. 218 et suiv. — Seconde exception à l'égard des dettes qui sont relatives à un corps certain qui n'est point entré en communauté, *id.* p. 240. — Dettes immobilières de chacun des conjoints n'entrent en communauté, *id.* p. 222-223. — *Quid,* si le conjoint étoit en outre débiteur d'une somme d'argent ou de fruits, par rapport à cette dette immobilière, *id.* p. 223. — *Quid,* d'une dette alternative, *id.* p. 223-224. — Rentes dont les conjoints étoient débiteurs avant leur mariage, *id.* p. 224-225. — Arrérages de ces rentes, *id.* p. 225. — *Quid,* des rentes foncières et de leurs arrérages, *id.* p. 225-226. — 2.° Dettes que le mari contracte durant le mariage, sont charges de la communauté, *id.* p. 226-228. — Première exception à l'égard de celles qu'il a contractées pour ses affaires particulières dont il a seul profité, *id.* p. 229-230. — Deuxième exception à l'égard de celles qu'il a contractées pour quelqu'un des enfans d'un autre lit ou de ses héritiers présomptifs, *id.* p. 230-231. — Troisième exception à l'égard de

la dette de garantie qu'il contracte, en vendant les propres de sa femme, *id.* p. 232-234.--La communauté est-elle tenue des dettes contractées par la femme durant la communauté, *id.* p. 234 et suiv. -- La communauté est-elle tenue des dettes pour délits du mari. (*Voyez* DÉLITS, CONFISCATION.) -- *Quid*, des dettes d'une femme par billet et sous seing-privé, daté avant le mariage, *id.* p. 238-239. -- Comment la communauté est-elle tenue des dettes des successions échues à l'un des conjoints, *id.* p. 239 et suiv. -- De celles contractées durant la communauté. (*Voy.* DETTES DE COMMUNAUTÉ.) -- Autres charges de la communauté, *id.* p. 249 et suiv. (*Voy.* ALIMENS, ENTRETIEN, RÉPARATION, INVENTAIRE, FRAIS FUNÉRAIRES, FRAIS D'INVENTAIRE.) -- Quelles sont les différentes manières dont se dissout la communauté, t. XII, p. 36 et suiv; 64. -- En quel cas la femme est-elle exclue de demander part à la communauté. *id.* p. 38-39; 64. -- Par qui et comment s'accepte la communauté. (*Voyez* ACCEPTATION DE COMMUNAUTÉ,) -- Renonciation à la communauté. (*Voy.* RENONCIATION.) -- Créances que chacun des conjoints peut avoir contre la communauté, *id.* p. 127 et suiv. -- Principe général sur ces créances. Exemples, *id.* p. *id.* (*Voy.* REMPLOI.) -- Différence entre l'homme et la femme, par rapport à leurs créances contre la communauté, *id.* p. 130-132. -- Dettes de chacun des conjoints envers la communauté, *id.* p. 132. -- Partage de la communauté. (*Voy.* INVENTAIRE, COMPTE MOBILIER, RÉCOMPENSE, LIQUIDATION, PARTAGE.) Pouvoir du mari sur les biens de la communauté. (*Voy.* MARI.)

Exclusion de communauté. Ce que renferme la clause d'exclusion de communauté, t. XI, p. 436-438.

Communauté conventionnelle. Qu'est-ce que la communauté conventionnelle, t. XI, p. 254. -- On peut apporter un terme ou une condition à la convention de communauté, *id.* p. *id.* -- Quand commence la communauté conventionnelle, *id.* p. 255. -- C'est au temps de la célébration du mariage qu'on a égard pour régler ce qui est de nature a y entrer, *id.* p. 255-256. -- Les conjoints peuvent-ils, dans le temps intermédiaire du contrat de mariage et de la célébration, convertir leurs immeubles en meubles, *aut vice versâ*, *id.* p. 256. -- Héritage donné à l'un des conjoints dans le temps intermédiaire, entre-t-il en communauté, *id.* p. 256-257. (*Voyez* concernant les matières qui se rattachent à la communauté conjugale, AMEUBLISSEMENT, APPORT, CONQUÊTS, DOT, FRANC ET QUITTE, FRUITS, GARANTIE DE PARTAGE, HYPOTHÈQUE *de la femme*, IMMEUBLES, MEUBLES, PARTAGE (Communauté), PRECIPUT, PROPRE DE COMMUNAUTÉ, RÉALISATION, SÉPARATION *de dettes*, *séparation contractuelle*, *séparation judiciaire*.)

Continuation de communauté. Continuation simple, continuation composée, t. XII, p. 269. -- Disposition de la coutume de Paris sur la continuation de communauté, étendue aux coutumes qui ne s'en sont pas expliquées, *id.* p. 259-260. -- Ce que c'est que cette continuation de communauté; est-ce la même qui étoit entre les conjoints, qui continue sous certaines modifications, *id.* p. 271 et suiv. -- *Secùs*, dans la coutume d'Orléans, *id.* p. 276 et suiv. -- Quelle coutume doit régler la continuation de communauté, *id.* p. 279 et suiv. -- Pour qu'il y ait lieu à la continuation de communauté, suivant la coutume de Paris, il faut 1.° qu'il y ait eu, au temps de la mort du prédécédé des conjoints, une communauté subsistante, *id.* p. 283-284. -- *Quid*, s'il y avoit une sentence de séparation qui n'eût reçu aucune exécution, *id.* p. 284-285. -- Il faut 2.° que le prédécédé ait laissé pour héritier ou successeur universel, quelqu'enfant mineur, et qu'il n'ait pas renoncé à la communauté, *id.* p. 285 et suiv.

-- Il suffit que l'enfant fût mineur lors de la mort du prédécédé, quoiqu'il soit devenu majeur peu de jours après, *id.* p. 288-289. -- Quoiqu'il fût majeur de majorité coutumière, ou marié, même à un mari majeur, *id.* p. 286-287. -- Y a-t-il lieu à la continuation de communauté lorsque le prédécédé a laissé pour héritier un enfant majeur, mais en démence, *id.* p. 289-290. -- *Quid,* si par contrat de mariage les héritiers du prédécédé n'avoient à prétendre qu'une certaine somme pour tout droit de communauté, *id.* p. 290-291. -- Cas auquel on a mal-à-propos prétendu que l'enfant d'un précédent mariage pouvoit demander continuation de communauté, *id.* p. 291-292. -- Suivant la coutume d'Orléans la continuation de communauté a lieu avec les héritiers du prédécédé, quels qu'ils soient, majeurs ou mineurs, enfans ou collatéraux, *id.* p. 305-306. -- Y a-t-il lieu à la continuation de communauté lorsque le survivant est donataire des meubles du prédécédé, *id.* p.292 et suiv.—La clause que l'enfant doté ne pourra demander inventaire n'exclut pas la continuation de communauté, *id.* p. 296. -- Il faut 3.° que le survivant n'ait point fait inventaire, *id.* p. 296-297. En est-il de même dans la coutume d'Orléans, p. 311-312. (*V.* INVENTAIRE.) -- La garde-noble empêche-t-elle la continuation de communauté. (*Voy.* GARDE-NOBLE.) -- Il faut 4.° pour qu'il y ait lieu à la continuation de communauté, dans la coutume de Paris, qu'elle ait été demandée par le mineur ou par ceux qui sont à ses droits, *id.* p. 304-305. -- *Secùs,* à Orléans, *id.* p. 313-314. -- Pourvu qu'il y ait eu un enfant mineur du mariage qui ait demandé la continuation de communauté, les autres enfans quoique majeurs ou quoique d'un autre lit, y concourent avec lui, *id.* p. 314 et suiv. -- Pour qu'il y ait lieu à cette disposition, suffiroit-il qu'il y ait eu un enfant mineur au temps de la mort du prédécédé, quoiqu'il fût mort sans demander la continuation,

id. p. 318-319. -- De quelle chose est-elle composée, *id.* p. 321 et suiv. -- Les conquêts de la communauté ne tombent pas, quant à la propriété, dans la continuation, *id.* p. 321-322. -- A quel temps doit-on avoir égard pour décider si les rentes appartenantes à la communauté, doivent tomber comme meubles dans la continuation, ou en être exclues comme immeubles, *id.* p. 322-323. -- Les propres conventionnels n'y tombent point, ni le préciput du survivant, *id.* p. 323. -- Tout le mobilier que le survivant acquiert ou qui lui advient à quelque titre que ce soit, durant la continuation de communauté, y tombe, *id.* p. 324. -- Les immeubles qu'il acquiert autrement que par succession ou titre équipollent, y tombent, *id.* p. 324-325. -- Les clauses du contrat de mariage pour faire entrer quelque chose en communauté ou pour l'exclure, ne s'étendent aux choses qui adviennent au survivant, durant la continuation, *id.* p. 325-326. -- Rien de ce que les enfans acquièrent durant la continuation n'y entre, ni même de ce qu'ils avoient lorsqu'elle a commencé, d'ailleurs que de la succession du prédécédé, *id.* p. 326-327. -- Suivant la coutume d'Orléans, tout ce qui advient au survivant pendant la continuation, soit en meubles, soit en immeubles, par succession, don ou legs, n'y tombe pas, sauf en un cas, *id.* p. 327 et suiv. -- Les dettes de la communauté deviennent dettes de la continuation de communauté, tant celles dont elle étoit tenue envers les tiers, que celles dont elle étoit tenue envers l'un ou l'autre des conjoints, *id.* p. 333-334. (*Voy.* DETTES DE CONTINUATION DE COMMUNAUTÉ.) -- Elle n'est point chargée de celles qui étoient dettes propres de chacun des conjoints, ni des frais funéraires du prédécédé, *id.* p. 334-335. -- Ni des legs par lui faits, sauf des arrérages courus pendant la continuation de communauté, *id.* p. 335-336. -- Les dettes que le survivant contracte pendant la continuation de communauté, en

sont encore une charge, *id.* p. 337. — Excepté 1.° celles que le survivant auroit contractées pour affaires qui lui sont particulières; 2.° les dettes qui ont pour cause une pure donation, *id.* p. 337-338. — La continuation de communauté n'est pas tenue des dettes contractées par les héritiers du prédécédé, *id.* p. 340. — Différence pour les charges entre la coutume d'Orléans et celle de Paris, résultante de ce que, dans la seconde, tous les conquêts, meubles, immeubles, entrent dans la continuation de communauté, tandis que dans l'autre il n'entre que ce que le survivant acquiert du fonds commun, *id.* p. 339-340. — Comment est-elle tenue des alimens des enfans, des réparations et frais d'entretiens et frais d'inventaire; *id.* p. 341. — Pouvoir du survivant sur les biens de la continuation de communauté, *id.* p. 342-343. — La dissolution de la continuation de communauté peut être demandée soit par les enfans, soit par le survivant, *id.* p. 344-345. — Elle se dissout par un inventaire, du jour qu'il est parachevé, pourvu qu'il soit clos dans les trois mois, *id.* p. *id.* (*Voy.* INVENTAIRE.) - Lorsque tous les enfans sont devenus majeurs, elle peut se dissoudre par le consentement seul des parties, *id.* p. 346. — Elle se dissout par la mort du survivant, *id.* p. *id.* — Elle ne se dissout pas par le mariage et la dotation des enfans, fussent-ils majeurs, *id.* p. 348-349. — La mort de l'un des enfans ne la dissout pas. (*Voy.* ACCROISSEMENT.) Lorsque tous sont morts, laissant le survivant pour leur héritier, elle est censée n'avoir jamais eu lieu, plutôt qu'elle n'est censée dissoute, *id.* p. 347-348. — Manière dont se dissout la continuation de communauté suivant la coutume d'Orléans, *id.* p. 349. — La continuation de communauté ne peut s'accepter que pour tout le temps qu'elle a duré, *id.* p. 358. — Le droit de demander continuation de communauté est-il personnel aux enfans, ou est-ce un droit disponible qui passe à leurs

successeurs universels, qui tombe dans leur communauté, et puisse être exercé par leurs créanciers, *id.* p 359. et suiv. — Est-il sujet à prescription, *id.* p. 362-363. — Est-ce de même à Orléans, *id.* p. 363. — Quelle part ont les enfans au partage des biens de la continuation de communauté, et quelle part y a chacun d'eux dans la subdivision, *id.* p. 364-365. - De la renonciation à la continuation de la communauté, *id.* p. 365-366. — Si entre les enfans les uns ont accepté la continuation de la communauté, les autres y ont renoncé, quelle part ont les acceptans dans la coutume de Paris, *id.* p. 369 et suiv. — Lorsqu'un enfant renonce à la continuation de communauté pour s'en tenir à la part qu'il avoit dans la communauté, en l'état où elle étoit lors de la mort du prédécédé, comment fixer cet état, *id.* p. 366-368. — Principes de la coutume d'Orléans, sur la renonciation à la communauté, *id.* p. 373 et suiv. — Partage de la continuation de communauté. (*Voyez* PARTAGE (Communauté.)

Continuation de communauté composée, ou communauté tripartite. Son fondement et sa nature, *id.* p. 390-392. — Quelles sont les choses qui y entrent ou qui n'y entrent pas. Règle générale : la personne qui se marie avec le survivant fait entrer dans la communauté tripartite tout ce qu'elle fait entrer dans la communauté du survivant; le survivant ne fait entrer dans la communauté tripartite que les choses qui entrent dans la continuation de la communauté, *id.* p. 391 et suiv. — Quelles en sont les dettes et les charges. Règle générale : les charges de la communauté tripartite sont celles qui appartiennent tant à l'une qu'à l'autre des deux communautés qui la composent, *id.* p. 400. et suiv. — Quel en est le chef, *id.* p. 405. — Quel est son pouvoir, *id.* p. 405-406. — De quelle manière se dissout-elle, *id.* p. 407-408. — Qui sont ceux qui peuvent y renoncer dans le cas où c'est l'homme qui se remarie, *id.* p. 408-410. — Les enfans

peuvent-ils renoncer à l'une des communautés sans renoncer à l'autre, *id.* p. 408-409. -- Quel est l'effet de la renonciation des enfans, *id.* p. 409-410. -- Quel est l'effet de la renonciation de la femme, *id.* p. 410. -- L'homme peut-il y renoncer lorsque c'est la femme qui se remarie, *id.* p. 411. -- Quand la femme peut-elle y renoncer, *id.* p. *id.* -- Quel est l'effet de cette renonciation, *id.* p. 412. -- Du partage de cette communauté; des prélévemens et des rapports qui y sont à faire, *id.* p. 413 et suiv. -- Comment chacune des parties est-elle tenue des dettes de cette communauté, soit entre elles, soit vis-à-vis des créanciers, *id.* p. 422 et suiv. -- La clause portée au contrat du second mariage, par laquelle l'homme s'oblige de dissoudre incessamment sa communauté avec l'enfant de son premier lit, empêche-t-elle cet enfant, héritier de son père, qui n'y a pas satisfait, de demander son tiers en son chef, dans les biens acquis pendant le second mariage, *id.* p. 425 et suiv.

Communauté. L'acceptation faite par la femme ne donne point lieu au rachat, t. XIX, p. 417-418. -- *Quid*, si par le partage de la communauté le fief conquêt échet en entier à la veuve, *id.* p. 418-419. -- *Quid*, si par le partage le fief conquêt tombe en entier aux héritiers du mari, *id.* p. 421. -- Ce qui a été dit du partage reçoit son application dans le cas de la licitation, *id.* p. 421-422. -- La renonciation que la femme ou ses héritiers font à la communauté, ne donne lieu à aucun rachat, *id.* p. 422-423. -- *Quid*, si la femme qui a renoncé se fait adjuger des conquêts pour ses reprises, *id.* p. 423.

Communauté négative. État de communauté négative, t. XIV, p. 302-303. -- Choses qui sont restées dans l'état de communauté négative, et qui sont acquises au premier occupant, *id.* p. 301 et suiv. -- Choses qui n'appartiennent à personne, et dont on n'a pas pour cela le droit de s'emparer, *id.* p. 304.

Communauté sans société forme un quasi-contrat, t. VII, p. 281. -- En quoi diffère la société, et en quoi conviennent-elles, *id.* p. 281-282. -- Obligations qui en naissent. (*Voy.* OBLIGATIONS. (Société.) Comment finit-elle, *id.* p. 289-290. -- Compte de communauté, *id.* p. 292.

Communauté du mur. (*Voy.* MUR.)

COMMUNAUTÉS établies suivant les lois du royaume, sont considérées comme tenant lieu de personnes, t. XXIII, p. 352. -- Il est de la nature de ces établissemens, d'avoir un ou plusieurs procureurs ou syndics, par l'organe desquels ils agissent, *id.* p. 354. -- Ont ordinairement un receveur, *id.* p. *id.* -- Peuvent se faire des statuts pour leur police et discipline, *id.* p. 355. -- En quelles choses ces corps ont moins de droit que les particuliers, *id.* p. 356. -- Contrats à fonds perdu, à titre de commerce, leur sont interdits, *id.* p. *id.* -- Avant l'édit de 1749 ils pouvoient être contraints à vider leurs mains des héritages par eux acquis, *id.* p. 357. -- Fins de non-recevoir qu'ils pouvoient opposer aux seigneurs, *id.* p. 358-359. -- *Quid*, si la communauté qui a payé l'indemnité aliénoit à une autre communauté, *id.* p. 360. -- L'édit de 1749 a beaucoup diminué le droit qu'avoient les communautés d'acquérir, *id.* p. 361. -- Le roi leur permet en certain cas d'acquérir des immeubles, à la charge d'obtenir des lettres-patentes, *id.* p. 363-364. -- Il ne leur est pas défendu de rentrer dans les héritages qu'ils ont aliénés, *id.* p. 364. -- Peuvent-ils exercer le droit de refus ou de prélation, *id.* p. 365. -- Ou le droit de retrait féodal, et le céder, *id.* p. 366. -- Les communautés peuvent-elles acquérir par droit de déshérence ou de commise, *id.* p. 367. -- Legs fait par un testament antérieur à la publication de l'édit, est-il valable, *id.* p. 368-369. -- Le droit que les communautés ont d'aliéner est aussi moins étendu, *id.* p. 369. -- Avantages des communautés sur les particuliers, *id.* p. 370-371.

Communautés, ou établissemens

non autorisés par lettres-patentes, ne peuvent recevoir des donations, t. XXIII, p. 17. — Les établissemens qui sont confirmés ne peuvent recevoir par donation que les choses qu'il leur est permis d'acquérir, p. 17-18.

Communautés. Doivent donner au seigneur un vicaire qui porte la loi et par la mort duquel il soit dû rachat, t. XIX, p. 446. — Est dû rachat non par la nomination, mais par la mort du vicaire, *id.* p. 446-447. — Si on ne sait ce qu'est devenu le vicaire, il n'y a pas lieu au rachat, *id.* p. 447.

Communautés. Comment la procédure se tient contre elles, t. XXV, p. 373-374. Syndic qui doit être nommé à cet effet, ou, à son défaut, un curateur, *id.* p. 374. — Leurs fonctions, *id.* p. *id.* — Peines qui peuvent être portées contre des corps et communautés, *id.* p. 375.

COMMUNICATION. Dans quel cas l'accusé peut prendre communication des charges, t. XXV, p. 325.

COMPAGNON. Ce que c'est, t. VI, p. 477.

COMPENSATION. Ce que c'est, t. II, p. 121. — Principe sur lequel elle est fondée, *id.* p. 121-122. — Dettes contre lesquelles on peut opposer la compensation, sont les dettes d'une somme d'argent, ou d'autres choses qui se consomment par l'usage, *id.* p. 122-123. — Les dettes d'une chose indéterminée, quoiqu'elle ne se consomme pas par l'usage, *id.* p. *id.* — Cas singulier auquel la dette d'une chose déterminée, et qui ne se consomme pas par l'usage, peut être susceptible d'une compensation, *id.* p. 124. — On peut opposer la compensation contre les dettes des choses qui en sont susceptibles, de quelques causes qu'elles procèdent, *id.* p. 124-125. — Excepté la cause de spoliation, *id.* p. 125. — De dépôt, *id.* p. *id.* — D'alimens, *id.* p. 126-127. — De cens, *id.* p. 127-128. — On peut opposer la compensation, même contre les dettes confirmées par serment, *id.* p. 128-129. — On peut l'opposer

même contre les villes, corps et communautés, si ce n'est en certains cas exceptés, *id.* p. 129. — Quand peut-elle être opposée contre le fisc, *id.* p. *id.* — Des dettes qui peuvent être opposées en compensation, *id.* p. 130 et suiv. — Il faut que la dette qu'on oppose en compensation soit d'un même genre de choses que celle avec laquelle on la veut compenser, *id.* p. 130. — On peut opposer la compensation de la dette d'un corps certain de nature à se consommer par l'usage, contre la dette d'une quantité de même genre, *sed non vice versâ*, *id.* p. 130-131. — Cette compensation n'a pas lieu de plein droit, mais du jour qu'elle est opposée, *id.* p. 131. — La dette dont le terme de paiement n'est pas échu, ne peut être opposée en compensation lorsque c'est un terme de droit, *secus*, si ce n'est qu'un terme de grâce, *id.* p. *id.* — La dette qu'on oppose en compensation doit être liquide, *id.* p. 132. — Déterminée, *id.* p. 132-133. — Due à la personne même à qui on oppose la compensation, *id.* p. 133. — Puis-je opposer en compensation une somme due à un autre, lorsque celui à qui elle est due intervient pour en consentir la compensation, *id.* p. 133-134. — Je puis opposer la compensation de ce qui est dû à celui dont j'ai les droits cédés, *id.* p. 135. — Les cautions peuvent opposer la compensation de ce qui est dû au débiteur principal, *id.* p. 135-136. — *Non vice versâ*, *id.* p. 136. — Un débiteur solidaire peut-il opposer la compensation de ce qui est dû à son co-débiteur, t. I, p. 226-227, et t. II, p. 136. — On ne peut opposer la compensation que de la dette qui est due par la personne même à qui elle est opposée, *id.* p. 137. — Je puis opposer au mari la compensation de ce qui m'est dû par la femme, autant que la communauté l'en rend débiteur, *id.* p. *id.* — Je puis opposer à un cessionnaire la compensation de ce que me doit son cédant, pourvu que la dette qu'il me doit ait été contractée avant la signification du transport,

et que je n'aie pas accepté volontairement le transport sans en faire
réserve, id. p. 137-138. — On peut
opposer en compensation une dette
quoique payable en un autre lieu,
id. p. 138-139. — Principal de rente
ne peut être opposé en compensation, id. p. 139. — La compensation se fait de plein droit, id. p.
id. — Corollaires de ce principe;
elle fait cesser les intérêts jusqu'à
due concurrence, id. p. 142-143. —
Exceptions à l'égard de la compensation qui se fait *speciei ad quan-
titatem*, id. p. 144. — Lorsque je
suis votre débiteur pour différentes
causes, et que je suis depuis devenu
votre créancier, la compensation
doit se faire avec celle des dettes
que j'ai le plus d'intérêt d'acquitter,
pourvu qu'elles ait toutes précédé
ma créance, id. p. 145. — Celui
qui a payé la dette, depuis qu'il
est devenu lui-même créancier,
conserve-t-il sa créance, ou n'a-t-il
que la répétition de ce qu'il a payé,
id. p. 146 et suiv.

Compensation. Quand et comment
le rachat d'une rente se fait par
compensation, t. V, p. 162-163.

Compensation. La dette de la
lettre de change s'éteint par la compensation, lorsque celui qui s'en
trouve être le propriétaire au jour
auquel elle est payable, se trouve
être en même temps débiteur de
l'accepteur, t. V p. 347-349. —
Quid, si la dette dont l'accepteur
est créancier du propriétaire de la
lettre étoit payable en un lieu différent, id. p. 350-351. — La dette dont
le propriétaire de la lettre est débiteur envers le tireur, peut-elle
opérer compensation, id. p. 351.

COMPÉRAGE (*V.* ALLIANCE
SPIRITUELLE.)

COMPÉTENCE. (*Voy.* ACCU-
SATION.) — Compétence ou incompétence du prévôt, des maréchaux,
doit être jugée au présidial du lieu
de la capture, t. XXV, p. 366-
367. — Le prévôt doit faire juger sa
compétence, quand même l'accusé
le reconnoîtroit pour juge, id. p.
367. — Sentence interlocutoire rendue sur la compétence, id. p. 368.

— Forme à observer dans la sentence et dans sa prononciation, id.
p. id. — Que doit faire le prévôt
quand il est déclaré incompétent,
id. p. 368-369. — Quand il est déclaré
compétent il doit faire incessamment
procéder au jugement, id. p id.
— Compétence de certains juges à
l'égard de quelques crimes. (*Voy.*
CRIMES.)

COMPLAINTE. Ce que c'est,
et pour quelles choses peut-elle être
formée, t. XVIII, p. 528-529. —
Par qui, id. p. 529. — Contre qui
et dans quel temps, id. p. 531. —
Office du juge sur cette action, id.
p. id. — Opposition à la complainte,
id. p. id.

Complainte. La femme peut la
former pour son douaire contre l'héritier du mari, t. XIII, p. 143.

*Complainte en cas de saisine et
nouvelleté,* t. XV, p. 55-56. — Prérogative de cette action, id. p. 56-
57. — Pour quelles choses peut être
intentée, id. p. 57 et suiv. — Par
qui, id. p. 61 et suiv. — Contre qui
id. p. 64. — Pour quel trouble, id.
p. 64-65. — Procédure sur cette
action, id. p. 66-67.

Complainte en matière bénéficiale,
t. XV, p. 82. — Quels juges en
connoissent, id. p. 83 et suiv. —
Doit être précédée de la prise de
possession, id. p. 85. — Prise de
possession réelle, id. p. 85 et
suiv. — Prise de possession civile,
id. p. 88-89. — Possession triennale
exclut cette complainte, id. p. 89.
— Quelles choses sont requises pour
que le possesseur d'un bénéfice
puisse jouir du privilège accordé à
la possession triennale, id. p. 90-91.
— Du titre coloré, id. p. 91. —
Quels vices le titre coloré, soutenu
de la possession triennale, peut
purger, id. p. 92 et suiv. — Par qui
cette complainte peut être formée,
id. p. 96-97. — Contre qui, id. p.
id. — Procédure sur cette complainte, id. p. 98 et suiv. — Jugement sur cette complainte, id. p.
102-103.

Complainte en matière profane. Ce
que c'est. Disposition de l'ordonnance, t. XXIV, p. 178. — Pour

quelle chose elle a lieu, *id.* p. 178-
179. — N'a lieu pour choses mobilières, mais pour universalité de
meubles, *id.* p. 179. — Pour quelle
espèce de possession, *id.* p. 180. —
Deux espèces de troubles à la possession; trouble de droit et trouble
de fait, *id.* p. 181-182. — La complainte doit être intentée dans l'année du trouble, *id.* p. 182. — Procédure sur cette action, *id.* p. *id.*
— Appointement à vérifier sur la
possession contestée, *id.* p. 182-183.
— Jugement sur la possession, *id.*
p. 184.

Complainte en matière bénéficiale,
t. XXIV, p. 193. — En quoi elle
diffère de la complainte en matière
profane, *id.* p. 193-194. — Est du
ressort de la puissance séculière,
id. p. 194. — Doit être portée devant
le juge royal du lieu où le bénéfice
est situé, *id.* p. 194-195. — Mineur
de vingt-cinq ans pourvu d'un bénéfice, peut la former, *id.* p. 195.
— Procédure particulière à ces com-
plaintes, *id.* p. 195-196. — Nécessité d'exprimer le titre de la possession dans la demande, et de donner
copie des titres et capacités, *id.*
p. 197. — Le défendeur doit de
même, par ses défenses, expliquer
le titre de sa possession, et donner
copie de ses titres et capacités, *id.*
p. 197-198. — Cas où les juges rendent une sentence de récréance. Ce
que c'est, *id.* p. 198. — S'exécute
nonobstant l'appel, *id.* p. 199. —
Comment la procédure se continue,
dans le cas où l'une des parties a
résigné, *id.* p. 200.

COMPTABLE. Somme dont ils
sont crus sans quittance, t. XVII,
p. 562.

COMPTE. (Propriété.) Compte
que doit rendre le possesseur à
l'héritier qui a obtenu sur la pétition d'hérédité, t. XIV, p. 608-609.
— Le possesseur, même de bonne
foi, doit compte à l'héritier de tout
le profit qui lui est revenu des
biens de la succession, *id.* p. 609-
610. — Même des profits déshonnêtes,
id. p. 611. — Différences sur ce
compte entre le possesseur de mauvaise foi et le possesseur de bonne

foi, *id.* p. 612-613. — *Première différence.* Le possesseur de mauvaise
foi est tenu de compter de tout ce
qui lui est parvenu des biens de la
succession, quoiqu'il n'en ait pas
profité. Le possesseur de bonne foi
n'en est tenu qu'autant qu'il en a
profité, *id.* p. 613 et suiv. — Est-il
censé en avoir profité s'il l'a donné,
id. p. 615. — S'il l'a consommé
dans son ménage, il n'est censé profiter que jusqu'à concurrence de ce
qu'il a épargné du sien, *id.* p. 615-
616. — Le possesseur de bonne foi,
qui est lui-même héritier pour une
part, fait porter la perte de ce qu'il
a dissipé du bien de la succession,
tant sur sa part, que sur celle qu'il
doit rendre, *id.* p. 617-618. — A
quel temps a-t-on égard pour juger
si le possesseur de bonne foi a profité des biens de la succession, *id.*
p. 618-619. — A qui est-ce à justifier que le possesseur de bonne foi
n'a pas profité de ce qui lui est parvenu des biens de la succession, *id.*
p. 620-621. — *Seconde différence par
rapport aux fruits.* Le possesseur de
mauvaise foi compte tant de ceux
qu'il a perçus, que de ceux qu'il a
manqué de percevoir; le possesseur
de bonne foi n'est tenu que de ceux
qu'il a perçus, jusqu'à concurrence
de ce qu'il en a profité, *id.* p. 621
et suiv. — *Troisième différence* par
rapport aux intérêts, *id.* p. 624-
625. — *Quatrième différence* par rapport aux dégradations, *id.* p. 625-
626. — Le possesseur de mauvaise
foi est-il tenu des prescriptions et
des insolvabilités des débiteurs de la
succession, *id.* p. 626-627. — Différence qui subsiste, même après la
litiscontestation, entre le possesseur
de bonne foi et le possesseur de mauvaise foi, *id.* p. 618-619.

Compte, obligation de le rendre,
t. XXIV, p. 168. — Action en red-
dition de compte, *id.* p. *id.* — Devant quel juge elle peut être donnée, *id.* p. *id.* — Deux défauts à
obtenir sur cette action, *id.* p. 169.
— Jugement qui condamne à rendre
compte, *id.* p. 169-170. — Devant
qui le compte doit être rendu, *id.*
p. 170-171. — Procédure pour la

présentation de compte, *id.* p. 171-172. — Affirmation du compte, *id.* p. 172. — Signification du compte et communication des pièces justificatives, *id.* p. 174. — Appointemens pour fournir les débats et soutennemens, *id.* p. 175. — Dans quels délais ils doivent être fournis, *id.* p. *id.* — Jugement sur le compte, *id.* p. 176. — Action du comptable contre l'oyant, *id.* p. 176-177. — *Quid,* si le compte doit être rendu à un absent du royaume, *id.* p. 177.

COMPOSITION. Choix qu'ont les assureurs de prendre pour leur compte la composition faite avec un corsaire, ou de payer la somme assurée, t. IX, p. 255-256.

COMPULSOIRE, ce qu'on appelle compulser, t. XXIV, p. 80-81. — De quels actes on peut demander le compulsoire, *id* p. 81. — Procédure pour y parvenir, *id.* p. 81-82. — Compulsoire se fait par un huissier ou sergent, *id.* p. 82. — Condamnation contre la partie qui a requis le compulsoire et qui ne paroît pas, *id.* p. 83.

CONCILES. Réponse aux autorités des conciles alléguées contre les cheptels, t. VII, p. 364.

CONCLUSIONS définitives. (Procédure criminelle) du procureur du roi ou fiscal ; quant et comment elles se donnent, t. XXV, p. 321-322. — sont remises cachetées au greffe, *id.* p. 322.

CONCUBINAGE. Homme et femme qui vivent ou ont vécu en concubinage, ne peuvent se faire de donations, t. XIV, p. 28. — Sauf par leur contrat de mariage : par qui peuvent-elles être débatues si elles sont excessives, *id.* p. 28-29.

CONCUBINATUS. Espèce de mariage des Romains, t. X, p. 5-6. — Effets de ce mariage ; sa différence d'avec les mariages appelés *justæ nuptiæ et matrimonium*, et d'avec celui des esclaves qu'on appeloit *contubernium*, *id.* p. 5 et suiv. — A encore lieu en Allemagne, *id.* p. 9. — Est rejeté en France, *id.* p. *id.*

CONCUBINES. Sont incapables de recevoir par donation, t. XXIII, p. 21. — Si ce n'est des donations modiques pour aliment, *id.* p. 22.

CONDAMNATION. (Procédure criminelle.) Quand elle peut être portée, t. XXV, p. 343. — Juges inférieurs doivent exprimer le crime, *id.* p. *id.* — Différens genres de peines, capitales ou non capitales, afflictives ou infamantes, *id.* p. 343-344. — Lorsqu'il est rendu sentence de bannissement, il doit être ajouté qu'il sera fait lecture des réglemens concernant l'infraction du ban, *id.* p. 346. — Amende honorable est-elle afflictive, *id.* p. 346-347. — Peines non infamantes, *id.* p. 347. — Condamnation envers la partie civile. Quand elle a lieu, *id.* p. 347-348.

CONDAMNÉS à peine capitale perdent le droit de tester, t. XXII, p. 153. — Exceptions, *id.* p. *id.*

CONDICTIO INDEBITI. Qui sont ceux qui ont cette action, t. VIII, p. 238. — Cas auquel cette action appartient à un autre qu'à celui qui a fait le paiement, *id.* p. 240. — Cette action a lieu contre celui à qui le paiement a été fait, soit à lui-même, soit à un autre qui avoit pouvoir de recevoir pour lui, *id.* p. 241-242. — L'objet de cette action, lorsque c'est de l'argent ou des choses fongibles, ou des services appréciables qui ont été payés par erreur, est la restitution de la somme dont celui qui l'a reçue par erreur a profité, *id.* p. 243. — Lorsque la chose n'est pas du nombre des choses fongibles, l'objet de l'action est la restitution de cette chose, telle qu'elle se trouve par devers celui à qui elle a été payée, et des fruits, *id.* p. 244. — *Quid,* des détériorations arrivées à la chose, *id.* p. 244-245. — Distinguer si le possesseur est de bonne ou mauvaise foi, *id.* p. 245. — *Quid,* des augmentations, *id.* p. *id.* — *Quid,* lorsque cette chose n'est plus par devers celui à qui elle a été payée, *id.* p. 251-252. — (*Voy.* PAIEMENT. (Condictio indebiti) — Quel est l'objet de cette action lorsqu'on a donné un héritage en paiement d'une somme qu'on croyoit plus grande

que celle qui étoit due, *id.* p. 247-248. — *Quid*, si l'on a donné des choses fongibles, *id.* p. 249. — *Quid*, si la chose vient à périr, *id.* p. 249-250.

CONDITION. Ce qui fait condition ou non dans les legs, t. XVII, p. 428 et suiv. — Quand et comment une condition doit-elle être accomplie ou réputée pour accomplie, pour donner ouverture au legs, *id.* p. 434 et suiv. — Lorsqu'il y en a plusieurs, suffit-il qu'une seule soit accomplie, *id.* p. 427-428. — Effet de la condition *in non faciendo*, *id.* p. 444-445. (*Voy.* LEGS).

Condition. Condition suspensive. Définition de la condition suspensive, t. I, p. 169-170. — Différentes espèces de conditions, *id.* p. 170. — La condition doit être d'une chose future, *id.* p. 171. — D'une chose qui peut arriver ou ne pas arriver, *id.* p. 172. — Sauf dans les testamens et substitutions où une chose qui arrivera certainement, peut faire condition, pourvu qu'il soit incertain quand elle arrivera, et si ce sera du vivant de celui au profit de qui est faite la disposition, *id.* p. 172 et suiv. — D'une chose possible et, honnête, *id.* p. 173. — On ne peut apposer pour condition la pure et simple volonté de celui qui promet; mais on peut apposer pour condition celle d'un tiers, *id.* p. 175. — Quand une condition est-elle censée accomplie, *id.* p. *id.* et suiv. — Doivent-elles s'accomplir *in formâ specificâ*, et peuvent-elles l'être *per æquipollens*, *id.* p. 176. — La condition d'un fait peut-elle être accomplie par un autre que par celui à qui il a été imposé de l'accomplir, *id.* p. 176-177. — Les conditions peuvent-elles s'accomplir après la mort de celui envers qui l'obligation est contractée, *id.* p. 178. — Du temps dans lequel les conditions peuvent s'accomplir, *id.* p. 181. — Une condition est réputée pour accomplie lorsque c'est par le fait du débiteur obligé qu'elle ne l'a pas été, *id.* p. 183. — Quand les conditions *potestatives* et les *mixtes*, sont-elles réputées pour ac-

complies dans les testamens, et si ces règles peuvent s'étendre aux actes entre-vifs, *id.* p. 184-185. — Indivisibilité de l'accomplissement d'une condition, *id.* p. 186-187. — De l'effet des conditions, *id.* p. 188-189. — Lorsqu'une obligation a été contractée sous plusieurs conditions, est-il nécessaire que toutes s'accomplissent, *id.* p. 191. — Leur accomplissement a un effet rétroactif dans les actes entre-vifs. *Secùs*, dans les testamens et substitutions, *id.* p. 189. — Créancier conditionnel peut faire les actes conservatoires, *id.* p. 190-191. — Conditions résolutoires; leurs effets, *id.* p. 192; t. II, p. 182-183.

Conditions. Quelles conditions les conjoints peuvent-ils apposer à leur don mutuel, t. XIV, p. 169-171.

Conditions dans un testament. Conditions contraires à la nature des dernières volontés, t. XXII, p. 143 et suiv. — Condition *si eras volueris*, *id.* p. 143. — Différence entre le legs *si volueris*, et celui *nisi hæres meus noluerit*, *id.* p. 145. — Autres conditions qui annulent les dispositions, *id.* p. 146 et suiv.

CONDUITE. (*Voy.* FRAIS DE CONDUITE.)

CONFESSION. Confession est ou judiciaire, ou extra-judiciaire, t. II, p. 313. — Quelle foi fait la confession extra-judiciaire, *id.* p. 317 et suiv. — — Foi que fait la confession judiciaire, *id.* p. 314-315. — Ne peut se diviser lorsqu'il n'y a pas d'autre preuve du fait confessé, *id.* p. *id.* — Confession fait foi contre la personne qui l'a faite, ses héritiers et ses successeurs, lorsque cette personne est capable de contracter, *id.* p. 321. — Confession des dettes envers une personne à qui les lois me défendent de donner, ne fait preuve contre mes héritiers, si la cause n'en est pas bien circonstanciée et vraisemblable, *id.* p. *id.* — Celui qui fait la confession peut détruire la preuve qui en résulte, en justifiant de l'erreur qui y a donné lieu, *id.* p. 315. — Pourvu que ce ne soit pas une erreur de droit, *id.* p. 316. — La provision est due

à la confession quoiqu'erronnée, jusqu'à ce que l'erreur soit prouvée, *id.* p. 317. — Le paiement est une confession tacite de la dette, qui exclut de la répétition celui qui a payé, s'il ne justifie de l'erreur, *id.* p. 321.

CONFISCATION. A qui appartient le droit de confiscation, t. XVIII, p. 83; 125-126. — Le mari confisque-t-il les biens de la communauté, t. XVII, p. 141. — *Quid*, de la femme, *id.* p. *id.*

Confiscation. Mari condamné ne confisque que sa part des biens de la communauté, t. XII, p. 5-6. — Femme condamnée n'en confisque rien, sa part reçroît au mari, *id.* p. 31-32. — Dans quelques coutumes elle passe aux héritiers de la femme, *id.* p. 34. — Le seigneur confiscataire, ne peut même priver le mari des fruits des propres confisqués jusqu'à la mort naturelle de la femme, *id.* p. *id.*

Confiscation. Si la remise de la confiscation fait des propres ou des acquêts, t. XXII, p. 24-25. — *Quid*, lorsque la remise est faite aux parens du condamné, *id.* p. 25.

Confiscation. Si elle donne lieu au profit de rachat, t. XIX, p. 402. — *Quid*, si le seigneur met hors de ses mains, dans l'année, *id.* p. 402-403. — Les enfans du condamné auxquels le roi ou le seigneur fait don des biens confisqués, doivent-ils profit, *id.* p. 40?.

CONFRONTATION *des témoins.* (Procédure criminelle). Ce que c'est, et sa nécessité, t. XXV, p. 304. — Exception pour le cas de contumace, *id.* p. *id.* — *Quid*, si le contumace se représente, *id.* p. *id.* — Quels témoins doivent être confrontés, *id.* p. 305-306. — Confrontation d'un accusé à d'autres accusés, *id.* p. 306. — La confrontation ne se peut faire qu'après qu'elle a été ordonnée par le réglement à l'extraordinaire, *id.* p. 306-307. — Témoins doivent être assignés pour être confrontés, *id.* p. 307. — Accusé prisonnier ne doit être assigné, mais mandé, *id.* p. *id.* — Les autres accusés doivent être

assignés, *id.* p. *id.* — *Quid*, si l'accusé ne comparoît pas, *id.* p. 308. — Accusé originairement décrété de prise-de-corps, doit se rendre prisonnier pour la confrontation, *id.* p. 309. — Où se doit faire la confrontation, *id.* p. 309-310. — Forme de la confrontation, *id.* p. 310. — *Quid*, lorsqu'un accusé est confronté à un co-accusé, *id.* p. 310-311. — Ce qui doit être statué par le juge sur les reproches, *id.* p. 311. — Ce que doit contenir l'acte de la confrontation, *id.* p. 312-313. — Confrontation littérale, ce que c'est, et quand elle a lieu, *id.* p. 314. — Elle n'a point lieu quand le témoin est décédé avant le récollement, *id.* p. *id.*

CONFUSION. Ce que c'est, t. II, p. 151. — Il se fait confusion de la dette lorsque le créancier devient héritier pur et simple du débiteur, *aut vice versâ*, ou lorsqu'un tiers devient héritier de l'un et de l'autre, *id.* p. 152-153. — L'acceptation de succession sous bénéfice d'inventaire n'opère aucune confusion, *id.* p. 153. — La confusion décharge de la dette la personne en qui se fait la confusion, et opère l'extinction de la dette lorsqu'il n'y a pas d'autre débiteur, *id.* p. *id.* — La confusion de la dette qui se fait dans la personne d'un débiteur principal décharge ses cautions, *id.* p. 153-154. — *Non vice versâ*, *id.* p. 154-155. — La confusion qui se fait dans la personne du débiteur solidaire, ne décharge pas les autres, *id.* p. 156. — Y a-t-il confusion lorsque le créancier qui a transporté sa créance, devient, depuis le transport, mais avant la signification, héritier du débiteur, *id.* p. 156-157. — Y a-t-il confusion lorsque le créancier devient héritier de celui qui étoit obligé d'acquitter le débiteur, *id.* p. 157. — Pour que la confusion éteigne totalement la dette, il faut que la même personne réunisse la qualité de créancier et de débiteur du total de la dette; et pour cela il faut qu'il soit unique héritier, sinon la confusion n'a lieu que pour partie, *id.* p. 157-158.

Confusion. Droits que l'acheteur avoit dans l'héritage, et dont il s'étoit fait confusion par son acquisition, revivent par le retrait, t. IV, p. 286-287.

Confusion. La dette de la lettre de change s'éteint par la confusion, lorsque le propriétaire de la lettre devient héritier de l'accepteur, *aut vice versâ*, t. V, p. 354. — Elle se fait de plein droit, dès l'instant de la mort de l'accepteur, auquel le propriétaire de la lettre succède, et tous les endossemens faits depuis sont nuls, *id.* p. 355-356. — Cette confusion libère de la dette de la lettre de change les endosseurs et le tireur, *id.* p. 355. — Nom de l'obligation de remettre les fonds, *id.* p. *id.* — La confusion qui se fait lorsque le propriétaire de la lettre devient l'héritier du tireur, libère les endosseurs. Quand libère-t-elle aussi l'accepteur, *id.* p. 356. — *Quid,* de celle qui se fait lorsque le propriétaire de la lettre devient l'héritier d'un endosseur, *id.* p. 356-357. — L'héritier pour partie ne confond que pour partie : l'héritier bénéficiaire ne fait aucune confusion, *id.* p. 357.

Confusion. (Propriété.) Manière d'acquérir une chose formée de plusieurs matières appartenantes à différentes personnes, t. XIV, p. 426 et suiv.

CONGÉ D'ADJUGER. (*Voyez* APPOINTEMENS À DÉCRÉTER.)

Congé. Droit de congé, visite, rapport, t. VI, p. 466-467. (*Voy.* DROITS DE CONGÉ.)

Congé. Ce que c'est, t. XXIV, p. 158. — Congé faute de se présenter, *id.* p. 161. — Le juge pour le profit doit toujours donner congé de la demande, *id.* p. 161-162.

Congé d'adjuger. Ce que c'est, t. XXV, p. 19. — Procédure pour y parvenir, *id.* p. *id.* — Quand il peut être rendu, *id.* p. 20-21. — Doit être rendu à l'audience, *id.* p. 21. — S'il y a appel ne peut s'exécuter par provision, *id.* p. *id.* — Procédure en exécution du congé, jusqu'à l'adjudication, *id.* p. 22-23. — Enchère et adjudication sauf quin-

zaine, *id.* p. 23. (*Voy.* ENCHÈRE.)

CONJOINTS, *re et verbis*, ou *re tantùm*, *verbis tantùm*, t. XVII, p. 403.

CONNOISSEMENT. Ce que c'est, t. VI, p. 366. — Sa forme et ce qu'il doit contenir, *id.* p. 366 et suiv. — Lorsque les deux exemplaires sont différens, lequel fait foi, *id.* p. 381-382.

Connoissement. Ce que c'est, t. IX, p. 354.

Connoissement. Ce que c'est, t. XIV, p. 371.

CONQUÊTE. Droit de conquête, t. XIV, p. 351-352.

CONQUÊTS. (Communauté.) Quels immeubles sont conquêts, t. XVII, p. 5 et suivantes. — Les conquêts échus à la femme sont hypothéqués aux dettes du mari, *id.* p. 122-123. — De l'extension de l'édit des secondes noces aux conquêts, *id.* p. 115 et suiv. — Le père ou la mère survivant succède à l'usufruit des conquêts acquis par eux, et trouvés dans la succession de leurs enfans, t. XVIII, p. 111 et suiv. (*Voy.* COMMUNAUTÉ.)

Conquêts. (Retrait.) Vente d'un conquêt faite par le mari donne-t-elle lieu au retrait pour une part au profit de la famille de sa femme, ès-lieux où les acquêts sont sujets au retrait, t. IV, p. 96-97. — Héritage retiré par retrait seigneurial ou conventionnel est conquêt, *id.* p. 403-404.

Conquêts. Réfutation de l'opinion de Borjon, qui dit que la seconde femme ne peut avoir la jouissance de la moitié de la part du mari dans les conquêts du premier mariage, au préjudice des portions qu'y doivent avoir les enfans du premier, t. XIII, p. 42-43.

Conquêts. (Mariage.) Extension que l'article 270, de Paris, a faite à l'édit par rapport aux conquêts des précédentes communautés de la femme qui convole, t. X, p. 606-607. — Différence des dispositions de cet article et de celle du second chef, *id.* p. 629-630. — Les meubles d'une première communauté sont compris sous le terme conquêts

aussi bien que les immeubles, *id.* p. 609-610. — Le mobilier que la femme avoit apporté pour composer sa première communauté est-il compris, *id.* p. 615,616, *Quid*, d'un héritage qui auroit été ameubli, *id.* p. 617-618. — Des conquêts de la continuation de communauté, *id.* p. 619 et suiv. — De la somme à laquelle a été fixée, par le contrat du premier mariage, la part de la femme en communauté, *id.* p. 621. — La donation n'est-elle nulle que pour la portion à revenir aux enfans du premier mariage, ou est-elle nulle pour le tout, *id.* p. 622-623. — Des actions qu'ont les enfans du premier mariage pour se faire délaisser les conquêts donnés au second mari, et comment ils les partagent entre eux, *id.* p. 626-627. — Interdiction de disposer envers quelque personne que ce soit, bornée aux portions des enfans du premier mariage, *id.* p. 631-632. — Quelles espèces d'aliénations sont interdites, *id.* p. 632-633. — La femme peut-elle prendre une part de ses biens pour former une communauté avec son second mari, *id.* p. 634. — Quand le droit qu'ont les enfans du premier mariage, de faire infirmer l'aliénation du conquêt pour les portions qu'ils y amendent, est-il ouvert, *id.* p. 634-635. — Est-il nécessaire pour cela qu'ils soient héritiers de la mère, *id.* p. 635 et suiv. Les enfans du second mariage peuvent-ils attaquer l'aliénation de leur mère, *id.* p. 639. — Quand cesse cette interdiction, *id.* p. 640-641. — L'article de la coutume de Paris, s'étend-il à l'homme qui s'est remarié, *id.* p. 641 et suiv. — Ou aux coutumes qui ne s'en sont pas expliquées, *id.* p. 644. — A quelle coutume doit-on avoir égard, *id.* p. 644 et suiv.

Conquêts. (Communauté.) Qu'est-ce qu'un conquêt en matière de communauté, t. XI, p. 97. — Qu'est-ce qu'un propre en matière de communauté, *id.* p. *id.* — Qu'est-ce qu'un propre de succession, *id.* p. 99-100. — Les choses qui sont propres de succession sont propres de communauté, *id.* p. 98. — *Non vice versâ*, *id.* p. *id.* — Ce qui est nécessaire pour qu'un héritage soit propre de succession, *id.* p. 100 et suiv. — Héritages donnés à l'un des conjoints pendant le mariage sont conquêts, excepté, 1.º dans le cas auquel l'héritage auroit été donné par un parent de la ligne directe ascendante ; 2.º lorsque la donation précède le temps du mariage, quoiqu'elle soit faite en faveur du mariage et par le contrat de mariage ; 3.º lorsque la donation est faite à la charge que les choses données seront propres au donataire, *id.* p. 94-95 ; 115 et suiv. ; 142. — L'exception a lieu quand même la donation auroit été faite aux deux futurs conjoints. Effets de cette clause, *id.* p. 151. — Néanmoins, si le père ou la mère, dans l'acte de donation avoit déclaré que l'héritage seroit conquêt, cette clause seroit valable, *id.* p. 153. — Clause que l'objet donné n'entrera pas en communauté, doit être apposée dans l'acte, *id.* 157. — Doit être expresse, *id.* p. 158. — On peut aussi stipuler que les revenus n'entreront pas en communauté, *id.* p. 161. — Les dons ou legs ne tombent pas en communauté lorsqu'ils sont de nature à ne pouvoir subsister que dans la personne du conjoint à qui ils ont été faits, *id.* p. *id.* — Héritage donné pendant le mariage à un parent de la ligne directe ascendante est conquêt, *id.* p. 155. — Héritage dont on ne trouve pas le titre d'acquisition, et qu'on ne peut prouver avoir été possédé par l'un des conjoints avant le mariage, est conquêt, *id.* p. 184. (*Voy.* PROPRE.)

CONSEIL. Simple conseil n'oblige s'il n'y a dol, t. I, p. 458-459.

Conseil. Diffère du mandat, t. IX, p. 20. — *Quid*, si le conseil étoit de mauvaise foi, *id.* p. 21-22.

CONSENTEMENT des parties contractantes pour leur mariage. (*Voy.* ERREUR, RAPT, SÉDUCTION, CONTRAINTE.)

Consentement des père et mère et des tuteurs. (*V.* PÈRE, TUTEUR.)

Consentement du roi pour le mariage des princes du sang. (*Voyez* PRINCES DU SANG.)

Consentement. (Vente.) Lorsque le marché se fait entre absens, il faut, pour qu'il y ait consentement, que la volonté de la partie qui a proposé le marché, dure jusqu'à ce que l'autre l'ait accepté, t. III, p. 22 et suiv. — Le consentement peut-il se faire entre présens verbalement et sans écrit, *id.* p. 24-25. — Le consentement doit intervenir sur la chose, *id.* p. 26. — Sur le prix, *id.* p. 27. — Sur la vente même, *id.* p. 27-28. — Contrats déguisés sous la forme de vente ne sont pas contrats de vente, *id.* p. 28 et suiv.

Consentement. Sur quoi doit-il intervenir dans le bail à rente, t. VII, p. 24-25.

Consentement dans le contrat de louage. Comment doit-il être interposé, t. VI, p. 33-34. — Il doit intervenir sur la chose et sur ses qualités substantielles, *id.* p. 34-35. — Sur l'espèce d'usage pour lequel la chose est louée, *id.* p. 35. — Sur le prix, *id.* p. 35-36.

Consentement. Le consentement des joueurs doit être parfaitement libre pour que le contrat soit valable, t. IX, p. 452-453.

Consentement du mari, n'équivalant pas à autorisation, t. X, p. 658.

CONSIGNATION. En quoi convient avec le paiement, et en quoi elle en diffère, t. XVIII, p. 459 et suiv. — Aux risques de qui sont les espèces consignées par l'adjudicataire des biens décrétés, *id.* p. 460.

Consignation. Définition de la consignation, t. II, p. 69-70. — Equipolle à paiement, quoiqu'elle ne soit pas un paiement, *id.* p. 70. — La consignation, pour être valable, doit avoir été précédée d'offres qui aient mis le débiteur en demeure, *id.* p. *id.* (*Voy.* OFFRES.) — Procédure pour parvenir à la consignation, *id.* p. 71-72. — Comment se fait-elle. *id.* p. 73. — Effet de la consignation; elle libère le débiteur, *id.* p. *id.* — L'augmentation ou la diminution, que depuis la consignation survient sur les espèces consignées, est au profit ou à la perte du créancier, lorsque la consignation est jugée valable, *id.* p. 73-74. — Le débiteur qui a consigné, n'est pas en ce cas recevable à en soutenir la nullité, *id.* p. 74. — Le débiteur, en retirant volontairement les espèces consignées, après une consignation valablement faite, fait-il revivre la dette au préjudice des cautions, *id.* p. 74-75.

Consignation (Retrait.) des pièces de monnaie pour la validité de la demande, t. IV, p. 188.

Consignation requise pour l'exécution du retrait, doit être précédée d'offres valables, t. IV, p. 253. — Doit être faite, partie appelée, *id.* p. *id.* — N'est pas besoin de permission du juge, *id.* p. *id.* — Doit être intégrale, *id.* p. 254. — Doit être faite dans les espèces qui ont été offertes, *id.* p. 253-254. — Quoiqu'augmentées ou diminuées depuis les offres, *id.* p. 254-255. — La consignation doit être signifiée à l'acheteur dans vingt-quatre heures, *id.* p. 255-256. — La consignation faite, le retrayant assigne l'acheteur pour la voir déclarer valable, *id.* p. 256. — L'acheteur peut prévenir et l'assigner pour la déclarer nulle, *id.* p. *id.* — En attendant le jugement, aux risques de qui est la consignation, *id.* p. *id.* — Quid, si le retrayant retire les espèces consignées, *id.* p. 257. — Le retrayant, après avoir consigné, peut-il être contraint par l'acquéreur à reprendre le marché, *id.* p. 257-258.

Consignation. Quand tient-elle lieu du rachat de la rente, t. V, p. 161-162.

Consignation. Quand le débiteur perd-il le domaine des choses ou sommes qu'il a consignées, t. XIV, p. 482-483.

CONSOLIDATION. Comment elle éteint la rente foncière, t. VII, p. 135-136.

CONSOMPTION. Faite de bonne foi, rétablit le contrat *mutuum*, t. VIII, p. 86-87 ; 98.

CONSTITUT. (*Voy.* TRADITION.)

CONSTITUTION DE RENTE.
*Contrat de constitution de rente per-
pétuelle.* Sa définition, t. V, p. 1.
— Ce contrat est unilatéral, *id.* p.
3. — Diffère du contrat de vente
ordinaire, *id.* p. 3. — Diffère du
prêt à intérêt, quoiqu'il y ait quelque rapport, *id.* p. 3-4. — Est légitime, *id.* p. 4-5. — Quand a-t-il
été en usage, *id.* p. 5-6. — Règles
auxquelles il est assujéti, *id.* p. 8.
— A quel taux les rentes doivent-
elles se constituer. (*Voyez* TAUX
(Constitution de rente.) — Ne
peuvent plus se constituer qu'en
argent et non en espèces, *id.* p. 26-
27. — Peuvent se constituer pour
le prix d'une somme d'argent que
le constituant doit à l'acquéreur,
et la quittance qu'il en donne au
constituant tient lieu de tradition,
id. p. 30. — Même en paiement
d'une somme due par le constituant
à un tiers, que l'acquéreur s'oblige
d'acquitter, *id.* p. 30. — Peuvent-
elles l'être en paiement du prix de
marchandises, *id.* p. 30-31. — Ne
peuvent se constituer pour des intérêts, *id.* p. 34. — Quelles personnes peuvent constituer des rentes,
id. p. 45 et suiv. — Aux frais de
qui est le contrat de constitution,
id. p. 49. — Un contrat de constitution est nul, si le principal
n'est aliéné, *id.* p. 36 et suiv. —
Les mineurs ne sont exceptés de
cette règle, *id.* p. 37. — Clause,
dans un contrat de vente ou dans
un partage, que le constituant sera
tenu de rembourser la rente créée
pour le prix de la vente ou pour le
retour du partage, est valable, *id.*
p. 38-39. — Quand le débiteur peut-
il être forcé au remboursement, *id.*
p. 39.
*Contrat de constitution de rente
viagère,* est quelquefois contrat de
vente, intéressé et aléatoire, t.
V, p. 168-169. — Est quelquefois
donation, *id.* p. 169. — Ne requiert
pas les formes des donations, *id.*
p. 169-170. — Est contrat réel, *id.*
p. 170. — Unilatéral, *id.* p. id. —
Il est de l'essence de ce contrat qu'il
y ait, lors du contrat, une personne
vivante, sur la tête de qui la rente

soit constituée, *id.* p. 170-171. —
Quid, si elle étoit lors malade,
d'une maladie dont elle est morte,
ignorée des parties, *id.* p. 171. —
Sur la tête de quelle personne la
rente viagère peut-elle être constituée, *id.* p. 170. — Dans le contrat
de constitution de rente viagère,
le constituant n'a pas la faculté de
rachat, *id.* p. 177. — Ce contrat
n'est assujéti à aucun taux pour les
arrérages, *id.* p. id. — On peut
constituer des rentes viagères en
grains ou autres espèces, *id.* p. 177-
178. — Et pour prix de marchandises, *id.* p. id. — Non pour des
intérêts, *id.* p. id. — Ce contrat est
interdit aux gens de main-morte,
si ce n'est que la rente n'excédât
pas le taux de l'ordonnance, *id.* p.
178-179. — Pouvons-nous donner
de l'argent à rente viagère, à ceux
à qui les lois nous défendent de
donner, lorsque la rente n'excède
pas le taux de l'ordonnance, *id.* p.
180-181. — L'aliénation du prix
payé pour la constitution d'une
rente viagère est de l'essence de ce
contrat et est plus parfaite que
celle qui se fait par le contrat de
constitution de rente perpétuelle,
id. p. 172. — Cas particuliers auxquels le créancier d'une rente viagère
peut répéter ce prix en demandant
la résolution du contrat, *id.* p. 173.
— Du jour qu'elle est ordonnée,
les arrérages ne courent plus qu'au
taux de l'ordonnance, *id.* p. 174-175.
— Si la rente s'éteint par la mort
de celui sur la tête de qui elle étoit
créée, avant que la résolution du
contrat ait été prononcée, on ne
peut plus ordonner cette résolution,
id. p. 173-174.
*Contrat de constitution de rente
viagère* peut être fait par acte sous
signature-privée, t. V, p. 184.
*Clauses qui peuvent entrer dans le
contrat de constitution de rente.* Clause
de passer acte devant notaire, t.
V, p. 50 et suiv. — Se supplée-t-
elle, *id.* p. 52-53. — Clause d'assignat, *id.* p. 54. — Clause d'emploi,
id. p. 54-55. — *Quid,* si le constituant, avant d'être mis en demeure
de faire l'emploi convenu, avoit,

par une force majeure, perdu les derniers prix de la constitution, *id.* p. 58-59. — Clause de donner sûreté équipollente en cas de perte de quelque hypothèque, *id.* p. 59-60. — Clause que le constituant donnera caution, *id.* p. 61. — Clause qu'un héritage que le constituant hypothèque à la rente, est franc d'autres hypothèques, *id.* p. 62-63. — Clauses qui dérogent à la faculté qu'a le débiteur de faire déduction des dixièmes, vingtièmes, etc., *id.* p. 69-70. — Clause de payer par demi terme ou d'avance, *id.* p. 72-73. — Autres clauses qui concernent les arrérages, *id.* p. 73 et suiv. — Clauses qui concernent le rachat de la rente, *id.* p. 78. — Clauses que le rachat pourra se faire en plusieurs paiemens, *id.* p. 78-79. — Clause que le rachat d'une portion ne diminuera pas la rente, *id.* p. 79-80. — Clauses que le rachat ne pourra se faire qu'en une certaine monnaie, *id.* p. 81-82.

Clauses dans un contrat de rente viagère. Clause qu'après la mort de l'acquéreur la rente sera continuée à un tiers, est valable, t. V, p. 181-182. — *Quid,* si ce tiers étoit une personne à qui la loi ne permettoit pas à l'acquéreur de donner, *id.* p. 182. — Clause dans un contrat de rente viagère, qu'après la mort de celui à qui elle est constituée, on rendra aux héritiers une certaine somme, *id.* p. 185. — Ou qu'on leur continuera une certaine rente perpétuelle, *id.* p. 185-186. — Clause dans un contrat de rente viagère qu'elle sera payée d'avance, *id.* p. 188.

CONSULAT. Ce que c'est, t. XXIV, p. 205. — Procédure particulière à cette juridiction, *id.* p. 205-206. On y plaide sans ministère de procureur, *id.* p. 205-206. — Preuve par témoins y est admise, quoique la demande excède 100 livres, *id.* p. 206. — Les enquêtes s'y font sommairement, *id.* p. 206-207. — Les consuls jugent définitivement, nonobstant tous déclinatoires, ou appel d'incompétence, *id.* p. 208.

CONSULTATIONS D'AVOCATS (Retrait.) sur l'acquisition de l'héritage. Ces frais entrent-ils en loyaux coûts en cas de retrait, t. IV, p. 215.

CONTENANCE. Pour connoître si un héritage a la contenance portée par le contrat, on ne comprend que ce qui fait partie de cet héritage, à moins qu'on ne soit convenu du contraire, t. III, p. 200-201. — On y comprend les haies et fossés; *id.* p. 201. — Vendeur doit faire raison du défaut de contenance, mais il ne peut prétendre qu'il lui soit fait raison de l'excès de contenance, *id.* p. 202. — Cependant si cette portion étoit évincée à l'acheteur, seroit-il tenu de l'éviction, *id.* p. *id.* — Lorsque deux héritages ont été vendus pour un même prix, l'excès de la contenance de l'un se compense-t-il avec le défaut de la contenance de l'autre, *id.* p. 203-204. — Sur quelle mesure doit-on mesurer la contenance, *id.* p. 204. — Comment doit se régler la contenance des choses mobilières, *id.* p. 205. — En quoi consiste l'action du demandeur pour défaut de contenance, *id.* p. *id.*

CONTESTATION EN CAUSE. Dans le retrait, défauts de formalités ne se couvrent pas par la contestation en cause, et peuvent être opposés jusqu'à la sentence définitive, t. IV, p. 191-192.

Contestation en cause. Ce que c'est, t. VII, p. 112.

Contestation en cause. Procédure qui se tient pour y parvenir, t. XXIV, p. 71. — Causes inscrites sur le rôle pour y venir à leur tour, *id.* p. 72. — La cause est tenue pour contestée par le premier règlement, appointement ou jugement qui intervient après les défenses fournies, *id.* p. 73. — Jugement rendu par défaut, forme la contestation en cause, *id.* p. 74. — *Quid,* s'il y est formé opposition, *id.* p. *id.*

Contestation entre deux saisissans sur la préférence. Règle qui s'observe à cet égard, *id.* t. XXV, p. 10. — Exception, si la seconde saisie est plus ample, *id.* p. 10-11.

CONTRAINTE. Quelle espèce de contrainte détruit le consentement requis pour le mariage, t. X, p. 282-283. — Pendant quel temps est-on reçu à se pourvoir contre le mariage, *id.* p. 284. — Peines de l'ordonnance de Blois contre les seigneurs qui emploient la violence et la contrainte pour que les tuteurs ou pères donnent leurs filles à leurs gens, *id.* p. 285.

CONTRAINTE PAR CORPS a lieu par les condamnations qui interviennent pour fait de lettres de change, t. V, p. 295. — Contre quelles personnes, *id.* p. 295-296.

Contrainte par corps. Quel est ce droit, t. XXV, p. 84. — Condamnation par corps n'a plus lieu pour dettes civiles, *id.* p. 84-85. — Quand elle peut être ordonnée pour les dépens, *id.* p. 85. — Pour les restitutions de fruits ou les dommages et intérêts, *id.* p. 86. — Quand peut-être décernée contre les tuteurs ou curateurs, *id.* p. *id.* Peut aussi être décernée pour stellionat, ou en matière de réintégrande, pareillement en matière de dépôt nécessaire ou judiciaire, *id.* p. 86 et suiv. — Cautions judiciaires, données pour l'exécution des jugemens, y sont sujettes, *id.* p. 89. — Est aussi prononcée pour lettres de change, *id.* p. *id.* — Et pour dettes entre marchands pour fait de marchandises, *id.* p. 90-91. — N'a pas lieu contre l'héritier de celui qui l'a contractée, *id.* p. 91-92. — *Quid,* de celui qui se rend caution pour un marchand, *id.* p. 92. — *Quid,* d'un marchand auquel un bourgeois vend des marchandises de son crû, *id.* p. 92-93. — Quelques autres cas où la condamnation par corps peut avoir lieu, *id.* p. 93 et suiv. — A lieu au profit du roi, contre les comptables, et au profit des fermiers et commis, *id.* p. 95. — Contre les forains pour dettes contractées dans les villes, *id.* p. 96. — Peut être prononcée contre les étrangers après quatre mois, *id.* p. *id.* — Peut être stipulée dans les baux à ferme, *id.* p. 97. — Ecclésiastiques constitués ès-ordres sacrés

n'y sont sujets, *id.* p. *id.* — *Quid,* des clercs pourvus de bénéfices, *id.* p. 97-98. — Femmes et filles n'y sont sujettes, si ce n'est qu'elles soient marchandes publiques ou pour stellionat, *id.* p. 98-99. — Doivent-elles y être sujettes pour lettres de change par elles tirées ou acceptées, *id.* p. 100. — Septuagénaires, dans quel cas peuvent-ils être condamnés par corps, *id.* p. *id.* — Mineurs exempts de la contrainte par corps, si ce n'est qu'ils soient marchands ou financiers, *id.* p. 101-102. — Autres exceptions à l'égard des fermiers du domaine du roi, des gens de guerre, des maîtres de navire, pilotes, etc., *id.* p. 102-103. — Ce qui doit précéder l'arrêt de la personne contraignable par corps, *id.* p. 103. — S'il y a appel ou opposition au jugement, il doit être sursis, si ce n'est que le jugement doive être exécuté nonobstant l'appel, *id.* p. 104. — Contrainte par corps, ne peut être exercée que de jour, *id.* p. 105. — Ne peut régulièrement s'exercer les fêtes et dimanches, *id.* p. *id.* — Autre exception, par rapport aux bouchers de Paris, *id.* p. 106-107. — Contrainte par corps doit être exercée *loco congruo,* *id.* p. 107. — Peut-on arrêter un débiteur dans sa maison, *id.* p. *id.* — C'est un huissier ou sergent qui doit exercer la contrainte, *id.* p. 109. — Comment il doit y procéder, *id.* p. *id.* — Acte d'écrou qu'il doit faire, et ce qu'il doit contenir, *id.* p. 109-110. (*Voy.* EMPRISONNEMENT.)

CONTRAT. *Quasi-contrat,* t. XVI, p. 84.

Contrat. Ce que c'est, t. I, p. 6. — Quelle espèce de promesse forme un contrat, *id.* p. 7. — En quoi diffère-t-il de la pollicitation, *id.* p. 8. (*Voy.* POLLICITATION.) — Ce qui est de l'essence d'un contrat, *id.* p. 9-10. — Ce qui est de la nature du contrat, *id.* p. 12. — Choses accidentelles au contrat, *id.* p. 14. — Division des contrats reçus dans notre droit, en synallagmatiques et unilatéraux, *id.* p. 15. — Contrats *consensuels,* contrats *réels,* *id.* p. 16.

— Contrats de bienfaisance , in-
téressés ou mixtes, *id.* p. 19. —
Commutatifs, aléatoires, *id.* p. *id.*
— Contrats qui se règlent par le
seul droit naturel, et contrats as-
sujétis à des règles ou formes de
droit civil, *id.* p. 20. — Contrats
principaux et accessoires, *id.* p. *id.*
— Il faut distinguer ce qui est requis pour la forme, de ce qui est
requis seulement pour la preuve,
id. p. 20-21. — Vices des contrats,
id. p. 21. (*Voy.* DOL, LÉSION,
VIOLENCE , CAUSE , LIEN ,
CRAINTE , ERREUR.) — Des
personnes qui sont capables ou non
de contracter, *id.* p. 49 et suiv.
(*Voy.* FEMMES, MINEURS , IN-
TERDITS.) — De ce qui peut être
l'objet des contrats. (*Voy.* OBLI-
GATIONS.) — Nous contractons
non-seulement par nous-mêmes ,
mais par ceux qui ont qualité ou
pouvoir de contracter pour nous,
id. p. 75-76. — Les mineurs, les
interdits, les corps, les communautés, les hôpitaux, les fabriques,
etc., sont censés contracter par le
ministère de leurs tuteurs, curateurs, administrateurs, lorsque le
contrat n'excède pas le pouvoir de
ces personnes, *id.* p. 76-77. — Nous
sommes censés avoir contracté par
celui qui a contracté en notre nom,
s'il avoit procuration de nous, ou
si nous avons depuis ratifié le contrat, *id.* p. 76. (*V.* PROCUREUR.)
— Un commettant est censé contracter par ses préposés, *id.* p. 79-
80. — Les associés par leur associé,
id. p. 81. — (*Voy.* ASSOCIÉ,
PRÉPOSÉ.) — Une femme commune par son mari, *id.* p. 82. —
Contrats et toutes conventions n'ont
d'effet qu'à l'égard des choses qui
en ont été l'objet, *id.* p. *id.* — Et
à l'égard des seules personnes qui y
ont été parties, *id.* p. *id.* — Limitation de cette règle, *id.* p. 83-84.
Contrat pignoratif. Ce que c'est,
t. XX, p. 301. — Est différent de
l'antichrèse et de la vente à faculté
de réméré, *id.* p. 301-302. — L'engagiste ne peut exercer les actes
domaniaux, *id.* p. 302-303. — Exemples de contrats pignoratifs entre

le roi et les particuliers qui tiennent par engagement différens biens
du domaine, *id.* p. 303. — Est-il
permis entre particuliers, *id.* p. *id.*
Contrats de mariage sont susceptibles de toutes conventions, même
de celles qui ne seroient pas admises
ailleurs, t. XI, p. 1-2. — Il faut
en excepter celles qui blessent la
bienséance publique, *id.* p. 3-4. —
Celles qui tendent à éluder quelque
loi prohibitive, *id.* p. 4 et suiv. (*V.*
CONVENTIONS MATRIMONIA-
LES.)
Contrats entre conjoints, qui renferment des avantages indirects,
étoient-ils nuls pour le tout dans le
Droit romain, t. XIV, p. 62. —
Dans notre Droit, tous contrats sont
défendus entre homme et femme
pendant le mariage, dans la crainte
d'avantages indirects, *id.* p. 64.
CONTREBANDE. Les associés
d'un individu qui a fait la contrebande dans une société *universorum
bonorum*, ont-ils action pour lui
faire mettre en société le gain qu'il
a fait, t. VII, p. 156.
Contrebande. Les assureurs sont-
ils tenus de la perte des marchandises confisquées , comme étant
chargées en contrebande, t. IX,
p. 286.
CONTRE-FEU est immeuble
lorsqu'il est attaché contre la che-
minée avec des pattes de fer, t. XI,
p. 54.
CONTRE-LETTRES contre les
contrats de mariage. Quels actes
peuvent passer pour contre-lettres,
par qui doivent-elles être signées,
t. XI, p. 7 et suiv.
CONTRE-MAITRE , t. V , p.
15-16.
CONTRE-MUR. Quand est-il
requis, t. VII, p. 302 et suiv.
CONTRIBUTION. (Charte-partie.) De l'action qu'ont ceux qui
ont souffert l'avarie commune contre
le maître pour parvenir à la contribution, et de celle qu'a le maître
contre les contribuables, t. VI, p.
443. — Comment se fait la contribution, *id.* p. 444 et suiv. — De la
réformation de la contribution ,
lorsque les propriétaires des effets

jetés à la mer en ont recouvré partie, *id.* p. 451-452.

CONTROLE DES EXPLOITS. Ce que c'est, t. XXIV, p. 15-16. — Dans quel temps l'exploit doit être contrôlé, *id.* p. 16.

CONVENTION. Ce que c'est, t. I, p. 6. — A quoi s'étendent-elles, *id.* p. 86. (*Voy.* INTERPRÉTATION.)

Convention de mariage. Par quel acte doivent-elles être faites, et quand, t. XVII, p. 21, 133. — Quelles conventions ne sont valables, *id.* p. 22-23.

Conventions matrimoniales. Quand doivent-elles être faites, t. XI, p. 6. — Peuvent-elles être faites sous signatures privées, *id.* p. 6-7. — Caractère des conventions matrimoniales; elles sont censées faites sous la condition tacite, *si nuptiæ sequantur*, *id.* p. 10-11. — Aussitôt qu'elles ont été confirmées par la célébration du mariage, les parties n'ont plus la faculté d'y déroger, même par un consentement mutuel, et elles ne pourront pas se la réserver par leur contrat de mariage, *id.* p. 11-12.

Convention. (Donations entre époux.) Convention portée par le contrat de mariage de l'enfant doté par ses père et mère, qu'il laissera jouir le survivant de la portion du prédécédé dans les biens de la communauté, renferme un don mutuel entre les conjoints, que l'art. 281 de la Coutume de Paris permet, t. XIV, p. 214-216. — Lorsque cette convention n'est pas valable, à l'effet de renfermer un don mutuel, faute de réciprocité ou d'égalité, elle ne laisse pas d'être valable, comme condition apposée à la dot fournie par le survivant, à l'effet que si l'enfant lui demande un partage, il soit tenu d'imputer sa dot entière sur la succession du prédécédé, *id.* p. 216-218. — Cette convention n'est valable à l'effet de renfermer le don mutuel indirect, que lorsqu'elle est faite par le contrat de mariage de l'enfant, *id.* p. 221-222. — Il faut aussi pour cet effet que l'enfant, par le contrat de mariage, ait reçu une dot de ses père et mère, *id.* p. 223-224. — L'art. 281 s'étend au cas auquel l'aïeul et l'aïeule marient et dotent un petit enfant d'un prédécédé, *id.* p. 226 et suiv. — Et pareillement au cas auquel l'aïeul et l'aïeule, ayant un fils et un petit-fils de ce fils, marient et dotent le petit-fils, en convenant avec le fils, qu'au moyen de ce cette dot le fils laissera jouir le survivant, *id.* p. 229-230. — Cette convention n'est pas permise à l'égard de l'enfant que l'un des conjoints a d'un autre mariage, *id.* p. 231. — Le don mutuel qui résulte de la convention permise par l'article 281 est révoqué par le convol du survivant en secondes noces, *id.* p. 232-233. — Le don mutuel est-il résolu pour l'avenir seulement, *id.* p. 233-234. — Mais la convention ne laisse pas de subsister comme condition apposée à la dot fournie par le survivant, *id.* p. 234. — La convention permise par l'article 281 doit être bornée à la jouissance des biens de la communauté; si elle s'étend plus loin, elle est nulle entièrement, *id.* p. 237-238. — Elle vaut seulement comme condition apposée à la dot du survivant, *id.* p. 238 — L'obligation que l'enfant marié, avec la convention permise par l'article 281, a contractée, passe aux petits-enfans qui le représentent, *id.* p. 240. — S'il étoit enfant unique, ses enfans qui viennent de leur chef, n'en sont tenus que lorsqu'ils ont été ses héritiers, *id.* p. 240-241. — L'enfant qui a été marié avec la convention permise par l'art. 281, est-il obligé de laisser jouir le survivant de sa portion dans les biens de la communauté de la succession du prédécédé, lorsqu'il y a d'autres enfans non dotés qui en demandent le partage au survivant, *id.* p. 241 et suiv. — L'enfant marié avec cette convention, que le prédécédé a fait légataire universel, est-il tenu de laisser jouir le survivant de tous les biens de la communauté compris en son legs universel, *id.* p. 245-246. — Dans les autres coutumes, quel est l'effet de la convention portée au

contrat de mariage d'un enfant, qu'il ne pourra demander inventaire ni partage au survivant, *id.* p. 246-247.

COPIES. Les copies ne font foi de ce qui ne se trouve pas dans le titre original, lorsque le titre original subsiste et est rapporté, t. II, p. 258. — Copies tirées par un notaire ou autres personnes publiques, sont de trois sortes, *id.* p. *id.* — 1.° Copies faites par autorité du juge, partie présente ou dûment appelée, font, contre cette partie, ses héritiers et successeurs, la même foi que l'original, *id.* p. 259. — L'énonciation qui s'y trouve de l'ordonnance du juge, et de l'assignation donnée, ne fait foi de l'observation de ces formalités, que lorsque la copie est ancienne, quel temps faut-il pour les réputer anciennes, *id.* p. 259-260. — 2.° Copie faite en présence des parties, mais sans l'autorité du juge, fait aussi foi contre cette partie et ses successeurs, pourvu que ce soit sur choses dont elle eût l'entière disposition, *id.* p. 261. — 3.° Copie faite sans présence de partie, et sans qu'elle y ait été appelée en vertu de l'ordonnance du juge, ne fait pas foi contre elle, quand même elle auroit été tirée par le même notaire qui a reçu l'original, *id.* p. 262. — Exceptions à l'égard des copies anciennes, *id.* p. 263-264. — Copies informes, c'est-à-dire qui n'ont pas été tirées par une personne publique, ou qui ont été tirées par une personne publique qui n'a pas instrumenté dans la forme dans laquelle elle doit instrumenter, ne font pas foi, quoiqu'anciennes, si ce n'est contre celui qui les produit, *id.* p. 266. — Quelle foi font les copies inscrites sur les registres des insinuations, *id.* p. 264-265. — Copie de copie : quelle foi fait-elle, *id.* p. 266-267.

CORBEAUX. Ce que c'est, t. VII, p. 266.

CORSAIRE. t. XIV, p. 354.

CORVÉES. Ce que c'est, t. XVI, p. 314. — Corvées réelles, corvées personnelles, *id.* p. 314-315. — Corvées illimitées : combien en peut-on demander, *id.* p. 315 — Sont-elles cessibles, *id.* p. 316-317. — Doivent être demandées si elles ne sont abonnées, *id.* p. 316. — Où peuvent-elles être exigées, *id.* p. 317. — Le corvéable doit-il se nourrir, *id.* p. 317. — Comment s'établit le droit de corvées, *id.* p. 317-318.

Corvée. Obligation d'une corvée est indivisible, t. I, p. 270.

COURSES. Qui sont ceux qui ont droit de faire des courses sur les vaisseaux ennemis, t. XIV, p. 354 et suiv.

COUSINS GERMAINS. Théodose a défendu le premier le mariage entre cousins germains, t. X, p. 123. — Ce mariage n'étoit pas défendu du temps de Saint-Augustin, *id.* p. *id.* — Plusieurs s'en faisoient scrupule même avant cette loi, *id.* p. 123-124. — Sort de cette loi, *id.* p. 125. — Discipline de l'Église depuis le seizième siècle sur ces mariages et ceux entre cousins issus de germains, *id.* p. 126. — Quand doit-on accorder dispense pour le mariage des cousins germains, *id.* p. 245.

CRAINTE. Convention faite sous l'impression de la crainte est vicieuse, t. I, p. 27 et suiv. — Il faut que ce soit la crainte d'un grand mal, et non une vaine crainte, ni celle qu'on appelle révérentielle, ni celle des voies de droit, *id.* p. 31-33.

CRÉANCES PERSONNELLES. Tirent leur qualités de mobilières ou d'immobilières de la chose dues. Qui en est l'objet, t. XI, p. 61 et suiv. — On ne doit pas considérer la cause d'où elle procède, *id.* p. 68-69. — Créance de plusieurs choses, dont l'une est immeuble, les autres meubles, de quelle nature est-elle, *id.* p. 64. — Créance alternative, *id.* p. 65. — Créance d'une chose avec faculté d'en payer une autre à la place, *id.* p. 65-67. — Créance d'une somme d'argent est meuble, quoiqu'elle soit hypothécaire, *id.* p. 67.

CRÉANCIES. (Nantissement.) Droit qu'acquiert le créancier sur la chose qui lui est donnée en nantissement, t. IX, p. 219 et suiv. — Que faut-il pour qu'il acquière le

droit de gage, *id.* p. 221. (*Voyez* PRIVILÉGE.) — Les obligations du créancier sont 1.° de rendre la chose, de la conserver, *id.* p. 223-224. (*Voy.* FAUTE, FORCE MAJEURE. (Nantissement). — 2.° De compter les fruits, *id.* p. 227. — Est-il tenu do *perciplendis*, *id.* p. 227-228. — 3.° Lorsqu'il a vendu la chose, de compter du prix, *id.* p. 228.

CRÉDIT. Lettres de crédit, t. V, p. 386-387.

CRIÉES. Où doivent se faire les criées d'une rente, t. XVIII, p. 497. — D'un office, *id.* p. 498-499. — Certification des criées, *id.* p. 431-491. — Doit précéder l'appointement à décréter, *id.* p. 431.

Criées. Ce que c'est, t. XXIV, p. 392. — En quels jours et en quel lieu elles doivent se faire, *id.* p. 392-393. — *Quid*, lorsque l'héritage s'étend dans plusieurs paroisses, *id.* p. 393. — Combien il en doit être fait, *id.* p. 393-394. — Combien dans la coutume d'Orléans, *id.* p. 394. — L'appel des criées n'en empêche point la continuation, *id.* p. 394. — Comment se font les criées, et ce qu'elles doivent contenir, *id.* p. 395. — Certification des criées. Ce que c'est, *id.* p. 396. — Où elle doit se faire, *id.* p. 396-397.

CRIMES. Compétence de certains juges à l'égard de quelques crimes, t. XXV, p. 232-233. — Crime de vie vagabonde, *id.* p. 233. — Crime d'adultère est de la compétence du juge du domicile des époux, *id.* p. 233. — Crime de rébellion au mandement d'un juge, quel juge est compétent pour en connoître, *id.* p. 233-234. — Exception à l'égard de certains juges, *id.* p. 234. — Quel juge doit connoître des malversations des officiers, *id.* p. 234-235. — Juge qui a la connoissance du crime capital, a la connoissance des crimes accessoires, *id.* p. 235. — Tout juge est compétent pour connoître du faux incident aux affaires pendantes devant lui, *id.* p. 235-236. — Le juge qui connoît d'un crime, peut-il aussi connoître des autres crimes commis par l'accusé hors de son ressort? *id.* p. 236.

Crimes prévôtaux. Sont tels, ou par la qualité de la personne de l'accusé, ou par la nature du crime, t. XXV, p. 226-227. — Crimes prévôtaux par la qualité de l'accusé, *id.* p. 227. — S'il y a plusieurs accusés, et qu'un seul ne soit pas de la qualité requise, le cas n'est pas prévôtal, *id.* p *id.* — Crimes prévôtaux par la nature du crime, *id.* p. 228. — Quelle effraction rend le crime prévôtal, *id.* p. 228. — Les crimes prévôtaux cessent d'être de la compétence du prévôt, en trois cas, *id.* p. 230. Cas où le juge naturel peut prévenir le prévôt, *id.* 231. — Cas où les présidiaux, et même les baillis royaux, peuvent le prévenir, *id.* p. 231-232. — *Quid*, si le cas est royal, et que le juge inférieur ait décrété, *id.* p. 232.

CURATELLE. Curateurs donnés aux *sourds*, *muets*, *fous prodigues*, t. XXIII, p. 347. — Leur pouvoir et leurs obligations semblables à celle des tuteurs, *id.* p. 348. — Comment l'interdit peut être relevé de son interdiction, *id.* p. 349. — Curateurs donnés aux mineurs émancipés, appelés *Curateurs aux causes*, *id.* p. *id.* — Curateurs aux actions contraires, *id.* p. 350. — Curateurs aux ventres, en quel cas ils ont lieu, *id.* p. 351. — Curateurs à une succession vacante, *id.* p. 352.

CURE. Les conciles et les ordonnances requièrent pour la validité du mariage, qu'il ne puisse être célébré que par le propre curé des parties, si ce n'est par sa permission ou celle de l'évêque, t. X, p. 329, 330, 335-336. — La présence du curé, qui est requise, n'est pas une présence purement passive : elle renferme un ministère, *id.* p. 330. — Comment se pourvoir contre le curé qui refuse, *id.* p. 331. — Quel est le curé compétent, *id.* p. 332-333. — Quel est le curé, en cas de translation de domicile, *id.* p. 333. — Lorsque les parties sont mineures, *id.* p. 333-334. — Nullité du mariage fait par un prêtre étranger sans la permission du curé ou de l'évêque, *id.* p. 335-336, 340-341. — Quelle espèce de nullité,

id. p. 337. — Si le mariage avoit été célébré par des Français en pays étranger, *id.* p. 339. — Peine contre le prêtre qui le célèbre, *id.* p. 340-341. — Si, lorsque les parties sont de différentes paroisses, le curé de l'une des parties peut valablement célébrer le mariage sans le concours du curé de l'autre, *id.* p. 342, 349.

Curés (Devoirs des). Lorsqu'il marie une personne qui l'a déjà été, doit se faire représenter l'acte mortuaire du précédent mari ou de la précédente femme ; s'il n'y en a

pas, quels autres actes en peuvent tenir lieu, *id.* p. 86-88.

Curés. Peuvent recevoir des testamens dans leurs paroisses, t. XXII, p. 103. — Mêmes les curés réguliers, *id.* p. *id.* — Curé interdit par un supérieur ecclésiastique, peut-il recevoir un testament, *id.* p. 103-106. — Prêtre commis à la desserte d'une cure par l'évêque, a droit de le recevoir, *id.* p. 106-107. — Curé, peut-il recevoir un testament par lequel il est fait des legs à la fabrique de son église, *id.* p. 108.

D.

DAMNUM EMERGENS. (*Voy.* INTÉRÊT COMPENSATOIRES.)

DATE. (Obligations.) Acte sous seing-privé, ne fait foi de sa date contre des tiers, t. II, p. 244-245.

DATION EN PAIEMENT donne lieu au profit de gain, t. XVI, p. 179-180. — Au retrait, t. XVIII, p. 231.

Dation en paiement. Ce que c'est, t. III, p. 457. — Ressemble à la vente, *id.* p. *id.* — Ses différences avec la vente, *id.* p. 457-458. — Celui qui a reçu une chose en paiement a, en cas d'éviction, une action semblable à l'action *ex empto*, *id.* p. 460. — Il a le choix d'exercer en la place l'action que lui donne sa créance, qui, au moyen de l'éviction, n'est pas acquittée, *id.* p. 461. — Celui qui a reçu une chose en paiement, a non-seulement, en cas d'éviction, mais dans tous les cas, les mêmes actions qu'a un acheteur, *id.* p. *id.* — La bonne foi impose aux parties, dans la dation en paiement, les mêmes obligations que dans le contrat de vente, *id.* p. 461-462. — Dation en paiement donne lieu aux profits et aux retraits, *id.* p. 462.

Dation en paiement, est un acte équipollent à vente, et donne lieu aux retraits, t. IV, p. 54. — *Quid*, d'un héritage donné en paiement pour cause de dot, *Quid*, d'un héritage mis en communauté par le

mari, et pris par la femme en paiement de ses reprises, *id.* p. 54-55-56.

Dation en paiement, donne lieu au retrait féodal quand un fief est donné en paiement, t. XIX, p. 504. — *Quid*, si c'est un héritage qui étoit dû, *id.* p. *id.* — *Quid*, si le fief est donné en paiement d'une rente, *id.* p. *id.*

DÉCHARGE de rendre compte de la succession du prédécédé n'est valable, comme suspecte d'avantage, t. XIII, p. 96.

DÉCISOIRE. Serment décisoire. (*Voy.* SERMENT), t. II, p. 384.

DÉCLARATION DE GUERRE. L'assureur est-il tenu des risques auxquels une déclaration de guerre donne lieu, t. IX, p. 290. — Doit-elle faire augmenter la prime, *id.* p. 310. — *Quid*, si la police n'étoit intervenue que depuis les hostilités, *id.* p. 312 et suiv.

DÉCLINATOIRE. (Procédure criminelle). Ce que c'est que cette exception, t. XXV, p. 294. — A qui appartient de statuer sur le déclinatoire, *id.* p. *id.* — *Quid*, si l'accusé est débouté du renvoi, *id.* p. *id.*

DÉCRET. Droits que le décret purge, t. XVIII, p. 462-465. — Droits qu'il ne purge pas, *id.* p. 465-362. — De l'appel du décret, et des autres voies de se pouvoir contre, *id.* p. 474. — Décret vo-

lontaire, *id.* p. 481-484. — Quand devient-il forcé, *id.* p. 484. — Si l'acquéreur qui fait décréter sur lui doit former opposition pour les créances qu'il a payées avec subrogation, *id.* p. 483-484. — Décret que fait l'héritier bénéficiaire des biens de la succession, *id.* p. 132. — Décret des biens délaissés en justice, ou abandonnés aux créanciers par un débiteur admis à la cession, *id.* p. 494. — Décrets des biens vacans, *id.* p. 493.

Décret. Ne purge pas le douaire qui n'est pas ouvert, t. XIII, p. 94. — Il le purge aussitôt la mort du père, *id.* p. 95-96.

Décret (Procédure civile.) Transfère la propriété de l'héritage avec les seules charges exprimées par l'affiche, et purge toutes les autres, t. XXV, p. 43. — Droits que le décret ne purge pas, *id.* p. 44-45. — *Quid*, des servitudes, *id.* p. 47. — Douaire non ouvert n'est point purgé par le décret, *id.* p. 47-48. — Il en est de même des droits de substitution, *id.* p. *id.* — Hypothèque, quoique conditionnelle, est purgée par le décret, *id.* p. 49.

Décret volontaire. Ce que c'est, t. XXV, p. 69-70. — Abrogé par l'édit de juin 1771, *id.* p. 69. — Quelqu'acquéreur que ce soit peut décréter sur l'héritage, *id.* p. 70. — On observe pour ce décret toutes les formalités des saisies réelles, *id.* p. 70-71. — Créancier, quoique délégué, doit s'opposer au décret, *id.* p. 71. — L'acquéreur qui fait décréter sur lui, doit former opposition pour les créances hypothécaires qu'il a contre son vendeur, *id.* p. 71-72. — L'adjudication n'est qu'un acte confirmatif du contrat, *id.* p. 72-73. — Conséquences qui en résultent, *id.* p. 73. — *Quid*, si l'héritage est enchéri par les créanciers à un plus haut prix que celui porté au contrat, *id.* p. *id.* — L'acheteur est obligé de rapporter le prix aux créanciers opposans, *id.* p. 74. — Oppositions converties en saisies-arrêts pour éviter la consignation, *id.* p. 74-75.

Décrets (Procédure criminelle.) Ce que c'est, t. XXV, p. 263. — Trois différentes espèces de décrets, *id.* p. 264. — L'ordonnance de 1670 défend au juge d'ordonner qu'une personne sera amenée, s'il y a scandale, *id.* p. 267. — Ce que c'est que décret de conversion, *id.* p. 265. — Ce que le juge doit observer pour estimer quel décret il doit rendre, *id.* p. *id.* — Cas où le juge peut décréter de prise de corps avant aucune information, *id.* p. *id.* — *Quid*, lorsque le crime est grave, *id.* p. *id.* — Décrets de prise de corps contre personnes inconnues, et suivant leur signalement, *id.* p. 267-268. — Les décrets se rendent par le juge qui est chargé de l'instruction des procès, *id.* p. 269. — Doivent être rendus sur les conclusions du procureur du roi ou fiscal, *id.* p. *id.* — Exception de cette règle, *id.* p. *id.* — Titre de l'accusation doit être mentionné dans les décrets d'ajournement personnel, *id.* p. 270. — Comment s'exécute le droit d'ajournement personnel, *id.* p. *id.* — Si l'accusé ne se présente pas dans les délais pour subir interrogatoire, la partie civile ou publique peut demander la conversion du décret, *id.* p. 271. — Exécution du décret de prise de corps, *id.* p. 272. — Dans quel temps et dans quel lieu il peut s'exécuter, *id.* p. 272-273. — Ce que doit faire l'huissier après avoir arrêté l'accusé, *id.* p. 273-274. — Ecrou ou acte d'emprisonnement. Ce que c'est, *id.* p. 274. — Exécution du décret par la perquisition de l'accusé, *id.* p. 274-275. — Assignation de l'accusé à comparoir à quinzaine, *id.* p. 275-276. — Saisie et annotation des biens de l'accusé, dont on a fait perquisition, *id.* p. 276. — Cette saisie n'est point de nécessité, *id.* p. *id.* — Office du juge par rapport à cette saisie, ou au scellé qui seroit requis, *id.* p. 276-277. — Assignation de l'accusé contumace à huitaine, à cri public, *id.* p. 277-278. — Dans quels endroits et par qui se fait le cri public, *id.* p. 278. — En quoi consistent entre elles les différentes espèces de décret, *id.* p. 279. —

Doivent être exécutés nonobstant l'appel, à moins qu'il n'ait été accordé des défenses par la cour, *id.* p. 279-280. -- En quoi les différens décrets diffèrent entre eux quant à l'exécution, *id.* p. 280. -- Effet du décret d'ajournement personnel contre les officiers et ecclésiastiques, *id.* p. 280-281. -- Effet du décret d'ajournement et de celui de prise de corps à l'égard d'un collateur de bénéfices, *id.* p. 281-282.

DÉFAUT. (*Voy.* AMENDE.)

DÉFAUT. Ce que c'est en matière de cens, t. XX, p. 14. -- Quelle en est la peine, *id.* p. 14-15. -- Quand il est encouru lorsque le cens est portable, *id.* p. 15. -- La maladie ou la minorité n'excusent pas, *id.* p. 16. - *Quid*, si le seigneur a refusé de recevoir, *id.* p. 16-17. -- Le seigneur peut-il demander autant d'amendes qu'il y a de cessation de paiement, *id.* p. 17. -- Le censitaire peut-il demander la remise de tout ou partie, en cas de stérilité, *id.* p. 17-18. -- Est-il dû plusieurs amendes lorsqu'une même personne possède plusieurs héritages, ou lorsque l'héritage est possédé par plusieurs, *id.* p. 19-20-21. -- Quand l'amende encourue par le défaut est-elle censée remise, *id.* p. 21-22. -- Du défaut dans les censives requérables, *id.* p. 22-23.

Défaut, ce que c'est, et combien d'espèces, t. XXIV, p. 158. -- Défaut, faute de représenter, *id.* p. 158-159. -- *Quid*, dans les justices subalternes où il n'y a point de greffe des présentations, *id.* p. 159. -- Dans quel délai on peut faire juger après le défaut, *id.* p. *id.* -- Ce que le juge doit ordonner pour le profit du défaut, *id.* p. 160. -- *Quid*, si le défaillant, après le défaut obtenu, constitue procureur et fournit des défenses, *id.* p. 161. -- Défaut faute de défendre, *id.* p. 162. -- Ou faute de plaider, *id.* p. *id.*

DÉFENSE D'ALIÉNER ne renferme une substitution que lorsqu'il paroît, par le testament, que c'est en faveur de quelqu'autre personne, t. XX, p. 365-366. -- Ou, pourvu qu'on puisse connoître d'ailleurs en faveur de qui la défense est faite, *id.* p. 366-367. -- La simple défense de tester, faite à l'héritier ou légataire, renferme une substitution en faveur de ses plus proches parens, *id.* p. 367-368. -- *Quid*, si la défense d'aliéner est faite sans désigner personne, mais à peine de nullité, *id.* p. 368. -- Dans le cas de la défense d'aliéner, c'est l'aliénation, hors la famille seulement qui donne ouverture à la substitution, *id.* p. 369. -- Il y a ouverture à la substitution lorsque le grevé aliène à quelque titre que ce soit, ou onéreux ou gratuit, *id.* p. 370. -- *Quid*, s'il étoit seulement défendu à l'héritier d'aliéner pendant sa vie, *id.* p. 370-371. -- La défense de vendre ne doit pas s'étendre à la donation, *nec vice versâ*, *id.* p. 371-372. -- Elle ne comprend pas les aliénations nécessaires, *id.* p. 372. -- *Quid*, si les biens sont vendus pour acquitter les dettes du testateur, *id.* p. *id.* -- Il n'y a pas ouverture à la substitution lorsque le légataire à qui cette défense est faite, la transmet, dans sa succession *ab intestat*, à des héritiers qui ne sont point de la famille du testateur, *id.* p. 373. -- Ce sont ceux qui se trouvent les plus proches, lors de l'aliénation, qui doivent recueillir la substitution, *id.* p. 374.

Défenses qui doivent être signifiées par le défendeur, t. XXIV, p. 21-22. -- Dans quelle justice, et dans quels cas il n'est pas nécessaire de les signifier, *id.* p. 22. -- Ce qu'on entend en général par défenses, et ce qu'elles signifient plus spécialement, *id.* p. 22-23.

DÉGRADATIONS. L'acheteur est tenu des dégradations survenues par sa faute en l'héritage qui est retiré sur lui, t. IV, p. 275. -- Non de celles qui sont un effet nécessaire de l'usage, *id.* p. 276. -- De quelle faute est-il tenu, *id.* p. 276-277. -- Tiers acquéreur en est tenu indirectement, *id.* p. 277. -- Dans le retrait conventionnel, l'acquéreur n'en est tenu s'il a ignoré la charge, *id.* p. 401.

Dégradation. Le garant est-il tenu d'acquitter l'acheteur des condamnations pour raison de dégradations, t. III, p. 94.

DÉGUERPISSEMENT *pour rentes foncières.* Ce que c'est, t. XVIII, p. 274. — Quelles personnes peuvent déguerpir, t. XVI, p. 431-433 ; t. XVIII, p. 274-275. — Que doit-on déguerpir, *id.* p. 276. — Comment se fait le déguerpissement, *id.* p. 277. — A qui, *id.* p. *id.* — Des conditions sous lesquelles y est admis le preneur, *id.* p. 278-281, 309-310. — Le tiers détenteur qui a acquis à la charge de rente, *id.* p. 282. — Sous quelles conditions y est admis celui qui n'en a eu connoissance, *id.* p. 284-290, 307-308. — De l'effet du déguerpissement, *id.* p. 290. — Si les droits réels et hypothèques que le déguerpissant avoit avant son acquisition revivent, *id.* p. 290-293. — Quel droit donne le déguerpissement au seigneur de rente à qui il est fait. *id.* p. 294. — Lorsqu'il est fait à des seigneurs de rentes différentes, lequel est préféré, *id.* p. 295. — Des clauses qui empêchent le déguerpissement, *id.* p. 296. — Le déguerpissement donne-t-il lieu au rachat, t. XVI, p. 211-212.

Déguerpissement. Ce que c'est, t. VII, p. 81. — Le preneur et ses héritiers peuvent-ils déguerpir, *id.* p. 82. — Le propriétaire peut déguerpir quoique grevé de substitution, *id.* p. 85. — Quoique l'héritage soit saisi *réellement*, *id.* p. *id.* — Ne le peut, lorsqu'il n'a pas le pouvoir de disposer de ses biens, *id.* p. 85-86. — Usufruitier ne peut déguerpir, *id.* p. 84. — Mari ne peut déguerpir le propre de sa femme sans elle, *id.* p. *id.* — Héritier bénéficiaire peut-il déguerpir, *id.* p. 85. — Détenteur de partie de l'héritage peut, en déguerpissant tout tout ce qu'il possède, se libérer de la rente; mais s'il n'est pas accepté par le créancier, ses co-détenteurs demeurent chargés de toute la rente, *id.* p. 86. — Ce qui a été mis à l'héritage depuis le bail, doit-il être déguerpi, *id.* p. 87-88. — De l'union de simple destination, *id.* p. 88-89. — De l'union naturelle, *id.* p. 89. — De l'union industrielle, *id.* p. 89-90. — Comment se fait le déguerpissement, *id.* p. 91. — A qui le déguerpissement doit-il se faire lorsque la rente est due à plusieurs, *id.* p. 91-92. — Lorsque l'héritage est chargé de plusieurs rentes, *id.* p. 92. — Les conditions sous lesquelles le preneur ou ses héritiers sont reçus à déguerpir, *id.* p. *id.* — Doivent payer tous les arrérages et le terme en suivant, *id.* p. 93. — Sur le refus du créancier de recevoir, sont-ils obligés de consigner, *id.* p. *id.* — Doivent payer ce qui reste dû des deniers d'entrée, *id.* p. 96. — Doivent faire au préalable toutes les réparations d'entretien, quoique survenues par force majeure, *id.* p. 97. — Doivent faire au préalable reconstruction, si c'est par sa faute ou celle de ses auteurs que les édifices sont tombés, *id.* p. 97-98. — Même lorsque c'est par vétusté, *id.* p. 98. — *Secus,* si c'est par force majeure, *id.* p. 99. — N'est pas nécessaire de remettre l'héritage tel qu'il étoit, mais seulement en aussi bon état, *id.* p. *id.* — Suffit-il d'offrir les dommages et intérêts, *id.* p. 101. — A quoi est tenu le déguerpissant lorsque lui ou ses auteurs ont imposé des servitudes sur l'héritage, *id.* p. 102. — Doit-il purger les hypothèques, *id.* p. 102-103. — Aux frais de qui se fait le déguerpissement, *id.* p. 103. — Conditions sous lesquelles le tiers détenteur qui a acquis à la charge ou avec connoissance de la rente, doit déguerpir, *id.* p. *id.* — Est-il tenu des arrérages d'avant son acquisition, *id.* p. 103-104. — Il faut que le créancier soit rendu indemne, *id.* p. 104-105. — *Quid,* si le créancier avoit accepté le déguerpissement sans exiger les arrérages, *id.* p. 105. — Est-il tenu des dégradations faites par les auteurs, *id.* p. *id.* — N'a pas de recours contre ceux qui les ont faites, *id.* p. 106-107. — En est-il de même des arrérages de la rente courue avant son acquisition, *id.* p. 107. — Lors-

que le détenteur n'a eu connoissance de la rente avant la demande, et qu'il déguerpit avant la contestation en cause, il n'est tenu ni des arrérages ni des dégradations, *id.* p. 108-109. — Quand est-il réputé n'en avoir pas connoissance, *id.* p. 110. — Est-il besoin pour cela qu'il ait sommé garant, *id.* p. 110-111. — A quoi est tenu celui qui ne déguerpit qu'après contestation, *id.* p. 111-112. — *Quid*, de celui qui ne déguerpit qu'après la sentence, *id.* p. 112-113. Si c'étoit une sentence, par défaut, à laquelle il fut reçu opposant, *id.* p. 113. — A quoi est tenu le déguerpissant qui n'a eu connoissance de la rente que depuis son acquisition, mais avant la demande, *id.* p. 113-115. — Effet du déguerpissement, *id.* p. 115-116. — N'opère la résolution du bail à rente que pour l'avenir, *id.* p. 116. — Fait-il revivre les droits que le déguerpissant avoit dans l'héritage avant son acquisition, *id.* p. 116-119. — Lorsque le déguerpissant n'étoit possesseur que d'une partie de l'héritage, jusqu'à quelle concurrence s'éteint la rente, *id.* p. 120. — Qu'acquiert par le déguerpissement celui à qui il est fait, *id.* p. *id.* — Droits du déguerpissement ne sont point sujets à la prescription pendant tout le temps qu'ils possèdent, quelque longue que soit la possession, *id.* p. 120-121. — Lorsque le déguerpissement est fait à des créanciers de différentes rentes, lequel est préféré pour rentrer dans l'héritage, *id.* p. 126. — Le déguerpissement éteint-il les droits de servitudes et d'hypothèques créées depuis le bail, *id.* p. 126-127. — Exceptions que le créancier qui est rentré peut opposer contre lesdits droits, *id.* p. 128-129. — Cas dans lesquels le créancier a intérêt de ne pas accepter le déguerpissement, *id.* p. 129-130. — Clauses qui empêchent le déguerpissement. (*Voyez* BAIL A RENTE.) — Excluent-elles le tiers acquéreur, *id.* p. 132.

Déguerpissement que le mari fait à un seigneur de rente foncière, est une aliénation volontaire qui ne purge pas le douaire auquel il est sujet, t. XIII, p. 75-76.

Déguerpissement d'un héritage chargé d'une rente foncière, fait pour se décharger de la rente, fait perdre le domaine de propriété aussitôt que ce déguerpissement a été fait en règle, t. XIV, p. 488.

DELAIS sur les assignations, t. XXIV, p. 17. — Sont différens, suivant les différentes juridictions, et la distance du domicile de l'adjournée, *id.* p. 17. — Ce qu'on doit faire dans les actions qui requièrent grande célérité, *id.* p. 17-18.

Délai pour faire enquête, t. XXIV, p. 106. (*Voy.* ENQUÊTE.)

Délai pour faire vendre les meubles saisis, t. *id.* p. 324.

DELAISSEMENT de l'héritage dont le retrait a été adjugé ou reconnu, doit être fait avec tout ce qui est accru, t. IV, p. 259. — Porté à retrait peut-il être différé jusqu'après la liquidation qui est à faire des sommes que le retrayant doit rembourser, *id.* p. 259-260.

Délaissement que l'assuré doit faire de ce qui lui reste de ses droits aux assureurs, t. IX, p. 343 et suiv. — Ce délaissement transfère aux assureurs une propriété irrévocable des effets et droits délaissés, *id.* p. 348-349. — Temps dans lequel le délaissement doit être fait, *id.* p. 361-362.

DELEGATION. Définition de la délégation, t. II, p. 94. — Il faut, pour la délégation, le concours de trois personnes, quelquefois il en intervient une quatrième, *id.* p. *id.* — La volonté de décharger l'ancien débiteur, doit être bien marquée, *id.* p. 94-95. — Effet de la délégation; elle contient la novation de la dette du délégant envers le créancier à qui la délégation est faite, et quelquefois celle de la personne déléguée envers le déléguant, *id.* p. 95. — La personne déléguée est valablement obligée envers le créancier du déléguant, quoiqu'elle ne soit obligée que dans la fausse persuasion qu'elle étoit débitrice du déléguant, *id.* p. 96. — Il en seroit autrement si la personne

à qui elle a été déléguée n'étoit pas créancière du déléguant, *id.* p. *id.* — Lorsque la personne déléguée n'est obligée que sous condition, tout l'effet de la délégation est en suspens jusqu'à l'accomplissement de la condition, *id.* p. 97. — Le délégant n'est pas tenu de l'insolvabilité du délégué, *id.* p. 98. — Exception, si ce n'est que par une cause expresse la délégation se fût faite aux risques du déléguant, *id.* p. *id.* — Cujas apporte une seconde exception; savoir, lorsque dès le temps de la délégation le délégué étoit insolvable, et son insolvabilité ignorée du créancier: cette exception est-elle suivie *in pratt*, *id.* p. 99-100. — Différence de la délégation et du transport, *id.* p. 101. — Différence de la novation et de la simple indication, *id.* p. *id.*

Délégation. Sa différence d'avec le transport-cession, t. III. p. 419-420.

Délégation. Délégation pour le paiement des arrérages dans un contrat de constitution qui est son effet, t. V, p. 68.

DÉLITS. Ce que c'est, t. I, p. 105. — Les enfans, les fous, les insensés, ne sont capables de délits ni de quasi-délits, *id.* p. 106. — L'ivresse n'excuse pas, *id.* p. 106-107. — Interdiction pour prodigalité ne soustrait à la réparation du tort, *id.* p. 107. — Pères, mères, tuteurs, maîtres, responsables des délits des personnes qui leur sont soumises, *id.* p. 108. — L'un de plusieurs débiteurs d'une condamnation pour délits, qui a payé, a-t-il recours contre ses complices, *id.* p. 250-251.

Délits. La communauté tenue des délits du mari, t. XI, p. 227-228. — Exception pour les amendes par suite d'une condamnation à une peine capitale, *id.* p. 228. (*Voyez* CONFISCATION.)

DÉLIVRANCE du legs doit être demandée par le légataire à l'héritier, t. XXII, p. 221-222. — Quelle délivrance doit être faite, si c'est un legs de corps certain, *id.* p. 232. — L'héritier doit-il racheter l'usufruit quand la chose léguée en

est grevée, *id.* p. 233-234. — *Quid*, lorsqu'un héritage a été légué à l'église, *id.* p. 235. — *Quid*, lorsque le legs est d'un corps indéterminé ou d'une quantité, *id.* p. 236. — En quel état la chose léguée doit-elle être délivrée, *id.* p. *id.* — De quelle faute la personne grevée est tenue, *id.* p. 237. — Quand la chose léguée doit-elle être délivrée, *id.* p. 238-239. — *Quid*, si le legs renferme quelque charge imposée au légataire, *id.* p. 239. — Où la chose léguée doit-elle être délivrée, *id.* p. 240. — L'héritier doit délivrer, avec la chose léguée, celle qui en sont les accessoires nécessaires, *id.* p. 241. — *Quid*, à l'égard des fruits de la chose léguée, *id.* p. 241-242. — Lorsque le legs consiste dans quelque somme d'argent, les intérêts sont dus du jour de la demande, *id.* p. 242-243. — En quel cas l'estimation de la chose léguée doit-elle être donnée au légataire, *id.* p. 244. — Propres conventionnels, *id.* p. *id.*

DÉLOYAUTÉ du seigneur, quelle peine entraîne-t-elle, t. XVI, p. 145-146.

Déloyauté du seigneur envers son vassal, qui donne lieu à la privation de la dominance, t. XIX, p. 209. — Les mêmes injures qui, étant commises par le vassal, donnent lieu à la commise, peuvent donner lieu à la privation de la directe, lorsqu'elles sont commises par le seigneur, *id.* p. *id.* — Le vassal est affranchi de la dépendance du seigneur déloyal, *sed non à conditione feudali*, *id.* p. 210-211. — La punition du seigneur déloyal s'étend-elle à tous les droits qu'il a sur le fief de son vassal, *id.* p. 211. — *Quid*, des redevances seigneuriales, des servitudes, *id.* p. *id.*

DEMANDES. Formes d'intenter les demandes en justice, t. XXIV, p. 1. (*Voy.* ADJOURNEMENT.) — Demandes incidentes. Comment se forment-elles, *id.* p. 66-67. — Dispositions de l'ordonnance au sujet des demandes incidentes, *id.* p. 67. (*Voy.* RECONVENTION.)

DÉMEMBREMENT *de fiefs*: trois

espèces, t. XVI, p. 264. — Comment s'entendent les coutumes qui le défendent, *id.* p. 265-266.

Démembrement. Trois espèces différentes, t. XIX, p. 569. — Dispositions de la coutume de Paris sur le démembrement qui consiste à faire, d'un fief, deux ou plusieurs fiefs distincts, *id.* p. 571-572. — Peine contre le démembrement fait sans le consentement du seigneur, *id.* p. 573-574. — Le vassal peut-il, dans la coutume d'Orléans, démembrer son fief sans le consentement de son seigneur, *id.* p. 274-275.

DÉMENCE. La démence du mari ne dispense pas la femme de se faire autoriser par le juge, t. X, p. 669-670.

DEMEURE. Quand un débiteur est-il censé en demeure, t. I, 124, t. II, p. 167-168. — Comment se purge la demeure, t. I, p. 125; t. II, p. 168. — Effets de la demeure; t. I, p. 123-124. — Demeure de l'un des débiteurs solidaires préjudicie aux autres, *ad perpetuandam et conservandam eorum obligationem, non ad augendam,* *id.* p. 214-215.

DEMI POUR CENT. En quel cas est-il dû aux assureurs par le marchand, qui a fait assurer, t. IX, p. 3-9.

DÉMISSION *de biens*, t. XVIII, p. 84-92.

Démission de biens. Si elle donne lieu au rachat, quand elle est faite en collatérale, t. XIX, p. 415.

DENIERS *d'entrée*, t. VII, p. 34-96.

DÉNOMBREMENT. Ce que c'est, t. XVI, p. 147. — Ce qu'il doit comprendre, *id.* p. 147-148. — Sa forme, *id.* p. 148-149. — En quel cas il est dû, *id.* p. 149. — A qui, *id.* p. 150. — Par qui doit-il être donné, *id.* p. 151. — Par quelles voies le vassal y est-il contraint, *id.* p. 152, 375-376. — Communication pour y parvenir, *id.* p. 376. — Des blâmes contre le dénombrement, *id.* p. 152-153. — De sa réception, *id.* p. 153-154. — De la foi que font les dénombreurs, *id.* p. 155.

Dénombrement. Ce que c'est, t.

XIX, p. 212. — De la forme intrinsèque du dénombrement, *id.* p. *id.* — Le dénombrement doit surtout comprendre les droits de mouvance, féodale et censuelle, attachés au fief, *id.* p. 213. — Ce que chacun des arrière-vassaux tient en fief du vassal, doit-il pareillement être détaillé, *id.* p. 213-214. — Le seigneur peut-il obliger son vassal à ce détail, dans le cas où tous les dénombremens de ses auteurs ne contiendroient aucun détail, *id.* p. 214-215. — De la forme extrinsèque du dénombrement, *id.* p. 215. — Le vassal est-il obligé de prendre le notaire du seigneur, *id.* p. 216. — L'acte de dénombrement peut-il être donné par le même qui contient le port de foi, *id.* p. 217. — Doit-il rester minute de cet acte, *id.* p. 218. — *Quid* du vassal qui s'est joué de son fief sans le consentement du seigneur, *id.* p. 219-220. — Quelle coutume doit-on suivre pour les dénombremens, *id.* p. 220. — En quel cas le dénombrement est-il dû, *p. id.* — Quand le seigneur peut-il exiger le dénombrement, *id.* p. 221. — Délai de quarante jours dans les coutumes de Paris et d'Orléans, *id.* p. 222. — Est dû par le propriétaire du servant, *id.* p. 223. — Celui qui possède *pro domino,* doit le dénombrement *id.* p. *id.* — Le titulaire d'une église ou autre bénéfice le doit, *id.* p. 224. — Le mineur qui n'est pas en âge de porter la foi, ne doit pas encore le dénombrement, *id.* p. 225. — Il doit être présenté par le vassal ou par son procureur fondé de procuration spéciale, *id.* p. 227. — Lorsqu'il y a plusieurs propriétaires par indivis, il doit être donné par tous, *id.* p. 227-228. — *Quid,* après le partage qu'ils ont fait, *id.* p. 229-230. — Le dénombrement dû au seigneur, c'est-à-dire au propriétaire du fief dominant, *id.* p. 231. — Il est à propos de faire constater le jour que le dénombrement a été présenté au seigneur, *id.* p. 233. — Des blâmes que le seigneur peut fournir. (*Voy.* BLAMES. — Le dénombrement est reçu par le seigneur, ou expressé-

ment ou tacitement, *id.* p. 238. —
Distinction faite par la coutume
d'Orléans, entre le seigneur qui a
justice et celui qui ne l'a pas, *id.*
p. 238-239. Le seigneur peut être
restitué contre la réception du dénombrement, soit expresse, soit tacite, *id.* p. 242. — Le dénombrement fait foi contre le vassal, vis-à-
vis du seigneur, dès qu'il est présenté, *id.* p. 243. — Il fait foi contre
le seigneur vis-à-vis du vassal, quand
il est reçu ou réputé reçu, *id.* p. *id.*
— Si le titre d'inféodation doit
l'emporter sur un ou plusieurs dénombremens, *id.* p. 245. — *Quid,*
si les derniers dénombremens for-
moient une possession centenaire, *id.*
p. 246. — Les dénombremens ne font
pas foi à l'égard des tiers, et cependant peuvent servir à prouver
la quasi-possession centenaire, *id.* p.
249. — De la saisie féodale faute
de dénombrement. (*Voyez* SAISIE
FÉODALE.)

DÉNONCIATION. Ce que c'est,
t. XXV, p. 241. — Qui peut se
rendre dénonciateur, et dans quelle
forme, *id.* p. *id.* — Engagement qui
en résulte, *id.* p. *id.*

DÉPENS. Quand le garant peut-
il se dispenser d'acquitter l'acheteur
des dépens, t. III, p. 98-99.

Dépens. Condamnations de dépens
doit être portée contre celui qui
succombe, t. XXIV, p. 266. — La
disposition de l'ordonnance a-t-elle
toujours lieu, *id.* p. *id.* — Exception à l'égard des causes où le ministère public est seul partie, *id.*
p. 268. — Sièges où les dépens sont
taxés par une déclaration de dépens,
id. p. 268-269. — Ce que c'est qu'une
déclaration de dépens, *id.* p. 269-
270. — Frais qui doivent y être
compris, *id.* p. 270. — Écritures
pour le ministère des avocats, comment y sont compris, *id.* p. 271. —
Frais de voyage et de séjour de la
partie, *id.* p. 272. — Offres que doit
faire la partie condamnée, *id.* p. 273.
— Comment on procède à la taxe,
id. p. 273-274. — Par qui elle doit
être faite, *id.* p. 274. — Comment
il se fait par le procureur tiers, *id.*
p. *id.* — Taxe arrêtée par le juge,

id. p. 276. — Appel de la taxe des
dépens, comment s'instruit et se
juge, *id.* p. 276-277. — Distraction
de dépens au profit du procureur,
id. p. 277.

DÉPÔT. N'est sujet à contribution, t. XVIII, p. 409.

Dépôt. En matière de dépôt, il
n'y a lieu à la compensation, t. II,
p. 126. — Mais le dépositaire a le
droit de rétention pour ce qui lui
est dû, lorsque la créance procède
du dépôt, *id.* p. *id.*

Dépôt du contrat porté à retrait,
requis dans la coutume de Paris,
pour faire courir le temps du retrait, t. IV, p. 239. — Est-il nécessaire que le retrayant poursuive
l'acquéreur après ce dépôt, *id.* p.
253. — Le dépôt est il nécessaire à
Orléans, et *quatenus*, *id.* p. *id.*

Dépôt. Contrat de dépôt. Sa définition, t. VIII, p. 255. — Étymologie, *id.* p. *id.* — Deux principales
espèces du dépôt, *id.* p. 256. —
Quelles choses peuvent être la matière de ce contrat, *id.* p. 257 et
suiv. — Entre quelles personnes peut-
il intervenir, *id.* p. 260-261. — Pour
former le contrat de dépôt, il faut
1.° qu'il intervienne une tradition
réelle de la chose, à moins qu'elle
ne fut déjà par-devers celui à qui
on l'a donné en dépôt, *id.* p. 262.
— Il faut 2.° que la principale fin
pour laquelle la tradition intervient,
soit la garde de la chose, *id.* p. 263
et suiv. — Il faut 3.° que celui qui
reçoit la chose, se charge gratuitement de la garde, *id.* p. 268-269.—
Il faut 4.° le consentement des parties. Sur quoi doit-il intervenir, *id.*
p. 269-270. — A quelles classes de
contrat appartient le contrat de dépôt, *id.* p. 271. — Sur les actions
qui en naissent. (*Voy.* ACTION *depositi directa.* ACTION *depositi contraria.*)

Dépôt d'hôtellerie, t. VIII, p. 317.
— Quand est-il censé intervenu,
id. p. 318-319. — La preuve par
témoins en est-elle reçue, *id.* p. 321.
— L'aubergiste est tenu de la faute
légère, *id.* p. 318.

Dépôt irrégulier. Ce que c'est, t.
VIII, p. 322. — Tient fort du con-

trat *mutuum*; en quoi en différoit-il, *id.* p. 323.

Dépôt judiciaire. (Dépôt de meubles saisis.) Quelle espèce de contrat renferme l'établissement d'un gardien aux meubles saisis; entre qui est-il censé intervenir, à quoi et envers qui le gardien s'oblige-t-il, *id.* p. 330 et suiv. — Lorsque le saisi donne un dépositaire, quel espèce de contrat intervient-il, en quoi diffère-t-il du précédent, *id.* p. 333. — Le dépositaire, comme gardien, s'oblige par corps, *id.* p. 335. (*Voy.* GARDIENS, SÉQUESTRE.)

Autre espèce de dépôt judiciaire. Celui fait par le débiteur, sur le refus fait par le créancier de recevoir; fait de l'autorité du juge qui l'ordonne, ou qui le confirme après qu'il est fait, t. VIII, p. 337.

Dépôt nécessaire. Ce que c'est, et ce qu'il y a de particulier à l'égard de ce dépôt, t. VIII, p. 316-317.

Déposant. Ses qualités, quel est-il, t. VIII, p. 255, 267, 268, 297, 298, 306, 307. — Il contracte envers le dépositaire l'obligation de l'indemniser, *id.* p. 313. *Quid*, s'il y avoit faute de sa part, *id.* p. 314-315. — Premier chef de l'obligation du dépositaire; fidélité à garder le dépôt, *id.* p. 274. — Pourroit-on convenir qu'il ne seroit pas tenu du défaut de fidélité, *id.* p. 276. À quel soin cette fidélité oblige-t-elle le dépositaire, *id.* p. 274-278. (*Voyez* FAUTE.) — Cette fidélité l'oblige à ne pas se servir des choses qui lui ont été données en garde sans le consentement, au moins présumé, de celui à qui elles appartiennent, *id.* p. 285-289. — Cette fidélité doit empêcher le dépositaire de chercher à connoître les choses qui lui ont été données en garde, lorsque celui qui les a données a voulu qu'elles fussent cachées, *id.* p. 289-291. — Le second objet de l'obligation du dépositaire est la restitution des choses déposées qui se trouvent par devers lui, *id.* p. 291. — Il les rend en l'état qu'elles se trouvent, *id.* p. 293. — Il ne doit les intérêts de l'argent qui lui a été donné en

dépôt, que du jour qu'il a été mis en demeure, *id.* p. 297. — *Quid*, lorsque le dépositaire n'a plus les choses pardevers lui, *id.* p. 295. — A qui la chose donnée en dépôt doit-elle être rendue, *id.* p. 297-303. — Que doit faire le dépositaire lorsqu'il apprend que la chose est un effet volé, *id.* p. 298. — Où doit se faire la restitution du dépôt, *id.* p. 303. — Quand, *id.* p. 304. — Pour quelles causes cette restitution peut-elle être retardée, *id.* p. 305.

Dépôt nécessaire. Ce que c'est, t. XXV, p. 87. — Entraîne la contrainte par corps, *id.* p. *id.*

Dépôt judiciaire. Trois espèces de dépôts judiciaires, t. XXV, p. 88. — Entraîne la contrainte par corps, *id.* p. 89-90.

DÉPRI, t. XVI, p. 400-402.

Dépri. Ce que c'est que déprier, t. XX, p. 30. — Comment se fait le dépri, *id.* p. 31. — Le temps court du jour du contrat, *id.* p. *id.* — De l'amende faute d'avoir déprié, *id.* p. *id.*

DESSAISINE SAISINE. (*Voy.* TRADITION.)

DÉSAVEU. Plusieurs genres. Quand il donne lieu à la commise, t. XVI, p. 125. (*Voy.* COMMISE.)

Désaveu. (Mandat.) Comment le procureur désavoué peut-il justifier de son mandat, t. IX, p. 113. — Peut-on désavouer un procureur après sa mort, *id.* p. 114-115.

Désaveu. Quelles espèces de désaveux donnent lieu à la commise, t. XIX, p. 155-156. — Le désaveu, *rei tantum*, n'y doit pas donner lieu, *id.* p. 156. — *Quid*, si le vassal, en déniant, relever de la seigneurie d'où son fief relève, reconnoît le même seigneur, pour la raison d'une seigneurie, qu'il ne possède pas, *id.* p. 156-157 — Le désaveu *personnæ tantum*, ne donne pas lieu à la commise, *id.* p. 159-160. — *Quid*, si le vassal prétend posséder en franc-aleu, *id.* p. 160-161. — *Quid*, si le vassal dénoit tenir à titre de fief, mais soutenoit tenir à cens du même seigneur, *id.* p. 162. — Il n'y a que le désaveu qui est inexcusable, qui donne lieu à la commise, *id.* p. 163.

— Le désaveu dont le vassal s'est désisté avant la sentence, doit-il être excusable, *id.* p. 166-167. — Le désaveu extra-judiciaire donne-t-il lieu à la commise, *id.* p. 167. Quelles personnes peuvent commettre leur fief par désaveu, *id.* p. 168. — Il n'y a que les personnes qui peuvent aliéner qui commettent leur fief, *id.* p. *id.* — *Quid*, si le mineur a désavoué *tutore auctore*, *id.* p. *id.* — *Quid*, du désaveu fait par une femme non autorisée de son mari, *id.* p. 169. — *Quid*, du désaveu formé par un titulaire d'un bénéfice, *id.* p. *id.* — *Quid*, du désaveu d'un mari par rapport aux propres de sa femme, *id.* p. 170.

DESCENTE DE JUGE. Cas où elle a lieu et où elle peut être ordonnée d'office, t. XXIV, p. 91. — Par quel juge elle peut être faite, *id.* p. 91-92. — Le commissaire peut être récusé pour les mêmes causes qu'un juge, *id.* p. 93. — Les parties doivent s'y trouver au jour indiqué avec leur procureur, si non est donné défaut, *id.* p. *id.* — Ce que le procès-verbal de commissaire doit contenir, *id.* p. *id.* — Le rapport des experts doit y être attaché, *id.* p. 93-94. — Comment le jugement se poursuit ensuite, *id.* p. 95.

DESHÉRENCE, t. XVIII, p. 82-83; 133.

Deshérence. L'héritage qu'un seigneur a par deshérence lui est-il propre comme sa seigneurie, ou n'est-il qu'acquêt, t. XI. p. 112-113.

Deshérence. Ce que c'est, si elle donne lieu au rachat en la personne du seigneur qui succède à titre de deshérence, t. XIX, p. 401. — *Quid*, si le seigneur met hors de ses mains dans l'année, *id.* p. 402-403. — *Quid*, s'il met hors de ses mains par une donation qu'il fait à un de ses descendans ou ascendans, *id.* p. 403. — *Quid*, s'il ne mettoit hors de ses mains qu'après l'année, mais avant d'avoir fait acte de vassal, *id.* p. 404-405. — De quel jour le rachat est censé dû quand le seigneur conserve, *id.* p. 405. — Dans la coutume de Paris et autres qui

ne s'en expliquent pas, le justicier doit avoir l'année, *id.* p. 407.

DÉSISTEMENT DE VENTE. Quand fait-il des acquêts ou des conquêts, t. XI, p. 167-168.

DESTINATION. Conserve la qualité d'immeubles aux échalas qui sont détachés de la vigne, et aux matériaux qui sont détachés d'un bâtiment pour y être replacés; mais elle ne donne pas cette qualité à ceux qui y sont attachés, t. XVI, p. 22-23.

Destination du père de famille en matière de servitudes, t. XVII, p. 231-232.

Destination d'une somme d'argent en achat d'héritages, la réalise, t. XVIII, p. 135.

Destination (du propriétaire.) Conserve la qualité d'immeuble aux choses détachées d'un héritage, ne la donne pas à celles qui n'y ont pas encore été attachées, t. XI, p. 39-40; 56-57.

Destination d'emploi en achat d'héritage, t. XXII, p. 80. — Effets de cette clause, *id.* p. 81. — Si le mari s'est obligé formellement à faire emploi, *id.* p. 82.

DÉTENTEUR *de l'héritage.* Ce mot ne comprend pas les fermiers-locataires, t. VII, p. 66.

DÉTÉRIORATIONS. (Prêt à usage.) L'emprunteur est-il tenu des détériorations de la chose prêtée, t. VIII, p. 28-29.

DETTES. (Communauté.) Quelles dettes sont mobilières, et comme telles tombent à la charge de la communauté, t. XI, p. 216-217. — Dettes de plusieurs choses, dont la principale est immeuble, les autres meubles, comment tombent-elles dans la communauté, *id.* p. 223-224.

Dettes alternatives, t. XI, p. 224.

Dettes actives appartenant aux conjoints, quand s'imputent-elles sur la somme promise. Différence à cet égard entre celles du mari et celles de la femme, t. XI, p. 262-263.

Dettes de communauté. Le mari, après la dissolution de communauté, continue d'être tenu vis-à-vis des créanciers, pour le total de celles

qui procèdent de son fait, t XII,
p. 234-235. — De celles qu'il a
contractées durant la communauté,
seul ou conjointement avec sa
femme, *id.* p. 235-236. — N'est
tenu que pour sa part de celles qui
ne procèdent que du chef de sa
femme, *id.* p. 236-237. — Différence
entre les dettes qu'on contracte en
une certaine qualité, et celles que
l'on contracte en son propre nom,
id. p. 237-238. — La femme est
tenue, vis-à-vis des créanciers,
pour le total de celles qui procèdent
de son chef; n'est tenue des autres
que pour sa part, *id.* p. 238-239.
— Est tenue envers les créanciers
même, en cas de renonciation à la
communauté, *id.* p. 239. — Seuls,
lorsqu'elle n'a contracté que comme
commune, *id.* p. *id.* — Privilège
que la femme et ses héritiers ont
de n'être tenus des dettes de la
communauté que jusqu'à concurrence de ce qu'ils amendent, *id.* p.
240. — Ce privilège ne fait pas
perdre à la femme la qualité de
commune, c'est pourquoi elle ne
peut exercer la reprise de son apport, *id.* p. 241. — Va-t-il jusqu'à
donner à la femme la répétition
contre les créanciers de ce qu'elle a
payé de plus par erreur, *id.* p. 241-242.
— En quoi diffère-t-il du bénéfice
d'inventaire, *id.* p. 242-243. — La
femme a ce privilège contre les héritiers du mari, même à l'égard
des dettes qui procéderoient de son
chef; elle ne l'a vis-à-vis des créanciers qu'à l'égard de celles dont
elle n'est tenue que comme commune, *id.* p. 243-244. — La femme
a également ce privilège à l'égard
des dettes dont la communauté est
débitrice envers elle, *id.* p. 245.
(*V.* COMMUNAUTÉ, INDEMNITÉ.)
*Dettes de continuation de commu-
nauté.* Comment le serviteur en est-
il tenu vis-à-vis des créanciers,
soit pendant que la continuation
de la communauté dure, soit après
sa dissolution, t. XII, p. 384-385.
— Comment en sont tenus les héritiers du prédécédé, *id.* p. 385-
386. — Lorsque les immeubles tombés dans leur lot sont hypothéqués

à la dette, peuvent-ils être poursuivis pour le tout, *id.* p. 386-387.
— Les enfans ont-ils le privilège
de n'en être tenus que jusqu'à concurrence de ce qu'ils amendent, *id.*
p. 387 et suiv.
Dettes et charges des successions,
t. XXI, p. 407. — Ce qu'on entend
par dettes de la succession, *id.* p.
id. — Dettes de la succession qui
ne naissent qu'à la mort, *id.* p. *id.*
— Rentes foncières, profits, centième denier, sont charges des héritages, *id.* p. 408. — Ceux qui sont
tenus des dettes, *id.* p. *id.* (*Voyez*
HÉRITIERS, CESSIONNAIRES,
DONATAIRES, LÉGATAIRES.)
Dettes indivisibles. Comment chaque héritier ou successeur universel
en est tenu, t. XXI, p. 441. —
Quid, des obligations indivisibles
dans leur principe, mais dont l'inexécution se convertit en dommages
et intérêts, *id.* p. 443.
DEUIL de la veuve fait partie
des frais de succession du mari, t.
XVII, p. 20.
Deuil dû aux veuves est supporté
par les héritiers du mari, t. XII,
p. 191. — N'en est pas dû aux hommes, *id.* p. *id.*
DÉVOLUT. Cas où il y a lieu
d'obtenir un bénéfice par dévolut,
t. XXIV, p. 201. — L'audience est
déniée au dévolutaire jusqu'à ce
qu'il ait donné caution de 500 livres, *id.* p. *id.* — Quand les dévolu-
taires doivent prendre possession et
former la complainte, *id.* p. 202.
DIMES. Sont-elles sujettes à retrait, t. IV, p. 26.
Dime est à la charge du fermier.
DIRECTEURS et confesseurs incapables de recevoir de leurs pé-
nitens, t. XXIII, p. 31.
DISCUSSION. Exception de discussion contre l'action hypothécaire,
t. XVIII, p. 339-341. — L'hypothèque spéciale pour rente constituée n'y est sujette, *id.* p. 399-400.
Discussion. Exception de discussion. Son origine, t. I, p. 405.
— Quelles cautions n'ont pas cette
exception, *id.* p. 405-406. — En
quels termes faut-il renoncer à la
discussion, *id.* p. 407. — Exception

de discussion est dilatoire, et doit être opposée avant la litis-contestation, *id.* p. 408. — Le créancier n'est pas obligé à une discussion trop difficile, *id.* p. 409. — Quels biens est-il obligé de discuter, *id.* p. *id.* — Il n'est pas obligé de discuter les biens qui sont hors du royaume, *id.* p. *id.* — Ni ceux qui sont litigieux, *id.* p. 410. — La caution n'est reçue qu'une fois à indiquer des biens du débiteur pour être discutés, *id.* p. 409. — Le créancier n'est obligé de discuter que le débiteur principal et ses héritiers ou successeurs universels, et non les tiers détenteurs, *id.* p. 410. — La caution qui s'est obligée pour l'un de plusieurs débiteurs solidaires, peut-elle demander la discussion de tous, *id.* p. 410-412. — Aux dépens de qui se fait la discussion, *id.* p. 412. — Le créancier à qui on a opposé l'exception de discussion, et qui a négligé de discuter le débiteur, est-il responsable de l'insolvabilité de ce débiteur survenue, *id.* p. 413.

Discussion. En cas de garantie de fournir et faire valoir dans un transports de rentes ou autres créances, l'acheteur, avant que de l'exercer, doit discuter le débiteur, t. III, p. 429. — Quels biens est-il obligé de discuter, *id.* p. 428-429. — Aux frais de qui est cette discussion, *id.* p. 429-430.

Discussion. Le détenteur de l'héritage hypothéqué à la rente n'est point recevable à obliger le créancier de discuter celui qui n'est sujet qu'à l'action personnelle, t. VII. p. 62.

Discussion. Ce que c'est que cette exception, t. XX, p. 211. — Elle est dilatoire et non péremptoire, *id.* p. *id.* — Elle ne s'oppose que par les tiers détenteurs qui ne sont point obligés personnellement à la dette, *id.* p. 212. — Dans la coutume de Paris, elle n'a lieu qu'à l'égard des créances des sommes exigibles, et non des rentes, *id.* p. 212-213. — Dans notre Coutume d'Orléans, elle ne peut être opposée contre le créancier de rente qui a une hypothèque spéciale, *id.* p. 213-214. — On doit suivre, sur les cas où la discussion doit avoir lieu, la Coutume du lieu où est situé l'héritage hypothéqué, *id.* p. 214-215. — Le créancier à qui on l'oppose, doit faire vendre les meubles du débiteur et de ses cautions, *id.* p. *id.* — Il est aussi obligé de discuter les immeubles ou les dettes actives qui lui sont indiquées, *id.* p. 215. — La discussion des immeubles doit se faire aux frais de celui qui l'oppose, *id.* p. 217.

DISPENSE *pour les mariages.* Les princes séculiers accordoient les dispenses pour les empêchemens de mariage qu'ils avoient établis, t. X, p. 230-232. — Le supérieur ecclésiastique accorde les dispenses des empêchemens de discipline ecclésiastique, *id.* p. 232-233. — Le pape a-t-il un droit exclusif aux évêques pour les accorder, *id.* p. 233-240. — Les vicaires-généraux peuvent-ils accorder ces dispenses, *id.* p. 239. — L'official, *id.* p. 240. — Les abbés et autres qui ont juridiction quasi-épiscopale, *id.* p. 240-241. — Espèces d'empêchemens de mariage pour lesquels on peut ou on ne peut pas accorder de dispense, *id.* p. 241-250. — L'accorde-t-on pour les ordres sacrés, *id.* p. 241-242. — Le pape peut-il valablement l'accorder à un religieux, en le dispensant de ses vœux, *id.* p. 242-243. — Pour quelles parentés, *id.* p. 243-245. — Pour quelles affinités, *id.* p. 245-248. — Pour l'alliance spirituelle et pour l'impêchement d'honnêteté publique, *id.* p. 248. — Pour l'empêchement du crime, *id.* p. 249. — Empêchement entre les catholiques et les protestans, *id.* p. 249-250. — Nature du pouvoir qu'a le supérieur ecclésiastique d'accorder les dispenses : en quoi ce pouvoir diffère de celui du souverain, *id.* p. 250-252. — Premier exemple de dispense accordée par le pape Innocent III, *id.* p. 254. — Règles du concile de Trente sur les dispenses de mariage, *id.* p. *id.* — Raisons pour excuser la facilité des dispenses pour le mariage des

cousins, *id.* p. 254-255. — On doit, pour accorder les dispenses, distinguer si le mariage n'a pas encore été célébré, ou s'il l'a été nonobstant l'empêchement, *id.* p. 249, 256-257. — Causes qu'on a coutume d'exposer pour obtenir les dispenses, *id.* p. 258-261. — Forme des dispenses, *id.* p. 261-262. — Ce que doit contenir la supplique, *id.* p. 264-269. — Fulmination des dispenses, *id.* p. 270-274.

DISTRACTION. (Mandat.) Un procureur peut demander la distraction à son profit des dépens adjugés à sa partie, lorsqu'il les a avancés. Effet de cette distraction, t. II, p. 53-56.

DISTRIBUTION. Dans la distribution des biens de quelqu'un qui est tenu de la dette d'une lettre de change, comment sont colloqués le propriétaire de la lettre et ceux qui sont créanciers pour la garantie de la lettre, t. V, p. 324-345.

Distribution du prix des meubles vendus, comment elle doit se faire, t. XXIV, p. 328. — Créanciers privilégiés doivent être payés suivant l'ordre de leurs priviléges, *id.* p. 328 et suiv. (*V.* PRIVILÉGE.) — Ce qui reste du prix après les créanciers privilégiés acquittés, se distribue au marc la livre entre tous les autres créanciers, *id.* p. 335.

DIVIDUELLE. (Obligation.) Une obligation dividuelle est celle qui peut se diviser, et jusqu'à sa division elle est indivisée, t. I, p. 259. — On ne doit pas confondre l'indivision et l'indivisibilité, *id.* p. 272. — Une obligation est dividuelle lorsque la chose due qui en fait l'objet est susceptible de parties au moins intellectuelles, *id.* p. 260-261. — Les obligations *in faciendo* et *in non faciendo*, peuvent être divisibles aussi bien que les obligations *in dando*, lorsque le fait qui en est l'objet peut se faire par partie, *id.* p. 262-263. — L'obligation se divise, ou de la part du créancier, ou de la part du débiteur, lorsque l'un ou l'autre laisse plusieurs héritiers, *id.* p. 273. — Effets de cette

division de la part des héritiers du créancier, *id.* p. *id.* — Premier effet de la division de la dette du côté du débiteur, que chaque héritier n'en est tenu que pour sa part héréditaire, *id.* p. *id.* — Première limitation. A l'égard des dettes hypothécaires, chaque héritier possesseur des biens qui y sont hypothéqués, en est tenu hypothécairement pour le total quoiqu'il n'en soit tenu personnellement que pour sa part, *id.* p. *id.* — Deuxième limitation. A l'égard des dettes d'un corps certain, il n'y a que l'héritier du patrimoine dans lequel se trouve ce corps certain qui en soit tenu, les héritiers des autres espèces de biens n'en sont pas tenus, *id.* p. 274-275. — Troisième limitation. Entre plusieurs héritiers qui ont succédé au patrimoine dans lequel est le corps certain dû par le défunt, on peut le demander pour le total à celui dans le lot duquel il est tombé, en le faisant ordonner avec les autres héritiers, et sans que ceux-ci soient déchargés de la dette pour la part dont ils en sont tenus, *id.* p. 275-276. — Quatrième limitation. A plus forte raison, lorsque la dette consiste dans la simple restitution qui est due, de la possession d'un corps certain que le défunt n'avoit qu'à titre de dépôt ou de prêt, ou autre titre semblable, celui pardevers qui il se trouve peut être poursuivi pour la restitution de la chose pour le total, *id.* p. 276-277. — Cinquième limitation. A l'égard des dettes de corps certain, celui d'entre les héritiers, par le fait ou la faute duquel la chose est périe, est tenu de la dette pour le total, et les autres sont libérés, à moins qu'il n'y eût une peine stipulée, *id.* p. 278 et suiv. — Si elle est périe par le fait de plusieurs, chacun de ceux par le fait desquels elle est périe, est tenu solidairement, *id.* p. 282-283. — Sixième limitation. L'un de plusieurs héritiers du débiteur, entre lesquels la dette s'est divisée, peut être tenu du total soit par le testament du défunt, par convention entre eux, ou *offici*

judicis familiæ erciscundæ, *id.* p. 283. — Hors ces cas, l'héritier n'est tenu de la dette que pour sa part, et non du surplus, même en cas d'insolvabilité des autres, *id.* p. *id.* — Exceptions de cette règle, *id.* p. 285-286. — Second effet de la division de la dette entre les héritiers du débiteur; chacun peut la payer pour sa part, *id.* p. 286-287. — Première exception de cette règle à l'égard des dettes alternatives et des dettes indéterminées, *id.* p. 287-289. — Second cas d'exception, lorsqu'on est expressément convenu que la dette ne pourroit se payer par parties, *id.* p. 289-290. — Cette convention n'empêche pas qu'elle ne puisse être payée par parties aux différens héritiers des créanciers, *id.* p. 290-291. — Troisième cas d'exception, lorsque, par la nature de l'engagement ou de la chose qui en fait l'objet, ou de la fin que les parties se sont proposée, il paroît que l'esprit des contractans a été que la chose ne pût se payer par parties, *id.* p. 291. — Effet des obligations qui, quoique divisibles *obligatione*, sont indivisibles *solutione*, *id.* p. 292. Effet de la division de la dette lorsqu'elle se fait tant de la part du créancier que de la part du débiteur, *id.* p. 293-294. — Dette qui s'est divisée, soit entre les héritiers du créancier, soit entre ceux du débiteur, redevient indivise lorsque les parts de ceux à qui ou par qui elle étoit due, se réunissent en une même personne, *id.* p. 294 et suiv. — *Secùs*, lorsque la dette a été *ab initio* contractée divisément, *id.* p. 297. — Différence de la dette de plusieurs corps certains et celle de plusieurs choses indéterminées, touchant leur division, *id.* p. 298.

DIVISIBLE. Action *ex conducto*, est divisible ou indivisible, t. VI, p. 43.

DIVISION. Exception de division accordée aux cautions par Adrien, t. I, p. 415. — Quelles cautions n'ont pas l'exception de division, *id.* p. 416. — La caution ne peut demander la division de son obligation qu'entre elle et ceux de ses cofidéjusseurs, qui sont solvables et demeurans dans le royaume ; mais la dette une fois divisée, la caution n'est plus tenue de l'insolvabilité de ses cofidéjusseurs, *id.* p. 417-418. — Une caution peut-elle demander la division de son obligation entre elle et ses cofidéjusseurs, lorsque la condition sous laquelle ils se sont obligés, ou les termes auxquels ils doivent payer, ne sont pas encore échus, *id.* p. 418-419. — Peut-elle la demander entre elle et ses cofidéjusseurs qui ne sont pas valablement obligés, ou qui se sont fait restituer contre leur obligation pour cause de minorité, *id.* p. 419 et suiv. — Quand l'exception de division peut-elle être opposée, *id.* p. 422 et suiv. — Effet de l'exception de division, *id.* p. 424. — La caution qui obtient la division est-elle admise à imputer, sur la part qu'elle doit porter de la dette, ce qu'elle en a payé avant la division, *id.* p. 425.

Division. L'un des détenteurs de l'héritage sujet à la rente, peut-il opposer contre les autres détenteurs, l'exception de division, t. VII, p. 60.

DIVORCE, étoit censé, par les lois romaines, rompre le lien du mariage, t. X, p. 437. — Les empereurs chrétiens ne l'avoient pas aboli ; mais, quoiqu'il soit valable dans le for extérieur, l'église privoit de la communion ceux qui le pratiquoient, *id.* p. 437-438. — Le divorce n'est pas reçu en France, il l'est dans quelques états protestans, *id.* p. 439.

DIXIÈME ET VINGTIÈME. Ce que c'est, t. V, p. 104-105. — Le débiteur de la rente constituée peut-il les retenir, *id.* p. 105-109.

DOL. Vice des conventions, lorsque celui avec qui j'ai contracté l'a commis ou en a été participant, t. I, p. 33-34. — Quel *dol*? distinction entre le for extérieur et celui de la conscience, *id.* p. 34-35.

Dol. Quand il y a-t-il dol de la

part du porteur de la lettre de change dour la faire accepter, t. V, p. 289-290.

Dol. Ce que c'est, t. XXV, p. 152. — Donne lieu à la restitution en faveur des majeurs et des mineurs, *id.* p. *id.*

DOMAINE *de propriété*, t. XVI, p. 70. — Comment il s'acquiert, *id.* p. 72 et suiv. (*Voy.* TRADITION.)

Domaine de supériorité, id. p. 77. *Domaine direct, domaine utile , id.* p. 79-93.

Domaine de Propriété. Ce que c'est et ce qu'il renferme, t. XIV, 'p. 287-290. - Défauts dans la personne du propriétaire le privent, non du fonds, mais de l'exercice de ce droit, *id.* p. 290-291. — Imperfection dans le droit de propriété. Différentes espèces d'imperfections, *id.* p. 291-294. — Le droit de disposer que donne la propriété parfaite, et sans donner atteinte aux droits d'autrui ni aux lois, *id.* p. 295. — Le domaine de propriété suppose un propriétaire; il n'est pas nécessaire que ce soit une personne naturelle, *id.* p. 296-297. — Deux personnes ne peuvent être propriétaires d'une même chose, chacun pour le total. Comment cela s'entend-il , *id.* p. 297. — On ne peut être propriétaire d'une même chose *ex pluribus causis*, *id.* p. 299-300 — Manière d'acquérir le domaine par le droit naturel, (*Voy.* OCCUPATION, ACCESSION, TRADITION, INVENTION.) — Le domaine par le droit civil s'acquiert à titre universel par succession, *id.* p. 471. — Ou par le legs universel, *id.* p. 472-473. — S'acquiert à titre singulier, par legs ou fidéicommis, adjudication, prescription , *id.* p. 473-474. — Par le Droit romain nous acquérions non seulement par nous-mêmes, mais encore par ceux que nous avions en notre puissance. Dans nos provinces qui ne sont pas régies par le Droit écrit, nous n'acquérons proprement que par nous-mêmes, *id.* p. 475. — Nous acquérons par nous-mêmes, quoique par le ministère d'un autre qui acquiert en notre nom, ayant pouvoir et qualité, *id.* p. 479. — Ou pour la ratification de ce qui a été fait en notre nom, *id.* p. 479-480. — Nous ne pouvons acquérir le domaine que par notre volonté de l'acquérir, ou de ceux qui ont qualité pour suppléer la nôtre, *id.* p. 480. – Trois exceptions au principe, *id.* p. 481-482. — La volonté d'acquérir doit être accompagnée d'une préhension corporelle de la chose, *id.* p. 483. — Nous perdons le domaine d'une chose par notre volonté, par la tradition, *id.* p. *id.* — Par l'abandon que nous en faisons, *id.* p. 485. (*Voy.* ABANDON, CONSIGNATION, DÉGUERPISSEMENT.) Comment le perdons-nous malgré nous? Quatre manières, *id.* p. 489-490. Nous ne perdons pas le domaine des choses dont nous perdons la possession, *id.* p. 490-491. — Exception à l'égard des animaux sauvages et des autres choses qui sont de nature à être dans la communauté négative, *id.* p. 492. (*Voy.* COMMUNAUTÉ NÉGATIVE.)

Domaine direct, t. *id.* p. 287-288. *Domaine utile*, t. *id.* p. 288.

DOMESTIQUES. S'ils peuvent être témoins; qui sont ceux compris sous ce nom, t. II, p. 308-310. (*Voy.* MAÎTRES.)

DOMICILE. Ce que c'est, t. XVI, p. 4. — Quel est le domicile de la femme et des enfans, *id* p. 5. — Les mineurs suivent-ils le domicile de leur mère, lorsqu'après la mort de son mari elle le transfère ailleurs, *id.* p. 9. — Suivent-ils celui de leur tuteur, *id.* p. 8-9. — Comment s'acquiert et se transfère le domicile, *id.* p. 7-8. — Comment se retient, *id.* p. 5. — Règles pour connoître le domicile, *id.* p. 10.

DOMMAGES ET INTÉRÊTS. Ce que c'est, t. I, p. 134. — Hors le cas du dol, le débiteur n'est tenu que de ceux qui ont pu être prévus, le débiteur étant présumé ne s'être soumis qu'à ceux-ci, *id.* p. 135. — Ordinairement le débiteur est censé ne s'être soumis qu'aux dommages soufferts *propter rem ipsum non habitam*, et à ceux qui sont intrinsèques, *id.* p. 135 et suiv. — Il est tenu

même des extrinsèques, s'il paroit par les circonstances s'y être soumis, jusqu'à concurrence néanmoins de ce à quoi il s'est soumis, *id.* p. 137 et suiv. — Hors le cas du dol, le débiteur n'est tenu des dommages et intérêts que jusqu'à concurrence de la somme à laquelle on a pu prévoir qu'ils pourroient monter au plus haut, *id.* p. 141. — En cas de dol, le débiteur est tenu de tous les dommages et intérêts, même de ceux qui n'ont pu être prévus, *id.* p. 145 et suiv. — N'est pas néanmoins tenu de ceux qui ne sont qu'une suite éloignée et non nécessaire de son dol, *id.* p. 146. — Le débiteur est tenu des dommages et intérêts, non-seulement en cas d'inexécution, mais même en cas de retard à l'exécution, *id.* p. 148 et suiv. — Quels sont les dommages et intérêts, en cas de retard au paiement d'une somme d'argent due, *id.* p. 149. — Différence à cet égard entre le for extérieur et celui de la conscience, *id.* p. 150-151.

Dommages et intérêts. Les dommages et intérêts dont est tenu le vendeur en cas de défaut de tradition ou d'éviction, ne sont ordinairement que ceux que l'acheteur a soufferts *propter ipsam rem non habitam*, t. III, p. 57-58. — En quoi consistent-ils, *id.* p. 99. — S'il étoit survenu une augmentation immense de prix, *id.* p. 100-101 — Quand est-il tenu de ceux que l'acheteur a soufferts extrinsèques, *id.* p. 59. Dommages et intérêts dus par le vendeur, pour sa demeure, et le retard qu'il a apporté à la tradition, en quoi consistent-ils, *id.* p. 60 et suiv.

Dommages et intérêts faute de tradition, t. VI, p. 49-50. — En quoi consistent ces dommages et intérêts, *id.* p. 50. — Différence à cet égard entre le locateur de bonne foi et celui de mauvaise foi, *id.* p. 52-54. Dommages dont l'inexécution du bail n'est qu'une cause occasionnelle et éloignée, ne sont considérés, même en cas de dol, *id.* p. 53. — Dommages et intérêts en cas de retard, *id.* p. 54-55. — Si le locateur

n'a plus la chose par son fait, *id.* p. 57. — En cas d'éviction de sa jouissance, *id.* p. 72-73. — Comment se règlent-ils lorsque l'éviction n'est que d'une partie intégrante, *id.* p. 72. — Comment se règlent-ils lorsque le locataire avoit sous-bailló pour un prix différent, *id.* p. 73-74. — Dommages et intérêts causés par le vice de la chose louée, quand le locateur en est-il tenu, *id.* p. 87-89. — Dommages et intérêts en cas de retard dans le contrat de louage d'ouvrage, si l'ouvrage est défectueux, *id.* p. 287-288.

Dommages-intérêts, t. XXIV, p. 278. — Comment la liquidation s'en poursuit, *id.* p. 280. — Cas où les juges renvoient devant les experts pour estimer les dommages-intérêts, *id.* p. *id.*

DOMMAGES *de Bêtes*, t. XVI, p. 442-449.

DON MUTUEL *entre mari et femme*, t. XVII, p. 356, 379-380. — Sa nature, *id.* p. 356. — Doit être égal, sinon nul, *id.* *id.* — Doit être des choses seulement dont la loi permet qu'il soit, sinon nul pour le tout, *id.* p. 358. — Ne peut être fait avec dispense des charges de la coutume, sinon nul, *id.* p. 360. — Des modifications et charges qu'on y peut ajouter, *id.* p. 359. — Dépens de la condition qu'il n'y aura pas d'enfans, *id.* p. 361. — Sa forme, *id.* p. 362. — Choses dont il est composé, *id.* p. 364, 379-380. — Quand est-il ouvert et quand le donataire en est-il saisi, *id.* p. 368. — Du droit qu'il donne au donataire, *id.* p. 366-367. — Ses charges, *id.* p. 368-372.

Don mutuel. Différentes espèces de variétés dans les coutumes sur le droit mutuel entre mari et femme, t. XIV, p. 97-102. — Disposition de la coutume de Paris sur le don mutuel, *id.* p. 101-102. — Définition du don mutuel suivant la coutume de Paris, *id.* p. 100. — Est-il un véritable don entre-vifs, *id.* p. 103. (*Voy.* IRRÉVOCABILITÉ, EGALITÉ.) — Caractères qu'il doit avoir, *id.* p. 106. — Le don mutuel que se sont fait un homme et une

femme dont le mariage étoit nul ou n'avoit pas les effets civils, n'est pas valable, *id.* p. 119-120. — A moins que la bonne foi des contractans n'ait donné au mariage, quoique nul, les effets civils, *id.* p. 120-121. — Il n'y a que les conjoints communs en biens qui peuvent se faire don mutuel dans la Coutume de Paris et autres semblables, *id.* p. 121-122. — Conjoints séparés de biens ne peuvent se faire don mutuel, même d'un héritage qu'ils auroient acquis en commun, *id.* p. 122. — Lorsqu'il y a clause au contrat de mariage que la femme ou que les héritiers du prédécédé auront une certaine somme pour tout droit de communauté, les conjoints ne peuvent se faire aucun don mutuel, *id.* p. 122-123. — Les conjoints, au temps de leur don mutuel, doivent être en santé : comment cela s'entend-il, *id.* p. 124 et suiv. (*Voy.* MALADIE.) — Sur les autres qualités qui doivent se trouver dans les conjoints qui se font don mutuel. (*Voy.* AGE, ENFANS, ÉTRANGERS, INTERDITS, MINEURS.) — De quelles choses le don mutuel peut-il être composé, *id.* p. 130 et suiv. (*Voyez* APPORTS, PROPRES AMEUBLIS, RÉCOMPENSES, RENONCIATIONS.) Le don mutuel qui comprend plus que ce que la Coutume permet est entièrement nul, *id.* p. 146-149. — Forme du don mutuel; doit être fait par acte devant notaires, *id.* p. 149. — Peut-il être fait par des actes séparés, *id.* p. 150. — Est sujet à l'insinuation. (*Voyez* INSINUATION.) N'est pas sujet aux autres formalités ni aux règles observées dans les donations entre-vifs ordinaires, *id.* p. 151. — N'est pas susceptible de tradition. La femme, pour le faire, doit être autorisée, *id.* p. 157-158. — Don mutuel, est-il ouvert par la mort civile de l'un des conjoints, *id.* p. 158-159. — Est sujet à la délivrance, *id.* p. 171-172. — Le survivant donataire doit donner caution, *id.* p. 172-173. (*V.* CAUTION.) Dans quelles Coutumes le donataire est saisi de plein droit ;

on doit suivre à cet égard la Coutume qui régit les biens compris au don mutuel, *id.* p. 177-178. — En quoi consiste l'usufruit du donateur mutuel, et quelles en sont les charges. (*Voyez* USUFRUIT, QUASI-USUFRUIT, RENTE VIAGÈRE, PRISÉE, CHARGE DU DON MUTUEL.) — Comment s'éteint-il, et de la restitution qui doit être faite après son extinction, *id.* p. 211-212.

Don mutuel indirect qui résulte de la convention permise par l'article 281 de la Coutume de Paris. Quelle est cette convention, *id.* p. 214. — En quoi convient-il avec le don mutuel direct, *id.* p. 215. — En quoi diffère-t-il, *id.* p. 220. (*Voy.* CONVENTION, DONATIONS ENTRE ÉPOUX.)

Don mutuel de la coutume de Dunois. Disposition de cette Coutume, *id.* p. 249-250. — Nature de ce don mutuel, *id.* p. 256-257. — Est révocable, *id.* p. 257. — Pourvu que la révocation ne soit pas faite *in extremis*, *id.* p. 258. — Et qu'elle soit notifiée à l'autre conjoint, *id.* p. 259. — Ce don mutuel ne peut se faire pendant la dernière maladie dont l'un des conjoints est décédé, *id.* p. 262. — A moins que les conjoints n'eussent été l'un et l'autre dans un danger de mort égal ou presque égal, *id.* p. 263-264. — Les conjoints qui ne sont pas communs en biens, peuvent-ils se faire don mutuel dans la coutume de Dunois, *id.* p. 264-265. — Les étrangers n'en sont pas capables, sauf à Marchenoir, *id.* p. 264. — La Coutume de Dunois fait, par rapport au don mutuel, deux classes de biens : celle des biens de communauté, dont elle permet le don mutuel en propriété; celle des autres biens, dont elle permet le don mutuel en usufruit, *id.* p. 266 et suiv. (*Voy.* ACQUÉREMENS-IMMEUBLES, HÉRITAGES PROPRES.) — Don mutuel est nul lorsque l'un des conjoints donne la propriété, et l'autre ne donne qu'en usufruit, *id.* p. 271-272. — Dans la coutume de Dunois, les conjoints qui ont des parts inégales dans les

biens de la communauté, peuvent-ils se faire un don mutuel et comment, *id.* p. 273. — Le don mutuel en usufruit des propres peut-il avoir lieu dans cette Coutume, lorsqu'il n'y a que l'un des conjoints qui en ait, l'autre n'en ayant point ou presque point, *id.* p. 274. — L'un des conjoints peut-il donner par don mutuel en usufruit, ses propres réels à l'autre, qui n'en a que de conventionnel, *id.* p. 275-276. — Charges du don mutuel de la Coutume de Dunois, *id.* p. 276-282. (*Voyez* CAUTION, LEGS). — Le donataire mutuel est saisi dans la coutume de Dunois, *id.* p. 283. — Est-il tenu de faire inventaire, *id.* p. 283-284.

Don mutuel. Arrête-il l'ouverture du retrait de mi-denier, t. IV, p. 333.

Don mutuel. Donne lieu au rachat des fiefs propres qui y sont compris en propriété, t. XIX, p. 429. — Celui des conquêts en propriété donne lieu au rachat pour moitié, si c'est la femme qui survit, *id.* p. *id.* — Et même pour le total, si elle a renoncé à la communauté, *id.* p. *id.* — Si c'est le mari qui survit, y a-t-il lieu au rachat pour la moitié qu'il tient du don de sa femme, *id.* p. 429-430. — De quel jour est dû le rachat pour le don mutuel des conjoints, *id.* p. 431.

DONATAIRE MUTUEL. Comment le survivant donataire mutuel en usufruit doit-il jouir de la portion du prédécédé, dans une rente viagère conquêt, t. V, p. 183.

DONATION *entre vifs.* Ce que c'est, t. XVII, p. 287. — Quelles personnes peuvent donner entre-vifs, *id.* p. 288-290, 558-561. — A qui, *id.* p. 290-293, 358, 558-561. — Irrévocabilité est de l'essence de la donation, *id.* p. 294-328. — Dessaisissement, *id.* p. 296-375. — Exceptions pour celles faites par contrat de mariage, *id.* p. 298-300. — Forme des donations, *id.* p. 301. — Acceptation de donation, sa forme, *id.* p. 303 et suiv. (*Voy.* ACCEPTATION DE LA DONATION.) — Par qui peut se faire l'acceptation, *id.* p. 303-307. — La donation ne

vaut que du jour de l'acceptation, *id.* p. 307-308. — Est-elle requise pour la donation fidéi-commissaire, *id.* p. 309. — Insinuation des donations. (*Voy.* INSINUATION.) — La donation oblige-t-elle le donateur à la garantie, *id.* p. 320. — Oblige-t-elle le donataire aux dettes, *id.* p. 322. — Retranchement que souffrent les donations, (*Voy.* EDIT DES SECONDES NOCES, LÉGITIME.) Révocation des donations, *id.* p. 343. — De celle pour cause de survenance d'enfans, *id.* p. 343-344. — Quelles donations y sont sujettes, *id.* p. 344. — Quelle espèce de survenance d'enfans y donne lieu, *id.* p. 346-348. — Cette révocation se fait de plein droit, *id.* p. 348. — De l'action de répéter, *id.* p. 348-350. — Prescription de cette action, *id.* p. 351. — Révocation de donation pour ingratitude; pour quelles injures, *id.* p. 352. — Quelles donations y sont sujettes, *id.* p. 353-354. Comment se fait cette révocation, *id.* p. 355. — Par qui et contre qui, *id.* p. *id.* — Que peut-on révoquer, *id.* p. 354. — Donation donne lieu au rachat, t. XVI, p. 330-331. — Exceptions, *id.* p. 331. — Ne donne lieu au profit de ventes pour les héritages en censives à droit de ventes, *id.* p. 418-419. — Ni au rachat, t. XVIII, p. 223. — Donations rénumératoires, onéreuses, équipollent à vente, t. XVI, p. 179, 418-419, 427-428. — Donation en avancement de succession. *Voy.* AVANCEMENT DE SUCCESSION, RAPPORTS.) — Donation de part d'enfant. (*Voy.* EDIT DES SECONDES NOCES.)

Donation entre-vifs. Ce que c'est, t. XXIII, p. 1. — Est ou directe ou fidéi-commissaire, *id.* p. *id.* — Quelles personnes peuvent donner, *id.* p. 2. (*Voyez* RELIGIEUX, FEMMES, MINEURS.) — Un sourd et muet peut-il donner; *id.* p. 4. — Quelles personnes peuvent recevoir des donations entre-vifs, *id.* p. 15. (*V.* AUBAINS, MINEURS, RELIGIEUX, COMMUNAUTÉS, MARIS ET FEMMES, TUTEURS.) Extension de l'ordonnance à d'autres personnes, *id.*

p. 31. — Exception en faveur de
ceux qui, par rapport à la parenté,
ou par un autre motif, peuvent mériter la donation, *id.* p. 33-34.
En quel temps se considère la capacité des personnes, *id.* p. 34. —
Quelles choses on peut donner entre-
vifs, *id.* p. 35-36. — Quelle coutume
il faut suivre à ce sujet, *id.* p. 36.
— Forme des donations, *id.* p. 36-
37. (*Voy.* ACCEPTATION, TRA-
DITION, IRRÉVOCABILITÉ, IN-
SINUATION. — Les donations doivent être faites par actes devant notaires, dont il reste minute, *id.* p.
87. — Le donateur peut-il opposer
ce défaut, *id.* p. 88. — Donner et
retenir ne vaut. Explication de cette
maxime, *id.* p. 88-89. — Donation de
biens à venir non-valable, *id.* p. 56.
— Donation de biens présens et à
venir, non-valable, même pour les
biens présens, *id.* p. 57-58. — Exception à l'égard des donations faites
par contrat de mariage, *id.* p. 59-60.

Donataire entre-vifs. Est-il chargé
de l'entretien des baux, t. VI, p. 206.

*Donations. Donation à rente via-
gère.* Cet acte est une donation, si
la vente n'excède pas le revenu de
l'héritage donné, sinon est vente,
t. III, p. 466. — Edit qui défend
aux gens d'église d'acquérir à rente
viagère, *id.* p. 466-467. — Hôpitaux
de Paris sont-ils exceptés, *id.* p. 467.

Donations onéreuses. Ne tiennent
de la vente que lorsque les charges
sont appréciables à prix d'argent,
et au prorata de la valeur des charges, t. III, p. 465. — *Quid,* en cas
d'éviction, *id.* p. *id.*

Donations rémunératoires. Lorsque
les services ne sont pas appréciables
à prix d'argent, est une pure donation, t. III, p. 464. — Lorsqu'ils
sont appréciables, s'ils égalent la
valeur des choses données, l'action
est une vraie dation en paiement,
id. p. 462. — Lorsqu'ils sont au-
dessous, l'acte est mixte et donne
lieu à la garantie au prorata, *id.*
p. 462-463. — Lorsque la valeur des
services va, par exemple, aux deux
tiers de celle de la chose donnée,
l'éviction d'un morceau de terre,
qui n'en faisoit pas le tiers, donne-

t-elle lieu à la garantie, *id.* p. 463-
464.

Donations et legs faits par nos
ascendans, tiennent lieu de succession et forment des propres, t. XXII,
p. 8. — Quand même nous ne serions
pas leurs héritiers présomptifs, *id.*
p. 9. — *Quid,* dans les coutumes
où l'aîné est seul héritier, et où il
est fait donation à un puîné, *id.* p.
10. — *Quid,* si mon père acquiert
un héritage en mon nom, le paie de
ses deniers, et m'en fait ensuite donation, *id.* p. 11. — Les immeubles
acquis de nos ascendans à titre onéreux nous sont acquêts, quoique
l'acquisition soit qualifiée donation,
id. p. 14. — Donation faite par un
ascendant à la charge de payer ses
dettes, *id.* p. 15-16. — *Quid,* si un
père donne à son fils un héritage à
la place d'une somme promise en
dot, *id.* p. 16-17. — Donation faite
à un héritier présomptif en ligne
ascendante ou collatérale, fait-elle
des propres, *id.* p. 17. — *Quid,* s'il
est dit que la donation est faite en
avancement de succession, *id.* p. 18.
— Ou pour être propre au donataire, *id.* p. *id.*

Donation donne lieu au rachat,
t. XIX, p. 408. — Exceptions faites
dans la coutume d'Orléans, *id.* p.
id. — 1.° Donation pour Dieu,
id. p. *id.* — 2.° Donation faite aux
enfans, *id.* p. 408-409. — 3.° Donation faite aux ascendans, *id.* p.
410. — *Quid,* dans la coutume de
Paris, *id.* p. 410-411. — Donation
faite par un bâtard à sa mère, *id.*
p. 411.

Donation rémunératoire ne donne
pas lieu au retrait, t. XIX, p. 505.
— *Secus,* si les services sont appréciables à prix d'argent, *id.* p. 505-
506. — Donation onéreuse ne donne
pas lieu au retrait lorsque les charges
ne sont pas appréciables à prix
d'argent, *id.* p. 507. — *Quid,* de
la vente à rente viagère, *id.* p. 508.

Donations testamentaires. Ce que
c'est, t. XXII, p. 89. (*V.* TESTA-
MENT.)

Donataires et autres successeurs
universels, qui sont-ils, t. XXI,
p. 427. — Sont tenus des dettes,

id. p. 428. — Donataire universel des biens présens, tenu des dettes contractées lors de la donation, *id.* p. 429. — Donataire des biens que le donateur laissera à son décès, *id.* p. *id.* — Donataires et légataires universels, et autres successeurs universels tenus des dettes seulement, jusqu'à concurrence des biens, *id.* p. 429-430. — Pour quelle part les donataires et légataires universels, ou autres successeurs universels, sont-ils tenus de contribuer aux dettes, *id.* p. 440.

Donation entre époux, défendues par le droit romain. Motifs de ce droit, t. XIV, p. 1-2. — Les testamentaires étoient permises, *id.* p. 2. — Par la constitution d'Antonin, celles entre-vifs étoient confirmées par le prédécédé du donataire qui ne les avoit pas révoquées, *id.* p. *id.* — L'ordonnance de 1731 a-t-elle dérogé à cette constitution dans les provinces régies par le droit écrit, *id.* p. 4-5. — Variété des coutumes sur la permission ou la défense des donations entre mari et femme, tant entre-vifs que testamentaires, *id.* p. 6-13. — Quelle est la coutume qui doit servir de règle, *id.* p. 14-26. — Les donations testamentaires sont-elles permises dans les coutumes qui ne s'en sont pas expliquées, *id.* p. 8-9. — Les restrictions que certaines coutumes apportent à la permission qu'elles font des donations entre-vifs, entre mari et femme, s'étendent-elles aux testamentaires, *id.* p. 11-12. — On ne peut, par contrat de mariage, déroger ni formellement, ni indirectement, aux lois qui défendent les donations entre mari et femme, *id.* p. 20-22. — Peut-on déroger aux coutumes qui les permettent, *id.* p. 23. — Homme et femme dont le mariage est nul, sont-ils compris sous la prohibition de la loi, *id.* p. 27. — Quelles espèces de donations et avantages sont défendus entre conjoints, *id.* p. 39-41. (*V.* PAIE-MENS, REMISES, FRUITS, AC-TION DE REVENDICATION, A-VANTAGES INDIRECTS.) Principes du droit romain, qu'il n'y

a de donations prohibées entre mari et femme que celles par lesquelles le donataire est enrichi par la donation des biens du donateur, *id.* p. 36-37. — Donation faite par l'un des conjoints à l'autre pour le dédommager d'une perte qu'il a soufferte, est-elle prohibée, *id.* p. 37. — Consentement donné par l'héritier présomptif du donateur à la donation faite à un conjoint par mariage, la rend-elle valable, *id.* p. 37-38. — Conseil donné à un ami de faire plutôt à sa femme qu'à lui le legs qu'il se proposoit de lui faire, n'est pas un avantage, *id.* p. 74. — Si un homme a vendu un de ses propres en rentes viagères sur sa tête et sur celle de sa femme, sa femme pourra-t-elle en jouir après sa mort, t. V, p. 182.

Donations. Donnent-elles lieu au retrait, t. IV, p. 75-78.

Donations mutuelles. Donnent-elles lieu au retrait, t. IV, p. 79.

Donations rémunératoires et onéreuses, t. IV, p. 56-57, 79-80.

DONNEURS à la grosse. (*Voy.* PRÊTEURS, GROSSE.)

Donneurs de valeurs. Ce que c'est, t. V, 213. — Obligation qu'il contracte de fournir la valeur, *id.* p. 255-256. — D'aller à l'échéance recevoir ou protester, *id.* p. 257. — Ne s'oblige de faire accepter, *id.* p. *id.*

DOT. Dots des enfans de chacun des associés peuvent-elles se prendre sur la masse de la société *universorum bonorum*, t. VII, p. 178-179.

Dot. Les pères et mères en dotant un enfant peuvent-ils convenir que le survivant jouira, sa vie durant, de la part des meubles et conquêts du prédécédé. (*V.* CONVENTION.)

Dotaux. Biens dotaux, ce que c'est, t. X, p. 519.

Dot. Quand les fruits d'un héritage sont-ils censés être le principal de la dot, t. XI, p. 264-267. — Le mari est censé fournir la dot, tant pour lui que pour sa femme, en qualité de commune, sans avoir besoin de son consentement, t. XII, p. 421-422, 168. — Dot des enfans communs n'est qu'une dette natu-

rello de l'un et de l'autre des conjoints, t. XI, p. 432-433; t. XII,
p. 162-163. — L'enfant n'a point
d'action contre ses père et mère, *id.*
p. 164. — Différence à cet égard
entre le droit romain et le nôtre, *id.*
p. 165. — Cette obligation naturelle
n'est pas une dette de leur communauté, elle est une dette propre
à chacun d'eux, *id.* p. 163-164. —
Lorsque les père et mère ont doté
conjointement un enfant commun,
ils sont censés l'avoir fait pour
moitié, lorsque la part de chacun
n'est pas exprimée, *id.* p. 168. —
Différens cas dans lesquels un enfant
commun a été doté pendant le mariage, et récompense due à la communauté dans le cas où les fonds en
ont été tirés, *id.* p. 167.

DROITS SUCCESSIFS. (*Voyez*
HÉRÉDITÉ.)

Droits utiles, ou Profits de fiefs.
(*Voy.* PROFITS.)

Droits de Justice. Donnent-ils
lieu au retrait, t. IV, p. 26.

Droits personnels AD REM. Quand
sont-ils sujets à retrait, t. IV, p.
26-27.

Droits réels vendus, sujets à retrait, t. IV, p. 24-25.

Droits réels accordés par l'acheteur.
S'éteignent par le retrait, t. IV,
p. 288. — Quels recours a celui à
qui ils avoient été accordés, *id.* p.
291.

Droits successifs. Quand donnent-
ils lieu au retrait, t. IV, p. 30.

Droits de Congé, de visite, de
rapport, t. IX, p. 299.

Droits honorifiques. Le mari a
l'exercice de tous ceux attachés aux
propres de sa femme, t. X, p.
713-714.

*Droits qu'on a par rapport à un
héritage*, sont biens-immeubles, t.
XI, p. 59-60. — Où dans un héritage, dans un territoire, *id.* p. 60-
61. — Droits d'un locataire ou fermier, est meuble, *id.* p. 63. (*Voyez*
CRÉANCE PERSONNELLE.)

DOUAIRE, t. XVII, p. 183. —
Quand se contracte l'obligation du
douaire, *id.* p. 184. — Quand est-
il ouvert, *id. id.* — Quand la
veuve en est-elle saisie, *id.* p. 210.

— Pour quelles causes en est-elle
privée, *id.* p. 208. — Douaire conventionnel, sa nature, et en quoi
il consiste, *id.* p. 185. — S'il exclut
le coutumier, *id.* p. 211. — Douaire
coutumier. En quoi consiste-t-il, et
quelles choses y sont sujettes, *id.*
p. 187, 194, 210-211. — Quand
cessent-elles ou non d'y être sujettes,
id. p. 194-199. — Biens substitués,
quand sont-ils sujets au douaire, *id.*
p. 195-197. — Douaire subsidiaire,
à défaut de propres, *id.* p. 513-514.
— En quoi consiste l'usufruit de la
douairière sur les choses sujettes au
douaire, *id.* p. 200-202. — Comment doit-elle jouir, *id.* p. 203. —
Si elle est tenue de l'entretien des
baux, *id.* p. 200-201. — Doit-elle
rembourser les impenses faites par
son mari pour labours et semences,
et doit-on rembourser à sa succession celles qu'elle a faites, *id.* p.
203-204. — Des charges foncières
dont elle est tenue, *id.* p. 205-214.
— Des dettes dont elle est tenue,
id. p. 205-206. — Quand finit son
usufruit, *id.* p. 209. — De l'action
de la douairière contre les tiers détenteurs, *id.* p. 207.

Douaire de la femme. Ce que c'est,
t. XIII, p. 1. — Son origine, *id.* p.
5. — Deux espèces, *id.* p. 2. — La
femme peut-elle y renoncer par son
contrat de mariage, *id.* p. 2-3. —
Cette renonciation doit être expresse,
id. p. 3. — Le douaire n'est pas
une donation, *id.* p. 7-8, 130. —
Y a-t-il lieu au douaire quand le
mariage n'a pas les effets civils, *id.*
p. 10. — Comment se contracte
l'obligation du douaire, *id.* p. 130-
131. — L'homme contracte cette
obligation dès l'instant de la bénédiction nuptiale, *id.* p. 130-133. —
Cela a lieu, même dans les Coutumes qui assignent le douaire sur
les héritages que le mari laissera à
son décès, *id.* p. 135. — Quelques
Coutumes requièrent que la femme
ait couché ou soit présumée avoir
couché avec son mari, *id.* p. 132-
133. — Quelle Coutume doit-on
suivre à cet égard, *id.* p. 133-134.
— Le douaire est ouvert par la mort
naturelle du mari, arrivée du vivant

de la femme, *id.* p. 137. — La mort civile du mari y donne-t-elle ouverture, *id.* p. 138. — Cas auxquels quelques Coutumes accordent une provision de douaire avant l'ouverture par la mort naturelle, *id.* p. 139. — *Quid*, de la longue absence, *id.* p. 140. — Dans la Coutume de Paris et dans la plupart des Coutumes, la femme est saisie de plein droit de son douaire, tant préfix que coutumier, par la mort du mari, *id.* p. 141. — Exception à l'égard des héritages qui ne se trouvent plus dans la succession du mari, *id.* p. 145. — Quelques Coutumes apportent certaines conditions pour que la femme soit censée avoir été saisie de plein droit, *id.* p. *id.* — La femme est-elle saisie de plein droit, même dans le cas où on lui a donné le choix du préfix ou du coutumier, *id.* p. 145-146. — Coutumes où la douairière n'est saisie que du jour de sa demande, *id.* p. 146. — Coutumes qui distinguent à cet égard entre le douaire coutumier et le préfix, *id.* p. *id.* — Quelle est à cet égard la Coutume d'Orléans, *id.* p. 147-148. — Quelle Coutume doit régler, si la femme est saisie de plein droit, ou non, du douaire coutumier, *id.* p. 149 et suiv. — Du conventionnel, *id.* p. 151 et suiv. — Quand la femme a-t-elle exécution pour le paiement de son douaire, *id.* p. 174-175. — En quoi consiste l'usufruit de la douairière. (*Voy.* USUFRUIT.) — Peut-elle le vendre ou l'affermer, *id.* p. 175-176. — Comment s'éteint-il. (*Voyez* USUFRUIT.) — La femme est privée de son douaire pour cause d'adultère, *id.* p. 240. — Lorsqu'elle a abandonné son mari jusqu'à sa mort, quoique sommée de revenir, *id.* p. 242. — Pour débauche, même pour simple fornication pendant l'année du deuil, *id.* p. 243. — Pour crime de supposition de part, *id.* p. *id.* — En Bretagne, la femme qui se remarie à son domestique, perd son douaire, *id.* p. 244. — Femme qui n'a pas poursuivi la vengeance de la mort de son mari, à quelle peine est-elle

sujette, *id.* p. *id.* — Dans quelques Coutumes la femme est privée de son douaire lorsqu'elle mésuse des héritages dont elle jouissoit, ou de quelques-uns d'iceux, et lorsqu'elle en a vendu quelque partie *id.* p. 244-245. — Quelle est la peine dans celles qui ne s'en sont pas expliquées, *id.* p. 245-246. — Le convol à un autre mariage ne fait pas perdre le douaire, *id.* p. 246. — Comment s'entend la disposition de quelques Coutumes, qui portent que la femme ne peut avoir don et douaire, *id.* p. 246-247. — Dans ces Coutumes, la femme ne peut avoir l'un et l'autre, mais seulement le choix, *id.* p. 247. — Cela a lieu, quand même le douaire auroit été constitué par un autre que le mari, et le don fait par le mari, *id.* p. 248. — Cette disposition est un statut réel, *id.* p. 248-249.
Douaire Coutumier de la femme. Variété des Coutumes sur ce point. En quoi il consiste, t. XIII, p. 13-20. — Dans la Coutume de Paris et la plupart des Coutumes, le douaire est la moitié en usufruit des héritages que le mari tient et possède au temps des épousailles, *id.* p. 20-21. — Sous ce terme, *héritages*, les rentes constituées sont comprises dans les Coutumes qui les réputent immeubles, *id.* p. 21. — Les offices y sont compris subsidiairement, *id.* p. 22. — Droit d'usufruit ou de rente viagère qu'a le mari sur la tête d'un tiers, y est compris, et comment, *id.* p. 22-23. — Les propres conventionnels n'y sont pas compris, *id.* p. 24. — Ni les propres ameublis, même au cas de renonciation à la communauté, *id.* p. 24-25. — Ce que la Coutume entend par ces termes, tient et possède au temps des épousailles, *id.* p. 25. — Il suffit, pour cela, que la cause immédiate qui a rendu le mari propriétaire de l'héritage, remonte au temps des épousailles, ou plus avant, quoiqu'il n'en soit devenu effectivement propriétaire que depuis le mariage, *id.* p. 27. — *Secùs*, si ce n'étoit qu'une cause éloignée, *id.* p. 31-32. (*Voy.* LICITATION,

DOUAIRE.) — Héritages que le mari avoit au temps du contrat de mariage, et qu'il a aliénés avant la célébration du mariage, quand sont-ils sujets au douaire, *id.* p. 34. — Le douaire coutumier consiste dans l'usufruit de la moitié des héritages qui adviennent au mari en ligne directe; quel est le sens de ces termes, *id.* p. 35-36. — Exception pour le cas auquel les successions entrent en communauté par disposition du contrat de mariage, *id.* p. 37. — La femme peut-elle prétendre douaire dans les héritages des successions des père et mère du mari, qui ont consenti au mariage, lorsqu'elles n'ont été ouvertes que depuis la mort du mari, *id.* p. 38-39. — Héritages, quoique chargés de substitution, sujets au douaire en cas d'insuffisance des biens libres, *id.* p. 53-54. (*V.* SUBSTITUTION, DOUAIRE.) — Ce qui est uni par une union réelle à un héritier sujet au douaire, y est pareillement sujet, *id.* p. 61. — *Secùs,* si l'union n'est qu'une union civile, ou de simple destination, *id.* p. 62. — Ce qui en reste y est sujet, *id.* p. 63. — Ce qui est subrogé, *id.* p. 64-65. — Douaire sur douaire n'a lieu, *id.* p. 43-44. — Suivant cette règle, pour régler le douaire coutumier d'un second ou ultérieur mariage, il faut, de la masse des héritages sur lesquels il est à prendre, distraire ce qui se trouve affecté au douaire des précédens mariages, *id.* p. 43. — Quand même depuis le second mariage les héritages du mari seroient libérés du douaire du premier, celui du second n'en seroit point augmenté, *id.* p. *id.* — Y a-t-il lieu à la règle, *douaire sur douaire n'a lieu,* lorsque le contrat du premier mariage porte exclusion de douaire, *id.* p. 44-45. — *Quid* du cas auquel le douaire du premier mariage est un douaire préfix, moindre que le coutumier, *id.* p. 45. — *Quid,* s'il est plus fort, *id.* p. 46-47. — La règle, *douaire sur douaire n'a lieu,* ne s'applique qu'à ceux qu'un homme a constitués pour ses différens mariages, et non au douaire de sa mère, dont ses héritages seroient grevés, *id.* p. 47. — Cette règle n'a lieu que dans les Coutumes qui donnent un douaire aux enfans, *id.* p. 47-48. — L'héritage que le mari a aliéné ne laisse pas d'être sujet au douaire lorsque l'aliénation a été volontaire, sans que le décret ni la prescription le puissent purger, *id.* p. 73. — Tempérament, *id.* p. 75. — Lorsque l'aliénation a été forcée, le douaire est transféré sur ce que le mari a reçu à la place (*Voyez* SAISIE RÉELLE.) — Lorsque les héritages que le mari, au temps des épousailles, avoit en commun avec d'autres, passent à d'autres par le partage ou la licitation, la femme ne peut y prétendre douaire, lequel est transféré sur ce qui est advenu au mari par le partage ou la succession, *id.* p. 79-80. — L'héritage que le mari a rapporté à la succession du donateur, cesse d'être sujet au douaire, ne s'étant pas trouvé dans la succession de quoi égaler ses co-héritiers en autres héritages, *id.* p. 82-83. — *Secùs,* dans le cas où le mari auroit pu retenir l'héritage en moins prenant, *id.* p. 83. — Lorsque le droit du mari sur une chose sujette au douaire, s'éteint et se résout *ex causa antiqua et necessaria,* le douaire sur cette chose s'éteint pareillement. *Secùs,* si c'est *ex causa novâ,* et par le fait du mari, *id.* p. 67 et suiv. — Lorsque cette résolution ne se fait que pour l'avenir, si le mari a reçu quelque chose à la place, le douaire de la femme est transféré sur ce qu'il a reçu. *Secùs,* lorsque le droit du mari est rescindé pour le passé, *id.* p. 69 et suiv. — Les charges du douaire coutumier sont, 1.° toutes les charges usufruitières des héritages dont la douairière jouit; sur quoi. *Voy.* USUFRUIT; 2.° de payer pour sa part les arrérages des rentes que le mari devoit au temps des épousailles, qui courront pendant tout le temps que le douaire durera, *id.* p. 48 et suiv. — Le douairier n'est tenu des dettes mobilières, quoiqu'antérieures au mariage, *id.*

p. 51. — N'est tenu d'aucune dette contractée depuis le mariage, même des rentes, *id.* p. 51. — Ni de celles que le mari a constituées dans le temps intermédiaire du contrat et des épousailles, *id.* p. 52-53. — La douairière doit contribuer aux dettes des successions échues à son mari, pour la part dont elle jouit dans les héritages desdites successions, *id.* p. 53.

Douaire subsidiaire que la Coutume d'Orléans accorde à défaut de propre sur les conquêts, t. XIII, p. 83-84. — Deux choses requises pour ce douaire : 1.° qu'il n'y ait aucune convention de douaire, *id.* p. 84-85 ; 2°. qu'il n'y ait point de propres de communauté sur lesquels la femme puisse avoir le douaire ordinaire effectif, *id.* p. 85-86. — Pour exclure le douaire subsidiaire, suffit-il qu'il n'y ait pas de propres sous la coutume d'Orléans, lorsqu'il s'en trouve sous d'autres Coutumes, *id.* p. 92-94. — La coutume accorde ce douaire, non-seulement sur les conquêts, mais sur tout les immeubles du mari qui ne sont pas susceptibles du douaire ordinaire, *id.* p. 94-98. — Trois différences entre le douaire subsidiaire et le douaire ordinaire, *id.* p. 98-99. — Douaire subsidiaire sur les meubles, *id.* p. 99-101. — Différentes dispositions de quelques Coutumes pour un douaire subsidiaire, *id.* p. 101-102.

Douaire préfix ou conventionnel de la femme. Est présumé constitué en usufruit, même dans le cas auquel on est convenu, pour douaire, d'une somme une fois payée, t. XIII, p. 102-104. — Quelques Coutumes décident le contraire, *id.* p. 104-105. — Doit-on suivre à cet égard celle du domicile que le mari avoit au temps des épousailles, ou celle de celui de la femme, *id.* p. 105-106. — La coutume de Paris et la plupart des autres ne bornent pas la quantité du douaire conventionnel, *id.* p. 107. — Plusieurs ne permettent pas qu'il excède le coutumier, *id.* p. *id.* — On doit suivre à cet égard la Coutume du lieu où les biens du mari sont situés, *id.* p. 107-109. — A l'égard des choses qui n'ont pas de situation, telles que sont les rentes et les meubles, on doit suivre la Coutume du domicile que le mari avoit au temps des épousailles, *id.* p. 109-110. — A moins que le douaire ne fût constitué en une part des biens que le mari laisserait à son décès ; auquel cas c'est à la Coutume du domicile qu'avoit le mari au temps de son décès, *id.* p. 111-113 — Lorsque le douaire a été constitué dans un corps certain, régi par une Coutume qui réduit le douaire, la douairière qui a souffert réduction n'en peut demander récompense sur les autres biens de la succession qui se trouvent sous d'autres Coutumes, *id.* p. 113-114. — Lorsque le douaire conventionnel consiste dans une somme d'argent ou dans une rente dont le mari est constitué débiteur, l'héritier, en retenant ce que les Coutumes qui réduisent le douaire lui permettent de retenir, doit abandonner la propriété des biens régis par d'autres Coutumes qui ne bornent pas le douaire, *id.* p. 114. — Dans les Coutumes qui ne permettent pas que le douaire conventionnel excède le coutumier, si le mari n'a aucuns immeubles sur lesquels la femme puisse avoir un douaire coutumier, peut-elle avoir un douaire conventionnel, *id.* p. 116-118. — Par qui la réduction du douaire conventionnel ou coutumier peut-elle être demandée, *id.* p. 120. — Cette réduction a-t-elle lieu lorsque le douaire a été constitué par un autre que par le mari, *id.* p. 119-120. — Dans la coutume de Paris et dans la plupart des Coutumes, lorsqu'il y a un douaire conventionnel, la femme ne peut avoir le douaire coutumier : d'autres Coutumes lui en laissent le choix, *id.* p. 120-122. — On doit suivre à cet égard la Coutume qui régit les immeubles sujets au douaire coutumier, *id.* p. 122. — Ventilation à faire quand il y en a dans différentes Coutumes, *id.* p. 123. — A l'égard des rentes que le mari avoit au temps des épousailles, on a égard à la Coutume du domicile qu'il avoit en ce temps, quoiqu'il en ait depuis changé, *id.* p. 124-

125. — A l'égard de celles qui lui sont venues pendant le mariage en ligne directe, on a égard à la Coutume du domicile qu'il avoit lorsque la succession lui est échue, *id.* p. 125. — Lorsqu'il est porté par le contrat de mariage que la future épouse aura pour douaire telle chose ou le douaire coutumier, est-ce à elle ou à l'héritier du mari que le choix appartient, *id.* p. 125-127. — Quel temps a la douairière pour faire son choix, *id.* p. 127-128. — Est-elle restituable contre le choix qu'elle a fait en minorité, *id.* p. 128-129. — *Quid*, lorsqu'elle meurt avant que de l'avoir fait, *id.* p. 129-130.

Douaire des Enfans. Variété des Coutumes sur le douaire des enfans, t. XIII, p. 268-269. — Ce que c'est, *id.* p. 270. — Le douaire des enfans et celui de la femme est un même douaire, dont les enfans ont la propriété, et la femme l'usufruit, *id.* p. *id.* — Ce douaire n'est pas une donation dans les Coutumes qui l'admettent. *Secùs*, dans celles qui ne l'admettent pas, *id.* p. 271-272. — Ce douaire est une espèce de légitime, il en diffère néanmoins en plusieurs points, *id.* p. 272-273 — Il peut être exclu par le contrat de mariage, *id.* p. 274. — La clause que la femme n'aura pas de douaire suffit pour exclure le douaire des enfans, *id.* p. *id.* — La donation universelle faite à la femme ne l'exclut pas, *id.* p. *id.* — Ni celle que le douaire de la femme sera *sans retour*, ou en propriété, *id.* p. 274-275. — Sens de cette clause, *id.* p. 275-276. — Enfans ne peuvent être douairiers et héritiers, *id.* p. 271-276. — Quelles choses sont sujettes au douaire coutumier des enfans, *id.* p. 276. — Héritages vendus à l'homme des successions de ses père et mère depuis la mort de la femme, n'y sont sujets, *id.* p. 277-279. — Lorsque la femme a le douaire coutumier, c'est par les coutumes où sont situés les héritages sujets au douaire coutumier de la femme, qu'on doit décider si les enfans y ont douaire, *id.* p. 281-282. — A l'égard des rentes constituées qui n'ont pas de

situation, et que le mari avoit au temps des épousailles, c'est par la coutume du domicile qu'il avoit alors, qu'on doit décider si les enfans y ont douaire; c'est par celle du domicile qu'avoit le mari lors de l'échéance de la succession, *id.* p. 282-283. — Charges du douaire coutumier des enfans, *id.* p. 285-286. — Le douaire préfix des enfans, en quoi consiste-t-il. Trois cas, *id.* p. 287. — Dans les Coutumes où le douaire est propre aux enfans, lorsqu'on a assigné par le contrat à la femme une rente viagère de tant, le douaire préfix des enfans consiste dans la propriété de cette rente qui est perpétuelle vis-à-vis d'eux, *id.* p. 289-290. — Est-elle rachetable, même du vivant de la douairière, *id.* p. 290-291. — A quel taux, *id.* p. 291-292. — C'est le contrat de mariage, lorsque les parties ne s'en sont pas expliquées, soit spécialement, soit généralement, en se soumettant à une certaine Coutume, qui décide si le douaire préfix de la femme est propre aux enfans ou non, *id.* p. 292-293. — Lorsque les parties ne s'en sont pas expliquées, c'est la Coutume du domicile qu'avoit le mari au temps des épousailles, *id.* p. 294. — On n'a pas d'égard à celles des lieux où sont situés les héritages, dont on a accordé à la femme la jouissance pour son douaire, *id.* p. 295-296. — Ni à celle du lieu où le mari a transféré son domicile, et qu'il avoit à sa mort, *id.* p. 296-297. — Lorsque par le contrat de mariage de gens soumis à une Coutume où le douaire est propre aux enfans, on a donné à la femme pour douaire le choix du douaire de certaines choses, ou du douaire coutumier, le douaire est propre aux enfans, quoiqu'elle ait choisi le coutumier, sans aucun égard au lieu de la situation des héritages sur lesquels il est à prendre, *id.* p. 297-298. — *Secùs*, lorsque la douairière a ce choix par la Coutume, *id.* p. 298-299. — Lorsque la femme, qui avoit le choix de deux choses pour son douaire, est prédécédée ou morte sans faire le choix, ce choix passe aux enfans,

id. p. 300-301. — *Quid*, s'ils ne s'accordent, *id.* p. 301. — *Quid*, si l'enfant qui avoit le choix est mort après l'ouverture du douaire, *id.* p. 301-302. — Enfans ; quand le douaire des enfans est-il ouvert, *id.* p. 303. — Comment sont-ils saisis de leur douaire, *id.* p. 302-310. — Il n'est pas besoin que l'enfant qui a survécu son père ait pris qualité pour qu'il transmette son douaire, *id.* p. 306-307.

DOUAIRIÈRE. Est-elle chargée de l'entretien des baux, t. VI, p. 206.

DOUBLE LIEN, t. XVIII, p. 121-125.

Double lien. Ce que c'est, t. XXI p. 200. — Ce que c'est que la parenté du simple lien, *id.* p. *id.* — Quelle loi a établi la prérogative du double lien, *id.* p. 201. — Variété des coutumes à ce sujet, *id.* p. 201-202. — Si cette prérogative a lieu dans les coutumes qui ne s'en sont pas expliquées, *id.* p. 202 — En faveur de quels parens a-t-elle lieu par la Novelle, et dans les Coutumes qui s'y sont conformées, *id.* p. 205. — Dans les Coutumes qui ont exprimé les parens, cette prérogative peut-elle être étendue à d'autres, *id.* p. 207. — *Quid*, si ces Coutumes admettent la représentation, *id.* p. 208. — Quels parens sont censés compris dans les Coutumes qui accordent cette prérogative du double lien, *id.* p. 209. — Cette prérogative s'exerce sur les parens d'un seul côté qui sont en égal degré, *id.* p. 211. — A quels parens et sur quels parens la Coutume d'Orléans l'accorde-t-elle, *id* p. 212. — Dans cette Coutume les neveux ou nièces du double lien doivent-ils exclure les frères et sœurs du simple lien, *id.* p. 212-213. — Qui doit être préféré d'un oncle du double lien, ou d'un frère ou une sœur du simple lien, *id.* p. 213. — Pour quelles espèces de biens cette prérogative a lieu, *id.* p. 214. — A-t-elle lieu dans la succession des propres qui ne sont affectés à aucune ligne, *id.* p. 215-216.

E.

ECHALAS. Dans quels cas sont-ils censés placés à perpétuelle demeure, t. XXIII, p. 3-6.

ECHANGE. A quels profits et droits l'échange donne-t-il lieu, t. XVI, p. 329, 330, 414-415. Donne-t-il lieu au retrait, t. XVIII, p. 220.

Echange. Ce que c'est, t. III, p. 467. — Il diffère de la donation mutuelle, *id.* p. 467-468. — Il est différent du contrat de vente, quoiqu'il lui ressemble, *id.* p. 468. — Par le droit romain l'échange étoit un contrat réel ; la simple convention d'échange ne produisoit pas d'obligation civile ; elle ne devenoit contrat que lorsqu'elle avoit été exercée par l'une des parties. Dans notre droit, la simple convention d'échange oblige l'une et l'autre partie par leur seul consentement, *id.* p. 468-469. — Dans le contrat d'échange chacun des contractans s'oblige précisément à transférer à l'autre la propriété de la chose qu'il donne en échange, en quoi il diffère du contrat de vente, les deux contractans étant tout à la fois vendeurs et acheteurs, *id.* p. 470-471. Au surplus chacun des contractans contracte les mêmes obligations qu'un vendeur, et il en naît les mêmes actions, *id.* p. 471. — Après l'échange parfait par le seul consentement des parties, quoiqu'il n'ait pas été encore exécuté, chacune des choses est aux risques de celui à qui elle a été promise, *id.* p. 472. — En échange de meubles contre meubles, ou de meubles contre un immeuble, celui qui a donné des meubles en échange n'est pas restituable pour cause de lésion, mais celui qui a donné l'immeuble l'est comme en cas de vente, *id.* p. 472-473. — L'échange donne-t-il lieu aux droits seigneuriaux et au retrait, *id.* p. 473. — La chose que je reçois en échange, reçoit les

qualités intrinsèques qu'avoit celle que j'ai donnée, lorsqu'elle en est susceptible; id. p. 474. —Secùs, des qualités extrinsèques, et des charges. id. p. 474-475.

Echange de choses mobilières donne-t-il lieu au retrait, t. IV, p. 53. —Exception de Dumoulin, id. p. 54.

Echange contre une rente constituée donne-t-il lieu au retrait, t. IV, p. 59.

Echange d'héritage contre héritage sans soulte, donne-t-il lieu au retait; t. IV, p. 63. — Avec soulte, donne-t-il lieu au retrait, id. p. id. — Y donne-t-il lieu pour le total ou au prorata de la soulte, id. p. 66-67. — Les deux héritages y sont-ils sujets, id. p. 69-71.

Echange simulé ou frauduleux, t. IV, p. 71. — Le lignager est-il admis à déférer le serment, id. p. 72. —Cas où la fraude se présume, id. p. 72-73.

Echange fait avec la clause de pouvoir racheter l'héritage donné en contre-échange, t. IV, p. 73-74.

Echange. Héritage que j'ai acquis en échange avec mon propre, et pour lequel j'ai payé un retour en deniers, est-il propre pour le total ou au prorata, t. XI, p. 76-78.

Echange, est un contrat qui n'est point équipollent à vente, et qui ne produit point profit de quint au seigneur; mais, suivant les édits, il en produit au roi ou aux seigneurs qui ont payé finance au roi, t. XIX, p. 274. — Si l'échange qui se fait d'un fief contre une rente constituée, doit profit, id. p. 274-275. —L'échange de droit commun donne lieu au rachat, id. p. 432. — Excepté lorsque les héritages échangés sont sous une même tenure féodale. id. p. 432-433. — Echange d'un fief contre des choses mobilières donne lieu au retrait féodal, id. p. 501. — L'échange d'un fief contre un autre héritage, ou contre un autre immeuble incorporel, comme des rentes, ne donnent pas lieu au retrait, id. p. 502.

ECHELLES, faire échelles, t. IX, p. 365-366.

ECCLESIASTIQUES, leurs priviléges, t. XVI, p. 18.

Ecclésiastiques. Tout négoce leur est défendu, t. V, p. 217-218.

Ecclésiastiques. Peuvent-ils assurer ou faire assurer, t. IX, p. 317-318.

Ecclésiastiques, composent le premier ordre du royaume, t. XXIII, p. 211.—Exemptions réelles personnelles qui leur sont accordées, id. p. id. — Exemptions personnelles des ecclésiastiques, id. p. 212-213. —Exemption de la juridiction, id. p. 215. — Exemption des charges. id. p. 216. —Quels sont les clercs qui jouissent de ces priviléges, id. p. 217.

Ecritures privées (Voy. ACTES SOUS SIGNATURES PRIVÉES, JOURNAUX, LIVRES DE MARCHANDS, PAPIERS, CÉDULES, FEUILLES VOLANTES, QUITTANCES, POSCRIPTUM.)

EDIFICES. Appartient, par droit d'accession, au propriétaire du terrain sur lesquels ils sont bâtis, t. XIV, p. 407-408.

EDIT DES SECONDES NOCES, t. XVII, p. 134. — Premier chef de l'édit. Quels avantages sont sujets à la réduction de ce premier chef, id. p. 99-101. — En quel cas, id. p. 102. — Effet de cette réduction, id. p. 103. (Voy. DONATIONS.)—Second chef, id. p. 108. — Quelles choses comprend-il, id. p. 109.—Effet du second chef, id. p. 111—Extensions que la coutume a donné au second chef, id. p. 115, (Voy. CONQUÊTS.)

Edit des secondes noces. Préambule de l'édit, t. X, p. 508-509. — Premier chef de l'édit. Dispositif de ce premier chef, id. p. 510. — Loi hac edictali, d'où elle est tirée, id. p. 510-511. — Quelles sont les personnes auxquelles la défense est faite par le premier chef de l'édit, id. p. 512. — L'édit est-il censé avoir fait la même défense aux hommes qui, ayant des enfans d'un précédent mariage, convolent à un autre, id. p. 513-514. — Lorsqu'une femme a convolé plusieurs fois, le premier chef de l'édit ne lui permet pas de donner plus d'une part d'enfant à

tous ses subséquens maris ensemble, *id.* p. 155. Le premier chef de l'édit, en défendant de donner plus d'une part d'enfant au second mari, comprend aussi expressément dans sa défense les père et mère du second mari, et les enfans qu'il a d'un précédent mariage, *id.* p. 516.—A l'égard de leurs enfans communs, nés et à naître de leur mariage, ils ne sont pas compris dans la défense, *id.* p. 517. — Les père et mère et enfans d'un précédent mariage du second mari, ne sont personnes prohibées que tant qu'il vit, *id.* p. 517-518. — Enfin, l'édit comprend dans sa défense toutes les personnes qui pourroient paroître interposées pour faire passer le don au second mari, *id.* p. 518-519. — Les donations, de quelqu'espèce qu'elles soient, sont sujettes au retranchement du premier chef de l'édit, *id.* p. 519. — Les rémunératoires, *id.* p. 519-520. — Les onéreuses, *id.* p. 520-521. — Les mutuelles, *id.* p. 521-523. Donation faite par une veuve à un homme qu'elle ne paroissoit pas avoir en vue d'épouser, et qu'elle a épousé par la suite, *id.* p. 524. — Avantages résultans des conventions matrimoniales, sont pareillement sujets au retranchement de l'édit, *id.* p. 524-526 — Inégalité d'apport et défaut de réserve de propre, *id.* p. 526-529. — Si le mari avoit une profession lucrative, pourroit-il opposer aux enfans de la veuve qu'il a apporté autant et plus qu'elle à la communauté, *id.* p. 530-532. — Défaut de réserve de succession mobilière, n'est réputé avantage, *id.* p. 532-533. — Convention par laquelle on fait entrer en communauté les immeubles des successions, *id.* p. 534. — Peut être regardée comme avantage, *id.* p. 535. — Fixation de la part d'une seconde femme en la communauté, à une certaine somme, *id.* p. 535-536. — Douaire préfix, en tant qu'il excède le coutumier, *id.* p. 536-537. — Opinion singulière de Ricard, *id.* p. 537-538. — Pour qu'il y ait ouverture au retranchement du premier chef de l'édit, il faut 1.° que quelqu'enfant du premier ou autre précédent mariage ait survécu la femme ou l'homme qui a convolé; 2.° que ce qui a été donné excède la part de l'enfant le moins prenant, *id.* p. 539. — Ce qui peut être donné au second mari se règle sur la plus petite part qu'a droit d'avoir dans les biens de la succession un enfant qui a droit d'y venir; non sur une somme moindre dont cet enfant auroit bien voulu se contenter, ni sur ce qu'ont eu des enfans qui n'ont pas droit de venir à sa succession, *id.* p. 540-542. — Lorsque la succession se partage par souche, ce qui peut être donné au second mari se règle sur la part de l'une des souches la moins prenante; non sur ce qu'a un enfant dans la subdivision de la souche, *id.* p. 542-543. — Lorsqu'elle se partage entre plusieurs enfans d'une souche unique, la part du second mari se règle sur celle de l'un desdits enfans qui a la moindre part, *id.* p. 543-545. — Tous les enfans, ceux du second aussi bien que ceux du premier mariage, sont reçus à demander le retranchement, quand même ceux du premier n'useroient pas de leur droit, *id.* p. 545-546. — Il n'est pas nécessaire qu'ils soient héritiers de leur mère qui a fait la donation, *id.* p. 546-547. — Mais il faut qu'ils soient habiles à venir à la succession, *id.* p. 548-549. — L'approbation donnée par un enfant à la donation, ne le rend pas non-recevable, s'il ne l'a donnée que du vivant de la donatrice, *id.* p. 549-550. — Nature des actions qu'ont les enfans pour demander le retranchement, *id.* p. 550-553. — Opérations qu'il faut faire pour connoître si ce qui a été donné au second mari excède la part d'enfant, et s'il y a lieu en conséquence au retranchement. C'est au temps de la mort de la donatrice qu'on doit avoir égard s'il y a excès dans la donation, *id.* p. 553-560. — Du partage à faire des biens compris en la donation faite au second mari, lorsqu'elle s'est trouvée excessive, entre les enfans, pour la portion qui en doit être retranchée à leur profit, et le second

mari, pour la part qui lui en doit rester, *id*, p. 561 - 562. — Fruits de la portion retranchée sont dus aux enfans du jour de la mort, *id.* p. 562. — *Quid*, lorsque les biens donnés au second mari sont des meubles, *id.* p. 563-564. — La portion retranchée se partage entre tous les enfans, non à titre de succession, mais comme un bien qui lui est déféré par l'édit. Plusieurs corollaires. (*V.* LÉGITIME.) L'aîné y prend néanmoins son droit d'aînesse. Le second mari n'est pas admis à la partager avec eux, *id.* p. 567-570. (*V.* PART D'ENFANT.) — Second chef de l'édit. Le dispositif, *id.* p. 579. — Lois romaines d'où il est tiré, *id.* p. 580-581. - Quels sont les dons du premier mari sujets à la réserve du second chef. Douaire en propriété, sans distinction, s'il excède le coutumier, y est-il sujet, *id.* p. 582-583. — Préciput conventionnel, *id.* p. 583. — *Quid*, du préciput légal que quelques coutumes accordent aux nobles, *id.* p. 583-584. — L'avantage qui résulte d'une inégalité d'apport, *id.* p. 584. — Ce qui a été donné à une femme ou à un homme, quoiqu'en faveur de son premier mariage, par d'autres que par son premier mari, n'est sujet à la réserve, *id.* p. 586. — Ni les biens qu'elle a eu des successions des enfans de son mariage, *id.* p. 584-585. — Ni à titre de garde-noble, *id.* p. 585. — Ni la réparation civile qui lui a été adjugée contre le meurtrier de son mari, *id.* p. *id.* — Nature de la réserve du second chef de l'édit. C'est une espèce de substitution légale. La loi feint que le premier mari, par la donation qu'il a faite à la femme, l'a tacitement chargée de rendre, après sa mort à leurs enfans communs, les biens qu'il lui donnoit, en cas qu'elle convolât à un autre mariage. Corollaires qui suivent ce principe, *id.* p. 586-598. — Les immeubles sujets à la réserve sont-ils propres paternels ou maternels, *id.* p. 588. — S'imputent-ils sur la légitime qui leur est due dans les biens de leur mère, *id.*

p. 589. — La femme peut-elle aliéner par donation ou autrement, *id.* p. 589-590. — Dans quel cas les enfans sont-ils tenus à la garantie des biens aliénés par leur mère, *id.* p. 590-591. — *Quid*, lorsque ces avantages consistent en effets mobiliers, *id.* p. 591-592. — Cette substitution a lieu quand même le premier mari, par son testament ou par quelqu'autre acte, auroit déclaré qu'il remet à sa femme les peines de l'édit, *id.* p. 587. — Les enfans du second mariage, exclus par ceux du premier, des biens qui proviennent des dons du premier mari, ne peuvent pas pareillement prétendre exclure ceux du premier mariage des biens provenus des dons faits à leur mère, par le second mari, à moins qu'elle n'ait convolé à de troisièmes noces, *id.* p. 597-598. — Toutes ces dispositions s'appliquent également à l'homme, *id.* p. 598. — Quoiqu'il ne soit pas nécessaire que les enfans du premier mariage aient été les héritiers de leur père pour recueillir cette substitution, il faut au moins qu'ils aient eu droit de venir à sa succession, *id.* p. 598-599. — L'enfant justement exhérédé, quoique seulement par sa mère, n'est pas admis, *id.* p. 602. — Quand s'éteint cette substitution, *id.* p. 604.

Édit des secondes noces. Ce qu'une femme a recueilli du don mutuel de son premier mari, est sujet au second chef de l'édit des secondes noces, t. XIV, p. 260-261.

Édit des secondes noces. Disposition du premier chef, t. XXIII, p. 163. — Elle s'étend à l'homme qui se remarie, *id.* p. *id.* (*Voy.* RETRANCHEMENT.) — Effet de l'édit des secondes noces, *id.* p. 174. — L'action révocatoire qui en résulte a lieu tant contre le mari donataire, que contre les tiers détenteurs, *id.* p. 175. — Ce retranchement se fait sans aucune charge des servitudes ou hypothèques imposées par le donataire, *id.* p. *id.* — L'enfant a cette action, sans qu'il soit nécessaire qu'il accepte la succession de sa mère, *id.* p. 176. — Enfans peu-

vent-ils renoncer, du vivant de leur mère, au bénéfice de cet édit, *id.* p. 179-180. — Le peuvent-ils par le contrat du second mariage, *id.* p. 180-181. — Second chef de l'édit, *id.* p. 184. — Quelles choses y sont comprises, *id.* p. 185. — Le douaire d'une femme est-il sujet à cette réserve, *id.* p. 186-187. — L'inégalité d'apport est un véritable avantage, *id.* p. 187. — Les avantages que quelques coutumes accordent au survivant, n'y sont pas compris, *id.* p. 187. — Effet du second chef de l'édit, *id.* p. 189. — Les enfans recueillent ces biens, comme étant substitués par la loi à leur profit, *id.* p. 189-190. — Peuvent-ils évincer les tiers acquéreurs de ces biens, s'ils sont héritiers de leur mère, *id.* p. 190-191. — Les héritages donnés par un premier mari à la femme qui s'est remariée, sont-ils propres paternels ou maternels, en la personne des enfans du premier lit qui les recueillent, *id.* p. 192-193. — A quels enfans doivent être réservés les biens donnés à leur mère, *id.* p. 193. — Celui qui n'auroit pas été exhérédé par son père, mais par sa mère, pourroit-il y prendre part, *id.* p. 193-194. — Quelques cas où la disposition de l'édit doit cesser, *id.* p. 196. — Extension donnée par les coutumes de Paris et d'Orléans, à l'édit des secondes noces, par rapport aux conquêts du premier mariage, *id.* p. 197. — Le terme de conquêt comprend tant les meubles que les immeubles, *id.* p. 198-199. — Ce que la femme a apporté en communauté, est-il sujet à cette disposition, *id.* p. 199-200. — Différence que la coutume d'Orléans met entre le second mari et les étrangers, touchant la défense de disposer des conquêts, *id.* p. 201. — En quoi diffèrent les dispositions des coutumes de Paris et d'Orléans, touchant les conquêts, et le second chef de l'édit, *id.* p. 205. — Différence fondamentale, *id.* p. 206. — Différences qui en résultent, *id.* p. 206 et suiv. — Quand la disposition des coutumes à cet égard cesse d'avoir lieu, *id.* p. 209. — Elle s'é-

tend à l'homme qui se remarie, *id.* p. 209-210.

EGOUTS, t. XVII, p. 242.

EMANCIPATION, par lettres et par mariage, t. XVI, p. 469-474. — Autre espèce d'émancipation, *id.* p. 476-477.

EMPÊCHEMENS DE MARIAGE qui se rencontrent dans les personnes, t. X, p. 69. (*Voyez* ADULTÈRE, HONNÊTETÉ PUBLIQUE, IMPUISSANCE, PARENTÉ, RAPT, SÉDUCTION, MEURTRE, MARIAGE, ORDRES SACRÉS, RELIGION, AFFINITÉ, ALLIANCE SPIRITUELLE, PUBERTÉ, PROFESSION RELIGIEUSE.) — L'autorité séculière a le droit d'établir des empêchemens de mariage. (*Voyez* PUISSANCE SÉCULIÈRE.)

Empêchemens dirimans. T. X, p. 69.

Empêchemens qui ne sont que prohibitifs, t. X, p. 70. — Autres divisions des empêchemens dirimans, *id.* p. 71-72. (*Voyez* PARENTÉ, AFFINITÉ, PUBERTÉ, IMPUISSANCE, PROFESSION RELIGIEUSE, MARIAGE, RAISON, HONNÊTETÉ PUBLIQUE, RAPT, SÉDUCTION, RELIGION, ADULTÈRE, MEURTRE.)

EMPLOI. Effet de la clause par laquelle le vendeur s'oblige à faire emploi du prix, t. III, p. 208-209.

EMPRISONNEMENT. Effet qu'il produit, t. XXV, p. 111. — Débiteur peut obtenir la main-levée de l'emprisonnement, *id.* p. 111-112. — Moyens de nullité que le débiteur peut opposer, *id.* p. 112. — Différence entre les moyens de nullité en la forme et ceux du fond, *id.* p. 112-113. Causes survenues depuis l'emprisonnement pour lesquelles le débiteur doit avoir main-levée de sa personne, *id.* p. 113. — Somme qu'il doit consigner pour être mis hors de prison, *id.* p. 113-114. — Lui suffit-il d'offrir bonne et suffisante caution, *id.* p. 114. — Le défaut d'alimens fournis, est une cause suffisante d'élargissement, *id.* p. *id.* — *Quid,* si le débiteur a déclaré qu'il ne vouloit point recevoir d'alimens du créancier, *id.* p. 116.

— Comment cette déclaration doit être faite, *id.* p. 117. — Age de 70 ans accomplis depuis l'emprisonnement, est une cause d'élargissement, *id.* p. *id.*

EMPRUNTEUR. (Prêt à usage.) Dans le contrat *commodatum* peut-on être emprunteur de sa propre chose, t. VIII, p. 14. — Exceptions, *id.* p. *id.* — Quel est le droit que le prêt donne à l'emprunteur dans la chose, *id.* p. 15. — L'emprunteur ne doit pas se servir de la chose pour un autre usage que celui pour lequel elle lui a été prêtée, *id.* p. 15-16. — Quelles sont les obligations de l'emprunteur, *id.* p. 17. — Obligations de l'emprunteur dans le contrat de prêt à usage, 1.° de rendre la chose prêtée, *id.* p. *id.* — Est-il tenu de la rendre avant la fin du temps pour lequel elle lui a été prêtée, *id.* p. 17-22. — Doit-il toujours la rendre incontinent après la fin du temps, *id.* p. 22. — A qui l'emprunteur doit-il rendre la chose, *id.* p. 22-26. — Où la chose doit-elle être rendue, *id.* p. 27-29. — Quelles raisons peut avoir l'emprunteur pour se défendre de rendre la chose, *id.* p. 29-33. — L'emprunteur est-il tenu des détériorations des choses prêtées, *id.* p. 28. — L'emprunteur est-il tenu des accidens de force majeure. (*Voyez* ESTIMATION (Prêt à usage), FORCE MAJEURE, (Prêt à usage.) — Peut-il opposer la prescription. (*Voy.* PRESCRIPTION.) — Obligation de l'emprunteur dans le *mutuum*. (Prêt de consommation.) — La restitution de la somme ou de la quantité prêtée, *id.* p. 116-122. — A qui doit-elle être rendue, *id.* p. 123-126. — Quand, *id.* p. 126-127.

ENCAN. Obligation des acheteurs de biens vendus à l'encan, t. XVIII, p. 401-402.

ENCHÈRE. Sa différence de l'adjudication sauf quinzaine, t. XVIII, p. 454-455. — Par qui se font les enchères, *id.* p. 455. — A quoi est tenu le procureur qui enchérit pour une partie, *id.* p. 453. — Quelles personnes sont admises à enchérir les biens décrétés, *id.* p. 452-453. — Enchères de tiercement, *id.* p. 494.

Enchère, enchérisseurs. Différence de l'enchère et de l'adjudication sauf, t. III, p. 391-392. — L'enchérisseur est libéré par une surenchère acceptée par le juge, pourvu qu'elle ne soit pas nulle par défaut de forme, ou par une incapacité de contracter dans celui qui a surenchéri; il n'importe qu'il soit solvable ou non, *id.* p. 392-393. — Exception pour les sièges des eaux et forêts, et pour les fermes du roi, *id.* p. 393-394.

Enchère. Ce que c'est, où elle se fait, t. XXV, p. 24. — Par qui elle se fait, *id.* p. *id.* — Enchérisseur, est-il déchargé par la surenchère qui a été reçue, *id.* p. 25. — L'héritage est-il au risque de celui qui a enchéri, *id.* p. 26. — Différence de l'enchère et de l'adjudication sauf quinzaine, *id.* p. 26-27.

ENDOSSEMENT. *Endosseurs.* Ce que c'est, t. V, p. 215. — Deux espèces d'endossement, *id.* p. 216. — Forme de celui qui contient transport, *id.* p. 226. — La date y est requise, *id.* p. 227. — Peut-elle se suppléer, *id.* p. 227-228. — Peine du défaut de quelqu'une des formalités, *id.* p. 228-229. — Forme de la deuxième espèce d'endossement, *id.* p. 229. — Endossemens en blanc défendus, *id.* p. 228. — Endossement de la première espèce renferme un contrat de change semblable à celui qui intervient entre le tireur et le donneur de valeur, et qui produit les mêmes obligations, *id.* p. 226-260. — Il renferme aussi un transport que l'endosseur fait de tous ses droits et actions, à celui à qui il passe son ordre, *id.* p. 227-260. — Ce transport renfermé dans l'endossement, saisit de plein droit sans signification, pourvu que l'endossement soit revêtu des formes, *id.* p. 261. — Endossement, quoique fait dans les dix jours avant la faillite, *id.* p. 261-262. — Quel contrat renferme l'endossement de la deuxième espèce, et quelles sont les obligations de celui à qui l'ordre

est passé, *id.* p. 262. — Le banquier à qui l'ordre a été passé, qui renvoie, par une lettre de change à l'endosseur, les fonds qu'il a reçus pour lui, est-il garant de la lettre, *id.* p. 262-263. — La gratuité est elle de l'essence de ce contrat, *id.* p. 266. — Différence entre les deux espèces d'endossemens, *id.* p. 267. — Endosseur ne contracte aucun engagement envers l'accepteur, à moins qu'il n'eût accepté pour l'honneur de l'endosseur, *id.* p. 284-285.

ENFANS. Pour que la condition, pourvu qu'il n'y ait enfans, apposée à la permission des donations simples, soit accomplie, suffit-il que le donateur n'en ait point, t. XIV, p. 93. — Pour que le don mutuel soit valable, suffit-il qu'il ne soit pas trouvé d'enfans au temps de la mort du prédécédé, quoiqu'il y en eût au temps du contrat, *id.* p. 133-134. — Il faut qu'il n'y en ait ni de l'un ni de l'autre, *id.* p. 160. — Un seul suffit pour faire obstacle au don mutuel, *id.* p. 161. — Un posthume y fait obstacle, pourvu qu'il soit né à terme, et vivant; c'est aux héritiers du prédécédé à le justifier, *id.* p. 161-162. — Lorsque le prédécédé et l'enfant sont morts par un même accident, c'est aux héritiers du prédécédé, qui s'opposent au don mutuel, à justifier qu'il a survécu, *id.* p. 162-165. — Il n'y a que les enfans qui jouissent de l'état civil, qui fassent obstacle au don mutuel, qui soient habiles à succéder, *id.* p. 165-166. — L'exhérédé y fait obstacle, *id.* p. 166-167. — Celui qui a renoncé à la succession du prédécédé, *id.* p. 168. — La condition, pourvu qu'il n'y ait enfans, n'est susceptible d'aucune modification, *id.* p. *id.* — Les enfans peuvent-ils, en intervenant au contrat, remettre la condition, *id.* p. 169. — Un conjoint peut-il donner aux enfans de l'autre conjoint, dans la coutume de Paris, *id.* p. 90-91. — Dans les autres coutumes, *id.* p. 91. — Le peut-il après la dissolution du mariage, *id.* p. 95-96.

ENGAGEMENS. Quatre différentes espèces d'engagement des matelots, au voyage, au mois, au profit, au frêt, t. VI, p. 474-475. — Le maître du navire a le pouvoir de faire les contrats d'engagemens avec les matelots et autres gens de mer, et il oblige le propriétaire, *id.* p. 476. — Doit néanmoins les consulter lorsqu'ils sont sur le lieu, *id.* p. *id.*

Engagemens des matelots doivent se faire par écrit, *id.* p. 478. — *Quid*, lorsque le contrat n'étant pas rédigé par écrit, il y a contestation, *id.* p. 479-480. *Engagemens* des matelots au voyage. (*Voy.* VOYAGE.) — Enclasser, ce que c'est, *id.* p. 477-478. — L'arrêt du prince, avant le voyage commencé, rompt cet engagement, *id.* p. 489. — *Quid*, lorsque le voyage est commencé, distinction si le matelot est engagé au mois, au voyage ou au profit, *id.* p. 490-491.

ENGAGISTE. Le commun des auteurs décide qu'il n'a pas le droit de retrait féodal, t. XIX, p. 534.

ENONCIATION. (*V.* ACTES.)

EPAVES, t. XVI, p. 450-452. *Epaves.* Qu'est-ce que les épaves; quand tombent-elles en communauté, t. XI, p. 212-213.

Epaves. Ce que c'est, t. XIV, p. 336-337. — A quel seigneur appartient le droit de vendre à son profit les épaves non reconnues, *id.* p. 337. — Celui qui trouve l'épave la doit déférer à justice. Peine s'il ne le fait pas, *id.* p. 337-338. — Procédure que doit tenir le seigneur avant de vendre l'épave, *id.* p. 338-344. — Jusqu'à quel temps l'épave peut-elle être réclamée, *id.* p. 342. — Lorsqu'elle a été adjugée, à qui le prix en appartient-il, *id.* p. 343-344.

ENQUETE. Ce que doit examiner le juge avant de l'ordonner, t. XXIV, p. 95. (*Voy.* PREUVE PAR TEMOINS.) — De la procédure des enquêtes, *id.* p. 105. — Ce que doit contenir le jugement qui ordonne l'enquête, *id.* p. 105-106. — Du délai pour faire l'enquête, et quand il court, *id.* p. 106-107. — *Quid*,

lorsqu'il y a appel, *id.* p. 106. — Ce que doit faire la partie qui veut faire son enquête, *id.* p. 107. — Ce que doivent contenir les assignations données, soit aux témoins, soit à la partie, *id.* p. *id.* — Ce que doit contenir la prémice de la déposition de chaque témoin, *id.* p. 108. — Ce que doit contenir le corps de la déposition, *id.* p. 109. — Procès-verbal du juge ou commissaire. Ce qu'il doit contenir, *id.* p. 109-110. — Signification du procès-verbal de jurande, avec sommation de fournir des reproches, *id.* p. *id.* — Signification de l'enquête après délais accordés pour fournir les reproches, *id.* p. 111. — *Quid*, si la partie qui a fait l'enquête ne la lève pas, *id.* p. *id.* — De la preuve qui résulte de l'enquête, et par laquelle le juge doit se déterminer, *id.* p. 112-113. — Combien on peut faire entendre de témoins, *id.* p. 112. (*Voyez* TÉMOINS.)

ENSAISINEMENT ou *Saisine*. Ce que c'est, t. XX, p. 43. — Le seigneur est obligé de l'accorder au censitaire, lorsqu'il la demande, mais il ne peut obliger le censitaire à la demander, *id.* p. 43-44.

ENTIERCEMENT, t. XVIII, p. 411.

Entiercement. Manière de revendiquer les meubles corporels, t. XIV, p. 514-518.

ENTRETIEN DU BAIL. Quels successeurs sont tenus ou non d'entretenir les baux faits par celui à qui ils succèdent. (*Voy.* SUCCESSEURS, LOCATAIRES.) Celui qui, après ses dettes acquittées, rentre dans ses biens qu'il avoit abandonnés à ses créanciers, est tenu d'entretenir les baux faits par ses créanciers, t. VI, p. 213.

Entretien. La communauté chargée de l'entretien des héritages propres des conjoints, t. XI, p. 249-250. (*Voy.* RÉPARATIONS.)

ERREUR, est le plus grand vice des conventions, t. Ier, p. 21. — Différentes espèces d'erreur sur les qualités de la chose, *id.* p. 23. — Sur la personne avec qui on contracte, *id.* p. 23-24. — Sur le motif, *id.* p. 25-26.

Erreur. (*Condictio indebiti.*) Quelle espèce d'erreur donne lieu à l'action *condictio indebiti*, t. VIII, p. 236-237.

Erreur sur la personne, détruit le consentement requis par le mariage, t. X, p. 276-277. — Sur la qualité de la personne, *id.* p. 277-278. — Sur l'état de la personne, lorsqu'on prend une esclave pour une personne libre, *id.* p. 279-280. — Sur l'état civil, *id.* p. 281 — Sur le nom, etc., *id.* p. 282. (*Voy.* CONSENTEMENT.)

Erreur dans le nom n'empêche point la validité du legs, si on peut connoître la personne à qui le legt est fait, t. XXII, p. 129. — Erreur sur le nom de la chose n'est d'aucune considération, *id.* p. 131. — Erreur sur le motif, *id.* p. 132.

Erreur. Plusieurs espèces, t. XXV, p. 152. — Espèce d'erreur qui donne lieu à la nullité ou à la rescision de l'acte, *id.* p. 152-153. — De l'erreur sur la qualité des choses, *id.* p. 153. — De l'erreur de droit, *id.* p. 154.

ESCLAVAGE survenu de l'une des parties, dans le droit romain, étoit censé rompre le lien du mariage, sauf le cas du *jus postliminii*, t. X, p. 439-440.

ESCLAVES NÈGRES. Esclaves sont meubles, t. XI, p. 35. — Distinction entre ceux qui sont attachés à la terre et ceux qui ne le sont point, *id.* p. 36.

ESCOMPTE. (*Usure.*) Ce que c'est, t. VIII, p. 210. — Sa ressemblance avec l'intérêt du prêt, *id.* p. 211-212. — Quand est-il usuraire, *id.* p. 212-213. — Escompte qui se pratique entre marchands, quand est-il usuraire, *id.* p. 213-214. — Escompte d'une somme due au vendeur d'une chose frugifère, *id.* p. 215-218.

ESCOUAILLES. Réglement sur les escouailles, t. VII, p. 258-259.

ESSAI. (*Ventes à l'essai.*) t. III, p. 208.

ESSAIM D'ABEILLES. Lorsque

le propriétaire de la ruche ne les poursuit point; quelques coutumes les adjugent aux seigneurs justiciers, t. XIV, p. 345. — Hors ces coutumes, à qui appartiennent-elles, id. p. 346.

ESTER en jugement. Femme mariée ne peut ester en jugement sans son mari, t. X, p. 692-693. — Première exception. Si elle est autorisée par le juge, id. p. 693-694. — Deuxième exception, à l'égard des femmes séparées, id. p. 694-695. — Si l'action n'étoit pas de simple administration, mais concernoit la propriété de ses immeubles, id. p. 695. — Doit-on faire une exception pour les marchandes publiques, id. p. 696. — Troisième exception, à l'égard des accusations criminelles, id. p. 697. — Quels droits la sentence de condamnation donne-t-elle à ceux qui l'ont obtenue, id. p. 698.

ESTIMATION. (Prêt à usage.) L'emprunteur est-il tenu des accidens de force majeure, lorsque la chose a été prêtée sous une estimation, t. VIII, p. 49-50.

ETANGS. Permis à chacun d'en faire sur son héritage, t. XVI, p. 456. — Règle sur la pêche des étangs et fuite du poisson, id. p. 458-459.

ETAT-CIVIL des personnes. Ce que c'est, et comment il se perd, t. XVI, p. 13-16. (Voy. CAPACITÉ.)

ETRANGERS. Quand acquièrent-ils les droits de citoyens en France, id. p. 16. (Voy. AUBAINS.)

Etrangers non naturalisés, ne sont habiles au retrait, t. IV, p. 106-107.

Etrangers. Mari et femme étrangers peuvent-ils se faire un don mutuel, t. XIV, p. 135-136. — Le peuvent-ils dans la coutume de Dunois, id. p. 261-262.

Etrangers. La communauté légale a-t-elle lieu entre des étrangers non domiciliés, lorsqu'ils contractent leur mariage sous une coutume qui admet de plein droit la communauté, t. XI, p. 30.

Etrangers non naturalisés, sont régulièrement incapables de tester des biens qu'ils ont en France, t. XXII, p. 150. — Exception à l'é-gard des ambassadeurs, résidens, des sujets de certaines nations, etc. id. p. 150-151.

Etrangers. Sont ceux qui sont nés de parens étrangers, et hors la domination française, t. XXIII, p. 251. Voy. (AUBAINS.)

EVICTION. (Evincer.) Ce que c'est, t. III, p. 64-65. — Les évictions dont est tenu le vendeur sont celles qui avoient une cause ou un germe existant dès le temps du contrat, id. p. 66. — Exceptions. 1.° Celles dont l'acheteur est chargé par la loi, ou par une clause particulière du contrat, id. p. 67. — 2.° Celles qui sont demeurées sans effet, id. p. 68. — 3.° Celles dont l'acheteur étoit lui-même tenu d'acquitter le vendeur, id. p. id. — 4.° Celles qui procèdent du fait de l'acheteur, id. p. 68-69. — Le vendeur n'est tenu des évictions dont la clause n'a commencé d'exister que depuis le contrat, à moins qu'elles ne procèdent de son fait, id. p. 70. — Le délais que l'acheteur a fait, quoique sans sentence de condamnation, est une espèce d'éviction dont le vendeur est tenu, lorsque l'acheteur peut justifier que celui à qui il a fait ce délai avoit le droit de se faire délaisser la chose, id. p. 71. — C'est une espèce d'éviction, lorsque l'acheteur succède au propriétaire de la chose, id. p. 72-73. — Il n'importe, pour que le vendeur soit tenu de l'éviction, que ce soit l'acheteur ou ses successeurs qui soient évincés, id. p. 73-74. — A qui faut-il que la chose ait été évincée, id. p. 74. — L'éviction d'une partie indivise ou intégrante de la chose, de ce qui en reste ou de ce qui en est provenu, donne lieu à la garantie, id. p. 77, 79, 107-109. — Le vendeur des droits successifs n'est pas tenu de l'éviction des choses particulières trouvées en la succession, id. p. 78.

Eviction. Le retrayant, en cas d'éviction, n'a aucune action contre l'acheteur sur qui il a exercé le retrait; mais il a contre le vendeur celles qu'auroient eues l'acheteur, id. p. 284.

Éviction. Le locateur tenu envers le locataire des évictions dont il existoit au moins un germe dès le temps du bail, t. VI, p. 64-65. — *Quid*, si le locataire en avoit eu connoissance au temps du bail, *id.* p. 65-66. — Le conducteur, même lorsqu'il n'a point la garantie, doit être déchargé, *id.* p. 66. — Est tenu des évictions, quoique procédant d'une cause postérieure au bail, lorsqu'elles procèdent de son fait. *Puis*, s'il a vendu sans la charge de l'entretien du bail, *id.* p. 66-67. — Est tenu même de celles qui diminuent seulement, ou gênent la jouissance du locataire ou fermier, *id.* p. 68.

EXCEPTION *non numeratæ pecuniæ* n'a lieu, t. XVIII, p. 405.

Exception de discussion. (*Voyez* DISCUSSION.)

Exception de garantie. L'obligation de garantie produit à l'acheteur envers qui elle a été contractée, une exception de garantie contre le vendeur, qui, depuis le contrat, auroit succédé au propriétaire de la chose vendue, t. III, p. 131-133. — Contre celui qui exerce ses droits, *id.* p. 132. — Contre les héritiers du vendeur, *id.* p. 133. — Lorsqu'un tuteur a vendu, comme à lui appartenant, l'héritage de son mineur, cette exception a lieu contre le mineur qui est devenu héritier de son tuteur, *id.* p. 134. — Un substitué du grevé qui a vendu à un tiers les biens compris dans la substitution, peut-il les répéter à ce tiers, *id.* p. 134-135. — L'exception de garantie n'a pas lieu contre celui qui n'est qu'héritier sous bénéfice d'inventaire du vendeur, *id.* p. 139-140. — L'héritier, quoique pur et simple, qui ne l'est que pour partie, n'est tenu de l'exception de garantie que pour la part pour laquelle il est héritier, *id.* p. 137-138. — Comment l'exception de garantie a-t-elle lieu contre les donataires ou légataires universels du vendeur, *id.* p. 140. — Lorsqu'un mari a vendu en son nom l'héritage propre de sa femme, sans le consentement de sa femme, l'ex-

ception de garantie a-t-elle lieu, et pour quelle part, contre la femme qui a accepté la communauté, *id.* p. 144. — A-t-elle lieu contre les cautions, *id.* p. 145-146. — Et contre les héritiers des cautions, *id.* p. 147-148. — A-t-elle lieu contre les détenteurs des biens hypothéqués à la garantie, *id.* p. 149.

Exceptions de garantie, a lieu contre l'héritier du locateur, pourvu qu'il soit héritier pur et simple, t. VI, p. 75-76. — A-t-elle lieu, et pour quelle part, contre l'héritier pour partie, *id.* p. 76-77. — Différence sur la divisibilité de cette obligation entre les héritiers du locateur et le conducteur, *id.* p. 77-78. — Contre les successeurs universels, *id.* p. 78-79. — Ne peut être opposée à un tiers acquéreur non chargé de l'entretien du bail, *id.* p. 79. — N'a lieu que contre ceux qui sont tenus personnellement de l'obligation de garantie, non contre les possesseurs d'héritages hypothéqués à cette obligation, *id.* p. *id.* — Quelle exception a lieu contre celui qui a simplement consenti le bail, *id.* p. *id.* — Son héritier y est-il sujet, *id.* p. 80. — Peut-on opposer une exception au notaire qui a passé le bail, *id.* p. 80-81.

Exceptions des assureurs, contre la demande de l'assuré, pour le paiement de la somme assurée, t. IX, p. 361. — Première exception, tirée de ce que le délaissement n'a pas été fait, ni la demande donnée dans le temps, *id.* p. 361-363. — Seconde exception, tirée du défaut de justification de la perte des effets assurés, *id.* p. 363. — Troisième exception, lorsque les assureurs soutiennent que la somme excède la valeur des effets assurés, *id.* p. 364.

Cedendarum actionum. Le tiers détenteur a droit d'opposer cette exception, à l'effet d'être subrogé aux droits et hypothèques du créancier, t. XX, p. 223. — Il ne peut exercer ces droits solidairement contre les autres tiers détenteurs, *id.* p. *id.* — Comment se fait la contribution entre les tiers détenteurs,

id. p. 223-224. — *Quid*, si le créancier qui a donné l'action hypothécaire a lui-même acquis un héritage hypothéqué à sa créance, *id.* p. 225. (*Voy.* CESSION D'ACTION.)

Exception. Effet de la clause d'exception dans un legs, t. XXII, p. 319.

Exceptions. Ce que c'est. Deux espèces principales : les péremptoires et les dilatoires, t. XXIV, p. 23. — Ce que c'est qu'exceptions péremptoires, *id.* p. *id.* — Exceptions qui concernent la forme doivent être proposées à *limine litis*, *id.* p. *id.* — Effet de cette sorte d'exception, *id.* p. 23-24. — *Quid*, dans l'action de retrait lignager, *id.* p. 24. — Exceptions péremptoires qui concernent le droit, *id.* p. 25. — Elles peuvent s'opposer jusqu'à la sentence définitive, *id.* p. *id.* — Des exceptions dilatoires. Quelles sont les exceptions dilatoires en général, *id.* p. 26. — Doivent être opposées à *limine litis*, *id.* p. *id.* — Celui qui en a plusieurs doit les opposer par un même acte, *id.* p. 26-27. *Exceptions déclinatoires.* Ce que c'est, et combien il y en a d'espèces, t. XXIV, p. 53. (*Voy.* INCOMPÉTENCE.) — Exception de l'héritier ou de la veuve, pour avoir le délai pour délibérer, *id.* p. *id.* — Ce délai court tant contre le majeur que contre le mineur, *id.* p. *id.* — Il n'y a pas lieu régulièrement à cette exception, lorsque les délais sont expirés, *id.* p. 54. — Délai pour appeler garant, et exception qui en résulte, *id.* p. 56-57. (*Voyez* GARANT.) — Autres exceptions dilatoires, telles que celles de discussion et de division, *id.* p. 64-65. — Quand elles doivent être proposées, *id.* p. 65. — Exceptions des vues et montrées abrogées, *id.* p. 65-66.

EXCLUSION *de communauté*. La clause d'exclusion de communauté ne dispense pas la femme de l'autorisation pour aucun acte, t. X, p. 666. — Elle ne prive en rien le mari de ses droits sur les propres de sa femme, *id.* p. 719-720.

Exclusion de communauté. Ce que renferme la clause d'exclusion de communauté, t. XI, p. 436-438.

EXÉCUTEURS TESTAMENTAIRES. Ce que c'est que l'exécution testamentaire, t. XVII, p. 475. — Des personnes qui peuvent l'être, *id.* p. 478. — Sont saisis des biens de la succession, *id.* p. 553-554. — Leurs fonctions, action qu'ils peuvent former, et qu'on peut former contre eux, *id.* p. 554; t. XVIII, p. 415.

Exécuteurs testamentaires. Qui sont-ils, t. XXII, p. 201. — Nature de la charge d'exécuteur testamentaire, *id.* p. *id.* — Quelles personnes en sont capables, *id.* p. 202. — Un homme sans biens peut-il être exécuteur testamentaire, *id.* p. 202-203. — Saisine de l'exécuteur testamentaire, *id.* p. 204. — Son étendue, *id.* p. 205.

EXÉCUTION. Droit d'exécution, t. XVIII, p. 379. (*Voyez* SAISIE MOBILIÈRE.) — Titres exécutoires, ce que c'est, *id.* p. 380-395 et suiv. — Droit d'exécution des seigneurs d'hôtel. (*Voy.* SEIGNEURS D'HÔTEL.)

Exécution. (Droit d'exécution.) Ce que c'est, et contre qui peut-il s'exercer, t. VI, p. 188-189. — Droit d'exécution que la coutume d'Orléans accorde aux seigneurs d'hôtel ou de métairie; qui sont ceux à qui elle l'accorde, *id.* p. 189. — Sur quelles choses, *id.* p. 189-190. — Pour combien de termes, *id.* p. 190. — En quoi cette exécution diffère des autres, *id.* p. 190-191. — Ce qu'elle a de commun avec les autres, *id.* p. 191. — Ce droit ne s'éteint pas par la mort du locataire, *id.* p. 191-192. — Droit d'exécution dans la coutume de Paris. Le locateur ne peut saisir qu'en vertu d'un titre exécutoire : le nombre des termes n'est point limité, *id.* p. 192.

Exécution. Quand la femme a-t-elle exécution pour le paiement de son douaire, t. XIII, p. 271-272.

Exécution des jugemens contradictoires. (Procédure criminelle), t. XXV, p. 353. — Prononciation au condamné doit précéder l'exécution, *id.* p. 353-354. — Où se fait la

prononciation, *id.* p. 354. — Le sacrement de confession est offert au condamné à mort, *id.* p. 355. — L'exécution doit se faire le jour auquel le jugement a été prononcé, *id.* p. *id.* — Exception dans le cas où une femme condamnée déclare être enceinte, *id.* p. 356. — Autre exception résultant de la déclaration des complices, *id.* p. 357. — Où l'exécution doit être faite, *id.* p. *id.* — Cas où le condamné refuse de faire amende honorable, *id.* p. 358. — Comment s'exécutent les jugemens contre les contumax, *id.* p. 358-359. — Ces jugemens s'exécutent aussitôt qu'ils ont été rendus, *id.* p. 360. — Effets de l'exécution du jugement par contumace, *id.* p. *id.* — *Quid,* si l'accusé meurt dans les cinq ans, *id.* p. 560-561. — *Quid,* s'il s'est écoulé trente ans depuis l'exécution par contumace, *id.* p. 361. — Confiscation a-t-elle lieu avant les cinq ans, *id.* p. 361-362. — Condamné qui se représente dans l'année a main-levée de la saisie, *id.* p. 362. — A-t-il la restitution des fruits perçus par les seigneurs avant sa présentation, *id.* p. 362-363. — Effet de l'exécution des jugemens rendus par contumace et portant condamnation à des peines qui emportent mort civile contre des titulaires de bénéfices, *id.* p. 364. — Contumax qui persévère pendant cinq années dans sa contumace, n'a aucune répétition des amendes et des réparations civiles qu'il a payées, *id.* p. 364-365.

Exécution des Jugemens. Procédure qui se fait à ce sujet, t. XXIV, p. 265.

Exécution de meubles. Ce que c'est, t. XXIV, p. 288. (*Voy.* ACTES EXÉCUTOIRE.) — Pour quelle créance on peut exécuter, *id.* p. 295. — Droit du seigneur d'hôtel ou de métairie, *id.* p. *id.* — La créance doit être certaine et liquide, *id.* p. 295-296. — On peut prendre par exécution tous les meubles corporels du débiteur, *id.* p. 296. — Exceptions à l'égard de certains meubles, *id.* p. 296-298. — Ornemens et vases des chapelles exceptées, *id.* p. 298.

EXERCITOIRE. Action exercitoire qu'a l'affréteur contre les préposés par le maître, propriétaire du navire, t. VI. p. 385-388. — Action exercitoire des matelots, *id.* p. 525.

EXHÉRÉDATION. Ce que c'est, t. XVII, p. 549.

Exhérédation. Ce que c'est, t. XXI. p. 45-46. — Qui peut-on exhéréder, *id.* p. 46-47. — Quatorze causes d'exhérédation exprimées par la Novelle 115; nos ordonnances ont ajouté le cas où les filles, avant l'âge de 25 ans, et les garçons, avant l'âge de 30 ans, se marient sans le consentement de leurs père et mère, ou bien, après cet âge, se marient sans avoir requis leur consentement, *id.* p. 47-50. — Par quel acte se peut faire l'exhérédation, *id.* p. 50-51. — A qui est-ce à prouver en justice de l'exhérédation, *id.* p. 51. — L'effet de l'exhérédation est de priver l'exhérédé du droit de succéder à celui qui l'a exhérédé, *id.* p. *id.* — L'enfant exhérédé peut-il prétendre douaire dans les biens de son père, *id.* p. 52. — L'enfant exhérédé peut succéder à ses frères et sœurs, *id.* p. 53. — L'exhérédation ne doit pas s'étendre aux enfans de l'exhérédé, *id.* p. 53-54. — L'exhérédation peut se révoquer par la seule et nue volonté de celui qui l'a faite, *id.* p. 54. — Il suffit que l'exhérédé puisse prouver qu'il a eu des marques de réconciliation, *id.* p. 55.

EXPROMISSOR, différent d'*adpromissor,* t. II, p. 77.

EXTINCTION des choses qui se détériorent par l'usage, mises en société tient lieu de vente, et ne donne lieu qu'à une créance d'argent, t. VII, p. 240-241.

F.

FAILLITE. La faillite de l'assuré donne-t-elle lieu à la résolution du contrat, t. IX, p. 333-334.

FAIT. Pour pouvoir être l'objet d'un contrat et d'une obligation, doit être possible en soi; mais il n'est pas nécessaire qu'il soit possible à celui qui en a contracté l'obligation, t. I, p. 119. — Doit n'être pas contraire aux lois ni aux bonnes mœurs, id. p. id. — Doit être un fait auquel celui à qui on le promet ait un intérêt appréciable, id. p. 119-120.

Fait et cause. Obligation de prendre le fait et cause est indivisible; l'héritier n'est pas reçu à le prendre pour sa part héréditaire seulement, t. III, p. 81. — Il doit le prendre pour le total, id. p. id. — Le vendeur n'est tenu de prendre le fait et cause que lorsqu'il croit avoir de bons moyens de défense contre la demande originaire, id. p. 81-82. — Faute de prendre le fait et cause, l'obligation de le prendre se convertit en une obligation de dommages et intérêts, dont l'héritier n'est tenu que pour sa part héréditaire, id. p. 82. — Cas auquel il est tenu pour le total, id. p. 82-83. — Lorsque le vendeur refuse de prendre le fait et cause, et offre les dommages et intérêts, l'acheteur peut, s'il veut, soutenir le procès, mais à ses risques, id. p. 89-90. — Lorsque le vendeur a pris le fait et cause, l'acheteur est mis hors de cause, id. p. 87-88. — Jugement rendu contre le garant qui a pris le fait et cause. Pour quelles choses s'exerce-t-il contre l'acheteur, id. p. 88.

Faits justificatifs ne peuvent être admis qu'après l'instruction et visite du procès, t. XXV, p. 331. — Ces faits doivent être choisis par les juges, et doivent être pertinens, id. p. 332. — Fait de l'*alibi*. Quand est-il pertinent et admissible, id. p. id. — Jugement qui permet la preuve des faits, et procédure qui se tient

en exécution, id. p. 332-333. — Ce jugement doit-il s'exécuter nonobstant l'appel, id. p. 333-334. — Fait de la démence de l'accusé est un fait justificatif, id. p. 334-335. — Ce qu'il y a de commun avec les autres faits justificatifs, et en quoi il diffère, id. p. 335. — Les premiers juges peuvent-ils admettre la preuve de ce fait, id. p. 335-336.

FAUTE dont le débiteur d'un corps certain est tenu; différence, suivant la différente nature des contrats ou *quasi* contrats, t. I, p. 121-122.

Faute. De quelle faute est tenu l'acheteur vis-à-vis du retrayant, t. IV, p. 276.

Faute. De quelle faute est tenu le locataire, et de la faute de quelles personnes, t. VI, p. 139-140.

Faute. (Cheptel.) De quelle faute est tenu le preneur, t. VII, p. 375-376. — A qui est-ce à justifier que les bêtes sont mortes, ou ont été détériorées par la faute ou sans la faute du preneur, id. p. 395-396.

Faute. (Nantissement.) De quelle faute est tenu le créancier à l'égard de la chose donnée en nantissement, t. IX, p. 224-226.

Faute de l'emprunteur. (Prêt à usage.) L'emprunteur est tenu de la faute la plus légère, t. VIII, p. 34. — Quand même il ne seroit pas coupable de ce soin, id. p. 35. — On a néanmoins égard à la condition de la personne, id. p. 35-36. — Première exception. Lorsqu'il y a convention contraire, id. p. 36. — Seconde exception. Lorsque, contre l'ordinaire, le prêt concerne l'intérêt du prêteur, id. p. 36-37. — Est-ce un troisième cas d'exception, lorsque le prêteur a fait le prêt sans en être prié, id. p. 37-38.

Faute à l'égard du dépôt. (Dépôt.) Le dépositaire n'est ordinairement tenu que de la faute qui est opposée à la bonne foi, t. VIII, p. 277-282. — Quatre exceptions à ce principe, id. p. 282-283.

Faute à l'égard du mandat. (Mandat.), t. IX, p. 40. — De quelle faute est tenu le mandataire, *id.* p. 36-40. — Le mandataire peut-il prétendre la décharge du dommage qu'il a causé pas sa faute dans sa gestion, lorsqu'il a procuré, par son habileté, de grands profits au mandant, *id.* p. 43-44. — De quelle faute est tenu le *negotiorum gestor*, *id.* p. 187-188.

FAUX INCIDENT. Ce que c'est que cette accusation, et quand elle peut se former, t. XXV, p. 180. — Contre quelles pièces elle peut être formée, *id.* p. 180-181. — Procédure qui précède l'inscription en faux, *id.* p. 182. — Amende qui doit être consignée, *id.* p. *id.* — Déclaration qui doit être donnée par le défendeur, *id.* p. 182-183. — Cas où le rejet de la pièce est ordonné, sans qu'il soit besoin de passer à l'inscription de faux, *id.* p. 184-185. — Ce que c'est que l'inscription de faux, et comment elle se fait, *id.* p. 185-186. — Procès-verbal qui doit être donné de l'état des pièces, *id.* p. 186. — Ce qu'on doit faire lorsque le juge a ordonné l'apport des minutes, *id.* p. 187-188. — Le demandeur doit mettre au greffe ses moyens de faux, *id.* p. *id.* — Exemples de ces moyens, *id.* p. *id.* — Jugement qui prononce sur les moyens de faux, et qui permet d'informer, *id.* p. 190. — Instruction en exécution de ce jugement, *id.* p. *id.* — Informations sur pièces de comparaison, *id.* p. 190-191. — Quelles pièces peuvent être admises pour comparaison, *id.* p. 191-192. — Procès-verbal qui en est dressé par le juge, qui statue sur l'admission ou rejet des pièces, *id.* p. 192-193. — Experts nommés pour la comparaison des écritures, doivent être entendus séparément, par forme de déposition, *id.* p. 194. — Cas où le juge peut nommer de nouveaux experts, *id.* p. *id.* — Décrets qui peuvent être rendus, et interrogatoires sur ces décrets, *id.* p. 195. — Procédure qui se fait lorsque le juge ordonne que l'accusé fera un corps d'écriture, *id.* p. 195. — Procès-verbal

qui en est dressé, *id.* p. *id.* — Règlement à l'extraordinaire, récollement et confrontation, *id.* p. 197-198. — Ce qui est particulier à la confrontation des experts, *id.* p. 198. — Requête que peut présenter l'accusé pour faire nommer de nouveaux experts, ou pour fournir d'autres pièces de comparaison, *id.* p. 199-201. — L'information sur ces nouvelles pièces se fait par les mêmes experts qui ont déjà été entendus, *id.* p. 200-201. — Cas où le demandeur en incident de faux encourt l'amende, *id.* p. 201. — Cas où il y a lieu à la restitution de l'amende, *id.* p. 201-202. — Il doit être sursis à l'exécution du jugement définitif qui ordonne la radiation ou réformation d'une pièce, jusqu'à ce que la cour y ait statué, *id.* p. 202. — Remise ou renvoi des pièces, lorsqu'il n'y a point eu le réglement à l'extraordinaire; il ne peut être statué sur la restitution des pièces que par le jugement définitif, *id.* p. 203.

FÉLONIE, t. XVI, p. 129-130. *Félonie.* Ce que c'est, t. XIX, p. 186. — Quand il y a lieu à la commise pour félonie, *id.* p. *id.* — Quelles espèces d'injures sont assez atroces pour être félonie, *id.* p. *id.* — Les causes d'ingratitude qui donnent lieu à la révocation des donations, peuvent être adaptées à la commise pour félonie, *id.* p. 186-187. — *Quid*, si le vassal avait abusé de la concubine de son seigneur, *id.* p. 189. — *Quid*, de celui qui a abusé de la veuve de son seigneur, *id.* p. 189-190. — Il n'y a félonie que lorsque l'insulte est faite au seigneur par son vassal, c'est-à-dire par le propriétaire du fief servant, *id.* p. 191. — L'injure faite par le fils aîné du vassal peut-elle passer pour félonie, *id.* p. *id.* — *Quid*, de l'injure faite par le légataire d'un fief, *id.* p. 193. — L'injure faite par le mari confisque-t-elle le total d'un conquêt de la communauté, *id.* p. 195-196. — L'injure faite par la femme, pendant le mariage, donne-t-elle lieu à la commise des conquêts, *id.* p. 197-198. — L'injure faite par le mari confisque-t-elle le propre de la

femme, *id.* p. 198. — *Quid*, de l'injure faite par un titulaire d'un bénéfice, *id.* p. 198-199. — *Quid*, de celle faite par un membre d'une communauté, *id.* p. 199. — Dans la Coutume d'Orléans, l'injure faite par un donataire d'un fief avec rétention d'usufruit, donne-t-elle lieu à la commise, *id.* p. *id.* — *Quid*, dans la Coutume de Dunois, de l'injure faite par l'enfant donataire pendant la vie du donateur, *id.* p. 200. — Il n'y a que l'injure faite au propriétaire du fief dominant, qui soit félonie, *id.* p. 201. — *Quid*, de l'injure faite au possesseur du fief pendant sa possession, *id.* p. 203. — L'injure faite à la femme, aux enfans, à la bru du seigneur, passe pour félonie, *id.* p. 203-204. — Il faut que le vassal qui a commis l'injure ait su que c'étoit son seigneur à qui il la faisoit, *id.* p. 204-205. — L'action aux fins de commise pour félonie, comme pour désaveu, s'éteint par le pardon qui se présume facilement, *id.* p. 206. — Il n'y a que celui à qui l'injure est faite qui puisse la remettre, *id.* p. 207. — La femme à qui l'injure est faite peut-elle, sans être autorisée, décharger de la peine de la commise, *id.* p. 207-208. — L'action aux fins de commise ne passe point à l'héritier du seigneur, *id.* p. 208-209.

FEMMES sous puissance de mari incapables absolument de contracter ; différence entre ces femmes et les mineurs, t. X, p. 655-657.

Femmes peuvent-elles être cautions. (*Voy.* CAUTIONS.)

Femme. Femme commune peut-elle revendiquer son propre que son mari a vendu, t. III, p. 144.

Femme obligée d'entretenir les baux faits par son mari, t. VI, p. 213.

Femme mariée. Quelle somme peut-elle jouer valablement, t. IX, p. 450-451.

Femmes. Femmes sous puissance de mari, lorsqu'elles sont marchandes publiques, peuvent être parties dans une négociation de lettres de change, et s'obligent par corps, t. V, p. 218-219. — Si elles ne sont marchandes publiques, doivent être autorisées, *id.* p. 219. — Elles ne sont sujettes à la contrainte par corps, *id.* p. *id.*

Femme mariée. Son droit sur les biens de la communauté n'est pas ouvert tant que le mariage dure, t. XII, p. 29. — Elle ne peut disposer de sa part sans son mari, *id.* p. *id.* — Elle peut en disposer conjointement avec lui, de deux manières, ou comme commune, ou en son propre nom, *id.* p. *id.* — Lorsque le mari contracte seul, elle n'est obligée qu'en qualité de commune, et non en son propre nom, *id.* p. 29-30. — Quand la femme contracte, est-elle obligée en son propre nom, *id.* p. 30. — Hypothèque de la femme mariée. (*Voy.* HYPOTHÈQUE. (Communauté.)

Femmes mariées ne peuvent donner sans être autorisées, t. XXIII, p. 3. — Ne peuvent aussi recevoir des donations sans autorisation, *id.* p. 16. — Femmes incapables de fonctions civiles et offices publics, *id.* p. 25. — Principale raison de cette différence, *id.* p. *id.*

Femme. La femme est censée être en foi, non-seulement pour la moitié indivise des conquêts, mais pour le total, t. XIX, p. 15-16. — Est-elle censée en foi pour ses héritages propres, pour lesquels son mari a porté la foi, *id.* p. 16-17. — La femme qui a porté la foi avant son mariage, est-elle tenue de la porter après sa viduité, *id.* p. 17. — Les vassaux qui ont porté la foi au mari à cause d'un fief dominant, propre de la femme, sont tenus de la porter à la femme lors de sa viduité, s'ils ne lui ont porté avant son mariage, *id.* p. 18-19. — *Quid*, si les héritiers de la femme renoncent à la communauté, le mari qui a porté la foi pour les conquêts est-il tenu de la porter de nouveau, *id.* p. 19. — Femme mariée ne peut demander souffrance si elle n'est autorisée, *id.* p. 69. — Mariage de la femme. (*V.* MARIAGE.) — La femme peut-elle, au refus de son mari, se faire autoriser par justice pour exercer le retrait féodal, *id.* p. *id.*

FERME, est due aussitôt que la

récolte est faite, quoiqu'elle ne soit exigible, t. VI, p. 99.

Fermes et loyers. En quoi diffèrent des arrérages de rente foncière. (*V.* RENTE.) — Créancier de rente foncière a privilège sur les fermes et loyers, t. VII, p. 69.

Fermes de terres, quand sont-elles dues, t. XI, p. 201-202. — En est-il de même des loyers des maisons, *id.* p. 202-203.

FERMIER, peut-il intenter l'action en bornage; peut-il y défendre, t. VII, p. 324.

Fermier, ne peut exercer le retrait féodal, *neo proprio, neo procuratorio nomine*, t. XIX, p. 533. — Exception dans la coutume du Maine, *id.* p. 533-534.

FEU. L'assureur est-il tenu des accidens du feu, t. IX, p. 283.

FEUILLES VOLANTES. Ecritures privées sur feuilles volantes, qui tendent à obliger quelqu'un, ne font pas foi contre celui qui les a écrites, si elles ne sont signées de lui, quoiqu'elles soient en la possession de celui envers qui l'obligation devoit être contractée, t. II, p. 254. — Quittance sur feuille volante, écrite de la main du créancier non signé, qui est en la possession du débiteur, quelle foi fait-elle, *id.* p. 255.

FIANÇAILLES. Deux espèces, t. X, p. 25-26.

Fiançailles de futur. Ce que c'est, t. X, p. 26. — Leur antiquité, *id.* p. 26-27. — Pour quelles raisons ont-elles été établies, *id.* p. 27. — Quelles personnes peuvent contracter fiançailles, *id.* p. 27-28. — Se contractent par le seul consentement, *id.* p. 28-29. — Qualités de ce consentement, *id.* p. 29. — On ne peut contracter fiançailles qu'avec une personne certaine et déterminée, *id.* p. 30.

Fiançailles (les), pour être valables doivent être réciproques, t. X, p. 30-31. — Peuvent être contractées *ex certâ die, aut conditione*, *id.* p. 32-33. — *Aut ad certam diem et conditionem*, *id.* p. 33. — Mariage nul peut-il valoir comme fiançailles, *id.* p. 33-34. — Choses qui ont coutume d'accompagner les fiançailles: 1.° la bénédiction en face de l'église, *id.* p. 34-35. — N'est néanmoins nécessaire, *id.* p. 35. — 2.° Les arrhes et présens de mariage. (*Voy.* ARRHES, PRÆSENS.) — 3.° Peines stipulées en cas de dédit, *id.* p. 37-38. — 4.° Acte qui contient les conventions de mariage, *id.* p. 39. — Trois effets que produisent les fiançailles, *id.* p. 40-41. — Le juge de l'église peut-il connoître des fiançailles, et jusqu'à quel point, *id.* p. 41-45.

Fiançailles (de la dissolution des) par le consentement mutuel des parties, exprès ou tacite, t. X, p. 45-47. — Il y a des causes pour lesquelles l'une des parties peut être dégagée de son engagement, sans le consentement de l'autre, *id.* p. 47-54.

FIANCÉE, a-t-elle besoin d'autorisation, t. X, p. 659.

FIDEICOMMIS que l'un des conjoints fait à un tiers pour faire passer ses biens ou partie à l'autre conjoint, n'est permis ni dans le for extérieur ni dans le for de la conscience, t. XIV, p. 77. — Quoiqu'il n'y ait pas de convention, il suffit que le légataire ait un juste sujet de soupçonner que le legs ne lui a été fait que dans la confiance qu'il le rendroit à l'autre conjoint, *id.* p. 80-83. — Lega que je fais à un homme de confiance, pour mettre ma femme à l'abri des chicanes de mon héritier, sans dessein de rien faire passer à ma femme, *id.* p. 83-84.

Fidéicommis fait par un conjoint pour s'acquitter envers l'autre de ce qu'il lui doit dans le for de sa conscience, *id.* p. 84-86. — Donation faite par un conjoint à celui dont l'autre conjoint est l'héritier présomptif, est-elle faite à personne interposée, *id.* p. 86-89.

FIEF. Ce que c'est, t. XVI, p. 89-90. — Plein-fief, arrière-fief, *id.* p. 91. — Essence de fief, *id.* p. 91. — Nature du fief, *id.* p. 92-94. — Quand le vassal est-il saisi du fief, *id.* p. 383-384. — Homme de fief. (*Voy.* VASSAL.) — Devoirs de fief. (*Voy.* FOI.) — Profit de fief. (*Voy.*

QUINT, RACHAT.) - Démembre-
ment. (*Voy.* DÉMEMBREMENT.)
— Jeu de fief. (*Voy.* JEU DE FIEF.)
— Réunion de fief. (*Voy.* RÉU-
NION. — Fief ouvert. (*Voy.* SAISIE
FÉODALE.) — Succession de fief
en directe. (*Voy.* AINÉ, DROIT
D'AINESSE.) — En collatérale, *id.*
p. 391.

Fief. Le mari est l'homme du sei-
seigneur pour les fiefs de sa femme,
t. X, p. 714.

Fief. La douairière est-elle sujette aux devoirs de fief pour les
fiefs dont elle jouit en usufruit, t.
XIII, p. 207.

Fief. Explication du nom de fief,
t. XIX, p. 2. — Ce que c'est que
fief dominant, *id.* p. *id.* — Ce que
c'est que fief en l'air, *id.* p. *id.* —
Ce que c'est que fief servant, *id.*
p. 2-3. — Comment s'appelle le propriétaire du fief servant, *id.* p. 3.
— Comment s'appelle le propriétaire du fief dominant, *id.* p. *id.*
— Ce qu'on appelle plein-fief, et ce
qu'on appelle arrière-fief, *id.* p. 3-4.
— Ce que c'est qu'arrière-vassal,
id. p. 4. — Ce que c'est que seigneur suzerain, *id.* p. *id.* — Origine
des fiefs, *id.* p. *id.* — Quelle est la
nature des fiefs, *id.* p. 5. — Qu'il
n'y a que les immeubles qui puissent être donnés à titre de fief, *id.*
p. 5-6. — Qu'il est de la nature
du fief que celui qui donne la chose
à ce titre, s'en retienne la seigneurie directe, et transfère l'utile, *id.*
p. 6. — Celui qui tient un héritage
à titre de fief, peut le donner, soit
à titre de fief, soit à cens, *id.* p.
7. — Le titre de fief renferme la
charge de la foi et c'est en cela que
consiste l'essence du fief, *id.* p. 9.
— Le service militaire est-il de
l'essence du fief, *id.* p. *id.* — Différens droits des seigneurs de fief,
id. p. 10.

Fiefs. Quels sont les fiefs ou immeubles féodaux, t. XIX, p. 1. —
Quels sont les biens censuels, *id.* p.
id. — Quels sont les allodiaux, *id.*
p. *id.*

FILETS. Ce que c'est, t. VII,
p. 207.

FINS DE NON-RECEVOIR contre
une obligation : ce que c'est, t. II,
p. 187. — Les principales fins de
non-recevoir sont celles qui résultent de l'autorité de la chose jugée,
id. p. 188. — Du serment décisoire.
(*Voyez* SERMENT.) — Du laps de
temps qu'on appelle proprement
prescription (*V.* PRESCRIPTION.)

Fin de non-recevoir résultante de
trois quittances d'années consécutives, quand a-t-elle lieu. Le serment décisoire peut-il être déféré,
t. VI, p. 130-132. — Une quittance
de trois années consécutives a-t-elle
le même effet, *id.* p. 132. — *Quid*,
de trois consignations d'années consécutives, *id.* p. 132-133. — L'ordonnance de 1629, qui rend le locateur non-recevable à demander les
loyers cinq ans après l'expiration
des baux, est-elle suivie, *id.* p. 133.
— Dans les baux verbaux, le locateur qui a laissé déloger le locataire
est-il non-recevable, *id.* p. *id.*

Fins de non-recevoir qu'on peut
opposer contre la demande en révocation de donation, t. XXIII, p.
117. — La prescription de 30 ans
court du jour qu'il est survenu un
enfant au donateur, *id.* p. *id.* —
Quid, s'il en est né plusieurs, *id.* p.
117-118. — Le donateur est recevable, même après la mort de l'enfant, *id.* p. 119. — Le donateur est
recevable, quoique depuis la survenance d'enfans, il eut approuvé la
donation, soit expressément, soit
tacitement, *id.* p. 120.

Fins de non-recevoir contre l'action
en révocation pour cause d'ingratitude, t. XXIII, p. 134.

Fins de non-recevoir contre la demande en retranchement de légitime, t. XXIII, p. 155.

FOI. Dans quelques coutumes le
temps du retrait ne court que du
jour de la réception de ., t. IV,
p. 161.

Foi. Clause de rétention de foi,
t. VII, p. 55-56.

FOI ET HOMMAGE. Ce que
c'est, t. XVI, p. 95. — En quel
cas doit-elle être portée, *id.* p. *id.*
— Par qui, *id.* p. 98, 346-347, 367.
— A qui, *id.* p. 99. — Où et comment, *id.* p. 100. — Délai pour la

porter. (*Voyez* SOUFFRANCES.) — Offres de foi. (*Voy.* OFFRES.) — Effet de la foi portée, *id* p. 106-107, 364. — Rétention de foi. (*Voy.* JEU DE FIEF.)

Foi et hommage. Ce que c'étoit autrefois, t. XIX, p. 10. — Ce que c'est aujourd'hui, *id.* p. *id.* — En quel cas la foi doit être portée, *id.* p. 11. — Doit être portée à toutes les mutations de seigneur et de vassal, *id* p. *id.* — Celui qui redevient propriétaire d'un fief pour lequel il avoit porté la foi, doit-il la reporter de nouveau, *id.* p. *id.* — *Quid*, s'il redevient propriétaire par la rescision du titre par lequel il avoit aliéné le fief, *id.* p. 11-12. — *Quid*, s'il n'avoit perdu que la possession, *id.* p. 13. — Les mutations imparfaites, par exemple celles qui arrivent par le mariage des filles, y donnent-elles lieu, *id.* p. 14. — Y a-t-il ouverture à la foi par l'acceptation que la veuve fait de la communauté, *id* p. 14-15. — La saisie réelle du fief, soit dominant, soit servant, ne donne point ouverture à la foi, *id.* p. 20. — *Quid*, si le vassal constitue une rente, et l'assigne sur son héritage féodal, *id.* p. *id.* — *Quid*, si la rente est inféodée, *id.* p. 20-21. — Si le fief servant est donné ou vendu avec rétention d'usufruit, le donataire ou acquéreur n'est point tenu d'entrer en foi dans la coutume d'Orléans, *id.* p. 21. — Exception dans la coutume de Dunois, dans le cas de donation faite par pères ou mères, ou autres ascendans, à leurs enfans, d'un fief, *id.* p. 23-24. — *Quid*, si le fief appartient à une communauté, *id.* p. 24-25. — La foi doit être portée par le vassal en personne, *id.* p. 25. — A quel âge peut-il porter la foi, *id.* p. 26. — Si c'est une femme mariée qui est propriétaire d'un fief servant, c'est à son mari à porter la foi, *id.* p. *id.* — Fils aîné, âgé de 10 ans, peut porter la foi pour ses frères et sœurs, *id.* p. *id.* — Le propriétaire du fief doit porter la foi, quoique le fief soit chargé d'usufruit ou saisi réellement, *id.* p. 33. — Le commis-

saire peut porter la foi au refus du propriétaire, *id.* p. *id.* - Ce qui doit être étendu à l'usufruitier, *id.* p. *id.* — Dans la coutume d'Orléans, le commissaire peut seulement demander souffrance, *id.* p. 34. — Quand le fief appartient à une communauté, soit ecclésiastique, soit laïque, la foi doit être portée par un vicaire, *id.* p. 34-35. — Si le fief servant appartenoit au roi, il ne seroit pas tenu de porter la foi, mais de donner indemnité, *id.* p. 35. — Les seigneurs justiciers, auxquels un fief advient par déshérence ou confiscation, ne sont point tenus, dans la coutume d'Orléans, d'en porter la foi, pourvu qu'ils le mettent hors de leurs mains dans l'année, *id.* p. 35-36. — A qui la foi doit être portée, *id.* p. 36. — Si elle doit être portée aux princes apanagistes, *id.* p. *id.* — Si elle doit être portée aux engagistes, *id.* p. 36-37. — Le seigneur est-il tenu de recevoir la foi en personne, *id.* p. 37. — Peut-il commettre pour la recevoir un laquais ou autre personne vile, *id.* p. *id.* — *Quid*, s'il n'y a personne pour la recevoir, *id.* p. 37-38. — Où la foi doit elle être portée, *id.* p. 38. — *Quid*, s'il ne restoit plus de manoir, et que le chef-lieu soit réduit à une motte de terre, *id.* p. *id.* — *Quid*, si l'accès au chef-lieu étoit empêché, *id.* p. 39. — Exception dans la coutume d'Orléans, quand la foi faut du côté du vassal, et qu'il est saisi par son seigneur, *id.* p. 40. — *Quid*, si le seigneur n'avoit pas procédé par saisie, mais par assignation ou sommation, *id.* p. 40-41. — Est-il nécessaire, dans le cas de cet article, que le vrai domicile du seigneur soit à dix lieues près de son fief, *id.* p. 41. — *Quid*, si le seigneur, par l'exploit de saisie, avoit interpellé son vassal de lui faire la foi au lieu dominant ou en son domicile indiqué, *id.* p. 42. — Il faut que le domicile du seigneur soit indiqué au vassal, *id.* p. *id.* — *Quid*, s'il y a plusieurs propriétaires du fief dominant, *id.* p. *id.* — *Quid*, si dans ce cas il n'y en avoit qu'un

qui eût saisi et motivé sa demeure, *id.* p. 42-43. — Le vassal qui est allé trouver son seigneur en sa demeure peut-il lui faire la foi en son absence, *id.* p. 43. — Le vassal peut-il, en ce cas, prétendre des dommages-intérêts contre son seigneur, *id.* p. *id.* — Le seigneur peut-il, sans le consentement de ses vassaux, changer le chef-lieu du fief dominant, *id.* p. 44. — Le seigneur, en transférant sa demeure en un nouveau château, bâti sur son fief dominant, est-il censé avoir transféré le chef-lieu de son fief, *id.* p. 45. — Où la foi doit être portée quand le fief dominant est un fief en l'air, *id.* p. 46. — *Quid*, si dans ce cas le seigneur n'a pas notifié sa demeure au vassal, ou si elle est éloignée de plus de dix lieues, *id.* p. 47. — Comment la foi doit-elle être portée, *id.* p. 48. — Quelle est la coutume qui doit régler ces formalités, *id.* p. *id.* — *Quid*, si le port de foi se faisoit au lieu de la demeure du seigneur, qui fût sous une coutume différente de celle du fief dominant, *id.* p. 48-49. — *Quid*, lorsque le fief dominant est un fief en l'air, *id.* p. 49. — Le port de foi doit contenir la déclaration du titre auquel le vassal possède le fief, *id.* p. *id.* — *Quid*, si le vassal avoit fait une fausse déclaration, *id.* p. 49-50. — Le port de foi doit aussi contenir les offres de payer les droits utiles, *id.* p. 50. — Des offres des droits utiles. (*Voy.* OFFRES.) — Quel délai a le vassal pour porter la foi, *id.* p. 56. — Deux espèces de souffrances : la légale est celle qui doit se demander, Effets de l'une et l'autre souffrance, *id.* p. *id.* — De la souffrance légale, *id.* p. *id.* — Du cas où il y a ouverture à la foi par la mutation du vassal, *id.* p. *id.* — Dans les coutumes qui n'ont aucune disposition sur le délai que doit avoir le nouvel acquéreur dans le cas des mutations par aliénation, doit-il avoir le délai de quarante jours accordé dans le cas des mutations par mort, *id.* p. 58. Si l'héritier du vassal reçu en foi vient à mourir, avant que d'être reçu, l'hé-

ritier de cet héritier aura-t-il un nouveau délai de quarante jours, *id.* p. 59-60. — Si l'héritier mouroit sans avoir porté la foi, après l'expiration des quarante jours, son héritier jouiroit-il d'un nouveau délai de quarante jours, *id.* p. 61-62. — *Quid*, si l'héritier qui jouit de son fief le vendoit avant l'expiration du délai qui lui est accordé, l'acheteur jouiroit-il du reste du délai, *id.* p. 62-63. — Les délais accordés aux vassaux courent contre les mineurs, *id.* p. 63. — Du cas où il y a ouverture à la foi par la mutation du seigneur, *id.* p. *id.* — Les coutumes de Paris et d'Orléans accordent un délai de quarante jours, *id.* p. 63-64. Le seigneur qui n'est pas châtelain, doit se faire connoître par une sommation à chacun de ses vassaux, *id.* p. 64. — La coutume d'Orléans permet de faire une saisie féodale qui n'aura l'effet que d'une sommation pendant quarante jours, *id.* p. *id.* — Les coutumes de Paris et d'Orléans permettent aux seigneurs châtelains de notifier leurs seigneuries par un cri public, *id.* p. 65. — Celle d'Orléans exige en outre trois proclamations aux prônes, *id.* p. *id.* — *Quid*, si le seigneur, après avoir sommé ses vassaux de venir à la foi, meurt ou aliène son fief, *id.* p. 65-66. — Du cas où il y a mutation, tant du seigneur que du vassal, *id.* p. 67. — De la souffrance qui se demande au seigneur. (*Voyez* SOUFFRANCE.) — De la réception en foi par main souveraine, et du combat de fief. (*Voy.* COMBAT DE FIEF.) — Effets de la réception par main souveraine, *id.* p. 82. — La réception en foi par main souveraine séquestre le fief en la main du roi pendant le procès, *id.* p. 82-83. — *Quid*, si le vassal, reçu par main souveraine, vend ou aliène son fief, *id.* p. 83. — Différence entre la réception en foi par main souveraine, et la provision des fruits, *id.* p. 83-84.

FOIRES, Espèces de lettres de change payables à une telle foire, t. V, p. 212.

FOLLE ENCHÈRE. (*Voy.* ADJUDICATION.)

FONCIALITÉ. Comment s'établit-elle, t. V, p. 140-142. — Sur quel pied est rachetable une rente dont le créancier ne justifie pas de sa socialité, lorsqu'on ignore pour quelle somme elle a été constituée, *id.* p. 142-143.

FONDS DE TERRE. Quelles choses sont censées en faire partie, t. XI, p. 36-49.

FORAIN. Privilége des habitans d'Orléans pour les marchés faits à Orléans avec les forains, t. XVIII, p. 404.

FORCE MAJEURE. (Cas fortuit.) Le débiteur qui n'est pas en demeure, n'en est tenu s'il ne s'en charge, t. I, p. 123. — A moins qu'une faute précédente n'ait donné lieu au cas fortuit, *id.* p. *id.* — Convention par laquelle le débiteur se charge des cas fortuits et valables, t. II, p. 172-173. — Débiteur qui est en demeure, quand est-il tenu des cas fortuits, *id.* p. 168-169.

Force majeure. (Prêt à usage.) L'emprunteur est-il responsable de la perte arrivée par un cas de force majeure auquel le prêt a donné lieu, t. VIII, p. 39 et suiv. — Est-il tenu lorsque, pouvant sauver la chose prêtée, il a préféré sa propre chose, *id.* p. 44-45. — Il est tenu, lorsqu'il a, par sa faute, donné lieu à l'accident, *id.* p. 46-47. — Lorsqu'il a emprunté la chose de son ami pour ne pas exposer la sienne, *id.* p. 47-48. — Lorsque l'accident n'est arrivé que depuis qu'il a été mis en demeure de rendre, *id.* p. 48-49. — Lorsqu'il est volontairement soumis à être tenu de ces accidens, *id.* p. 49. — Est-il censé s'y être soumis lorsque la chose a été prêtée sous une estimation, *id.* p. 49-50.

Force majeure dans le contrat mutuum. L'emprunteur suppose la perte de la chose prêtée, quoiqu'arrivée par force majeure, avant qu'il ait pu s'en servir, t. VIII p. 128.

Force majeure dans le mandat. Le mandataire n'en est tenu, s'il ne s'en est chargé par une convention particulière, t. IX, p. 40-41. — Le *negotiorum gestor* doit-il supporter les pertes arrivées par force majeure et cas fortuits, *id.* p. 188.

Force majeure. (Nantissement.) Qui doit prouver le cas de force majeure allégué par le créancier, dans le cas où la chose donnée en nantissement est périe, t. IX, p. 224.

FORFAIT. Clause de forfait de la part des communautés, t. XVII, p. 46.

Forfait de communauté. Ce que c'est, quelles restrictions peuvent y être apportées, t. XI, p. 429.

FORGE.

FOSSÉS. Quels droits en résultent, t. XVII, p. 244.

Fossé. Règles pour décider s'il est commun ou s'il appartient à l'un des voisins, t. VII, p. 317-318.

FOUR. Sa distance du mur mitoyen, t. XVII, p. 242. — *Bannalité de four.* (*Voy.* BANNALITÉ.)

FOURNIR *et faire valoir.* (*Voyez* CLAUSE.)

FRAIS FUNÉRAIRES ne sont charges de la communauté, t. XVII, p. 20. — Leur privilége. (*Voyez* ORDRE.)

Frais funéraires du conjoint prédécédé, à la charge de qui sont-ils, t. XI, p. 252.

FRAIS DE CONDUITE. En quel cas dus, t. VI, p. 520-521.

FRAIS D'INVENTAIRE. La communauté en est tenue, t. XI, p. 252.

FRANC-ALEU, t. XVII, p. 245.

Franc-aleu. Deux espèces, t. XIV, p. 318-319.

FRANC ET QUITTE. Clause par laquelle des parens marient un garçon franc et quitte de dettes, t. XVII, p. 48-51. — Une fille, *id.* p. 51-52.

Franc et quitte. Convention par laquelle des parens marient le futur époux franc et quitte des dettes, à quoi les oblige-t-elle, t. XI, p. 341-346. — Différence de cette convention et de celle de séparation de dettes, *id.* p. 346-347. — Cette convention est différente de celle par laquelle les parens s'obligeroient précisément à payer les dettes au-

térieures du futur époux, et de celle par laquelle ils se rendroient cautions des conventions matrimoniales, *id.* p. 347-349. — Convention par laquelle les parens de la fille la déclarent franche et quitte, à quoi les oblige-t-elle, *id.* p. 349-350. — En quoi diffère-t-elle de celle de séparation de dettes, *id.* p. 350-351. — Elle n'oblige pas la femme qui a été mariée franche et quitte, *id.* p. 351. — Cette clause diffère de celle par laquelle ils ont promis d'acquitter ses dettes antérieures au mariage, *id.* p. 352. — Les parens qui ont marié la fille franche et quitte. ont-ils recours contre elle, après la dissolution du mariage, pour les dettes qu'ils ont été obligés d'acquitter, *id.* p. 352-353. — Cette convention peut intervenir, même en cas d'exclusion de communauté, *id.* p. 354.

FRANC-FIEF. Est-il à la charge de la douairière, t. XIII, p. 203-205.

Franc-fief. Le donataire mutuel est tenu, lorsqu'il est de condition à y être sujet, t. XIV, p. 205.

FRANÇAIS qui a abdiqué sa patrie, ne peut transmettre sa succession, t. XXI, p. 7. — *Quid,* s'il revient en France, *id.* p. 8. — Exception pour ceux qui forment des établissemens de commerce sous la protection de consuls français, *id.* p. 8-9.

Français établi en pays étranger, et qui y est mort, ne peut être censé avoir succédé à ses parens morts depuis qu'il étoit en pays étranger, t. XXI, p. 18-19.

FRAUDE. Tiers qui a prêté son ministère à quelque fraude pour couvrir un don prohibé, est obligé subsidiairement à restitution envers les héritiers du conjoint qui a fait l'avantage, t. XIV, p. 69-70.

FRUITS. Quand font-ils partie de l'héritage, et quand deviennent-ils meubles, t. XVII, p. 139-140; t. XVIII, p. 140. — Quels fruits tombent en communauté, t. XVII, p. 13.

Fruits. Le vendeur qui a reçu le prix est tenu de faire raison à l'acheteur de tous les fruits qu'il a perçus, même avant la demeure, t. III, p. 34-35, 63. — Depuis sa demeure, est tenu même de ceux qu'il n'a pas perçus, mais que l'acheteur auroit pu percevoir, *id.* p. 63. — Vendeur sommé en garantie, est-il obligé d'acquitter l'acheteur de tous les fruits que l'acheteur a été condamné de rendre au demandeur originaire, *id.* p. 93. — Exception, *id.* p. 93-94.

Fruits pendans. La vente de fruits pendans donne-t-elle lieu au retrait, t. IV, p. 31-32. — Fruits pendans lors de l'adjudication du retrait appartiennent au retrayant, *id.* p. 260. — Sauf dans quelques coutumes qui partagent ces fruits au prorata du temps, *id.* p. 260-261. — On doit aussi lui faire raison des fruits perçus, ou qu'il auroit pu percevoir depuis la demande, *id.* p. 261. — Déduction faite des frais de labour et semences, *id.* p. 262-263. — Fruits cueillis avant la demande appartiennent à l'acheteur, à moins qu'ils n'aient été recueillis avant leur maturité en fraude, *id.* p. 263-264. — Fruits qui étoient pendans lors du contrat doivent être rendus au retrayant, quoique perçus avant la demande, s'ils n'ont été vendus pour un prix séparé, *id.* p. 264-265. — S'ils sont depuis péris par force majeure, sur qui doit tomber la perte, *id.* p. 266. — S'ils ont été vendus pour un prix séparé, *id.* p. 266-267. — *Quid,* si les fruits n'étoient pas pendans, mais que les labours et semences pour leur production eussent été faits avant le contrat de vente, *id.* p. 268-269. — *Quid,* des fruits qui sont la production de plusieurs années, lorsque l'acquéreur ne s'est pas empressé de faire écouler le temps du retrait, *id.* p. 269. — Quand les fruits sont-ils censés perçus, *id.* p. 269-270. (*Voy.* FRUITS NATURELS.) — Fruits perçus pendant le terme accordé pour le paiement du prix sans intérêts, font partie de ce qui a été vendu, *id.* p. 271.

Fruits naturels, sont perçus lorsqu'ils sont séparés de la terre, t. IV, p. 269.

Fruits civils (Casuels.) t. IV, p. 272. — Fermes sont censées dues et acquises à l'acheteur à mesure que le fermier recueille les fruits, *id.* p. 270. — Limitations, *id.* p. 270-271. — Les loyers de maisons et arrérages se comptent de jour à jour, *id.* p. 272. — Amendes sont-elles dues du jour du délit ou du jour du jugement, *id.* p. 272-273.

Fruits. Créancier de rente foncière n'a aucun droit sur les fruits, lorsque l'héritage est affermé, t. VII, p. 69. — Quel droit y a-t-il lorsque le débiteur jouit par ses mains, *id.* p. 69-71.

Fruits. La puissance du mari lui donne le droit de percevoir tous les fruits des propres de sa femme pendant le mariage, tant que la communauté dure, t. X, p. 715.

Fruits. Fruits naturels ce que c'est, t. XIII, p. 176-179. — Se divisent en purement naturels et industriels, *id.* p. 179. — Fruits civils, *id.* p. 184. — Quand les fruits naturels sont-ils censés perçus et acquis à la douairière, *id.* p. 179-180. — La douairière qui perçoit les fruits qui étoient pendans lors de la mort de son mari, doit-elle rembourser sa part des labours et semences, *id.* p. 182-184. — Les fruits civils naissent et sont acquis à la douairière aussitôt qu'ils commencent à être dus, *id.* p. 185. — Quand sont dues les fermes de terres, *id.* p. 185-186. — Les loyers des maisons et héritages de rentes, *id.* p. 186-187. — Les cens, *id.* p. 187. — Fruits perçus depuis la mort de la douairière, *id.* p. 186. — Trésor trouvé dans l'héritage, à qui appartient-il, *id.* p. 177-178.

Fruits. Fruits des propres tombent en communauté, t. XI, p. 185-186. — Quelles choses sont fruits, *id.* p. 187. — Division des fruits, *id.* p. 188. — Quand les fruits naturels tombent-ils en communauté, *id.* p. 188-190. — A qui appartiennent les fruits pendans sur l'héritage propre de l'un des conjoints, lors de la dissolution de communauté, *id.* p. 190-191. — *Quid,* si un mari, en fraude de la communauté, avoit

retardé une recette à faire sur son héritage propre, prévoyant la mort de sa femme, *et vice versâ, id.* p. 191. — Le propriétaire de l'héritage propre, qui perçoit seul les fruits après la dissolution de communauté, doit rembourser aux héritiers la moitié des impenses, *id.* p. 192-195. — Dispositions contraires de quelques coutumes, *id.* p. 195-201. — Quand les fruits civils tombent-ils en communauté, *id.* p. 201-212. — Fruits d'un droit de justice, quels sont-ils, et quand sont-ils acquis à la communauté, *id.* p. 212-214. — Fruits des droits propres, quoiqu'ils n'aient qu'une durée, tels qu'un usufruit, une rente viagère, tombent en communauté, *id.* p. 214-215.

Fruits pendans font partie du fonds, *id.* p. 47-48.

Fruits. Comment on procède à la liquidation des fruits, t. XXIV, p. 280-281. — Déclaration des fruits recueillis, qui doit être donné par la partie condamnée, *id.* p. 281. — Estimation par expert ordonnée par le juge, *id.* p. 282. — Appréciation des fruits de blés, comment doit être faite, *id.* p. 282-283. — Fruits de la dernière année doivent être restitués en espèces, les autres, suivant l'estimation, *id.* p. 283-284.

Fruits. Quand peuvent être saisis, t. XXIV, p. 296.

Fruits pendans. (*Voy.* DISSOLUTION DE SOCIÉTÉ.)

FRET. Ce que c'est, t. VI, p. 359. — Il est de l'essence de la charte-partie, *id.* p. 359-360. — Comment se règle-t-il, *id.* p. 360. — Est dû lorsque les marchandises sont arrivées à leur destination, quoique endommagées, *id.* p. 399-400. — *Quid,* lorsque les futailles sont vides, *id.* p. 396-397. — S'il y en avoit de vides et d'autres qui ne le fussent pas, *id.* p. 397. — *Quid,* si le coulage étoit arrivé par le fait du maître, *id.* p. 398. — Le fret n'est dû lorsque les marchandises ont péri en chemin, *id.* p. 399-400. — Le fret est-il dû en entier ou pour partie pour celles qui ont été sauvées, *id.* p. 401. — Le fret est-il dû pour les marchandises exis-

tantes que le maître n'a pu conduire, jusqu'à leur destination , *id.* p. 402-403. — Comment est-il dû lorsqu'une interdiction de commerce , survenue depuis le départ, a obligé de les ramener, *id.* p. 404-405. — Le fret est-il dû pour les marchandises jetées à la mer ou vendues pour le salut commun, *id.* p. 405-406. — Lorsque le vaisseau n'est pas arrivé au lieu de sa destination , étant péri dans le cours du voyage, depuis la vente des marchandises, le fret en est dû, *id.* p. 406-407. —

Est-il dû pour les marchandises que l'affréteur a été en demeure de charger, et qu'il a tirées, *id,* p. 407-410. — Fret doit-il être augmenté en cas d'arrêt de prince, *id.* p. 413-414. — Les propriétaires de navire contribuent-ils aux avaries pour leur fret, *id.* p. 456-457. — Action, privilége, *id.* p. 437. — Engagement au fret, *id.* p. 474.

FUMIERS, sont-ils meubles ou immeubles, t. XI, p. 41.

FUNGIBLES, choses fungibles, t. VIII, p. 104-105.

G.

GAGE. (*Voyez* HYPOTHÈQUE.)
GAGERIE. Droit de gagerie dans la coutume de Paris , t. VI, p. 192.

GARANT. *Garantie.* Sentence contre le garant, exécutoire contre le garanti, t. XVIII, p. 413-414.
Garant, Garantie. Ce qu'c'est t. XXIV, p. 55. — Deux espèces de garantie ; la simple et la formelle, *id.* p. 55-56. — Délai pour assigner garant, *id.* p. 56-57. — Exception dilatoire qui en résulte , *id.* p. 57-58. — Elle cesse lorsque les délais sont expirés, *id.* p. 58. — Préjudice que se fait le défendeur, en n'appelant pas son garant, *id.* p. 59. — Le défendeur peut assigner son garant par-devant le juge devant lequel il est assigné, *id.* p. 60. — Celui-ci ne peut demander son renvoi devant son propre juge, *id.* p. *id.* — Exception de cette règle, *id.* p. 61. — Le garant qui obtient son renvoi devant le juge de son privilége , peut-il évoquer la demande originaire, *id.* p. 61-62. — La garantie formelle doit prendre le fait et cause du défendeur originaire qui doit être mis hors de cause, s'il le requiert, *id.* p. 62. — Comment la condamnation sera-t-elle alors prononcée et exécutée *id.* p. 63. — Il en est autrement dans la garantie simple, *id.* p. *id.*
Garantie. Garantie des évictions. Action de garantie des évictions est une branche de l'action *ex empto*,

t. III, p. 80. — Quel trouble y donne lieu, *id.* p. *id.* — Objet immédiat de cette action de prise de fait et cause, *id.* p. 81. — (*Voy.* FAIT ET CAUSE.) — Quand et devant quel juge se donne l'action de garantie en cas d'éviction, *id.* p. 84. — Intérêt qu'à l'acheteur de la donner d'abord, *id.* p. 84-85. — Différence entre le droit romain et le droit français, *id.* p. 83. — Contre qui se donne l'action de garantie, *id.* p. 85. — Celui qui n'a pas vendu, mais seulement consenti à la vente, n'en est tenu, *id.* p. 87. — L'obligation de garantie, donnant à l'acheteur une action, lui donne, à plus forte raison une exception. (*Voyez* EXCEPTION.) — On peut convenir, par le contrat, que le vendeur ne s'oblige pas à la garantie de certaines espèces d'éviction, ou en général qu'il ne s'oblige à aucune garantie, *id.* p. 146 et suiv. — Cette clause ne décharge pas le vendeur de la garantie des évictions qui procéderoient de son fait, *id.* p. 148. — Celui qui a vendu à la charge de n'être pas garant, n'est pas, en cas d'éviction, tenu des dommages et intérêts, mais il n'est pas déchargé de la restitution du prix, *id.* p. 148-149. — Si ce n'est qu'il eût vendu ses prétentions sur la chose plutôt que la chose même, *id.* p. 149-150. — Le vendeur n'est pas tenu de la garantie, s'il peut justifier que l'acheteur , lors du contrat, avoit

connoissance de l'éviction, si elle n'a été expressément stipulée, *id.* p. 150. — Il n'y a pas lieu à la garantie, même pour la simple restitution du prix, quoiqu'elle ait été stipulée, lorsque la vente a été faite par un voleur ou un recéleur, *id.* 150-151. — Ni lorsque la vente a été faite pour le prix d'une somme perdue au jeu, *id.* p. 155. — Ni lorsqu'on achète des héritages compris dans une substitution dûment publiée et enregistrée, *id.* p. 154-155. — Lorsque c'est l'acheteur qui, ayant connoissance de la cause qui a donné lieu à l'éviction, a induit en erreur le vendeur, la garantie, quoique stipulée, n'a pas lieu, si ce n'est pour la restitution du prix, *id.* p. 155. (*Voy.* EXCEPTION DE GARANTIE.) — Garantie des charges réelles non déclarées. A quoi oblige cette garantie, *id.* p. 156. — Il n'est besoin de déclarer celles qui sont de droit commun, *id.* p. *id.* — Comme les dîmes, *id.* p. 157. — Commes les charges seigneuriales, *id.* p. *id.* — Les servitudes visibles, *id.* p. 158-159. — Est-il besoin de déclarer le changement non seigneurial dans la coutume d'Orléans, *id.* p. 159-160. — Garantie des vices rédhibitoires, *id.* p. 161. — Cette garantie a lieu, non-seulement à l'égard de la chose principale vendue, mais même à l'égard de celles qui sont vendues comme choses accessoires, pourvu qu'elles soient spécialement vendues, *id.* p. 162. — Exemple, *id.* p. 163. — La garantie du vice rédhibitoire oblige le vendeur qui en a eu connoissance ou un juste soupçon, ou eu égard à sa profession, devoit le savoir, aux dommages et intérêts; sinon, elle l'oblige seulement à la restitution du prix, *id.* p. 167 et suiv. — Garanties de rentes. Différentes espèces de garantie qui ont lieu dans les transports de rentes et autres créances, *id.* p. 423. — Garantie de droit, *id.* p. *id.* — Garantie de fait, *id.* p. 423-424. — Il y en a trois espèces. Garantie de fait simple, *id.* p. 424. — La garantie de tous troubles et empêchemens renferme-

t-elle la garantie de fait simple, *id.* p. 424-425. — Garantie résultante de la clause de fournir et faire valoir, que comprend-elle, *id.* p. 425 et suiv. — *Quid*, si la vente étoit devenue caduque par le fait ou la faute de l'acheteur, *id.* p. 427. — S'il a laissé prescrire les hypothèques, *id.* p. 428. — Elle ne renferme que la garantie de la solvabilité future, *id.* p. 427. — Le cessionnaire, dans le cas de cette clause, est obligé à la discussion des biens du débiteur de sa rente avant d'attaquer le cédant, *id.* p. 428-429. (*V.* DISCUSSION.) — Après la discussion, il est tenu de payer les arrérages et de continuer la rente ou de rendre le prix pour lequel il l'a vendue, et les intérêts, *id.* p. 430. — Garantie après simple commandement, n'oblige à discussion ni à veiller aux hypothèques, *id.* p. 430-431. — Garantie de partage. La garantie de partage est différente de celle dont est tenu un vendeur, et elle dérive d'autres principes, *id.* p. 478-479. — Cette garantie ne donne pas à celui qui a souffert éviction de quelqu'une des choses tombées dans son lot, le droit de demander les dommages et intérêts à ses copartageans, mais seulement d'exiger que ses copartageans lui fassent raison, chacun pour sa part, de la somme pour laquelle la chose a été donnée en partage, la sienne confuse, *id.* p. 479-480. — Si parmi ses copartageans il y en a quelques-uns d'insolvables, il peut demander à ceux qui sont solvables, qu'ils lui fassent raison de la part dont auroit été tenu l'insolvable, chacun pour sa part, la sienne confuse, *id.* p. 483-484. — Le copartageant, en cas de caducité des rentes tombées dans son lot, a action de garantie contre les copartageans, *id.* p. 483-484. — Quelle espèce de lésion donne lieu à la rescision, *id.* p. 485. — La perte qu'un copartageant souffre depuis le partage, par cas fortuit, ne lui donne pas d'action de garantie; mais, suivant Dumoulin, il peut l'opposer en compensation, *id.* p. 482-483. — C'est l'éviction et non la seule crainte de l'éviction, qui

donne lieu à la garantie de partage, *id.* p. 485.

Garantie. Ne s'étend pas au retrait lignager avec la charge duquel l'acheteur est toujours censé avoir acquis l'héritage, t. IV, p. 111-112.

Garantie. (*Voyez* ACTION, EXCEPTION, VICE.)

Garantie. Exception de la garantie contre l'action hypothécaire du créancier qui est obligé personnellement à la garantie, t. XX, p. 220. — Si le créancier n'est obligé que pour partie à la garantie, par exemple, pour un quart, l'exception n'aura lieu que pour un quart, *id.* p. 221. — Cette exception a lieu, non-seulement quand le demandeur est personnellement obligé à la garantie, mais encore lorsqu'il est possesseur d'héritages hypothéqués à cette garantie, *id.* p. 222.

Garantie (Exception de). (*Voy.* HYPOTHÈQUE.)

Garantie de partage, t. VII, p. 277.

Garantie de partage. Le survivant et ses héritiers contractent respectivement une obligation de garantie pour les choses échues en leurs lots respectifs : fondement de cette obligation, t. XII, p. 220. — Quels biens donnent lieu à la garantie, *id.* p. 220-221. — Quelles espèces d'éviction donnent lieu à cette garantie, *id.* p. 222. — Différentes espèces d'éviction; la cause de l'éviction doit être antérieure au partage, à moins qu'une partie en ait été chargée par le partage, *id.* p. 223. — A quoi oblige la garantie qui résulte d'une éviction envers celui qui l'a soufferte ; différence de cette éviction et de celle d'un vendeur, *id.* p. 224-225. — La garantie s'étend aux charges réelles et non garanties au partage, *id.* p. 226. — Aux vices rédhibitoires, *id.* p. *id.* — A l'insolvabilité des débiteurs des créances comprises au partage, *id.* p. 227. — Différence entre les créances d'une somme exigible et les rentes, *id.* p. 227-228. — La partie au lot de laquelle est échue une rente, a action de garantie contre ses copartageans, en

quelque temps que ce soit qu'elle devienne caduque ; raison de cette garantie : à quoi oblige-t-elle, *id.* p. 228-231. — On peut, par le partage, déroger à cette garantie et la modifier, *id.* p. 231-232.

Garantie de partage, t. XXI, p. 393. — A lieu de quelque manière que le partage ait été fait, *id.* p. *id.* — Quelle sorte d'éviction donne lieu à la garantie, *id.* p. 393-394. — Si l'éviction est arrivée par la faute du cohéritier, il doit en supporter l'événement, *id.* p. 396. — Exception pour les charges seigneuriales dont les héritages sont chargés par la coutume des lieux, ou les servitudes visibles quoique non déclarées, *id.* p. 397. — La connoissance que l'héritier auroit eue des causes de l'éviction, exclut-elle de la garantie, *id.* p. 398. — Ce que doit faire l'héritier assigné pour cause d'éviction, *id.* p. 399. — En quoi consiste l'obligation de la garantie *id.* p. *id.* — *Quid*, si quelqu'un des cohéritiers tenus de la garantie étoit insolvable, *id.* p. 400. — Principes sur la garantie des offices, *id.* p. *id.* — Sur la garantie des rentes, *id.* p. *id.* et suiv.

Garantie de fait pour raison de créances exigibles, *id.* p. 402. — Prescription de cette action, *id.* p. 402-403.

GARDE d'enfans mineurs, t. XVI, p. 338. — Garde des nonnobles, *id.* p. 344. — Garde-noble, *id.* p. 287. — A quelles personnes est-elle déférée, *id.* p. 289. — Quelles personnes en sont capables, *id.* p. 290. — Sur quelles personnes, *id.* p. 291. — Quand est-elle déférée, *id.* p. 292. — Elle s'acquiert de plein droit, *id.* p. *id.* — Comment la peut-on répudier, *id.* p. *id.* — Peut-on l'accepter pour un enfant et la répudier pour les autres, *id.* p. *id.* — Sur quels biens des mineurs a lieu l'émolument de la garde, *id.* p. 293. — Du droit qu'a le gardien de s'approprier les meubles; quelles créances en sont exceptées, *id.* p. 294. — De la jouissance des immeubles, *id.* p. 297. — Des charges de la garde et obligations du

gardien, *id.* p. 299. — Quand finit-
elle, *id.* p. 304. — Du cas auquel
la gardienne se remarie, *id.* p. 305.
— Qualité du statut sur la garde-
noble, *id.* p. 306.

GARDE-NOBLE. Dans la cou-
tume d'Orléans il n'y a pas lieu à la
continuation de communauté lorsque
les enfans du prédécédé sont tombés en garde-noble, t. XII, p. 307.
— Lorsqu'il n'y a qu'une partie des
enfans qui y sont tombés, et les
autres ayant passé l'âge, quelle est
la part dans la contribution de ceux
qui n'y sont pas tombés, *id.* p. 308-
310.

Garde-Noble, a lieu dans presque
toutes les coutumes, t. XX, p. 93.
— Ce que c'est que le droit de
garde-noble, *id.* p. *id.* — Ce droit,
dans la plupart des coutumes, s'appelle bail. (*Voy.* BAIL.) — *Quid*,
dans la coutume d'Orléans, *id.* p.
94-95. — Origine de la garde-noble,
id. p. 95-96. — De la garde-bourgeoise, suivant la coutume d'Orléans, *id.* p. 96-97. — Et suivant
celle de Paris, *id.* p. 97. — A quelles
personnes les coutumes défèrent la
garde-noble, *id.* p. 98. — Un ascendant, d'un degré plus éloigné
qu'un aïeul, peut-il prétendre la
garde, *id.* p. 98-99. — S'il se trouve
des aïeux, tant du côté du survivant que du côté du prédécédé,
concourront-ils, *id.* p. 100. — *Quid*,
dans la coutume d'Orléans, *id.* p.
102. — Notre coutume fait trois
degrés pour la garde des nobles, *id.*
p. 103. — Qualités que doivent avoir
ceux à qui la garde est déférée, *id.*
p. 104. — Si les mineurs peuvent
avoir la garde-noble de leurs enfans,
id. p. 106. — Sur quelles personnes
la garde-noble a lieu, *id.* p. 107. —
Les coutumes ne défèrent ce droit
que sur les nobles, *id.* p. *id.* —
Quid, dans la coutume de Paris, *id.*
p. 108. — Ces personnes doivent être
au-dessous de l'âge requis par la
coutume, *id.* p. 109. — Des personnes auxquelles la garde-bourgeoise
est déférée, et des qualités qu'elles
doivent avoir, *id.* p. 110. — Elle
n'a lieu que sur les impubères, *id.*
p. *id.* — La coutume d'Orléans dé-

fère aussi aux roturiers un droit de
garde, mais sans émolument, *id.*
p. 110-111. — Qualité requise pour
cette garde, *id.* p. 111-112. — La
garde-noble se défère par la mort
du père ou de la mère des mineurs,
id. p. 112. — Elle ne se défère que
cette fois, *id.* p. *id.* — Dans la coutume d'Orléans, elle le défère d'a-
bord au survivant; s'il en est incapable ou s'il la refuse, elle se défère
à ceux qui y sont subordinément
appelés, *id.* p. 113. — Peut-on stipuler, par un contrat de mariage,
que le survivant n'aura pas la garde-
noble, *id.* p. 114. — Quand se défère la garde-bourgeoise, *id.* p. 114-
115. — De l'acceptation de la garde.
(*Voy.* ACCEPTATION.) — En quoi
consiste le droit de garde, *id.* p.
120. — Dans la coutume de Paris,
la garde-noble ne renferme point la
tutelle, *id.* p. *id.* — Dans plusieurs,
telle que la nôtre, la tutelle est
unie à la garde-noble, *id.* p. 121.
— Dans notre coutume d'Orléans,
la garde-bourgeoise n'est autre chose
qu'une tutelle comptable, *id.* p. *id.*
— Des biens sujets à la garde. (*V.*
BIENS.) — Du gain des meubles
dans quelques coutumes. (*Voyez*
MEUBLES.) — Des obligations et
charges de la garde-noble, *id.* p.
132. (*Voy.* INVENTAIRE, ALI-
MENS, CAUTION, DETTES.) —
Le gardien noble est-il tenu des
frais funéraires, du moins dans les
coutumes qui ne donnent pas les
meubles, *id.* p. 144. — Quand finit
la garde-noble, *id.* p. 148. — Différence de notre coutume et de celle
de Paris, et autres semblables, *id.*
p. 148-149. — Si la gardienne noble
et son second mari refusent de
donner caution, l'aïeul ou l'aïeule
prennent la garde à sa place, *id.*
p. 149. — Quand finit la garde-bourgeoise, dans la coutume de Paris et
celle d'Orléans, *id.* p. 151. — Le
gardien noble doit acquitter les
charges réelles des héritages, *id.*
p. 137. — Il doit aussi acquitter les
arrérages des rentes constituées,
dues par la succession du prédécédé,
id. p. *id.* — Les coutumes chargent
aussi le gardien des dettes mobi-

lières, *id.* p. 137-138. — Cette obligation est plus étendue dans les coutumes qui donnent au gardien la propriété des meubles, *id.* p. 138. — Doit-on excepter le douaire préfix dû par les mineurs à leur mère, *id.* p. 139. — Le gardien noble doit-il confondre les récompenses qui lui sont dues par les mineurs? Avis de Renusson; avis contraire de Lemaître, *id.* p. 140-141. — Doit-il confondre le préciput, *id.* p. 142. — *Quid*, s'il consiste en corps certains, *id.* p. *id.* — La gardienne noble confond-elle la somme qu'elle doit avoir pour tout droit en la communauté, *id.* p. 143. — Si le gardien noble est tenu des dettes *ultra vires, id.* p. 146. — *Quid*, s'il se trouve des dettes mobilières imprévues, *id.* p. 147. — Biens sujets à la garde, *id.* p. 121. — Il n'y a, dans les coutumes de Paris et d'Orléans, que ceux de la succession du prédécédé des père et mère, *id.* p. 121-122. — On doit regarder comme biens de la succession du prédécédé ceux échus depuis au mineur, en vertu de quelque droit dépendant de cette succession, *id.* p. 122. — Dans quelques coutumes ce droit se restreint aux biens féodaux : dans les autres à tous les immeubles, *id.* p. 123. — Dans quelques coutumes, telle que la nôtre, le gardien gagne les meubles en propriété; dans la plupart des autres il n'en a que l'administration, *id.* p. *id.* — Le gardien noble a droit de percevoir tous les fruits, tant naturels que civils, sur les biens sujets à la garde, *id.* p. 125. — S'il peut appliquer à son profit les pierres ou ardoises des carrières, *id.* p. 126. — Il ne peut rien prétendre à un trésor trouvé dans l'héritage, *id.* p. *id.* — Les fermes lui appartiennent quand la récolte s'est faite durant la garde, *id.* p. 126-127. — Les profits qui naissent pendant la garde lui appartiennent, *id.* p. 127. — *Quid*, du retrait féodal, *id.* p. 127-128. — Les amendes et épaves, et autres droits de justice lui appartiennent, *id.* p. 128. — Peut nommer les officiers de justice, mais non destituer ceux qui étoient institués; présenter et nommer aux bénéfices, *id.* p. 129. Le gardien doit entretenir en bon état les héritages sujets à la garde, *id.* p. 135-136. — Il doit aussi faire les frais des procès pour la conservation des biens sujets à la garde, *id.* p. 136. — Si les dispositions des coutumes, touchant la garde-noble, sont statuts réels ou personnels, *id.* p. 152. — La garde ne peut être déférée que par la coutume du lieu du domicile des mineurs, *id.* p. *id.* — Est-il nécessaire que ceux auxquels la garde est déférée aient leur domicile dans le territoire de la coutume qui défère la garde, *id.* p. *id.* — Un gardien noble, Parisien, peut-il avoir la jouissance des héritages situés dans une autre coutume, *id.* p. 153. — Les différens temps, réglés par les différentes coutumes, donnent lieu à des questions sur la durée de la garde, *id.* p. 156. — La translation de domicile du survivant ne change rien à la garde, *id.* p. 157.

GARDIENS. (Dépôt.) Des personnes qu'il est défendu aux sergens d'établir pour gardiens, t. VIII, p. 332.

Gardien. Ce que c'est, t. XXIV, p. 306. — Différence entre le gardien et le dépositaire, *id.* p. 307. — Qui sont ceux qui ne peuvent être contraints d'être gardiens, *id.* p. *id.* — Saisissant responsable du gardien envers le saisi, *id.* p. 308. — Qui sont ceux que l'ordonnance défend d'établir pour gardiens, *id.* p. 309. — Huissier ne peut s'établir pour gardien, ni ses parens, *id.* p. 310. — Saisissant ne peut être établi pour gardien, *id.* p. 311. — Mineurs, ecclésiastiques, et femmes, ne le peuvent, *id.* p. *id.* et suiv. — Obligations des gardiens, *id.* p. 312. — Gardien doit rendre compte du profit, *id.* p. 313. — Est contraignable par corps pour la représentation des effets, *id.* p. 314. — Quand est-il déchargé de la garde, *id.* p. *id.* — Salaire et frais de garde, *id.* p. 314-315.

GARENNES, t. XVI, p. 454.

Garenne. Peut s'affermer, *id.* p. *id.*

GARNISSEMENT DE MAIN. Titres qui portent garnissement de main, t. XVIII, p. 416.

GAVITEAU. Ce que c'est, t. VI, p. 423.

GÉNEALOGIE. Comment s'établit-elle,

GENS *du tiers état.* Se considèrent suivant différens rapports, t. XXIII, p. 244.

Gens de main-morte. (*V.* CORPS et COMMUNAUTÉ.)

Gens de main-morte, t. V, p. 178-179. (*Voy.* MAIN-MORTE.)

Gens de main-morte.(Prescription.) Prescription de gens de main-morte, t. XV, p. 320-321. (*V.* PRESCRIPTION.)

GLACES ET TABLEAUX. Quand font-ils partie d'une maison, t. XVIII, p. 141-142.

Glaces. Quand sont-elles censées faire partie d'une maison, t. XI, p. 53.

GRATUITÉ. (Prêt d'usage.) Elle est de l'essence du mandat, t. VIII, p. 4. — (Dépôt.) Et du dépôt et du mandat, *id.* p. 268 ; t. IX, p. 22.

GROSSE. Contrat à la grosse. Sa définition, ses noms, t. IX, p. 397. — Etoit en usage chez les Romains, *id.* p. 398. — Est-il licite, *id.* p. 398-399. — A quelles classes de contrats ce contrat appartient-il, *id.* p. 399. — Différence de ce contrat et du contrat d'assurance, *id.* p. 400-401. — Choses qui composent la substance de ce contrat, *id.* p. 401. — Il faut qu'il y ait une somme prêtée, *id.* p. 401-402. — Il n'est pas permis d'emprunter, par ce contrat, une somme qui excède la valeur des choses sur lesquelles le prêt est fait, *id.* p. 403. — Le contrat est-il, en ce cas, entièrement nul ou réductible. Distinction, *id.* p. 403-404. — On ne peut emprunter à la grosse que sur les effets qu'on risque de perdre, non sur un profit espéré, *id.* p. 407. — Les matelots peuvent-ils emprunter à la grosse sur leurs loyers, *id.* p. 408-409. — Sur quelles choses doit intervenir le consentement des parties dans le contrat à la grosse, *id.* p. 414-415. — La translation de propriété des deniers donnés à la grosse, est nécessaire pour la validité du contrat, *id.* p. 416-417. — Quels sont les actes probatoires de ce contrat, et que doivent-ils contenir, *id.* p. 417-418. — Le contrat dans le doute est-il présumé fait pour l'aller seulement et pour le retour, *id.* p. 419.

GROSSESSE. Etat de grossesse n'est pas maladie ; don mutuel fait par une femme en cet état, est valable quoiqu'elle soit morte par un accident survenu depuis, t. XIV, p. 132.

GRURIE. Des bois sujets aux droits de grurie, t. XIII, p. 180-181.

GUESVEMENT, t. XVI, p. 427-429.

Guesvement. Ce que c'est, t. XX, p. 61. — Si Noël est un terme pour guesver, *id.* p. *id.* — Comment se doit faire le guesvement, *id.* p. 61-62. — Est-il nécessaire que le censitaire qui guesve la maison, la mette en état d'être occupée, *id.* p. 62. — Le propriétaire d'une partie indivise peut-il guesver pour sa portion, *id.* p. 63. — *Quid*, s'il y a plusieurs seigneurs de la censive, *id.* p. 64. — Comment le seigneur doit jouir, *id.* p. *id.*

H.

HABITATION. Droit d'habitation. Deux espèces, t. XIII, p. 363.

Habitation coutumière. (Droit.) La femme y peut renoncer par le contrat de mariage, t. XIII, p. 364. — Quand est-elle censée y avoir renoncé, *id.* p. 364-365. — Variété des coutumes sur la qualité des veuves à qui elles donnent le droit d'habitation, *id.* p. 366-369. — Variété des coutumes sur la chose qu'elles accordent pour droit d'habitation, *id.* p. 369-372. — A quoi s'étend le droit d'habitation, *id.* p.

372. — La femme peut-elle louer la maison qu'elle a pour son habitation, *id*. p. 373-375. — La femme peut-elle obliger l'héritier à mettre sa maison en bon état, *id*. p. 375-378. — Quelles sont les charges du droit d'habitation, *id*. p. 378. — Manière dont s'éteint le droit d'habitation, *id*. p. 379-380. — Lorsque la maison que la femme avoit pour son habitation a été incendiée, a-t-elle droit de jouir de la place, *id*. p. 380-381. Peut-elle, en ce cas, demander l'habitation d'une autre maison, *id*. p. 381. — *Quid*, du cas auquel elle a été évincée, *id*. p. 381-382. — L'habitation s'éteint-elle par le convol à de secondes noces, *id*. p. 382-383. — Quelle coutume règle le droit d'habitation, *id*. p. 383. — Lorsqu'il y a dans la succession du mari plusieurs maisons situées sous différentes coutumes qui accordent une habitation à la femme, peut-elle prétendre avoir une habitation dans chacune de ces coutumes, *id*. p. 384.

Habitation conventionnelle. (Droit d') Six différentes espèces d'habitation conventionnelle ; en quoi elles conviennent, et en quoi chacune d'elles convient et diffère de l'habitation coutumière, t. XIII, p. 385-391.

HAIES. Quand sont présumées communes, t. VII, p. 318-319. — Effet de la communauté des haies et fossés, *id*. p. 319.

HÉRÉDITÉ. Vente d'hérédité est nulle, si la personne dont on vend l'hérédité est vivante ou n'a jamais existé, t. III, p. 394. — A quoi est tenu le vendeur, en ce cas, *id*. p. 394-395. — On ne peut pas même vendre l'hérédité future d'une personne vivante, *id*. p. 395. — La vente de l'hérédité d'un défunt est valable, quoiqu'elle n'appartienne pas au vendeur. A quoi oblige-t-elle le vendeur, *id*. p. 395-396. — *Quid*, si quelqu'un n'a vendu que ses prétentions à une hérédité, *id*. p. 396. — Que comprend l'hérédité, *id*. p. 397. — Quelles choses le vendeur d'une hérédité doit-il donner à l'acheteur, *id*. p. 397-398. —

Lorsque le vendeur, depuis la vente de l'hérédité qu'il a faite à quelqu'un, vend à d'autres des choses qui en dépendent, leur en transfère-t-il la propriété, *id*. p. 398-399. — L'acheteur peut-il, ces choses étant péries depuis, demander le prix que l'héritier les a vendues *id*. p. 399-400. — Le vendeur de l'hérédité doit faire raison à l'acheteur des choses qu'il n'avoit plus lors de la vente, s'il en a disposé, ou s'il les a consommées pour son usage ; *secùs*, si elles sont péries, *id*. p. 400. — Le vendeur de l'hérédité n'est tenu à autre chose, à l'égard des dettes actives de la succession, que de restituer ce qu'il en a reçu et de remettre les titres pour ce qui en est dû, *id*. p. 402. — Si les débiteurs étoient devenus insolvables depuis qu'il a été en demeure de remettre les titres, seroit-il tenu de leur insolvabilité, *id*. p. *id*. — Il est tenu de faire raison de ce qui étoit dû au défunt par un débiteur dont il est devenu héritier, avant la vente de l'hérédité, *id*. p. *id*. — De ce qu'il devoit lui-même au défunt, *id*. p. 402-403. — Doit rétablir les servitudes dont ses héritages étoient chargés envers ceux de la succession, et qui avoient été éteintes par la confusion, *id*. p. 403. — Doit-il tenir compte de ce qu'il a reçu de quelqu'un qui se persuadoit faussement le devoir à la succession, *id*. p. 403-404. — Doit-il faire raison des fruits des choses qu'il s'étoit réservées, qui ont été perçus avant la vente de l'hérédité, *id*. p. 404. — L'acheteur de l'hérédité doit rembourser le vendeur de tout ce que le vendeur a payé pour les dettes et charges de la succession, et lui rapporter, dans un certain temps, quittance ou décharge de ce qui est dû pour lesdites dettes ou charges, *id*. p. 404-405. — Si l'héritier vendeur est devenu l'héritier d'un des créanciers de la succession, l'acheteur doit lui faire raison de cette dette, *id*. p. 405. — Et de ce dont cet héritier étoit lui-même créancier du défunt, *id*. p. 406. — Pourvu que ce ne fût pas

une créance de nature à s'éteindre par la mort du débiteur, *id.* p. *id.* --- Il doit souffrir le rétablissement des servitudes que les héritages de la succession du défunt devoient à ceux de l'héritier, *id.* p. *id.* --- Il n'est pas tenu de rembourser l'héritier de ce qu'il a payé par erreur à quelqu'un, qu'il croyoit par erreur créancier de la succession, à moins qu'il n'y eût été condamné, *id.* p. 406-407. --- La vente qu'un héritier en partie a faite de sa part ou de ses droits successifs, comprend-elles les portions de ses cohéritiers, qui lui sont accrues depuis par leur renonciation, *id.* p. 407-408.

HÉRITAGES. Sujets à ce retrait, quelles choses sont à cet égard réputées héritages, t. IV, p. 286 et suiv.

Héritages propres. En quel sens sont pris ces termes dans l'article 68 de la coutume de Dunois, t. XIV, p. 268-271.

HÉRITIER. Différence entre un héritier et un légataire universel, t. VII, p. 284.

HÉRITIERS. Quels loyers sont dus aux héritiers du matelot mort pendant le voyage. (*Voy.* LOYERS.)

Héritiers. Comment succèdent-ils aux dettes, soit actives, soit passives. (*Voy.* DIVISIBLE, INDIVISIBLE, STIPULER, SUCCESSION.)

Héritier. Les sommes qui doivent être remboursées par le retrayant doivent-elles l'être à l'héritier aux meubles de l'acheteur, ou à son héritier aux propres, t. IV, p. 280. — Héritier aux propres succède à l'héritage retiré par retrait, s'il rembourse dans l'an et jour, et l'héritier aux acquêts, *id.* p. 306-307. — Ce droit n'est pas un retrait, *id.* p. 307. — Jusqu'à l'accomplissement de la condition du remboursement, la succession est en suspens, *id.* *id.* — Le temps du remboursement est continu et fatal, *id.* p. 314. — Les fruits perçus par l'héritier aux acquêts doivent-ils être rendus à l'héritier aux propres qui satisfait à la condition, et sous quelles déductions, *id.* p. 308. — Si le re-

trayant avoit fait un légataire universel, l'héritier aux propres retiendra-t-il les quatre quarts en nature de ces héritages, *id.* p. 309. — *Quid* relativement aux dégradations, *id.* p. 313-314. — Que doit rembourser l'héritier aux propres: différence de la Coutume de Paris et de celle d'Orléans, à cet égard, *id.* p. 312. — Ce droit est accordé à l'héritier aux propres, en sa seule qualité d'héritier aux propres corollaires, *id.* p. 311. — Il a ce droit contre l'héritier aux acquêts, quand même celui-ci seroit lignager, *id.* p. 312. — Comment contribue-t-il aux dettes pour cette succession, *id.* p. 313. — Les dispositions des Coutumes de Paris et d'Orléans ne doivent s'étendre à l'héritier acquis directement, *id.* p. 314-315.

Héritier bénéficiaire. Section qui sépare la succession de sa personne, n'a lieu qu'à l'égard des créanciers seulement, t. IV, p. 114-115.

Héritier, soit du bailleur, soit du preneur, succède à la société dans le contrat de cheptel, t. VII, p. 345.

Héritier. (Acte d'héritier.) Enfant ne fait acte d'héritier en se mettant en possession d'héritages de la succession de son père, dans lesquels il a un douaire, t. XIII, p. 308-309.

Héritier. L'héritier du mari est-il tenu de mettre en bon état de réparation la maison que la femme a pour son droit d'habitation. Distinction, t. XIII, p. 3-5, 3-6-386. — Il ne peut rentrer en jouissance, après la mort de la veuve, de la maison sujette aux droits d'habitation, qu'en remboursant la veuve des impenses qu'elle a faites, *id.* p. 37.

Héritier présomptif. Un conjoint peut-il donner aux héritiers présomptifs de l'autre conjoint, t. XIV, p. 86-87.

Héritier, succède à tous les droits actifs et passifs d'un défunt, et par conséquent à toutes les dettes, t. XXI, p. 409. — On ne considère point la cause de l'origine du passif des successions, *id.* p. *id.* — Comment les héritiers sont tenus de

douaire préfix ou du douaire coutumier de la veuve, *id.* p. 411. — Des dettes d'une succession acceptée par le défunt, *id.* p. *id.* — *Quid*, si le défunt a été seulement héritier sous bénéfice d'inventaire de son parent, *id.* p. 412-413. — Dettes de la communauté, si elles doivent être portées par les héritiers seuls des meubles et acquêts, *id.* p. 414-415.-L'héritier aux propres est-il tenu de contribuer aux reprises que le survivant a droit d'exercer, *id.* p. 415-416.— *Quid*, en cas de renonciation de la femme à la communauté, *id.* p. 416. — *Quid*, des rentes foncières et de leurs arrérages, *id.* p. 416-417. — *Quid*, de l'obligation de fournir et faire valoir la rente foncière, *id.* p. 417. — Limitation de la règle que tous les héritiers succèdent aux dettes, *id.* p. 418. — Coutumes où le mobilier est chargé des dettes mobilières, *id.* p. 419. — Comment les dettes mobilières sont portées, lorsque le défunt a laissé des biens en différentes coutumes dont les dispositions sont différentes à ce sujet, *id.* p. 420-421. — Dans les coutumes qui chargent l'héritier ou mobilier de toutes les dettes, en est-il tenu au-delà des forces du mobilier, lorsqu'il y a d'autres biens, *id.* p. 422. — Sont aussi tenus des charges de la succession, *id.* p. 423. (*Voy.* CHARGES.) — Legs d'un corps certain, par qui sont-ils acquittés, *id.* p. *id.* — Dettes par ceux qui sont aux droits des héritiers, *id.* p. 424. (*Voy.* CESSIONNAIRES.)

Héritiers sont tenus des dettes, même au-delà des forces de la succession, *id.* p. 431. — Même l'héritier pour partie, *id.* p. 432. — L'héritier qui a cédé les droits successifs, continue d'être tenu des dettes, *id.* p. *id.*

Héritiers n'est pas tenu des legs *ultra vires*, *id.* p. 432-433. — Lorsqu'il y a plusieurs héritiers, comment sont-ils tenus des dettes, *id.* p. 434. — *Quid*, lorsque le défunt a laissé différentes espèces d'héritiers à différentes espèces de biens, *id.* p. 435. — Les mâles qui excluent les filles en collatérale, tenus des dettes en proportion, *id.* p. 436. — Aîné des enfans n'est pas tenu des dettes plus que les autres, à raison de son préciput et portion avantageuse, *id.* p. 436-437. — *Quid*, des rentes foncières dont l'héritage féodal est chargé, *id.* p. 438. — Exception dans le cas où les dettes absorberoient le surplus des biens, *id.* p. 438-439.

Héritier. Le successeur aux biens d'une personne par droit d'Aubaine, de déshérence, de bâtardise, de confiscation, est-il l'héritier, t. XIV, p. 635-636.

HONORAIRES, t. IX, p. 22-23.

HONNÊTETÉ PUBLIQUE produit une première espèce d'empêchement, qui naît des fiançailles entre l'une des parties fiancées et les parens de l'autre, t. X, p. 196-197. — Pendant les dix ou douze premiers siècles il étoit borné à la ligne directe; depuis, on avoit voulu l'étendre aussi loin que l'affinité, *id.* p. 197. — Le concile de Trente l'a borné à la ligne directe, et au premier degré de la collatérale, *id.* p. 198. — Ce qui est réquis pour que les fiançailles forment cet empêchement, *id.* p. 198-199. — L'empêchement subsiste, même après leur dissolution, *id.* p. 199. — La seconde espèce d'empêchement dirimant que produit l'honnêteté publique, est celui qui résulte du mariage, non consommé, entre un conjoint et les parens de l'autre, *id.* p. 200-203. — S'étend aussi loin que l'affinité, *id.* p. 203. — Le parlement de Normandie a regardé comme empêchement d'honnêteté publique l'affinité du second genre dans la ligne directe, *id.* p. 204-205.

HOPITAUX DE PARIS, qui avoient été exceptés de l'édit de 1661, y ont été assujettis par celui de 1691, t. V, p. 179.

HOSTILITÉ. Donnent-elles lieu à l'augmentation de prime avant la déclaration de guerre, t. IX, p. 513.

HYPOTHÉCAIRE. Obligation hypothécaire, t. I, p. 163. — Héritier pour partie, est tenu hypothécairement pour le total d'une dette

hypothécaire , quoique divisible , *id.* p. 2 3.

HYPOTHÈQUE. Quatre espèces de gage ou hypothèque, t. XVIII, p. 320. — Hypothèque proprement dite, comment s'acquiert-elle , *id.* p. 322. — Des notaires dont les actes donnent hypothèque, *id.* p. 323 et suiv. — Forme de ces actes, *id.* p. 326. — Actes sous signature privée reconnus ou vérifiés, *id.* p. 326-327. — Jugemens, *id.* p. 327. — Certaines espèces de créances pour lesquelles la loi donne une hypothèque, ou sur tous les biens, ou sur certaines choses, *id.* p. 328 — Comment le créancier acquiert-il l'hypothèque sur les biens de l'héritier de son débiteur , *id.* p. 330-331. — Des choses susceptibles ou non susceptibles d'hypothèque, *id.* p. 331. — Quelles personnes peuvent ou ne peuvent hypothéquer, et par le ministère de qui, *id.* p. 332. — Pour quelles dettes , *id.* p. 335. — Effet de l'hypothèque , *id.* p. 336. — Actions qui naissent de l'hypothèque. Action d'hypothèque. Sa nature, *id.* p. 337. — Contre qui se donne-t-elle, quand , *id.* p. 338-339. — Des exceptions contre cette action. De celle de discussion. (*Voy.* DISCUSSION.) De celle pour raison des impenses que le possesseur a faites sur l'héritage, *id.* p. 341. — Pour raison des hypothèques antérieures qu'il avoit avant son acquisition, *id.* p. 342 et suiv. — De l'exception de garantie, *id.* p. 344. — De l'exception *cedendarum actionum*, *id.* p. 345. — De l'effet de l'action hypothécaire , *id.* p. 347-348. — Le possesseur est-il tenu des dégradations et du rapport des fruits, *id.* p. 349. — Comment se font les délais sur cette action, et quel en est l'effet, *id.* p. 350. — De l'action personnelle hypothécaire, et si ce sont deux actions, *id.* p. 351. — De l'action d'interruption, *id.* p. 353. — De l'ordre des hypothèques. (*Voyez* ORDRE.) — De l'extinction de l'hypothèque par l'extinction de la chose hypothéquée, ou lorsqu'elle est mise hors le commerce, *id.* p. 354-355. — Par la consolidation, *id.* p. 355.

— Lorsque le droit de propriété de celui qui l'a accordée se résout *ex causâ antiquâ et necessariâ*, *id.* p. *id.* — Par le partage ou licitation, *id.* p. 357. — Par l'extinction de la dette, *id.* p. *id.* — Par la remise que le créancier fait de son droit d'hypothèque, *id.* p. 358. — Remise qui résulte du consentement à l'aliénation de la chose hypothéquée ou à une nouvelle obligation, *id.* p. 359. — Par le décret. (*Voy.* DÉCRET.) — Par la prescription. (*Voy.* PRESCRIPTION.) — Hypothèque spéciale. Droits qu'elle donne contre le tiers détenteur, *id.* p. 400-401.

Hypothèque que le droit romain donnoit aux locateurs sur les fruits des biens de campagne, et sur les meubles qui étoient dans les maisons de ville, t. VI, p. 1, 4, 5-163. — Les coutumes de Paris et d'Orléans donnent ce droit même sur les meubles qui garnissent les métairies, et que doit-on décider à cet égard dans les coutumes muettes, *id.* p. 163. — Différence du droit romain et du coutumier sur cette hypothèque, et quand s'évanouit-elle, *id.* p. 164. — Ce droit appartient à tous les locateurs, même à un locateur qui a sous-baillé, *id.* p. 165. — Celui qui a payé pour le locataire y est-il subrogé de droit, *id.* p. *id.* — Ce droit a lieu sur les fruits, quoiqu'ils aient été recueillis par un sous-locataire, si mieux n'aime le seigneur de métairie l'exercer sur les sous-fermes, *id.* p. 165-166. — Ce droit a lieu sur les meubles des sous-locataires, *quatenùs*, *id.* p. 166-167. — *Quid*, des meubles de ceux qui ont une habitation gratuite, *id.* p. 167. — Disposition particulière de la coutume d'Orléans sur les meubles des sous-locataires, *id.* p. *id.* — Questions à ce sujet, *id.* p. 168-169. — Ce droit a lieu sur les meubles qui garnissent l'hôtel ou la métairie, quoiqu'ils n'appartiennent pas au locataire ou fermier, *id.* p. 170-171. — A moins qu'ils n'y aient été portés contre la volonté du propriétaire, *id.* p. 173. — *Quid*, des choses vendues sans termes, *id.* p. 173-174. — Ce droit n'a lieu que sur les meu-

bles qui sont dans la maison pour la garnir, *id.* p. 174-175. -- A-t-il lieu sur les marchandises, *id.* p. 176. -- Sur l'argent comptant, *id.* p. 177. -- Sur les billets, *id.* p. *id.*

Hypothèque. Créancier de rentes constituées peut-il exiger quelque chose du débiteur pour décharger un héritage de ses hypothèques, t. V, p. 65-66. -- Le peut-il d'un tiers, *id.* p. 67-68. -- Clause par laquelle le constituant déclare l'héritage hypothéqué à la vente, franc de toute hypothèque, *id.* p. 62.

Hypothèque. En quoi elle diffère du nantissement, et comment s'acquiert-elle, t. IX, p. 206.

Hypothèque. Celui qui a donné procuration, par acte devant notaire, n'a pas d'hypothèques sur les biens du mandataire, si l'acceptation n'en a pas été faite par acte devant notaire, *id.* p. 51. -- De quand la procuration devant notaire donne-t-elle hypothèque sans actes devant notaires, *id.* p. 76-77. -- Hypothèque des procureurs *ad lites* sur les biens de leurs cliens, *id.* p. 118.

Hypothèque ou droit de gage. (Ce que c'est, t. XX, p. 177. -- On divise l'hypothèque en générale et spéciale, *id.* p. 178. -- On distingue encore les hypothèques en conventionnelles, légales ou tacites, *id.* p. *id.* -- On les distingue encore en hypothèques privilégiées, et hypothèques simples, *id.* p. 179. -- Quelles sont les causes qui produisent l'hypothèque, *id.* p. 181. -- De celle qui naît des actes devant notaires. (*Voy.* ACTES.) Différence du droit romain et du droit français sur l'hypothèque, *id.* p. 180. -- De l'hypothèque des jugemens, *id.* p. 186. -- Les jugemens de tous les juges du royaume, même des juges-consuls, produisent hypothèque, *id.* p. 186-187. -- Jugemens des officiaux ne produisent hypothèque, *id.* p. 187. -- Ni ceux des arbitres, sinon du jour de leur homologation, *id.* p. 187-188. -- Ceux rendus par défaut ne portent hypothèque que du jour de la signification, *id.* p. 188. -- L'appel suspend l'hypothèque;

mais si le jugement est confirmé, l'hypothèque est acquise du jour de la sentence, *id.* p. 188-189. -- La loi seule, en certain cas, donne hypothèque, *id.* p. 189. -- Exemples, *id.* p. 190 -- Hypothèque tacite, accordée au substitué sur les biens du grevé, *id.* p. 191. -- Hypothèque tacite, limitée à certains biens; exemples, *id.* p. 191-192. -- Des choses susceptibles d'hypothèque, *id.* p. 193. -- Dans les coutumes de Paris et d'Orléans, meubles ne sont point susceptibles d'hypothèque, *id.* p. *id.* -- *Quid*, dans la coutume de Normandie et quelques autres, *id.* p. *id.* -- Non-seulement les immeubles corporels, mais même les incorporels sont susceptibles d'hypothèque, *id.* p. 194. -- L'usufruit est susceptible d'hypothèque, *id.* p. 195. -- Les offices de la maison du roi ne le sont pas, *id.* p. *id.* -- Il n'y a que le propriétaire d'une chose qui puisse l'hypothèquer, *id.* p. 195-196. -- Il faut aussi qu'il ait la faculté d'en disposer, *id.* p. 197. -- *Quid*, si le mineur a contracté sous l'hypothèque de ses biens, et ensuite ratifié en majorité, de quel jour y aura-t-il hypothèque, *id.* p. 196-197. -- *Quid*, d'une femme mariée qui auroit ratifié depuis son veuvage, *id.* p. 197-198. -- *Quid*, si je ratifie un acte que quelqu'un aura passé en mon nom et sans procuration, *id.* p. 199. -- De l'hypothèque des biens présens et à venir, *id.* p. 200. -- *Quid*, si j'ai contracté avec plusieurs créanciers, en différens temps, sous l'hypothèque de mes biens présens et à venir, *id.* p. 201. -- Il ne peut y avoir d'hypothèque, s'il n'y a une dette qui subsiste, *id.* p. 202. -- On peut constituer des hypothèques pour quelques dettes que ce soit, *id.* p. 204. -- Même pour une dette conditionnelle, ou pour une dette que l'on contractera, *id.* p. 204-205. -- L'effet de l'hypothèque est d'affecter au total de la dette la chose hypothéquée et chacune de ses parties, *id.* p. 206. -- Effet de l'hypothèque, lorsque le créancier a un titre exécutoire, *id.* p. 206-207. -- Contre

les héritiers du débiteur, qui possèdent les biens hypothéqués, *id.* p. 507. — Contre des biens qui possèdent la chose hypothéquée, *id.* p. *id.* — On distingue trois actions qui naissent de l'hypothèque. (*Voy.* ACTIONS.) — De l'exécution des hypothèques et de l'ordre des créanciers hypothécaires. (*Voyez* ORDRE,) — Manières dont s'éteint l'hypothèque, *id.* p. 260. — Elle s'éteint par l'extinction de la chose hypothéquée, *id.* p. *id.* — Par le rachat de la rente hypothéquée, *id.* p. 261. — Le changement de forme accidentelle de la chose n'éteint pas l'hypothèque, *id.* p. 262. — Il en est autrement du changement dans la forme substantielle, *id.* p. *id.* — L'hypothèque s'éteint, lorsque le créancier acquiert la propriété de la chose hypothéquée, *id.* p. 264. — Il faut, pour cela que l'acquisition soit irrévocable, *id.* p. *id.* — Si l'acquisition a été révoquée par une cause nouvelle, l'hypothèque ne revivra pas, *id.* p. 266. — Celui qui n'a qu'un droit de propriété révocable, ne peut donner qu'un droit d'hypothèque pareillement révocable dans les mêmes cas, *id.* p. 266-267. — Exception à l'égard de l'hypothèque de la dot et du douaire sur les biens substitués, *id.* p. 267. — Pour que l'extinction de l'hypothèque ait lieu, il faut que l'extinction de la propriété se fasse *ex causâ antiquâ et necessariâ*, *id.* p. 268. — L'extinction de la dette pour laquelle l'hypothèque a été constituée, entraîne nécessairement l'extinction de l'hypothèque, *id.* p. 269. — Quelquefois le paiement entier de la dette transfère l'hypothèque à un autre créancier, par la voie de la subrogation, *id.* p. 270. — *Quid,* lorsque le débiteur devient héritier du créancier, *aut vice versâ,* en tout ou en partie, *id.* p. 270-271. — Le débiteur ne peut acquérir la prescription contre l'hypothèque, que par quarante ans, *id.* p. 271. — *Quid,* de la chose jugée et du serment décisoire, *id.* p. 271-272. — De l'extinction, par la remise que fait le créancier. (*Voy.* REMISE.) — L'hypothèque s'éteint par la prescription; mais il faut distinguer entre le tiers détenteur et le possesseur personnellement obligé, *id.* p. 280. — Prescription du tiers détenteur dans la coutume de Paris, *id.* p. *id.* — Dans celle d'Orléans, il ne prescrit que par trente ans; contre l'église, par quarante ans, *id.* p. 280-281. — Prescription du débiteur ou de ses héritiers, par quarante ans, suivant la constitution de Justinien, admise dans notre coutume et quelques autres, *id.* p. 281.

Hypothèque. Ordre d'hypothèque entre le douaire et les différentes créances de la femme, t. XIII, p. 317.

Hypothèque. (Communauté.) De la femme pour ses reprises. De quel jour la femme a-t-elle hypothéqué sur les biens de son mari pour ses reprises, t. XII, p. 131-132.

Hypothèque. Hypothèque de la femme pour ses indemnités, du jour du contrat de mariage, *id.* p. 261-265. — La femme séparée a-t-elle pareille hypothèque pour l'indemnité des dettes auxquelles elle s'est obligée pour son mari, depuis sa séparation, *id.* p. 266. — Créanciers qui ont la femme pour obligée, quoique postérieurs, sont préférés en sous-ordre aux créanciers du mari seul, quoiqu'antérieurs, *id.* p. 267. — Exception en cas de fraude, *id.* p. 268. — Lebrun accorde mal à propos une hypothèque à la femme qui a payé depuis la mort de son mari des dettes auxquelles elle n'étoit pas obligée, *id.* p. *id.*

Hypothèque des partages, t. XI, p. 411 et suiv. — *Action hypothécaire.* Les créanciers hypothécaires du mari, pour dettes par lui contractées pendant la communauté, ont, pour le total de ce qui lui est dû, une action hypothécaire contre la femme détentrice des conquêts, t. XII, p. 254. — Ceux pour dettes qu'il a contractées avant le mariage, ne l'ont pas, sauf à Orléans; *id.* p. 255-256. — De quoi doit faire raison à la femme le créancier à qui elle délaisse sur cette action, *id.* p. 257-258.

Hypothèques. Hypothèques et autres charges imposées par l'acheteur, sur l'héritage, s'éteignent par le retrait, t. IV, p. 288. — *Quid* si l'héritage se trouvoit saisi par les créanciers de l'acheteur lors de la demande en retrait, *id.* p. 289-290. — Elles s'éteignent pareillement

dans le retrait de mi-denier, en cas de renonciation à la communauté par la femme ou les héritiers, *id.* p. 352-353. — *Secùs*, lorsqu'il s'exerce au partage des biens de la communauté, *id.* p. 349-350.

Hypothèques. Le déguerpissement les éteint-il, t. VII, p. 126.

I.

IMMEUBLES. Quelles choses corporelles sont immeubles ou non, t. XVIII, p. 139, 141-142. — Droits réels sur les héritages sont immeubles, t. XVI, p. 24. — Quelles créances sont meubles ou immeubles, *id.* p. 25. (*Voy.* FRUITS, RENTES, OFFICES.)

Immeubles. Sont les fonds de terre, les maisons, et tout ce qui en fait partie, t. XXIII, p. 374. — *Quid*, des moulins à eau, des pressoirs, etc., *id.* p. 375. — *Quid*, des échalas, *id.* p. 376. — Des pailles et fumiers, *id.* p. 376-377. — Fruits qui ne sont point séparés de la terre, font partie de l'héritage, *id.* p. 378. — Choses qui sans être attachées à la maison, en font partie, *id.* p. 379-380. — Ce qui a été placé par un locataire ou par un usufruitier n'en fait pas partie, *id.* p. 381. — Des cuves et chaudières des raffineries, *id.* p. 382-383. — Droits réels appartenant à la classe des immeubles, *id.* p. 383-384. — Créances sont meubles ou immeubles, suivant la qualité de la chose qui en fait l'objet, *id.* p. 384. — *Quid*, lorsqu'un conjoint promet apporter en communauté ses héritages, *id.* p. 388. — *Quid*, s'il s'est obligé d'apporter une somme à prendre sur ses héritages, *id.* p. 388-389. — Les rentes constituées sont-elles meubles ou immeubles, *id.* p. 389-390. — (*Voy.* RENTES.) — Créance d'une somme exigible, qui produit intérêt, est mobilière, *id.* p. 392. — Si les offices sont immeubles, *id.* p. 393-396. (*Voyez* OFFICES.)

IMPENSES. Doivent être remboursées par le retrayant à l'acheteur qui les a faites, lorsqu'elles étoient

nécessaires, et qu'elles ont été faites *in rem ipsam*, t. IV, p. 223. — Quelles impenses sont nécessaires, *id.* p. 224. — A l'égard de celles qui ne l'étoient pas, soit qu'elles fussent purement voluptaires, soit qu'elles fussent utiles, le retrayant n'est tenu que d'en permettre l'enlèvement, si cela se peut, *id.* p. 225. — Quand même l'acquéreur se seroit obligé par le contrat à la faire, *id.* p. 225-226. — *Quid*, si l'héritage avoit été vendu comme acquêt, *id.* p. 226-227. — *Quid*, des rachats volontaires de rentes ou de servitudes, *id.* p. 227-228. — Le retrayant doit-il rembourser les impenses d'entretien, *id.* p. 229. — Celles faites pour raison des fruits, quoiqu'elles aient péri, *id.* p. 229-230. — Quoiqu'il ait pu la faire à meilleur compte, *id.* p. 230-231. — Dans le retrait de mi-denier, on doit rembourser les impenses utiles, *id.* p. 226. — Raison de la différence, *id.* p. 349. — De même dans le retrait conventionnel, lorsque la charge n'a pas été déclarée par le contrat, *id.* p. 399-400. — *Quid*, si la charge avoit été déclarée par le contrat, *id.* p. *id.* — Si les impenses utiles étoient tellement considérables qu'elles dussent empêcher le retrait, *id.* p. 400.

Impenses. Fermier légataire de l'usufruit, peut-il demander, outre la remise de la ferme, la restitution des impenses qu'il a faites pour les fruits de la récolte qu'il a faite depuis l'ouverture du legs, t. VI, p. 216-217.

Impenses. Le tiers détenteur peut opposer contre l'action hypothécaire qu'il a fait des impenses néces-

saires à l'héritage, t. XX, p. 217.
— Différence entre le droit romain
et notre droit sur l'effet de cette
exception, *id.* p. 218.

Impenses. Le possesseur évincé
sur une demande en revendication,
doit être remboursé des impenses
nécessaires, même des intérêts jusqu'à concurrence de ce qu'ils excé-
deront les fruits par lui perçus, t.
XIV, p. 545-546. — *Quid*, des impenses d'entretien, *id.* p. 547. —
Le possesseur de bonne foi doit être
remboursé des impenses utiles, *id.*
p. 547-548. — Pourvu que sa bonne
foi durât encore lorsqu'il les a faites,
id. p. 558. — N'en est remboursé
que jusqu'à concurrence de ce que
l'héritage est plus précieux, *id.* p.
548. — Il ne l'est que sous la déduction des fruits qu'il a perçus, *id.*
p. 553. — Cas particuliers auxquels
le possesseur de bonne foi ne peut
répéter les impenses utiles, *id.* p.
551-552. — Dans l'action de revendication, le droit romain n'accor-
doit pas au possesseur de mauvaise
foi le remboursement des impenses
utiles, *id.* p. 554. — Dans notre
droit, on distingue à cet égard différentes espèces de possesseurs de
mauvaise foi, *id.* p. 557-558. — On
permet au possesseur de mauvaise
foi d'enlever ce qui peut l'être,
id. p. 559. — Le possesseur des biens
d'une succession doit être remboursé
par l'héritier, des impenses nécessaires qu'il a faites aux biens de la
succession, *id.* p. 632-633. — Différence entre le possesseur de mauvaise foi et celui de bonne foi, par
rapport aux impenses utiles, *id.* p.
633. — *Quid*, des voluptuaires, *id.*
p. 633-634.

IMPOSITIONS sur l'héritage; le
fermier en est-il tenu, t. VI, p. 153.

IMPOSSIBILITÉ. Cette maxime,
qu'on ne peut être tenu à l'impossible, n'est de droit qu'en cas d'impossibilité absolue, t. I, p. 117.

IMPUBÈRES. Peuvent-ils être
engagés par un quasi-contrat, t.
IX, p. 200.

IMPUISSANCE. Est un empê-
chement de mariage, t. X, p. 76.
— Quelles espèces d'impuissance,
id. p. 77-78. — L'impuissant n'est
pas recevable à attaquer lui-même
son mariage, lorsque l'autre partie
ne se plaint pas, *id.* p. 416-417. —
L'autre partie n'y est pas recevable
après un long temps de cohabitation,
surtout s'il y a des enfans, *id.* p.
417-418. — La preuve de ce vice se
fait par la visite. La cour a défendu
celle du congrès, *id.* p. 433. —
L'impuissant qui dit que le vice
n'est survenu que depuis le mariage,
doit le prouver, *id.* p. *id.*

IMPUTATION *de paiement.* Le
débiteur de plusieurs dettes peut,
lors du paiement qu'il fait, l'imputer
sur celle des dettes qu'il lui plaît
d'acquitter, t. II, p. 60. — Lorsque
le débiteur ne fait point d'imputation, le créancier, lors du paiement,
peut la faire, pourvu que cette
imputation soit équitable, *id.* p.
61. — Le retrayant doit rembourser
les impenses nécessaires, *id.* p. 61
et suiv. — L'imputation générale
exprimée par ces termes de la quittance *à valoir sur toutes mes créances*,
ne comprend que les dettes qui
étoient lors exigibles, *id.* p. 64. —
Lorsqu'il n'y a eu, lors du paiement, aucune imputation, ni de la
part du débiteur, ni de celle du
créancier, l'imputation doit se faire
sur celles des dettes que le débiteur avoit le plus d'intérêt d'acquitter; plusieurs corollaires, *id.*
p. 65 et suiv. — *Cæteris paribus*,
l'imputation se fait sur la dette la
plus ancienne, et si elles sont de
même date, elle se fait sur toutes
au prorata, *id.* p. 67. — Lorsqu'une
dette porte intérêt, l'imputation se
fait sur les intérêts, avant que de
se faire sur le capital, *id.* p.
67-68. — Il en est autrement des
intérêts qui ne sont dus qu'*ex mora*,
en vertu d'une condamnation : l'imputation se fait sur le principal
avant que de se faire sur les intérêts,
id. p. 68. — Règles sur l'imputation
du prix de la vente d'une chose hypothéquée, *id.* p. 69.

Imputation. Comment se fait l'o-
pération de l'imputation des choses
données sur le douaire, t. XIII, p.
349-350. — Lorsque les choses don-

nées excèdent le douaire, l'enfant qui s'est porté douairier, peut les retenir en abandonnant en entier son douaire, *id.* p. 351-352.

INCAPABLES. Les enfans d'un mari de précédent lit ne sont incapables qu'en ce sens, que la donation qui leur est faite par le mari ne peut se prendre sur la part de la femme; mais elle vaut pour le total sur celle du mari, t. XII, p. 28.

INCAPACITÉ du mineur, n'est que relative. La nullité n'a lieu qu'autant que les actes lui sont désavantageux. Incapacité de la femme mariée est différente, t. X, p. 657-658.

Incapacité absolue de recevoir par testament, t. XXII, p. 163. — Les personnes privées de l'état civil sont incapables de recevoir, *id.* p. *id.* — Tels que les religieux, les condamnés à la peine capitale, les communautés et corps non autorisés, *id.* p. 163-164.

Incapacité relative à certains biens, *id.* p. 165. — Legs faits à des gens de main-morte, de biens prohibés, par un testament qui a une date authentique avant l'édit, sont-ils valables quand le testateur est mort depuis l'édit, *id.* p. 167.

Incapacité relative à la personne du testateur, *id.* p. 168.

Incapacité des maris et femmes, *id.* p. 168-169.

Incapacité relative aux concubines et aux bâtards, *id.* p. 169-170.

Incapacité qui résulte de la qualité d'héritier, *id.* p. 170.

INCESTUEUX. Nom qu'on donnoit à ceux qui rejetoient la nouvelle manière de compter les degrés, t. X, p. 118-119.

INCOMPATIBILITÉ des qualités d'héritier et légataire, t. XVII, p. 550-551.

Incompatibilité des qualités d'héritier et de légataire dans les coutumes de Paris et d'Orléans, t. XXI, p. 373. — Vraie interprétation de ces termes, *aucun ne peut être héritier et légataire*, *id.* p. 376. — Il faut être héritier de l'espèce de biens dont on est légataire, et avoir des cohéritiers dans cette es-

pèce de biens, *id.* p. 378-379. — Celui qui est héritier aux propres d'une seule ligne peut-il être légataire des meubles et acquêts, *aut vice versâ*, *id.* p. 379. — Un frère consanguin qui succède avec ses frères germains aux propres paternels, peut-il être légataire de meubles et acquêts, *id.* p. 380. — Différence entre le rapport qui a lieu en ligne directe, et celui qui a lieu en collatérale, *id.* p. 381.

INCOMPETENCE. Elle résulte ou de la demande ou de la qualité de la personne assignée, t. XXIV, p. 29. — On ne peut demander le renvoi de la cause devant le juge d'un seigneur, tant que le seigneur ne la demande point, *id.* p. 30. — Nobles ne sont point justiciables du prévôt royal, mais du bailli, *id.* p. 31. — Les personnes qui ne sont pas justiciables d'un juge, et qui demeurent dans son territoire, peuvent le devenir par plusieurs causes, *id.* p. 31 et suiv. (*Voy.* APPEL D'INCOMPÉTENCE.)

INDEMNITÉ due au seigneur par les gens de main-morte, t. XVI, p. 351-352, 419.

Indemnité due à la femme, lorsqu'une chose sujette à son douaire a péri par le fait ou la faute du mari, t. XIII, p. 65. — Exception à l'égard de certains droits qu'il est souvent plus expédient de laisser perdre que de les exercer, *id.* p. 66-67.

Indemnité due à la douairière non commune en biens, lorsqu'en fraude du douaire, le mari dans un partage de succession, a eu beaucoup moins d'immeubles et beaucoup plus de meubles qu'il ne lui en revenoit pour sa part afférante, t. XIII, p. 82.

Indemnité. Indemnités respectives que le mari et la femme, ou leurs héritiers, ont l'un contre l'autre, pour ce qu'ils ont payé des dettes plus que leur part, t. XII, p. 259. — Différence entre le recours du mari et celui de la femme, *id.* p. 260.

INDÉTERMINÉ. Chose indéterminée peut-elle être obligée d'une

obligation t. I, p. p. 113 et suiv., 252. — Lorsqu'on est obligé de donner une chose indéterminée d'un certain genre, quel est l'objet de l'obligation, *id.* p. 253-254. — *Quid,* si c'étoit au choix du créancier, *id.* p. 258. — L'obligation d'une chose indéterminée devient déterminée par l'offre que le débiteur a faite d'une certaine chose, *id.* p. 254. — Quelles choses peuvent être valablement offertes, *id.* p. 254 et suiv. — Le débiteur d'une chose indéterminée, qui a payé une chose qu'il croyoit par erreur devoir déterminément, en a-t-il la répétition, *id.* p. 258.

INDICATION. Indication que le débiteur fait à son créancier, d'une personne de qui il recevra, ne contient aucune novation ni délégation t. II, p. 101. — Indication que le créancier fait à son débiteur, d'une personne à qui il payera, ne contient pareillement aucune novation, *id.* p. 102. — On peut indiquer de payer à un tiers non-seulement la chose due, mais une autre chose à la place ; la même somme qui est due, ou une moindre, *id.* p. 19. — Le paiement fait de la somme moindre à la personne indiquée acquitte-t-il toute la dette, *id.* p. *id.* — On peut indiquer de payer à un tiers en un lieu et dans un temps différent. On peut faire dépendre l'indication d'une condition, *id.* p. 19-20.

INDIGNITÉ des légataires, t. XVII, p. 485. — Des héritiers, t. XVIII, p. 9.

Indignité. Exclut un enfant ou autre parent du droit de succéder à ses père ou mère, ou autre parent, t. XXI, p. 55. — Les mêmes causes pour lesquelles on peut être exhérédé rendent indigne, *id.* p. *id.* — La principale cause est lorsque l'on est coupable de la mort du défunt, *id.* p. 56. — L'homicide ne rend indigne que celui qui l'a commis par sa faute, *id.* p. *id.* — Autre cause d'indignité suivant le droit romain, *id.* p. 57. — N'a pas lieu de plein droit, *id.* p. *id.*

INDIVISIBILITÉ. La faculté de rachat d'une rente est indivisible,

les héritiers du débiteur ne peuvent en offrir le paiement par parties, t. V, p. 152-153.

Indivisible. Les obligations sont indivisibles lorsque la chose qui en fait l'objet n'est pas susceptible de parties au moins intellectuelles, t. I, p. 261-262. — Trois espèces d'indivisibilité, *contractu, obligatione, solutione.* — Ce que c'est qu'indivisibilité *contractu*, *id.* p. 263-264. — Indivisibilité *obligatione*, *id.* p. 264. — Exemple d'indivisibilité *obligatione*, l'obligation de construire une maison, *id.* p. 264-266. — Indivisibilité *solutione*, *id.* p. 267. — Principes sur la nature et les effets de l'indivisibilité d'obligation, *id.* p. 298 et suiv. — Différence de l'indivisibilité et de la solidité, *id.* p. 300 et suiv. — Dans les dettes indivisibles, chaque héritier, soit du créancier, soit du débiteur, est bien créancier ou débiteur de toute la chose; mais il ne l'est pas *totaliter*, *id.* p. 301. — Dette, quoiqu'indivisible, susceptible de retranchement, *id.* p. 302. — Effets de l'indivisibilité d'une dette, *in dando aut in faciendo*, par rapport aux héritiers du créancier : chacun des héritiers peut demander le total; mais faute d'exécution, il ne peut demander que pour sa part les dommages et les intérêts, *id.* p. 303. — Comment chacun des héritiers peut-il faire la remise de la dette, *id.* p. 304. — Effets de l'indivisibilité de la dette, *in dando aut in faciendo*, par rapport aux héritiers du débiteur, *id.* p. 305-306. — Premier cas, lorsque la dette est de nature à ne pouvoir être acquittée que par l'un des débiteurs, *id.* p. 305. — Second cas, lorsque la dette peut être acquittée par chacun des débiteurs séparément, *id.* p. 307 et suiv. — Troisième cas, lorsqu'elle ne peut être acquittée que par tous ensemble, *id.* p. 310. — Effets de l'indivisibilité de l'obligation *in non faciendo*, *id.* p. 311.

INFAMES. L'infamie ne fait pas perdre l'état civil, mais elle y donne atteinte, t. XXIII, p. 297. — Tous ceux qui ont été condamnés à la mort naturelle ou civile sont censés

morts infâmes, *id.* p. *id.* — Ceux qui sont condamnés à une peine afflictive, sont réputés infâmes, *id.* p. 298. — De même le banissement à temps, l'amende honorable, le blâme, emportent infamie, *id.* p. *id.* — Effet de l'infamie, *id.* p. 299. *Quid*, de ceux qui sont dans les liens d'un décret d'ajournement personnel ou de prise de corps, *id.* p. *id.* — Différence entre les décrets prononcés par conversion, et les décrets de prise de corps ou d'ajournement personnel, prononcés originairement, *id.* p. 300-301.

INFÉODATION. Effets de l'inféodation d'une rente, t. XIX, p. 20.

INFIDÈLES. Mariage contracté entre les infidèles, est-il rompu, quant au lien, lorsque la partie convertie depuis à la foi chrétienne, quitte celle qui est demeurée dans l'infidélité, t. X, p. 473-489. — La question s'est présentée au Parlement en 1757, dans la cause de Borach-Lévi. Espèce de cette cause, *id.* p. 476-477. — Passage de saint Paul, dont l'interprétation fait le point de la question, *id.* p. 473-474. — Raisons pour soutenir la dissolution du lien, *id.* p. 477-481. — Raisons pour l'indissolubilité, *id.* p. 481. — Arrêt rendu sur la question, *id.* p. 489.

INFORMATION. Ce que c'est, t. XXV, p. 250. — Quelles personnes peuvent être entendues en témoignage, *id.* p. 251 et suiv. — Le nombre des témoins n'est pas limité, *id.* p. 251. — Délai dans lequel les témoins doivent être assignés, *id.* p. 252. — Il y a des personnes qui ne peuvent être obligées à déposer contre certaines personnes, *id.* p. 253. — En quel lieu les témoins peuvent être entendus, *id.* p. 254-255. — Comment ils doivent être entendus, *id.* p. 255-256. — Témoins doivent régulièrement être assignés, et représenter leurs exploits, *id.* p. 256. — Doivent prêter serment, *id.* p. *id.* — Par qui l'information doit être écrite, *id.* p. 257. — Greffier ou commis doit avoir vingt-cinq ans, *id.* p. 258. — Forme générale de l'information, *id.* p. 259. — Forme particulière de chaque déposition, *id.* p. *id.* — Le témoin doit-il déclarer s'il est parent ou allié, etc., de la partie publique, *id.* p. 260. — Le témoin doit-il faire cette déclaration à l'égard des parties non connues, quand la plainte est donnée contre certains quidams, *id.* p. 261. — Nullité de l'information peut-être prononcée, non-seulement par le juge supérieur, mais par le juge même qui l'a faite, *id.* p. 262. — Est défendu au greffier de communiquer l'information, *id.* p. *id.* — Exceptions, *id.* p. 263.

INGRATITUDE. Quelles sont les causes d'ingratitude qui donnent lieu à la révocation, t. XXIII, p. 121. — *Quid*, si les choses que le donataire a répandu contre la réputation du donateur sont vraies, *id.* p. 122. — Les quatorze causes d'exhérédation sont autant de causes à l'égard d'un enfant donataire, *id.* p. 125. — Il faut que l'offense ait été commise au donataire même, *id.* p. 126. — Le mari ou le titulaire d'un bénéfice doivent-ils être privés du droit de jouir, *id.* p. *id.* — *Quid*, de l'injure faite après la mort du donateur, à sa mémoire, *id.* p. 127.

INJURE. Action qu'on a contre la femme pour injures par elle faites, t. X, p. 697-698.

INSENSÉS. Ne peuvent donner, t. XXIII, p. 3. — Ne peuvent aussi recevoir, sinon par l'entremise de leur curateur, *id.* p. 15-16. — Interdit pour cause de démence, et qui a recouvré la raison, peut-il faire une donation, avant que d'avoir été relevé par sentence, *id.* p. 3-4.

INSINUATION. Registres des insinuations. (*Voy.* COPIE.)

Insinuation des donations. Ce que c'est, t. XVII, p. 310. — Quelles donations y sont sujettes, *id.* p. 310-311. — Quand doit se faire l'insinuation, *id.* p. 314. — Comment, *id.* p. 316. — Par qui le défaut d'insinuation peut-il être opposé, *id.* p. 318. — Quand et à qui, *id.* p. 319.

Insinuation. Le temps du retrait ne court que du jour de l'insinua-

tion, t. IV, p. 163. — Certificat
d'insinuation au bas de minute équi-
polle-t-il à une insinuation, id. p.
164. — Faut-il insinuer la ratification du propriétaire, dont on s'est
fait fort, id. p. 164-165. — Si le
contrat de vente avoit été déguisé
sous l'apparence d'un contrat non
sujet au retrait, de quand courra
le temps du retrait, id. p. 165. —
Si, sans changer la nature du contrat, on a pratiqué des manœuvres
pour en dérober la connoissance,
id. p. 166.

Insinuation. Douaire n'y est pas
sujet, t. XIII, p. 7-8.

Insinuation. Le don mutuel est
sujet à insinuation, même hors la
coutume de Paris, t. XIV, p. 151-
152. — L'héritier du mari n'en peut
opposer le défaut, id. p. 153-154.
— La femme peut-elle révoquer le
don mutuel pour le défaut d'insinuation, id. p. 154-155. — Temps dans
lequel l'insinuation doit être faite,
id. p. 155-156. — La révocation du
don mutuel faite d'un commun consentement, est-elle sujette à insinuation, id. p. id.

Insinuation des donations. Ce que
c'est, t. XXIII, p. 61. — Quelles
donations y sont sujettes, id. p. 61-
62. — Donations pour récompense
de services y sont-elles sujettes, id.
p. 62-63. — Quid, des donations onéreuses, id. p. 63. — Quid, des donations mutuelles, id. p. 64. — Quid,
des donations par contrat de mariage, id. p. 65-66. — On excepte
celles qui sont faites par les ascendans des conjoints, id. p. 66-67. —
Donation de choses mobilières est
exceptée en deux cas, id. p. 68-69.
— Donations sont sujettes à l'insinuation, quelles que soient les personnes entre qui elles sont faites,
id. p. 70. — On excepte celles faites
au roi ou par le roi, id. p. id. —
Où l'insinuation doit-elle être faite,
id. p. id. — Donations de choses
incorporelles; où doivent-elles être
insinuées, id. p. 72. — Quid, des
donations de rentes sur un hôtel-
de-ville, ou d'un office, id. p. 73.
— Comment se fait l'insinuation,
id. p. 74. — Quand elle doit être

faite, id. p. 75. — Quid, si la donation est faite sous condition, id.
p. id. — Effet de insinuation qui
est faite dans le temps de l'ordonnance, id. p. 76. — Effet de l'insinuation après le temps de l'ordonnance, id. p. id. — Peut-elle être
faite après la mort du donateur ou
après celle du donataire, id. p. 77.
— Par qui le défaut d'insinuation
peut-il être opposé, id. p. 78. — A
l'exception du donateur, toutes personnes qui ont intérêt à la nullité
de la donation peuvent opposer le
défaut d'insinuation, id. p. 78. —
Les héritiers du donateur peuvent
opposer ce défaut, id. p. 79-80. —
De même la veuve ou la femme,
en cas de séparation, id. p. 80. —
Quid, si le créancier ou l'héritier
du donateur avoit eu connoissance
de la donation, id. p. 81. — Quelles
exceptions on peut opposer contre
le défaut d'insinuation, id. p. 82. —
La meilleure est lorsque celui qui
l'oppose, est responsable du défaut
d'insinuation, id. p. id. — Quid,
si le donateur s'est chargé de faire
insinuer la donation, id. p. 83. —
Autre exception légitime, quand le
donataire a possédé pendant trente
ans depuis la mort du donateur, id.
p. 84. — La possession que le donataire a eue du vivant du donateur, ne peut couvrir le défaut d'insinuation, id. p. 86-87.

INSOLVABILITÉ. Se répartit
sur les solvables, t. VII, p. 245-
288.

INSTANCE. (*Voy.* REPRISE
D'INSTANCE.)

INSTITUTION d'héritier. Ce que
c'est, t. XVIII, p. 92-93. — N'a
lieu dans les testamens, t. XVII,
p. 548. — Institution d'héritier contractuelle, leur nature, id. p. 93.
— Par qui peuvent-elles être faites,
id. p. 94-95. — Quelles personnes
peuvent être instituées par contrat
de mariage, id. p. 96. — Irrévocabilité de ces institutions, id. p.
100. — Droit que donne cette institution à l'héritier institué, id. p.
96-97. Il n'est pas obligé au rapport, id. p. 98-99. — L'institution
contractuelle de l'un des conjoints

renferme une substitution vulgaire tacite des enfans qui naîtront du mariage, *id.* p. 101.

Institutions d'héritiers contractuelles sont admises dans les contrats de mariage, t. III, p. 3.

Institution d'héritier. Ce que c'est, t. XXII, p. 119. — Est de l'essence du testament, selon le droit romain, *id.* p. 119-120. — Dans nos coutumes, *institution d'héritier n'a lieu*, *id.* p. 120. — Vaut néanmoins comme legs, *id.* p. 121. — C'est la loi qui régit les choses, qui décide si l'institution doit valoir comme institution ou comme legs, *id.* p. 122. — On fait attention au lieu où se fait le testament, par rapport à la forme de l'institution, *id.* p. 123.

INSTRUCTION. Différentes sortes d'instructions, auxquelles donne lieu la contestation formée en cause, t. XXIV, p. 74-75. (*Voy.* RECONNOISSANCE D'ÉCRITURES, COMPULSOIRE, VISITE, INTERROGATOIRE SUR FAITS ET ARTICLES, APPOINTEMENS.)

INTERDITS. Incapables de contracter. Différence à cet égard entre les interdits pour folie et les interdits pour prodigalité, t. I, p. 50-51.

Interdit. Est-il capable du don mutuel permis entre homme et femme, t. XIV, p. 135.

INTÉRÊTS. Dus par le débiteur d'une somme d'argent, courent du jour de la demande judiciaire, comme dommages et intérêts, t. I, p. 148-149. — En est-il tenu, même sans demande judiciaire, dans le for de la conscience, *id.* p. 150-151. — Le paiement doit-il s'imputer sur les intérêts avant le principal. (*Voy.* IMPUTATION.)

Intérêts. De quand courent les intérêts du prix contre l'acheteur; peuvent-ils être stipulés à un taux plus cher que celui de l'ordonnance, t. III, p. 221-222. — Peuvent-ils être stipulés pendant le terme accordé pour le paiement du prix, *id.* p. 223. — Courent-ils pendant le terme, lorsque les parties ne s'en sont pas expliquées, *id.* p. 224-225. — *Quid*, lorsque le terme n'a été

accordé que depuis le contrat, *id.* p. 225. — Si le terme étoit accordé par le testament du vendeur, *quid juris*, *id.* p. 225-226. — Courent-ils de plein droit après l'expiration du terme, *id.* p. 226.

Intérêts du prix payé par l'acheteur, entrent en loyaux coûts lorsqu'il n'a perçu aucuns fruits, t. IV, p. 215. — Doit être indemnisé de ceux courus contre lui, *id.* p. *id.*

Intérêts des arrérages de rente foncière dus *ex morâ*, t. VII, p. 17. — Différence entre les arrérages de rente constituée et ceux de rente foncière, *id.* p. 18.

Intérêts des loyers dus *ex morâ*, t. VI, p. 180-181.

Intérêts. (Usure.) Intérêts compensatoires, sont licites dans le prêt, tels que sont ceux qui sont adjugés, du jour de la demande, pour dédommager le prêteur du préjudice que lui a causé le retard du paiement, t. VIII, p. 200-201. — Le prêteur peut aussi, selon le for de la conscience, recevoir licitement des intérêts compensatoires, jusqu'à concurrence du dommage que lui cause le prêt, *id.* p. 202. — Ou du gain dont le prêt l'a privé, *id.* p. 203. — Pour que le prêteur puisse licitement recevoir des intérêts pour raison d'un gain dont il s'est privé, il faut que ce gain fût certain, ou du moins très-vraisemblable, *id.* p. 205. — Il faut que l'emploi de son argent, qui devoit lui procurer ce gain, fût un emploi qu'il avoit réellement dessein de faire, si son ami ne l'eût pas prié de lui faire le prêt, *id.* p. 206. — Pour que ce dédommagement *domini ex mutuo emergentis aut lucri cessantis* soit dû, il faut que le prêteur, lors du prêt, en ait donné connoissance à l'emprunteur qui s'y soit soumis, *id.* p. 207. — On n'est pas écouté dans le for extérieur à alléguer le *damnum emergens*, et le *lucrum cessans*, *id.* p. *id.* — Le prêteur peut licitement recevoir des intérêts pour raison des risques dont il se charge, à la décharge de l'emprunteur, *id.* p. 209. — Il ne peut rien exiger pour le risque qu'il

court de perdre la somme prêtée par l'insolvabilité du débiteur, *id.* p. 210.

INLERPELLATION *judiciaire.* Se fait par un commandement ou par un exploit d'assignation, t. II, p. 204-205. — L'interpellation judiciaire est requise pour mettre le débiteur en demeure, t. I, p. 124. — L'interpellation judiciaire interrompt la prescription, pourvu que l'exploit d'assignation ne soit pas tombé en péremption. Le commandement n'y est pas sujet, t. II, p. 205-206. — Assignation donnée devant un juge incompétent, est-elle interpellation suffisante pour interrompre la prescription, *id.* p. 205. — Interpellation judiciaire faite à l'un de plusieurs débiteurs solidaires, interrompt la prescription contre les débiteurs solidaires et leurs héritiers, t. I, 223 et suiv.; t. II, p. 206. — Interpellation judiciaire faite à l'un des héritiers du débiteur, quoique tenu hypothécairement de la dette pour le total, n'interrompt pas la prescription contre les autres héritiers, si ce n'est que la dette fût d'une chose indivisible, *id.* p. 206. et suiv. — L'interpellation faite au débiteur interrompt-elle contre les cautions, *id.* p. 209 et suiv.

INTERPRÉTATION. Règles pour l'interprétation des conventions, t. I, p. 86.

Interprétation d'expressions obscures dans les contrats de constitution, t. V, p. 84-88.

Interprétation des legs, règles générales, t. XXII, p. 296. — Les circonstances peuvent servir à découvrir la volonté du testateur, *id.* p. 300. — A défaut de circonstances, sur la plus ou moins grande quantité, on doit décider pour la moins grande, *id.* p. 301-302. — Règle sur le legs général de toutes les choses d'une certaine matière ou d'une certaine espèce, *id.* p. 304. — Un legs général ne renferme point les choses de ce genre qui n'appartiennent point au testateur, *id.* p. 307. — Ni celles qui ont été léguées en particulier à d'autres, *id.* p. 308.

— Une disposition conçue au pluriel se distribue en plusieurs dispositions singulières, *id.* p. 310. — Les termes *mon héritier*, signifient tous mes héritiers, *id.* p. 311. — Le genre masculin renferme ordinairement le féminin, mais le féminin ne comprend jamais le masculin, *id.* p. 312. — Règles sur l'interprétation relativement au temps, *id.* p. 313. — Règles d'interprétation, lorsque deux ou plusieurs dispositions se contredisent, *id.* p. 316. — *Quid,* si le testateur a légué la même somme plusieurs fois à la même personne par un même testament, *id* p. 317-318. — *Quid,* si c'est par différens testamens ou codicilles, *id.* p. 318.

INTERROGATOIRE sur faits et articles. Les réponses d'une partie interrogée sur les faits et articles, ne font aucune preuve en sa faveur, quoiqu'attestées par serment, elles font foi seulement contre elle; mais celui qui s'en seroit servi ne doit pas les diviser, mais les prendre en entier, t. II, p. 400.

Interrogatoires sur faits et articles, t. XXIV, p. 118. — Il n'y a régulièrement que les parties au procès qu'on peut faire interroger, *id.* p. *id.* — Comment on peut faire interroger un chapitre, une communauté, *id.* p. 118-119. — On peut faire interroger les syndics et procureurs d'une communauté, *id.* p. 119. — Sur quels faits on peut interroger; *id.* p. *id.* — Cet interrogatoire peut être demandé en tout état de cause, *id.* p. 120. — Par qui il se fait, *id.* p. *id.* — Procédure pour y parvenir, *id.* p. *id.* et suiv. — Quel est l'effet de l'interrogatoire, *id.* p. 122. — Peine contre la partie qui refuse de comparoître ou de répondre, *id.* p. *id.*

Interrogatoire de l'accusé. Ce que c'est, t. XXV, p. 286. — Dans quel temps il doit être fait par le juge, et quand il est indispensable de le réitérer, *id.* p. 286-287. — Doit être fait par le juge, et dans quel lieu, *id.* p. 287-288. — Doit se faire secrètement, *id.* p. 288. — Serment que doit prêter l'accusé,

id. p. 289. — Faits sur lesquels il doit être interrogé, *id.* p. 290. — Le juge doit lui représenter les choses servant à conviction, *id.* p. 290-291. — *Quid,* si l'accusé refuse de répondre, *id.* p. 291. — Forme de l'interrogatoire, *id.* p. 291-293. — Le juge doit faire faire élection de domicile par l'accusé, suivant l'édit de 1773, *id.* p. 293. — *Quid,* si l'accusé propose un déclinatoire, *id.* p. *id.* (*Voy.* DÉCLINATOIRE.)

INTERRUPTION *de la possession,* t. XV, p. 133.

Interruption naturelle, t. XV, p. 133-137.

Interruption civile, t. XV, p. 138-146.

Interruption d'instance par lettres d'état, mort ou changement d'état des parties, t. XXIV, p. 134. (*V.* LETTRES D'ÉTAT.) — Mort de l'une des parties; comment interrompt le cours de l'instance, *id.* p. 138. — Interruption occasionnée par le mariage d'une partie ou par le changement de sa qualité, *id.* p. 139. — Interruption de la mort de l'un des procureurs ou quand il a résigné, *id.* p. 139-140. — Ou par la mort du rapporteur, *id.* p. 140. (*Voy.* REPRISE D'INSTANCE, PÉREMPTION.)

INTERVENTION. Ce que c'est et quand on peut la former, t. XXIV, p. 68. — Comment elle se forme, *id.* p. 69. — L'intervenant, qui est privilégié, peut faire renvoyer devant le juge de son privilège, *id.* p. *id.* — Ce qui s'observe dans les interventions formées dans les procès par écrit, *id.* p. 70.

INVENTAIRE pour le cas de séparation de dettes. (*V.* SÉPARATION DE DETTES.)

Inventaire des biens de la communauté; ce qu'il doit comprendre ou non, t. XVII, p. 59-60. (*Voy.* BÉNÉFICE D'INVENTAIRE.)

Inventaire pour renoncer à la communauté, t. XII, p. 87. — En quel cas la femme en est-elle dispensée, *id.* p. 88-89. — Actes qu'elle peut employer en son inventaire, *id.* p. 89. — Forme de cet inventaire; la clôture est-elle né-cessaire, *id.* p. 89-90. — Les héritiers de la femme peuvent renoncer sans inventaire, *id.* p. 88.

Inventaire qui se fait pour parvenir au partage de la communauté; ce que c'est, sa forme, t. XII, p. 192-193. — Quelles choses doivent ou ne doivent pas y être comprises, *id.* p. 193-194. — Où, et en présence de qui doit-il être fait, *id.* p. 195.

Inventaire requis par la coutume de Paris, pour empêcher la continuation de communauté ou pour la dissoudre; dans quel temps doit-il être fait pour l'empêcher, t. XII, p. 296, 300-340. — Il doit être fidèle, *id.* p. 297. — Revêtu de ses formes, et quelles sont-elles, *id.* p. 298-299. — Il doit être fait avec un légitime contradicteur, *id.* p. 300. — Il doit être clos dans les trois mois, depuis qu'il a été fait; quelles en sont les formalités, *id.* p. 302. — La clôture qui n'est faite qu'après les trois mois est inutile sans récollement, *id.* p. 345. — La clôture est-elle nécessaire dans les coutumes qui ne se sont pas expliquées, *id.* p. 300. — Il n'y a que les enfans qui soient reçus à opposer les défauts de l'inventaire, *id.* p. 303-346. — Dans la coutume d'Orléans, est-il besoin d'un inventaire pour empêcher la continuation de communauté; et dans quel temps suffit-il de le faire, *id.* p. 311-312. — Aux frais de qui est l'inventaire à faire, après la dissolution de communauté, t. XI, p. 252. — Inventaire à faire pour opérer la séparation de dettes, *id.* p. 338-339.

Inventaire. Dans la coutume de Paris, le gardien noble doit incontinent faire inventaire des meubles, titres et enseignemens, t. XX, p. 132. — Dans la coutume d'Orléans, il est tenu seulement de faire inventaire des titres, *id.* p. 133. — Le gardien comptable doit faire inventaire comme un autre tuteur, *id.* p. 134.

INVENTION. Quelles choses acquérons-nous de cette manière, t. XI, p. 262-265.

IRREVOCABILITÉ. Clauses dans un don mutuel, qui donnent atteinte à son irrévocabilité, le rendent nul, t. XIV, p. 108-109. — Clause sur laquelle les conjoints se réservent, par le don mutuel, la faculté de disposer par testament, *id.* p. 110-111. — Différence entre l'irrévocabilité du don mutuel fait pendant le mariage, et l'irrévocabilité de celui fait par le contrat de mariage, *id.* p. 111-112. — Comment, et quand celui fait pendant le mariage peut-il se révoquer par le commun consentement, *id.* p.

112. — Différence entre l'irrévocabilité dont le don mutuel est susceptible, et celle des donations entre-vifs ordinaires, *id.* p. 113.

Irrévocabilité des donations entre-vifs, t. XXIII, p. 55. — Peuvent néanmoins être révocables sous quelque condition qui ne dépende pas de la volonté du donateur, *id.* p. 56. — Conséquences qui résultent de l'irrévocabilité des donations, *id.* p. *id.*

ISLES qui se forment dans les rivières, à qui sont-elles acquises, t. XIV, p. 402-404.

J.

JESUITES. Leur état, t. XVI, p. 283.

Jésuites. Variation de la jurisprudence à l'égard de leurs premiers vœux, t. XXIII, p. 283. — Ce qui a été prescrit à cet égard par l'édit de leur rétablissement en 1603, *id.* p. 284. — Déclaration de 1715 : conséquences qui en résultoient, *id.* p. 285. — Etat du jésuite sorti de la société avant trente-trois ans, *id.* p. 286-287. — Etat de celui qui étoit congédié après trente-trois ans, *id.* p. 287. — Effets civils dont il étoit capable, suivant le sentiment le plus unanimement reçu, *id.* p. 287-288. — Edit du mois de novembre 1764, qui ordonne que la société des jésuites n'aura plus lieu dans le royaume, *id.* p. 289. — Edit du mois de mai 1777, *id.* p. 280. — Déclaration du 7 juin 1777, *id.* p. 290.

JET. En quel cas donne-t-il lieu à la contribution, t. VI, p. 428-429. — Devoir du maître pour se déterminer au jet et le justifier, *id.* p. 430-432. — Pour que le jet donne lieu à la contribution, il faut qu'il ait procuré effectivement le salut du navire, *id.* p. 432-433. — Lorsqu'il l'a procuré, il y a lieu, quoiqu'un autre accident en ait depuis causé la perte, *id.* p. 434. — Quels effets jetés à la mer ou endommagés par le jet, entrent dans la masse

des dommages qui doivent être réparés par la contribution, *id.* p. 435. — Toutes les pertes causées par le jet, pour le salut, doivent être réparées par la contribution, *id.* p. *id.* — Première exception à l'égard de ceux dont le maître n'est pas chargé par un connoissement ou autrement, *id.* p. 436. — Deuxième exception à l'égard de ceux qui étoient sur le tillac, *id.* p. 437. — Qui sont ceux qui doivent contribuer au jet, et pour raison de quelles choses, *id.* p. 438 et suiv. (*Voy.* FRET, PASSAGERS, MATELOTS, MUNITIONS, CONTRIBUTION, RÉCLAMATION.)

Jet. De quoi est tenu l'assureur en cas de jet, t. IX, p. 282.

JEU. Vente pour une somme perdue au jeu, en cas d'éviction de la chose vendue, ne donne pas lieu à la garantie, t. IX, p. 441-442.

Jeu. Contrat que le jeu renferme, de quelle espèce est-il, *id.* p. 443-448. — Est-il mauvais en soi, *id.* p. 448. — Quatre choses requises pour que le contrat du jeu ne renferme aucune injustice, *id.* p. *id.* — Il faut 1.° que chacun des joueurs ait le droit de disposer de la somme qu'il joue, *id.* p. 449-451. (*Voyez* FILS DE FAMILLE.) — Il faut 2.° que les joueurs aient joué librement : lorsque c'est celui qui a été contraint qui a gagné, peut-il recevoir

licitement l'argent de celui qui l'a contraint à jouer, *id.* p. 452-457. — Il faut 3.º une égalité de risques, *id.* p. 458-466. (*Voy.* EGALITÉ, SUPÉRIORITÉ.) Il faut 3.º la fidélité, *id.* p. 466-469. (*Voyes* TRICHERIES, IVRESSE.) — Division du jeu en jeu désintéressé ou petit jeu, et en jeu intéressé ou gros jeu, *id.* p. 470. — Quelles fins sont ou ne sont pas honnêtes dans le jeu désintéressé, *id.* p. 470-471. — Dans le gros jeu, la fin est toujours mauvaise, *id.* p. 472-478. — Nos lois dénient l'action pour tous les jeux, même pour ceux qui sont tolérés, *id.* p. 484. — *Quid*, à l'égard de ceux qui sont expressément autorisés, *id.* p. 485. — Un joueur est-il obligé, dans le for de la conscience, de payer ce qu'il a perdu, ou, au contraire, de restituer ce qu'il a gagné, *id.* p. 486-495. — *Quid*, dans les lieux où il y auroit une loi en vigueur qui donneroit action pour la restitution, *id.* p. 496-499. — Lois romaines sur le jeu, *id.* p. 478-481. — Ordonnances des rois de France, *id.* p. 481-483. — Défaut de fidélité au jeu, à quoi oblige-t-il, *id.* p. 467. — Exemples de défaut de fidélité, *id.* p. 467-469. (*Voyes* TRICHERIES.) — Egalité requise pour que le contrat du jeu soit valable, *id.* p. 458-466.

Jeu de fief. Ne produit aucune mutation, t. XIX, p. 21. — Différence du jeu de fief et du démembrement, *id.* p. 575. — Deux espèces de jeu de fief; l'un avec profit et démission de foi, l'autre sans démission de foi et sans profit, *id.* p. 576. — Disposition de la coutume de Paris et de celle d'Orléans, *id.* p. 578. — Est-il nécessaire que, dans le bail à cens ou rente, le bailleur ait exprimé qu'il retient la foi, *id.* p. 578-579. — La rétention de foi peut-elle se faire par le bail à cens ou rente, quand le bailleur reçoit une somme qui excède la valeur de l'héritage, ou qui égale sa valeur, *id.* p. 581. — Arrêt de 1752 sur cette question, *id.* p. 584. — Exception s'il y a présomption de fraude, *id.* p. 585. — Des effets du jeu de fief, *id.* p. 586. — C'est toujours le corps de l'héritage qui demeure le fief du seigneur, et pour lequel la foi doit être portée, *id.* p. *id.* — L'héritage donné à cens ou rente, avec rétention de foi, est tenu roturièrement par le détenteur, *id.* p. 587. — La mutation ne se fait pas par la vente de l'héritage, mais par la vente ou aliénation du cens ou rente, *id.* p. 588. — Le profit se règle alors sur l'estimation de l'héritage, *id.* p. *id.* — Le seigneur ne peut retirer féodalement que le cens ou rente vendu par le vassal, *id.* p. 589-590.

JOURNAUX. Ce qui est écrit sur les journaux ou sur les tablettes d'un particulier, ne fait aucune foi en sa faveur, t. II, p. 251. — Lorsque ce qui est écrit sur mon journal ou mes tablettes tend à m'obliger, cela fait foi contre moi, pourvu que j'aie signé : si cela tend à libérer mon débiteur, cela fait foi contre moi, quoique je ne l'aie pas signé, *id.* p. 251-252.

JOURNEE. L'obligation d'une journée est-elle indivisible, t. I, p. 270.

Journée de la cause. Ce que c'est, t. IV, p. 188.

Journées. Quelles journées peuvent être demandées par les matelots, t. VI, p. 494.

JUGEMENT. Quels jugemens ont l'autorité de la chose jugée, t. II, p. 332-333. — Trois cas, *id.* p. 333. — Quelle espèce d'autorité de chose jugée ont les jugemens dont il n'y a pas encore d'appel, quoiqu'ils y soient sujets, *id.* p. 333-334. — Jugemens en dernier ressort, quand ont-ils l'autorité de chose jugée, *id.* p. 334. — Quand peuvent-ils être attaqués par la voie de la requête civile. (*Voy.* REQUETE.) — Jugement dont l'appel n'est plus recevable, *id.* p. 341. (*Voy.* ACQUIESCEMENT, APPEL.) — Jugement dont l'appel est péri, *id.* p. 346. — Différence d'un jugement nul et d'un jugement inique, *id.* p. 348. — Jugement nul lorsque l'objet de la condamnation est incertain, *id.* p. 349. — Lorsqu'il est impossible, *id.*

p. 350. — Expressément contraire aux lois, id. p. 351. — Lorsque ses dispositions se contredisent, id. p. 351-352. — Lorsqu'il prononce sur ce qui n'a pas été déduit en jugement, id. p. 352. — Jugemens nuls de la part des personnes qui étoient parties, id. p. 353 et suiv. — De la part des juges qui l'ont rendu, id. p. 358. — Ou par l'inobservation des formalités, id. p. id.

Jugement. Quand peut être rendu en procès criminel, t. XXV, p. 325. — Juge doit appeler au moins deux gradués, quand il y a conclusions à peine afflictive, id. p. id. — Ces gradués doivent être gradués en droit et licenciés, id. p. 326. — Le juge qui n'est pas gradué, peut-il être juge, id. p. id. — Procureur du roi ou fiscal, ne peut suppléer le nombre des juges, id. p. 327. — Lorsque le jugement est en dernier ressort, il doit y avoir sept juges, id. p. id. — Juges doivent d'abord statuer sur les reproches, id. p. id. — Cas où l'accusé subit interrogatoire sur la sellette avant le jugement, id. p. 328. — Comment se fait ce dernier interrogatoire, id. p. 328-329. — Cas où on ne peut procéder au jugement de relevée, id. p. 330. — En cas de partage d'avis, le jugement passe par l'avis le plus doux, id. p. id. — Ordre des peines qui peuvent être prononcées, id. p. 330-331. — Différentes espèces de jugemens interlocutoires, id. p. 331. (V. FAITS JUSTIFICATIFS, QUESTION.) — Jugement de plus amplement informé, quand il y a lieu, id. p. 341. — Plus amplement informé est, ou pour un certain temps, ou indéfini, id. p. id. — Ce qu'on doit faire après le temps du plus amplement informé expiré, id. p. id. — Deux espèces de jugement d'absolution, id. p. 342. — Effet du jugement qui met hors de cour, et de celui qui donne congé, id. p. 342-343. — Jugement définitif de condamnation, id. p. 343. (Voy. CONDAMNATION.)

Jugemens, comment ils se rendent, t. XXIV, p. 154. — Quid, lorsque les juges sont partagés d'opinions, id. p. id. — Formule des jugemens, id. p. 155. — Prononciation du jugement, id. p. id. — Celui qui préside doit viser le registre et parapher les jugemens, id. p. 156. — Quid, lorsque le jugement est rendu sur un appointement en droit, ou à mettre, id. p. id. — Minute du jugement, comment rédigée, id. p. 157. — Jugement notifié aux procureurs, id. p. id. — Jugement sur l'appel, sa forme, tant dans les justices inférieures, que dans les cours, id. p. 241.

JUGES. Quels juges connoissent des contrats d'assurance, t. IX, p. 393.

Juges d'église, compétens pour connoître, entre le fiancé et la fiancée, de la validité de l'engagement, t. X, p. 41-42. — Secus, des dommages et intérêts, id. p. 43. — Sont pareillement compétens pour connoître sur les demandes en cassation de mariage, si le mariage a été valablement ou non contracté. Ne peuvent sans abus connoître aucune question, id. p. 428-429. — Les arrêts de la cour défendent la réhabilitation des mariages qu'ils déclarent nuls par défaut de forme, id. p. 434. — Il leur est défendu d'ordonner l'exécution de leur sentence, nonobstant l'appel, id. p. 435.

Juges et autres officiers. S'ils sont incapables de recevoir donations, t. XXIII, p. 23-25.

Juge supérieur ne doit pas retenir l'exécution, t. XXIV, p. 241. — Juges, obligés de juger, id. p. 152. — Forme employée pour les contraindre à juger, id. p. id. — Appel comme de déni de justice, id. p. 153.

JUS AD REM. (Voy. CRÉANCIER.)

Jus ad rem. Le créancier d'une chose n'a qu'un droit ad rem, et une action contre la personne de son débiteur, et n'a aucun droit dans la chose : il n'a aucune action contre les tiers détenteur de la chose qui lui est due, t. I, p. 127 et suiv. — Exception de cette règle, 1.° dans le cas des aliénations faites en fraude par un débiteur insolvable; 2.° dans le cas d'hypothèque; 3.° dans le

eas de certaines obligations à l'accomplissement desquelles la chose due est affectée, *id.* p. 130-131. — Voies qu'a le créancier pour se faire payer de sa créance, *id.* p. 132-133. *Jus in re, jus ad rem*, t. XVI, p. 70-79.

Jus in re, jus ad rem. Ce que c'est, t. VIII, p. 89.

Jus in re. t. XIV, p. 285.

JUSTICE. Fermier des droits de justice n'est tenu des charges, t. VI, p. 155.

L.

LABOURS ET SEMENCES faits pour les fruits qui étoient pendans à la mort du mari, sont-ils charges de la douairière pour sa part, t. XIII, p. 183. — A la mort de la douairière, *id.* p. 254-258.

LAMANAGE. Ce que c'est, t. VI, p. 464.

Lamanage. Ce que c'est, t. IX, p. 297.

LAGUEYEURS, t. XVIII, p. 304-318.

LEGATAIRES *universels communs*, tenus des dettes, t. XXI, p. 429-430.

Légataires de choses particulières. N'en sont pas tenus directement, *id.* p. 430. — Nul ne peut être légataire et héritier, *id.* p. 373.

LÉGITIMATION que le mariage opère des enfans nés auparavant. Origine du droit de légitimation. Lois romaines sur cette matière, t. X, p. 377-380. — Principe du droit canonique sur la légitimation. Raisons qui nous les font adopter dans notre droit français, *id.* p. 383-384. — Le mariage opère-t-il la légitimation de la postérité de l'enfant né et mort avant le mariage, *id.* p. 384-385. — Pour que le mariage puisse légitimer les enfans, il faut que lors du commerce charnel dont ils sont nés, les parties aient été capables de contracter mariage ensemble, et par conséquent qu'ils soient nés *ex soluto, ex solutâ.* Plusieurs questions qui se décident par ce principe, *id.* p. 386. — Elles sont pensées l'avoir été lorsqu'elles n'avoient besoin, pour l'être, que d'une dispense facile à obtenir, *id.* p. 387. — L'ignorance en laquelle étoit l'une des parties que l'autre fût engagée dans le mariage lors du commerce qu'elles ont eu ensemble, peut-elle suppléer et rendre capable de légitimation les enfans qui en sont nés, *id.* p. 388-393. — Suffit-il, pour la légitimation, que les parties qui n'étoient pas capables de se marier ensemble lors du commerce charnel dont l'enfant est né, le soient devenues avant la naissance de l'enfant, *id.* p. 393-394. — Il n'y a qu'un véritable mariage à qui la loi ait donné l'effet d'opérer la légitimation. Un mariage putatif auquel la bonne foi procure les effets civils, n'a pas cet effet, *id.* p. *id.* — Mariage intermédiaire de l'une des parties avec une personne tierce, n'empêche pas celui que les parties contractent, depuis sa dissolution, d'opérer la légitimation de leurs enfans, *id.* p. 395-396. — La légitimation se fait par la seule force de la loi : l'enfant l'est-il malgré lui, *id.* p. 397-398. — Effets de la légitimation, *id.* p. 399.

Légitimation par mariage subséquent, t. XXI, p. 37-38. — Quelles sont les conjonctions dont le vice peut être purgé par le mariage subséquent, *id.* p. 38. — Le vice d'une conjonction adultérine ne peut être ainsi purgé, *id.* p. 39. — *Quid,* si l'enfant conçu de cette habitude n'est né qu'après la mort de ma femme, *id.* p. *id.* — Quel mariage peut purger le vice d'une conjonction illégitime, *id.* p. 40. — *Quid,* si ce mariage étoit nul, mais que la bonne foi des contractans lui donne les effets civils, *id.* p. 41. — Il n'est pas nécessaire que le mariage soit accompagné d'un contrat devant notaire, *id.* p. 42. — La légitimation qu'opère le mariage donne à cet enfant le même droit de parenté légi-

time, qu'il auroit s'il fût né du mariage même, *id.* p. 43. — Elle lui donne le droit d'aînesse sur les enfans nés du même mariage, *id.* p. 44. — Mais non sur les enfans d'un mariage intermédiaire, *id.* p. *id.* — De la légitimation par lettres, *id.* p. 45

LÉGITIME DE DROIT. Sa nature, t. XVII, p. 323. — Sa quotité, *id.* p. 324. — A quelle personne est-elle due, *id.* p. 326. — Quelles donations y sont sujettes, *id.* p. 324. — Comment se fait la supputation de la légitime, *id.* p. 327. — Quels enfans doit-on compter, *id.* p. 328. — Ce qui s'y impute, *id.* p. 329. — Dans quel ordre se fait le retranchement, *id.* p. 330. — De l'augmentation ou diminution survenue depuis le décès sur les biens sujets à la légitime, *id.* p. 332-333. — De l'action des légitimaires, *id.* p. 339. — Des fins de non recevoir contre cette action, *id.* p. 341. — De la garantie réciproque entre les légitimaires et les donataire qui ont souffert retranchement, *id.* p. 341. — Si la légitime prévaut au droit d'aînesse, *id.* p. 343. — Légitime coutumier. (*Voy.* PROPRE.)

Légitime. Ce qu'un enfant a eu dans les biens retranchés de la donation faite par sa mère à son second mari, ne s'impute sur la légitime qui lui est due dans la succession de sa mère, t. X, p. 566-567. — Ni encore moins les biens qui doivent lui être réservés par le second chef de l'édit, *id.* p. 589.

Légitime contradicteur. Quel est le légitime contradicteur avec qui l'inventaire doit être fait pour empêcher ou dissoudre la continuation de communauté, t. XII, p. 300-302. — En faut-il un dans la coutume d'Orléans, lorsque quelqu'héritier est mineur, *id.* p. 300.

Légitime. Ce que c'est, suivant le droit romain et suivant les coutumes de Paris et d'Orléans, t. XXIII, p. 137. — Quelle loi règle sa légitime, *id.* p. 138. — Elle n'est due qu'aux enfans qui sont habiles à succéder, et qui n'ont pas été exhérédés, *id.* p. *id.* — *Quid* de sa

fille qui a été dotée, et qui a renoncé à la succession de son père ou est exclue par la coutume, *id.* p. 158. — Comment se fait la supputation de légitime, *id.* p. 145. — Quels enfans on doit compter pour la supputation de la légitime, *id.* p. 146. — Quels sont ceux qu'on ne doit pas compter, *id.* p. 146-147. — L'enfant doit imputer tout ce qu'il a reçu de la libéralité du défunt, *id.* p. 147. — Les donations entre vifs ne peuvent souffrir de retranchement pour sa légitime, lorsqu'il y a de quoi la remplir dans les biens que le donateur a laissé, ou dans ceux dont il a disposé par testament, *id.* p. 148-149. — S'il manque de quoi la remplir, on peut demander ce qu'il en manque aux donataires, en commençant par celui qui est le dernier en date, *id.* p. 150. — Si le dernier donataire étoit devenu insolvable, peut-on se pourvoir contre les donateurs antérieurs, *id.* p. 151. (*Voy.* RETRANCHEMENT.)

Légitime coutumière. Ce que c'est, t. XXIII, p. 157. — Par quelle personne elle peut être demandée, *id.* p. 158. — En quel cas il y a lieu à cette légitime, *id.* p. *id.* — Lorsqu'une personne, qui a des propres de différentes lignes, a donné tous ou presque tous les propres d'une ligne, les héritiers de cette ligne peuvent-ils demander le retranchement de la donation, *id.* p. 161.

LEGS. Ce que c'est, t. XVII, p. 386. — A qui peut on ou ne peut-on pas léguer, *id.* p. 408. — Qui peut-on, ou ne peut-on pas grever de legs, *id.* p. 413. — Que peut-on ou ne peut-on pas léguer, *id.* p. 415. — Jusqu'à quelle concurrence. (*Voy.* PROPRE.) — De l'ouverture de legs, *id.* p. 427. — La propriété de la chose léguée, passe de plein droit au légataire, *id.* p. 439. — Il doit néanmoins en demander la délivrance, *id.* p. 440. — De l'action personnelle *ex testamento*, qu'il a pour se faire faire cette délivrance, *id.* p. 441. — Contre qui, *id.* p. 442. — Quand doit se faire la délivrance, *id.* p. 444. — Comment, *id.* p. 450. — En quel état la chose léguée doit

elle être délivrée, *id.* p. 452.—Avec quels accessoires, *id.* p. 452 et suiv. — De quand les fruits ou accessoires sont-ils dus, *id.* p. 455. — Quand l'estimation est-elle due au lieu de la chose, *id.* p. 456. — L'héritier est-il garant de l'éviction de la chose léguée, *id.* p. 456-457. — Hypothèque des legs, *id.* p. 464. - Du partage entre les colégataires d'une même chose, *id.* p. 492. -- De l'extinction des legs, par la révocation du legs, *id.* p. 480. -- Par le prédécès du légataire, *id.* p. 484. -- Par une indignité, *id.* p. 485. -- Par son refus d'accomplir la charge expresse ou tacite sous laquelle le legs est fait, *id.* p. *id.* --- Lorsque la chose léguée n'existe plus dans sa forme substantielle, *id.* p. 487. -- Lorsque le legs a été révoqué, ou lorsqu'il a été éteint de la part du légataire, qui en doit profiter? *id.* p. 490. -- Du droit d'accroissement. (*Voy.* ACCROISSEMENT.) -- Interprétation des legs, règles générales, *id.* p. 497. -- Différentes espèces de legs, legs universel. (*Voy.* UNIVERSEL.) -- Legs alternatif de plusieurs choses; à qui le choix appartient-il, *id.* p. 465. --- *Quid,* lorsqu'il est d'une chose à prendre dans un certain genre, et que peut-on choisir, *id.* p. 467. -- Legs de tout un certain genre de choses, *id.* p. 504. --- Legs fait à un certain genre de personnes, *id.* p. 509. -- Legs d'une terre meublée, *id.* p. 524. -- Legs de l'argenterie, *id.* p. 528. -- De la toilette, de la garde-robe, des bijoux, *id.* p. 529. --- Des provisions de ménage, *id.* p. 530. -- D'une somme par chacun an, *id.* p. 532. --- Legs fait sous une certaine charge, *id.* p. 471. -- Charges qui doivent s'accomplir par équipollence, *id.* p. 468. -- De l'action et de l'exception que la charge apposée au legs donne à l'héritier, et en faveur de qui elle est apposée, *id.* p. 472. -- Quand la charge apposée au legs souffre-t-elle diminution, *id.* p. 473. --- Des charges inhérentes à la chose léguée, *id.* p. *id.* -- Legs faits sous condition. (*Voy.* CONDITION.) -- Des legs qui ont un terme. (*Voy.* TERME.) -- Différens vices des legs. (*Voy.* TESTAMENT.)

Legs fait au conjoint n'est pas valable, quoique le testament ait été fait avant le mariage, t. XIV, p. 38. -- Quand même il seroit prétexté de restitution, si la dette n'est justifiée, *id.* p. 39. --- Legs par lequel l'héritier d'un conjoint est chargé de vendre à l'autre une chose pour son juste prix, est-il valable, *id.* p. 39-40. --- Legs d'alimens par un conjoint riche, à l'autre qui est dans l'indigence, *id.* p. 40-41. -- En cas de don mutuel, lorsque le testateur n'a laissé d'autres biens que ceux compris au don mutuel, les legs sont-ils payables avant l'extinction de l'usufruit du donataire mutuel, *id.* p. 194. -- Le donataire mutuel n'est pas tenu d'avancer les legs, *id.* p. 195. -- Quelques coutumes l'y assujétissent; ce qui ne s'entend que des legs modiques, *id.* p. *id.* -- Même dans la coutume de Dunois, *id.* p. 278-279. --- On suit à cet égard la coutume des lieux qui régissoient les biens compris au don mutuel au temps du contrat, *id.* p. 196. --- Choix d'un legs qui doit tomber en communauté préférablement à une succession d'immeuble qui n'y tomberoit pas, est-il avantage indirect, *id.* p. 75.

Legs. La communauté n'est tenue des legs faits par le prédécédé, t. XI, p. 252-253. -- Le mari dispose jusqu'à concurrence de sa part dans la communauté, t. XII, p. 7. -- Legs faits d'une certaine chose par le mari est valable pour le total vis-à-vis des héritiers du mari, *id.* p. 7-8.

Legs. Ce que c'est, t. XXII, p. 123. -- Choses qu'on peut léguer ou non, *id.* p. 173. -- On peut léguer non-seulement ses propres choses, mais celles de son héritier et celles des personnes tierces, *id.* p. *id.* -- Le testateur qui n'a qu'une part en la chose est censé n'avoir légué que sa part, *id.* p. 175. --- La chose qui appartient au légataire ne peut lui être léguée, *id.* p. 176. --- *Quid,* s'il n'étoit propriétaire qu'impar-

faitement, *id.* p. 177. — Le legs d'une chose qui n'est pas dans le commerce, n'est pas valable, *id.* p. 178. — Legs de choses qui s'éteignent par le décès du testateur, *id.* p. 180.

Legs universels, legs particuliers, t. XXII, p. 123. — En quoi ils diffèrent, *id.* p. 124-125. — En quoi ils conviennent, *id.* p. 125. — Différence des fidéi-commis ou substitutions, *id.* p. *id.*

Legs faits *ab irato*, t. XXII, p. 133.

Legs faits *pœnæ causâ*, t. *id.* p. 134. — Comment la loi de Justinien doit être suivie par rapport à ces legs, *id.* p. 135.

Legs faits *denotandi causâ*, t. *id.* p. 137.

Legs faits par motif de pur caprice, t. *id.* p. 138.

Legs faits à un pauvre sont valables, t. *id.* p. 139.

Legs faits par un motif contraire aux bonnes mœurs, t. *id.* p. 140.

Legs que le testateur fait dépendre de la volonté d'un tiers, t. *id.* p. 146. — De ceux qu'on peut grever de legs, *id.* p. 172.

Legs in faciendo, t. *id.* p. 180. — — Jusqu'à quelle concurrence on peut léguer, *id.* p. 181. — Différentes dispositions des contumes, *id.* p. 182. — Dispositions des coutumes de Paris et d'Orléans, *id.* p. *id.* (*Voy.* PROPRES, RÉSERVES.) — Droits qui résultent du legs, *id.* p. 219. — Effet de legs; de quand ils ont effet, *id.* p. 217. — Temps apposé au legs, s'il est incertain, rend le legs conditionnel, *id.* p. 218. — *Quid*, si le legs est conditionnel, *id.* p. 219-220. — La propriété passe au légataire, mais il doit demander la délivrance à l'héritier, *id.* p. 220-221. — Il ne peut l'obtenir du juge que sur une demande donnée contre l'héritier, *id.* p. 221. — *Quid*, si le legs est d'un corps certain, mais qui n'appartenoit pas au défunt, *id.* p. 222. — *Quid*, si c'est un fait qui fait l'objet du legs, *id.* p. *id.* — Quelle délivrance doit être faite au légataire, *id.* p. 232. (*Voyez* DÉLIVRANCE.) — Extinction générale

du legs par la rupture ou destruction du testament, *id.* p. 249. — Principes du droit romain qui n'ont pas lieu parmi nous, *id.* p. *id.* — Extinction des legs de la part du testateur, *id.* p. 251. (*Voy.* RÉVOCATION.) — Extinction du legs par le prédécès ou incapacité du légataire, *id.* p. 263. — Certains legs qui ne sont point sujets à s'éteindre par la mort du légataire, *id.* p. 264. — Extinction du legs par l'indignité du légataire, *id.* p. 265. — Extinction par la répudiation, *id.* p. 267. (*Voy.* RÉPUDIATION.) — Extinction du legs lorsque la chose périt, *id.* p. 269.

Legs alternatif n'est éteint que par l'extinction des deux choses, t. *id.* p. 269-270. — Quand une chose est censée périe, *id.* p. 271. — Tout changement dans la forme n'opère pas la destruction de la chose, *id.* p. 272. — Si, lorsque la chose est détruite, le legs subsiste dans ce qui reste et dans les accessoires, *id.* p. 273. — Distinguer si la chose léguée a péri avant l'ouverture du legs ou depuis, *id.* p. 275. — Même distinction par rapport aux accessoires de la chose léguée, *id.* p. 275-276. — Exceptions que souffre la règle de l'extinction du legs par l'extinction de la chose, *id.* p. 276. — Cas de l'extinction arrivée par la faute ou demeure de l'héritier, *id.* p. 277. — *Quid*, lorsqu'il y a plusieurs héritiers tenus du legs, et que la chose a péri par le fait ou la faute de l'un d'eux, *id.* p. 278. — Extinction du legs lorsque la chose a cessé d'être susceptible de legs, *id.* p. 279. — Qui doit profiter de la chose léguée, lorsque le légataire ne recueille pas le legs, *id.* p. 280. — Sont-ce les héritiers ou le légataire universel qui doivent profiter de l'extinction des legs particuliers, *id.* p. 281. (*Voy.* ACCROISSEMENT.) — Quand une chose est léguée à plusieurs qui acceptent le legs, elle se partage entre eux, *id.* p. 282. — Concours entre plusieurs légataires d'une même chose qui l'acceptent, *id.* p. *id.* — Le partage a lieu, soit que la chose ait été

léguée à plusieurs *disjunctim*, soit qu'elle ait été *conjunctim*, id. p. 283. — Règles sur l'interprétation des legs, id. 296. (*Voy.* INTERPRÉTATION.) — Ce que comprend le legs des choses qui sont dans un tel lieu, id, p. 327. — L'argent comptant n'y est pas compris, id. p. 328. — Ni les dettes actives, cédules ou billets, id. p. 328-329.

Legs. Mutation par legs donne lieu au rachat, à l'exception des legs faits pour Dieu, ou aux ascendans ou descendans, t. XIX, p. 411. — *Quid,* si le legs a un terme ou condition, id. p. 412. — *Quid,* s'il est répudié, id. p. 412-413.

Legs. Si le gardien noble est tenu de ceux faits par le défunt, t. XX, p. 144-145. — Des legs de corps certains, id. p. 145.

LEPRE survenue à l'un des fiancés, étoit un sujet suffisant pour décharger l'autre de l'engagement des fiançailles, t. X, p. 49. — Lorsqu'elle est survenue à l'un des conjoints par mariage, elle n'est pas un sujet suffisant pour la séparation d'habitation, id. p. 495.

LESION. La lésion est un vice dans les contrats, t. I, p. 35-36. — Entre majeurs, dans le for extérieur, doit être ordinairement d'outre moitié, id. p. 37. — Dans les partages il suffit qu'elle excède le quart, id. p. id. — Certains actes ne peuvent être rescindés pour quelque lésion que ce soit, s'il n'y a dol, telles sont les transactions, id. p. 38. — Vente de droits successifs et autres choses dont le prix est extrêmement incertain, id. p. 39. — Lésion entre mineurs, id. p. 40.

Lésion. Quand donne-t-elle lieu à la rescision dans le contrat d'échange, t. III, p. 472-473. — Lésion qui excède le quart, suffit dans les partages pour la restitution, id. p. 485.

Lésion. Quelle lésion donne lieu à la rescision des partages, t. VII, p. 275.

Lésion. Pour quelle lésion le survivant ou les héritiers sont-ils restituables contre le partage, t. XII, p. 220-221.

Lésion. Quelle lésion donne lieu à la rescision des actes entre majeurs, t. XXV, p. 155. — Dans les partages, id. p. id. Dans la vente, lésion d'outre moitié y donne lieu, id. p. 156. — Lésion ne donne lieu à la restitution dans les contrats aléatoires, id. p. id. — Ni dans les transactions ou ventes de meubles, id. p. 157.

LETTRE D'ÉTAT, t. XVIII, p. 302-303.

Lettres de répit, t. id. p. 301-302.

Lettres de crédit, t. V, p. 386-387.

Lettres de change. (*V.* CHANGE.)

Lettres d'état. Ce que c'est, t. XXIV, p. 134-135. — A qui elles doivent être accordées, id. p. 135. — S'accordent pour six mois, id. p. id. — Ne peuvent servir qu'à celui qui les a obtenues, id. p. 135-136. — Affaires où elles ne peuvent servir, id. p. 136. — Leur effet, id. p. 137.

Lettres de ratification à l'égard des rentes sur l'Hôtel-de-Ville de Paris, t. XXV, p. 82. — Comment elles s'obtiennent, et leur effet, id. p. 82-83. — Des oppositions auxdites lettres, id. p. 83.

Lettres de répit. Ce qu'elles signifient, et comment elles s'obtiennent, t. id. p. 127. — Doivent être obtenues en chancellerie, id. p. id. — Cas où les juges peuvent accorder des défenses générales, id. p. 128. — Etrangers ne peuvent les obtenir, id. p. id. — Cas où les citoyens en sont exclus, id. p. 129. — Co-obligés et cautions ne peuvent jouir de lettres accordées au débiteur, id. p. 130. — Proxénètes et courtiers exclus par notre coutume, id. p. 131. — Deux cas particuliers exceptés par la coutume de Paris, id. p. id. — Ceux qui en ont obtenu n'en peuvent obtenir de secondes, si ce n'est pour cause nouvelle, id. p. 132. — Ces lettres ne peuvent être accordées que pour des considérations importantes, id. p. 133. — Ce que doivent faire ceux qui veulent les obtenir. id. p. id. — Formes de lettres de répit, id. p. 134. — Juges-consuls incompé-

tens pour l'entérinement, *id.* p. *id.*
— Elles portent un délai de six mois pour en poursuivre l'entérinement, *id.* p. 135. — Le débiteur doit remettre au plutôt aux greffes, tant du juge auquel elles sont adressées, que du consulat, un état de ses effets et dettes, *id.* p. *id.* — Quand les lettres doivent être signifiées aux créanciers, *id.* p. 136. — Peut-on les signifier après les délais fixés, *id.* p. 136-137. — Effet de ces lettres lorsqu'elles son entérinées, *id.* p. 138. — Saisies que peuvent faire les créanciers, *id.* p. 138-139. — Créanciers peuvent s'assembler et nommer un directeur ou syndic, *id.* p. 139. — Débiteur ne peut, de son chef, payer un créancier au préjudice des autres, *id.* p. 140. — Ces lettres ne peuvent avoir d'effet à l'égard des tiers, *id.* p. *id.* — Taches qu'impriment ces lettres à l'impétrant, *id.* p. 141.

Lettres de réhabilitation que peut obtenir le débiteur qui a payé, *id.* p. 142.

Lettres de rescision. Cas où elles ont lieu, et où elles doivent être obtenues, *id.* p. 145. (*Voy.* MINEUR, DOL, ERREUR, LÉSION.) — Procédure à tenir sur les lettres de rescision, *id.* p. 157. — A quel juge elles doivent être adressées, *id.* p. *id.* — Fin de non-recevoir qu'on peut opposer contre ces lettres, *id.* p. 158. — Cet entérinement entraîne-t-il la rescision des engagemens des cautions et co-obligés, *id.* p. 161. La restitution du mineur profite-t-elle au majeur, *id.* p. 160. — Majeurs restituables pour fait de violence ou de crainte, *id.* p. 150. — Simples menaces ou craintes révérentielles ne suffisent, *id.* p. 151. (*Voy.* DOL, ERREUR, LÉSION.)

Lettres d'abolition ou de rémission, t. XXV, p. 394-395. — Ce qu'elles ont de commun avec les autres lettres de grâce, *id.* p. 396. — A qui elles sont adressées, *id.* p. *id.*

Lettres de commutation de peines. Ce que c'est, t. XXV, p. 394.

Lettres de rappel de galères ou *de ban,* t. XXV, p. 394-395.

Lettres de réhabilitation. En quoi elles diffèrent des lettres d'abolition ou de rémission, t. XXV, p. 395-396.

Lettres de grâce. Il n'appartient qu'au roi de les accorder, t. XXV, p. 382. — Grâces accordées par quelques églises ou évêques, *id.* p. *id.* — Grâces accordées par les évêques d'Orléans, *id.* p. *id.* — Trois espèces de grâces, *id.* p. 383.

Lettres d'abolition. Ce que c'est, t. XXV, p. 383 et suiv. — Pour quel crime le roi n'en accorde pas, *id.* p. 383-384.

Lettres de rémission. Quelles sont-elles, et dans quel cas elles s'obtiennent, t. XXV, p. 384.

Lettres de pardon, t. XXV, p. 385.

Lettres de justice sont les lettres de rémission, t. *id.* p. *id.* — Forme des lettres de grâce, *id.* p. *id.* — A qui elles sont adressées, *id.* p. 386. — Présentation de ces lettres se fait à l'audience, *id.* p. 388. — L'impétrant doit se constituer prisonnier, *id.* p. 387-388. — Procédure qu'il doit tenir, *id.* p. 389. — La partie civile doit être appelée aux délais de l'ordonnance, *id.* p. 389-390. — Jugement pour l'entérinement des lettres, *id.* p. 390. — *Quid,* si l'exposé des lettres n'est pas conforme aux charges, *id.* p. 391. — Effet de l'entérinement des lettres de grâce, *id.* p. 393. — *Quid,* s'il y a appel de la sentence d'entérinement, *id.* p. *id.* — Le procureur du roi peut-il en appeler, *id.* p. 394 et suiv.

LÈZE-MAJESTÉ. Ce que c'est que le crime de lèze-majesté au premier chef, t. XXV, p. 218. — Ce qu'on appelle crime de lèze-majesté au second chef, *id.* p. *id.* — Le crime de fausse monnoie et celui de tenir chartres-privées en sa maison appartiennent au crime de lèze-majesté, *id.* p. 219. — Crimes de duel et autres qui appartiennent aussi au crime de lèze-majesté, *id.* p. 221. — Vols et crimes dans les appartemens du roi sont de cette nature, *id.* p. 220.

LIBERTÉ. On peut faire assurer sa liberté, t. IX, p. 267. — Obli-

gation que contracte l'assureur par cette assurance, et l'action qui en naît, *id.* p. 372-373. — Cette action, lorsqu'elle n'a pas été intentée, s'éteint-elle par la mort du captif ou par son évasion, *id.* p. 373-374. — Temps que doit durer l'assurance de la liberté, lorsque c'est pour un voyage par terre, *id.* p. 377.

LICITATION. Ce que c'est, t. III, p. 387. — Où se fait-elle, *id.* p. *id.* — Quand les étrangers y doivent-ils être admis à enchérir, *id.* p. 388. — Quand la licitation doit-elle être précédée d'une visite, *id.* p. *id.* — Lorsque sur la licitation un étranger est adjudicataire, la licitation est un vrai contrat de vente, *id.* p. 388-389. — Lorsque c'est un des colicitans, elle tient lieu de partage et est différente du contrat de vente, *id.* p. 389. — Corollaire : elle ne donne lieu ni au retrait, ni au profit de vente, *id.* p. 488. — L'adjudicataire n'est pas tenu des hypothèques de ses colicitans, *id.* p. *id.* — Les colicitans ne sont tenus envers l'adjudicataire colicitant, que de la garantie du partage, *id.* p. *id.* — *Quid*, si la licitation contenoit une clause expresse de garantie, *id* p. 489. — La vente que fait un cohéritier au copropriétaire de sa part indivise est réputée licitation et partage, plutôt que vente, *id.* p. 489-490.

Licitation. Donne-t-elle lieu au retrait, t. IV, p. 82-84.

Licitation à loyer ou à ferme. Ce que c'est, t. VI, p. 261. — Sa différence d'avec la licitation du fonds, *id.* p. 261-262. — Sa différence d'avec les baux ordinaires, *id.* p. 263.

Licitation, t. VII, p. 273.

Licitation. (Douaire.) Héritage qui appartenoit, pour partie, au mari au temps des épousailles, et dont il s'est rendu adjudicataire par la licitation faite pendant le mariage, est, pour le total, sujet au douaire, à la charge de ce qui a été payé pour le prix de la licitation, t. XIII, p. 80.

Licitation. Qu'est-ce qu'une licitation, t. XI, p. 129. — Est re-

gardée comme un acte qui tient lieu de partage : conséquence de ce principe, *id.* p. 129-131. — Cet acte ne tiendroit pas lieu de partage si l'héritage étoit adjugé à un étranger, *id.* p. 131-132; t. XII, p. 218. — Quand y a-t-il lieu à la licitation des biens de la communauté entre le survivant et les héritiers, *id.* p. 215.

Licitation. Ce que c'est, t. XXI, p. 385. — Différences à observer lorsque les parties sont majeures ou lorsqu'elles sont mineures, *id.* p. 386.

LIEN. Une convention est nulle par le défaut de lien, t. I, p. 47-48.

LIEU. Lieu de paiement, lorsqu'il y a un lieu convenu pour le paiement, le créancier ne peut exiger qu'il soit fait ailleurs, ni être obligé de recevoir ailleurs, *id.* p. 199-200. — *Quid*, lorsqu'il y a deux différens lieux convenus, *id.* p. 201. — L'action *quod certo loco*, *id.* p. 200.

LIMITATIF. Quels termes, dans les obligations, sont limitatifs, ou seulement démonstratifs, t. II, p. 166.

LIQUIDATION des créances que chacun des conjoints a contre la communauté, et des dettes dont il est tenu envers elle, t. XII, p. 105 106-201. (*Voyez* REMPLOI, RÉCOMPENSE.) — Pareil remploi recommence la liquidation préalable au partage de la continuation de communauté, *id.* p. 377.

Liquidations de fruits. Comment procède-t-on à la liquidation des fruits qu'un possesseur a été condamné de rendre, t. XI, p. 192.

LITIGIEUX. (*Voyez* TRANSPORT DE DROITS LITIGIEUX.)

LIVRER. L'obligation de livrer un héritage, t. I, p. 268-269.

LIVRES. Livres de marchands; quelle foi font-ils en faveur des marchands, t. II, p. 248-249. — Ce qui est contenu, fût-il d'une autre main, fait foi entière contre eux, *id.* p. 250. — Il n'en est pas de même des papiers volans qui seroient trouvés dans leurs livres, *id.* p. *id.* — Une reconnoissance

vague de dette contenue au livre, sans qu'il y ait une cause exprimée, ou du moins présumée, ne fait pas foi, *id.* p. *id.* — Je ne puis tirer une preuve du livre d'un marchand contre lui, si je refuse d'y ajouter foi contre moi, *id.* p. 251.

Livres. Quels sont ceux qui peuvent être l'objet d'un prêt légitime, t. VIII, p. 12.

LOCATAIRE. Sous-locataire. Le principal locataire a les mêmes droits que le seigneur d'hôtel contre les sous-locataires, t. XVIII, p. 261. — Sauf celui de la loi *Æde,* *id.* p. 269. — Meubles du sous-locataire répondent de tous les loyers du locataire, *id.* p. 263.

Locataires. Droits des locataires ou fermiers ne consistant que dans une créance personnelle contre le bailleur, en cela diffèrent de celui d'un usufruitier, t. VI, p. 199-200. — Peuvent être expulsés par un successeur à titre singulier qui a succédé à la chose ou à l'usufruit de la chose, *id.* p. 200-201. — Quoiqu'ils aient un bail par-devant notaire, *id.* p. 202. — *Quid,* s'il y avait hypothèque spéciale sur la maison, *id.* p. *id.*

LOCATEUR. Quelles sont les obligations du locateur. (*V.* OBLIGATIONS DU LOCATEUR.)

Locateur. (contrat maritime.) Quelles sont ses obligations. (*Voy.* OBLIGATIONS DU MAITRE DU NAVIRE.)

LODS ET VENTES. Doivent être remboursés à l'acquéreur qui les a payés, par le retrayant, quoique privilégié, t. IV, p. 219 et suiv. — Le retrayant privilégié a-t-il la répétition contre ce fermier, *id.* p. *id.* — Lorsque l'acheteur est privilégié, le retrayant les doit-il à l'acheteur ou au fermier, *id.* p. 220. — Les lods et ventes doivent être remboursés en entier, quoique le seigneur ait fait remise, *id.* p. 220-221. — Exception, *id.* p. 222. — Les lods et ventes cessent d'être dus par l'acheteur lorsque le retrait est exercé sur lui, *id.* p. 298-299. — Lorsque le retrait s'exerce sur le seigneur, le retrayant lui doit les

lods et ventes, *id.* p. 301. — Le seigneur qui exerce le retrait féodal, en doit-il indemniser l'usufruitier ou le fermier, *id.* p. 402-403.

LOI. La loi naturelle est la cause au moins immédiate de toutes les obligations, t. I, p. 109. — Il y a des obligations qui ont pour seule et unique cause la loi naturelle ou la loi civile, *id.* p. *id.*

LOI ÆDE permet au seigneur d'hôtel de résoudre le bail qu'il a fait de sa maison lorsqu'il en a besoin pour s'y loger, t. VI, p. 228-229. — Faut-il qu'il prouve le besoin qu'il en a, *id.* p. 229. — A qui ce droit est-il accordé, *id.* p. *id.* — Le propriétaire qui use de ce droit ne peut donner congé au locataire que pour le prochain terme, *id.* p. 231. — En l'avertissant dans un temps suffisant, *id.* p. *id.* — Doit-il l'indemniser, *id.* p. 232. — Ce droit n'a lieu que pour les maisons destinées principalement pour l'habitation, *id.* p. 234-235. — De la renonciation à ce droit, *id.* p. 233. — De quelles clauses peut-on l'inférer, *id.* p. 229-230. — Autre cas dans lesquels la loi *Æde* permet au bailleur de demander la résolution du bail, lorsqu'il est nécessaire de rebâtir la maison, *id.* p. 230. — Lorsque le locataire mésuse, *id.* p. 224. — La résolution dans ces deux cas n'est empêchée par la clause que le locataire ne pourra être délogé pour quelque cause que ce soit, *id.* p. 223-224. — S'il étoit dit expressément que, dans le premier cas, le locataire seroit dédommagé, *id.* p. 225. — Loi *Æde,* *id.* p. 226. — Le privilége de la loi *Æde* a-t-il lieu dans l'espèce du contrat de double louage, *id.* p. 334-337.

Loi Æde. (*Voyez* SEIGNEUR d'hôtel; *Voyez* LOUAGE.)

Loi Rhodienne, t. VI, p. 429.

Lois. (*Voyez* ORDONNANCES.)

LOUAGE. Contrat de louage. Sa nature, t. XVIII, p. 236. — De l'obligation du locateur de faire jouir le locataire, *id.* p. 238. — Autres obligations du locateur, *id.* p. 243. — Fermes et loyers, où se doivent payer, *id.* p. 244. — A quels termes, *id.* p. 243-244. — Quand

le locataire ou fermier en doit-il avoir remise ou diminution, *id.* p. 244-245. — Comment doivent jouir les locataires ou fermiers, *id.* p. 247. — De leurs obligations de veiller à la conservation de l'héritage, *id.* p. 248. — De la clause par laquelle les fermiers s'obligent aux voitures pour les réparations, *id.* p. 250. (*Voyez* RECONDUCTION, SEIGNEUR D'HOTEL.)

Louage. Contrat de louage de choses. La définition, t. VI, p. 2. En quoi convient avec le contrat de vente, *id.* p. 2-3. — En quoi il en diffère, *id.* p. 3. — Rapport de ces contrats, *id.* p. 4. — En quoi diffère du bail à rente, *id.* p. 5. — Quelles choses constituent son essence, *id.* p. 5-6. — Louage de certaines choses interdit à certaines personnes, *id.* p. 30-31. — Usufruitier et locataire, en quoi diffèrent du propriétaire dans le droit de louer, *id.* p. 32. — Le contrat de louage est nul si la chose louée n'existoit plus, *id.* p. 6. — Quelles choses peuvent être louées ou non, *id.* p. 7 et suiv. — On ne peut louer les choses spirituelles, *id.* p. 9. — Les choses *divini juris*, *id.* p. 10-11. — Peut-on louer la chose d'autrui, *id.* p. 14. — On ne peut louer à quelqu'un sa propre chose, *id.* p. 14-15. — Peut-on louer des masques et habits de bal, *id.* p. 18. — Clause de ne pouvoir sous-bailler. (*Voyez* SOUS-BAIL.) — Clause que le locataire pourra sous-bailler à qui il lui plaira, *id.* p. 195. — Effet de cette clause, *id.* p. 196. — Clause de pouvoir résoudre le bail au bout d'un certain temps, *id.* p. 270-271. — Clause de donner certaine gratification dans le contrat de louage d'ouvrage, *si je suis content*, est-elle obligatoire, *id.* p. 283. — Clause d'entretenir une maison de réparations pour tant par an, *id.* p. 292. — Contrat de louage d'ouvrage. Ce que c'est, *id.* p. 267. — Ses différences avec le contrat de louage de choses, *id.* p. 268. — En quoi conviennent, *id.* p. *id.* — Son analogie avec le contrat de vente, *id.* p. 269. — Caractère distinctif, *id.* p. *id.* —

Le locataire doit fournir la principale matière, *id.* p. 269-270. — Trois choses constituent sa substance, *id.* p. 270. — Il faut un ouvrage à faire possible et licite, *id.* p. 270-271. — Si l'ouvrage étoit possible en soi, quoiqu'impossible au conducteur, *id.* p. 271. — Il faut un prix convenu expressément ou tacitement, *id.* p. 272. — Qualités de ce prix, *id.* p. 273. — Consentement dans ce contrat. Sur quoi doit intervenir, *id.* p. 274. (*V.* CONSENTEMENT.) — Peut se donner entre absens comme entre présens, même par lettres, *id.* p. 275. — Contrat de double louage de choses, par lequel chacun des contractans se donne réciproquement l'usage ou la jouissance d'une autre, *id.* p. 314 et suiv. — Ce contrat n'est pas contrat de société, *id.* p. 315. — Ni prêt à usage, *id.* p. *id.* — Diffère du véritable contrat de louage; lui est néanmoins très-ressemblant, *id.* p. 316-317. — Trois choses nécessaires pour la substance de ce contrat : les mêmes choses qui ne sont ou ne sont pas de celui-ci, *id.* p. 318. — Il est de l'essence de ce contrat, que la jouissance de l'une des choses soit donnée comme l'équivalent de l'autre, et pour tenir lieu de loyer, *id.* p. 319-320. — Sur le temps de la jouissance accordée par ce contrat. (*Voy.* TEMPS.) — Chacune des parties contracte par ce contrat tout-à-la fois les obligations du locateur par rapport à sa chose et celle du conducteur par rapport à celle dont on lui a donné la jouissance, *id.* p. 322-323. — Que doit faire la partie qui demande à l'autre l'exécution du contrat, *id.* p. 324-325. — Lorsque chacune des parties doit jouir tour-à-tour, si le contrat ne porte pas qui commencera, le sort en doit décider, *id.* p. 326. — Lorsque nous sommes entrés en jouissance en même temps, aussitôt que par force majeure je ne puis faire jouir de ma chose, je cesse d'avoir droit de jouir de la vôtre, à moins que par le contrat je ne dusse jouir pendant un plus long-temps, que vous, *id.* p. 329-330. — Si, au

contraire, je devais jouir de la vôtre un temps plus court que vous
ne deviez jouir de la mienne, je
vous dois en deniers les loyers du
temps que j'ai joui de trop, *id.* p.
330-331. — Des droits que chacune
des parties a par ce contrat, soit
par rapport à la chose dont elle a
donné à l'autre la jouissance, soit
par rapport à celle dont on lui a
donné la jouissance, *id.* p. 332-333.
— Des manières dont se résout ce
contrat, *id.* p. 333. (*Voyez* LOI
ÆDE.) — De la tacite reconduction
dans l'esprit de ce contrat, *id.* p.
337 et suiv. — Contrat par lequel
je vous donne ma chose pour vous
tenir lieu de loyers de la vôtre,
dont vous vous obligez de me faire
jouir, *id.* p. 342. — Ce contrat renferme une espèce de contrat de
vente par rapport à la mienne, une
espèce de bail à loyer par rapport
à la vôtre, *id.* p. 343-344. — Si
depuis le contrat ma chose a péri,
même avant la tradition, dois-je
néanmoins jouir de la vôtre, *id.* p.
345-346. — Si c'est la mienne qui a
péri n'en ayant pas joui pendant
une partie de temps, est-ce d'une
partie de sa valeur dont il y a répétition, *id.* p. 349. — Contrat de
double louage d'ouvrage, *id.* p. 349-
350. — Quels sont les ouvrages à
faire qui peuvent faire la matière
de ce contrat, *id.* p. 350-351. —
Obligations que contracte chacun
des contractans, *id.* p. 351-352.

LOYAUX-COUTS. Le retrayant
doit rembourser l'acheteur des
loyaux-coûts de son acquisition, non
pas cependant de ce qu'il lui en a
coûté à l'occasion de l'acquisition,
t. IV, p. 211-212. — Ce qui a été
donné à un lignager plus proche
pour le faire désister, entre-t-il en
loyaux-coûts vis-à-vis d'un plus éloigné, *id.* p. 212. — Pots-de-vins,
épingles, quand sont-ils loyaux-
coûts, *id.* p. 213. — Différentes espèces de loyaux-coûts, *id.* p. *id.* et
suiv. (*Voy.* FRAIS, VOYAGE,
PROXÉNÈTES, CONSULTATION,
AMORTISSEMENT, LODS ET VEN-
TE, INTÉRÊTS.)

LOYER ou FERMI, est de l'essence du contrat de louage. (*Voy.*
PAIX.) — Quand doit-il être payé,
t. VI, p. 99. — Où doit-il être payé,
id. p. 100. — Intérêts en sont dus,
ex mord, *id.* p. 101. — En quels cas
la remise du loyer est-elle due au
locataire ou fermier, *id.* p. 102. —
Lorsque le locataire n'a pu lui procurer la jouissance ou l'usage de la
chose louée, *id.* p. *id.* — Lorsqu'il
n'a pu le faire jouir pendant un
certain temps, est dû remise pour
ce temps, *id.* p. 103. — Lorsqu'il
n'a pu le faire jouir de quelque partie, est dû remise pour cette partie
de la chose louée, *id.* p. *id.* — *Quid*,
lorsque la jouissance a souffert une
diminution considérable, *id.* p. 103.
— Application de ce principe, *id.*
p. 104 et suiv. — N'est dû remise
lorsque c'est par son fait que le locataire n'a pas joui, *id.* p. 103-104.
— Le loyer n'est dû que pour la
jouissance que le locataire a eue en
vertu du bail, *id.* p. 104. (*Voy.* RE-
MISE.) — Sur les termes des loyers.
(*Voy.* MAISON.)

Loyers des matelots. Rupture du
voyage par une interdiction de commerce décharge-t-elle le maître du
paiement du loyer des matelots, t.
VI, p. 487. — Le matelot engagé
au voyage ne peut demander une
augmentation de loyers pour l'arrêt
de prince, *id.* p. 488-489. — Les
loyers du matelot engagé au mois
ne lui sont dus que pour moitié
pendant l'arrêt de prince, *id.* p. *id.*
— *Quid*, s'il est engagé au voyage
ou au profit, *id.* p. 490-491. — En
cas de perte entière du vaisseau et
des marchandises, les matelots ne
peuvent demander leurs loyers, mais
peuvent retenir ce qui leur a été
avancé, *id.* p. 492-493. — Ils peuvent se faire payer de leurs loyers
échus, sur les débris du vaisseau,
et, si l'on a sauvé des marchandises, sur le fret dû par les marchandises sauvées, *id.* p. 493. — Si
le matelot meurt avant son départ,
id. p. 495. — Matelots qui, pendant le cours du voyage, tombent
malades ou sont blessés au service
du navire, doivent être payés de
leurs loyers pendant le terme de

leur maladie, *id.* p. 497-498. — Quels loyer sont dus aux héritiers du matelot mort pendant le voyage, *id.* p. 498-500. — *Quid*, si c'est en défendant le navire, *id.* p. 501-503. — Quelle portion des loyers est due aux matelots en cas de rupture du voyage par le fait du maître ou des propriétaires du navire, ou des marchandises avant le départ, *id.* p. 503-507. — Si c'est depuis le départ, *id.* p. 508 et suiv. — Quels

loyers dus au matelot congédié, avant le départ, sans cause, *id.* p. 514-515. — Où les loyers du matelot doivent-ils leur être payés, *id.* p. 516-517. — Si le paiement est fait contre les réglemens, est-il valable, *id.* p. 518.

Loyers de maisons. De quand sont-ils dus, t. XI, p. 202-203.

Loyers. (*Voy.* FRUITS.)

LUCRUM CESSANS. (*Voyez* INTÉRETS COMPENSATOIRES.)

M.

MAIN. Droit qu'a le seigneur de fief de faire vider les mains au seigneur justicier, t. XVI, p. 337. — Aux gens de main-morte, *id.* p. 350-351.

Main-morte. Gens de main-morte, que sont-ils, t. *id.*, p. *id.* — Si l'édit de 1749 les a entièrement privés du droit de retrait féodal, *id.* p. 237.

Main-morte. Gens de main-morte peuvent-ils depuis l'édit de 1749, exercer pour leur compte le droit de refus, t. IV, p. 380-381. — Celui qui exerce le retrait sur eux doit-il les rembourser du droit d'amortissement et d'indemnité, t. IV, p. 218.

Main-morte. Gens de main-morte ne peuvent constituer des rentes viagères à un taux plus cher que le denier vingt, t. V, p. 178-179. — Ne peuvent plus acquérir d'héritages, *id.* p. 179.

Main-morte. De la prescription des gens de main-morte : prescription, t. XVII, p. 249. (*Voyez* PRESCRIPTION.)

MAISON. Ce qui en fait partie, t. XVIII, p. 141-142. — Maison dont l'un a le haut, et l'autre le bas, t. XVII, p. 247.

Maisons. Termes des loyers des maisons de ville, t. VI, p. 21. — Locataire d'une maison ne doit de loyer tant qu'il n'entre pas en jouissance ; peut même demander la résolution du bail, *id.* p. 104. — Le locateur est-il reçu à offrir de le loger en attendant dans une maison,

id. p. 105. — Locataire d'une maison ; quand est-il reçu à déloger et à être déchargé du bail d'une maison qu'il prétend menacer ruine, *id.* p. 106-107. — Locataire d'une maison qui est obligé d'aller résider ailleurs pour affaires d'état, est-il déchargé des loyers, *id.* p. 108.

Maisons. Quelles choses font partie d'une maison, t. XI, p. 49-58.

MAITRES. Maîtres tenus des délits et quasi-délits de leurs domestiques, lorsqu'ils les ont pu empêcher, et ceux commis dans les fonctions auxquelles ils les ont préposés, quand même ils n'auroient pu les empêcher, t. I, p. 470. — Ne sont tenus de leurs contrats, si ce n'est pour affaires auxquelles il seroit justifié qu'ils étoient préposés, *id.* p. 470-471.

MALADE dont la maladie a trait à la mort, ne peut donner, t. XXIII, p. 5. — Quelles choses doivent concourir pour rendre la donation non valable, *id.* p. 6. — Sens de ces mots, personne gissant au lit, *id.* p. 8. — La donation faite par un malade dont on désespéroit, mais qui a été guéri, est-elle valable, *id.* p. 8-9.

MALADIE. Don mutuel fait pendant la maladie de l'un des conjoints n'est valable, t. XIV, p. 124 et suiv. — Don mutuel fait pendant la maladie dangereuse de l'un des conjoints est-il valable, si le conjoint malade, devenu en convalescence, ne l'a pas révoqué, *id.* p. 128-129. — Don mutuel peut-il être révoqué

pendant la maladie de l'un des con-joints, *id.* p. 112.

MANDANT. Ses obligations. Est obligé, 1.° de rembourser le man-dataire de tout ce que le mandataire a mis pour la gestion du man-dat, t. IX, p. 52-69. — Quand même le mandataire auroit action pour s'en faire payer ; ce qu'il doit en ce cas céder au mandant, *id.* p. 53-54. — Il n'importe que ce soit le mandataire, ou quelqu'autre pour lui, qui l'ait mis ou déboursé, *id.* p. 55-90. — Il n'importe que ce que le mandataire ou autre pour lui a payé l'ait été réellement ou par compensation, *id.* p. 57. — Lorsque le créancier envers qui le mandataire du débiteur s'est rendu cau-tion, a fait, par considération pour sa caution, remise de sa dette, le Mandataire peut-il s'en faire rem-bourser par le mandant, *id.* p. 58 et suiv. — On doit comprendre parmi les mises que le mandataire a faites pour le mandant, les pertes et dommages qu'il a soufferts, dont le mandat a été la cause prochaine ; *secus* de celles dont il n'a été que l'occasion, *id.* p. 63 et suiv. — Le mandataire ne peut prétendre le remboursement que des mises qu'il n'a pu se dispenser de faire, non de celles qu'il a faites, par sa fau-te, *id.* p. 69. — Le mandant doit le rembourser, quoique l'affaire n'ait pas eu un heureux succès, *id.* p. 70. — Quoiqu'il n'ait pu la mettre à chef, *id.* p. *id.* — Le mandant, en outre, contracte l'obligation de pro-curer au mandataire la décharge des obligations qu'il a contractées pour l'exécution du mandat, *id.* p. *id.*

MANDAT. Contrat de mandat, sa définition, t. IX, p. 1. — Son étymologie, *id.* p. *id.* — A quelles classes doit-il être rapporté, *id.* p. 2-4. — Il faut, pour ce contrat, une affaire qui en soit la matière. Pour qu'une affaire puisse être la matière d'un contrat de mandat, il faut : 1.° que ce soit une affaire à faire, *negotium faciendum*, *id.* p. 5. — Il faut, 2.° qu'elle ne soit contraire aux lois ni aux bonnes mœurs, *id.* p. 6. — Il faut, 3.° que ce ne soit

pas quelque chose d'absolument in-certain, *id.* p. 9. — Il faut, 4.° que l'affaire soit de nature que le man-dant puisse être supposé la faire lui-même par le ministère de son mandataire, *id.* p. 10 et suiv. — Il faut, 5.° que ce soit une affaire qu'on puisse sans absurdité supposer pou-voir se faire par le mandataire, *id.* p. 13. — Il faut, 6.° que ce soit une affaire qui ne concerne pas le mandataire seul, *id.* p. 15-16. — Mais ce peut être celle d'un tiers aussi bien que celle d'un mandant, *id.* p. 16-17. — Il faut, 7.° que le mandant et le mandataire aient au la volonté l'un et l'autre de s'obli-ger, *id.* p. 19-20. (*Voy.* CONSEIL, RECOMMANDATION.) Il faut qu'il soit gratuit, *id.* p. 22. — Un hono-raire n'en détruit pas la garantie. (*Voy.* HONORAIRE.) — Forme du mandat peut se contracter par un consentement tacite, *id.* p. 27. — Se fait ordinairement par procura-tion. (*Voy.* PROCURATION.) Le mandat peut être donné ou accepté *ex die aut sub conditione*, *id.* p. 30. — On peut charger d'une même af-faire un ou plusieurs mandataires, *id.* p. *id.* — Le mandat s'éteint, 1.° par la mort du mandataire, *id.* p. 92-93. — Lorsqu'il y en a plu-sieurs, la mort de l'un l'éteint-elle à l'égard des autres, *id.* p. 94. — L'héritier peut et doit faire ce qui est une suite de ce qui est commen-cé, *id.* p. *id.* — Le mandat s'éteint par la mort du mandant, *id.* p. *id.* — Ce que le mandataire a fait avant que la mort lui fut connue, est va-lable, *id.* p. 97. — Autres exceptions au principe, *id.* p. 98-99. — Le mandat s'éteint aussi par le chan-gement d'état du mandant, *id.* p. 99-100. — Par la cessation de son pouvoir, *id.* p. 100. — Le mandat s'éteint par la révocation. Exemples de révocations tacites, *id.* p. 101-106. — Il faut qu'elle soit connue au procureur révoqué, *id.* p. 106-107. — Et que la chose soit entière, *id.* p. 107. — A-t-elle effet vis-à-vis les tiers qui l'ignorent, *id.* p. 107-108.

Mandat ad lites. Ce que c'est, t.

IX, p. 109.—Sa nature, *id,* p. 110. —Son objet, *id.* p. 111.—Quelles personnes en peuvent être chargées, *id.* p. 111-112.—Comment se contracte-t-il, *id.* p. 112-113. (*Voyez* DÉSAVEU.)—Comment s'éteint-il, *id.* p. 126-127.—Le procureur qui s'est constitué ne peut le répudier, *id.* p. 127-128. (*Voy.* PROCUREUR *ad lites.*)

MANDATAIRE. Il contracte, par l'acceptation du mandat l'obligation de l'exécuter, t. IX, p. 31-32.—Cas auquel il peut s'en décharger, *id.* p. 32-36.—Il doit apporter à l'affaire dont il se charge le soin qu'elle demande, *id.* p. 36 et suiv. (*Voy.* FAUTE, FORCE MAJEURE.)—Il doit rendre compte de sa gestion. (*Voy.* COMPTE.)— Que doit comprendre le compte d'un mandataire, *id.* p. 42 et suiv. (*Voy.* FAUTE, VOYAGE.)—Il doit rendre tout ce qui lui est parvenu de gestion, *id.* p. 47-48.—Il doit les intérêts du reliquat, du jour qu'il a été mis en demeure de rendre, *id.* p. 46.—Un mandataire qui contracte en son nom, quoique pour les affaires comprises en sa procuration, s'oblige lui-même, *secus,* lorsqu'il contracte au nom de fondé de procuration d'un tel, *id.* p. 78-79.—Un mandataire n'oblige ni envers lui ni envers les tiers son mandant, qu'autant qu'il se renferme dans les bornes de sa procuration, *id.* p. 79.—Quand paroît-il s'y être renfermé, *id.* p. 80-82. —Au contraire, il en excède les bornes lorsqu'il fait l'affaire portée par la procuration, mais à des conditions plus désavantageuses que celles qui lui étoient prescrites, *id.* p. 82-83. —Peut-il en ce cas obliger le mandant à tenir le marché, en offrant de l'indemniser, *id.* p. 83.—*Quid,* lorsqu'il a fait partie de ce qui est porté par la procuration, *id.* p. 83-86.—Ou quelque chose en outre, *id.* p. 86-87.—Il excède les bornes du mandat s'il fait une affaire différente, *id.* p. 87-88.—Lorsqu'il a fait par un autre, n'ayant pas le pouvoir de substituer, *id.* p. 89. (*V.* SUBSTITUER.)—Ou lorsqu'il a

fait seul ce qu'il était chargé de faire conjointement avec un autre, ou avec le conseil d'un autre, *id.* p. 90-91.—Ce qui est fait au vu et su du mandant qui l'a souffert, n'est pas censé avoir excédé les bornes, *id.* p. 91.

Mandatores pecuniæ credendæ, Ce que c'est, t. I, p. 454.—En quoi diffèrent-ils des cofidéjusseurs, *id.* p. 455 et suiv.—En quoi conviennent-ils, *id.* p. 454.

MANIFESTE. Ce que c'est, t. IX, p. 356.

MANOIR de l'aîné, t. XVI, p. 284.—En quoi consiste ce qui y est ou n'y est pas compris, *id.* p. *id.* —Rente foncière sur un manoir passe pour manoir, *id.* p. 388.— L'aîné ne prend pas le manoir entier, lorsqu'il n'y a pas d'autres immeubles, *id.* p. 389-390.—Il n'en a qu'un dans les deux successions de père et de mère, *id.* p. 390-391. —Il peut avoir plusieurs manoirs lorsqu'ils sont situés en plusieurs coutumes, *id.* p. 285.

MANOIR. Nos coutumes entendent par manoir, une maison à demeure, t. XXI, p. 111.—Que signifient ces termes, *ainsi qu'il se comporte et poursuit, id.* p. 112.— Ce qui compose le manoir de campagne, *id.* p. 112-113.—*Quid,* du four et pressoir qui s'y trouvent, *id.* p. 114.—*Quid,* d'un colombier, *id.* p. 115.—*Quid,* des moulins banaux, *id.* p. 116.—*Quid,* du droit de patronage, *id.* p. 116-117.—Arpent de terre au lieu de manoir, accordé par la coutume de Paris, *id.* p. 117-119.—Vol du chapon à l'entour du manoir, accordé par la coutume d'Orléans, *id.* p. 119-120.—Si l'aîné peut prendre pour son manoir la créance d'un manoir, ou une rente sur un manoir, *id.* p. 121.—S'il peut prendre un manoir dans chacune succession de père, mère, aïeul, *id.* p. 122-123.— L'aîné qui a pris un manoir dans la succession de son père, premier décédé, peut-il, en le rapportant, en choisir un autre dans la succession de la mère, *id.* p. 124-125.—Doit-il en ce cas faire raison des jouis-

sances, *id.* p. 125. — Différens cas où l'aîné qui a pris un manoir, en peut prétendre un autre, au lieu de celui qu'il a pris, *id.* p. 126. — Peut-il prendre un manoir dans la succession de sa mère, dernière décédée, lorsque ses puînés avec lesquels il vient à cette succession, ont renoncé à celle du père, *id.* p. 129. — Cas auxquels l'aîné ne peut prétendre le préciput d'un manoir entier, *id.* p. 130. — Cas auxquels il peut avoir plusieurs préciputs de manoir dans la succession d'une même personne, *id.* p. 131.

MANUSCRITS. Ne sont pas censés faire partie d'une communauté, ni même d'une succession, en conséquence ne doivent pas être inventoriés, t. XII, p. 193.

MARCHANDE PUBLIQUE. Quelle femme est réputée telle, t. X, p. 666. — Pour quels actes est-elle dispensée d'autorisation, *id.* p. 667. — Oblige-t-elle son mari, lorsqu'elle est commune, *id.* p. 668. — Peut-elle tester en jugement sans son mari, *id.* p. 696.

MARCHANDISES. Lorsqu'elles ont été chargées à l'insu du maître, peut-il les décharger; plusieurs distinctions, t. VI, p. 386 et suiv. — Quand peuvent-elles être vendues pour subvenir aux nécessités du vaisseau, *id.* p. 376-377. — Sur quel pied le prix en est-il dû à ceux à qui elles appartenoient; l'est-il dans le cas auquel le vaisseau seroit péri depuis, *id.* p. 378. — Le propriétaire des marchandises a-t-il action contre le propriétaire du vaisseau, pour la répétition de ses marchandises, *id.* p. 379. — Quelles marchandises contribuent aux avaries communes, *id.* p. 438 et suiv.

MARCHÉ. Règles pour connoître s'il n'y a qu'un marché, ou s'il y en a plusieurs, t. IV, p. 246. (*Voy.* RETRAIT.)

MARI. Exerce le retrait féodal des fiefs mouvans de sa femme, à la charge de les lui restituer, t. IV, p. 394. — Mais il peut exercer pour son compte le retrait conventionnel, *id.* p. 384-385.

Mari est seigneur des biens de la communauté, pour le total, tant qu'elle dure, t. XII, p. 1-3 — N'a point le droit d'accepter ou de renoncer à la communauté, *id.* p. 66. — Il peut intenter seul les actions mobilières et possessoires de sa femme, et y défendre, *id.* p. 4. — Confisque-t-il le total des biens de la communauté, ou seulement sa part, lorsqu'il est condamné à peine emportant confiscation, *id.* p. 5-6. — Ne peut tester que de sa part, *id.* p. 7. — Lorsqu'il dispose entre-vifs, quand est-il censé le faire en fraude, *id.* p. 13-14. — Ne peut s'en avantager ni lui ni les siens, au préjudice de la part de sa femme, *id.* p. 15, 20-22. — Peut en avantager ses enfans communs, ou leurs héritiers communs, *id.* p. 23. — Il n'y a que les donations faites à ses héritiers présomptifs, ou à ceux dont il doit hériter, qui soient censés faites en fraude; diverses questions à ce sujet, *id.* p. 16-19. — Alimens fournis à un enfant d'un précédent mariage, sont-ils censés donnés en fraude, *id.* p. 24. — A un héritier présomptif en collatérale, *id.* p. 25. — Donation faite par le mari à son héritier collatéral, n'est pas en fraude, et vaut pour la part de la femme, lorsqu'elle y a consenti, *id.* p. 26. — Elle ne peut consentir à celle que le mari a faite à un enfant d'un précédent mariage, *id.* p. 27. (*Voy.* INCAPABLE.)

Maris et femmes incapables, pendant le mariage, de recevoir l'un et l'autre aucune donation, t. XXIII, p. 18. — Excepté par donation mutuelle, *id.* p. 19. — Avant le mariage peuvent se donner, *id.* *id.* — Peuvent-ils donner aux enfans que l'un d'eux a d'un autre mariage, *id.* p. 20.

Mari. Peut retirer féodalement les fiefs relevans de la seigneurie propre de sa femme, t. XIX, p. 535. — La femme doit-elle être partie dans le retrait féodal, *id.* p. *id.* — Le mari peut-il l'exercer malgré sa femme, *id.* p. 536.

Mari. En quoi consiste le pouvoir du mari sur sa femme et sur la communauté. (*V.* PUISSANCE DU MARI.)

MARIAGE. C'est le plus ancien et le plus excellent des contrats, t. X, p. 1. — Sa définition, *id.* p. 3. — Le commerce charnel n'est de son essence, *id.* p. 3-4. — Mais il donne à chacun des conjoints un droit sur le corps de l'autre pour l'exiger, *id.* p. 4-5. — Deux espèces de mariages des citoyens romains, *justæ nuptiæ*, et *concubinatus*; leur différence, *id.* p. 5-6. — Quand le mariage passoit-il pour *nuptiæ* ou pour *concubinatus*, *id.* p. 7-8. — Qu'est-ce que le *matrimonium*, *id.* p. 8-9. — Mariage des esclaves, *id.* p. 10. — Dans nos colonies, des esclaves peuvent, avec la permission de leur maître, contracter un mariage, mais qui n'a pas les effets civils, *id.* p. *id.* — Le mariage étant un contrat, il appartient à l'ordre politique, et doit être régi par les lois de la puissance séculière, *id.* p. 11-22. — Quelle est l'autorité de l'église sur le mariage, *id.* p. 22-23. Pendant long-temps elle ne reconnoissoit d'autres empêchemens de mariage que ceux établis par les lois des princes; l'église a commencé très-tard à en établir, *id.* p. 23. — Mariage subsistant avec une personne, est, tant qu'elle vit, un empêchement dirimant de mariage avec une autre, *id.* p. 78, 83-84. — Opinion des pères de l'église sur la polygamie. Est-elle permise dans l'ancienne loi, est-elle autorisée dans la nouvelle, *id.* p. 78-83. — Mariage subsistant est un empêchement, quelque grande qu'ait été la bonne foi, pourvu que le premier soit valable, *id.* p. 84. — Il est nécessaire de prouver la mort du premier conjoint, *id.* p. 85. — Quels actes en font foi, *id.* p. 87. — Mariage peut se contracter par procureur. (*Voy.* PROCUREUR.) Il est défendu de célébrer les mariages en carême. (*Voy.* CARÊME.) Avant le lever du soleil, *id.* p. 356. — Obligations qui naissent du mariage réciproque, *id.* p. 360. — Obligation du mari envers la femme, *id.* p. 360-361. — De la femme envers le mari, *id.* p. 362. — Obligation que les pères et mères contractent par le mariage envers leurs enfans, *id.* p. 363-364. — Obligations des enfans envers leurs pères et mères, *id.* p. 365-370. — Effets civils du mariage, *id.* p. 371-376. — Mariages tenus secrets, quoiqu'ils aient été valablement contractés, sont, par la déclaration de 1639, privés des effets civils, *id.* p. 400-402. — Il en est de même de celui contracté *in extremis*, *id.* p. 403-405. — Le mariage, quoique valablement contracté, n'a pas les effets civils, lorsqu'une des parties a perdu son état civil par une condamnation, *id.* p. 405-406. — *Quid*, lorsqu'une personne condamnée par contumace s'est mariée dans les cinq ans de grâce, et est morte sans s'être représentée, *id.* p. 406-407. *Quid*, s'il n'a point été remis dans son premier état, le mariage contracté dans les cinq ans est-il nul, *id.* p. 407. — La bonne foi des parties ou de l'une d'elles donne les effets civils à un mariage nul, *id.* p. 408-409. — A plus forte raison lorsque l'une des parties a ignoré de bonne foi le vice qui la privoit des effets civils, *id.* p. 409-410. — La bonne foi peut bien donner les effets civils aux enfans nés du mariage nul, mais non à ceux que les parties ont eus auparavant, *id.* p. 411 et suiv.

Mariages d'infidèles. (*Voyez* INFIDÈLES.)

Mariages. Seconds mariages, t. X, p. 505. — Certains hérétiques les condamnoient, *id.* p. *id.* — Il est permis de contracter autant de mariages que bon semble, après la dissolution des précédens, *id.* p. *id.* — Sont néanmoins suspects d'incontinence, *id.* p. 508. — Par les lois romaines, une veuve ne pouvoit, à peine d'encourir l'infamie, convoler à un nouveau mariage, qu'après le laps d'un an depuis la dissolution du précédent, *id.* p. 506. — Ce droit n'est pas observé parmi nous, *id.* p. 506-507.

Mariage. Il n'y a que le mariage valablement et légitimement contracté qui puisse établir une conjonction légitime, t. XXI, p. 30. — La bonne foi de l'une des

parties peut donner à un mariage nul, les effets d'une conjonction légitime, *id.* p. 31. — Il y a des mariages qui, quoique valables, sont privés des effets civils, *v. g.* les mariages tenus secrets jusqu'à la mort de l'un des conjoints, *id.* p. 32. — Ou les mariages contractés à l'extrémité de la vie avec des personnes avec lesquelles on a vécu en libertinage, *id.* p. 33. — *Quid,* si une femme, la veille de ses couches, épouse un homme avec lequel elle a vécu, et meurt de ses couches, *id.* p. 34. — Autre exemple : si l'un des contractans est mort civilement, *id.* p. 35. — *Quid,* si le condamné contracte mariage pendant les cinq ans accordé pour se représenter, et meurt dans ce temps, *id.* p. 35-36. — *Quid,* si la personne que le condamné a épousée ignoroit son état, *id.* p. 36-37. — Le vice des conjonctions illégitimes peut être purgé par le mariage subséquent, *id.* p. 37. (*Voy.* LÉGITIMATION.)

Mariage des femmes, suivant la plupart des coutumes, donne lieu au rachat, t. XIX, p. 433. — Quels mariages donnent lieu au rachat, *id.* p. 434. — La plupart des coutumes qui y assujettissent tous les mariages, exceptent le cas auquel la fille qui se marie auroit un frère qui la garantiroit, *id.* p. 434-435. — Le frère aîné ne garantit sa sœur qu'une fois, *id.* p. 435. — D'autres coutumes exceptent le premier mariage des filles indistinctement. Telle est la coutume d'Orléans réformée, *id.* p. *id.* — Quel est le premier mariage que la coutume exempte des profits, *id.* p. 436. — Le sentiment reçu dans cette province est que c'est le premier mariage par rapport au seigneur, *id.* p. *id.* — Si un fief étoit échu à une fille par succession pendant son premier mariage, devroit-elle rachat pour celui qu'elle contracteroit après la dissolution de ce premier, *id.* p. 439. — Donne lieu au rachat, quoique contracté avec exclusion de communauté, *id.* p. 440. — *Secus,* s'il y avoit clause que la femme joui-

roit séparément de ses biens, *id.* p. *id.* — Le mariage qui n'a pas duré donne-t-il lieu au rachat, *id.* p. 441-442. — Le rachat qui est dû pour mariage naît lors de la célébration du mariage, *id.* p. 442. — Ce rachat est une dette de la communauté, *id.* p. 442-443. — C'est une dette personnelle du mari, qui n'affecte point le fief, *id.* p. 443.

MARITALE. (puissance.) *Voyez* PUISSANCE.

MASCULINITÉ. Prérogative dans la succession collatérale des fiefs, t. XXI, p. 217. — Sur quoi elle est fondée, *id.* p. *id.* — Lorsque des parens succèdent par représentation, c'est le sexe de la personne représentée qui doit être considéré, *id.* p. 218. — Dans la subdivision, on doit considérer le propre sexe de chacun des représentans, *id.* p. 219-220. — Tempérament apporté à cette décision, *id.* p. 220-221. — Suffit-il que les mâles soient en égal degré aux femelles, au moins par le secours de la représentation, *id.* p. 221. — Lequel doit l'emporter en égal degré, ou de la prérogative de la masculinité, ou de celle du double lien, *id.* p. 222. — Arrêt de Saint-Mesmin, rendu en faveur de la sœur du double lien, *id.* p. 223.

MATELOTS, ne contribuent aux avaries, t. VI, p. 442. — Sauf à celles pour le rachat du vaisseau, *id.* p. 450. — Matelots engagés au fret ou au profit, ne peuvent prétendre aucun dédommagement en cas de rupture ou retardement de voyage par force majeure, *id.* p. 491. — Prêts d'argent aux matelots, sont défendus, *id.* p. 516. — Matelots tombés malades ou blessés au service du navire pendant le cours du voyage, doivent être pansés aux dépens du navire, *id.* p. 495-496. — Si c'est en combattant, c'est aux dépens communs, *id.* p. 497-498. *Quid,* lorsqu'il est engagé au mois, *id.* p. 498-499. — *Quid,* lorsqu'il est engagé au voyage, *id.* p. 499. — Matelot engagé au fret ou au profit, et mort durant le voyage, transmet à ses héritiers la part qu-

tière qu'il eût eue dans le fret ou profit, s'il eût vécu, *id.* p. 500. — Et aux dépens de qui, *id.* p. 523. (*Voy.* ENGAGEMENT.) — Quelles sont les obligations des matelots envers le maître. (*Voy.* SERVICE.) — Sur quelles choses doit-on s'en rapporter à son serment. (*Voyez* SERMENT.) — Quelles journées peuvent être demandées par les matelots. (*Voy.* JOURNÉES.)

MATIÈRES SOMMAIRES, sont celles dont l'instruction se fait d'une manière plus sommaire, t. XXIV, p. 163. — Différentes espèces de matières sommaires, *id.* p. *id.* et suiv. — Ce qu'il y a de particulier en matière sommaire, *id.* p. 165. — En matière sommaire, les témoins sont entendus à l'audience, *id.* p. 166. — Forme de ces enquêtes : on ne peut appointer en droit, ou à mettre, *id.* p. 167.

MÉDECINS, *Chirurgiens*, *Apothicaires*, quand sont-ils incapables de recevoir des donations, t. XXIII, p. 32.

MÉMOIRE. Procès fait à la mémoire d'un défunt, t. XXV, p. 377. (*Voy.* CADAVRE.) — Procédure pour purger la mémoire d'un défunt, *id.* p. 398. — Après la mort du condamné, il faut obtenir des lettres du roi en grande chancellerie, *id.* p. 399. — Formalités indispensables à observer, *id.* p. *id.* — Le jugement ne peut être rendu que sur le vu des charges, *id.* p. 399-400. — Cette poursuite ne peut s'exercer qu'après trente ans, *id.* p. 400.

MESURE. Règles pour distinguer si des choses ont été vendues *per aversionem* ou à la mesure, t. III, p. 243-244.

MEUBLES. Quelles choses sont meubles, t. XVI, p. 24-25; t. XVIII, p. 139.

Meubles. Sont-ils sujets au retrait, t. IV, p. 29. — Ne sont susceptibles d'aucuns droits réels, *id.* p. 373-374. — Si cependant ils faisoient partie du marché d'un immeuble, *id.* p. 46, 373-374.

Meubles. Quels droits a le créancier de rente foncière sur les meubles, t. VII, p. 69-70.

Meubles, sont les choses qui se transportent d'un lieu à un autre, t. XXIII, p. 374. — Règles prescrites pour les ustensiles d'hôtel, *id.* p. 379. — Bois acheté pour le couper est mobilier, *id.* p. 385. — De même du droit qu'un fermier acquiert par son bail, *id.* p. *id.* — Toutes les créances d'un fait sont des actions mobilières, *id.* p. 386.

Meubles. Quelles choses sont meubles, t. XI, p. 33-86. — Choses qui font partie d'un fonds de terre ou d'une maison ne sont réputées meubles, (*Voy.* FONDS DE TERRE, MAISON.) — Choses, quoique *in se* meubles, lorsqu'elles sont accessoires d'un droit immobilier, sont réputées immeubles, *id.* p. 58.

Meubles. Les conjoints peuvent-ils, par le don mutuel, se donner d'autres meubles que ceux de la communauté, t. XIV, p. 316. — En quel sens ce terme *meubles* est-il pris dans l'art. 57 de la coutume de Dunois, *id.* p. 268-269.

Meubles. Legs des biens meubles ou des meubles, t. XXII, p. 324. — Legs d'une terre avec les meubles servant à leur exploitation, *id.* p. 324-325. — Legs d'une terre ou d'une maison meublée, *id.* p. 325. — Legs d'une garde-robe, toilette ou bijoux; ce qu'il comprend, *id.* p. 330. — Legs de meubles d'hôtel, ou de meubles meublans; ce qu'il comprend, *id.* p. 332-333.

Meubles. Prescription des meubles, t. XV, p. 251-258.

Meubles. Notre coutume d'Orléans et quelques autres attribuent au gardien noble, en particulier, tous les meubles de la succession du prédécédé, t. XX, p. 129-130. — L'usage a excepté les créances des mineurs contre le survivant, pour la reprise des deniers stipulés propres, et le remploi des propres aliénés, *id.* p. 130. — Il n'en est pas de même de la créance pour reprise de l'apport, en cas de rénonciation, ou pour récompenses

dues aux mineurs, *id.* p. *id.* — La récompense des sommes tirées pour le rachat d'une rente ne tombe point dans la garde-noble, *id.* p. 131. — Le gain de la garde-noble doit céder à la légitime, *id.* p. *id.*

Meubles. Droits des locateurs sur les meubles. (*Voy.* HYPOTHÈQUE, PRÉFÉRENCE, SUITE, EXÉCUTION.)

MEURTRE. En quel cas le meurtre de l'un des conjoints forme-t-il un empêchement dirimant entre le meurtrier et l'autre conjoint, t. X, p. 217-218.

MINEURS, sont-ils capables de contracter, t. I, p. 51. — Restitution du mineur ne profite pas à ses cautions, *id.* p. 377. — Cas auquel elle profite, *id.* p. 378.

Mineur. Quand relève-t-il le majeur, t. II, p. 378.

Mineurs. Peut-on vendre les héritages des mineurs, t. III, p. 389. — Comment doivent-ils être vendus, *id.* p. *id.* — Mineur héritier de son tuteur est-il reçu à revendiquer son héritage, que son tuteur a vendu comme lui appartenant ou avec promesse de faire ratifier la vente, *id.* p. 133-134. (*Voyez* EXCEPTION DE GARANT.)

Mineurs. Temps du retrait court contre les mineurs; t. IV, p. 171. (*Voyez* RETRAIT.) — *Quid* si cependant le mineur étoit destitué du tuteur, *id.* p. *id.* — Raison de cette décision, *id.* p. *id.*

Mineur émancipé. Peut-il constituer des rentes sur ses biens, t. V, p. 46.

Mineurs marchand peuvent contracter société, t. VII, p. 205. — Peuvent-ils provoquer au partage des immeubles communs et y être provoqués, *id.* p. 268, 273, 290.

Mineurs. Lorsque le prêteur est un mineur, est-ce à lui à qui l'emprunteur doit rendre la chose, t. VIII, p. 25-26.

Mineurs. S'ils sont restituables lorsqu'ils interviennent dans une négociation de lettres de change, t. V, p. 218.

Mineurs peuvent-ils assurer ou faire assurer, t. IX, p. 317. —

Quelles sommes peuvent-ils jouer valablement, *id.* p. 449.

Mineurs. Peuvent-ils se faire don mutuel, permis entre homme et femme, t. XIV, p. 134-135.

Mineur qui se marie *de sno*, ne fait entrer dans la communauté légale que le tiers de l'universalité de ses biens, t. XI, p. 95-96. — Mineur a l'hypothèque contre son tuteur pour la restitution des sommes qu'il a reçues, du jour qu'a commencé la tutelle, t. XII, p. 263-264. — Dans quel cas et comment a lieu la licitation des héritages appartenant aux mineurs et par qui peut-elle être demandée, *id.* p. 216. — Mineur ne peut intenter une demande en partage de communauté, elle peut être intentée contre lui, *id.* p. 203-204. — Le tuteur doit faire procéder à la vente des meubles du mineur après la dissolution de la communauté, *id.* p. 205-206.

Mineurs. Mineurs et autres privilégiés peuvent-ils être restituables contre le défaut d'acceptation d'une donation qui leur auroit été faite par quelqu'un qui seroit mort depuis ou auroit changé de volonté, t. XXIII, p. 39-40.

Mineurs de vingt-cinq ans ne peuvent donner entre-vifs, t. XXIII, p. 3.

Mineurs émancipés peuvent donner des effets mobiliers, *id.* p. *id.* — Acquièrent le droit de disposer des meubles et d'administrer les immeubles, t. *id.* p. 341.

Mineurs peuvent recevoir des donations sans l'autorité de leurs tuteurs ou curateurs, t. XXIII, p. 15.

Mineurs de vingt-cinq ans sont sous la puissance paternelle, ou sous celle de leurs tuteurs ou curateurs, t. XXIII, p. 305. — *Quid* des mineurs émancipés, *id.* p. 305.

Mineur est-il tenu du dol que son tuteur, en sa qualité de tuteur, a commis envers des tiers, t. XIV, p. 605-606.

Mineurs. Qui sont-ils, t. XXV, p. 146. — Mineurs qui se sont dits majeurs, sont-ils restituables, *id.* p. *id.* — Contre quels actes ils sont restituables, *id.* p. 147. — Quand

le mineur est-il censé lésé par un acte, *id.* p. 148. — Ils ne sont restituables contre les actes qu'ils ont faits depuis leur émancipation, s'ils ne sont que de pure administration, *id.* p. 149.

Mineurs. Peuvent-ils se marier valablement sans le consentement de leurs père et mère. (*Voy.* PÈRE ET MÈRE.)

MITOYENNETÉ. (*Voy.* MUR.)

MIXTE. (contrat mixte.) Lorsque la nature d'un contrat sujet à retrait y prédomine, y est sujet, quoique qualifié d'un autre nom, *contra vice versâ*, t. IV, p. 79-82.

MOHATRA. Contrat Mohatra est un prêt usuraire déguisé sous la fausse apparence de vente, t. III, p. 28.

MONITOIRES. Ce que c'est, t. XXV, p. 246. — S'obtient à la requête de la partie civile ou de la partie publique, en vertu de l'ordonnance du juge, *id.* p. *id.* — Forme des lettres monitoires, *id.* p. 247. — Il est défendu de nommer ni désigner les personnes, *id.* p. *id.* — Official est tenu de les accorder en conséquence de l'ordonnance du juge, *id.* p. 248 et suiv. — Curés et leurs vicaires obligés de les publier, *id.* p. *id.* et suiv. — Opposition à la publication des monitoires, par quel acte elle se fait, *id.* p. 249 et suiv. — On doit assigner sur l'opposition devant le juge qui a permis de les obtenir, *id.* p. 249-250.

MONNAIES. Ne se peut prêter au poids ni au nombre, t. VIII, p. 118-119. — Sur qui doit tomber la diminution ou l'augmentation des espèces de monnaies données en dépôt, *id.* p. 291-292.

MONT-DE-PIÉTÉ, t. VIII, p. 208.

MORT. Certaines créances s'éteignent par la mort du créancier, t. II, p. 185. — Par la mort du débiteur, *id.* p. 186. — Mort d'une partie. Quand arrête-t-elle la procédure ou le jugement, *id.* p. 225.

Mort civile, t. XVI, p. 13.

Mort civile n'éteint point une rente viagère, t. V, p. 198.

Mort civile dissout la société comme la mort naturelle, t. VII, p. 254.

Mort civile fait perdre tous les droits qui sont, soit du droit civil, soit du droit des gens, t. XXIII, p. 274. — Deux sortes de morts civiles, *id.* p. 275. (*Voyez* RELIGIEUX.) — Mort civile opérée par la condamnation à la mort naturelle, ou aux galères à perpétuité, *id.* p. 291. — Dans quel temps est-elle censée encourue, *id.* p. 292. — *Quid*, dans le cas où la condamnation est prononcée par coutumace, *id.* p. *id.* — *Quid*, s'il se représente *id.* p. 293. — *Quid*, du condamné qui décède dans les cinq ans, et de celui qui décède après les cinq ans, *id.* p. 293-294. — S'il ne se représente pas, ou s'il n'est pas constitué prisonnier dans les trente ans, la mort civile est encourue irrévocablement, *id.* p. 294-295. — Effet des lettres d'abolition ou de rémission, ou de simple commutation, *id.* p. 296. — Condamnation à mort prononcée par un conseil de guerre n'emporte pas mort civile, *id.* p. 296-297.

Mort civile du mari affranchit la femme de la puissance et du besoin d'autorisation, t. X, p. 668-669. — *Quid*, si le mari n'est condamné que par contumace, *id.* p. 669.

Mort civile est mort naturelle dissolvent la communauté, t. XII, p. 36-37. — Néanmoins, lorsque c'est la femme qui meurt civilement, le mari doit jouir des revenus de la communauté jusqu'à sa mort naturelle, *id.* p. 37.

Mort civile n'empêche pas le lien conjugal de subsister, t. XII, p. 37.

Mort civile. Effet d'un mariage contracté par un individu qui a perdu l'état civil. (*V.* MARIAGE.)

MOULIN. Si le moulin est meuble ou immeuble, t. XVIII, p. 139. — S'il fait partie du manoir, t. XVI, p. 387.

Moulins. Quand sont-ils meubles ou immeubles, t. XI, p. 38-39, 58.

Moulin bannal. (*V.* BANNALITÉ.)

MUETS. (*Voy.* SOURDS ET MUETS.)

MUNITIONS de guerre et de bouche ne contribuent aux avaries, t. VI, p. 439.

MUR. Quand est réputé commun, t. XVII, p. 236. — Ce qu'on peut faire ou non en mur commun, id. p. 235-236. — En mur non commun, id. p. 237-238. — A quoi oblige la communauté de mur, id. p. 238-239.

Mur. Quels murs sont communs et mitoyens, et quand ils sont présumés tels, t. VII, p. 293-297. — Quel droit chacun des voisins a-t-il par rapport au mur commun, id. p. 297 et suiv. — Quelles sont les choses qu'il n'est pas permis de faire contre le mur commun, id. p. 299. — Chacun des voisins a droit d'élever le mur mitoyen, id. p. 306. — Peut-il, s'il est besoin, le démolir pour l'élever, id. p. 309. — Doit-il indemniser le voisin de ce qu'il en souffre, id. p. id. Le voisin qui bâtit sur le mur mitoyen, quand doit-il payer les charges, id. p. 307-308. — Quid, si après qu'il a payé les charges, ou fortifié le mur à ses frais, l'autre voisin veut aussi bâtir contre, id.

p. 311. — La communauté du mur oblige le voisin à réparer ce qu'il a dégradé, id. p. 312. — A contribuer aux réparations auxquelles la vétusté ou quelque accident ont donné lieu, id. p. 312-313. — Différence à cet égard entre la ville et la campagne, id. p. 313-314-315-316. (V. ABANDON.) — Comment, et jusqu'à quelle concurrence doit-on contribuer, id. p. 315.

Mur propre. Doit-on laisser une distance entre le mur qu'on bâtit et l'héritage voisin. On est obligé d'en vendre la communauté au voisin qui veut s'en servir, t. VII, p. 335.

MUTATION. Des mutations qui donnent lieu au profit de rachat. (Voy. RACHAT.) — Des différentes espèces de mutations qui donnent lieu au profit de rachat. (Voyez SUCCESSION, DESHÉRENCE, CONFISCATION, DONATION, LEGS, SUBSTITUTION, DÉMISSION DE BIENS, PARTAGES, COMMUNAUTÉ, AMEUBLISSEMENT, DON MUTUEL, BAUX A RENTE, ÉCHANGES, MARIAGES, BÉNÉFICES.)

N.

NANTISSEMENT. Contrat de nantissement. Ce que c'est, t. IX, p. 205. — Quelles choses peuvent être la matière de ce contrat, id. p. 207-208. — Le nantissement est-il valable lorsque la chose n'appartenoit pas à celui qui l'a formé, id. p. 209-210. — Le contrat se forme par la tradition, id. p. 211. — Pour quelle fin la tradition doit-elle être faite, id. p. 212. (V. CRÉANCE.) — A quelle sorte de contrat appartient le contrat de nantissement, id. p. 213-214. — Quel droit donne-t-il au créancier. (V. CRÉANCIER, VENTE, PRIVILÈGE (Nantissement.) — Choses requises pour le contrat de nantissement, par l'ordonnance de 1673 : vis-à-vis de qui sont-elles requises, id. p. 214-215. — Quelles actions naissent du contrat de nantissement. (Voyez PI-

GNORATITIA directa, PIGNORATITIA contraria.)

Nantissement. Ce que c'est, et en quoi il diffère de l'hypothèque, à quelle forme il est sujet, t. XX, p. 283. — Ce sont principalement les meubles qui sont susceptibles de nantissement, id. p. 284. — Les biens à venir n'en sont pas susceptibles, id. p. 285. — Effets du nantissement, id. p. 286. — Du droit qu'a le créancier de posséder la chose et de la vendre, id. p. 286-287. — Quid, si on convenoit que faute par le débiteur de payer, dans un certain temps, le créancier demeureroit propriétaire de la chose, id. p. 287-288. — Ce droit s'éteint comme celui d'hypothèque, id. p. 289. — Le créancier contracte l'obligation de rendre la chose saine et entière après que la dette aura

été acquittée, *id.* p. 290. — Si la chose produit des fruits, ceux que le créancier perçoit s'imputent sur la dette, *id.* p. 291. — L'action a lieu quelquefois, quoique la dette n'ait pas été acquittée, *id.* p. *id.* — Quel est l'objet de l'action quand le créancier a fait procéder à la vente, *id.* p. 292. — Engagement du débiteur qui a donné une chose en nantissement, *id.* p. 293. — Le principal objet est l'indemnité des impenses du créancier, *id.* p. *id.* — Autres causes de l'action *pignoratitia contraria*, *id.* p. *id.* — v. g., si le créancier a été trompé dans le nantissement, *id.* p. 293-294.

NATURELLES. (Obligations naturelles.) Qu'entendoit-on par le droit romain, et qu'entend-on dans notre droit par des obligations naturelles, t. I, p. 164 et suiv. — Exemple d'obligations naturelles selon notre droit, *id.* p. 165. — Ne peuvent être, dans le for extérieur, opposées en compensation, *id.* p. 166. — Ne sont susceptibles de cautionnement, *id.* p. *id.* — Quel est leur unique effet, *id.* p. 167-168. — Diffèrent néanmoins des obligations imparfaites, *id.* p. 168-169.

NAUFRAGE. Donne-t-il ouverture à l'action de l'assuré, t. IX, p. 336.

NAULIS OU NAULISSEMENT, t. VI, p. 356.

NAVIRES. Sont immeubles, t. XI, p. 35.

NEGOTIORUM GESTOR. Est-il tenu des affaires qu'il n'a pas faites, t. IX, p. 182. — Est-il tenu de n'avoir pas exigé de lui-même ce qu'il devoit à l'absent, dont il géroit les affaires, *id.* p. 183. — Il n'est pas tenu de n'avoir pas fait payer les autres débiteurs, *id.* p. 186. — Il est tenu de n'avoir pas employé les sommes qu'il a reçues pour l'absent à se payer, ou les autres créanciers, *id.* p. 186-187. — A quel soin est-il tenu. (*Voyez* FAUTE.) — Il est tenu de rendre compte de sa gestion, et de remettre tout ce qui lui en est parvenu, *id.* p. 190-191. — Différence entre un tuteur, un curateur, un manda-

taire, et un *negotiorum gestor*, *id.* p. 181. — *Quid*, s'il prétend avoir reçu par erreur une somme qui n'étoit pas due, *id.* p. 191. (*Voy.* ACTION *negotiorum gestor.*)

NOBLES. Peuvent-ils assurer ou faire assurer, t. IX, p. 318.

Nobles Deux sortes de noblesse, t. XXIII, p. 218. — Noblesse de race, et comment elle se prouve, *id.* p. 219. — Origine de cette ancienne noblesse, *id.* p. 220-221. — Noblesse de concession, est celle qui est accordée par le roi, *id.* p. 221. — Officiers auxquels la noblesse est attachée, *id.* p. 221-222. — Ce qui est requis pour que le pourvu de l'office puisse acquérir et transmettre la noblesse, *id.* p. 222-223. — La noblesse s'acquiert par le service militaire, *id.* p. 224. — Dispositions de l'édit de 1750 à ce sujet, *id.* p. 224-226. — Dispositions de la déclaration du 22 janvier 1752 à ce sujet, *id.* p. 227. — Concessions particulières par lettres d'annoblissement, *id.* p. 228. — Doivent être scellées et enregistrées au parlement, à la chambre des comptes et à la cour des aides, *id.* p. 229. — Les lettres de noblesse qui ne sont fondées sur aucun service, sont toujours révocables, *id.* p. 230. — Si les fiefs de dignité annoblissent, *id.* p. 230-231. — Comment, et à qui la noblesse peut se transmettre, *id.* p. 231-232. — Privilège d'annoblissement accordé à Jeanne d'Arc, connue sous le nom de la Pucelle, à ses frères et leurs descendans, *id.* p. 232-233. — La noblesse ne se transmet que par légitime mariage, *id.* 233. — Noblesse qu'on nomme personnelle, dont jouissent les commensaux de la maison du roi, *id.* p. 234. — Privilèges de la noblesse, *id.* p. 235.

Nobles. Sont dispensés, par le concordat, d'une partie du temps d'étude, *id.* 236. — Leur privilège par rapport à la juridiction, *id.* p. 237-238. — Les étrangers nobles jouissent-ils en France du privilège de la noblesse, *id.* p. 238. — Comment se perd la noblesse, *id.* p. 239. — Le commerce maritime, et même

le commerce de terre en gros, ne déroge pas, *id.* p. 240. — Les nobles de race et ceux de concession perdent également la noblesse par des actes dérogeans, *id.* p. 241. — Leurs enfans perdent-ils la noblesse avec leur père, *id.* p. 241-242. — *Quid,* des enfans nés après la dérogeance, *id.* p. 242. — Celui qui a perdu la noblesse, ne peut la recouvrer que par des lettres de réhabilitation, *id.* p. 243. — Usurpation de la noblesse, défendue sous des peines très-graves, *id.* p. 244.

Noble. Femme noble veuve d'un roturier, a-t-elle le droit d'habitation dans les coutumes qui ne l'accordent qu'aux nobles, t. XIII, p. 366-367. — Femme non noble, mariée à un noble, l'a-t-elle, *id.* p. 367-369. — Suffit-il que le mari ait été noble, lors du décès, quoiqu'il ne le fût pas au temps du mariage, *id.* p. 369.

NOBLESSE, t. XVI, p. 18-19.

Noblesse. Dans les coutumes où le douaire n'est propre aux enfans qu'entre nobles, quelle noblesse est requise dans le père, et en quel temps, t. XIII, p. 269.

NOCES. (*Voy.* ÉDIT DE SECONDES NOCES.)

NOTAIRES. N'ont aucun caractère hors leur ressort pour recevoir des actes, si ce n'est ceux des Châtelets de Paris, Orléans et Montpellier, t. II, p. 234. — Peuvent-ils recevoir des actes entre les personnes qui ne sont pas justiciables de la juridiction où ils sont établis, et pour des biens situés ailleurs, *id.* p. 234-235. — A quelle prescription est sujette la demande pour leur salaire, *id.* p. 231.

Notaires. Quel notaire est compétent pour recevoir un testament, t. XXII, p. 101. — Privilége des notaires de Paris, Orléans et Montpellier, *id.* p. *id.* — *Quid,* d'un notaire mineur, *id.* p. 102.

Notaire, peut-il recevoir le testament de ses parens, t. XXII, p. 102.

Notaire apostolique, est-il compétent pour recevoir un testament, t. XXII, p. 103.

NOTIFICATION du contrat au seigneur est-elle nécessaire, quand il est constant d'ailleurs que le seigneur avoit connaissance de la vente, t. XIX, p. 542. — Elle peut se faire par un fondé de procuration de l'acheteur, *id.* p. 543. — Doit être faite au seigneur auquel le droit de retrait appartient, *id.* p. 544. — *Quid,* s'il y a combat de fief entre deux seigneurs, *id.* p. 545. — *Quid,* s'il y a plusieurs co-propriétaires du fief dominant, *id.* p. *id.* — Doit être faite aux dépens de l'acquéreur, *id.* p. 546.

NOUVELLE. Clause des bonnes ou mauvaises nouvelles, t. IX, p. 263-265.

NOVATION. Définition de la novation, t. II, p. 77. — Trois différentes espèces de novation, *id.* p. 77-78. — La novation d'une dette conditionnelle en une autre pure et simple ni d'une dette pure et simple en une conditionnelle, ne reçoit sa perfection que par l'accomplissement de la condition avant l'extinction de la chose due, *id.* p. 78-79. — Il n'en est pas de même du terme de paiement, *id.* p. 79. — Il suffit que la dette dont on fait novation en une autre, l'ait précédée d'un instant de raison, *id.* p. 79-80. — La novation est valable, quelle que soit la dette à laquelle on en substitue une nouvelle, et quelle que soit celle qu'on lui substitue, *id.* p. 80. — Quelles personnes peuvent faire novation, *id.* p. 81. — La volonté de faire novation dans la personne du créancier doit être expresse, ou du moins si manifeste, qu'on n'en puisse douter, *id.* p. 81 et suiv. — Elle peut se faire sans le consentement de l'ancien débiteur, *id.* p. 90. — La constitution d'une rente pour le prix d'une somme due par le constituant renferme-t-elle essentiellement une novation, *id.* p. 85 et suiv. — De la nécessité qu'il y a que quelque chose différencie la nouvelle obligation de l'ancienne, *id.* p. 89-90. — Effet de la novation : la novation éteignant la dette, libère tous ceux qui en étoient tenus, *id.* p. 91. — Elle éteint aussi les hypothèques,

à moins que, par l'acte qui contient la novation, elles n'aient été transférées à la nouvelle créance, *id.* p. 91-92. — Cette translation d'hypothèque ne peut se faire que du consentement des personnes à qui les choses hypothéquées appartiennent, *id.* p. 92-93. — Lorsque la nouvelle créance est plus forte que l'ancienne, cette translation n'a d'effet que jusqu'à concurrence de la valeur de l'ancienne, *id.* p. 92. (*Voy.* DÉLÉGATION.)

Novation. Espèce dans laquelle on demande si le propriétaire de la lettre de change doit être censé avoir fait novation, t. V, p. 352-353.

NOVICE. Est habile au retrait, t. IV, p. 108.

Novice. Donation par lui faite doit être réputée à cause de mort, t. XXIII, p. 11.

NULLITÉ des actes n'a lieu, si elle n'est prononcée par la coutume ou l'ordonnance, t. XXV, p. 143. — Moyens de nullité se tirent, ou de la forme, ou de l'incapacité de la personne, ou du vice de la convention, *id.* p. *id.* et suiv.

O.

OBLIGATION. Obligation imparfaite, ce que c'est, t. 1, p. 1. — Différence de ces obligations et des obligations naturelles, *id.* p. 168-169. — Division des obligations en civiles et naturelles, *id.* p. 154-155. (*Voy.* NATURELLES.) — En pures et simples et conditionnelles, et celles qui sont contractées sous certaines modifications, *id.* p. 156. — Alternatives. (*Voy.* ALTERNATIVES.) — Indéterminées. (*Voy.* INDÉTERMINÉES.) — En principal et accessoires, *id.* p 159-160. — En primitives et secondaires, *id.* p. 160. — En divisibles et indivisibles. (*Voy.* DIVIDUELLES, INDIVISIBLES.) — Deux espèces d'obligations secondaires, *id.* p. 161. — — Obligations privilégiées, *id.* p. 162-163. — Hypothécaires, *id.* p. 163. — Exécutoires, *id.* p. *id.* — Ce qui est de l'essence des obligations, *id.* p. 5. — Causes des obligations. (*V.* CAUSE.) — Personnes entre lesquelles subsistent l'obligation. (*Voy.* PERSONNES.) — Chose indéterminée peut être l'objet d'un contrat et d'une obligation, pourvu qu'elle soit déterminable, *id.* p. 113-114. — Chose future, *id.* p. 115-116. — Chose qui appartient à un tiers, *id.* p. 117. — Chose qui est hors de commerce, ou que celui à qui on la promet est incapable d'avoir, ou qui lui appartient déjà, ne peut être l'objet d'une obligation, *id.* p. 118.

— Obligation de faire ou de ne pas faire, se résout en une obligation de dommages et intérêts, lorsque le débiteur a été mis en demeure de faire ce qu'il s'étoit obligé de faire, ou lorsqu'il a fait ce qu'il s'étoit obligé de ne pas faire, *id.* p. 125-126. — Cette obligation cesse, lorsque le débiteur, par force majeure, a été contraint de faire ce qu'il s'étoit obligé de ne pas faire, ou empêché de faire ce qu'il s'étoit obligé de faire, pourvu qu'il ait averti, s'il a pu avertir, *id.* p. 127. — Effets des obligations par rapport au débiteur, *id.* p. *id.* — Effets des obligations par rapport au créancier, *id.* p. *id.* (*Voyez* CRÉANCIER.) — Manière dont s'éteignent les obligations, t. II, p. 1. (*Voy.* PAIEMENT, CONSIGNATION, NOVATION, COMPENSATION, CONFUSION.) — L'obligation ou dette d'un corps certain s'éteint lorsque la chose due vient à périr, ou lorsqu'elle devient hors du commerce, *id.* p. 158-159. — Ou dans le cas de la règle *dux causæ lucrative*, etc. (*V.* CAUSE.) — Vice des obligations. (*Voy.* DOL, LÉSION, CAUSE, LIEN, VIOLENCE, CRAINTE.) — La dette s'éteint lorsque la chose due vient à se perdre, de manière qu'on ne sait où elle est, *id.* p. 162-163. — Est-ce au débiteur à prouver que la chose est périe ou perdue, *id.*

p. 163. — Une dette alternative, tant qu'elle demeure alternative et qu'elle n'a pas été déterminée par des offres valables, ne s'éteint pas tant qu'il reste une des choses dues sous l'alternative, et elle subsiste dans cette chose, *id.* p. 164. — La dette d'une quantité ou d'un corps indéterminé n'est pas susceptible de s'éteindre par l'extinction de la chose due; mais, si la chose due est indéterminée à la vérité, faisant partie d'un certain nombre de choses, elle peut cependant s'éteindre, *id.* p. 165-166. — Il faut bien prendre garde, en ce cas, si les termes de l'obligation sont limitatifs ou démonstratifs, *id.* p. 166. — Lorsque la chose n'a pas péri totalement, l'obligation subsiste pour ce qui en faisoit auparavant partie, p. *id.* 167 et suiv. — Comme aussi pour les choses qui en étoient accessoires, *id.* p. 178. — Et pour les actions que le débiteur avoit par rapport à cette chose, *id.* p. 179-180. — La dette qui n'a été contractée que pour durer jusqu'à un certain temps ou jusqu'à une certaine condition, s'éteint par l'expiration de ce temps ou l'accomplissement de ce condition : différence à cet égard de notre droit et du droit romain, *id.* p. 180 et suiv. — Les obligations s'éteignent et se résolvent par les conditions résolutoires. (*Voy.* CONDITION.) — Dans les contrats synallagmatiques, quelquefois je puis être admis à demander l'extinction et la résolution de mon obligation, pour l'inexécution de l'obligation réciproque contractée envers moi, *id.* p. 182. — Régulièrement les obligations ne s'éteignent pas par la mort du créancier ni par celle du débiteur, *id.* p. 184. — Même celles *quæ in faciendo consistunt*, *id.* p. 185. — Même celles qui naissent des délits, *id.* p. *id.* — Obligation pénale. Clause pénale. (*Voy.* PÉNALE, CONTRAT, CONVENTION.) *Obligation.* Le retrait exercé sur l'acheteur, le décharge-t-il des obligations qu'il a contractées envers le vendeur, t. IV, p. 204-205, 285. *Obligation.* Obligation du vendeur

naissent ou de la nature du contrat, ou de la bonne foi, ou des clauses particulières, t. III, p. 32. — De la nature du contrat naît l'obligation de livrer la chose, de veiller à sa conservation jusqu'à la tradition, et de garantir l'acheteur des évictions, des charges réelles et des vices redhibitoires. (*Voy.* LIVRER, CONSERVER, ÉVICTION, GARANTIE, CHARGES RÉELLES, REDHIBITOIRE, CLAUSE.)—Obligations du vendeur, qui naissent de la bonne foi. (*Voy.* BONNE-FOI.) — Obligations de l'acheteur naissent pareillement ou de la nature du contrat, ou de la bonne foi, ou des clauses particulières, *id.* p. 218. — Par la nature du contrat, l'acheteur est obligé de payer le prix et les intérêts. (*Voy.* PRIX, INTÉRÊTS.) — Est tenu d'enlever la chose. A quoi l'oblige la demeure de satisfaire à cette obligation, *id.* p. 227. — Est tenu de rembourser au vendeur ce qu'il a dépensé pour la conservation de la chose, *id.* p. *id.* — Obligations de l'acheteur qui naissent de la bonne foi. (*Voyez* BONNE-FOI.)

Obligations du vendeur. Que comprend l'obligation de livrer la chose, t. III, p. 33. — Elle comprend l'obligation de livrer tout ce qui en fait partie, et tous ses accessoires, *id.* p. 34-35. — Les fruits, *id.* p. 35. — Aux frais de qui, *id.* p. 34. — Le vendeur doit transférer à l'acheteur tout le droit qu'il a; il n'est pas précisément obligé de transférer la propriété de la chose lorsqu'il ne l'a pas, *id.* p. 35-36. — Dans quel temps doit-il livrer, *id.* p. 37. Où, *id.* p. 38. — L'obligation de livrer renferme celle de conserver la chose. (*Voy.* CONSERVER.) — Obligation de livrer cesse lorsque la chose a cessé d'exister sans le fait ni la faute du vendeur, *id.* p. 40-41. — Si elle avoit également péri chez l'acheteur, *id.* p. 41. — *Quid*, si c'est depuis la demeure, *id.* p. 42. — L'obligation de livrer cesse, si la chose est devenue hors du commerce, *id.* p. *id.* — *Quid*, si le vendeur l'a perdue par quelque cause

nouvellement survenue et sans sa faute, *id.* p. 42-43. (*Voy.* TRA-DITION. — A quoi est tenu le vendeur dans ce cas, *id.* p. 43.

Obligation du locateur. Obligation de livrer la chose s'étend aux accessoires, t. VI, p. 38. — (*Voyez* TRADITION.) — Action qui en naît. — (*Voy.* ACTION.) — Obligation de n'apporter aucun trouble à la jouissance du locataire ou fermier, et de le garantir de ceux qui seroient apportés par des tiers, *id.* p. 58. (*V.* TROUBLE.) Obligation d'entretenir la chose de manière que le locataire puisse en jouir, *id.* p. 81. — Obligation de garantir les vices de la chose louée. (*V.* VICE.) — Obligation de ne rien dissimuler, *id.* p. 91. — A quoi oblige-t-elle dans le for de la conscience, *id.* p. 92-93. — Obligation de ne pas louer au-delà du juste prix, *id.* p. 93-94. — Obligation de rembourser le locataire des impenses par lui faites pour la chose louée, *id.* p. 95. — Obligation qui naît des clauses particulières, *id.* p. 96-97. — Quand le locateur est-il tenu des dommages et intérêts envers le conducteur. (*Voy.* DOMMAGES ET INTÉRÊTS.) — De quelles évictions est-il tenu. (*Voy.* ÉVICTIONS.) — Quand doit-il remise du loyer. (*Voy.* REMISE.)

Obligation du conducteur. Obligation de payer le loyer. (*Voyez* LOYER.) — De ne faire servir la chose qu'aux usages pour lesquels elle est louée, t. VI, p. 135. — De jouir en bon père de famille, *id.* p. 136 et suiv. — De veiller à la conservation de la chose, *id.* p. 138 et suiv. (*Voy.* FAUTE, USURPATION.) — Cas auquel il n'est tenu de ce soin, *id.* p. 144. — Obligation de rendre la chose louée en bon état, *id.* p. 144-145. — Faute de pouvoir la rendre, à quoi est-il condamné, *id.* p. 144. — Lorsque la chose est périe ou détériorée, le locataire est obligé de justifier comment cela est arrivé, *id.* p. 145. — Obligation que la bonne foi impose au conducteur de n'user d'aucun mensonge ni de dissimulation par rapport à la chose qui fait l'objet

du contrat, *id.* p. 146. — Obligation de ne pas prendre à loyer au-dessous du juste prix, *id.* p. 146-147. — Cas auquel cela est permis, *id.* p. 147. — Obligation de donner avis au locateur de ce dont il a intérêt d'être informé, *id.* p. 147-148. — Obligation de laisser voir la maison à ceux qui la viennent voir pour l'acheter ou pour la prendre à loyer, *id.* p. 148. — Obligation de garnir la maison ou la métairie, *id.* p. 148-149. — Obligation de faire les voitures dont il est convenu. — (*Voy.* VOITURES.) — Dans le louage d'ouvrage, le conducteur condamné à payer le prix, faute de représenter la chose, est reçu, après la sentence, à la représenter, pourvu que ce soit *reintegrá*, *id.* p. 291.

Obligation du locateur d'ouvrage de payer le prix porté au marché, t. VI, p. 276. — Est-il obligé de payer celui des augmentations, *id.* p. 277-278. — De faire ce qui dépend de lui pour mettre le conducteur en pouvoir d'exécuter le marché. — Obligations du locateur qui naissent de la bonne foi, *id.* p. 279-281. — Des clauses particulières du contrat, *id.* p. 282-283. — Obligation du conducteur ou entrepreneur d'ouvrage, de faire l'ouvrage, *id.* p. 284. — Peut-il le sous-bailler, *id.* p. 285. — De le faire à temps, *id.* p. 286-287. — De le faire bien, *id.* p. 287-288. — D'employer les matériaux qui lui sont fournis, est tenu des dommages et intérêts s'ils sont gâtés par son impéritie ou celle de ses ouvriers, *id.* p. 288-289. — Si les matériaux ont été gâtés par le vice de la chose, *id.* p. 289-290. — Obligation de faire l'ouvrage, est-elle divisible ou indivisible, *id.* p. 285-286. — Si par sa négligence les choses qui lui ont été fournies pour faire l'ouvrage sont volées, il en doit payer le prix au locateur, sauf à exercer ses actions contre le voleur, *id.* p. 289-290. — Obligations du conducteur qui naissent de la bonne foi, *id.* p. 291-292. — Ouvrage est aux risques du locateur, même avant qu'il soit fini,

s'il périt par force majeure, à moins que le locateur ne prouvât qu'il étoit défectueux, *id.* p. 293-295. — Lorsqu'il n'est arrivé aucun accident ou force majeure, l'ouvrage est présumé péri par la faute de l'entrepreneur, s'il périt avant qu'il ait été reçu, *id.* p. 296. — Différence du cas auquel le marché a été fait *per aversionem*, ou du cas où il a été fait à la toise, *id.* p. 296-297. (*Voy.* LOUAGE D'OUVRAGE.)

Obligation du maître locateur du navire envers l'affréteur, lorsqu'il a été loué en entier, t. VI, p. 369-371. — De quelle manière qu'il l'ait loué, sept chef d'obligation : 1.º Faire en sorte que l'affréteur ne souffre aucun empêchement au chargement de ses marchandises, *id.* p. 372. — 2.º Les prendre en sa garde, *id.* p. 373. — 3.º Mettre à la voile pour le transport, dans le temps convenu par le contrat, *id.* p. *id.* — 4.º Garantir les vices du navire, *id.* p. 373-374. — 5.º Apporter le soin convenable à leur conservation, *id.* p. 375. — 6.º Les décharger et remettre au lieu de leur destination, *id.* p. 380. — Du cas auquel on prétend qu'il en manque, *id.* p. 381. — Ou qu'elles sont détériorées, *id.* p. 381-382. — Ou refusées, *id.* p. 383. — 7.º De faire récompenser l'affréteur par la contribution, en cas d'avarie commune, *id.* p. 384. — Obligation qui résulte du défaut dans la contenance déclarée, *id.* p. *id.* — *Quid*, s'il y en a plus, *id.* p. 385.

Obligation de l'affréteur, que faut-il décider eu égard aux marchandises qu'il a chargées sur le vaisseau. (*Voy.* MARCHANDISES.)

Obligation de payer le fret. (*V.* FRET.)

Obligation de charger, de remettre les acquits et autres pièces, t. VI, p. 418-419.

Obligation de rembourser les dépenses extraordinaires, t. VI, p. 419. — De contribuer aux avaries. (*V.* AVARIES, JET, CONTRIBUTION.)

Obligations des matelots. (*Voy.* SERVICE.)

Obligation du maître envers les matelots. (*Voy.* LOYERS, FRAIS DE CONDUITE, MATELOTS.) — Passagers contribuent aux avaries, t. VI, p. 442.

Obligations du bailleur, t. VII, p. 25-26.

Obligations du preneur, de payer la rente, t. *id.* p. 26-27. — Comment s'en peut-il décharger, *id.* p. 20-21. — Obligations d'entretenir l'héritage, *id.* p. 31-32. — Différece, à cet égard, entre le preneur et un usufruitier, *id.* p. 31. — Obligation de rendre l'héritage en bon état, lorsque le bail n'est pas à perpétuité, *id.* p. 33. — Obligations qui naissent de la bonne foi, *id.* p. 33-34.

Obligation du bailleur de faire jouir du cheptel le preneur, t. *id.* p. 373.

Obligations du preneur, d'apporter le soin convenable à la conservation du cheptel, t. *id.* p. 375. — De ne vendre aucune des bêtes du cheptel sans le gré du bailleur, *id.* p. 376. — De ne tirer aucune laine avant le temps de la tonte. (*Voyez* ESCOUAILLES.) — De faire raison, lors du partage, de la perte et détérioration des bêtes assurées par son fait, *id.* p. 397. — Doit faire raison au bailleur de la moitié du profit, lorsqu'il y en a sur le cheptel, *id.* p. *id.* — Obligation du preneur dans le cheptel de fer, *id.* p. 416.

Obligation qui naissent du contrat de société, t. *id.* p. 227 et suiv. — Chacun des associés est obligé d'apporter à la société les corps certains qu'il a promis y apporter, à moins qu'ils ne fussent péris par la force majeure *ante moram*, *id.* p. 229-230. — *Quid*, s'ils n'étoient péris que depuis sa demeure, mais qu'ils eussent dû périr également dans le cas où il auroit satisfait à son obligation, *id.* p. 231. — Si ce que l'associé a promis d'apporter à la société étoit une somme d'argent, ou quelque chose d'indéterminé, *id.* p. 231-232. — Est-il garanti en cas d'éviction. Distinction entre les sociétés de choses particulières, et les universelles, *id.* p. 233. — Doit les fruits de choses frugifères, *id.* p. 233-234. — De quand doit-il les inté-

rêts, *id.* p. 234. — Doit compter à la masse de tout ce qu'il a pris dans le fonds commun, *id.* p. *id.* — Il en doit aussi les intérêts; exception pour les sociétés universelles, *id.* p. 235. — Dans les sociétés d'industrie, l'industrie étant un fonds commun, chacun est débiteur de tous les gains provenus de son industrie, *id.* p. *id.* — Doit compter de ce qu'il a touché des débiteurs de la société, quand même il seroit lui-même créancier particulier de ces débiteurs, *id.* p. 236-237. — N'est tenu de rapporter les gains qu'il a fait pour son compte, quoique la société en ait été cause occasionnelle, *id.* p. 238. — Est tenu des dommages qu'il a causés à la société, *tam in omittendo, quàm in committendo, id.* p. 238-239. — De quelle faute est-il tenu, *id.* p. 239. — Peut-il compenser les pertes avec les profits les plus considérables qu'il a apportés par son industrie, *id.* p. 240.

Obligations qui naissent de la communauté sans société, t. VII, p. 286. — Par rapport à ce que l'un des quasi-associés a retiré du fonds commun, *id.* p. *id.* — Par rapport au dommage qu'il y a causé, *id.* p. 287. — Par rapport à l'indemnité due à celui des quasi-associés qui a fait des mises pour la communauté, *id.* p. 288.

Obligation de contribuer aux réparations à faire, t. *id.* p. 289. — Peut-on s'en décharger en abandonnant, *id.* p. *id.*

Obligations qui naissent de la communauté des murs mitoyens. (*V.* MUR.)

OBSCURITÉ dans les dispositions testamentaires par rapport au légataire, t. XXII, p. 127. — *Quid*, si le testateur a légué à la ville, sans nommer quelle ville, à un hôpital, sans dire de quelle ville, *id.* p. 128.

Obscurité par rapport à la chose léguée, t. *id.* p 130.

OCCUPATION, ce que c'est, t. XIV, p. 301. — Différentes espèces, (*Voy.* CHASSE, PÊCHE, OISELLERIE, INVENTION, PRISE.)

Occupation de terres inhabitées, t.

id. p. 347. — Occupation simplement dite : plusieurs exemples, *id.* p. 348-350.

OFFICES. Leur nature et leurs différentes espèces, t. XVI, p. 30-31. — Droit accordé au mari de retenir l'office conquêt, en récompensant la communauté du prix qu'il en a coûté, t. XVII, p. 81. — Rapport des offices, t. XVIII, p. 55-56. — Saisie réelle des offices, *id.* p. 478.

Offices. Sont-ils sujets au retrait, t. IX, p. 29.

Offices. De quelle nature ils sont, t. XXIII, p. 393-394. — Trois sortes d'offices, *id.* p. 394. — La jurisprudence a mis les offices domaniaux et les offices vénaux au rang des immeubles, *id.* p. *id.* — Ont pour situation le lieu de leur exercice, *id.* p. 398.

Offices. Les offices vénaux et les domaniaux sont immeubles, t. XI, p. 84. — Quelles espèces d'offices comprennent les offices vénaux, *id.* p. *id.* — La pratique d'un procureur, d'un notaire, entre-t-elle dans la communauté légale, *id.* p. 86. — Qu'est-ce que les offices domaniaux, *id.* p. 86-87. — Offices qui sont en pleine disposition du roi, auxquels il n'y a aucune finance d'attachée, ne tombent pas *in bonis, id.* p. 84. — Vente d'un office de la maison du roi, que le mari avoit lorsqu'il s'est marié, donne-t-elle lieu au remploi, t. XII, p. 121-122. — Un mari doit-il récompense des taxes qu'il a payés pour son office propre, *id.* p. 176. — Pour les frais de réception, *id.* p. 177. — Pour la paulette, *id.* p. *id.* — Le mari a la faculté de retenir l'office acquis durant la communauté, en récompensant la communauté, *id.* p. 177-178. — Dans quel temps le mari doit-il faire sa déclaration, s'il entend le retenir, et effet, tant de cette déclaration, que du défaut de l'avoir faite, *id.* p. 178-179. — De quel prix doit-il récompense, *id.* p. 181-183. — La doit-il des frais de provision, de réception et des taxes, *id.* p. 183-184. — A l'égard de quels offices le mari a-t-il ce droit, *id.* p.

185. — N'est dû récompense pour les offices de la maison du roi que le mari a acquis durant la communauté; mais si le mari avoit un brevet de retenue, ce brevet est un effet de la communauté, et le mari en doit récompense, *id.* p. 186-187.

Office. Donataire mutuel qui jouit d'un office conquêt, à quelles charges est-il sujet, t. XIV, p. 209-210

Offices. Peuvent être saisis réellement, t. XXV, p. 75. — Procédure pour y parvenir, *id.* p. *id.* — Formalités prescrites par l'édit de 1683, *id.* p. 76. — Jugement qui ordonne que le saisi donnera sa procuration *ad resignandum*, *id.* p. 76-77. — Formes particulières pour les offices des comptables, *id.* p. 78. — Opposition au sceau et au titre : ce que c'est, *id.* p. *id.* — Quel est l'effet de l'opposition au sceau, *id.* p. *id.* — Effet du sceau plus étendu que celui du décret, *id.* p. 79. — Résignataire obligé à rapporter le prix aux créanciers opposans, *id.* p. 79-80. — Distribution du prix des offices, se fait par ordre de privilége et d'hypothèque, *id.* p. 80. — Opposans au sceau, préférés à tous autres, *id.* p. 81. — *Quid*, s'il reste des deniers après les opposans payés, *id.* p. *id.* — Offices de perruquiers, ce qu'ils ont de commun avec les autres et en quoi ils diffèrent, *id.* p. 81-82.

OFFICIAL. Est-il compétent pour autoriser une femme mariée pour procéder devant lui, t. X, p. 661.

OFFRES DE FOI, t. XVI, p. 106. — Quels profits doit offrir le vassal qui offre la foi, *id.* p. 319-320.

Offres en matière de retrait, t. XVIII, p. 169-170.

Offres. Offres pour être valables, et pour mettre le débiteur en demeure, à qui doivent-elles être faites, t. II, p. 70. — Par qui, *id.* p. 71. — Elles doivent être de tout ce qui est dû, si ce n'est dans le cas où le débiteur a la faculté de payer par parties, *id.* p. *id.* — Si la dette est conditionnelle, elles ne sont pas valables avant l'accomplissement de la condition, *id.* p. *id.* — Il doit

être dressé un acte des offres et de la sommation de recevoir, faite en conséquence par un huissier, *id.* p. 72.

Offres. Variétés des coutumes sur les offres qui doivent être faites par le retrayant lors de la demande, ou dans le cours de la procédure, t. IV, p. 188. — Offres de rembourser le prix, qui doivent être faites après l'adjudication. Par quel officier doivent-elles être attestées, *id.* p. 246-247. — Où et à qui doivent-elles être faites, *id.* p. 247. — Procureur *ad lites* a-t-il pouvoir de recevoir, *id.* p. *id.* — En quelles espèces, *id.* p. 248. — *Quid*, si les espèces étoient augmentées ou diminuées dans le temps intermédiaire entre le paiement fait à l'acheteur, et le paiement qui lui est offert, *id.* p. *id.* — Si le retrayant offroit de remettre la quittance du vendeur ou la décharge du prix restant à payer, *id.* p. 249. — Offres de compenser sont-elles valables, *id.* p. *id.* — Les offres doivent être réelles et intégrales, *id.* p. 250-251. — Lorsque le retrait a été adjugé, les deux co-retrayans pourroient-ils chacun offrir de rembourser sa part séparément, *id.* p. 251. (*Voyez* CONSIGNATION.)

Offres. Doivent être suivies de la consignation pour opérer un paiement valable, t. VII, p. 94-95.

Offres. Offres simples de rembourser n'éteignent la rente, t. V, p. 163-164.

Offres des droits utiles qui doivent accompagner les offres de foi, t. XIX, p. 50. — Quels sont les profits qui doivent être offerts, *id.* p. 51. — Le vassal doit offrir ceux dus pour raison de son acquisition, *id.* p. *id.* — De droit commun, et dans les coutumes qui n'ont pas de disposition contraire, il doit offrir les anciens profits, *id.* p. *id.* — Limitations, *id.* p. 51-52. — *Quid*, si le fief avoit été saisi par le seigneur avant les offres du vassal, *id.* p. 52-53. — Disposition de la coutume d'Orléans sur cette question, *id.* p. 53-54. — Cette disposition ne doit pas être étendue à celui qui succède

à titre d'héritier, *id.* p. 54. — Comment doivent être offerts les profits, *id.* p. *id.* — Il n'est pas nécessaire que le vassal qui fait les offres, exhibe à découvert les deniers, *id.* p. 55. — Lorsque les offres sont faites en l'absence du seigneur, elles doivent lui être notifiées, *id.* p. *id.*

OISEAUX apprivoisés doivent être rendus aux propriétaires, t. XIV, p. 330.

OISELLERIE. Espèce d'occupation, t. *id.* p. *id.*

ONCLE. Mariage de l'oncle, t. X, p. 244-245.

OPPOSITION *à la saisie censuelle.* Le possesseur de l'héritage peut s'opposer à la saisie, t. XX, p. 52. — Du premier cas auquel le possesseur prétend que l'héritage ne relève point du seigneur, *id.* p. *id.* — Faute de justification, le possesseur doit avoir main-levée, *id.* p. 52-53. — Du second cas où le propriétaire soutient n'être pas débiteur des causes de la saisie, *id.* p. *id.* — De la main-levée qui doit lui être accordée dans ce cas, *id.* p. *id.*

Opposition à la saisie féodale. Pendant le procès sur l'opposition, la saisie tient par provision, t. XIX, p. 151. — Exceptions, *id.* p. 152. — Le désaveu, soit parfait, soit imparfait, donne lieu à la provision des fruits, *id.* p. 152-153. — Dans tous les cas où la main-levée provisionnelle est donnée au vassal, il n'est point tenu de donner caution de rapporter les fruits, *id.* p. 154.

Opposition à une saisie réelle, t. XVIII, p. 442. — A fin d'annuler, *id.* p. 442-443. — A fin de distraire et à fin de charge, *id.* p 443. — A fin de conserver, tant directes qu'en sous-ordre, *id.* p. 446.

Opposition aux jugemens. Ce que c'est, t. XXIV, p. 241.

Opposition simple. Ce que c'est, t. XXIV, p. 242. — Contre quels jugemens elle est reçue, *id.* p. *id.* — Dans quel délai doit-elle être formée, *id.* p. 243. — Effet du jugement qui reçoit opposant, *id.* p. *id.* — *Tierce opposition.* Quelle est-elle, *id.* p. 244. — En quel temps

elle peut être formée, *id.* p. *id.* — Amende contre ceux qui succombent, *id.* p. *id.*

Opposition aux saisies, t. XXIV, p. 316. — Opposition du saisi se signifie au saisissant, *id.* p. *id.* — Ce que doit faire le saisissant pour la faire régler, *id.* p. 316-317.

Opposition des créanciers. Son effet, t. XXIV, p. 317. — Créanciers opposans deviennent en quelque sorte saisissans, *id.* p. 317-318. — La nullité de la saisie fait tomber toutes les oppositions. *id.* p. 319.

Opposition du seigneur d'hôtel ou de métairie, t. XXIV, p. *id.*

Opposition à fin de recréance formée par celui qui se prétend propriétaire, t. *id.* p. 320.

Opposition du créancier privilégié, t. *id.* p. 321.

Opposition aux saisies réelles. Combien il y en a de sortes, et comment elles se forment, t. XXV, p. 1-2.

Opposition à fin d'annuler. Ce que c'est, *id.* p. 2. — Sur quoi elle peut être fondée, *id.* p. 3. — Quand elle n'est pas recevable, *id.* p. *id.*

Opposition à fin de conserver. Ce que c'est, t. XXV, p. 4. — Peut être formée en quelque temps que ce soit, jusqu'à ce que le décret soit scellé et levé, *id.* p. *id.* — Deux sortes d'oppositions de conserver. Les directes ou en sous-ordres, *id.* p. 5.

Opposition à fin de distraire. Ce que c'est, t. XXV, p. 6. — Ce que c'est que l'opposition à fin de charge, *id.* p. *id.* — Procédure à tenir sur ces oppositions, *id.* p. *id.* — Ces oppositions peuvent elles se former après l'appointement à décréter, *id.* p. 7-8. — Usage du Châtelet d'Orléans, *id.* p. 9. — Exception à l'égard de l'église et des mineurs, *id.* p. *id.*

ORDRE ou distribution du prix de la vente des meubles saisis, t. XVIII, p. 390. — Premier saisissant ou arrêtant, quand est-il préféré, *id.* p. *id.*

Ordre du prix des immeubles vendus par décret, t. XVIII, p. 466. — Des offices, *id.* p. 480.

Ordre. Celui de l'ordre duquel on a fait un prêt à quelqu'un, est tenu de la dette de l'emprunteur, pourvu que le prêteur se soit renfermé dans les termes de l'ordre, t. I, p. 460. --- On ne doit pas prendre pour ordre un conseil ou une recommandation, *id.* p. 458-459.

Ordre. Quel est le droit d'un créancier de rente viagère à l'ordre des biens de son débiteur, t. V, p. 175.

Ordre des créanciers hypothécaires, t. XX, p. 239-240. -- Le prix est distribué entre eux selon l'ordre de leurs hypothèques, *id.* p. 239-240. --- Ceux qui ont des créances privilégiées précèdent les autres créanciers, quoique antérieurs, *id.* p. 240. --- Règles générales touchant les privilèges, *id.* p. *id.* -- Privilège du receveur des consignations et des frais de poursuite, *id.* p. 240-241. --- Privilège des droits seigneuriaux, *id.* p. 241-242. -- Privilège des frais funéraires, *id.* p. 242-243. --- Privilège de celui qui a conservé ou réparé l'héritage, *id.* p. 243. --- Privilège de celui qui a rendu l'héritage plus précieux, *id.* p. 244. --- Privilège des créanciers qui ont prêté leurs deniers pour payer les entrepreneurs ou ouvriers, *id.* p. 245. --- Privilèges des seigneurs pour les anciens profits, *id.* p. 246. --- Après les créanciers privilégiés on doit colloquer ceux du précédent propriétaire avant tous ceux du dernier propriétaire et possesseur, *id* p. 246-247. --- Privilège du vendeur sur l'héritage par lui vendu, *id.* p. 248. --- Privilège du roi sur les biens du comptable, *id.* p. 248-249. --- La femme, pour la dot, n'a qu'une simple hypothèque, et n'a point de privilège, *id.* p. 249. --- Après les créanciers privilégiés on met en ordre les créanciers simples, suivant la date de leurs hypothèques, *id.* p. *id.* --- Entre des créanciers du même jour, celui dont le titre porte, avant midi, doit être préféré à celui dont le titre ne fait mention que du jour, *id.* p. *id.* --- Le créancier qui ne rapporte qu'une seconde expédition de son titre, n'est colloqué que du jour de la date de cette

expédition, *id.* p. 250. --- Lorsque plusieurs créanciers sont subrogés à l'hypothèque d'un même créancier, ils sont tous colloqués concurremment, *id.* p. 251.

Ordre des différentes créances de la femme procédant de son contrat de mariage, t. XX, p. 252. --- La somme apportée en la communauté, dont la reprise a été stipulée, étoit-elle censée faire partie de la dot, *id.* p. 254. --- Après la dot vient le douaire, *id.* p. 256. --- Chaque créancier est colloqué à son rang, non-seulement pour le principal, mais pour les intérêts et frais, *id.* p. 256-257.

Ordres sacrés. Justinien a porté la première loi pour faire des ordres sacrés un empêchement dirimant de mariage, t. X, p. 99. --- Quand ont-ils commencé à l'être en Occident, *id.* p. 100. --- Le concile de Latran, dans le douzième siècle, l'ayant déclaré dirimant, cette discipline a été suivie par les décrétales et confirmée par le concile de Trente, *id.* p. 100-104. --- Et par la jurisprudence de nos tribunaux séculiers, *id.* p. 104-106. --- Les ordres sacrés rompent-ils un mariage contracté avant la promotion, *id.* p. 106-107.

Ordre et distribution du prix des biens adjugés, t. XXV, p. 49-50. --- Procédure pour y parvenir, *id.* p. 50-51. --- Lorsqu'il y a plusieurs contestations, on appointe en droit, *id.* p. 51. --- Règles pour fixer le rang dans lequel chaque créancier doit être colloqué, *id.* p. *id.* -- Frais ordinaires et extraordinaires des criées, *id.* p. 52. --- Droits seigneuriaux, sont-ils colloqués avant les frais, *id.* p. 53. --- Privilège des frais funéraires, *id.* p. 54-55. --- Privilège de celui qui a conservé l'héritage, *id.* p. 54. --- Privilège du vendeur et du copartageant, *id.* p. 55-56. --- Privilège du roi sur les biens du comptable, *id.* p. 56. --- Après les privilèges, on colloque les simples créanciers hypothécaires, chacun suivant l'ordre de la date de son hypothèque, *id.* p. 56-57. --- Sont colloqués pour leurs intérêts et frais,

dans le même rang que pour leur principal, *id.* p. 57. --- Créanciers conditionnels, comment sont - ils colloqués, *id.* p. 58. — *Sous-ordre.* Ce que c'est, *id.* p. *id.* — La procédure pour y parvenir est semblable à celle de l'ordre, et les règles sont les mêmes, *id.* p. 59. — Opposans en sous-ordre sont colloqués suivant l'ordre de leurs hypothèques, *id.* p. *id.* et suiv.

OTAGES, t. XIV, p. 391.

OUVERTURE des successions par la mort naturelle, t. XXI, p. 232. — De quand doit être présumée ouverte la succession d'une personne dont on ne sait ni la vie ni la mort, *id.* p. 233. --- Lorsque deux personnes, dont l'une est héritière de l'autre, sont mortes à peu près en même temps, et que l'on ignore laquelle des deux est morte la pre-mière, quelle règle doit-on suivre, *id.* p. 235. — Ouverture de la succession d'une personne par la profession religieuse, *id.* p. 236. --- Succession d'un jésuite, *id.* p. 237. --- Ouverture par la condamnation à peine capitale, *id.* p. *id.* -- *Quid*, si le jugement n'est pas rendu en dernier ressort, *id.* p. 238. --- Ou s'il l'est par contumace, *id.* p. *id.* -- Sens de la règle *le mort saisit le vif*, *id.* p. 239. -- Cette règle a lieu dans toutes les provinces du royaume, *id.* p. *id.* --- L'héritier est censé saisi, non-seulement de la part qui lui est déférée de son chef, mais de celles qui lui accroissent par les renonciations de ses cohéritiers, *id.* p. 240. --- L'héritier peut bien acquérir la succession *ignorans*, mais non *invitus*, *id.* p. 242-243.

P.

PACTE *constitucæ pecuniæ*. Ce que c'étoit chez les Romains, son utilité; ce que c'est parmi nous, t. I, p. 471. --- Il faut pour ce pacte une dette préexistante, qu'on s'oblige de payer, *id.* p. 475 et suiv. -- Il n'importe quelle dette, *id.* p. 477. -- Il n'est pas toujours nécessaire que la chose due qu'on promet par ce pacte de payer existe, *id.* p. 481. --- On peut promettre, par ce pacte, de payer une dette, même malgré le débiteur, et on peut promettre même de la payer à un autre qu'au créancier; du consentement du créancier, *id.* p. 482. -- Chez les Romains ce pacte renfermoit un terme, *id.* p. 483. — On peut, par ce pacte, promettre de payer une moindre somme que celle qui est due; mais on ne peut promettre d'en payer une plus grande, *id.* p. 484-485. --- On peut promettre de payer autre chose à la place de ce qui est dû, *id.* p. 485-486. --- On peut s'obliger, par ce pacte, *in duriorem causam*. Différence à cet égard de ce pacte et d'un simple cautionnement, *id.* p. 486-487. --- Ce pacte ne détruit pas la première obliga-tion, mais il peut la modifier, *id.* p. 490. --- L'obligation qui naît de ce pacte n'est pas une simple adhésion à l'obligation principale; elle peut lui survivre, *id.* p. 491. --- Le paiement de l'une éteint les deux, *id.* p. *id.* -- Du pacte par lequel on promet au créancier certaines sûretés, *id.* p. 503.

Pacte commissoire. Ce que c'est, t. III, p. 352. -- Différence du droit romain et du nôtre sur ce pacte, *id.* p. 352-353. --- Le vendeur a le choix d'user de ce pacte, ou de poursuivre le paiement, et ne peut varier quand il a fait son choix, *id.* p. 353-354. --- De l'action qui naît du pacte commissoire : quelle est la qualité de cette action, *id.* 355-356. --- Ses conclusions, *id.* p. 356. -- L'acheteur qui n'a pas payé doit rendre les fruits, ou en total, s'il n'a rien payé du fruit, sinon au prorata de ce qui reste à payer, sauf en un cas, *id.* p. 356. -- L'acheteur est-il tenu de faire raison de sa détérioration, *id.* p. 357. — De quelles impenses est tenu le vendeur qui rentre en vertu de ce pacte, *id.* p. *id.* — Est-il tenu de rembour-

ser les frais de l'achat, *id.* p. *id.*
— Doit-il rendre les arrhes, *id.* p.
358. — Des clauses qu'on ajoute au
pacte commissoire, *id.* p. 359. —
Que l'héritage sera vendu à la folle
enchère de l'acheteur, *id.* p. *id.*
Que le revendeur retienne une partie du prix pour dommages et intérêts, *id.* p. 359-360. — Pacte
commissoire sans limitation du
temps, *id.* p. 360.

Pacte commissoire, ou *lex-com-
missoria*, condamné dans le contrat
de nantissement, t. IX, p. 216.

PAIEMENT. Paiement réel, ce
que c'est, t. II, p. 2. — Le paiement, pour être valable, doit transférer la propriété de la chose payée
à celui à qui elle est payée, *id.* p.
2 et suiv. — Et même irrévocablement, *id.* p. 35. — De là il suit que
le paiement d'une chose n'est pas
valable, s'il n'est fait par le propriétaire de la chose, qui soit capable de l'aliéner, ou de son consentement, *id.* p. 3. — Le paiement fait
d'une chose par l'un des héritiers
du débiteur sans le consentement
des autres, est-il valable, *id.* p. 3-
4. — Le paiement d'une somme d'argent ou autre chose qui se consomme,
fait à *non domino*, devient valable
par la consomption qu'en fait de
bonne foi le créancier, *id.* p. 4-5.
— Pareil paiement devient valable,
lorsque la chose payée cesse de pouvoir être évincée, *id.* p. 33. — Quoique le paiement ne soit pas valable,
le créancier n'est admis à demander
la dette qu'en offrant de rendre la
chose qui lui a été payée, lorsqu'il
l'a entre ses mains, *id.* p. 5. —
Lorsque l'obligation est *in dando*, le
paiement peut se faire valablement,
non-seulement par le débiteur,
mais par quelque personne que ce
soit qui paie au nom du débiteur,
id. p. *id.* — Le paiement que quelqu'un a fait en son nom, de ce qui
est dû par un autre, n'est pas valable ; mais si la chose payée appartient au débiteur, ou si celui qui
a payé est devenu par la suite l'héritier du débiteur, le paiement a
effet, *id.* p. 5-6. — Un étranger qui
n'a aucun intérêt à l'acquittement

de la dette, peut-il obliger le créancier à recevoir le paiement, *id.* p.
7. — L'obligation qui consiste à faire
quelque chose, peut être acquittée
par tout autre que par le débiteur,
lorsque le fait est de nature qu'il
n'importe au créancier par qui la
chose soit faite ; *secùs*, si le fait
est de ceux dans lesquels on considère l'habileté de l'ouvrier qui a
contracté l'obligation, *id.* p. 8. —
A qui le paiement doit-il être fait,
id. p. *id.* — L'héritier pour partie
du créancier, n'étant créancier que
pour sa part héréditaire, le paiement ne peut lui être valablement
fait que pour cette part, sans le consentement de ses co-héritiers, *id.* p.
9. — Le cessionnaire d'une créance
en devient le créancier, par la signification du transport fait au débiteur, et le cédant cesse de l'être :
c'est pourquoi, depuis cette signification, on ne peut plus payer valablement qu'au cessionnaire, *id.* p.
id. — L'arrêtant devient créancier
de la dette arrêtée, par la sentence
de consentement d'arrêt qui n'est
suspendue par aucun appel ni opposition ; et le paiement qui lui en
est fait, est valable ; on ne peut,
depuis l'arrêt, valablement payer,
au préjudice de l'arrêtant, au créancier pour le fait de qui l'arrêt est
fait, *id.* p. *id.* — Le paiement fait à
celui qu'on avoit juste sujet de croire
créancier est valable, *id.* p. 9-10.
— Le paiement fait au créancier qui
n'a pas la libre administration de
ses biens, n'est pas valable, si ce
n'est jusqu'à concurrence de ce qu'il
seroit justifié que la somme payée
a tourné à son profit, *id.* p. 11-12.
— Décret de prise de corps du créancier n'empêche pas de lui payer
valablement, *id.* p. 12-13. — Le
paiement fait à quelqu'un, de l'ordre du créancier, est réputé fait à
lui-même, quelle que soit la personne à qui il ait donné pouvoir :
corollaire de ce principe, *id.* p. 13.
— Ce pouvoir cesse par la révocation, pourvu que le débiteur ait eu
connoissance de la révocation, *id.* p.
14. — Ce pouvoir cesse aussi par la
mort ou le changement d'état du

créancier connu par le public, *id.* p. 15. — Sergent porteur d'un titre exécutoire, qui va le mettre à exécution, est censé avoir pouvoir de recevoir, *id.* p. 16. — Procureur *ad lites*, n'est pas censé avoir pouvoir de recevoir, *id.* p. *id.* (*Voy.* PROCUREUR.) — Celui qui a procuration pour vendre, a-t-il pouvoir de recevoir le prix, *id.* p. *id.* — Paiement fait à ceux à qui la loi donne qualité pour gérer les affaires du créancier, est valable; tels que sont les tuteurs, curateurs, mari, fabriciers, etc., *id.* p. 17. — La seule raison de parenté, proximité, avec le créancier, n'est pas une qualité suffisante pour recevoir pour lui, *id.* p. 17-18. — Paiement fait à la personne indiquée par le contrat, est valable; ces personnes sont appelées en droit, *adjecti solutione gratiâ*, *id.* p. 18. (*Voy.* INDICATION, *adjectus solutionis gratiâ*.) — Paiement fait à celui qui n'avoit aucune qualité pour recevoir, devient valablé par la ratification du créancier, qui a un effet rétroactif, *id.* p. 24. — Pareillement, lorsque la somme payée a tourné au profit du créancier, ou lorsque celui qui a payé en est devenu héritier, *id.* p. 25. — On ne peut payer autre chose que celle qui est due, si ce n'est du consentement du créancier, *id.* p. 25-26. — La clause qui permet de payer une certaine chose à la place de celle qui est due, n'est qu'en faveur du débiteur, *id.* p. 27. — Lorsque la dette n'est pas encore divisée, quoiqu'elle soit divisible, le paiement ne peut être fait par partie au créancier malgré lui, *id.* p. 28. — Les cautions, quoiqu'elles aient le bénéfice de division, ne peuvent obliger le créancier à recevoir sa dette par parties, tant qu'il ne les poursuit pas, *id.* p. 29-30. — Dumoulin pense qu'elles ne le peuvent, quand même la dette seroit divisée entre elles, *id.* p. 30. — La règle qu'un créancier ne peut être obligé de recevoir par parties, souffre exception : 1.º dans le cas des clauses portées par le contrat ou par le jugement de condamnation, *id.* p. 30-31. — 2.º

En cas de contestation sur le plus ou moins de la dette, *id.* p. 31-32. — 3.º Dans le cas de compensation, *id.* p. 32. — Chaque année d'arrérages d'une rente forme autant de dettes différentes que le créancier est obligé de recevoir, sans qu'on lui paie les autres, *id.* p. *id.* — Il n'est pas obligé de recevoir un principal portant intérêt, si on ne lui paie les intérêts, *id.* p. 28. — Lorsque la chose due est un corps certain, elle peut être payée en l'état qu'elle se trouve, et le débiteur n'est tenu des détériorations survenues sans sa faute; lorsque c'est une chose indéterminée, celle qu'on offre en paiement ne doit avoir aucun vice notable, *id.* p. 36. — Le paiement fait avant l'accomplissement de la condition n'est pas valable, *id.* p. 37. — Mais celui fait avant l'échéance d'un simple terme de paiement est valable, *id.* p. *id.* Exception à cette règle, *id.* p. 37-38. (*Voy.* TERME, CONDITION.) — Lorsqu'il n'y a pas de lieu désigné pour paiement, si la chose due est un corps certain, le paiement ou délivrance doit s'en faire où il est, *id.* p. 38. — *Quid*, si c'est une somme d'argent ou une chose indéterminée, *id.* p. 39. — Le paiement se fait aux dépens du débiteur, *id.* p. 40-41. — Effets des paiemens : un seul paiement peut acquitter plusieurs dettes qui ont un même objet, même envers différens créanciers, *id.* p. 41. — Un seul paiement éteint aussi différentes dettes qui ont le même objet, dues par différens débiteurs, pourvu que celui qui a payé n'eût pas le droit d'exiger la cession des actions du créancier contre les autres, *id.* p. 42-43. — Paiement partiel éteint la dette pour la partie qui a été payée, *id.* p. 57-58. — Exceptions de cette règle, *id.* p. 58. — 1.º A l'égard des dettes alternatives; 2.º à l'égard de celles d'une chose indéterminée, *id.* p. 58-59. — 3.º Lorsque plusieurs corps certains ont été donnés en paiement d'une somme due, si l'une de ces choses est évincée, le paiement n'est valable pour aucune, *id.*

p. 59. -- Paiement par un débiteur de différentes dettes, sur laquelle doit-il s'imputer, *id.* p. 60 et suiv. (*Voyez* IMPUTATION.)

Paiement. Celui qui a payé par erreur une chose qu'il ne devoit pas, a-t-il action contre les tiers à qui elle est parvenue, t. VIII, p. 252-253.

Paiement. A qui une lettre de change peut-elle être valablement payée, t. V, p. 327-328. -- Peut-il être valablement fait au propriétaire de la lettre, lorsqu'il est mineur, *id.* p. 328-329. -- Ou sous puissance de mari, *id.* p. 329-330. --*Quid,* si le débiteur l'ignoroit, *id.* p. 330. -- Le paiement fait à un voleur de la lettre qui a pris faussement le nom de la personne à qui elle étoit payable, est-il valable, *id.* p. *id.* et suiv. -- Par qui la lettre peut-elle être payée, *id.* p. 335. -- Un étranger, en cas de protêt seulement, est admis à en offrir le paiement, *id.* p. 335-336. -- Le débiteur n'est obligé de payer plus tôt que le dernier jour du terme de grâce, et le créancier ne peut être pareillement forcé de recevoir plus tôt, *id.* p. 337-338. -- Y a-t-il un terme de grâce lorsque la lettre est à vue, *id.* p. 338. -- Lorsque le créancier ne s'est pas présenté au jour que la lettre étoit payable, et que les espèces sont depuis diminuées, sur le pied que les espèces valoient alors, *id.* p. *id.*

Paiement anticipé que l'un des conjoints fait à l'autre, de ce qu'il lui doit, est-il avantage prohibé, t. XIV, p. 33-34. -- Paiement fait par l'héritier du conjoint donateur à l'autre conjoint, d'une chose que le défunt lui avoit promise ou léguée, est valable, *id.* p. 34. -- Paiement fait par un mari à sa femme, d'un legs, sans retranchement de ce qu'il pouvoit retenir pour sa légitime coutumière, *id.* p. 53-54.

PAILLES ET FOURRAGES. Sont censés faire partie de l'héritage, t. XVI, p. 22-23. -- N'est permis de les divertir, t. XVIII, p. 314.

PAILLES. Sont-elles meubles ou immeubles, t. XI, p. 41.

PAPIERS. Papiers terriers, papiers censiers, papiers cueillerets, ne font pas une foi entière pour le seigneur, mais ils font foi contre lui, t. II, p. 247. -- Ils font foi pour le seigneur contre ceux qui les ont approuvés, et s'en servent contre le seigneur, pourvu que les faits aient du rapport, *id.* p. 247-248.

Papiers domestiques. (*Voy.* JOURNAUX, LIVRES DES MARCHANDS.)

PARAPHERNAUX. Biens paraphernaux; ce que c'est, t. X, p. 710-711. -- La distinction des biens paraphernaux et biens dotaux est-elle connue dans les pays de droit coutumier, *id.* p. 711. (*Voy.* DOTAUX.)

PARENTÉ. Ce que c'est, t. XVIII, p. 7. -- Comment en compte-t-on les degrés, *id.* p. *id.* -- Quelle parenté donne droit aux successions, *id.* p. 8.

Parenté naturelle. Ce que c'est, t. X, p. 108.

Parenté. (ligne de) Ce que c'est, *id.* p. 108-109.

Parenté. (degré de) Ce que c'est, comment se comptent en ligne directe et en ligne collatérale, *id.* p. 109-115. -- Manière de compter les degrés dans la ligne, *id.* p. 108. -- Un prêtre peut-il se marier après avoir embrassé le calvinisme, *id.* p. 92-93. -- Si la femme fait solennellement vœu de continence, *id.* p. 445. -- *Quid,* du mariage retenu, *non consumptum, id.* p. 452. -- Manière de compter les degrés dans la ligne collatérale différente du droit civil, *id.* p. 111-112. -- Quand a-t-elle commencé à s'introduire en Angleterre, *id.* p. 114-115. -- En France, *id.* p. 115-116. -- Autre différence de compter les degrés, *id.* p. 119. -- Il y avoit encore beaucoup de gens attachés à l'ancienne manière, *id.* p. 116. (*Voy.* INCESTUEUX.) -- Quelles parentés ont toujours formé un empêchement dirimant de mariage dès les premiers temps, *id.* p. 120-122. -- Théodose défendit les mariages entre cousins germains; sort de cette loi, *id.* p. 123-126. -- Extension bien

au-delà ; sur quoi étoit-elle fondée, id. p. 126-127. — Commencement et progrès de cette extension, id. p. 127-134. — Parvient jusqu'au septième degré au concile de Douai, id. p. 135-140. — Le concile de Latran l'a restreinte au quatrième, id. p. 141-144. — Dans la ligne inégale, il suffit que la parenté de l'un des deux passe le quatrième degré, pour que la défense cesse, id. p. 143. — Il n'importe que la parenté qui forme l'empêchement soit légitime ou purement naturelle, id. p. 144. — Parenté purement civile étoit aussi empêchement de mariage dans le droit romain, id. p. 167-168.

Parenté. Il faut être parent du défunt pour être capable de lui succéder, t. XXI, p. 25. — Ce que c'est que parenté, id. p. id. — Lignes et degrés de parenté, id. p. 26. — Manière de compter les degrés suivant le droit civil et suivant le droit canon, id. p. 26-27. — La parenté qui donne droit de succéder doit être légitime, et au degré marqué par la loi, id. p. 28-29. — Enfans bâtards ne succèdent, id. p. 29-30. (Voy. BATARDS.)

PARISIS. Le donataire mutuel n'est pas tenu de l'ajouter à la prise de l'inventaire, t. XIV, p. 179-180.

PARPAIGNES ou jambes parpaignes ; ce que c'est, t. VII, p. 301.

PARRAINS. (Voy. ALLIANCE SPIRITUELLE.)

Parrains de catéchisme, t. X, p. 190.

PART D'ENFANT. (donation de part d'enfant) (Voy. EDIT DES SECONDES NOCES.) Nature de ces donations, id. p. 570. — Ne sont pas des institutions contractuelles d'héritiers, id. p. id. — Néanmoins leur ressemblent, id. p. 571. — Bien différente des donations d'un corps certain ou d'une somme déterminée, id. p. 572. — Renferme une substitution vulgaire des enfans qui naîtront du mariage, id. p. id. — Lorsque la donatrice n'a pas laissé d'enfans, la part d'enfant s'étend à la moitié de tous les biens de la donatrice, id. p. 573. — Lorsqu'elle

n'a laissé qu'un enfant qui partage avec le second mari, cet enfant doit avoir le droit d'aînesse dans les biens nobles, id. p. 573-574. — Règles pour connoître quelle est la part que l'aîné doit avoir pour son droit d'aînesse lorsqu'il partage avec plusieurs enfans et le second mari donataire, id. p. 574-579.

Part d'enfant donnée par une femme à son second mari, t. XXIII, p. 163. — Comment se doit régler suivant l'édit des secondes noces. (Voy. RETRANCHEMENT, EDIT DES SECONDES NOCES.) Lorsque la succession du donateur est déférée à plusieurs petits-enfans de différentes souches ou d'une même souche, comment se règle la part du mari donataire, id. p. 172. — Quid lorsque les enfans ont des parts inégales, id. p. id. — Lorsqu'une femme depuis son premier mariage, a épousé plusieurs maris, elle ne peut donner à tous ses maris ensemble qu'une part d'enfant, id. p. 173. — Lorsqu'une femme a fait donation de part d'enfant à son second mari et laisse deux enfans, quelle doit être la portion avantageuse de l'aîné dans les fiefs, id. p. 181. — Si elle n'a laissé qu'un enfant, quelle doit être la part du mari dans les droits féaudaux, id. p. 183. Quid, s'il n'y a pas d'enfans, id. p. 183-184.

PARTAGE. Différence du droit romain et du droit françois sur la nature des partages, t. III, p. 475-476. — Selon les principes de notre droit, un acte de partage, n'est qu'un acte déterminatif des parts indéterminées qu'avoit chacun des copartageans avant le partage, plutôt qu'un titre d'acquisition, id. p. 476. — Partage, quoiqu'avec retour en deniers, ne donne lieu au profit de vente, id. p. 477-478. — Garantie des partages. (Voy. GARANTIE.)

Partage de la communauté, t. XVII, p. 59. — De la continuation de communauté, id. p. 155. — Partage ne donne lieu aux profits, t. XVI, p. 331.

Partage de succession peut-il être interdit par le testateur ou par la convention des parties, t. XVIII,

p. 43. -- La demande en partage peut-elle se prescrire, *id.* p. 44. -- Qui peut provoquer à partage, *id.* p. *id* -- Objet du partage, *id.* p. 45. -- Des rapports à partage. (*Voyez* RAPPORT.) -- Nature des partages, *id.* p. 60. -- Des retours de partage, *id.* p. 61-62. -- De l'obligation de garantie qui résulte du partage, *id.* p. 62.

Partage du cheptel, t. VII, p. 395. -- Par qui peut-il être demandé, *id.* p. 397. -- Quand, *id.* p. 398. -- Forme de ce partage prescrite par les coutumes, *id.* p. 399 -- Autre forme introduite par l'usage, *id.* p. 399-400.

Partage de la société. Sa nature, t. VII, p. 266-267. -- Par qui le partage peut-il être demandé, *id.* p. 267. -- Contre qui, *id.* p. *id.* -- Quand la demande en partage peut-elle être donnée, *id.* p. 268. -- Y a-t-il prescription contre cette demande, *id.* p. 269. -- Clause de ne pas l'intenter, *id.* p. 268. -- Ce qui est préalable au partage, *id.* p. 269-270. -- Compte de société préalable au partage, masse, estimation, *id.* p. 270. -- Comment se fait le partage, *id.* p. 271-273. -- Partage des dettes actives, *id.* p. 274. -- *Quid*, des caduques, *id.* p. *id.* -- Que fait-on à l'égard des dettes passives, *id.* p. 274-275. -- Comment se portent les frais de partage, *id.* p. 275. -- Quelle lésion donne lieu à la rescision des partages, *id.* p. *id.* -- Obligations qui naissent des partages, *id.* p. *id.* (*Voy.* RETOUR, GARANTIE DE PARTAGE.) -- Le possesseur peut-il intenter l'acte en bornage, peut-il y défendre, *id.* p. 322-323. -- Effet des partages et licitations, *id.* p. 278.

Partages. (Communauté.) Nature des partages, et leurs effets; principes du droit françois sur les partages, contraires à ceux du droit romain, t. XI, p. 125-128 ; t. XII, p. 217. -- Actes préalables au partage de la communauté, *id.* p. 200-202. -- Chacune des paties peut donner la demande aux fins de partage de la communauté, *id.* p. 202-203. La demande pour le partage défini-

tif ne peut être donnée par un mineur, mais elle peut être donnée contre lui, *id.* p. 203. -- Tant que les parties possèdent par indivis, l'action de partage ne peut se prescrire, *id.* p. 204. -- Peut-on obliger l'une des parties à souffrir la vente des meubles, *id.* p. 205-206. -- Après la masse arrêtée des choses qui composent la communauté, la femme ou ses héritiers prélèvent, en effet, à leur choix, ce qui leur est dû, le mari ensuite, on fait deux lots du reste, *id.* p. 206-207. -- Lorsque le partage s'est fait sans faire ces prélèvemens, comment, après le partage, les parties se font-elles raison de leurs créances respectives contre la communauté, *id.* p. 209-213. -- Lorsque l'une et l'autres des parties se sont trouvées débitrices envers la communauté, comment en font-elles raison, soit au partage, soit après partage, *id.* p. 212-220. -- Quel est l'effet du partage entre le survivant ou les héritiers, ou des actes qui en tiennent lieu, *id.* p. 217-228. -- Obligation de garantie qui naît du partage. (*Voy.* GARANTIE.)

Partage de la continuation de communauté. On doit faire un état des créances que chacune des parties a contre la continuation de communauté, et des dettes dont elle est tenue envers elle ; si les créances de l'une des parties excèdent ses dettes, elle doit prélever l'excédant ; si ce sont ces dettes qui excèdent ses créances, elle doit faire rapport de l'excédant, ou le précompter sur sa part : quelles sont les créances ; quelles sont les dettes, soit du survivant, soit des enfans, t. XII, p. 377-380. -- Comment se fait le rapport de la somme que l'un des enfans a reçue des biens de la continuation de communauté, soit pour sa dot de mariage, ou pour quelqu'autre établissement, *id.* p. 380-381. -- Lorsqu'une fille s'est fait religieuse, et a été dotée des biens de la communauté, comment ses frères et sœurs, à qui sa part accroît, en font-ils le rapport, *id.* p. 381-382.

Partage des successions. Ce que

c'est que l'action de partage , t. XXI , p. 313. — En quel cas elle a lieu , *id.* p. 314. — On peut convenir de différer le partage jusqu'à un certain temps , *id.* p. 315. — L'action de partage est sujette à la prescription de trente ans, *id.* p. 316-317. — Quelles personnes peuvent provoquer à partage, *id.* p. 317. — Quoique les mineurs et les interdits ne puissent provoquer à partage, ils peuvent être provoqués par les cohéritiers majeurs, *id.* p. 318-319. — Un mari peut-il, sans sa femme, provoquer au partage des successions échues à sa femme , *id.* p. 319. — Le principal objet de l'action de partage est la division des biens de la succession, *id.* p. 320. — Les rapports sont aussi un des objets de cette action, *id.* p. *id.* (*Voy.* RAPPORT.) — Les prestations personnelles des cohéritiers sont le troisième objet de cette action, *id.* p. 320-321. — Différentes espèces de prestations personnelles , *id.* p. 321-322. — L'héritier est tenu *de culpâ levi*, non *de levissimâ* , *id.* p. 322. — Manière dont on procède au partage, *id.* p. 382. — Différence à observer lorsque c'est entre majeurs et mineurs, *id.* p. *id.* — Compte mobilier, *id.* p. 383. — Masse des héritages à partager, et comment l'estimation en doit être faite , *id.* p. 383-384. — Ce que doit observer le commissaire aux partages , *id.* p. 385. — Lorsqu'il n'y a qu'un seul corps d'héritage, et qu'il ne peut commodément se partager, il y a lieu à la licitation, *id.* p. *id.* (*V.* LICITATION.) — Effets des partages, *id.* p. 387. — Le partage n'est pas considéré comme un titre d'acquisition, mais comme un acte déterminatif des choses auxquelles l'héritier a succédé , *id.* p. *id.* — Conséquence par rapport aux profits et par rapport aux hypothèques, *id.* p. 387-388. — Ce que peuvent faire les créanciers d'un cohéritier, *id.* p. 389. — Quelquefois on charge un lot d'un retour, *id.* p. *id.* (*Voy.* RETOUR.) — Hypothèque privilégiée pour les obligations résultantes du partage, *id.* p. 403. — Comment les tiers détenteurs peuvent prescrire contre cette hypothèque, *id.* p. 403-404. — Comment les héritiers peuvent interrompre la prescription des tiers, *id.* p. 404. — Pour quelles causes les partages peuvent être rescindés, *id.* p. 405. — Lésion du tiers au quart est un moyen de rescision entre majeurs, *id.* p. 405-406. — Doit être demandée par les majeurs dans les dix ans , *id.* p. 406.

Partage. Toutes les coutumes décident qu'il ne donne point lieu au profit de rachat entre co-héritiers, ou propriétaires, t. XIX, p. 416. — Ce qui a lieu , quand même le partage se feroit avec retour en deniers, *id.* p. 417.

PASSAGERS. Contribuent aux avaries, t. VI, p. 442.

Passager. Femme passagère qui accouche dans le navire, doit-elle le loyer du passage de son enfant , t. *id.* p. 278.

PATRONAGE. Droit de patronage peut-il se louer, t. *id.* p. 10.

PATURAGE, t. XVI, p. 441. — Liberté de pâturage en Beauce, et les exceptions, *id.* p. 443. — Pâturage appartenant à une communauté, *id.* p. 444. — Pâturage commun entre particuliers, *id.* p. 445.

PAVES, t. XVII, p. 247-248.

PAVILLON. N'est pas permis d'arborer un faux pavillon, t. XIV, p. 370.

PECHE dans la mer, permise à tous , t. *id.* p. 328. — Dans les fleuves et rivières navigables appartient au Roi, *id.* p. *id.* — A qui appartient-elle dans les autres rivières, *id.* p. *id.* — Délit de ceux qui pêchent sans droit dans les rivières ou étangs d'autrui, *id.* p. 328-329.

PECULE, des religieux, curés qui y succède, t. XVIII, p. 83.

Pécule des religieux; à qui il appartient après leur mort, t. XXIII, p. 279-280. — *Quid*, du pécule des religieux curés, *id.* p. 280. — Obligation de ceux qui prennent le pécule des religieux, *id.* p. 280-281.

Pécule. Différentes espèces, t. XIV, p. 476-477. — Pécule d'un religieux; le successeur à ce pécule

n'a pas la pétition d'hérédité, mais a une action à l'instar, *id.* p. 638-639.

PÉDAGOGUES. Ce que c'est, t. XXIII, p. 30. — Compris sous le nom d'administrateurs, et incapables de recevoir des donations, *id.* p. *id.*

PEINES CAPITALES, de quand font-elles encourir la mort civile, t. XVI, p. 14-15.

PÉNALE. Obligation pénale, ce que c'est, t. I, p. 313. — L'obligation pénale est nulle, si la principale est nulle, *id.* p. 314-315. — *Non vice versâ*, *id.* p. 316. — L'obligation pénale ayant pour fin d'assurer l'exécution de l'obligation principale, elle ne la détruit pas, *id.* p. 317. — L'obligation pénale étant compensatoires des dommages et intérêts résultans de l'inexécution de l'obligation principale, le créancier ne peut exiger la peine et les dommages et intérêts, si ce n'est pour ce qu'ils excéderoient la peine, *id.* p. 318-319. — La peine stipulée, lorsqu'elle est excessive, est sujette à réduction, *id.* p. 321 et suiv. — Pour qu'il y ait ouverture à la peine stipulée en cas d'inexécution d'une obligation *in non faciendo*, est-il nécessaire que le fait qu'on s'étoit obligé de ne pas faire, ait eu effet? cela dépend de l'intention des parties, *id.* p. 326-327. — La peine stipulée en cas d'inexécution d'une obligation *in dando aut in faciendo*, est ouverte par la demeure du débiteur; différence en cas du droit romain et du nôtre, *id.* p. 328-329. — Il n'y a pas lieu à la peine, lorsque c'est par le fait du créancier que le débiteur a été empêché de remplir son obligation, *id.* p. 330. — Lorsque le débiteur, du consentement du créancier, a acquitté sa dette pour partie, l'inexécution du surplus ne peut donner ouverture à la peine que pour la même partie qui restoit à acquitter, *id.* p. *id.* et suiv. — Ce principe peut-il recevoir application à l'égard des obligations indivisibles, *id.* p. 332-333. — Dans les obligations indivisibles, la contravention de l'un des héritiers donne

ouverture à la peine contre tous, chacun pour leur part, sauf le recours contre celui qui a contrevenu, *id.* p. 335. — Celui qui a contrevenu est débiteur pour le total, *id.* p. 337. — Si plusieurs ont contrevenu, ils sont tenus chacun solidairement, *id.* p. 339. — Dans les obligations divisibles, lorsque l'un des héritiers a contrevenu pour la part dont il est tenu, il est seul tenu de la peine, et pour la part seulement pour laquelle il est héritier, suivant le §. *Cato*, *id.* p. 340. — Au contraire, suivant le §. *Si sortem*, chacun en est tenu pour sa part héréditaire : conciliation de ces textes, en distinguant le cas auquel la dette est divisible, *tàm solutione quàm obligatione*, auquel doit être restreint, le §. *Cato*, et le cas auquel la dette, quoique divisible *obligatione*, et indivisible *solutione*, auquel se réfère le §. *Si sortem*, *id.* p. 341 et suiv. — Dans les obligations divisibles, l'un des héritiers qui a contrevenu pour le total; *putà*, qui a chassé un fermier, donne ouverture à la peine contre lui pour le total, et contre chacun de ses cohéritiers pour leur part, sauf leur recours contre lui, *id.* p. 345 et suiv. — La contravention à une obligation quoique indivisible, faite envers l'un des héritiers du créancier, ne donne lieu à la peine que pour la part de cet héritier, *id.* p. 350.

Pénale. Qu'est-ce qu'une loi pénale, t. X, p. 610.

PEPINIERES. Arbres des pépinières sont-ils censés faire partie de la terre qui les a produits; quand sont-ils meubles, t. XI, p. 37-48.

PÈRE. Défaut de consentement des père et mère au mariage d'un mineur le rend-il nul, t. X, p. 285, 297-298. — Même dans le cas auquel il auroit été célébré hors le royaume, *id.* p. 299. — Quoique les père et mère demeurent hors le royaume, pourvu qu'on sache en quel lieu, *id.* p. *id.* — *Quid*, s'il étoit fugitif pour religion, *id.* p. 300. — Ou qu'il ait perdu l'état civil, *id.* p. *id.* — *Quid*, s'il étoit dans les cinq ans de grâce, *id.* p. 300-301. — Père

et mère peuvent-ils être obligés par la famille à donner leur consentement à un mariage avantageux de leur fils mineur, *id*. p. 301-302. — Leur consentement est-il requis même pour le mariage de leurs enfans majeurs, *id*. p 306-310. (*Voy.* SOMMATION RESPECTUEUSE.)

Pères de famille. Pères, mères, et autres qui ont des enfans sous leur conduite, sont tenus de leurs délits lorsqu'ils ont pu les empêcher, t. I, p. 469-470.—Ils ne sont pas tenus de leur contrat, si ce n'est pour les affaires auxquelles il seroit justifié qu'ils les ont proposés, *id*. p. 470.

PÉREMPTION, t. II, p. 346-347.

Péremption d'instance. Ce que c'est, t. XXIV, p. 143. — Quelles instances peuvent tomber en péremption, *id*. p. 144. — Les instances d'appel y sont sujettes comme celles des causes principales, lorsqu'il y a assignation sur l'appel, *id*. p. 145. — L'instance pendante en cour souveraine, et distribuée à un rapporteur, n'y est pas sujette, *id*. p. 144-145. — Autres instances où elle n'a pas lieu, *id*. p. 146—A lieu tant contre les majeurs que contre les mineurs, *id*. p. *id*. — A-t-elle lieu contre les églises et hôpitaux, *id*. p. 147.—Comment elle s'opère, *id*. p. *id*. — Toutes les causes qui interrompent une instance empêchent la péremption, *id*. p. 148. — Compromis l'interrompt, *id*. p. 149. — Procédures qui la couvrent, *id*. p. *id*.—Doit être demandée; sinon, n'est acquise de plein droit, *id*. p. 149-150. — Son effet est de détruire l'instance, *id*. p. 150.—Les enquêtes, rapports d'experts faits en l'instance ne sont pas détruits, *id*. p. 150-151.

Péremption des instances d'appel. A-t-elle lieu dans les cours souveraines, t. XXIV, p. 239. — Son effet, *id*. p. *id*.

PERRIÈRE, ne doit être faite sans le consentement du seigneur, t. XVIII, p. 534-535.

Perrière. Le propriétaire ne peut faire perrière dans l'héritage sujet à rente foncière, t. VII, p. 76.

PERSONNES. Division des personnes, t. XVI, p. 16.

Personne civile. Les corps et communautés, les fabriques et communautés, sont des personnes civiles, par qui et envers qui peuvent être contractées des obligations, t. I, p. 112. — Contractent par le ministère de leurs administrateurs. (*Voy.* CONTRAT.) Succession vacante est une personne civile. (*V.* SUCCESSION.)

Personnes. Première division en ecclésiastiques, en nobles, gens du tiers-états et serfs, t. XXIII, p. 211. (*Voyez* ECCLÉSIASTIQUES, NOBLES, GENS DU TIERS-ÉTAT ET SERFS.) — Seconde division en regnicoles et aubains, *id*. p. 247. (*Voy.* CITOYENS, AUBAINS.) — Troisième division des personnes, par rapport à la perte de la vie civile, *id*. p. 274-275. (*Voy.* MORT CIVILE, RELIGIEUX.)—Quatrième division, en légitimes et bâtards, *id*. p. 302. (*Voy.* BATARDS.) — Cinquième division, tirée de l'âge, du sexe et d'autres causes, *id*. p. 304. (*Voy.* FEMMES, MINEURS, AGE.) — Sixième division, par rapport à la puissance que quelques personnes exercent sur d'autres, *id*. p. 306. (*Voyez* PUISSANCE, TUTEUR, CURATEUR.)

PÉTITION D'HÉRÉDITÉ. Quelle action est-ce, t. XIV, p. 570. — Par qui peut-elle être intentée, *id*. p. 571. — L'héritier intente cette action contre ceux qui possèdent la moindre chose ou le moindre droit dépendant de la succession, lorsqu'ils disputent la succession, *id*. p. 574-577. — Même contre un débiteur de la succession, qui refuse de payer, parce qu'il prétend que la succession lui appartient, *id*. p. 577-578. — L'action a lieu contre celui qui a cessé, par dol, de posséder; contre celui qui, ne possédant rien, a défendu à la demande donnée contre lui, pour amuser et tromper l'héritier, et donner au possesseur le temps de prescrire, *id*. p. 579. — Quelle est la chose que revendique le demandeur dans la pétition d'hérédité, *id*. p. 580. — Comment l'hé-

ritier fonde-t-il sa demande. (*Voy.* TESTAMENT, GÉNÉALOGIE.) — Un effet de l'instance sur la pétition d'hérédité, est d'arrêter l'exercice des actions que l'une ou l'autre des parties avoit contre le défunt, *id.* p. 586. — En arrête-t-elle la prescription, *id.* p. 586-587. — Arrête-t-elle de même l'exercice des actions que le défunt avoit contre l'une ou l'autre des parties, *id.* p. 587. — Un autre effet de l'instance en pétition d'hérédité est que le possesseur ne peut, pendant qu'elle dure, aliéner aucune chose des biens de la succession, si ce n'est en certains cas, *id.* p. 588. — Un autre effet de l'instance en pétition d'hérédité est que le possesseur ne peut, pendant qu'elle dure, aliéner aucune chose des biens de la succession, si ce n'est en certains cas, *id.* p. 588. — L'instance en pétition d'hérédité n'arrêtant pas les actions des tiers créanciers de la succession, contre qui doivent-ils se pourvoir, *id.* p. 589-590. — Arrête-t-elle celle des légataires, *id.* p. 590. — En matière de pétition d'hérédité, qu'entend-on par possesseur de bonne foi, et par possesseur de mauvaise foi; et jusqu'à quand est censé durer la bonne foi, *id.* p. 592-593. — Le possesseur qui a succombé doit restituer ce qu'il possède des choses et droits de la succession, *id.* p. 594-595. — Même les choses dont le défunt n'avoit que la nue détention, *id.* p. 595. — Tout ce qui est né et provenu des choses de la succession, même depuis la mort du défunt, comme les fruits, est censé en faire partie, *id.* p. 595-596. — Les actions acquises par rapport aux choses de la succession, *id.* p. 596. — Tout ce qui sert à l'exploitation des héritages de la succession, quand même ce seroit le possesseur qui en auroit fait l'emplette de ses deniers, sauf à lui à faire raison, *id.* p. 596-597. — Tant ce qu'il avoit lors de la demande, que ce qui lui est parvenu depuis, *id.* p. 598. — Les choses que le possesseur a acquises pour lui, quoique des deniers de la succession, ne sont pas biens de la succession, *id.* p. 59-. — **Différence** entre le possesseur de bonne foi et celui de mauvaise foi, par rapport aux choses de la succession qu'ils ont omis ou cessé de posséder, *id.* p. 599-606. — Possesseur de mauvaise foi demeure débiteur *in specie*, des choses de la succession qu'il a vendues, sauf en deux cas, *id.* p. 600-604. — Même des choses péries ou perdues, dans le cas auquel l'héritier eût évité la perte, si elles lui eussent été rendues, *id.* p. 605. — Comment s'estiment les dommages intérêts dont est tenu le possesseur de mauvaise foi, qui s'est mis hors d'état de rendre, *id.* p. 604-605. — Le possesseur doit-il restituer le total de ce qu'il possède des biens de la succession au demandeur qui n'est héritier que en partie, *id.* p. 607. — Sur le compte que doit rendre, des biens de la succession, le possesseur qui a succombé sur la pétition d'hérédité. (*Voy.* COMPTE. Propriété.) — L'héritier doit, de son côté, faire raison au possesseur de ce qu'il a payé aux créanciers de la succesison, et pour les frais funéraires, *id.* p. 631. — De ce qui lui est dû par le défunt, *id.* p. 630. — De ce qu'il a payé aux légataires, *id.* p. 631. — Des impenses qu'il a faites pour les héritages. (*Voyez* IMPENSES.) — Pour les fruits, *id.* p. 632-633.

PIGEONS. Le propriétaire d'un colombier acquiert en quelque façon, par droit d'accession, le domaine des pigeons qui s'y établissent, t. XIV, p. 404-406. — Il n'est pas permis de se servir de manœuvres pour les attirer, *id.* p. 405-406.

PILLAGE. Est aux risques de l'assureur, t. IX, p. 284.

PILOTAGE, t. VI, p. 465.

Pilotage. Ce que c'est, t. IX, p. 297.

PILOTE, t. VI, p. 476.

PIRATE. Quels vaisseaux sont traités comme pirates, t. XIV, p. 355-356.

PLAINTE au procureur général, peut intenter une demande criminelle, t. IX, p. 137.

Plainte. Ce que c'est et par qui

elle est donnée, t. XXV, p. 239.
— Est donnée contre des personnes
certaines ou contre des personnes
incertaines, id. p. id. — Elles
peuvent se faire en deux différentes
formes, id. p. 239-240. — Formalités
à observer dans la plainte, id. p.
240. — La partie lézée qui rend
plainte, doit déclarer qu'elle se
rend partie civile. Effet de cette
déclaration, id. p. id.

PLANTATION. Ce qui est planté
est acquis par droit d'accession au
propriétaire de la terre : sous quelles
conditions, t. XIV, p. 408.

POISSONS. Quand est meuble
ou immeuble, t. XVIII, p. 141.

Poissons. Dans quel cas sont-ils
meubles ou immeubles, t. XI, p.
44.

POLICE d'assurance, t. IX, p.
321. — Sa forme, et ce qu'elle doit
contenir, id. p. 322-330.

POLLICITATION. Valable dans
le droit romain, t. XXIII, p. 47.
— Rejetée par l'ordonnance de 1731,
id. p. id.

POLYANDRIE, t. X, p. 82.

POLYGAMIE. Est-elle contraire
au droit naturel; a été permise aux
patriarches, au peuple juif, t. X,
p. 79-82. — Défendue depuis la pro-
mulgation de l'évangile, id. p. 83.

PORTEUR. Billets et obligations
payables au porteur, t. V, p. 377.

PORTRAITS DE FAMILLE. Ne
doivent pas être inventoriés, t. XII,
p. 193.

POSSESSEUR. Peut-il intenter
l'action en bornage; peut-il y défendre, t. VII, p. 323-324.

POSSESSION. Ce que c'est, t.
XVIII, p. 500. — Possession civile,
id. p. id. — Naturelle, id. p. 501.
Possession de mauvaise foi, et quand
est-elle présumée telle, id. p. 501.
— Possession violente, id. p. 503.
Clandestine, id. p. 506. — Précaire,
id. p. 507. — De ceux qui sont en
possession au nom, et pour un autre,
id. p. 502. — Si on peut se changer
la cause et les qualités de sa possession, id. p. 507. — Quelles choses
sont susceptibles de possession, id.
p. 510. — Comment s'acquiert la
possession, id. p. 511. — Quelles

personnes peuvent acquérir la possession id. p. 514. — Par le ministère de qui, id. p. 515. — Comment la perd-on volontairement, et
quelles personnes la peuvent ainsi
perdre, id. p. 519. — Comment la
perd-on involontairement, id. p. 521.
— Droits et actions que donne la
possession, id. p. 525. — (Voy. COM-
PLAINTE, RÉINTÉGRANDE.) —
Droits particuliers aux possesseurs
de bonne foi, id. p. 532. (Voyez
PRESCRIPTION.)

Possession. Dans plusieurs coutumes, le temps du retrait ne court
que du jour que l'hacheteur est
entré en possession réelle et actuelle, t. IV, p. 159. — Ce que
l'on entend par possession réelle et
actuelle, id. p. 159-160. — Faut-
il qu'il s'en fasse donner acte, id.
p. 161.

Possession de trente ans, t. XV,
p. 224-225. — Possession centenaire
ou immémoriale, id. p. 323. —
Équivaut à un titre, id. p. id. —
En quels cas a lieu, id. p. 323-325.
— Doit être juste, id. p. 326. —
Et le titre de cette possession ne
doit être vicieux, id. p. 326-328.
— Des choses qu'on ne peut acquérir par cette possession, id. p.
328-331. — Si elle a lieu contre
le roi, id. p. 331-335.

Possession de bonne foi. Ce que
c'est, t. XV, p. 125-131.

Possession paisible et non interrompue, t. id. p. 133-137. — Dans
l'interruption naturelle, id. p. 133.
— De l'interruption civile, id. p.
138-146.

Possession vicieuse. Différens vices
de possessions, t. id. p. 14. — Premier vice : la mauvaise foi, id. p. id.
— Second vice : la violence, id. p.
14-15. — Troisième vice : la clan-
destinité, id. p. 17-18.

Possession civile. Ce que c'est,
t. id. p. 6-8.

Possession naturelle, id. p. 9. —
Ses différentes espèces, id. p. 7-11.

Possession en matière bénéficiale.
De la complainte en matière béné-
ficiale, t. id. p. 82-83. (Voy. COM-
PLAINTE EN MATIÈRE BÉNÉFI-
CIALE.)

Possession triennale de bénéfice, t. *id.* p. 89.

Possession en général. Ce que c'est, t. *id.* p. 2. — Ses effets, *id.* p. 3. — Si deux personnes peuvent posséder pour le total une même chose, *id.* p. 3-6. — Différentes espèces de possessions, *id.* p. 6-13. — Si l'on peut changer le titre de sa possession, *id.* p. 19-23. — Quelles choses sont susceptibles de la possession ou quasi-possession, *id.* p. 24-25. — Comment la possession s'acquiert, *id.* p. 26. — De la volonté de posséder, *id.* p. *id.* — De la préhension, *id.* p. 27-29. — Quelles personnes peuvent acquérir la possession, *id.* p. 29-31. — Par qui on peut l'acquérir, *id.* p. 31-33. — Comment se conserve, *id.* p. 33-40. — Différence entre l'acquisition et la conservation de la possession, *id.* p. 34-35. — Comment se perd la possession, *id.* p. 41. — Possession se perd par la tradition, *id.* p. 42-45. — Et aussi par l'abandon pur et simple, *id.* p. 45-47. — Comment on perd la possession malgré soi, *id.* p. 47. — Comment on perd malgré soi la possession des immeubles, *id.* p. 47-49. — Comment on perd malgré soi la possession des choses mobilières, *id.* p. 50-52. — Des droits qui naissent de la possession et des actions possessoires, *id.* p. 52-53. — De la complainte en cas de saisine et de nouvelleté. (*Voyez* COMPLAINTE.) — De la réintégrande, *id.* p. 67. (*Voyez* RÉINTÉGRANDE.) — Des qualités que doit avoir la possession pour opérer la prescription. (*Voy.* PRESCRIPTION.) — Des qualités requises dans la possession pour acquérir par la prescription l'affranchissement des rentes, hypothèques, etc., etc., *id.* p. 216-222. — Du temps de la possession nécessaire pour acquérir cet affranchissement, *id.* p. 222-223. — De l'union de la possession du possesseur, avec celle de ses auteurs, *id.* p. 223.

POSSESSOIRE. Différence sur le possessoire pour un droit dont l'existence n'est pas contestée, ou pour un droit dont l'existence est contes- tée par l'une des parties à l'autre, t. XV, p. 54.

Possessoire. Deux actions : la complainte et la réintégrande, t. *id.* p. *id.* (*Voyez* COMPLAINTE, RÉINTÉGRANDE.) — On ne peut point cumuler le pétitoire avec le possessoire, *id.* p. 60. — Le jugement rendu au possessoire doit être exécuté avant que d'être admis au pétitoire, *id.* p. *id.*

POSTCRIPTUM, ou écritures qui sont en bas, en marge, ou au dos d'un acte signé, quoiqu'elles ne soient pas signées, font foi suffisante pour obliger celui qui les a écrites, lorsqu'elles expriment une relation à l'acte, t. II, p. 256-257. (*Voy.* POUVOIR.)

POUTRES. Où, et comment le voisin peut-il placer ses poutres et solives dans le mur commun, t. VII, p. 300.

POUVOIR. Cesse par mort ou le changement d'état de celui qui le donne, et par révocation, t. II, p. 14. (*Voy.* PAIEMENT, PROCUREUR.)

PRATIQUE de procureur ou de notaire, entre dans la communauté lors même que le titre de l'office n'y entre pas, t. XI, p. 86.

PRÉCAIRE, t. VIII, p. 71. — Deux espèces, ce que c'est, *id.* p. *id.* — Son rapport avec le prêt à usage, et les différences, *id.* p. 71-74. — De quelle faute est tenu celui à qui on a prêté une chose à titre de précaire, *id.* p. 71. — Comment doit-il jouir, *id.* p. 74-75.

PRÉCIPUT. Clause du préciput, t. XVII, p. 45.

Préciput légal. Ce que c'est, t. XI, p. 392-393. — Par quelle loi doit-on décider s'il y a lieu au préciput légal, *id.* p. 394-396. — Suffit-il que les conjoints soient nobles au temps de l'ouverture, quoiqu'ils ne le fussent pas encore lorsqu'ils se sont mariés, *id.* p. 396. — Il faut qu'il y eût communauté subsistante lors du prédécès, *id.* p. 397. — Enfans excluent ce préciput, *id.* p. 398-400. — Il faut que les parties n'aient pas, par leur contrat de mariage, renoncé à ce

préciput, *id.* p. 401-402. — Quelles choses entrent dans le préciput légal; n'y a-t-il que les meubles corporels, *id.* p. 402-409. — Charges du préciput; le survivant est-il tenu même des dettes propres du prédécédé, *id.* p. 409-412. — Il ne confond pas néanmoins les reprises qui lui sont dues, *id.* p. 412-413. — Le survivant qui a accepté le préciput, peut-il se décharger des charges en l'abandonnant, *id.* p. 414-415.

Préciput conventionnel. Des choses qui le composent, t. XI, p. 416-418. — Est convention plutôt que donation, *id.* p. 419. — La mort civile donne-t-elle ouverture au préciput, *id.* p. 420-421. — Il n'y a pas de préciput lorsque les deux conjoints sont morts en même temps, sans qu'on puisse savoir lequel est mort le premier, *id.* p. 422-423. Préciput n'a lieu qu'en cas d'acceptation de communauté, s'il n'y a convention contraire, *id.* p. 424-425.

Préciput légal des nobles. Disposition de la coutume de Paris qui l'accorde, t. XX, p. 159. — C'est la mort du prédécédé qui y donne ouverture, *id.* p. 160. — Il faut que les conjoints se soient trouvés en ce temps soumis à l'empire de cette coutume, *id.* p. *id.* — Il n'a lieu qu'entre nobles, *id.* p. 161. — Si un aubain peut prétendre ce préciput, *id.* p. 162. — Il faut qu'il y ait eu communauté de biens, et qu'elle n'ait pas été dissoute, *id.* p. *id.* — Il faut que le prédécédé n'ait point laissé d'enfans, *id.* p. 163. — *Quid,* si le survivant en a d'un autre mariage, *id.* p. 164-165. — Ce préciput comprend tous les meubles corporels, l'argent comptant y compris, *id.* p. 166. — La coutume de Paris dit les meubles étant hors de la ville et faubourgs de Paris, *id.* p. 166-167. — Les créances sont-elles comprises, soit dans la coutume de Paris, soit dans les autres, *id.* p. 168. — Les dispositions testamentaires du prédécédé n'y peuvent donner atteinte, *id.* p. 168-169. — Dispositions des différentes coutumes sur les charges du préciput légal des conjoints nobles, *id.* p.

169. — Les unes disent les dettes mobilières, d'autres les dettes simplement, d'autres les legs piteux, *id.* p. 169-170. — D'autres, comme celles du Berry, ne s'expliquent point sur les charges, *id.* p. 171. — Charges du préciput légal, suivant la coutume de Paris, *id.* p. *id.* — Si le survivant est tenu, non-seulement des dettes de la communauté, mais des autres dettes mobilières du prédécédé, *id.* p. 171-172. — Différens avis de Lebrun, de Duplessis, et de Lemaître, *id.* p. *id.* — Les reprises du survivant et celles des héritiers du prédécédé peuvent entamer le préciput, à défaut d'autres biens de la communauté, *id.* p. 173. — La coutume de Paris charge le préciput légal des frais funéraires, *id.* p. 174. — Le survivant est tenu des charges du préciput, *ultrà modum emolumenti*, *id.* p. 174-175.

PRÉFÉRENCE entre plusieurs lignages en différens degrés; quelques coutumes préfèrent pour le retrait le plus proche, t. IV, p. 124-125. — Comment se considère cette proximité, *id.* p. 125. — D'autres préfèrent celui qui a prévenu, *id.* p. *id.* — Exception en faveur des enfans, frères ou sœurs du vendeur, *id.* p. 127. — Le second demandeur peut-il opposer au premier les défauts de forme que l'acheteur ne lui oppose pas, *id.* p. 126-127. — A-t-on égard pour la prévention à l'heure ou seulement au jour, *id.* p. 128-129. — Entre lignagers du même degré, y a-t-il lieu à la préférence ou à la concurrence, *id.* p. 129.

Préférence des seigneurs d'hôtel et de métairie sur les fruits et les meubles. Son étendue, t. VI, p. 177-179. — A-t-elle lieu pour les avances, *id.* p. 180. — Restriction du privilége à l'égard de la taille, *id.* p. 180-181. — Certaines créances qui vont avant le seigneur d'hôtel ou de métairie, *id.* p. 181.

PRENEUR A LA GROSSE, *ou emprunteur.* Quelle obligation contracte-t-il, sous quelle condition et quand la condition est-elle censée

exister, t. IX, p. 420. — A quoi est-il obligé en cas de rupture de voyage, *id.* p. 411-422. — A quoi est-il obligé lorsqu'une partie des effets sur lesquels l'emprunt a été fait, a été sauvée, *id.* p. 428-435. (*Voy.* AVARIES.)

PRÉPOSE à un commerce ou à une direction de finance, oblige ses commettans jusqu'à ce qu'il soit révoqué, et que sa révocation soit connue dans le public, t. I, p. 464. (*Voy.* COMMETTANS.) → Sa commission dure, même après la mort de ses commettans, *id.* p. 465. Préposé, lorsqu'il contracte en son nom, s'oblige et ses commettans, mais lorsqu'il contracte au nom de ses commettans, et en sa qualité de facteur, il n'oblige que ses commettans, *id.* p. 464.

Préposé engage son commettant dans les contrats qu'il fait pour faire valoir le navire, soit avec les affréteurs, soit avec les matelots, t. VI, p. 386-476.

PRESCRIPTION à l'effet d'acquérir. Ce que c'est, t. XVII, p. 249. — Temps de la prescription pour acquérir les meubles, *id.* p. 250. — Pour acquérir les immeubles contre les particuliers, *id.* p. 250-251. — Contre l'église et les corps, *id.* p. 250. — *Quid,* lorsque l'église est aux droits d'un particulier, *aut vice versâ, id.* p. 251. — Des choses qui sont susceptibles ou non de prescription, *id.* p. 251-252. — Le seigneur ne prescrit contre le vassal, *et vice versâ,* t. XVI, p. 380-381. — De quand commence à courir la prescription, t. XVII, p. 253. — Contre une femme sous puissance de mari, *id.* p. *id.* — Distinction, *id.* p. 254. — Les imbécilles, *id.* p. *id.* — *Quid,* si la charge est commune à des mineurs et des majeurs, *id.* p. 254-255. — Court-elle contre une succession vacante, *id.* p. 253. — Quelle possession opère la prescription, *id.* p. 255. — Du titre vicieux qui l'empêche, *id.* p. 256. — De la mauvaise foi qui survient à son accomplissement, *id.* p. 257. — De l'interruption de la possession, *id.* p. 258. — De l'union de ma possession avec celle de mon héritier, *id.* p. 260. — Avec celle d'un successeur à titre singulier, *id.* p. 261. — De la prescription à l'effet de libérer ; temps ordinaire de cette prescription, *id.* p. 262. — Fondement de cette prescription, *id.* p. *id.* — Ce qui est de faculté est-il sujet à cette prescription, *id.* p. 263. — Droits seigneuriaux, *id.* p. 264. — Droits du domaine de la couronne, *id.* p. 265. — De quand court cette prescription, *id.* p. *id.* — De quand court-elle contre les actions qu'a l'héritier bénéficiaire contre la succession, *id.* p. 266. — Contre celle qu'a la femme contre son mari, ou qui peuvent réfléchir contre lui, *id.* p. *id.* — Court-elle contre les mineurs, *id.* p. 266-267. Court-elle pendant le délai du l'héritier pour délibérer, *id.* p. 267. — Pendant que la succession est vacante, *id.* p. *id.* — Avant l'ouverture de la substitution, *id.* p. 267-268. — Des actes recognitifs de la dette qui interrompent cette prescription, *id.* p. 268-269. — De l'interpellation judiciaire, *id.* p. 270. — L'interruption contre l'un des débiteurs interrompt-elle contre les autres, *id.* p. 271. — Comment se couvre cette prescription après qu'elle a été acquise, *id.* p. 272. — De la prescription de quarante ans, à l'effet de libérer contre l'Eglise, *id.* p. 273. — Contre l'action personnelle hypothécaire, *id.* p. 274. — Des prescriptions courtes, *id.* p. 275. — De la prescription de cinq ans, pour les arrérages des rentes constituées, *id.* p. 276.

Prescription. Ce que c'est, t. II, p. 187. — Prescription n'éteint pas par elle-même la dette, tant qu'elle n'est pas couverte ; mais la fait présumer acquittée, *id.* p. 189. — Prescription trentenaire, sur quelles raisons est fondée, *id.* p. 190-191. — Deux espèces de prescriptions trentenaires, *id.* p. 216-217. — La prescription ne commence à courir que du jour que le créancier a pu intenter efficacement sa demande, *id.* p. 191-192. — Lorsqu'une dette est payable en plusieurs termes, la

prescription commence à courir contre chaque partie de la dette, du jour du terme auquel elle étoit payable, *id.* p. 192. — La prescription ne court pas contre les créances qu'a un héritier bénéficiaire contre la succession, *id.* p. 193. — Elle ne court pas pendant le mariage contre celles qu'une femme a contre son mari ; mais elle court contre celles qu'elle a contre des tiers, à moins qu'elles ne dussent réfléchir contre le mari, *id.* p. *id.* — Elle ne court pas contre les mineurs, quoique pourvus de tuteurs, *id.* p. *id.* — Lorsqu'entre les héritiers du créancier, les uns sont mineurs, les autres sont majeurs, la prescription qui ne court pas pour les parts des mineurs, ne laisse pas de courir pour celles des majeurs, lorsque la créance est divisible ; ce n'est que dans les choses indivisibles que le mineur relève le majeur, *id.* p. 194. — La prescription court-elle contre les interdits pourvus de curateurs, *id.* p. 194-195. — Elle court contre les absens, quoique le procureur qu'ils ont laissé soit mort, *id.* p. 195-196. — Elle court contre une succession vacante, *id.* p. 196. — Court-elle contre un héritier pendant les délais pour se libérer, *id.* p. *id.* — Elle court contre les fermiers du roi, *id.* p. 196-197. — Elle n'a pas lieu contre l'église qui n'est sujette qu'à celle de quarante ans ; mais elle a lieu contre les bénéficiers pour les revenus de leurs bénéfices, *id.* p. 197. — Comment se compte la prescription lorsque l'église a succédé à un particulier contre qui elle avoit commencé de courir, *aut vice versâ*, *id.* p. 198-199. — Effets de la prescription trentenaire, *id.* p. 199. — Elle rend le créancier non-recevable à donner la demande, ni même à déférer le serment, *id.* p. *id.* — La prescription, soit commencée, soit accomplie, contre le créancier, a effet contre les héritiers, *id.* p. 199-200. — Contre le substitué, *id.* p. 200-201. — Quand peut-on user de la prescription dans le for de la conscience, *id.* p. 201-202. — La prescription, qui n'est

pas accomplie, s'interrompt par la reconnoissance de la dette faite par le débiteur, *id.* p. 202 et suiv. (*V.* RECONNOISSANCE.) — Elle s'interrompt par l'interpellation judiciaire, *id.* p. 204-205. (*Voy.* INTERPELLATION.) La reconnoissance de l'un des débiteurs solidaires, ou l'interpellation qui lui est faite, interrompent contre les débiteurs solidaires, *id.* p. 206. — Les héritiers des débiteurs, quoique tenus pour le total, comme bien-tenans, ne sont pas débiteurs solidaires, et la reconnoissance de l'un d'eux, ni l'interpellation judiciaire qui lui en est faite, n'interrompt pas contre les autres, si ce n'est pour obligation indivisible, *id.* p. 206-207. — La reconnoissance du débiteur, ou l'interpellation, interrompent-elles contre les cautions, *id.* p. 209 et suiv. — La prescription accomplie se couvre par la reconnoissance du débiteur ; mais il faut que ce soit le débiteur lui-même, ayant la disposition de ses biens, ou un procureur spécial, qui reconnoisse. Les tuteurs et autres administrateurs ne peuvent couvrir la prescription, *id.* p. 213-214. — La reconnoissance du débiteur couvre la prescription vis-à-vis de lui, non vis-à-vis des tiers auxquels la prescription a acquis un droit, *id.* p. 214. — Le paiement même de partie de la dette couvre la prescription vis-à-vis du débiteur, *id.* p. 215. — Un jugement de condamnation, lorsqu'il a passé en force de chose jugée, la couvre, *id.* p. *id.*

Prescription de quarante ans pour les dettes hypothécaires. Origine et raisons de cette prescription, t. II, p. 216 et suiv. — Elle n'a lieu que pour les dettes dont l'hypothèque résulte d'actes devant notaires ; celles dont l'hypothèque n'est que légale, ou résulte de sentence, sont sujettes à la prescription ordinaire de trente ans, de même que les actions personnelles réelles, *id.* p. 219. — Prescription de six mois contre les marchands, artisans, en quel cas a-t-elle lieu, *id.* p. 220 et suiv.

Prescription d'un an contre les marchands et autres dettes, t. II, p. 221-222. — Ces prescriptions n'ont pas lieu lorsqu'il y a obligation, promesse, ou arrêté de compte signé du débiteur, *id.* p. 212-223. — Ou interruption par une demande en justice, *id.* p. 223. — Ni pour les ventes faites par les bourgeois, des denrées du crû de leurs terres, *id.* p. 224. — Ces prescriptions courent du jour de chaque fourniture, *id.* p. 224-225. — Ces prescriptions courent contre les mineurs, *id.* 226-227. — Ces prescriptions ne sont fondées que sur la présomption de paiement. On peut déférer le serment à la partie qui l'oppose, *id.* p. 227-228. — Lorsque la dette n'excède pas cent livres, le demandeur peut, nonobstant la prescription, être admis à prouver qu'on a promis payer depuis la demande, *id.* p. 229. — Autres espèces de prescriptions, *id.* p. *id.*

Prescription. La prescription résultante du laps de temps accordé par la loi pour le retrait, n'a pas l'effet d'une simple fin de non-recevoir, mais elle éteint entièrement le droit de retrait, t. IV, p. 175-176. — De là il suit que le délai fait sur une demande donnée depuis la prescription accomplie, est une nouvelle vente et non un retrait, *id.* p. 176-177. — Corollaires de ce principe, *id.* p. 177. — L'acquéreur seroit-il obligé à la garantie envers les lignagers, *id.* p. 178. — Les tiers peuvent opposer que la demande n'a été donnée qu'après la prescription accomplie, et en quel cas, *id.* p. 178-179. — Demande donnée contre un des acquéreurs ou des héritiers de l'acquéreur, n'interrompt la prescription que pour sa part, *id.* p. 174. — Lorsqu'ils ont aliéné, demande donnée contre l'un d'eux interrompt pour le total contre le tiers, *id.* p. 174-175. — Demande donnée contre un concierge ou locataire, de même qu'une protestation, interrompt contre les acquéreurs absens, non contre les présens, *id.* p. 173.

Prescription de trente ans. Lorsque le temps de la prescription annale n'a pas couru, l'acheteur peut exclure l'action de retrait par la prescription de trente ans, t. IV, p. 321. — Court-elle contre les lignagers mineurs, *id.* p. 323. — Le fonds du droit conventionnel s'éteint par cette prescription; le seigneurial au contraire n'est point prescriptible pour le fonds, *id.* p. 404-405.

Prescription de dix ou vingt ans. Peut-il y avoir lieu à la prescription de dix ou vingt ans dans le retrait lignager, t. IV, p. 321-322. — Dans le retrait seigneurial, *id.* p. 405-406. — Dans le conventionnel, *id.* p. 405.

Prescription de cinq ans pour les arrérages de rentes constituées. Par qui établie, et sur qui fondée, t. V, p. 111 et suiv. — Ne décharge le débiteur dans le for de la conscience, *id.* p. 112. — Si ce n'est en certains cas, *id.* p. 112-113. — A-t-elle lieu à l'égard des rentes constituées pour prix d'héritages, *id.* p. 115-116. — A lieu contre les mineurs, l'église, *id.* p. 117. — *Quid,* si le mineur étoit destitué de tuteur ou en avoit un insolvable, *id.* p. 117-118. — Comment s'interrompt cette prescription, *id.* p. 118-119. — Comment se couvre-t-elle, *id.* p. 120. — Peut-on déroger à cette prescription, *id.* p. 120-121. — A-t-elle lieu à l'égard des rentes viagères, *id.* p. 196-197.

Prescription de trente ans, ne court contre un créancier de rente viagère qui n'a pu justifier de la vie d'un absent sur la tête de qui elle étoit créée, lequel a depuis reparu, t. V, p. 200-201.

Prescription de l'action pour le paiement du fret, t. VI, p. 418.

Prescription des loyers des matelots, t. VI, p. 525.

Prescription de la faculté de rachat. (*Voy.* RACHAT.) — Différence sur la prescription entre les obligations qui consistent dans quelque fait de celui qui l'a contractée, que le créancier a droit d'exiger, et de celles qui consistent dans le fait de celui envers qui l'obligation a été contractée, que celui qui l'a con-

tractée s'est obligé de souffrir, t. VII, p. 48-49.

Prescription qui résulte de la possession de l'acquéreur qui a possédé l'héritage comme franc; sur quoi fondée, t. VII, p. 137-138. — Cinq choses requises, *id.* p. 138. — Quel temps faut-il, *id.* p. 139. — Lorsque le temps a couru pour partie entre présens, et pour partie entre absens, *id.* p. 139-140. — Il faut que la possession ait été continuée, *id.* p. 140. — Quand est-elle censée interrompue, *id.* p. 141. — De la part du preneur, *id.* p. 33-34. — On peut, pour prescrire, joindre à sa possession celle de son auteur, *id.* p. 141. — La possession doit être de bonne foi, *id.* p. 141-142.—Il faut un titre, sauf pour celle de trente ans, *id.* p. 142. — Cette prescription ne court contre le créancier qui n'a pu agir, *id.* p. 142-143. — Contre la femme sous puissance de mari, si l'action eût réfléchi contre. Ne court contre les mineurs, *id.* p. 143. — N'a lieu que par quarante ans, contre l'église, *id.* 143-144. — *Quid*, lorsque l'église a succédé à la rente à un particulier, contre qui le temps de la prescription avoit commencé. Seconde espèce de prescription qui résulte du non usage du créancier, *id.* p. 145. — Par qui peut-elle être opposée, *id.* p. *id.* — Quand est-elle prorogée à quarante ans, *id.* p. 145-146.

Prescription. Ne peut être opposée contre la restitution de la chose donnée en nantissement, t. IX, p. 238.

Prescription. L'emprunteur et le dépositaire, et leurs héritiers, ne sont recevables à opposer la prescription d'aucun laps de temps, t. VIII, p. 33, 311-312. — Quatre espèces de prescriptions contre la demande des procureurs en paiement de salaires, t. IX, p. 124-126.

Prescriptions. Prescription de cinq ans contre la dette d'une lettre de change, ou d'un billet de change, t. V, p. 358. — De quand court-elle, *id.* p. 360. — À l'égard des lettres de vue, *id.* p. 358. — Cette prescription a-t-elle lieu contre l'ac-

tion que l'accepteur qui a acquitté la lettre a contre le tireur pour s'en faire remettre les fonds, *id.* p. 358-359. — A-t-elle lieu contre l'action que le tireur qui a payé la lettre protestée a pour répéter ses fonds, *id.* p. 359. — Exploit de demande qui a été déclaré périmé, peut-il être regardé comme une dernière poursuite d'où doive courir la prescription, *id.* p. 360. — Cette prescription court-elle pendant le temps du répit, *id.* p. 360-361. — A-t-elle lieu lorsque le créancier a obtenu sentence de condamnation, *id.* p. 361. — Exclut-elle le serment décisoire, *id.* p. 361-362. — Autre espèce de prescription pour les lettres payables aux paiemens de Lyon, *id.* p. 362. — Prescription de trois ans en faveur des cautions de lettres de change, *id.* p. 362-363. — Toutes ces prescriptions courent contre les mineurs et les absens, *id.* p. 363.

Prescription. La prescription contre le douaire ne peut commencer à courir qu'à la mort du père, t. XII, p. 304. — N'est besoin d'attendre la mort de la mère, quand même les actions des enfans réfléchiroient contre elle, *id.* p. 305.

Prescription. Si le mari a vendu un propre de la femme comme lui appartenant, le temps de la prescription court-il contre la femme pendant le mariage, t. X, p. 508.

Prescription en général, t. XV, p. 105. — Ce que c'est, *id.* p. 105-106. — Du temps de la prescription, *id.* p. 181-188. — De l'union de la possession du successeur avec celle de son auteur, *id.* p. 189. — Des héritiers et autres successeurs universels, *id.* p. 189-193. — Des successeurs à titre singulier, *id.* p. 193-198. — Effets de la prescription de dix ou vingt ans, *id.* p. 198-204. — Contre quelles personnes le temps de la prescription peut courir, *id.* p. 122-124. — Qualités que doit avoir la possession pour opérer la prescription, *id.* p. 124. — La possession doit être une possession civile et de bonne foi, *id.* p. 125-132. — Elle doit être publique, paisible et non interrompue, *id.* p. 132-133. —

L'interruption est naturelle et civile, *id.* p. 133-146. — Du juste titre pour acquérir la prescription, *id.* p. 146-147. — Au profit de qui et contre qui peut courir la prescription dont il est parlé en l'article 114 de la coutume de Paris, *id.* p. 213-216. — Des qualités requises en la possession pour acquérir par l'affranchissement des rentes, hypothèques et autres droits dont l'héritage est chargé, *id.* p. 216-222. — Du temps de la possession, requis pour acquérir cet affranchissement, *id.* p. 222-223. — De l'union de la possession du possesseur avec celle de ses auteurs, pour faire cette acquisition, *id.* p. 223. — Quelle loi règle les prescriptions par lesquelles on acquiert le domaine de propriété des choses, *id.* p. 299-303. — Et celles par lesquelles on acquiert l'affranchissement de leurs charges, *id.* p. 303-306.

Prescription pour acquérir les choses mobilières, t. XIII, p. 252-259.

Prescription de sept ans, t. XIII, p. 306-309.

Prescription de dix ou vingt ans, pour acquérir des choses qui sont susceptibles ou non de cette prescription, t. XV, p. 103-116. — Quelles personnes peuvent acquérir par cette prescription, *id.* p. 116-122. — Effets de cette prescription, *id.* p. 198-204. — Quelles charges sont sujettes à cette prescription, *id.* p. 204-213.

Prescription de trente ans, t. XV, p. 214-215. — Des choses susceptibles de cette prescription, *id.* p. 226-229. — Temps de cette prescription et de l'union que le possesseur peut faire du temps de la possession de ses auteurs avec la sienne, *id.* 229. — Qualités que doit avoir la possession pour cette prescription, *id.* p. 231-232. — À qui est-ce à prouver la possession de trente ans, *id.* p. 233-234. — Comment elle se prouve, *id.* p. 234-235. — De l'effet de cette prescription, *id.* p. 235-243.

Prescription de quarante ans, qui a lieu dans quelques coutumes, t. XV, p. 244-251.

Prescription centenaire, t. XV, p. 323. (*Voy.* POSSESSION CENTENAIRE OU IMMÉMORIALE.)

Prescription des droits seigneuriaux, t. *id.* p. 239-243.

Prescription d'un seigneur contre un autre seigneur, t. *id.* p. 312-320.

Prescription des gens de mainmorte pour faire vider leurs mains, t. *id.* p. 320-322. — Prise de bénéfice, *id.* p. 85-87.

Prescription des crimes, a lieu par le laps de vingt ans, t. XXV, p. 379. — Si la sentence par contumace a été exécutée par effigie, il faut trente ans, *id.* p. 380. — Crime du duel n'est sujet à aucune prescription, *id.* p. *id.* — Effet de la prescription, *id.* p. 380-381. — La prescription ne fait pas cesser la mort civile ou l'infamie encourue par la sentence, *id.* p. 381. — La prescription a-t-elle lieu à l'égard de la réparation civile, *id.* p. *id.*

PRÉSENS. Sont ceux qui demeurent en même bailliage, t. VII, p. 139.

PRÉSENS. Petit présent que l'un des conjoints faits à l'autre, sont-ils défendus, t. XIV, p. 31. — Présens d'exécution testamentaire, *id.* p. 39-40.

Présens de mariage, sont toujours présumés faits sous la condition *si nuptiæ sequentar*, t. X, p. 38. (*Voy.* ARRHES.)

PRÉSENTATION du demandeur. En quoi elle consiste, t. XXIV, p. 19. — Dans quel délai elle doit se faire, *id.* p. *id.* — Il n'y en a point dans les justices des seigneurs, *id.* p. 19-20.

Présentation du défendeur, t. *id.* p. 21.

PRÉSOMPTION. Ce que c'est, t. II, p. 321. — Différence de la présomption et de la preuve, *id.* p. 323. — Trois espèces de présomptions, *id.* p. 323-324. — 1.° Présomptions faites et de jure, *id.* p. 324. — Ce qu'elles ont de plus que la preuve et la confession, *id.* p. 324-325. — Ses principales espèces, *id.* p. 325. (*Voy.* CHOSE JUGÉE, SERMENT.) — 2.° Les présomptions qu'on appelle simplement *præsump*

tiones juris, qui forment une preuve suffisante, tant qu'elles ne sont pas détruites par une preuve contraire, *id.* p. *id.* — Plusieurs exemples de ces présomptions, *id.* p. 325-326. — Des présomptions qui ne sont pas établies par une loi, *id.* p. 329. — 3.º Présomptions simples, *id.* p. 331. — Le concours de plusieurs de ces présomptions forme quelquefois une preuve, *id.* p. *id.*

PRESSES D'IMPRIMERIE, sont-elles partie de la maison, t. XI, p. 51.

PRESSOIRS, sont-ils immeubles ou meubles, t. XVIII, p. 140.

Pressoirs. Quand sont-ils censés faire partie d'une maison, t. XI, p. 50.

PRÊT A INTÉRÊT est condamné par la loi de Dieu et par les lois du royaume. (*Voy.* USURE.) — Grotius reconnoît que la loi de Moïse, qui défend l'intérêt du prêt, est un précepte moral qui oblige les chrétiens dans les états où la loi civile le permet, t. VIII, p. 164. — Quelques auteurs distinguent le prêt à intérêt fait à des pauvres pour un usage de consomption, et celui qui est fait pour un usage d'emploi et d'accroissement, et ils enseignent qu'il n'y a que celui de la première espèce qui soit défendu. Raison pour soutenir cette distinction, *id.* p. 149-156. — Réfutation de cette distinction, *id.* p. 156-163. — La défense du prêt à intérêt reçoit-elle exception à l'égard des deniers pupillaires, *id.* p. 167-168. (*Voy.* USURE.)

Prêt à usage. Contrat de prêt à usage. Sa définition, t. VIII, p. 2. — A quelles classes de contrats appartient-il, *id.* p. 5-6. — Son rapport avec la donation, et ses différences, *id.* p. 7. — Avec le prêt de consomption, *id.* p. 8. — Avec le louage, *id.* p. 8-9. — Avec le précaire, *id.* p. 9. — Entre quelles personnes peut-il intervenir, *id.* p. 9-10. — Quelles choses sont susceptibles de ce contrat, *id.* p. 11-12. (*Voy.* GRATUITE.)

Prêt, qui est fait d'une chose à quelqu'un pour l'avoir, l'examiner ou l'essayer, t. *id.* p. 74-75. — De quelle faute est tenu celui qui a reçu la chose, *id.* p. 76-77. (*Voy.* ACTION *commodati directa*, ACTION *commodati contraria.*)

Prêt de consomption ou *mutuum.* Sa définition, t. *id.* p. 81-83. — Il faut 1.º qu'il y ait une certaine quantité de choses qui en soit la matière, *id.* p. 83. — Quelles choses peuvent être la matière de ce contrat, *id.* p. 104-105. — Il faut 2.º qu'elles soient prêtées pour être consommées, *id.* p. 83. — Il faut, 3.º qu'il intervienne une tradition réelle de ces choses, à moins qu'elles ne fussent déjà par devers l'emprunteur, *id.* p. 84-85. — Il faut 4.º que la propriété en soit transférée à l'emprunteur, *id.* p. 85-86. — La consomption faite de bonne foi par l'emprunteur, équipolle à la translation de propriété, et rétablit le contrat, *id.* p. 86. — *Quid*, s'il n'étoit pas de bonne foi, *id.* p. 86-87. — Il faut 5.º que l'emprunteur s'oblige à rendre autant, *id.* p. 94-95 — Enfin le consentement des parties doit intervenir sur la translation de propriété auquel supplée en ce cas la consomption faite de bonne foi, *id.* p. 96-97. — Et sur l'obligation de rendre, *id.* p. 98-99. — A quelle classe de contrat doit-on rapporter le *mutuum*, *id.* p. 101-102. — Entre quelles personnes peut-il intervenir, *id.* p. 103. — La propriété des choses prêtées est transférée à l'emprunteur dans le contrat *mutuum*, *id.* p. 89 et suiv. — Opinion singulière de Saumaise sur le contrat de *mutuum*, *id.* p. 89-94.

Prêts que l'un des conjoints fait à l'autre, sont-ils regardés comme avantages prohibés, t. XIV, p. 32.

PRÊTEUR, dans le contrat *mutuum*, est celui au nom duquel le prêt a été fait, soit que les deniers prêtés lui appartinssent ou non, t. VIII, p. 110. — *Quid*, si celui au nom duquel vous avez prêté vos deniers, refuse de ratifier, *id.* p. 112. — Le prêteur ne contracte aucune obligation dans le contrat *mutuum*; est néanmoins tenu de son dol, *id.* p. 129-130.

Prêteur dans le prêt à usage. Doit laisser la chose à l'emprunteur pendant le temps pour lequel il l'a prêtée, ou qui est nécessaire pour s'en servir, t. *id.* p. 17-18, 22-49. — Il n'est pas tenu de défendre l'emprunteur du trouble apporté par des tiers à sa jouissance, lorsqu'il a fait le prêt de bonne foi, *id.* p. 64-65. — Le prêteur doit avertir l'emprunteur des défauts de la chose prêtée qu'il a intérêt de connoître, *id.* p. 69. — Le prêteur doit rembourser l'emprunteur des frais extraordinaires qu'il a faits pour la conservation de la chose prêtée; *secùs*, des ordinaires, *id.* p. 66. — Le prêteur qui a reçu de l'emprunteur le prix de la chose que l'emprunteur avoit perdue, doit, s'il la recouvre, la lui rendre, ou le prix, *id.* p. 70.

Prêteur à la grosse, ou *donneur à la grosse.* De quels risques est-il tenu, t. IX, p. 409-410.

PREUVE. Deux espèces: la littérale et la testimoniale, t. II, p. 233.

Preuve littérale. (*Voy.* ACTES.)

Preuve testimoniale. Quand est-elle admise ou rejetée. Principes généraux, t. II, p. 277. — Comment se fait-elle, *id.* p. 300-301. — Il faut au moins deux témoins pour former une preuve testimoniale, *id.* p. 301. — Lorsqu'une partie prétend différentes créances ou oppose différens paiemens, chaque créance ou chaque paiement doit être attesté par deux témoins, *id.* p. 301-302. — La même créance peut être attestée par des témoins qui déposent chacun de différens faits justificatifs de cette même créance, *id.* p. 302-303. — La preuve testimoniale qui résulte de mon enquête, peut être détruite par celle qui résulte de l'enquête contraire, *id.* p. 304-305. — Pour qu'une preuve testimoniale soit valable, il faut qu'elle ne pèche pas dans la forme, qu'elle ne contienne rien qui fasse suspecter sa sincérité, *id.* p. 304. — Quand admet-on la preuve testimoniale, Preuve testimoniale est exclue pour des choses qui excèdent cent livres, toutes les fois que celui qui de-

mande à y être admis a pu s'en procurer une littérale, 278-279. — S'il y a un commencement de preuve par écrit, *id.* p. 277. — Les dépôts volontaires ne sont pas exceptés de cette règle, *id.* p. 279-280. — Ni le prêt à usage, *id.* p. 280. — Ni les marchés faits en foire, *id.* p. 280-281. — Les marchés de marchand à marchand en sont exceptés, *id.* p. 281. — Lorsqu'un demandeur a conclu à une somme excédant cent livres pour des dommages et intérêts, il n'est pas admis à la preuve testimoniale, quand même depuis il offriroit de se restreindre, *id.* p. 281-282. — Quoique la demande n'excède pas cent livres, si c'est pour le restant ou pour la part d'une dette qui excédoit cette somme, la preuve testimoniale n'est pas admise, *id.* p. 282. — Le demandeur de plusieurs dettes, qui toutes ensemble excèdent cent livres, quoique chacune d'elles soit au-dessous de cette somme, n'est admis à la preuve testimoniale, *id.* p. 283-284. — Celui qui a été partie dans un acte, n'est pas admis à la preuve testimoniale contre, ni même outre le contenu de l'acte, *id.* p. 284-285. — Ni par conséquent à celle de ce qui est contenu dans des renvois non paraphés des parties, quoiqu'écrits de la main du notaire, *id.* p. 285-286. — La preuve, outre le contenu de l'acte, ne peut pas même se faire par le notaire qui l'a reçu, ni par les témoins qui y ont assisté, *id.* p. 286. — Peut-on prouver par témoins le jour et le lieu auxquels l'acte a été passé, lorsqu'ils ne sont pas exprimés par l'acte, *id.* p. 287. — Peut-on prouver par témoins le paiement d'une somme moindre de cent livres, due par un acte, *id.* p. 286-287. — La défense d'admettre la preuve testimoniale contre les actes, n'a pas lieu lorsque la partie allègue des faits de violence ou de dol, *id.* p. 287-288. — Elle n'a pas lieu contre les tiers, *id.* p. 288. — Preuve testimoniale est admise à quelque somme que la dette puisse monter, lorsque le créancier n'a pu s'en procurer une littérale; telles que sont celles

qui naissent des délits, *quasi-délits*, *quasi-contrats*, id. p. 296. — Des dépôts nécessaires, id. p. 297. — De ceux faits par les voyageurs dans les hôtelleries, etc., id. p. 298. — Elle est aussi admise lorsque l'acte qui formoit la preuve littérale de la dette, est péri ou a été perdu par quelque accident de force majeure, avoué ou prouvé, id. p. 299.—La défense d'admettre la preuve testimoniale pour choses qui excèdent cent livres, et celle d'admettre contre et outre le contenu d'un acte, n'ont pas lieu, lorsqu'il y a un commencement de preuve par écrit, id. p. 277. — *Commencement de preuve par écrit.* Différens exemples de commencemens de preuve par écrit, id. p. 289 et suiv. — Preuve de la dette par un acte dans lequel la somme a été omise, est un commencement de preuve par écrit, qui doit faire admettre à la preuve testimoniale, id. p. 292. — Faute de pouvoir la faire, on suit, en ce cas, la règle *semper in obscuris*, id. p. id. — L'écrit d'un tiers ne fait pas un commencement de preuve par écrit, id. p. 294-295. *Preuve par témoins.* En quel cas elle peut être ordonnée. Première règle, t. XXIV, p. 95-96. — Seconde règle, id. p. 96. — Troisième règle, lorsque l'objet de la demande excède cent livres, la preuve testimoniale n'est pas permise, id. p. 97. — Exception à l'égard des dépôts nécessaires, id. p. 98. — Et des dépôts faits, par les voyageurs, dans les hôtelleries, id. p. 98-99. — Quatrième règle, id. p. 99-100. — Cinquième règle. L'ordonnance défend la preuve par témoins contre et outre le contenu en un acte, encore que l'objet n'excède pas cent livres, id. p. 100. — Peut-on être reçu à faire la preuve d'un paiement moindre de cent livres, quand il y a acte par écrit de la dette, id. p. 101. — Exception lorsqu'il y a commencement de preuve par écrit, id. p. 102. — Autre exception dans les matières consulaires, id. p. 103. — Et dans les marchés faits en foires, id. p. 103-104. — Ou pour les faits de violence, id. p.

104. — Sixième règle, id. p. id. — Septième et huitième règles, id. p. 105 et suiv.
PRÉVENTION. Droit de prévention du juge royal, t. XXV, p. 224. — Deux espèces de prévention; l'une appelée parfaite, et l'autre imparfaite, id. p. id. — Dans quel cas le juge royal a le droit de prévention parfaite sur les juges des seigneurs, id. p. id. — Les baillis ont droit de prévention imparfaite sur les prévôts royaux et les juges subalternes, id. p. 224-225. — Le juge du lieu du domicile de l'accusé a aussi un droit de prévention imparfaite, id. p. 225.
PRIME. Ce que c'est, t. IX, p. 309-310. — Doit-elle être augmentée en cas de déclaration de guerre ou d'hostilités, id. p. 310-316. — Le retour d'une paix imprévue doit-elle la diminuer, id. p. 316. — La réduction de la somme assurée fait réduire à proportion la prime, id. p. 366. — En cas d'inexécution du contrat en tout ou pour partie des choses assurées, la prime n'est pas due ou souffre réduction, id. p. 377-382. — La prime est due en entier lorsque les assureurs ont commencé à courir les risques, id. p. 382-383. — Exceptions à ce principe, id. p. 383-387. — Quand est-elle payable, id. p. 387.
Prime de prime. (Prime liée.) Ce que c'est, t. IX, p. 384. — (Double prime.) Peine de la double prime; contre qui a-t-elle lieu, et en quels cas, id. p. 384-385.
PRINCES DU SANG. Le consentement du Roi est nécessaire pour la validité de leur mariage, t. X, p. 311-312.
PRISE. Est aux risques de l'assureur, t. IX, p. 283.
Prise. Vaisseaux ennemis et les marchandises qui s'y trouvent, quelles que soient les personnes à qui elles appartiennent, sont de bonne prise, t. XIV, p. 357. — Vaisseau françois qui a été pris par les ennemis, quand il y a été plus de vingt-quatre heures, est de bonne prise lorsqu'il est repris, id. p. 358. — *Secùs*, lorsqu'il est repris dans

les vingt-quatre heures, ou lorsqu'il est revenu de lui-même, quoique long-temps après, *id.* p. 359-362. — Ceux repris sur un pirate doivent toujours être rendus, *id.* p. 363. — Vaisseaux françois ou neutres, chargés de marchandises qui appartiennent à l'ennemi, sont-ils de bonne prise, *id.* p. 365. — Marchandises que l'on porte à l'ennemi sur des vaisseaux neutres, ne sont pas de bonne prise, si elles ne sont de contrebande, *id.* p. 366-368. — Vaisseaux de pirates et leur chargement sont de bonne prise, *id.* p. 369. — Vaisseaux combattant sous pavillon étranger, *id.* p. 369-370. (*V.* PAVILLON.) — Vaisseaux qui ont commission de différens états, *id.* p. 370-371.—Vaisseaux où on ne trouve ni charte-partie, ni connoissement, *id.* p. 371. — Vaisseaux qui refusent d'amener, *id.* p. 372-373. — Devoir du capitaine à l'égard du vaisseau qu'il a pris, *id.* p. 374-378. (*Voy.* CAPITAINE.) — Ce qui doit être observé lorsque la prise est arrivée dans nos ports, et comment se distribue le prix de la vente qu'on en doit faire, *id.* p. 378-379. (*Voyez* CORSAIRES, PIRATES, COURSES.)

PRISE A PARTIE. Ce que c'est, t. XXIV, p. 261. — Ce qui y donne lieu, *id.* p. 261-262. — Où elle se porte, *id.* p. 262. — On peut prendre à partie non-seulement les juges, mais les procureurs fiscaux, *id.* p. 263.

PRISÉE qui se fait lors du contrat de cheptel, t. VII, p. 347. — Iniquité dans la prisée oblige dans le for de la conscience, *id.* p. 347-348.

Prisée au temps de l'exig. (*Voy.* PARTAGE.)

Prisées qui se font dans le cheptel de fer, t. *id.* p. 411-412.

Prisée. En cas de don mutuel, l'héritier du prédécédé qui se plaint de la prisée de l'inventaire, en peut demander une nouvelle à ses frais, t. XIV, p. 179-180.

PRISONNIERS DE GUERRE, t. *id.* p. 391-392.

PRIVÉS. A quelle distance doi-

vent-ils être des puits, t. VII, p. 303-304. — Communauté des privés, *id.* p. 319-321.

PRIVILÉGE. Privilège des secrétaires du roi et autres officiers pour l'exemption des profits dans les mouvances du roi, t. XVI, p. 194.

Privilège des secrétaires du roi pour l'exemption des droits de consignation, t. XVIII, p. 467.

Privilèges ou créances privilégiées dans la distribution du prix des meubles, t. *id.* p. 390.

Privilège du nanti de gage, t. *id.* p. 409. — Du vendeur, *id.* p. 414.

Privilèges ou créances privilégiées dans l'ordre du prix des immeubles, t. *id.* p. 467.

Privilège des affretteurs sur le navire, t. VI, p. 390.

Privilège du maître et des propriétaires sur les marchandises pour le fret, t. *id.* p. 416 et suiv.

Privilège des matelots, t. *id.* p. 524.

Privilège. Dépositaire n'a privilège pour ses avances, qu'autant que la chose est par devers lui, t. VIII, p. 315.

Privilège du créancier sur la chose donnée en nantissement, t. IX, p. 220-221.

Privilège des assureurs pour la prime, t. *id.* p. 387-388.

Privilège des donneurs à la grosse, t. *id.* p. 437.

Privilège du tireur sur la lettre dont on ne lui a pas payé la valeur, t. V, p. 256. — Du donneur de valeur sur les marchandises qu'il a données pour valeur, *id.* p. 257.

Privilège de certaines personnes qui sont exemptes de profits pour les acquisitions qu'elles font dans la mouvance du roi, t. XIX, p. 351-352. — Quelles personnes jouissent de ce privilège, *id.* p. 351-352. — Dans l'étendue de quelle seigneurie ce privilège a lieu, *id.* p. 352. — S'étend-il à l'apanage de monseigneur le duc d'Orléans, t. p. *id.* — S'étend-il aux domaines engagés, *id.* p. 353. — A-t-il lieu dans les domaines des évêchés pendant la régale, *id.* p. *id.* — Le privilège a lieu tant en vendant qu'en achetant,

id. p. 354.—*Quid*, si le vendeur, qui est privilégié, se charge du profit dans les coutumes où le profit est dû par l'acheteur, *aut vice versâ*, *id.* p. *id.*—*Quid*, si un lignager privilégié exerce le retrait, le seigneur qui a reçu le profit d'un acheteur privilégié doit-il le rendre, *id.* p. 356.

Priviléges. Sur le prix des immeubles, t. XXIV, p. 328.—Ordre de ces priviléges, *id.* p. *id.*—Priviléges qui n'ont lieu que sur certains effets, *id.* p. 329-330.—Priviléges des seigneurs d'hôtel et de rente foncière, *id.* p. 330.—Leur privilége ne dure que tant que les meubles sont dans la maison ou métairie, *id.* p. 331.—Quelques priviléges particuliers, qui passent avant les seigneurs de métairie, *id.* p. 332.—Priviléges particuliers, qui ne vont qu'après celui du seigneur d'hôtel, *id.* p. 333.—Privilége du vendeur sur la chose vendue, *id.* p. 334.—Priviléges des domestiques à Paris, *id.* p. 335.—Intérêts et frais dus aux créanciers privilégiés, se paient par privilège, *id.* p. *id.*

Privilége. Créancier privilégié peut demander que l'héritage saisi lui soit adjugé pour le prix qu'il sera estimé, t. XXV, p. 13.—Pareillement, un créancier plus ancien en hypothèque, *id.* p. 14.—Cette demande doit être formée avant le congé d'adjuger, *id.* p. *id.*

Privilége des locateurs sur les fruits des biens ruraux et sur les meubles des maisons de ville. (*Voy.* HYPOTHÈQUE, PRÉFÉRENCE.)

PRIX. Il ne peut y avoir de contrat de vente sans un prix sérieux, véritable, que l'acheteur paie ou s'oblige de payer, t. III, p. 14-15. — La remise du prix ne détruit pas le contrat, lorsqu'elle n'est faite qu'*ex intervallo*, *id.* p. 15. — Un prix de nulle considération et qui n'a aucune proportion de valeur avec la chose vendue, n'est pas un prix véritable, *id.* p. 15-16. — Un prix, quoiqu'inférieur à la valeur de la chose vendue, est un prix véritable, et la vente faite à un tel prix est valable, pourvu que l'acheteur ne fût pas une personne à qui les lois défendissent de donner, *id.* p. 16-17. — Le prix doit être d'une somme déterminée ou déterminable, et qui ne soit pas laissée au pouvoir de l'une des parties, *id.* p. 18. — Vente faite au prix qui sera réglé par une certaine personne est-elle valable, si le tiers ne fait pas cette estimation, *id.* p. *id.*—*Quid*, s'il en fait une inique, *id.* p. 18-19. — Vente sera faite pour le prix qu'elle sera estimée par experts, *id.* p. 19. — Pour le prix qu'elle vaut, *id.* p. 20. — Pour le prix qu'on m'en offrira, *id.* p. 20-21.—Vente de vin au prix que vendront les voisins, *id.* p. 21.—Le prix principal doit consister dans une somme d'argent, mais peut-on convenir qu'il sera donné outre cela quelqu'autre chose, *id.* p. *id.*—Le vendeur ne peut demander le prix tant qu'il est en demeure de livrer la chose, *id.* p. 219. — Même après qu'il l'a livrée, si l'acheteur est troublé, le vendeur ne peut demander le prix sans donner caution, *id.* p. 220. — *Quid*, s'il avoit de fortes présomptions que la demande donnée contre l'acheteur n'avoit d'autre but que de retarder le paiement, *id.* p. *id.* — Mais peut demander la consignation, *id.* p. 220-221.—L'acheteur n'est pas déchargé du prix, lorsque la chose a péri avant la tradition sans la faute du vendeur, *id.* p. 237.

Prix. Restitution du prix, premier objet de l'action *ex empto*. (*V.* ACTION *ex empto*.)

Prix. Quel est le prix que le retrayant doit rendre, t. IV, p. 194. — Le retrayant peut être admis à la preuve testimoniale, que le prix exprimé par le contrat est plus fort que celui qui a été convenu, ou, à défaut de preuve, déférer le serment, *id.* p. 194-195.—Lorsque le contrat est perdu, quel prix faut-il rendre, *id.* p. 195. — En quel cas le retrayant est-il tenu, ou non, de rembourser le supplément du prix, *id.* p. 196. — *Quid*, lorsque l'acheteur, croyant avoir acheté à trop vil prix, a, par pure délicatesse, ajouté au prix

porté par le contrat, *id.* p. 197. — Le retrayant doit-il être déchargé d'une partie du prix, lorsqu'une partie de l'héritage a péri. *Quid, vice versâ*, lorsque l'héritage se trouve augmenté, *id.* p. 198-199. — L'acheteur doit être remboursé non-seulement du prix qu'il a réellement payé, mais de celui dont il s'est acquitté de quelque manière que ce soit, *putâ*, par compensation, *id.* p. 200. — Novation, confusion, *id.* p. 201. — *Quid*, de celui dont on lui a fait remise, *id.* p. 202. — Le retrayant doit apporter à l'acheteur quittance ou décharge du vendeur pour le prix qui lui est encore dû, *id.* p. 202-203. — Peut-il obliger le vendeur à le recevoir pour débiteur à la place de l'acheteur, *id.* p. 204-205. — Peut-il jouir des termes portés au contrat, *id.* p. 205. — Divergence des coutumes, *id.* p. 206. — Lorsque le vendeur, par une clause du contrat, ne peut-être obligé de recevoir avant un certain terme, le retrayant doit donner caution de payer au terme, *id.* p. 207.

Prix, de l'essence du contrat de louage, doit être sérieux, t. VI, p. 23-272. — Doit être certain, *id.* p. 26. — Défaut d'estimation de la personne à qui on s'étoit rapporté sur le prix, rend-il le contrat nul, *id.* p. 26-27. — Prix tel que l'une des parties le réglera, *id.* p. 27. — Prix, doit consister en argent; exception pour les termes, *id.* p. 28-272. — Prix, quelquefois sous-entendu, *id.* p. 28-29. — Juste prix, *id* p. 93. — Le prix d'un ouvrage au-dessous du juste prix, à quoi oblige-t-il le locateur, *id.* p. 281.

Prix du fief. Ce que c'est, t. XIX, p. 339-340. — Si le pot-de-vin fait partie du prix, *id.* p 340-341. — *Quid*, des charges imposées à l'acheteur, *id.* p. 341. — *Quid*, des loyaux coûts, *id.* p. *id.* — *Quid*, lorsque le vassal s'est joué de son fief en le donnant à cens, et que le cens n'a pas été inféodé, *id.* p. 343.

PROCÉDURE. Ce que c'est, t. XXIV, p. 1. — Procédure ordinaire depuis la demande, jusqu'au jugement, *id.* p. *id.* — Procédure pour les récusations des juges. (*Voyez* RÉCUSATION.) — Procédure des enquêtes. (*Voy.* ENQUÊTES.) Procédures sur les appointemens, en droit ou à mettre. (*Voy.* APPOINTEMENT.) — Procédures particulières aux matières sommaires. (*V.* MATIÈRES SOMMAIRES.) — Sur les actions possessoires. (*Voy.* POSSESSOIRES.) — Procédure particulière aux consulats, *id.* p. 205.

Procédure criminelle. Ce que c'est, t. XXV, p. 205. (*V.* ACCUSATION.) — Procédure qui précède le décret, *id.* p. 237. — Elle commence ordinairement la plainte, *id.* p. *id.* (*V.* PLAINTE, DÉNONCIATION.) — Procédure particulière aux prévôts des maréchaux, *id.* p. 365. — Où l'accusé doit être conduit à l'instant de la capture, *id.* p. 365-366. — Interrogatoire fait par le prévôt, *id.* p. 366. — Doit déclarer à l'accusé sa qualité au commencement de l'interrogatoire, *id.* p. *id.* — S'il peut élargir l'accusé, *id.* p. 366-367. — Doit faire juger sa compétence, *id.* p. 367. (*Voy.* COMPÉTENCE.) — Doit rendre les réglemens à l'extraordinaire avec le présidial, *id.* p. 368-369. — Comment il juge avec le présidial, *id.* p. 370. — *Quid*, si l'accusé est appliqué à la question, ou s'il y a quelques autres instructions, *id.* p. *id.* — Procédure des lieutenans-criminels des présidiaux, *id.* p. 371. — Procédure particulière au crime de duel et de faux, *id.* p. 378. — Procès-verbal du juge, pour constater le corps du délit, *id.* p. 241. — Ce qu'il doit contenir, *id.* p. 242. — Doit être remis au greffe dans les vingt-quatre heures, *id.* p. 243.

PROCURATION, ne forme le contrat de mandat que par l'acceptation qui en est faite; cette acceptation peut se faire facilement, t. IX, p. 28.

Procuration générale, (Mandat.) Peut avoir plus ou moins d'étendue, selon les circonstances, t. IX, p. 132-142. — Et quels actes comprend-elle, *id.* p. 133-151. — Comprend-elle le pouvoir de donner, *id.* p. 148-149. — Un procureur a-

t-il pouvoir de substituer lorsque la procuration ne s'en explique pas, *id.* p. 89-90. — La mort du procureur qui a substitué, éteint-elle le pouvoir du substitué, *id.* p. 95-96.

PROCUREUR. Quand est-il censé ou non excéder sa procuration, t. I, p. 77. — Procureur révoqué, oblige, lorsque la révocation n'est pas connue, *id.* p. 78-79. — Si mon procureur a contracté en mon nom depuis ma mort, avant qu'elle soit connue, il oblige ma succession, *id.* p. 79.

Procureur, ad lites. Prescription contre leurs salaires, t. II, p. 230. — Doivent avoir un journal, *id.* p. 231. — Prescription en leur faveur, pour la demande en restitution de pièces, *id.* p. 231-232. — Procureur *ad lites* n'est pas censé avoir pouvoir pour recevoir, *id.* p. 16.

Procureur, t. IX, p. 128.

Procureur ad lites est un titre d'office, t. IX, p. 111. — Obligation du procureur *ad lites* envers son client, *id.* p. 115-116. — Le procureur ne peut retenir jusqu'au paiement de ses salaires que sa procédure, et non les titres qui lui ont été remis par sa partie, *id.* p. 118. — Il ne peut même retenir les actes de jugemens qu'il a levés à ses frais, que pour le remboursement des dettes, frais, et non pour ses salaires. (*Voyez* DISTRACTION, HYPOTHÈQUE.)

Procureur. (Prescription.) doit avoir un registre, t. IX, p. 126. — Quelle espèce de contrat est-ce, lorsqu'un client remet à son procureur des titres pour la défense de sa cause, t. VIII, p. 263-264. (*Voyez* DÉSAVEU, RÉVOCATION.)

Procureur omnium bonórum ; distinction que font les docteurs entre un procureur *omnium bonorum simpliciter*, et un procureur *omnium bonorum cum libera*, t. IX, p. 128 et suiv. — Quand. (*V.* PROCURATION GÉNÉRALE)

Procureur. Mariage se contracte-t-il par procureur, t. X, p. 349-350.

Procureur. Incapables de recevoir des donations de leurs clients, t. XXIII, p. 32. — Professeurs des facultés supérieures des colléges pu-

blics ne sont compris dans la prohibition, *id.* p. 31.

Procureur. Le défenseur doit en constituer un, excepté dans quelques juridictions, t. XXIV, p. 29. — Comment cette constitution se signifie, *id.* p. 21.

PROFESSION RELIGIEUSE, fait perdre l'état civil, lorsqu'elle a été valablement faite, t. XXIII, p. 279. (*Voy.* RELIGIEUSE.)

Profession religieuse. Dans les premiers siècles de l'Eglise n'étoit pas empêchement dirimant de mariage, mais seulement prohibitif, t. X, p. 89-93. — Quand est-il devenu dirimant, *id.* p. 93-95. — Choses requises pour que la profession religieuse soit solemnelle et valable, et forme un empêchement dirimant, *id.* p. 96-98. — Justinien, par sa Novelle, permettoit à l'un des conjoints de quitter l'autre sans son consentement, pour embrasser la profession religieuse, *id.* p. 441. — Opinion des pères de l'Eglise à ce sujet, *id.* p. 441-442. — Pour que l'un des conjoints soit admis à faire profession religieuse, non-seulement il faut que l'autre y consente, mais encore qu'il en fasse autant de son côté, *id.* p. 442-445. — En un cas, le mari n'a pas besoin du consentement de la femme, lorsqu'il l'a fait déclarer convaincue d'adultère, *id.* p. 446. — Suivant les Décrétales et le concile de Trente, la profession religieuse de l'un des conjoints, même sans le consentement de l'autre, rompt le lien du mariage ; *ratum et non consummatum*, *id.* p. 447. — Il paroît que les papes avoient puisé cette distinction du mariage, *ratum et non consummatum*, dans le décret de Gratien; discussion du passage qu'on allègue en sa faveur, *id.* p. 449. — Décret du concile de Trente, qui autorise à cet égard le droit des décrétales; malignité de Fra-Paolo, dans ce qu'il dit de ce décret, *id.* p. 454-457. — Ce décret souffrit contradiction, *id.* p. 456. — L'effet que le droit des décrétales donne à la profession religieuse, de rompre le mariage non consommé, ne s'étend

pas à la promotion aux ordres sacrés, *id.* p. 457.

PROFITS *de fiefs.* (*V.* QUINT, RACHAT.) — De censive (*Voyez* VENTES , RELEVOISONS.) — Des voies qu'a le seigneur pour se faire payer des profits , t. XVI, p. 353-354. — Privilège du seigneur pour les profits, t. XVIII, p. 468. — Des remises sur les profits, t. XVI, p. 232. — Privilége pour l'exemption de profit. (*Voy.* PRIVILÉGE.) — Fins de non recevoir contre les profits , *id.* p. 234. — Se purgent par le décret, t. XVIII, p. 496.

Profits censuels. Nature desdits profits, t. XX, p. 24. — Ils s'appellent profits de vente, *id.* p. 24-25. — Profits de lods et ventes dans la coutume d'Orléans, *id.* p. 25. — En quel cas il y a lieu au profit de vente , *id.* p. 26. — Différence entre le profit de quint qui a lieu dans les fiefs, et le profit de vente qui a lieu dans les censives, *id.* p. 26-27. — Le bail à rente non rachetable donne lieu au profit dans la coutume d'Orléans, *id.* p. 27. — *Quid*, du bail à rente ou à vie dans la coutume d'Orléans, *id.* p. 28-29. — *Quid*, de l'échange , *id.* p. 29.

Profits de fiefs, t. XIX, p. 257. — Du profit de vente ou de quint , *id.* p. 258. — Ce qui donne ouverture au profit de quint, c'est la vente du fief, *id.* p. 258-259. — *Premier Principe.* C'est la vente qui donne ouverture au profit de quint, *id.* p. 260. — Lorsqu'il n'y a eu qu'une vente putative, il n'est pas dû profit, *id.* p. *id.* — Ni lorsqu'une vente a été rescindée par lettres de rescision , *id.* p. 261. — Lorsque plusieurs mutations procèdent d'une même vente, il n'y a lieu qu'à un profit, *id.* p. 262. — La révocation du contrat *pro tempore futuro* n'empêche pas que le profit ne soit dû pour le contrat, mais ne donne pas ouverture à un nouveau profit, *id.* p. 264. — Application au réméré, *id.* p. 265. — Différence du droit de refus et du droit de réméré, *id.* p. 268-269. — Application à l'art. 112 de la coutume d'Orléans, *id.* p. 269. — *Quid*, si l'acheteur n'avoit pas

payé réellement le prix, mais qu'il eût constitué rente, *id.* p. 270. — Quels contrats sont censés contrats de vente à l'effet de produire le profit. (*Voy.* RENTE.) — II° *Principe.* C'est la vente du fief et non d'autre chose qui produit le profit de quint, *id.* p. 301. — Exemples, *id.* p. 301-302. — III° *Principe.* C'est la vente consommée par la translation de propriété, qui donne ouverture au profit de quint, *id.* p. 310. — En quoi consiste le profit dû pour la vente des fiefs, *id.* p. 339-340. — Le profit est dû ordinairement par l'acheteur, *id.* p. 340. — Le quint, qui a lieu dans nos coutumes, est la cinquième partie du prix. (*Voy.* PRIX.) — Des actions qu'a le seigneur pour se faire payer du profit, *id.* p. 344. — L'acheteur peut-il abandonner le fief au seigneur pour être libéré du profit, *id.* p. *id.* — Le seigneur a un privilège sur les fruits et sur le fond, *id.* p. 345-346. — Des fins de non-recevoir contre les profits, *id.* p. 346. — Quelle prescription contre l'Eglise ou communauté, *id.* p. 346-347. — A-t-elle lieu contre le roi, *id.* p. 347. — De la remise que les seigneurs ont coutume de faire. (*Voy.* REMISE.)

Profits seigneuriaux. (*Voy.* LODS et VENTES.)

Profit. Engagement au profit, t. VI, p. 474.

Profit maritime, est de l'essence du contrat à la grosse, t. IX, p. 412. — En quoi consiste-t-il, *id.* p. 413. — La survenance de la guerre doit-elle l'augmenter, *id.* p. 414. — Est-il dû en cas de rupture du voyage, *id.* p. 421-422. — Il est dû en entier lorsque le donneur a commencé à courir les risques, *id.* p. 424. — N'est dû d'intérêts du profit maritime , *id.* p. 435-436.

PROMESSE DE VENDRE , t. III, p. 364. — Ce qu'on doit prendre pour promesse de vendre, *id.* p. *id.* — Différence de la promesse de vendre et de la vente, *id.* p. 365. — Celui qui a promis de vendre peut-il être contraint *manu militari* , *id.* p. 366-367. — Celui qui a promis , quand est-il déchargé de son

obligation, *id*. p. 368. — La promesse de vendre se fait avec limitation de temps ou sans limitation, *id*. p. *id*. — Lorsque la promesse de vendre est faite sans expression de prix est-elle valable, et eu égard à quel temps le prix doit-il être réglé, *id*, p. 368-369. — Lorsque le prix est exprimé par la promesse, la vente doit être faite à ce prix, quelque variation qui soit survenue depuis dans les prix des choses de cette espèce, *id*. p. 369. — Celui à qui la promesse a été faite, ne peut prétendre aucune diminution sur le prix, pour les détériorations et diminutions survenues par cas fortuit dans la chose, *id*. p. 370. — Celui qui a fait la promesse peut-il tenir les accrues et augmentations, *id*. p. 370-371. — De quelles impenses doit-on faire raison à celui qui a fait la promesse, *id*. p. 371. — *Quid*, des frais de culture et de semence, *id*. p. 372.

Promesse d'acheter. Comment se contracte-t-elle, t. III, p. 373. — Du cas où la promesse se fait avec limitation de temps ou sans limitation, *id*. p. 373-374. — Quand en est-on déchargé, *id*. p. 374. — Promesse d'acheter avec ou sans expression de prix, *id*. p. *id*. — Lorsque l'héritage est détérioré par cas fortuit, celui qui a promis d'acheter est-il tenu de l'acheter pour le prix porté par la promesse, ou même de l'acheter en tout, *id*. p. 374-375. — Distinguer si celui qui a promis d'acheter est en demeure ou non, *id*. p. 375. — Celui qui a promis d'acheter, pour un certain prix, peut-il être obligé d'acheter pour un prix plus cher à cause des impenses faites pour grosses réparations nécessaires, survenues depuis la promesse, *id*. p. 375. — *Quid*, des impenses faites pour les fruits qui se trouvoient pendans lors de la vente, *id*. p. 376.

Promesse de bailler à loyer ou à ferme, t. VI, p. 264-266.

PROMETTRE. Explication de la règle de *se quemque promittere oportet*, t. I, p. 54 et suiv. — Nous pouvons promettre pour nos héritiers en tant que nos héritiers, et pour la part pour laquelle ils le seront; et nous sommes ordinairement censés l'avoir fait, quoique cela ne soit pas exprimé, *id*. p. 266. — Ce n'est pas promettre pour un autre, que de prêter son ministère aux autres pour contracter, comme font les tuteurs, curateurs, procureurs, *id*. p. 75 et suiv.

PROMOTUUM. Ce que c'est, t. VIII, p. 217. — Ses rapports avec le contrat *mutuum*. En quoi il diffère, *id*. p. 217, 218-219. — Par qui et envers qui l'obligation qui naît du *promotuum*, est-elle contractée, et quel en est l'objet, *id*. p. 220-221. — Dans le droit romain, le *promotuum* donnoit lieu à deux actions, *id*. p. 221.

PROPRES. Ce que c'est, t. XVI, p. 33. — Quelles choses sont susceptibles de la qualité de propre, *id*. p. 36. — Quelles successions sont des propres, *id*. p. 38. — Dons, legs qui nous sont faits par nos ascendans, et les accommodemens de famille, tiennent, à cet égard, lieu de succession, *id*. p. *id*. — *Secùs*, de ce qui nous est donné par nos autres parens, quoique nous en soyons les héritiers présomptifs, *id*. p. 44. — *Quid*, de ce qui nous vient à titre de substitution, *id*. p. 44-45. — De la remise que le Roi fait de la confiscation, *id*. p. 45-46. — Des héritages qu'un père a acquis au nom de son fils, *id*. p. 42-43. — Il suffit, pour qu'un héritage soit propre, que j'aie eu de la succession de mon parent le droit qui a été la cause prochaine par laquelle j'en suis devenu propriétaire, *id*. p. 47. — *Secùs*, s'il n'en a été que la cause éloignée, *id*. p. *id*. — Je possède, à titre de succession et comme propre, l'héritage que j'ai trouvé dans la succession de mon parent, quoiqu'il le possédât sans aucun droit, jusqu'à ce que j'en sois évincé, ou que je l'aie acquis par un nouveau titre d'acquisition, *id*. p. 51. — Transaction passe-t-elle pour un nouveau titre, *id*. p. 52. — Ratification, *id*. p. 52-53. — Héritage échu par partage, licitation ou autre acte

équipollent à partage de succession, m'est propre pour le total, et non pas seulement pour la part dont je suis héritier, *id.* p. 53-54.--Héritage dont je redeviens propriétaire, plutôt par la cassation de l'aliénation que j'en avois faite, que par un nouveau titre d'acquisition, reprend la qualité de propre qu'il avoit avant l'aliénation, *id.* p. 46. — Ce qui est uni à un propre, est propre, lorsque c'est une union naturelle, *id.* p. 55. -- *Secùs*, de l'union civile et de simple destination, *id.* p. *id.* — Ce qui reste d'un propre, est propre; il en est de même des droits retenus dans un héritage propre, ou par rapport à cet héritage, *id.* p. 56. -- Différentes espèces de propres réels, naissans, avitins, *id.* p. 55.

Propres de ligne, propres sans ligne, t. XVI, p. 35.--De la légitime coutumière, ou réserve de quatre-quints des propres, que la coutume fait à l'héritier, t. XVII, p. 417.--Si lorsque les propres ont été legués en nature, l'héritier qui en veut retenir les quatre-quints doit abandonner tous les biens disponibles, *id.* p. 418-419. -- Si le légataire d'un propre, qui souffre retranchement, peut demander récompense aux héritiers des autres biens, *id.* p. 423. -- De l'abandon que fait l'héritier qui se tient aux quatre-quints, *id.* p. *id.*--Si, dans le cas de cet abandon, les legs de corps certains doivent souffrir retranchement comme ceux de quantité, *id.* p. 425 et suiv. — De la succession de propres, t. XVIII, p. 18.

Propres fictifs parfaits, ou de subrogation, t. XVI, p. 56.

Propres fictifs imparfaits, dans la succession des mineurs, t. XVI, p. 59.

Propres fictifs conventionnels, t. XVI, p. 60. — Quatre différens degrés d'étendue de ces propres, *id.* p. 61-62. — Par quels actes peuvent se faire les propres conventionnels, *id.* p. 62-63. — Les conventions de propres ne sont susceptibles d'aucune extension, *id.* p. 63. — N'ont d'effet qu'entre les deux familles contractantes, *id.* p. 65. — Quand s'éteignent ces propres, *id.* p. 67.

Propres de communauté. Héritage donné par contrat de mariage, t. XVII, p. 7-8. — Par un ascendant durant le mariage, *id.* p. 142. — Donné avec la clause qu'il sera propre, *id.* p. 142-143. — Héritage dont l'acquisition, quoiqu'accomplie durant le mariage, a une cause antérieure, *id.* p. 8-9. --- Héritage dans lequel le conjoint rentre plutôt qu'il ne l'acquiert, *id.* p. 10-11. — Héritage acquis des deniers stipulés propres par l'un des conjoints, quand est-il propre, *id.* p. 11-12. —

Propres. Dans la plupart des coutumes, il n'y a que la vente des propres qui donne lieu au retrait, t. IV, p. 32. — Signification du mot propre en matière de retrait, *id.* p. 33. — Héritage qui a fait souche dans la famille, conserve, en matière de retrait, sa qualité de propre, quoiqu'avenu à un de la famille à un titre, qui, dans les autres matières, fait des acquêts, *id.* p. 33-34. — Vente d'un acquêt du défunt sur son héritier bénéficiaire, est la vente d'un propre qui donne lieu au retrait; *secùs*, s'il est vendu sur un curateur à la succession vacante, *id.* p. 37. — Acquêt donné par moi à mes enfans, leur est propre; *secùs*, de l'acquêt donné à mes collatéraux, *id.* p. 37-38. -- Héritages compris dans une substitution faite par un ascendant, sont propres dans la personne du substitué, quelle que soit la personne grevée de substitution, *id.* p. 38. — *Secùs*, si les substitués ne sont que des collatéraux, *id.* p. *id.* — Héritage dont je deviens propriétaire en vertu d'un droit héréditaire auquel j'ai succédé, est propre, *id.* p. 39. --Ce qui est uni à un propre, lorsque c'est une union naturelle, *secùs*, si c'est une union civile ou de simple destination, *id.* p. *id.* — Ce qui reste d'un propre est propre, aussi bien que les droits retenus dans un propre ou par rapport à un propre, *id.* p. 40. — Ce qui est subrogé à un propre, est-il propre, *id.* p. 41. — L'héritage propre que j'ai aliéné

hors de la famille, reprend-il sa qualité de propre lorsque j'en redeviens propriétaire, *id.* p. 42-43. — Quelle qualité a l'héritage retiré dans la succession des héritiers du retrayant, *id.* p. 316.

Propre de communauté. Héritage retiré pendant la communauté par l'un des conjoints, lui est propre, à la charge de rembourser la communauté dans l'an et jour, à compter de la dissolution, t. IV, p. 302-303. — Le conjoint peut se décharger de ce remboursement, en laissant l'héritage à la communauté, *secùs*, s'il l'avoit retiré avant le mariage, *id.* p. 304-305. — Héritage retiré par retrait féodal ou conventionnel, est conquêt, *id.* p. 403-404.

Propre de communauté. Le rachat d'une rente propre peut-il être fait valablement, sans que la femme y intervienne, t. V, p. 148-149. — La femme séparée de biens peut-elle recevoir le rachat de sa rente propre, sans l'autorisation de son mari, *id.* p. 149.

Propres. Deux espèces de biens propres de la femme : 1.º ceux qu'elle a mis hors de communauté, par une clause de réalisation ; 2.º les biens-immeubles possédés avant son mariage, t. XI, p. 285.

Propre. Le titre de douaire fait des propres, t. XII, p. 276. — Propre héritage des enfans, quel est le sens de ces termes dans l'article 255 de la coutume de Paris, *id.* p. 287.

Propres de communauté. Qu'est-ce qu'un propre de communauté, t. XI, p. 97. — Qu'est-ce qu'un propre de succession, *id.* p. 99-100. (*Voy.* PROPRE DE SUCCESSION.) — Les choses qui sont propres de succession sont propres de communauté, *non vice versâ*, *id.* p. 99-175. — Ce qui est nécessaire pour qu'un héritage soit propre de succession, *id.* p. 99-114. — Héritage donné par un parent de la ligne directe, ascendante, en avancement de succession ou pour en tenir lieu, est propre de communauté, *id.* p. 115-123. — Accommodement de famille, partage, licitation, sont

des propres de communauté, *id.* p. 123-140. — Immeubles dont le titre ou la cause de l'acquisition précède le mariage, sont propres de communauté, *id.* p. 140-141. — Quoique le titre n'ait été ouvert que depuis, *id.* p. 141-142. — Quoique le titre n'ait été confirmé et ratifié que depuis, *id.* p. 143-144. — Office que j'avois avant mon mariage, supprimé et rétabli durant le mariage, est propre de communauté, *id.* p. 147. — *Secùs*, si je n'en avois que la commission, qui a été érigée en titre d'office, *id.* p. 147. — Héritage acquis, quoique durant le mariage, en vertu d'un droit qui n'est pas cessible, est propre de communauté, *id.* p. 147-148. — Héritage donné par contrat de mariage, est propre de communauté à celui des conjoints à qui la donation a été faite, *id.* p. 149. — Lorsqu'elle est faite aux deux, l'héritage est propre de communauté, pour moitié, à chacun d'eux, *id.* p. 151. — Quoiqu'il soit dit que l'héritage soit donné aux deux, si l'un des deux étoit l'héritier présomptif du donateur, il est censé être donné à lui seul, et lui est propre de communauté, *id.* p. 151. — Quoiqu'il soit dit qu'il est donné au futur époux, il est censé donné à la future épouse seule, lorsqu'elle est héritière présomptive du donateur; *secùs*, lorsque le parent du futur a dit qu'il donnoit à la future, *id.* p. 151-152. — Héritage donné à la charge qu'il sera propre, est propre de communauté, *id.* p. 156-157. — Cela a lieu, quand même le donateur auroit souscrit au contrat de mariage, qui portoit que les donations et successions seroient communes, *id.* p. 157-158. — Quand cette clause doit-elle être interposée; distinctions entre-vifs et les testamens, *id.* p. 158. — Cette clause doit être expresse ; d'où peut-elle s'inférer, *id.* p. 159-160. — Se supplée-t-elle dans un legs de pension alimentaire, *id.* p. 160. — Cette clause n'exclut, de la communauté, que le fonds, et non la jouissance, *id.* p. 160-161.

--- Lorsque la chose donnée ou léguée à l'un des conjoints, durant le mariage, est de nature à ne pouvoir subsister qu'en sa personne, est-elle propre de communauté, id. p. 161. — Héritage dans lequel le mari rentre par la rescision, la résolution, ou la simple cessation du titre par lequel il a été aliéné, est-il propre de communauté? id. p. 163-169. — Ce qui est uni à un propre, est-il propre : différentes espèces d'union, id. p. 169-173. (V. UNION.) --- Ce qui reste d'un propre, est propre, id. p. 173-174. — Droits qu'on retient dans un propre, ou par rapport au propre qu'on aliène, id. p. 174-175. — Héritage acquis, par le mari, durant la communauté, avec déclaration que c'est du prix de son propre, est propre: jusqu'à quelle concurrence, id. p. 178-179. — La déclaration doit être faite par l'acte même; id. p. 179-180. — Cette déclaration est pareillement nécessaire, pour que l'héritage acquis des deniers de la femme soit propre à la femme, il ne suffiroit qu'elle eût acheté conjointement, id. p. 180-183. — Outre la déclaration que c'est des deniers de la femme, il faut que la femme consente à l'emploi, id. p. 180-181. — Quand ce consentement doit-il intervenir, id. p. 182-183. — Peut-elle revenir contre, id. p. 181. — Cas dans lequel le mari a été dispensé du consentement de sa femme pour ce remploi, id. p. 184.

Propre de succession. Ce que c'est, t. XI, p. 99-100. — Que faut-il pour qu'une rente constituée devienne propre de succession, id. p. 100-101. — Héritage auquel on a succédé comme à un acquêt, est propre de succession, id. p. 102. — Héritage que j'ai trouvé dans la succession de mon parent, est propre de succession, et est présumé lui avoir appartenu, id. p. id. — Héritage acquis par le défunt, par un titre qui n'a reçu sa perfection que depuis sa mort, ne laisse pas d'être propre de succession, pourvu que le titre ne fût pas absolument nul, id. p. 104-105. — Héritage dont je suis

devenu propriétaire, en vertu d'un droit ou d'un titre auquel j'ai succédé, est propre de succession, id. p. 108-112. — Pourvu que ce droit ait été la cause prochaine et immédiate qui m'a rendu propriétaire; secùs, s'il n'en a été que la cause éloignée, id. p. 111. — Remise de la confiscation, fait-elle des propres, id. p. 113-114. — La succession fait des propres en quelque ligne que ce soit, id. p. 115. — Donation ou legs fait aux enfans, fait des propres, id. p. id. et suiv. — Quand ce qui est recueilli par la substitution est-il propre, id. p. 117. — Rente donnée en mariage par un père qui s'en est constitué débiteur, est-elle propre, id. p. 118. — Héritage donné, par un père, en paiement d'une somme promise en mariage, est-il propre, id. p. 119-120. — Rappel, fait-il des propres, id. p. 122. — Accommodemens de famille font des propres, id. p. 123-124. — Les partages font des propres de succession, id. p. 125-128. (Voy. PARTAGE.) — Idem, les licitations sont des propres de succession, id. p. 129-131. (Voy. LICITATION.)— Actes qui tiennent lieu de partage, sont des propres de succession, et quels actes tiennent lieu de partage, id. p. 132-138. — Coutumes qui paroissent avoir des dispositions contraires, id. p. 138-140.

Propres ameublis entrent dans le don mutuel, t. XIV, p. 136-137.

Propres, ce que c'est en matière de communauté, t. XXII, p. 2. — En matière de succession, de retrait, de testament, etc., id. p. id. — Division des propres réels, id. p. id.

Propres naissans. (Propres anciens.) t. XXII, p. 2-3.

Propres de côté et ligne ou sans ligne, t. id. p. 3. — Il n'y a que les immeubles qui soient susceptibles de cette qualité, id. p. 3-4. — Les rentes et les officiers le sont aussi, id. p. 4. — Quel genre de succession fait des propres, id. p. id. (Voyez SUCCESSION.) — Quelles choses nous sommes censé tenir à titre de succession, id. p. 26. (Voy. SUC-

CESSION.) — Ce qui est incorporé à un propre, est propre de même nature, *id.* p. 40. — L'union de simple destination ne fait pas des propres, *id.* p. 41. — Ce qui reste d'un propre, est propre, *id.* p. 42. — Le cens ou la rente foncière par moi créée en aliénant l'héritage propre, m'est propre, *id.* p. 43. — Mais non la rente qui m'est constituée pour le prix, *id.* p. *id.* — L'action que j'ai pour rentrer dans mon héritage propre, est propre, *id.* p. 44. — Des profits fictifs, *id.* p. 49. — Des propres de subrogation. (*Voy.* SUBROGATION.) — Effets de la qualité des propres, *id.* p. 46. — En matière de succession et de disposition, *id.* p. *id.* — Effets des propres fictifs, *id.* p. 70. — Extinction de la qualité de propre par l'extinction de l'immeuble, *id.* p. 46. — Ou lorsque l'héritage sort de la famille, *id.* p. 46-47. — Quand s'éteignent les propres fictifs, *id.* p. 73.

Propres fictifs, établis par les articles 94 de Paris et 351 d'Orléans, t. XXII, p. 57. — Différence entre cette subrogation et la subrogation parfaite, *id.* p. 58. — Quelles choses sont propres par la disposition de ces articles de coutumes, *id.* p. 59. — L'héritier aux propres a-t-il le choix des meilleurs acquêts pour le remploi du rachat de la vente propre, *id.* p. 62. — *Quid*, si les deniers du rachat de la rente propre ont été employés à acquitter les dettes du mineur, *id.* p. *id.* — *Quid*, s'ils avoient servi à libérer l'héritage du mineur hypothéqué à la dette d'un tiers, *id.* p. 64. — *Quid*, s'ils avoient servi à faire des réparations d'un héritage du mineur, *id.* p. 65. — La décision de la coutume doit-elle s'étendre au prix des héritages et autres immeubles propres, *id.* p. 67. — Si le mineur a eu sa part en meubles de la succession, doivent-ils être regardés comme propres, jusqu'à concurrence de la part qu'il auroit eue dans les immeubles, *id.* p. 68. — Les deniers provenus de la vente des propres des interdits conservent-ils la qualité de propres dans la succession des interdits, *id.* p. 69-70. — Quel effet ont les propres fictifs, *id.* p. 70-71. — *Quid*, par rapport à la communauté conjugale contractée par le mineur, *id.* p. 72. — Quand s'éteignent les propres fictifs, *id.* p. 73. — L'héritage qui tient lieu de remploi le la succession du mineur forme-t-il un propre naissant ou un propre de ligne, *id.* p. 73-74. — Si l'héritier qui a succédé au mineur est lui-même mineur et décède en minorité, la fiction continue-t-elle en la succession, *id.* p. 75. — La subrogation établie par la coutume s'étend-elle à autre chose qu'à la qualité de propre, *id.* p. 76. — Lorsque le mobilier du mineur a servi à acquitter ses dettes mobilières, l'héritier au mobilier peut-il prétendre contre les autres héritiers le remploi du mobilier pour la portion dont ils auroient été tenus, *id.* p. 79-80. — Des propres conventionnels, *id.* p. 80. — Les stipulations de propres reçoivent une plus grande étendue par ces termes, *aux siens ou à ses hoirs*, ou bien à ses héritiers, *id.* p. 82. — Effet de ces termes, *à ceux de son côté et ligne*, *id.* p. 83. — Par quels actes elles peuvent se faire, *id.* p. *id.* — Ces stipulations sont de droit étroit, et ne s'étendent ni d'une personne à une autre ; ni d'un cas à un autre, ni d'une chose à une autre, *id.* p. 84-85. — Comment les propres conventionnels s'éteignent, *id.* p. 87. — Quels sont les propres dont nos coutumes réservent les quatre-quints à l'héritier, *id.* p. 183. — Sont-ce les quatre-quints de chaque propre ou du total des propres, que la coutume réserve aux héritiers, *id.* p. 184. — *Quid*, lorsque le défunt a laissé des propres situés en différentes coutumes, *id.* p. 185-186.

Propres. (Règle.) Propre héritage ne remonte. Sens de cette règle, t. XXI, p. 151. — A lieu pour les propres fictifs comme pour les propres réels, *id.* p. *id.* — Lorsqu'il ne reste personne de la famille à laquelle le propre est affecté, la règle cesse, et le père succède aux propres maternels, ou la mère

aux propres paternels, *id.* p. 153.

Propres. Succession des propres, t. *id.* p. 224. — Différentes coutumes sur la succession des propres, *id.* p. 224-225. — Quelle disposition on doit suivre dans les coutumes qui ne se sont pas expliquées sur la succession des propres, *id.* p. 225. — Doit-on s'en tenir à la simple règle *paterna paternis, materna maternis*, *id.* p. 226. — *Quid*, dans les coutumes, telles que celles de Paris et d'Orléans, *id.* p. 227. — Lorsqu'il ne reste aucun parent de la ligne d'où le propre procède, les parens de l'autre ligne peuvent-ils succéder, *id.* p. 229. — Dans les coutumes de côté et ligne, à défaut de parent du côté de celui qui a mis l'héritage dans la famille, ceux qui sont parens du côté de celui par qui l'héritage est advenu au défunt, doivent-ils être préférés à ceux de l'autre ligne, *id.* p. 230. — *Quid*, dans les coutumes souchères, *id.* p. 231.

PROROGATION. Ce que c'est que la clause de prorogation, t. XXII, p. 320. — *Quid*, lorsqu'il est dit que les legs seront payés en trois termes, d'année en année, *id.* p. 321.

PROTÊT. Ce que c'est, t. V, p. 301. — Deux espèces, *id.* p. *id.* — Sa forme, *id.* p. 301-302. — Ne peut être suppléé, *id.* p. *id.* — Le protêt doit-il être fait non-seulement à celui sur qui la lettre est tirée, mais aussi à la personne indiquée par la lettre au besoin, *id.* p. 303-304. — Quand se fait le protêt faute d'acceptation, *id.* p. 305. — Quand doit se faire le protêt faute de paiement, *id.* p. *id.* et suiv. — *Quid*, lorsque le dernier des dix jours de grâce est un jour de fête, *id.* p. 306. — Le propriétaire de la lettre à qui l'ordre n'en a été passé que depuis l'expiration du terme de grâce, ne peut le faire utilement que vis-à-vis son endosseur et non vis-à-vis du tireur et des endosseurs précédens, *id.* p. 308-309. — Dans quel temps est-il tenu de le faire vis-à-vis son endosseur, *id.* p. 309. — Dans quel temps les lettres paya-

bles aux foires de Lyon et autres foires doivent-elles être protestées, *id.* p. 309-310. — Dans quel temps le doivent-elles être, les lettres à vue, *id.* p. 310. — Défaut du protêt au jour auquel il devoit se faire est-il réparable lorsque le porteur a été empêché par force majeure de le faire, *id.* p. 311. — Le porteur est-il dispensé de faire le protêt au jour fatal, lorsque la lettre est égarée, *id.* p. 311-312. — L'est-il lorsque la veuve et les héritiers de l'accepteur allèguent qu'ils sont dans leurs délais pour délibérer; ou lorsque la succession est vacante, *id.* p. 312-313. — La faillite ouverte de celui sur qui la lettre est tirée, dispense-t-elle du protêt, *id.* p. 312-313. — Quelles poursuites doit faire, contre le tireur et les endosseurs, le porteur ou propriétaire de la lettre protestée, *id.* p. 314. — Des délais dans lesquels elles doivent être faites, *id.* p. 315-316. — De quel lieu doit-on suivre la loi pour la forme du protêt, et pour le temps dans lequel on doit le faire et le dénoncer, *id.* p. 318. — De la peine du défaut de protêt, *id.* p. 319. — En quel cas a-t-elle ou n'a-t-elle pas lieu, *id.* p. 320.

PROVISION. Ce que c'est, t. V, 266. — En quel cas est-elle due, *id.* p. 284.

Provision. Peut être demandée par la partie civile, t. XXV, p. 315. — Ce qu'on doit faire pour l'obtenir, *id.* p. *id.* — Elle peut quelquefois en demander une seconde, *id.* p. *id.* — Cas où les sentences de provision s'exécutent nonobstant l'appel, *id.* p. 316.

Provisions. Legs de provisions de ménage ou de maison, ce qu'il comprend, t. XXII, p. 331.

PROXÉNÈTE. Ce qui a été donné au proxénète ou *entremetteur de marché*, entre-t-ils en loyaux-coûts, t. IV, p. 214.

PUBERTÉ. Défaut de puberté dans l'une des parties contractantes est empêchement dirimant de mariage, t. X, p. 74. — Néanmoins, si une jeune fille mariée avant l'âge de puberté étoit devenue enceinte,

id. p. 75.—Quid, lorsque depuis l'âge de la puberté, les parties ont continué à cohabiter ensemble, id. p. 76.

PUISSANCE MARITALE sur la personne de la femme, t. XVII, p. 89. (Voy. AUTORISATION.)— Sur les biens propres de la femme, id. p. 94. — Sur les biens de la communauté, id. p. 96. (Voy. COMMUNAUTÉ.) — Puissance paternelle, t. XVI, p. 460. — Puissance des tuteurs. (Voy. TUTEUR.)

Puissance maritale, t. XXIII, p. 306.

Puissance paternelle, t. id. p. 307. — En quoi elle consiste dans nos pays coutumiers, id. p. id. — Enfant soumis à la puissance paternelle ne peut entrer dans aucun état, se faire novice ou religieux, sans le consentement de ses père et mère, id. p. 308. — Quand elle finit, quant à l'autorité de père et mère, id. p. 309. — Obligation où sont les enfans de requérir le consentement de leurs père et mère, pour se marier, id. p. 310. — Peines portées contre les enfans qui manquent à cette obligation, id. p. 311. — Enfans obligés de fournir des alimens à leur père et mère, id. p. 313. — Doivent-ils y être condamnés solidairement, id. p. 313-314.

Puissance du mari sur la personne de la femme, t. X, p. 654. — Besoin d'autorisation, id. p. 655. (V. AUTORISATION.)—Puissance du mari sur les biens de la femme par le droit romain, id. p. 710. — Par notre droit coutumier, distinction des biens de la femme en biens de communauté et en biens propres, id. p. 711. — Droits du mari sur les biens de la communauté, id. p. id. — Quel est le droit du mari sur les immeubles propres de la femme, id. p. 712. (Voyez RACHAT.)—Femme, peut perdre ses biens propres par la négligence du mari, id. p. 712-713. — La puissance du mari donne le droit de percevoir tous les fruits des propres de sa femme tant que la communauté dure, id. p. 715.

Puissance séculière. C'est sur ses lois que se régit le mariage, t. X, p. 11-20. — Elle a le droit d'établir des empêchemens dirimans de mariage; et un mariage dans lequel il s'en rencontre quelqu'un, n'est pas même un mariage de droit naturel, id. p. 17-18. — Ni un sacrement faute d'un contrat qui en soit la matière, id. p. 12.

Puissance séculière (Autorité de la) sur la discipline de l'église reconnue par les évêques de France, t. X, p. 135.

Q.

QUASI-CONTRAT. Quasi-contrat, t. I, p. 103.

Quasi-Contrat. Quasi-contrat qui résulte du paiement fait par erreur d'une chose non due. (Voy. PROMOTUUM.)

Quasi - Contrat negotiorum gestorum, qui se forme par la gestion que quelqu'un fait de l'affaire d'autrui sans mandat, t. IX, p. 152. — Pour former ce quasi-contrat, il faut, 1.º qu'il y ait une affaire qui en soit la matière, et deux personnes, dont l'une gère l'affaire de l'autre, id. p. 127-128. — Il n'importe que la personne dont je gère l'affaire soit capable de contracter, id. p. 157. — Ni que que soit une

personne naturelle ou seulement une personne civile, id. p. 157-158. — Je suis censé gérer votre affaire, soit qu'elle vous concerne principalement, soit que ce soit une affaire dont vous étiez chargé, soit que vous n'en ayez fait votre affaire que par l'approbation que vous avez donnée à la gestion, id. p. 154-155. — Il faut, 2.º que celui qui a fait l'affaire de quelqu'un l'ait fait sans son ordre, id. p. 158-159. — Il faut, 3.º qu'il l'ait fait à son insu, id. p. 160-161. — Quid, si celui dont j'ai fait l'affaire contre sa défense en avoit profité, id. p. 162-163. — Quid, lorsque l'affaire étoit commune à deux, dont l'un m'avoit défendu de la

faire, *id.* p. 164. — Il faut, 4.° que j'aie eu la volonté d'obliger celui dont j'ai fait l'affaire, *id.* p. 164-165. — J'oblige celui dont j'ai fait l'affaire, au moins jusqu'à concurrence de ce dont il profite de ma gestion, quoique je n'aie pas eu une volonté formelle de l'obliger, si j'en ai eu au moins une implicite et hypothétique, *id.* p. 166. — Comme lorsque j'ai fait votre affaire, comptant faire la mienne, soit de bonne foi, *id.* p. *id.* — Soit même *animo deprædandi*, *id.* p. 163. — Ou comptant faire l'affaire d'un tiers que cette affaire ne concernoit point, *id.* p. 172-173. — Ou comptant faire seulement l'affaire de celui qui ayant fait l'affaire de quelqu'un, l'a faite pour le gratifier, sans intention de répéter les frais, *id.* p. 176. — Quand cette volonté se présume-t-elle, *id.* p. 178.

Quasi-usufruit En quoi consiste le quasi-usufruit que le donataire a dans la portion du prédécédé dans les meubles de la communauté, t. XIV, p. 179. — On comprend dans ce quasi-usufruit, même les meubles qui ne se consommant pas entièrement par l'usage, pourroient paroître, à la rigueur, susceptibles d'un usufruit, proprement dit, *id.* p. 182. — Quasi-usufruit des dettes actives, *id.* p. 182-183. (*Voy.* RENTE VIAGÈRE.)

Quasi-possession, t. XV, p. 24-25.

Quasi-délits (*Voy.* DÉLITS.)

QUESTION PRÉPARATOIRE. Ce que c'est, t. XXV, p. 336.

Question ordinaire et extraordinaire, t. XXV, p. 336-337. — Trois choses doivent concourir pour pouvoir ordonner la question, *id.* p. 337. — Ce qui doit être observé par le juge, en faisant donner la question, *id.* p. 338-339. — Interrogatoire après la question finie, *id.* p. 339. — Effet de la question, *id.* p. *id.* — Distinction si la question a été ordonnée avec réserve de preuves, ou sans réserves de preuves, *id.* p. 340.

QUINT. (Profit de) Actes qui y donnent ou n'y donnent pas ouverture, t. XVI, p. 157. — Vente, quoi-

qu'elle n'ait transféré qu'une propriété grevée, y donne lieu, *id.* p. 163. — Quoiqu'après avoir été exécutée, elle ait été résiliée pour l'avenir, *id.* p. 174. — Vente parfaite, mais qui n'a pas été exécutée par la tradition, *id.* p. 164-165. — *Quid*, si les parties s'en sont désistées avant ou dans l'instant de la tradition réelle, *id.* p. 165. — Vente conditionnelle, *id.* p. 159. — Vente inefficace, *id.* p. 158-159. — Vente faite à celui sur qui l'héritage a été revendu à sa folle enchère, *id.* p. 168-169. — Vente nulle, *id.* p. 160. — Vente annulée *ex causâ necessariâ*, *id.* p. 171. — Vente pour cause d'utilité publique, *id.* p. 193. — Vente du fief faite par le seigneur de qui il relève, ou faite audit seigneur, *id.* p. 193-194. — Des contrats équipollens à vente, *id.* p. 184. — Des actes qui ne doivent pas passer pour contrats de vente, ni par conséquent donner lieu au *quint*; de ceux qui renferment un distrait plutôt qu'un contrat, *id.* p. 167. — De la transaction, *id.* p. 187. — Partages, licitations et autres actes dissolutifs de communauté, accommodemens de famille, *id.* p. 182, 331-416. — Simples promesse de vendre, *id.* p. 158. — Dans le cas auquel l'acheteur déclare qu'il a acheté pour un autre, quand doit-on présumer deux ventes, *id.* p. 176. — Des choses dont la vente donne ou ne donne pas lieu au profit de quint. Vente de droits successifs lorsqu'il y a des fiefs dans la succession, *id.* p. 192. — Vente de l'action pour avoir le fief, *id.* p. 190-191. — Vente de droit réel dans le fief, *id.* p. 189. — Vente de fruits pendans, *id.* p. *id.* — En quoi consiste le profit de quint, *id.* p. 197. — A qui est-il dû lorsqu'on a *ex intervallo* suppléé le juste prix, *id.* p. 172.

QUITTANCE, t. II, p. 270. — Quittance non signée, écrite de la main du créancier sur feuille volante, ne fait foi, quoique produite par le débiteur, *id.* p. 253. — Quittance écrite de la main du créancier, au bas, au dos, ou en marge d'un acte signé étant en la posses-

sion du débiteur, fait foi, quoique non signée, *id.* p. 255. — Lorsque la quittance non signée est au bas d'un acte qui est en la possession du créancier, elle fait foi, quand même elle seroit écrite d'une autre main que de celle du créancier, *id.* p. *id* — Quand même elle seroit barrée, *id.* p. 256. — Quittance non signée sur le journal ou sur les tablettes, fait foi, *id.* p. 253. — Quittance qui exprime la somme, sans exprimer la cause, *id.* p. 271. — Quittance qui exprime la cause sans la somme, *id.* p. 271-272. — Quittance qui n'exprime ni la somme ni la cause, quelles dettes comprend-elle, *id.* p. 274. — Comprend-elle celle que le débiteur qui l'étoit de son chef,

devoit comme caution d'un autre, *id.* p. 275. — Comprend-elle celle dont le billet est resté entre les mains du créancier, *id.* p. 276. — Quittance d'une ou de plusieurs années d'arrérages, fait-elle présumer le paiement des précédentes, *id.* p. 276, 327-328.

Quittances. Trois quittances d'années consécutives établissent une présomption de paiement des précédentes, t. V, p. 111. — Quittances doivent être causées pour établir la prestation de la rente, *id.* p. 133-134. — Quittances sous signatures privées, quand l'établissent-elles, *id.* p. 135.

Quittances données consécutives. (*Voy.* FIN DE NON-RECEVOIR.)

R.

RACHAT. Ce que c'est, t. XVI, p. 199. — Principe général sur ce qui y donne ouverture, *id.* p. 200. — Les mutations y donnent lieu, quoiqu'elles arrivent dans la nue propriété, *id.* p. 210. — Ou pendant une saisie féodale, *id.* p. 211. — Mutation de vassal, quoique sans mutation de la propriété du fief, telles que les mutations de titulaire de bénéfice ou d'homme vivant et mourant, *id.* p. 222-223. — Par les seconds mariages; *secùs*, du premier, *id.* p. 221. — Des mutations qui ne donnent pas lieu au rachat; les inefficaces, *id.* p. 205. — Celles qui arrivent par déshérence ou confiscation, pourvu que le seigneur justicier mette hors ses mains le fief qu'il a acquis à ces titres, *id.* p. 220. — Celles par succession ou donation, en directe ou pour cause pie, *id.* p. 330-331. — Quand la mutation par ouverture de substitution est-elle en directe, *id.* p. 208-209. — C'est plutôt cessation de mutation que nouvelle mutation, lorsque quelqu'un rentre dans un fief plutôt qu'il ne l'acquiert, *id.* p. 202-203. — Il ne se fait de vraie mutation, et il n'y a lieu au rachat par partages, licitations et autres actes dissolutifs de communauté,

id. p. 224. — Par l'acceptation que la veuve fait de la communauté, ni par sa renonciation, *id.* p. 349-350. — Par l'ameublissement que l'un des conjoints fait de son fief propre tant qu'il n'est pas échu par le partage à l'autre conjoint, *id.* p. 226. — Quand le don mutuel en propriété est-il censé avoir fait mutation, *id.* p. 226-227. — Il ne se fait pas de mutation lorsqu'une succession est jacente, *id.* p. 200. — Ni lorsque l'héritier est restitué contre son acceptation, *id.* p. 218. — *Secùs*, lorsqu'un héritier bénéficiaire renonce; *id.* p. 217-218. — Ni lorsqu'un fief conquêt reste au survivant par le partage qu'il fait avec les héritiers du prédécédé, *id.* p. 216-217. — La mutation qui se fait par une tradition, est anéantie et ne donne lieu au rachat, lorsque les parties se sont désistées du contrat avant la tradition réelle, *id.* p. 204. — Y a-t-il double mutation et double rachat, par le legs fait sous condition, dans une succession collatérale; distinction, *id.* p. 216. — *Item*, lorsqu'un héritier collatéral meurt en laissant lui-même un héritier collatéral, avant que de s'être expliqué s'il acceptoit la succession, *id.* p. 218. — Double

mutation en une année par mort, ne donne lieu qu'à un rachat, *id.* p. 333-334. -- Lorsque la propriété a été long-temps séparée de la possession, est-ce du côté des propriétaires ou des possesseurs qu'on considère les mutations, *id.* p. 212. -- En quoi consiste le profit de rachat, *id.* p. 219. -- Du temps qu'a le seigneur pour choisir l'une des trois choses en quoi il consiste, et ce que doit faire le vassal lorsque le seigneur ne choisit pas, *id.* p. 361. -- De la somme qu'il doit offrir, *id.* p. 560. -- Du dire de prudhommes, *id.* p. 361-362. -- De quand commence l'année du rachat et des fruits qui y entrent, *id.* p. 229. -- Comment doit-il jouir, *id.* p. 369-370. -- Des charges du rachat, *id.* p. 361.

Rachat d'une rente quoique divisée entre les héritiers du débiteur, ne peut se faire que pour le total, t. I, p. 292-293.

Rachat. Rachat volontaire d'une rente foncière non rachetable donne-t-il lieu au retrait, t. IV, p. 87-88.

Rachat. Faculté de rachat est l'essence du contrat de constitution, t. V, p. 40-41. -- Clauses qui dénient expressément cette faculté, et celles qui tendent à la gèner, différemment réprimées, *id.* p. 42. -- Exemples d'une fraude faite à la loi sur la faculté du rachat, *id.* p. 42-43. -- Autre exemple, *id.* p. 43. -- Tous ceux qui sont tenus, ou personnellement, ou hypothécairement, d'une rente, sont admis à en offrir le rachat, *id.* p. 145. -- Un créancier hypothécaire postérieur du débiteur commun, est admis à offrir le rachat de la rente due à un créancier antérieur, *id.* p. 145. -- Et *vice versâ*, *id.* p. 146. -- L'étranger qui est sans intérêts peut-il être admis au rachat, *id.* p. 147. -- Le créancier chirographaire, *id.* p. 148. -- A qui le rachat doit-il être fait, *id.* p. *id.* -- Quand l'usufruitier ou le créancier hypothécaire doivent-ils être appelés au rachat, *id.* p. 148-149. -- Rachat peut se faire par parties, si on en est convenu, *id.* p. 151. -- Même

dans le cas auquel la rente auroit été divisée entre plusieurs héritiers du débiteur, *id.* p. 151-152. -- Peut-il être fait pour partie à l'un des héritiers du créancier, *id.* p. 153. -- Lorsque plusieurs, par le contrat, ont constitué la rente chacun pour sa part, chacun peut faire le rachat pour sa part, *id.* p. 153-154. -- Effet du rachat partiel, *id.* 154. -- Le créancier qui admet l'un des débiteurs au rachat de sa part, est-il censé le décharger de la solidarité, *id.* p. 155. -- Est-il censé l'avoir permis aux autres, *id.* p. *id.* -- Pour être admis au rachat, il faut payer tous les arrérages qui en sont dus, *id.* p. 156. -- Pour que le rachat soit valable, il faut que la propriété des espèces ait été transférée au créancier à qui il a été fait, *id.* p. 158. -- Ou qu'il les ait employées de bonne foi, *id.* p. 158-159. -- Cas auquel le rachat a été fait en espèces appartenantes à celui à qui il a été fait, *id.* p. 159-160. -- Rachat ne peut se faire à une personne à qui il est défendu de donner pour une somme moindre que celle reçue, *id.* p. 80. -- Le débiteur de la rente peut-il s'obliger au rachat envers un tiers, *Putà*, envers celui qui la cautionne, *id.* p. 40.

Rachat de la rente foncière; clause qui accorde la faculté du rachat de la rente, t. VII, p. 45. -- Est-il nécessaire que la somme soit exprimée, *id.* p. 45-46. -- L'obligation qui résulte de cette clause, passe-t-elle aux tiers-acquéreurs de la rente, *id.* p. 46. -- La faculté de rachat passe-t-elle à tous les héritiers du preneur, *id.* p. 46-47. -- Passe-t-elle aux tiers-acquéreurs de l'héritage, *id.* p. 48. -- Prescription de cette faculté, *id.* p. 48-49. -- Ne court contre les mineurs, *id.* p. 51. -- Il faut quarante ans contre l'église, *id.* p. *id.* -- Énonciation de rente rachetable dans une reconnoissance, interrompt-elle cette prescription, *id.* p. 52. -- La couvre-t-elle, *id.* p. *id.* -- Peut-on déroger à cette prescription, *id.* p. 53. -- En quoi les rentes foncières conviennent-elles avec les constituées,

sur la faculté de rachat, *id.* p. 52-53. — En quoi diffèrent-elles à cet égard, *id.* p. 53-54.

Rachat du navire par composition, espèce d'avarie commune, t. VI, p. 459.

Rachat d'une rente propre de la femme fait au mari seul, est-il valable, t. X, p. 718-719. — Femme séparée peut-elle recevoir sans autorisation le rachat d'une rente propre, *id.* p. 665-720.

Rachat. Le donataire mutuel est tenu des profits de rachats, t. XIV, p. 206.

Rachat. Ce que c'est, et en quoi il consiste, t. XIX, p. 358. — Son origine, *id.* p. *id.* — Le rachat est dû régulièrement à toutes les mutations du fief servant, *id.* p. 359. — C'est la mutation plutôt que le contrat, qui fait naître le profit de rachat, *id.* p. *id.* — Pour qu'il y ait mutation, il faut que le fief passe d'une personne à une autre, *id.* p. 360. — Succession vacante n'y donne pas lieu, *id.* p. 361. — La mutation qui n'est que la résolution d'une précédente aliénation n'y donne pas ouverture, *id.* p. *id.* — *Quid*, si l'aliénation ne se résout que pour l'avenir, *id.* p. 361-362. — *Quid*, du désistement que les parties font avant que le contrat ait reçu sa consommation, *id.* p. 365. — Il n'y a que les mutations efficaces qui donnent lieu au rachat, *id.* p. 366. — Si celui qui a acquis un fief a été obligé peu après de le délaisser *ex causâ necessariâ*, il n'y aura pas lieu au rachat, *id.* p. 366-367. — *Quid*, s'il a été évincé et condamné à restituer avec tous les fruits, *id.* p. 369. — La mutation qui procède d'une acquisition que le seigneur désapprouve, ne donne pas lieu au rachat ; *v. g.* si un fief est donné à une communauté, *id.* p. 372. — La mutation qui arrive dans la nue propriété est une vraie mutation qui donne lieu au rachat, *id.* p. *id.* — Par qui, dans ce cas, le profit doit-il être acquitté; est-ce par le donataire, qui n'a que la nue propriété, ou par le donateur usufruitier, *id.* p. 375-376. — Les mutations

se règlent plutôt du côté de la possession que de la propriété séparée de la possession, *id.* p. 377. — Lorsque le propriétaire a perdu la possession, les mutations qui arrivent du côté des possesseurs qui se prétendent propriétaires, donnent lieu au profit, *id.* p. *id.* — Les mutations qui arrivent pendant que le seigneur tient en sa main le fief par la saisie féodale, donnent lieu au rachat, *id.* p. 382. — *Quid*, des mutations qui arrivent par l'acquisition que le seigneur fait du fief relevant de lui, *id.* p. 384. — *Quid*, lorsque deux personnes acquièrent de la même personne et en même temps, l'une le fief servant, l'autre le dominant, *id.* p. 385. — Si plusieurs mutations arrivent dans une même année, donnent-elles lieu à plusieurs rachats, *id.* p. *id.* — Disposition de la coutume d'Orléans sur cette question, *id.* p. 387. — *Quid*, si ces mutations étoient arrivées pendant le cours des baux de deux différens fermiers des droits seigneriaux, *id.* p. 389. — Des différentes espèces de mutations qui donnent lieu au rachat. (*V.* SUCCESSION, DÉSHÉRENCE, DONATION, COMMUNAUTÉ, MARIAGE, BAUX A RENTE, ECHANGES.) — En quoi consiste le profit de rachat. *id.* p. 447. — Des trois espèces dans lesquelles il consiste, *id.* p. 448. — Le vassal doit offrir ces trois choses au seigneur qui en a l'option, *id.* p. *id.* — Exceptions de cette règle, *id.* p. *id.* — A qui ce choix appartient-il quand il y a un usufruitier ou un fermier, *id.* p. 450. — Quand ce choix doit-il être fait, *id.* p. *id.* — De quand court le terme, *id.* p. *id.* — Comment le seigneur peut-il faire ce choix, *id.* p. 452. — Peut-il varier, *id.* p. *id.* — Quelle somme le vassal doit offrir, *id.* p. *id.* — *Quid*, si la somme offerte n'avoit aucune proportion avec le revenu du fief, *id.* p. 454. — Peut-il offrir autre chose qu'une somme d'argent, *id.* p. 455. — Peut-il offrir de compenser, *id.* p. 456. — Ce que c'est que le dire de prud'-hommes, *id.* p. 457. — Les experts

peuvent-ils nommer un tiers, *id,* p. 458. — Cette estimation de prud-hommes doit-elle être homologuée par le juge, *id.* p. 459. — *Quid,* s'il y a lésion, *id.* p. 459-460. — De quelle année le seigneur doit avoir le revenu, quand il a choisi le revenu en nature, *id* p. 460-461. — *Quid,* et l'année qui suit les offres est stérile, le seigneur peut-il exiger le revenu de la suivante, *id.* p. 462-463. — Comment se perçoit le revenu de l'année que le seigneur a choisi, *id,* p. 463. — S'il y a quelque partie du fief affermée, le seigneur doit se contenter, pour cette partie, de l'année de ferme, *id.* p. *id.* — *Quid,* si le vassal avoit donné le fief à bail à vil prix, *id.* p. 464. — *Quid,* si le fermier avoit payé d'avance au vassal, *id.* p. 465. — A l'égard des parties que le vassal faisoit valoir par ses mains, le vassal peut en faire la récolte, *id.* p. 465-466. — *Quid,* des fruits qui se recueillent en plusieurs années, comme la pêche d'un étang, la coupe des bois taillis, *id.* p. 466-467. — *Quid,* si les terres du fief sont distribuées en plusieurs saisons, *id.* p. 468. — S'il n'y a que la saison qui est ensemencée qui relève du seigneur, aura-t-il la récolte entière, *id.* p. 468-469. — *Quid,* si la même terre produit plusieurs fois par an, *id.* p. 470-471. — Les fruits, de quelque espèce qu'ils soient, soit naturels, soit industriels, soit civils, entrent dans le rachat, *i.t.* p. 472. — *Quid,* des bestiaux, *id.* p. 473. — Les profits sont aussi des fruits civils qui entrent dans le rachat, *id.* p. *id.* — Le seigneur, pendant l'année du rachat, peut-il exercer le retrait féodal, *id.* p. 474. — *Quid,* si le vassal immédiat vouloit l'exercer, *id.* p. 475. — *Quid,* des amendes, confiscations, épaves, trésors, *id.* p. 476. — *Quid,* de la présentation aux bénéfices pendant l'année du rachat, *id.* p. 477. — Si les arrière-fiefs avoient été saisis par le vassal, les fruits entreroient-ils dans le rachat, *id.* p. 478. — Charges du rachat, *id.* p. *id.* — Suivant la coutume d'Orléans, les impenses doivent être remboursées au vassal, au préalable, *id.* p. 479. — Cette disposition doit-elle être suivie hors de notre coutume, *id.* p. *id.* — Le seigneur est-il recevable à abandonner la récolte, pour se décharger du remboursement des frais, *id.* p. 479-480. — Le seigneur qui jouit du revenu, est-il obligé d'acquitter les charges foncières, *id.* p. 481. — Est-il obligé de laisser des alimens au vassal sur ce revenu, *id.* p. 482.

RAISON (Défaut de). Empêchement de mariage, t. X, p. 73.

RANÇON. Ce que c'est. En quel cas doit-on admettre un vaisseau à rançon, et sous quelles conditions, t. XIV, p. 381-384. — Obligations respectives qui naissent de la convention de rançon, *id.* p. 384-389. — Action qu'a le maître du navire rançonné contre ses commettans, *id.* p. 389-390.

RAPPEL. Fait-il des propres de succession; distinguer entre le rappel *intra terminos juris,* et le rappel *extra terminos juris,* t. XI, p. 122-123.

Rappel. Ce que c'est, t. XXI, p. 195. — Deux espèces de rappel *intra terminos juris,* et *extra terminos juris,* *id.* p. *id.* — Par quel acte doit être fait le rappel, *id.* p. 196-197. — On peut rappeler à la succession, non seulement tous les enfans d'un frère prédécédé, mais l'un d'entreux, *id.* p. 197. — Les deux espèces de rappel ont des effets très-différens, *id.* p. 198.

RAPPORT de successions. Enfans donataires ont le choix de venir à la succession, en rapportant ce qui leur a été donné, ou de le retenir en renonçant à la succession, t. XVII, p. 373-374.—Quels avantages sont sujets ou non à rapport, t. XVIII, p. 35, 106-107.—Ceux faits aux personnes que nous représentons, *id.* p. 51, 104-105. — Ceux faits à nos enfans, *id.* p. 50-105. — La fille doit-elle rapporter ce qui a été donné ou prêté à son mari, *id.* p. 50-51. — A quelle succession se fait rapport, *id.* p. 51-52. — A qui est-il dû, *id.* p. 54. — Est-ce

de la chose même ou de la valeur, *id.* p. 55. — Lorsque l'héritage que l'enfant a vendu est depuis péri, le rapport du prix est-il dû, *id.* p. 57-58. — Comment se fait le rapport, *id.* p. 59. — Son effet, *id.* p. 59-60. — Rapport de la dot au partage de la continuation de communauté, *id.* p. 159.

Rapports des enfans venant à la succession de leurs ascendans, t. XXI, p. 324. — Différentes classes des coutumes touchant le rapport des enfans, *id.* p. *id.* — Principes de la coutume de Paris, qui font le droit le plus général, *id.* p. 325. — Avantages sujets à ce rapport, *id.* p. 326. (*Voy.* AVANTAGES.) — Ce qui est donné aux enfans pour leur aliment ou pour leur éducation, est excepté du rapport, *id.* p. 338. — Frais de maîtrise, frais du doctorat, y sont assujettis, *id.* p. 339. — On n'est point obligé aux rapport des fruits, *id.* p. 340. — Si c'est une somme d'argent, le rapport est dû des intérêts au denier vingt, *id.* p. *id.* — L'héritier doit rapporter non-seulement ce qui lui a été donné, mais même ce qui a été donné à ses enfans, *id.* p. 342-343. — *Quid*, s'il se trouvoit n'avoir pas sa légitime au moyen du rapport, *id.* p. 343. — La fille est-elle obligée de rapporter à la succession de son père ce qui a été donné à son mari, *id.* p. 344. — Distinguer le cas où elle a des enfans de son mari, *id.* p. 344-345. — Et dans le cas où elle n'a point d'enfans de son mari, et si elle a renoncé à la communauté, ou si elle l'accepte, *id.* p. 346-347. — *Quid*, si le beau-père, après la mort de sa fille, donne à son gendre, *id.* p. 348-349. — A l'égard des sommes prêtées au gendre, distinction à faire, *id.* p. 349. — Le rapport doit se faire à la succession de la personne qui a donné, *id.* p. 351. — Distinguer si les père et mère ont donné conjointement, ou si l'un d'eux a donné seul, *id.* p. 351-352. — L'enfant donataire doit-il rapporter à la succession de son père la donation à lui faite par son aïeul :

id. p. 353. — Le rapport est dû, par l'enfant, aux autres enfans ses co-héritiers, *id.* p. 354. — Cas où des créanciers de l'enfant peuvent demander le rapport à l'enfant donataire, *id.* p. 355. — Discussion de Lebrun réfutée, *id.* p. *id.* — En quoi consiste l'obligation du rapport, *id.* p. 356. — Coutume d'Orléans, qui peut servir de droit commun en ce point, *id.* p. *id.* — L'héritage qui doit être rapporté, est aux risques de la succession à laquelle il doit être rapporté, *id.* p. 358. — Les augmentations doivent-elles être rapportées, *id.* p. 358-359. — Comment il doit être fait raison des impenses à l'enfant donataire, *id.* p. 359. — *Quid*, si l'héritage a péri sans la faute de l'enfant donataire, *id.* p. 361. — *Quid*, si c'est par sa faute, *id.* p. *id.* — *Quid*, si la chose a été convertie en une autre chose, *id.* p. 361-362. — Si l'enfant donataire a aliéné la chose donnée, distinguer si l'aliénation a été nécessaire ou volontaire, *id.* p. 363. — Les co-héritiers peuvent-ils évincer l'acquéreur à qui l'enfant auroit vendu l'héritage donné, *id.* p. 364-365. — Sur le rapport des offices ou des meubles, *id.* p. 365-366. — Office de procureur ou de receveur des tailles, *id.* p. 367. — Office de la maison du Roi, *id.* p. 367-368. — Effet du rapport, *id.* p. 368. — Effet de l'alternative de moins prendre en héritages de pareille valeur, *id.* p. 368-369. — S'il n'y a pas d'héritage de pareille valeur, le rapport doit être fait réellement, *id.* p. 369-370. — Rapport en succession collatérale, *id.* p. 370. — Variété des coutumes, *id.* p. *id.* — Dans celles qui ne s'en expliquent pas, doit adopter la coutume de Paris, *id.* p. 371. — S'il y a variété dans les coutumes, doit-on suivre celle du lieu où l'héritage est situé, *id.* p. 371-372. — Incompatibilité des qualités d'héritier et de légataire, *id.* p. 373. (*Voyez* INCOMPATIBILITÉ.)

Rapport. Du rapport que la douairière doit faire des choses qui lui ont été données, lorsqu'elle veut

retenir son douaire. (*V.* DOUAIRE.)

Rapport d'experts. S'il doit être fait sur le lieu, t. XXIV, p. 88. — Comment il doit être rédigé et présenté au juge, *id.* p. 89. — *Quid*, si les experts sont d'avis contraire, *id.* p. *id.* (*Voy.* VISITE.)

Rapport des médecins et chirurgiens, de deux espèces, t. XXV, p. 243-244. — Médecins du roi et chirurgiens jurés, ne sont pas tenus de prêter serment et d'affirmer, *id.* p. 244.

RAPT. Trois différentes disciplines sur l'empêchement du rapt, t. X, p. 206. — Dispositions de nos ordonnances à cet égard, *id.* p. 207.

RATELIERS d'écuries sont-ils partie d'une maison, t. XI, p. 54.

RATIFICATION. Est-ce du jour du contrat, ou du jour de la ratification, que le retrait est ouvert; différens cas, t. IV, p. 94.

REALISATION. Clause de réalisation, t. XVII, p. 33.

Réalisation. Convention de réalisation ou de stipulation de propres; ce que c'est, t. XI p. 285. — Se fait par les clauses expresses, *id.* p. 286. — Quand s'insère-t-elle tacitement, *id.* p. 287-288. — A quelles choses s'étend-elle, *id.* p. 288-289. — Quels sens ont ces mots, *ou autrement*, dans les stipulations de propres, *id.* p. 291-292. — Effets de la réalisation; différences des immeubles réels et des propres conventionnels, *id.* p. 292-293. — Pour quel cas a lieu la convention de réalisation lorsqu'elle est simple, *id.* p. 295. — La clause qu'une somme d'argent sera employée en achat d'héritages, ne renferme qu'une convention de réalisation simple, *id.* p. 295-296. — L'addition de ces termes, *et aux siens*, ou de *ceux-ci*, *et à ses hoirs*, étend la convention de réalisation et du propre conventionnel, au cas des successions, en faveur des enfans de celui qui l'a faite, *id.* p. 297-298. — Que contiennent les termes *siens hoirs*, *id.* p. 299. — L'addition de *ceux-ci, et à ceux de son côté et ligne*, l'étend au cas des successions, même en faveur de ses collatéraux, *id.* p. 299-300. — L'addition de *ceux-ci, quant à tous effets*, l'étend même au cas de la disposition, de manière à ce que les héritiers ne peuvent pas plus disposer, au profit du survivant, de ce propre conventionnel, qu'ils ne le pourroient d'un propre réel, *id.* p. 301-302. — Ces additions peuvent se faire, même lorsque le conjoint se marie *de suo*, *id.* p. 300-301. — Quelles choses peut-on réaliser par ces clauses, *id.* p. 302. — Ces clauses sont de droit étroit et ne s'étendent que *prout sonant*, *id.* p. 302-305. — Elles ne s'étendent pas d'une personne à une autre; néanmoins la stipulation de propre, faite à ceux *de côté et ligne*, doit comprendre les enfans, *id.* p. 305-306. — Elles ne s'étendent pas d'une chose à une autre, *id.* p. 307-310. — Ni d'un cas à un autre, *id.* p. 310. — Lorsque des immeubles sont stipulés propres, quel est l'effet de cette stipulation, *id.* p. 307-308. — Elles n'ont d'effet qu'entre les parties contractantes et leurs héritiers, *id.* p. 310-314. — Le mobilier réalisé par l'un des conjoints est-il réputé propre contre l'autre conjoint et ses représentans seulement, ou l'est-il contre toute la famille de l'autre conjoint, *id.* p. 314-318. — Propres conventionnels formés par les additions faites à la clause de réalisation, s'éteignent : 1.° Par la consommation de la fiction, *id.* p. 318-320. — 2.° Par le paiement, *id.* p 320-321. — Exception dans le cas auquel le paiement a été fait à un mineur mort en minorité, *id.* p. 321-322. — 3.° Par la confusion, lorsque l'enfant, créancier du propre conventionnel, est devenu héritier du survivant qui en étoit le débiteur, *id.* p. 322. — Premier cas d'exception, s'il n'a été qu'héritier bénéficiaire, *id.* p. 322-323. — Second cas, s'il étoit mineur, et s'il étoit mort en minorité, *id.* p. 323. — Autre cas qui ne peut plus avoir lieu, *id.* p. 323-324. — 4.° Le propre conventionnel s'éteint par le transport que l'enfant fait de sa créance à un étranger, *id.* p. 324-325.

RECEL. Peine de recel des effets, de la communauté, t. XII, p. 198.

Recels. Ce que c'est; quand l'omission est-elle censée frauduleuse, t. *id.* p. 196-197. Peines de recel, *id.* p. 198-199.

RECÉLEUR. N'a aucune action de garantie contre le voleur qui lui a vendu la chose volée, t. III, p. 154-155.

RECEVEUR *des consignations.* Quand et pourquoi ont-ils été créés, t. VIII, p. 338-339. — La consignation qui se fait chez les receveurs, tient du dépôt; en diffère néanmoins, est un quasi-contrat, *id.* p. 339-340. — Effet de cette consignation, 1.º de libérer l'adjudicataire, *id.* p. 341. — 2.º De transférer la propriété des deniers consignés à ceux qui doivent être utilement colloqués à l'ordre, *id.* p. 341-342. — 3.º De libérer d'autant le débiteur saisi, *id.* p. 343. — Sur qui tombe la perte de ces deniers, survenue avant l'ordre, *id.* p. 343-344. — Réponse à une objection, *id.* p. 345-346. — Quelles obligations contracte le receveur des consignations, et envers qui, *id.* p. 346-347. — De quelle faute est-il tenu, *id.* p. 347-348. — Pour le compte de qui est l'augmentation ou la diminution qui survient sur les espèces consignées, *id.* p. 348-349. — L'obligation du receveur des consignations est imprescriptible, *id.* p. 349. — Elle passe à ses héritiers, qui ne sont pas sujets, comme lui, à la contrainte par corps, mais qui ne peuvent s'aider du bénéfice d'inventaire, *id.* p. 350. — Les créanciers ont privilége sur son office et hypothèque sur ses biens, du jour de la consignation, *id.* p. 351. — Comment s'éteint son obligation, et comment se transmet-elle à son successeur, *id.* p. 352-353.

RECHANGE. Ce que c'est, t. V, p. 249. — Quels rechanges doit le tireur, *id.* p. 249 et suiv.

RECLAMATION des effets jetés à la mer, t. VI, p. 451.

RECOLEMENT *des témoins.* Ce que c'est, t. XXV, p. 297. — Les témoins, de quelle qualité qu'ils soient, doivent être récolés, *id.* p. 298. — Le juge peut-il omettre le récolement de quelques témoins, *id.* p. *id.* — Quand le récolement peut et doit être fait, *id.* p. 299. — *Quid*, dans le crime du duel, *id.* p. *id.* — Témoins doivent être assignés pour être récolés; à la requête de qui, *id.* p. 300. — Délai qui doit leur être donné, *id.* p. 301. — *Quid*, si le témoin se présente de lui-même, *id.* p. *id.* — Ce que doit contenir le récolement, *id.* p. 302. — Où doivent se faire les récolemens, *id.* p. *id.* — Effet du récolement, *id.* p. 303. — Récolement ne doit être réitéré, *id.* p. 303-304.

RECOMMANDATION. Simple recommandation n'oblige pas, t. I, p. 458-459.

Recommandation. Diffère du mandat, t. IX, p. 19.

Recommandation. Ce que c'est, t. XXV, p. 110. — Se fait par le ministère d'un huissier, *id.* p. *id.* — Formalités qui doivent être observées, *id.* p. 111.

RECOMPENSE, dont chacun des conjoints peut être débiteur envers la communauté. Principes généraux sur ces récompenses, t. XVII, p. 71-72. — Récompense pour impenses faites sur l'héritage propre de l'un des conjoints, *id.* p. 72-73. — Pour un taillis qu'on a laissé croître en futaie, *id.* p. 74. — Pour acquittement des dettes propres ou rachat des rentes, *id.* p. 74-75. — Pour rapport que l'un des conjoints a fait à une succession propre à lui échue, *id.* p. 79. — Pour substitution d'héritage à une somme promise en dot, *id.* p. 79-80. — Pour dots d'enfans, ou autres donations faites à l'héritier présomptif de l'un des conjoints, *id.* p. 80. — Pour le prix d'un office conquêt que le mari retient, *id.* p. 81. — Des intérêts des récompenses et de leur hypothèque, *id.* p. 84.

Récompenses, dont chacun des conjoints peut être débiteur envers la communauté, t. XII, p. 132. — Principes généraux sur ces récompenses, *id.* p. 133. — Récompense

due lorsque la dette propre de l'un des conjoints a été acquittée des deniers de la communauté, *id.* p. *id.* — Lorsque la rente due par l'un des conjoints a été rachetée des deniers de la communauté, est-ce précisément la même rente qui doit être continuée à la communauté, *id.* p. 134-138. — Est-ce au même sur, *id.* p. 138. — Est-ce à la même qualité de foncière, *id.* p. 139-142. — Les hypothèques dont elle étoit chargée subsistent-elles, *id.* p. 143-144. — Est-il dû récompense lorsque la rente de l'un des conjoints, rachetée des deniers de la communauté, n'est que viagère, *id.* p. 144-145. — Le conjoint doit récompense de ce qu'il a tiré de la communauté, pour avoir son héritage propre, pour y rentrer ou pour se le conserver, *id.* p. 146-151. — Lorsque mon père, qui m'avoit promis une certaine somme en mariage, me donne un héritage à la place, je dois récompense de cette somme, *id.* p. 146-147. — *Secùs*, s'il avoit promis l'héritage ou la somme, *id.* p. 147. — Est-il dû récompense de la somme tirée de la communauté par l'un des conjoints, pour la rapporter à la succession de ses père et mère, *id.* p. 149-150. — Un conjoint ne doit récompense pour avoir eu plus d'immeubles que de meubles dans une succession, *id.* p. 150-151. — Quelle récompense est due pour les impenses nécessaires, autres que d'entretien, faites sur l'héritage propre de l'un des conjoints, *id.* p. 152-153. — Pour les utiles, *id.* p. 154-155. — En est-il dû pour les voluptuaires, *id.* p. 155. — Récompense pour le rachat d'une servitude prédiale dont étoit chargé l'héritage de l'un des conjoints, *id.* p. 157-158. — Comment se règle la récompense pour le rachat d'un usufruit, *id.* p. 158-159. — Récompense, lorsque l'un des conjoints fait croître un taillis en bois de haute futaie, *id.* p. 160-161. — Récompense pour dot donnée, par l'un ou l'autre des conjoints, à des enfans d'un précédent mariage, *id.* p. 161. — Dot donnée à un enfant

commun, en quel cas donne-t-elle lieu à la récompense, *id.* p. 168 et suiv. (*Voy.* DOTER.) — Récompense pour offices. (*Voyez* OFFICES.) — Récompense pour mobilier converti en immeubles, dans le terme intermédiaire du contrat et de la célébration, *id.* p. 187.

Récompense La récompense due par le prédécédé à la communauté pour la moitié qui lui en appartient, et dont il fait confusion, entre-t-elle dans le don mutuel qu'il a fait au survivant, t. XIV, p. 136-140.

RECONNOISSANCE de billets et cédules, t. XVIII, p 416.

Reconnoissance censuelle. (*Voy.* CENS.)

Reconnoissance. Deux espèces d'actes de reconnoissance, l'une appelée *ex certâ scientiâ*, l'autre *in formâ communi*, t. II, p. 268. — De la foi que font ces actes, *id.* p. 269. — Se corrige par le titre primordial; s'il n'y est expressément dérogé, *id.* p. 269-270; t. I, p. 490.

Reconnoissance. Reconnoissance de la dette interrompt la prescription, même par un acte auquel le créancier n'étoit pas partie, t. II, p. 202. — Acte de reconnoissance, quoique sous signature privée, l'interrompt vis-à-vis du débiteur qui a passé l'acte, mais non vis-à-vis des tiers, comme n'ayant point de date certaine, *id.* p. *id.* — Peut-on déférer le serment au débiteur, sur la reconnoissance qu'on prétend qu'il a verbalement faite de la dette, *id.* p. 202-203. — Le paiement des arrérages est une reconnoissance de la rente, mais il ne se prouve pas par le journal ou autres papiers domestiques du créancier, *id.* p. 203-204. — Lorsque la rente est due à un corps, des comptes publics peuvent faire foi du paiement des arrérages, *id.* p. 204. — La reconnoissance de l'un des débiteurs solidaires interrompt la prescription contre les autres *id.* p. 206. — En est-il de même de plusieurs débiteurs, *id.* p. *id.* — Interrompt-elle contre les cautions, *id.* p. 209 et suiv.

Reconnoissance du retrait, doit être décrétée pour faire courir le

temps du remboursement, t. IV, p. 241-242.

Reconnoissance ex certâ scientiâ, ce que c'est, t. V, p. 122. — Fait foi de la rente, à défaut du titre, contre le reconnoissant et ses héritiers, *id.* p. *id.* — Ne prévaut au titre, *id.* p. 122-123.

Reconnoissance in formâ communi, quand font-elles foi, t. *id.* p. 123-124.

Reconnoissance incidente à un acte fait pour une autre fin, ne fait foi, t. *id.* p. 125-126. — Si ce n'est pour la provision, *id.* p. 127.

Reconnoissance d'écriture. Comment peut-elle être demandée, t. XXIV, p. 76. — Si l'écriture est déniée dans une instance devant les juges consuls, ils doivent renvoyer devant les juges ordinaires, *id.* p. *id.* — Devant quel juge une partie peut être assignée pour reconnoître son écriture, *id.* p. 76-77. — Sens de cette règle, que tout juge est compétent pour la reconnoissance, *id.* p. 77. — Ce qu'est tenu de faire la partie qui est assignée en reconnoissance, *id.* p. 77-78. (*Voy.* VÉRIFICATION.)

RECONDUCTION (Tacite), t. XVIII, p. 271. (*Voy.* TACITE RECONDUCTION.)

RECONVENTION en cour laïque, n'a lieu, t. XXIV, p. 66-68.

RÉCRÉANCE demandée par le propriétaire d'une chose saisie sur une autre personne, t. XVIII, p. 412-413.

Récréance. Quelle preuve exige-t-on du bailleur, pour lui accorder la récréance des bêtes de son cheptel, t. VII, p. 382.

RÉCUSATION DE JUGES. En quoi elle diffère des exceptions déclinatoires, t. XXIV, p. 36. — Quand on peut récuser un tribunal entier, *id.* p. 36-37. — Où doit être portée cette récusation, *id.* p. 37. — Quand un seigneur de justice me fait assigner sous sa justice, je peux récuser le tribunal entier, *id.* p. *id.* — Le juge d'un seigneur peut connoître des demandes qui concernent le domaine et revenus du seigneur, *id.* p. 38. — Ne peut mettre le scellé

sur les effets du seigneur après sa mort, *id.* p. *id.* — Espèce de récusation qui a lieu, lorsqu'une partie fait évoquer d'une cour souveraine à une autre, *id.* p. 38-39. — Causes de récusation contre la personne des juges, *id.* p. 39. — Le juge peut être récusé s'il a un différent avec quelques autres personnes sur pareille question, *id.* p 39-40. — Ou lorsqu'il a sollicité ou recommandé le droit d'une partie, *id.* p. 40. — Jusqu'à quel degré la parenté ou l'affinité est cause de récusation en matière civile ou criminelle, *id.* p. 41. — La relation d'amitié ou de bienfait est aussi cause de récusation, *id.* p. 42. — Pareillement, la relation de domesticité et celle de protection et subjection, *id.* p. 43. — Protecteurs d'ordre. S'ils peuvent être récusés, *id.* p. 44. — Administrateurs, marguilliers, s'ils peuvent l'être dans la cause de l'hôpital, ou de la fabrique, *id.* p. *id.* — *Quid,* du seigneur dans la cause de son vassal, *id.* p. 44-45. — *Quid,* du juge qui est créancier ou débiteur d'une partie, *id.* p. 45. — Menace ou inimitié capitale donne lieu à la récusation, *id.* p. 46. — Juge doit s'abstenir de juger des causes d'une partie avec laquelle il est en procès, *id.* p. *id.* — Limitations, *id.* p. *id.* — En matière civile, un juge peut demeurer juge, quoiqu'il y ait cause de récusation, si les deux parties y consentent, *id.* p. 47. — *Secùs,* en matière en criminelle, quand même le procureur-général ou son substitut y consentiroient, *id.* p. 49. — Devoir du juge en qui il y a une cause de récusation, *id.* p. *id.* — Comment la récusation doit être proposée, *id.* p. 49-50. — Comment elle doit être jugée, *id.* p. 50. — Amende contre ceux qui succombent dans les récusations, *id.* p. 52.

REDHIBITOIRE. Vice redhibitoires, t. XVIII, p. 304.

Redhibitoire. (vices redhibitoires.) Quels vices sont redhibitoires, t. III, p. 164-165. — Distinction entre le for intérieur et le for extérieur, *id.* p. 165. — Vices redhibitoires ne donnent lieu à la garantie, si l'a-

cheteur en avoit connoissance, à moins que la garantie n'ait été expressément stipulée, *id.* p. 166. — S'ils ont été exceptés de bonne foi de la garantie, *id.* p. 166-167. — A quoi s'étend l'obligation de la garantie des vices redhibitoires, *id.* p. 167 et suiv. — *Action redhibitoire.* Ce que l'acheteur a droit de demander par cette action, *id.* p. 172-173. — ce qu'il doit offrir pour y être admis, *id.* p. 173. — Si la chose est périe, y doit-il être admis, *id.* p. 173-174. — Différence entre le vendeur et l'acheteur, sur leurs protestations respectives dans l'action redhibitoire, *id.* p. 175-176. — Fins de non-recevoir contre l'action redhibitoire, *id.* p. 178-179. — Le vice redhibitoire de l'une des choses comprise dans le marché donne-t-il lieu à la résolution du marché, pour le tout ou pour partie, *id.* p. 176-177. — *Action quanti minoris,* pour les vices redhibitoires, *id.* p. 179-180.

REFUS. Droits de refus. (*Voyez* RETRAIT CONVENTIONNEL.)

REGALE. Ce que c'est, t. XXIV, p. 202-203. — La connoissance du pétitoire des bénéfices qui ont vaqué en régale, attribuée à la grand' chambre du parlement de Paris, *id.* p. 203. — Se juge à l'audience, sur la cause plaidée par les avocats avec les gens du roi, *id.* p. 204.

REGISTRE. Les procureurs doivent avoir un registre, t. IX, p. 126.

Registres des actes de mariage, baptême et sépulture, leur forme et teneur, t. X, p. 356-357 — Quels témoins peuvent être admis aux actes civils, *id.* p. 357. — Lorsqu'il s'y est glissé quelque erreur, le curé ne peut, sans ordonnance du juge, réformer le registre, *id.* p. 358. — Comment peut-on avoir la preuve des actes civils, lorsqu'il n'y a point eu de registres ou qu'ils ont été perdus, *id.* p. 358-359.

REGLEMENT *à l'extraordinaire.* Ce que c'est, et pourquoi il est ainsi appelé, t. XXV, p. 295. — Pour quels délits il a lieu, *id.* p. 295-296. — Quand il peut être rendu, et par qui, *id.* p. 296. —

Quid, si depuis le règlement à l'extraordinaire il y a addition de plainte ou décret contre d'autres accusés, *id.* p. 297.

REGNICOLES. (*V.* CITOYENS.)

REINTEGRANDE. Pour quelles choses a lieu cette action, et en quel cas, t. XVII, p. 526. — Par qui peut-elle être formée, *id.* p. *id.* — Contre qui, *id.* p. 527. — Dans quel temps, *id.* p. 528. — Conclusions de cette action, *id.* p. *id.*

Réintégrande, ce que c'est, t. XV, p. 67. — A l'égard de quelles choses elle a lieu, *id.* p. 68-69. — En quels cas a lieu, *id.* p. 69-70. — Par qui peut être intentée, *id.* p. 72-73. — Contre qui, *id.* p. 74-76. — Dans quel temps, *id.* p. 77-78. — Fins de non-recevoir contre cette action, *id.* p. 78. — Effet de la réintégrande et de la sentence qui intervient sur cette action, *id.* p. 78-82.

Réintégrande. Ce que c'est, t. XXIV, p. 190. — Comment la procédure se fait sur cette demande, *id.* p. 191.

RELEVOISONS, t. XVI, p. 423. — Quelles censives sont à relevoisons à plaisir, *id.* p. 425. — En quels cas sont-elles dues, *id.* p. 426-427. — Sont-elles dues pour mariage, *id.* p. 427. — En quoi consiste ce profit, *id.* p. 431. — Relevoison du denier six, *id.* p. 431.

Relevoison à plaisir. Comment les créanciers de rente foncière en sont-ils tenus, t. VII, p. 74.

Relevoison à plaisir est-elle charge de la douairière ou de l'héritier, t. XIII, p. 209.

Relevoisons. Le donataire mutuel est-il tenu des relevoisons, t. XIV, p. 207.

Relevoisons. Ce que c'est, t. XX, p. 55. — Différentes espèces de relevoisons; 1.° relevoisons de tel cens, telles relevoisons; 2.° relevoisons du denier six; 3.° relevoisons à plaisir, *id.* p. 55-56. — Toutes censives à droit de relevoisons au dedans des anciennes barrières de la ville d'Orléans, sont réputées être à droit de relevoisons à plaisir, *id.* p. 56. — En quel cas cesse la présomption qui résulte de la cou-

tume, *id.* p. 57. — Quelques censives aux environs de Meung et de Baugenci sont tout-à-la-fois à droit de vente et relevoisons du denier-quatre, *id.* p. 58. — Quelques censives dans lesquelles il n'y a lieu à aucuns profits, si les héritages sont tenus à cher-cens ou à droit de champart, *id.* p. 58-59. — En quoi consiste le profit de relevoisons à plaisir, *id.* p. 59. — Ce profit est semblable à celui de rachat qui a lieu pour les fiefs, *id.* p. *id.* — Estimation qui doit être faite quand le propriétaire occupe en personne, *id.* p. 59-60. — En quoi il diffère du rachat, *id.* p. 60-61. — Du guèvement. (*Voyez* GUÈVEMENT.) — Les relevoisons sont dues par toutes mutations, *id.* p. 65. — Cela comprend même les successions et donations en ligne directe, *id.* p. *id.* — Le mariage, pourvu qu'il ne soit pas le premier, *id.* p. *id.* — L'echange en même censive y donne lieu pour raison du retour, *id.* p. 66. — S'il survient plusieurs mutations par mort, en une année, n'est dû qu'une seule relevoison, *id.* p. 67. — Soit dues par toutes mutations procédant du côté de ceux au nom desquels se paie le cens, *id.* p. *id.* — Exemple dans le bail à rente ou emphytéotique fait à condition que le cens se payera au nom du bailleur, *id.* p. *id.* — La relevoison ne doit néanmoins être acquittée par le censitaire, qu'à proportion du droit qu'il a dans la maison, *id.* p. 68. — Disposition de l'article 130 de la coutume d'Orléans, qui porte que les rentes foncières, arrières foncières, etc., encourent et sont exploitées par les relevoisons, *id.* p. 69. — Que doit-on entendre par les rentes sortissant nature de foncières, *id.* p. 69-70. — Cette décision de la coutume a-t-elle lieu, même quand il s'agit d'une aliénation volontaire, *id.* p. 71. — Celui qui a un droit d'usufruit sur une maison, doit-il acquitter les relevoisons dues par les mutations qui arrivent du chef des propriétaires, *id.* p. 72-73. — Exception portée par l'article 138 de la coutume d'Or-

léans, par rapport aux maisons données à rente par les titulaires de bénéfices, *id.* p. 73-74. — Le seigneur de censive peut saisir et obstacler pour les relevoisons seules, *id.* p. 75. — Il peut saisir quinze jours après la mutation, *id.* p. 75-76. — Peut faire enlever les huis et fenêtres, *id.* p. 76. — Il n'y a point d'amende faute d'avoir déprié les relevoisons, *id.* p. 77.

RELIGIEUX. Ne succèdent, t. XVIII, p. 127. — Sont capables de legs d'alimens, t. XVII, p. 409. — Le pape restitue-t-il le religieux à l'état civil en le relevant de ses vœux, t. XVI, p. 13. — Religieux devenu évêque est restitué à l'état civil, et peut tester, t. XVII, p. 407. — Mais il demeure incapable de succéder, t. XVIII, p. 5.

Religieux, transmet sa succession au moment de sa profession, t. XXI, p. 10. — *Quid*, du religieux évêque, *id.* p. *id.* — Les religieux qui ont fait profession, sont incapables de succéder, *id.* p. 22. — *Quid*, s'il est dispensé de ses vœux par le pape, *id.* p. 23. — *Quid*, des jésuites après leurs premiers vœux, *id.* p. *id.* — *Quid*, des chevaliers de Malte, *id.* p. 24.

Religieux ne peut faire de testament, quoiqu'il ait un bénéfice hors du cloître, t. XXII, p. 151. — *Quid*, s'il est devenu évêque, *id.* p. *id.* — *Quid*, s'il est relevé de ses vœux par le pape, *id.* p. 152. — *Quid*, des chevaliers de Malte, *id.* p. 152-153.

Religieux sont incapables de recevoir une disposition testamentaire, t. XXII, p. 163. — *Quid*, s'il leur est légué une pension viagère, *id.* p. *id.*

Religieux ne peuvent donner, t. XXIII, p. 2. — Sont régulièrement incapables de recevoir par donation, *id.* p. 17. — Ce que c'est que la profession religieuse, et comment elle se consomme, t. XXIII, p. 275. (*Voy.* VŒUX.)

Religieux, au moment de ses vœux solennels, devient incapable de tout effet civil, et sa succession est déférée à ses parens, t. XXIII, p. 279. — Ne peut rien posséder en

14

propriété, *id.* p. *id.* (*Voyez.* Pé-
CULE.)

Religieux élevés à l'épiscopat,
sont sécularisés, t. XXIII, p. 281.

Religieux qui ont obtenu du pape
une dispense de leurs vœux, ne sont
pas restitués à la vie civile, *id.* p. *id.*
— Différentes congrégations régulières établies dans le dernier siècle,
id. p. 282. — Variation de la jurisprudence à l'égard des premiers
vœux des jésuites, *id.* p. 283. (*Voy.*
JÉSUITES.) — Hermites qui n'ont
fait aucuns vœux solennels, ne sont
pas religieux, *id.* p. 290.

RELIGION (Différence de),
Empêchement résultant de la diver-
sité de religion, t. X, p. 219-229.
— L'édit de novembre 1680 avoit
fait de la religion un empêchement
dirimant de mariage, *id.* p. 229.
— Y a-t-il quelques textes dans
l'Écriture-Sainte, qui condamnent
les mariages des fidèles avec les infidèles. *id.* p. 219-221. — Discipline de l'Eglise sur les mariages
des fidèles avec les infidèles et les
hérétiques, dans les différens temps,
id. p. 221-225. — Lois des empereurs
romains qui défendent aux juifs
d'épouser des chrétiennes, et aux
chrétiens d'épouser des femmes jui-
ves, *id.* p. 226-228.

RÉMÉRÉ. Vente sous faculté de
réméré, t. XVI, p. 328-329 ; t.
XVII, p. 283 ; t. XVIII, p. 327.

Réméré. Clause, faculté, droit
et action de réméré, t. III, p. 304
et suiv. — Vente avec la clause de
réméré diffère de l'engagement, *id.*
p. 304-305. — Peut-on vendre un
héritage à un mineur avec la clause
de réméré, *id.* p. 305 et suiv. —
Quelle est la nature du droit de
réméré, *id.* p. 308. — Il est transmissible aux héritiers, si on n'est
convenu du contraire, *id.* p. *id.* — Il
est cessible, *id.* p. 309. — Il est sujet
à la prescription ordinaire de trente
ans, quoiqu'on l'ait stipulé pour un
temps plus long, ou à toujours, ou
pour la vie du vendeur, *id.* p. 309-
310. — L'action du réméré est personnelle réelle, *id.* p. 311. — Elle
est divisible, et l'héritier pour partie, du vendeur, n'a droit de ré-

méré que pour sa part ; mais l'a-
cheteur peut l'obliger de rémérer
tout ou rien, *id.* p. 312-313. —
L'action de réméré peut s'exercer
incontinent après le contrat, *id.* p.
314-315. — S'intente contre les tiers,
id. p. 316. — Le vendeur condamné
sur l'action de réméré a rendre la
chose, peut-il être contraint *manu
militari*, *id.* p. 316-317. — L'acheteur est tenu des dégradations faites
par sa faute, *id.* p. 317. — De quelle
faute l'acheteur est-il tenu, *id.* p.
317-318. — Lorsqu'elles sont survenues sans sa faute, le vendeur
peut-il prétendre une diminution
dans le prix qu'il doit rendre, *id.* p.
318. — L'acheteur peut retenir les
accrues et augmentations, *id.* p.
318-319. — Retient-il le trésor qu'il
a trouvé, *id.* p. 320-321. — Ce
qu'il a retiré d'une mine qu'il a
découverte, *id.* p. 321. — L'acheteur
ne doit rendre les fruits que du jour
des offres, sinon qu'il y eût juste
soupçon d'usure, *id.* p. 321-322. —
L'acheteur doit faire déduction, sur
le prix qui doit lui être rendu,
des fruits qui étoient pendans lors
du contrat, *id.* p. 322-323. — Ceux
qui se trouvent pendans lors de
l'exercice du réméré, à qui doivent-
ils appartenir, et sous quelles charges, *id.* p. 324. — Les offres de
rendre le prix doivent-elles être
suivies de consignation, pour donner droit aux fruits, *id.* p. 325. —
Quel est le prix que le vendeur,
qui exerce le réméré, doit payer
lorsque les parties ne s'en sont pas
expliquées, soit que le réméré ait
été accordé par le contrat ou depuis,
id. p. 327-328. — Peut-on convenir
qu'il payera un prix plus fort ou un
moindre que celui pour lequel l'héritage a été vendu, *id.* p. 329. —
Peut-il être rendu en une monnoie
différente, *id.* p. 330. — L'acheteur
peut-il prétendre les intérêts du
prix en offrant de compter les fruits,
id. p. 331. — L'acheteur, sur qui
on exerce le réméré, doit être remboursé de tout ce qui lui en a coûté
pour son acquisition, *id.* p. 332. —
Même des profits et autres droits
dont on lui a fait remise, *id.* p. *id*

— De quelles impenses doit-il être remboursé, *id.* p. 333. — De ce qui doit être remboursé lorsque le réméré s'exerce contre un tiers détenteur, *id.* p. 333-334. — L'acheteur condamné sur cette action peut retenir l'héritage qu'il est condamné de délaisser, jusqu'à ce qu'il soit remboursé de ce qui lui est dû, *id.* p. 334. — Il n'y a pas de terme fatal pour ce remboursement, *id.* p. 335. — Le vendeur qui a exercé le réméré en vertu d'une clause portée au contrat, rentre plutôt qu'il n'acquiert ; *Secùs*, si c'est par une clause accordée depuis. Corollaires qui dérivent de cette distinction, *id.* p. *id.* et suiv. — Le droit de réméré s'éteint, ou par la prescription légale de trente ans, de plein droit, ou par la prescription conventionnelle, par un jugement de déchéance, qui doit intervenir après l'expiration du temps porté par la convention, *id.* p. 338 et suiv. — Cas auquel on a jugé que le jugement de déchéance n'étoit pas nécessaire, *id.* p. 344. — N'est requis en Poitou, *id.* p. *id.* — Est-il requis vis-à-vis d'un cessionnaire du droit de réméré, *id.* p. 342-343. — Le temps de la prorogation, faute de ce jugement, court-il contre les mineurs, *id.* p. 341-342. — Autres manières dont s'éteint le droit de réméré, *id.* p. 344. — Quand le vendeur est-il censé en avoir fait remise, *id.* p. *id.*

Réméré. Propre dans lequel je rentre en vertu d'un droit, redevient-il propre. (*Voy.* PROPRE.)

REMISE sur les profits, t. XVI, p. 234. (*Voy.* PROFITS.)

Remise. Comment se faisoit la remise d'une dette, suivant le droit romain, t. II, p. 102-103. — Dans notre droit, elle se fait par la seule convention entre le créancier et le débiteur, *id.* p. 103. — On la peut faire dépendre d'une condition, *id.* p. *id.* — Une convention tacite suffit, *id.* p. 104. — La restitution du billet est censé renfermer tacitement la remise de la dette, *id.* p. *id.* — *Quid*, s'il avoit été rendu à l'un de plusieurs débiteurs solidaires,

id. p. *id.* — La possession en laquelle est le débiteur d'un billet ou d'une obligation dont il n'a pas de minute, fait présumer la remise de la dette, *id.* p. 104-105. — *Secùs*, lorsque c'est la grosse d'une obligation dont il y a minute, *id.* p. 106. — La restitution des choses données en nantissement ne fait pas présumer la remise de la dette, *id.* p. *id.* — Ni le défaut de réserve dans la quittance d'une autre dette, ou dans un compte, si ce n'est que plusieurs autres présomptions concourent, *id.* p. 107. — Dans les contrats synallagmatiques, la remise que l'une des parties fait à l'autre, de son obligation, les choses étant entières, fait présumer une décharge réciproque, *id.* p. 106-107. — La remise est-elle faite valablement par la seule volonté du créancier, sans le concours de celle du débiteur, *id.* p. 108 et suiv. — La remise d'une dette, quoiqu'indivisible, peut se faire pour partie, *id.* p. 110. — Deux espèces de remises, la remise réelle qui éteint la dette, *id.* p. 110-111. — Remise ou décharge personnelle, lorsqu'elle est faite à l'un des débiteurs solidaires, ne décharge pas ses codébiteurs, *id.* p. 111. — *Secùs*, de la réelle, *id.* p. 120. — Sa décharge personnelle libère les cautions, *id.* p. 111-112. — *Contrà*, la remise à faire à la caution ne décharge pas le débiteur principal ni ses cofidéjusseurs, si ce n'est pour la part pour laquelle ils auroient pû compter avoir recours contre la caution déchargée, *id.* p. 112. — Le créancier peut-il licitement exiger quelque chose d'une caution, pour le décharger de son cautionnement, *id.* p. 113 et suiv. — Quelles personnes peuvent faire remise, *id.* p. 118. — Les tuteurs et administrateurs ne le peuvent, si ce n'est en cas de faillite du débiteur, *id.* p. *id.* — Ils peuvent aussi faire les remises d'usage d'une partie des droits seigneuriaux, *id.* p. 119. — L'un de plusieurs créanciers solidaires peut remettre la dette, *id.* p. *id.* — A qui la remise peut-elle être faite, et par qui peut-

elle être acceptée, *id.* p. 119-120.
— Elle ne peut être faite aux personnes auxquelles les lois ne nous permettent pas de donner, à moins qu'elle ne se fît par composition plutôt que par donation, comme dans le cas de faillite et des profits seigneuriaux, *id.* p. 120.

Remise. Quand le locataire doit-il avoir remise des loyers. (*Voy.* LOYERS.) — Pour qu'un fermier ait remise de la ferme, pour le total ou pour partie, il faut que la perte des fruits soit arrivée par une force majeure qu'il n'ait pû éviter, t. VI, p. 109-110. — Il faut qu'elle arrive sur les fruits étant encore sur pied, *id.* p. 111. — *Secùs*, s'ils étoient coupés, serrés ou engrangés, *id.* p. 111-112. — Il faut que le dommage ait été considérable; quand est-il réputé tel, *id.* p. 113. — Dommage sur les fruits d'une petite partie, ne donne lieu à la remise; *secùs*, de l'éviction d'une petite partie, *id.* p. 113-114. — Quelque grand qu'ait été le dommage, il n'y a pas lieu à la remise, lorsqu'il a été compensé par une abondance extraordinaire des autres années, *id.* p. 115-116. (*V.* ABONDANCE.) — Quelque grand que soit le profit, il ne peut donner lieu à une augmentation de somme, *id.* p. 117-118. — Abondance extraordinaire peut faire rétracter la remise, venant à arriver, *id.* p. 116-117. — Pour qu'il y ait lieu à la remise, il faut que l'accident ne soit pas un accident ordinaire, *id.* p. 118. — De la convention de faire à mon fermier la remise que mon voisin, qui est dans le même cas, fera au sien, *id.* p. *id.* — Les fermiers partiaires ne peuvent prétendre de remises, *id.* p. *id.* — La convention que le fermier ne pourra prétendre de remises pour quelqu'accident que ce soit, est valable, *id.* p. 126. — Doit être expresse, et ne se présume pas, *id.* p. 127. — S'étend-elle aux accidens extraordinaires et imprévus, *id.* p. 127-128. — L'exception d'une certaine espèce d'accident s'étend-elle aux autres, *id.* p. 129.

(*Voy.* LOYER, MAISON, SERVICES, SERVITEURS.)

Remise que le propriétaire de la lettre fait de la dette de la lettre, libère l'accepteur, t. V, p. 339. — Si le propriétaire, après avoir fait, par une lettre missive écrite à l'accepteur, remise de la dette, endosse au profit d'un tiers la lettre qu'il a retenue, l'accepteur pourra-t-il opposer la remise portée par cette missive, à ce tiers, *id.* p. 339-340. — Pour que la remise portée par une missive soit valable, il faut que la missive soit parvenue à la personne à qui la remise est faite, du vivant du propriétaire de la lettre, et avant qu'il eût paru avoir changé de volonté, *id.* p. 340-341. — La remise faite à l'accepteur avant le profit libère envers le propriétaire de la lettre le tireur et tous les endosseurs, *id.* p. 341. — Libère-t-elle le tireur envers l'accepteur, en ce sens, que l'accepteur ne puisse lui passer en compte les fonds destinés au paiement de la lettre qu'il n'a pas payée, *id.* p. 341-342. — Remise faite à l'acquéreur depuis le profit, si elle est réelle, libère tous les débiteurs de la lettre, *id.* p. 342-343. — Quoique personnelle, elle libère les endosseurs, mais elle ne libère le tireur que lorsqu'il a remis les fonds, *id.* p. 343. — La remise forcée faite à l'accepteur par un contrat d'attermoiement, profite-t-elle au tireur et aux endosseurs, *id.* p. 344. — La remise volontaire que le propriétaire a faite au tireur, profite à l'accepteur qui n'a pas reçu les fonds; *secùs*, s'il les a reçus, *id.* p. 345-346. — Elle profite aux endosseurs, *id.* p. 346. — Remise faite à un endosseur ne libère pas les endosseurs précédens ni le tireur, *id.* p. 347.

Remise du douaire. Usufruit éteint par la remise que la douairière en a faite à son fils, revit-il à la mort du fils, t. XIII, p. 228-229.

Remise que l'un des conjoints fait à l'autre, est avantage prohibé, t. XIV, p. 34. — Première exception,

en cas de profits seigneuriaux, *id.* p. *id.* — Seconde exception, en cas de faillite et de contrats d'attermoiement, *id.* p. 35. — Remise qu'une femme fait de son droit d'hypothèque, n'est avantage prohibé, *id.* p. 35-36. — Hors ces cas, la remise est de nul effet, *id.* p. 59-60.

REMPLOI du prix des propres aliénés durant la communauté, t. XVII, p. 63. — Quel remploi est-il dû lorsqu'un propre a été vendu à rente viagère, *id.* p. 65. — Est-il dû remploi, et quel remploi, lorsque l'usufruit propre de l'un des conjoints a été vendu, *id.* p. 66. — Est dû remploi du prix reçu pour l'héritage dont le conjoint a souffert éviction, *id.* p. 67-68. — Est-il dû lorsqu'un héritage a été vendu entre le contrat de mariage et la célébration, *id.* p. 68-69.

Remploi des propres aliénés durant le mariage. Disposition de la coutume de Paris sur le remploi du prix des propres de chacun des conjoints, aliénés pendant la communauté; quel droit s'observoit auparavant, t. XII, p. 107-108. — Quel est le prix qui doit être repris, et ce qui en fait partie, *id.* p. 110-111. — Ce qu'on en doit déduire, et ce qu'on doit y ajouter, *id.* p. 112-113. — Les intérêts sont dus du jour de la dissolution de communauté, *id.* p. 112. — Comment se règle le remploi du prix d'un usufruit ou d'une rente viagère vendue durant la communauté, *id.* p. 113-114. — Quelles espèces de titres d'aliénation donnent lieu au remploi, *id.* p. 114-117. — Comment se règle le remploi, lorsque le propre a été aliéné pour une rente viagère, *id.* p. 115-116. — Les aliénations nécessaires donnent lieu au remploi comme les volontaires, *id.* p. 117-118. — Le conjoint évincé sur une action rescisoire d'un héritage qu'il possédoit avant son mariage, a-t-il la reprise de la somme qui est rendue, *id.* p. 118. — Le conjoint évincé de son propre, sur une action hypothécaire, a-t-il la reprise de la somme qui lui a été rendue pour ses améliorations, *id.*

p. 119. — *Quid*, si c'est une action de revendication, *id.* p. 119-120. — Ai-je la reprise d'une somme qui m'a été payée pour supplément du juste prix d'un héritage que j'ai vendu avant mon mariage, *id.* p. 118-119. — Est-il dû remploi d'une somme reçue pour le délaissement d'un héritage fait sur une transaction, *id.* p. 120-121. — Vente d'un office de la maison du roi donne-t-elle lieu au remploi, *id.* p. 121-122. — Cas auquel il y a lieu au remploi du prix d'héritages aliénés, avant que la communauté ait commencé, *id.* p. 122-123. — Le mari est-il tenu du remploi du prix des héritages vendus par la femme séparée, *id.* p. 124-127.

RENONCIATION à une succession opulente, faite par le mari, pour la faire passer à sa femme qui étoit dans le degré suivant, t. XIV, p. 71-72. — A un legs à lui fait par une personne dont sa femme est héritière, *id.* p. *id.* — A la légitime coutumière, pour payer un legs fait à sa femme dans son intégrité, *id.* p. 74-75. — La femme qui a renoncé à la communauté, peut-elle jouir du don mutuel que son mari prédécédé lui a fait, *id.* p. 143-144. — Les biens de la communauté entrent-ils dans ce cas pour le total, *id.* p. 145-146.

Renonciation à la communauté; ce que c'est, son origine, t. XII, p. 76. — Quelles personnes peuvent renoncer à la communauté, *id.* p. 77. — Peut-on, par le contrat de mariage, interdire à la femme et à ses héritiers la faculté de renoncer à la communauté, *id.* p. 78-79. — Comment se fait cette renonciation, *id.* p. 80-82. — Dans quel temps, *id.* p. 82-84. — Quel est l'effet du jugement qui condamne une femme comme commune, faute d'avoir pris qualité, *id.* p. 85. — Femme ne peut plus renoncer après avoir accepté, *id.* p. 86. — Les créanciers le peuvent, si elle l'a fait en fraude, *id.* p. 87. — Doit faire inventaire pour renoncer. (*V.* INVENTAIRE.) — Petits effets qu'on doit laisser à la femme qui renonce, *id.* p. 90-

91. — Pendant quel temps peut-elle demeurer dans la maison et vivre des provisions qui y sont, *id.* p. 91. — De quelles dettes de communauté la femme qui a renoncé, est-elle déchargée vis-à-vis les créanciers, *id.* p. 92-94. — Ne doit rien des frais d'inventaire, *id.* p. 94. — Lorsque la femme a laissé plusieurs héritiers au mobilier, les uns peuvent-ils accepter et les autres renoncer, et à qui accroît la part des renonçans dans les biens de la communauté, et celle des acceptans, dans la reprise de l'apport, *id.* p. 95-100. — *Quid*, lorsque la femme a laissé un héritier au mobilier et un héritier aux propres, *id.* p. 100-104.

Renonciations aux successions futures, t. XXI, p. 57. — Ce sont ordinairement les filles qui font ces renonciations par leur contrat de mariage, *id.* p. 58. — Quelquefois les mâles puinés renoncent au profit de leur frère aîné, *id.* p. *id.* — Elles peuvent être faites par des enfans mineurs, comme par des majeurs, *id.* p. *id.* — Lorsqu'une fille a renoncé à la succession de son père, au moyen de sa dot, sans exprimer au profit de qui, elle est censée l'avoir fait au profit de tous ses frères germains, *id.* p. 59 — *Quid*, si elle a renoncé au profit de son frère aîné, sans le nommer autrement, *id.* p. 63. — A quelles successions futures se font ces renonciations, *id.* p. 61. — Par quel acte et comment elles se font, *id.* p. 61-62. — La renonciation que fait un enfant par son contrat de mariage, ne peut être fait que moyennant une dot, *id.* p. 63. — La fille ne peut renoncer qu'à la succession de celui qui lui fournit la dot, *id.* p. 64. — Ces renonciations s'éteignent par l'inexécution de la promesse de la dot, *id.* p. 63. — Ou si la personne à la succession de laquelle l'enfant a renoncé, meurt avant la célébration du mariage, *id.* p. 67. — Ou par le décès de ceux au profit de qui la renonciation est faite, *id.* p. 67-68. — Ou par le rappel que fait celui à la succession duquel elle a renoncé, *id.* p. 68. — Il n'est pas besoin, pour la rappeler, que le consentement des frères intervienne, *id.* p. 68-69.

RENTE. Des transports et cession de rentes, et pour quel prix peuvent être licitement achetées. (*Voy.* TRANSPORT, CESSION.) — De la garantie qui a lieu dans les rentes et transport de rentes. (*Voy.* GARANTIE DE RENTES.)

Rente viagère. (*Voy.* DONATION A RENTE VIAGÈRE.)

Rentes constituées, t. XVI, p. 28. Leur nature, t. XVII, p. 123. — La faculté de les racheter est de leur essence, *id.* p. 283. — Sont biens roturiers quoiqu'assises sur les biens nobles, t. XVIII, p. 134. — Les arrérages se prescrivent par cinq ans, *id.* p. 399.

Rente foncière. La faculté de les racheter se prescrit, t. XVII p. 284. — Exception à l'égard de celles qui sont sur maisons de ville, *id.* p. 285. — Droits des seigneurs de rente foncière, t. XVIII p. 285. — Du cas auquel une maison est construite sur les terrains de deux seigneurs de rente, *id.* p. 315. (*Voyez* DÉGUERPISSEMENT.) — Rentes créées par legs, t. XVII, p. 286.

Rentes constituées. Ne sont sujettes au retrait, t. IV, p. 28.

Rentes constituées. Leur nature. Passoient autrefois pour droits réels, aujourd'hui sont regardées comme créances personnelles, quoique constituées avec assignat sur un fonds, t. V, p. 90-91. — On considère deux choses dans une rente constituée : le capital et les arrérages, *id.* p. 91-92, 167. — Deux définitions de la rente constituée, *id.* p. 92-93. — Rentes constituées sur meubles ou immeubles, *id.* p. 94 et suiv. — Quelle loi doit décider, *id.* p. 97. — Peuvent changer de nature par le changement de propriétaire, ou par le changement de domicile du propriétaire, *id.* p. 97-98. — Quelles rentes sont censées avoir ou non une situation, *id.* p. 98-99. — Rentes, sont divisibles, *id.* p. 101. — Comment s'établit le droit de rentes constituées, *id.*

p. 121 et suiv. (*Voy.* RECONNOIS-
SANCE, ARRÉRAGES.) — Rente,
dans le doute, est-elle présumée
constituée, *id.* p. 136-137. — Exceptions pour les rentes en grains,
id. p. 138-139. — Pour celles créées
avant le seizième siècle, *id.* p. 139.
— A quel taux, dans le doute,
est-elle présumée avoir été constituée, *id.* p. 142-143. — Manière dont
s'éteignent les rentes constituées,
id. p. 144. — Ne s'éteignent par la
destruction du fonds sur lequel elles
sont désignées, *id.* p. 166. (*Voy.*
CONTRAT DE CONSTITUTION,
ARRÉRAGES, RACHAT, FACULTÉ
DE RACHAT, ALIÉNATION.)
Rentes viagères. Leur nature, t.
V, p. 189 et suiv. — Sont sujettes
à la retenue des vingtièmes, *id.* p.
195-196. — Le sont-elles à la prescription des cinq ans, *id.* p. 196.
— Créancier de rente viagère; comment est-il colloqué à l'ordre des
biens hypothéqués à sa rente, *id.*
p. 175-176. — Rentes viagères, comment s'éteignent-elles, *id.* p. 197
et suiv. — Ne s'éteignent par la
mort civile, *id.* p. 198. — Créancier de rente viagère doit justifier
de la vie de la personne sur qui
elle est créée, *id.* p. 199.
Rente. Clause que le fermier ac-
quittera les cens et rentes, t. VI,
p. 151. — Ne s'entend que des modiques, *id.* p. *id.*
Rentes à prix d'argent peuvent-
elles être constituées sans être assignées sur un héritage, t. VII, p. 365.
Rentes constituées. Réputées immeubles, sauf dans quelques coutumes qui les réputent meubles,
t. XI, p. 72-78. — On suit la coutume du domicile du créancier, *id.*
p. 78-79. — Exception pour les
rentes dues par le roi, *id.* p. *id.*
— Rentes constituées, quoique devenues exigibles *ex accidenti*, con-
tinues d'être immeubles, *id.* p. 76-
77. — Rentes viagères sont-elles
meubles ou immeubles, *id.* p. 82-
83. — Garantie de la solvabilité
d'une rente, à quoi oblige-t-elle les
co-partageans, t. XII, p. 227. (*Voy.*
ARRÉRAGES DE RENTE.)
Rente viagère. En quoi doit con-

sister l'usufruit du donataire mutuel dans une rente viagère conquêt,
qui est sur sa tête, t. XIV, p.
183-184. — *Quid*, quand elle est
sur la tête d'un tiers, *id.* p. 185.
Rentes constituées. Sont-elles meubles ou immeubles, t. XXIII, p.
389-392. — *Quid*, des rentes viagères, *id.* p. 391. — Quelle coutume
doit-on suivre à cet égard, *id.* p.
392. — *Quid*, si la rente constituée
est devenue exigible, *id.* p. 393.
Rentes constituées ou *viagères*
n'ont aucune situation, et suivent la
personne du créancier, *id.* p. 397-398.
Rente foncière. (*Voyez* BAIL A
RENTE.) — Quelles sont les charges
réelles du créancier. (*Voy.* CHAR-
GES RÉELLES.) Quelles sont les
obligations tant du bailleur que du
preneur, (*Voy.* OBLIGATION. (Bail
à rente.) — Quelles actions naissent
du bail à rente. (*Voy.* ACTIONS.
(Bail à rente.) — Jugement pour
rentrer dans l'héritage, faute de
paiement, t. VII, p. 30. — Quel est
le droit du preneur et de ses successeurs dans l'héritage baillé à rente
foncière, *id.* p. 75. — Droits des créanciers de rente foncière sur les fruits
des héritages sujets à leur rente, et sur
les meubles qui s'y trouvent, *id.* p.
69-70. — Les créanciers de rente foncière sont-ils tenus des droits seigneuriaux, *id.* p. 71 et suiv. — De quelles
charges réelles de l'héritage le créancier de rente foncière est-il tenu,
id. p. 73-74. — Distinction entre les
charges qui tombent en pure perte,
et celles qui tournent au profit de
l'héritage, *id.* p. 72. — Droit qu'ont
le preneur et ses successeurs dans
l'héritage sujet à rente foncière : En
peuvent changer la forme, *id.* p. 76.
— Ne peuvent le détériorer, *id.* p.
id. — L'héritage est à leurs risques,
id. p. 77. — Les accrues qui s'y font
leur appartiennent, *id.* p. *id.*
RENTRÉE. L'héritier du mari ou
ses successeurs rentrent de plein
droit, après l'usufruit de la douairière fini, dans la jouissance des héritages dont elle jouissoit, t. XIII,
p. 251. — Lorsque les héritages
étoient loués ou affermés, ils ne sont
pas tenus d'entretenir les baux faits

par la douairière; doivent néanmoins laisser le fermier ou locataire en jouir pendant l'année qui étoit commencé lors de la mort de la douairière, *id.* p. 251. — Ils doivent laisser le temps aux héritiers de la douairière d'emporter ce qu'elle y a mis; *id.* p. 253. — Rembourser les frais faits par la douairière pour faire venir les fruits qui étoient pendans lors de sa mort, *id.* p. 254-255. — Ne sont reçus à abandonner la récolte, pour s'en décharger; *id.* p. 256-257. — Sont-ils tenus de faire raison des dépenses non nécessaires qui ont amélioré les héritages, *id.* p. 258-259. — Obligations de l'héritier de la douairière envers le propriétaire qui rentre en jouissance des héritages : 1.° par rapport aux réparations qui y sont à faire; *id.* p. 261-262. — 2.° Par rapport aux dégradations, et à ce que la douairière avoit laissé perdre, *id.* p. 262-263.

RENVOIS non paraphés, t. II, p. 233. (*Voy.* PREUVE.)

RÉPARATIONS. Quelles réparations le locataire peut-il empêcher, t. VI, p. 62. — Quelles réparations donnent lieu à une diminution de loyer, *id.* p. 61. — Réparations auxquelles le locataire peut obliger le locateur, *id.* p. 83. — Réparations dont sont tenus les locataires, *id.* p. 84 et suiv. (*Voy.* FEUS.) — Quelles sont les réparations locatives, *id.* p. 144 et suiv. — Clause d'entretenir un édifice de réparations pour tant par an, et de garantir le locateur pendant dix ans, *id.* p. *id.*

Réparations. Quelles sont les réparations auxquelles la douairière qui jouit en usufruit est tenue, t. XIII, p. 212-213. — Peut-elle s'en décharger en abandonnant son usufruit, *id.* p. *id.* — N'est pas tenue des grosses, si ce n'est en un cas, *id.* p. 214. — Peut-elle obliger le propriétaire à les faire, *id.* p. 222-225. — Elle n'est pas tenue de celles qui étoient à faire lors de la mort du mari : peut-elle obliger le propriétaire à les faire, *id.* p. 214-216.

Réparations. Quelles réparations sont grosses réparations ou réparations d'entretien, t. XI, p. 250-251.

Réparations. Le donataire mutuel est tenu des réparations d'entretien qui surviennent durant le cours de son usufruit, sans répétition, t. XIV, p. 198-199. — N'est tenu des grosses que lorsqu'elles proviennent de sa faute, et du défaut d'entretien, *id.* p. 200. — Peut-il obliger le propriétaire à les faire, et le propriétaire peut-il en demander l'intérêt, *id.* p. 201-203. — Les réparations qui étoient à faire au temps de l'ouverture du don mutuel doivent être avancées par le donataire mutuel, *id.* p. 204-205.

RÉPÉTITION DU RETRAIT, t. IV, p. 356. — Nature de l'action en répétition du retrait, *id.* p. 356-357. — Faut-il des lettres pour l'exercer, *id.* p. 357. — Preuves et présomptions de la fraude qui y donne ouverture, *id.* p. 357-358. — L'acheteur qui rentre en vertu de cette action doit rendre les sommes qui lui ont été remboursées, *id.* p. 359. — *Quid,* s'il n'en avoit pas profité; *id.* p. *id.* — Il n'y a lieu à restitution des fruits, *id.* p. *id.*

RÉPIT. (*Voy.* LETTRES DE RÉPIT.)

Répit. Lettres de répit n'ont lieu pour les loyers et fermes, t. VI, p. 61.

RÉPLIQUES du demandeur aux défenses; comment elles se fournissent, t. XXIV, p. 66. — Dupliques et tripliques abrogées, *id.* p. *id.*

REPRÉSAILLES. Les assureurs sont-ils tenus des risques en cas de représailles, t. IX, p. 290.

REPRÉSENTATION en directe, t. XVIII, p. 10-11, 104. — En collatérale, *id.* p. 115. — Les neveux d'un frère, qui viennent par représentation, n'excluent pas les sœurs, *id.* p. 117, 118, 119. — Excluent-ils les neveux enfans d'une sœur, *id.* p. *id.*

Représentation a lieu en matière de retrait, t. IV, p. 130-131.

Représentation en ligne directe. Ce que c'est, t. XXI, p. 5. — Est universellement reçue à l'exception de quatre coutumes, *id.* p. *id.* — Elle a lieu à l'infini dans la ligne

directe descendante , *id.* p. 76. — Il n'est pas nécessaire que les enfans qui représentent aient été héritiers de la personne représentée. *id.* p. 76-77. — Qui peut-on représenter, *id.* p. 77. — On ne peut représenter un homme vivant, *id.* p. 77-78. — Les enfans d'un fils exhérédé peuvent-ils le représenter, *id.* p. 78. — Même lorsqu'il est prédécédé , *id.* p. 79. — Les enfans de la fille mariée exclus de la succession, la représentent-ils , *id.* p. 80. — *Quid*, si elle est prédécédée , *id.* p. 80-81. — Effet de la représentation , *id.* p. 81. — Les enfans d'un fils prédécédé excluent-ils les enfans d'un autre fils vivant qui est exhérédé , *id.* p. 82-83. — Les représentans ne peuvent avoir tous ensemble que la même part et portion qu'auroit leur père et mère , *id.* p. 84. — La représentation donne-t-elle aux filles de l'aîné le préciput qu'auroit eu leur père , *id.* p. 84-85. — La fille de l'aîné exhérédé prédécédé le représente-t-elle au droit d'aînesse , *id.* p. 85. — De la représentation à l'effet simplement de partager par souche, *id.* p. 86. — A lieu lorsque plusieurs petits-enfans issus de différens fils ou filles viennent à la succession de leur aïeul, *id.* p. 86.

Représentation en ligne collatérale. Trois principales classes établies par les coutumes, t. XXI, p. 178. — Dans les coutumes de Paris et d'Orléans en faveur des neveux et nièces, *id.* p. *id.* — Les représentans succèdent non-seulement au degré, mais à tous les avantages de la personne représentée , *id.* p. 179-180. — Exception à l'article 321 d'Orléans, et 324 de Paris, *id.* p. 181-182. — Si le défunt a laissé une sœur, des neveux enfans d'un frère, et des neveux enfans d'une sœur, les neveux enfans du frère excluront-ils dans les fiefs les neveux enfans de la sœur, *id.* p. 183-185. — La disposition des articles ci-dessus doit-elle être suivie dans les coutumes qui ne s'en sont point expliquées, *id.* p. 186. — Différence entre la représentation en ligne collatérale, et la représentation en ligne

directe , *id.* p. 186-187. — Le partage a-t-il lieu par souches, quand le défunt a laissé un frère qui a renoncé à la succession, *id.* p. 188. — Cas particulier dans la coutume d'Orléans, où les neveux, quoiqu'appelés seuls , partagent par souches , *id.* p. 189. — Dispositions des coutumes de Paris et d'Orléans, qui font concourir l'oncle avec le neveu, *id.* p. 190-191. — *Quid*, dans les coutumes qui ne s'en sont pas expliquées , *id.* p. 191. — Représentation dans les coutumes qui l'admettent en collatérale à l'infini , *id.* p. 192-193. — Esprit de ces coutumes, *id.* p. 194.

REPRISE. Clause de reprise de l'apport , en cas de renonciation à la communauté, t. XVII, p. 38. — Reprise de propre, (*Voy.* PROPRE CONVENTIONNEL.)

Reprise d'instance. Lorsqu'une fille se marie, on ne peut plus valablement procéder de part ni d'autre, jusqu'à ce que l'instance ait été reprise au nom du mari, t. X, p. 693.

Reprise d'apport. Convention pour la reprise de l'apport en cas de renonciation à la communauté, t. XI, p. 354-355. — Quand y a-t-il ouverture au droit qui résulte de cette convention, *id.* p. 355-357. — Le mari qui a restitué l'apport à la femme, en exécution de la séparation, en a-t-il la répétition s'il la survit, *id.* p. 357-358. — Il n'y a ouverture que pour la femme , ou pour des personnes spécialement comprises dans la convention, *id.* p. 360-362. — Lorsque la reprise a été stipulée pour les enfans, quels enfans y sont compris, *id.* p. 362-363. — Plusieurs espèces, *id.* p. 363 et suiv. — La convention par laquelle la reprise est stipulée pour les collatéraux , comprend-elle les enfans, *id.* p. 363-364. — Comprend-elle les héritiers de la ligne ascendante, *id.* p. 366. — Reprise stipulée pour les héritiers même collatéraux, ne s'étend pas à la succession vacante, *id.* p. 366-367. — La reprise ayant été ouverte au profit de la femme qui a survécu , quoiqu'elle

soit morte avant d'avoir pris qualité, peut être exercée par tous ses héritiers et autres successeurs, *id.* p. 371-372. — Ses créanciers peuvent l'exercer, quoiqu'elle ait accepté la communauté, en faisant déclarer cette acceptation faite en fraude, *id.* p. 372-373. — Lorsque la femme a prédécédé, laissant pour héritiers une personne comprise dans la convention, et un légataire universel qui n'y est pas compris, le légataire universel pourra-t-il l'exercer, *id.* p. 374-375. — Quand la convention de reprise est-elle censée comprendre ce qui est avenu à la femme depuis le mariage, *id.* p. 377-378. — Si par la clause de reprise, il est dit que le mari pourra déduire une certaine somme pour frais de noces, cette déduction s'étend-elle aux héritiers du mari, *id.* p. 379-380. — Espèce dans laquelle la reprise ayant été stipulée sans déduction à l'égard des enfans du mariage, et sous la déduction de quatre mille livres à l'égard des enfans d'un précédent mariage, les enfans des deux mariages concourent, *id.* p. 381-386. — La reprise du mobilier ne se fait pas en nature, *id.* p. 387-388. — On doit déduire, sur la reprise, les dettes passives que la femme a fait entrer en communauté, *id.* p. 388-389.

Reprise d'instance est volontaire ou forcée, t. XXIV, p. 140. — Qui sont ceux qui peuvent faire la reprise volontaire, *id.* p. 140-141. — Comment elle se fait, *id.* p. 141. — Demande donnée contre les héritiers ou autres successeurs, pour reprendre l'instance, *id.* p. 141-142. — Ce droit se prescrit par trente ans, *id.* p. 142.

RÉPUDIATION d'une succession, par qui elle peut être faite, t. XXI, p. 303-304. — On ne peut répudier une succession que quand elle est déférée, *id.* p. 305. — Comment répudie-t-on une succession, *id.* p. 306. — Effet de la répudiation d'une succession, *id.* p. id. — A qui son droit accroît-il, *id.* p. 307.

Répudiation d'un legs, par qui peut-elle être faite, t. XXII, p. 267.

— Elle se fait ou expressément ou tacitement, *id.* p. 268.

REQUÊTE CIVILE, *Requête présidiale.* En quel cas y a-t-il lieu à ces requêtes contre les arrêts et jugemens en dernier ressort, t. II, p. 335 et suiv. — Dans quel temps doit-on se pourvoir par cette voie, *id.* p. 339 et suiv.

Requêtes données par les parties dans le cours de l'instance, t. XXV, p. 315-316. (*Voy.* PROVISION.) — Requête afin d'être élargi, ou mis en état de soit ouï, *id.* p. 317. — Il faut, pour l'obtenir, que l'accusé ait obéi à son décret, *id.* p. 317-318. — Cas où les juges peuvent y faire droit, *id.* p. 318. — Requête des accusés pour être reçus en procès ordinaires, *id.* p. 319. — Requête que la partie civile et l'accusé peuvent donner au principal, *id.* p. 319-320. — Ces requêtes se donnent sans qu'il intervienne aucun appointement, *id.* p. 321.

Requêtes civiles. Ce que c'est, t. XXIV, p. 245. — Cas où elle a lieu, *id.* p. id. — A lieu en faveur des ecclésiastiques, communautés et mineurs, lorsqu'ils n'ont pas été défendus, *id.* p. 248. — L'erreur sur un fait ou sur un point de coutume, n'est pas un moyen de requête civile, *id.* p. 249-250. — N'a lieu que contre les arrêts et jugemens en dernier ressort, *id.* p. 250. — Même contre les interlocutoires, *id.* p. 251. — On ne peut se pourvoir qu'une fois par requête civile, *id.* p. id. — Dans quel temps on peut se pourvoir, *id.* p. 252. — Ecclésiastiques, communautés, hôpitaux, ont un an, *id.* p. id. — Forme de se pourvoir par requête civile, *id.* p. 253-254. — On se pourvoit par une simple requête au présidial, *id.* p. 254. — Requêtes civiles doivent être portées dans la cour qui a rendu le jugement contre lequel on se pourvoit, *id.* p. id. — Exception à cette règle, *id.* p. 255-256. — Procédure sur la requête civile, *id.* p. 256. — Toutes requêtes civiles doivent être communiquées aux gens du Roi, *id.* p. 257. — La requête civile et l'instance n'empêchent point l'exécution

du jugement, *id.* p. 258. — Jugement sur la requête civile, et son exécution, *id.* p. 259.

RESCISION du bail à rente pour cause de lésion, t. VII, p. 78.

RESCISOIRE. (Action rescisoire du vendeur pour cause de lésion énorme.) L'action rescisoire qu'a le vendeur, pour cause de lésion, est *utilis actio in rem*, t. III, p. 264. — L'acheteur peut s'en faire renvoyer, en offrant de suppléer le juste prix ; *secùs*, dans les autres contrats, *id.* p. 265-266. — Quel est le juste prix que l'acheteur doit suppléer, *id.* p. 266. — Si cependant l'acheteur pouvoit être présumé de mauvaise foi, *id.* p. 267. — Doit-il offrir aussi les intérêts du supplément, et de quel jour, *id.* p. 266-267. — L'action rescisoire est divisible : l'un des héritiers du vendeur, ou l'un des vendeurs, ne peut l'exercer que pour sa part ; mais l'acheteur peut, s'il le juge à propos, l'obliger à reprendre tout ou rien, *id.* p. 268-269. — La succession de cette action appartient à ceux auxquels appartient celle de l'héritage, *id.* p. 269-270. — Ventes de meubles ne sont sujettes à cette rescision, *id.* p. 270-271. — Y a-t-il des exceptions, *id.* p. 271. — Ventes par décret sur une saisie réelle n'y sont sujettes ; *secùs*, des décrets volontaires, *id.* p. 271-272. — Vente de droits successifs n'y est sujette, si ce n'est qu'elle fût faite à un cohéritier, *id.* p. 272. — Le vendeur, pour obtenir cette action, n'a pas besoin de justifier qu'il étoit propriétaire, *id.* p. 272-273. — Quelle lésion donne lieu à cette action, *l.* p. 273. — Suffit-il qu'elle soit au-dessous de la moitié du *pretium summum*, ou du *pretium medium* ou *infimum*, *id.* p. 273-274. — Eu égard à quel temps s'estime la juste valeur, *id.* p. 274. — Doit-on avoir égard au trésor ou à une mine qu'on a découverte depuis le contrat, *id.* p. 274-275. — La disproportion entre le prix pour lequel le vendeur avoit acheté l'héritage, et celui pour lequel il l'a revendu, établit-elle la lésion, *id.*

p. 275. — La considération des droits seigneuriaux, etc., doit-elle entrer dans l'estimation du juste prix, *id.* p. 275-276. — La charge de réméré doit-elle entrer en considération du juste prix, *id.* p. 276-277. — Temps dans lequel l'action doit être intentée, *id.* p. 277. — Y a-t-il lieu à cette action, lorsque l'héritage est péri sans la faute de l'acheteur, *id.* p. 278. — *Quid*, si c'étoit par la faute ou le fait de l'acheteur, *id.* p. 280-281. — Le vendeur est-il reçu à cette action lorsqu'il n'a pas ignoré la juste valeur, *id.* p. 281-282. — Si cependant il ne paroissoit pas que le besoin d'argent eût porté le vendeur à vendre à un prix beaucoup moindre, pourroit-il être présumé avoir voulu gratifier l'acheteur, *id.* p. 283. — Lorsqu'il y a renoncé par le contrat, ou lorsqu'il est dit qu'il fait donation de ce que l'héritage vaut de plus, *id.* p. 283-284. — Il faut des lettres pour cette action, *id.* p. 285. — Contre qui se donnént-elles, *id.* p. *id.* — L'acheteur, sur cette action, est condamné à rendre l'héritage, *id.* p. *id.* — Doit-il l'être au rapport des fruits, *id.* p. 285-286. — Doit-il faire raison de ceux qui étoient pendants lors du contrat, *id.* p. 287. — Doit rendre les accessoires, *id.* p. 288. — De quelles dégradations est-il tenu, *id.* p. *id.* — Le vendeur doit, de son côté, rendre le prix, *id.* p. *id.* — De quelles impenses est-il tenu raison à l'acheteur, *id.* p. 289. — L'acheteur doit-il l'intérêt des sommes auxquelles montent ces impenses, *id.* p. 291. — L'acheteur n'a pas la répétition des loyaux-coûts de son acquisition, *id.* p. 292. — Différence entre les prestations de l'acheteur et celles du vendeur, *id.* p. 292-293. — Des prestations dont est tenu le vendeur lorsque c'est contre un tiers détenteur que l'action est intentée, *id.* p. 294. — Le vendeur rentre, par cette action, dans l'héritage, sans aucune charge d'hypothèques, *id.* p. 294-296. — Action rescisoire de l'acheteur ; l'acheteur a-t-il une action resci-

soire pour cause de lésion, *id.* p. 297. — Nature de cette action, *id.* p. 298. — Pour quelle lésion peut-elle être intentée, *id.* p. 300. — Si le prix étoit un prix d'affection, *id.* p. *id.* — Le vendeur en peut être renvoyé en offrant de rendre ce qu'il y a d'excessif dans le prix, *id.* p. 299. — Elle a lieu, quoique la chose vendue ait cessé d'exister, *id.* p. 300-301. — Elle n'a pas lieu, lorsque l'acheteur connoissoit la valeur de la chose, *id.* p. 301. — Le vendeur par cette action, est tenu à la restitution du prix, *id.* p. *id.* — Est-il tenu de rendre à l'acheteur les frais du contrat, *id.* p. 301-302. — De quelles impenses est-il tenu, *id.* p. 302-303. — Que doit rendre l'acheteur, *id.* p. 303-304. — Si l'héritage étoit détérioré, par la faute de l'acheteur, *id.* p. 304. — Si l'héritage a été vendu avec ses meubles, *id.* p. *id.*

RESCRIPTION, ce que c'est, t. V, p. 378. — Rescription pour acquitter une dette, ou *adsignatio*, se passe entre trois personnes, *id.* p. 378-379. — Renferme deux mandats, obligations qui en naissent, *id.* p. 379-380. — Différence d'une prescription acceptée *adsignatio*, et de la vraie délégation et du transport, *id.* p. 383. — Rescription acceptée n'équipolle qu'à *saisie-arrêt*, *id.* p. 382. — Rescription n'oblige le porteur à faire des poursuites, et le porteur peut la rendre *tempore congruo*, *id.* p. 383. — Le rescrivant peut la révoquer, *id.* p. 383-384. — Rescription pour cause de prêt ou de donation, *id.* p. 384-385.

RESERVE. Défaut de réserve n'emporte pas remise de ce qui est dû, t. VII, p. 107.

Réserves des quatre quints des propres faites aux héritiers, t. XXII, p. 183. — En faveur de quel héritier cette réserve est faite, *id.* p. 186. — Différence de la légitime coutumière et de la légitime de droit, *id.* p. 187. — Effet de la réserve, *id.* p. 188. — Ce qu'on doit retenir et déduire sur les biens abandonnés par l'héritier, *id.* p. 190. — Ce qui reste doit être partagé entre tous les légataires particuliers, au prorata, *id.* p. 191. — *Quid*, des légataires de corps certain, *id.* p. 191-192. — Lorsque le testateur a légué certains héritages propres, qui font plus que le quint des propres, l'héritier, pour pouvoir retenir sur les propres légués l'excédant du quint, est-il obligé d'abandonner au légataire tous les biens disponibles auxquels il succède, *id.* p. 194. — Tempérament apporté par Ricard et Duplessis, *id.* p. 199. — Lorsque le testateur a légué tous les propres situés dans une coutume, l'héritier qui veut retenir la portion que cette coutume lui réserve, est-il obligé d'abandonner au légataire les portions disponibles des propres situés dans les autres coutumes, *id.* p. 199. — Lorsque l'héritier aux propres, qui retranche les quatre quints, n'est point l'héritier des autres biens disponibles, le légataire peut-il demander aux héritiers des biens disponibles l'estimation des quatre quints des propres qui lui ont été retranchés, *id.* p. 199-200.

RESIGNATAIRE. Tenu d'entretenir les baux faits par son résignant, t. VI, p. 211. — *Secùs*, le successeur à un bénéfice, *id.* p. *id.*

RESOLUTION DE VENTE. Le contrat de vente qui n'a encore reçu aucune exécution, se résout de plein droit par le consentement mutuel des parties, t. III, p. 260. — Par une nouvelle vente qu'elles font entr'elles, de la même chose, *id.* p. 261-262. — Lorsqu'il a reçu une partie de son exécution par la tradition réelle, le contrat peut encore se résoudre par le consentement mutuel des parties, mais pour l'avenir seulement, *id.* p. 262. — Lorsqu'il a été exécuté de part et d'autre, il ne peut plus se résoudre, *id.* p. 265.

Résolution, en vertu de la clause de réméré. (*Voy.* RÉMÉRÉ.)

Résolution en vertu du pacte commissoire. (*Voyez* PACT COMMISSOIRE.) — L'inexécution de quelqu'une des obligations de l'une des parties contractantes est-elle seule

une cause suffisante pour que l'autre puisse demander la résolution du contrat, t. III, p. 360 et suiv.

Résolution. Actes qui contiennent la résolution d'un contrat de vente, ne donnent pas lieu au retrait, t. IV, p. 85 et suiv.

Résolution du bail se fait de plein droit par l'expiration du temps pour lequel il a été fait, sans que ni l'une ni l'autre des parties puisse être obligée de le continuer, t. VI, p. 214. — Exception à cette règle dans le droit romain, *id.* p. 215. Résolution du bail par l'extinction de la chose; *secùs*, si c'est par la faute du conducteur, *id.* p. 215-216. — Lorsque le conducteur a succédé au locateur, soit à titre de propriétaire, soit à titre d'usufruitier, *id.* p. 216. — Par la résolution du droit et de la qualité dans laquelle le bailleur a fait le bail, *id.* p. 217 et suiv. — Le bail ne se résout pas par la mort de l'une ni de l'autre des parties; exception au principe, *id.* p. 221. — Cas auxquels la résolution du bail ne se fait pas de plein droit, mais peut être demandée par le preneur en cas de retard de le faire entrer en jouissance, *id.* p. 56. (*Voy.* RETARD.) — Si la chose louée se trouve diminuée ou détériorée, *id.* p. 56-57. — Pour vice de la chose louée, *id.* p. 90. — Faute de réparation à faire par le locateur, *id.* p. 83-84, 225. — Lorsqu'il ne peut plus se servir de la chose, *id.* p. 56-57.

Résolution du bail d'ouvrage; le locateur, s'il ne juge pas à propos de faire faire l'ouvrage, ou de le continuer, peut résoudre le marché en avertissant l'entrepreneur, et en l'indemnisant, t. VI, p. 298. — Le peut-il, même après qu'il a payé le prix en entier, *id.* p. 299-300. — L'entrepreneur peut-il résoudre le marché, *id.* p. 300. — Le bail d'ouvrage ne se résout pas par la mort du locateur; peut-il le résoudre en avertissant et indemnisant, *id.* p. 301. — *Quid*, lorsqu'il y a plusieurs héritiers de différens avis, *id.* p. 301-302. — Lorsque la chose est faite sur un héritage propre,

c'est l'héritier aux propres qui succède aux droits du bail, *id.* p. 302-304. — Par qui, en ce cas, le prix doit-il être payé; plusieurs distinctions, *id.* p. 305-306. — L'héritier aux propres qui empêche de continuer l'ouvrage, est seul tenu des dommages et intérêts de l'entrepreneur, *id.* p. 307-308. — Le bail d'ouvrage ne se résout pas par la mort du conducteur, lorsque l'ouvrage n'est pas personnel, *id.* p. 309-310. — *Secùs*, si c'est un ouvrage personnel, *id.* p. 310-311. — Le prix du travail commencé, est-il dû, *id.* p. 311-312. — Le bail d'ouvrage se résout, lorsqu'une force majeure en empêche l'exécution, *id.* p. 312-313.

Résolution du bail à rente, t. VII, p. 80-81.

RESTITUTION. (*Voy.* BÉNÉFICE DE RESTITUTION.)

Restitutions de pièces, prescription contre la demande en restitution de pièces en faveur des conseillers de la cour, leurs veuves et héritiers, t. II, p. 252. — En faveur des avocats et procureurs, *id.* p. 231-232.

Restitution. Pour quelles causes un retrayant est-il restituable contre le retrait par lui exercé, t. IV, p. 91.

Restitution. En quel cas la femme ou ses héritiers peuvent-ils se faire restituer contre leur renonciation à la communauté, t. XII, p. 66. — Contre leur acceptation, *id.* p. 86-87. — Rétablissement de communauté. (*Voy.* SÉPARATION.)

RETARD du locateur de délivrer la chose, donne lieu à des dommages et intérêts, quelquefois à la résolution, t. VI, p. 54-55.

RÉTICENCE, est contre la bonne foi dans le contrat de vente. (*Voy.* BONNE FOI.)

RETOURS DE PARTAGE. Deux espèces, t. VII, p. 275-276. — Hypothèque pour lesdits retours, *id.* p. *id.*

Retour en denier fait durant la communauté, par suite du partage d'une succession de biens immeubles, n'entre pas dans la commu-

nauté, t. XI, p. 81-94. — *Quid*, *vice versâ*, *id.* p. 218-228. — Retour consistant dans une somme d'argent porte intérêt du jour du partage ; il peut consister dans une rente qui est foncière ou constituée, suivant qu'il résulte de la convention, t. XII, p. 208.

Retour de partage. Ce que c'est, et en quoi il consiste, t. XXI, p. 389. — La rente créée pour retour est une vraie rente foncière, *id.* p. 390. — Du retour qui consiste en une somme d'argent, *id.* p. 391. — Le co-héritier qui en est chargé doit les intérêts du jour du partage, *id.* p. 391-392. — *Quid*, si le co-héritier chargé de ce retour en argent, constitue rente pour cette somme, *id.* p. 392. — Cette rente est une créance personnelle, *id.* p. *id.* — Garantie de partage, *id.* p. 393. (*V.* GARANTIE.)

Retour. Droit de retour a lieu dans les parlemens de droit écrit, t. *id.* p. 395. — Ce droit n'a pas été reçu dans le parlement de Paris pour les provinces de droit écrit, et à plus forte raison n'a pas lieu pour les pays coutumiers, *id.* p. 396.

RETRAIT. Ce que c'est, et combien il y en a d'espèce, t. XVIII, p. 148.

Retrait féodal, t. XVI, p. 235. — Sa nature, *id.* p. 235-236. — Quels seigneurs ont ce droit, *id.* p. 237. — Les gens de main-morte l'ont-ils, *id.* p. 238. — Par qui peut-il être exercé, *id.* p. *id.* — Sur qui, *id.* p. 242. — Un seigneur, grevé de substitution doit-il rendre au substitué les fiefs qu'il a retirés avant l'ouverture de la substitution, *id.* p. 243. — Le seigneur est-il obligé de rendre à son vassal le fief mouvant de son vassal, qu'il a retiré pendant qu'il tenoit en sa main le fief de son vassal, *id.* p. *id.* — Un mari, un bénéficier, doit-il restituer à sa femme ou à son successeur le bien mouvant de sa femme ou de son bénéfice, qu'il a retiré, *id.* p. 244. — Le possesseur de bonne foi d'une seigneurie doit-il restituer au propriétaire le fief qu'il a retiré,

id. p. *id.* — Des contrats qui donnent ouverture au retrait féodal, *id.* p. 245. — Du temps qu'à le seigneur pour l'exercer, et par quelles voies, et de l'action en retrait féodal, *id.* p. 248. — De ce que le seigneur peut retirer, *id.* p. 251. — Ce qu'il doit rembourser, *id.* p. 252. — S'il doit jouir du terme, *id.* p. 254. — De la ventilation, *id.* p. 256. — Comment se fait ce remboursement, *id.* p. 257. — Dans quel temps doit-il être fait, *id.* p. 258. — Des obligations de l'acquéreur sur qui ce retrait est exercé, *id.* p. 258-259. — Effets du retrait féodal, *id.* p. 259. — Le fief retiré est-il acquêt, *id.* p. 260. — Fins de non-recevoir contre le retrait, *id.* p. 261. — Le vendeur est-il recevable à l'exercer, *id.* p. 263.

Retrait lignager. Ce que c'est, t. XVIII, p. 148. — Clauses qui tendent à l'éluder sont nulles, *id.* p. 148-149. — Des choses qui sont ou ne sont pas sujettes à ce retrait, *id.* p. 151. — Contrats qui y donnent ouverture; contrats de vente, quoique non encore suivis de tradition, *id.* p. 155. — Quoique qualifiés d'un autre nom que celui de vente, lorsque la nature de la vente y prédomine, *sed contrà vice versâ*, *id.* p. 156-157. — Contrats de vente, quoique déguisés sous la forme d'un autre contrat, lorsque la fraude est découverte, *id.* p. 220-221. — Contrats qui n'y donnent pas ouverture; ventes faites pour causes d'utilité publique, *id.* p. 155. — Ventes par décret forcé, *id.* p. 232. — *Secùs*, du volontaire et de la licitation, *id.* p. 233. — Des actes qui renferment un distrait plutôt qu'un contrat, *id.* p. 159. — Du rachat d'une rente propre fait par le débiteur, *id.* p. 222-223. — Action en retrait lignager, ses qualités, *id.* p. 148. — A qui appartient le droit de retrait, *id.* p. 160, 202-214. — Causes qui excluent ou non du retrait un parent, *id.* p. 161-162. — Sur qui peut-on ou ne peut-on pas exercer ce retrait, *id.* p. 166. — Même sur le seigneur qui

a exercé le retrait féodal, *id.* p. 204-205. — Non sur un lignager, lorsque la plus grande partie des héritages acquis est de sa ligne, *id.* p. 230. — Ni sur celui qui a des enfans de la ligne, tant qu'ils ont espérance d'y succéder, *id.* p. 234. — Doit s'exercer pour le tout, *id.* p. *id.* — Ce qui est retrayable attire ce qui ne l'est pas, *id.* p. 129-130. — Formalités de la demande en retrait, *id.* p. 168. — Des offres que doit faire le rétrayant, de la consignation qu'il doit faire en cas de refus, et de ce qu'il doit rembourser, *id.* p. 169. — Du temps fatal pour rembourser, *id.* p. 209. — Effets du retrait, ne donne lieu au profit, *id.* p. 235. — Si l'acquéreur est par le retrait déchargé envers son vendeur, *id.* p. 174-175. — Si les droits qu'il avoit dans l'héritage avant son acquisition revivent, *id.* p. 174-175. — S'il doit jouir du bail à ferme qui lui en avoit été fait, *id.* p. 174-175. — De la qualité qu'a l'héritage retiré en la personne du retrayant, et du droit qu'a l'héritier aux propres du retrayant d'y succéder en remboursant l'héritier aux acquêts, *id.* p. 176. — De la qualité qu'il a en la personne de l'héritier du retrayant, *id.* p. 178-179. — Comment s'éteint le droit de retrait par le retour de l'héritage à la famille avant la demande, *id.* p. 181. — Excepté celui de mi-denier, *id.* p. 191-192. — Par la prescription d'an et jour; de quand court-elle, *id.* p. 182. — Ce qui l'interrompt, *id.* p. 206. — Court contre le mineur, *id.* p. 205. — S'éteint par la prescription trentenaire lorsque l'aunale est arrêtée, *id.* p. 185.

Retrait demi-denier, ce que c'est, t. XVIII, p. 217-218. — Quand a-t-il lieu, *id.* p. 185. — Ce qui le suspend ou non, *id.* p. 187. — A qui est-il accordé, *id.* p. 189. — Que retire-t-on par le retrait, *id.* p. 188-189. — Dans quel temps et comment s'exerce-t-il, *id.* p. 191. — Ce qu'il faut rembourser, et s'il y a un temps fatal, *id.* p. 191-192.

Retrait conventionnel, ou droit de refus, sa nature, t. XVIII, p. 193. — Quels contrats y donnent lieu et pour raison de quelle chose, *id.* p. 196. — A qui appartient l'action qui naît de ce droit, *id.* p. 198. — Comment s'exerce ce retrait, *id.* p. 199. — Dans quel temps, *id.* p. 199-200. — Obligations du retrayant et de l'acquéreur, *id.* p. 200-201.

Retrait. Ce que c'est, t. IV, p. 1. — Quelles sont les différentes espèces de retrait, *id.* p. 1-2.

Retrait lignager. Ce que c'est, *id.* p. 3. — Son origine, et les raisons qui l'ont fait établir, *id.* p. 4-5. — En quelles provinces a-t-il lieu, *id.* p. 4-5. — Lois qui établissent ce retrait sont statuts réels; corollaires de ce principe, *id.* p. 6-7. — Nature du droit de retrait lignager; c'est une faveur de la loi, *id.* p. 7. — Les parties n'y peuvent donner atteinte, *id.* p. 8. — Fraudes contre le droit de retrait; en quoi consistent-elles, *id.* p. 7. — Sont punies par plusieurs coutumes, *id.* p. 9. — Preuve testimoniale de ces fraudes est admise, *id.* p. *id.* — Lignager peut déférer le serment, *id.* p. *id.* — Droit de retrait est favorable et non odieux, *id.* p. 10-11. — Réparation à laquelle est tenu dans le for de la conscience l'acquéreur qui a caché son acquisition, *id.* p. 11-12. — Convention qu'en cas de retrait la vente sera nulle, est-elle valable, *id.* p. 8. — Si le vendeur s'étoit fait fort envers l'acquéreur que sa famille n'exerceroit pas le retrait, *id.* p. 8-9. — Choses sujettes à retrait, *id.* p. 12 et suiv. (*Voyez* HÉRITAGE, PROPRE, ACQUÊT, CONQUET, MEUBLES, DROITS, DIMES, RENTES, OFFICES, SEIGNEURIE UTILE, USUFRUIT, FRUITS PENDANS.) — Les choses qui ne sont pas sujettes au retrait le deviennent-elles lorsqu'elles sont vendues avec un héritage qui y est sujet, *id.* p. 46-47. — Exception au principe, divergence de la coutume d'Orléans d'avec le droit commun, *id.* p. *id.* — Quels contrats donnent ou ne donnent pas lieu au retrait, *id.* p. 49 et suiv. (*Voy.* VENTE, BAIL, ÉCHANGE,

DATION EN PAIEMENT, DONA-
TION, SOCIÉTÉ, AMEUBLISSE-
MENT, TRANSACTION, LICITA-
TION, RENTE VIAGÈRE, RÉ-
SOLUTION.) De quand, *id.* p. 92.
— Si la vente avoit été contractée
sous une condition, *id.* p. 93 —
Lorsqu'un mineur vend, le retrait
est-il ouvert du jour de la vente ou
de celui de la ratification, *id.* p.
94. — *Quid,* de la vente faite par
une femme en puissance de mari,
id. p. 94-95. — À qui les coutumes
accordent-elles le droit de retrait,
id. p. 95 et suiv. — (*V.* VENDEUR.)
— Quelle est la famille du vendeur
à qui le retrait est accordé, *id.* p.
102-103. — Ce droit est accordé
sans aucune limitation de degré,
id. p. 103-104. — Les ascendans de
la ligne sont-ils habiles au retrait,
id. p. 105-106. — La parenté formée
par quelqu'union illégitime ne donne
pas les droits de famille, *id.* p. *id.*
— La mort civile prive des droits
de famille, et rend, par conséquent,
inhabile au retrait, *id.* p. 106. —
Étrangers non naturalisés n'ont pas
les droits de famille, *id.* p. 106-107.
— Quelles personnes peuvent exercer le retrait, *id.* p. 105 et suiv. —
Celles qui n'étoient pas encore con-
çues lors du contrat de vente, *id.*
p. 107. — Un curateur au ventre,
id. p. *id.* — Un novice, *id.* p. 106.
— Un exhérédé, *id.* p. 107-108. —
Un vendeur ne peut de son chef
exercer le retrait sur la vente qu'il
lui a faite, même pour les parts de
ses co-vendeurs, *id.* p. 108-109. —
Il le peut en qualité de tuteur ou
de curateur de quelqu'un de ses
parens, même en qualité d'administrateur des droits de ses enfans
mineurs, *id.* p. 110. — Peut reprendre l'instance sur la demande
donnée par un des lignagers, dont
il est devenu héritier, *id.* p. 111.
— Le vendeur qui est devenu héritier du conjoint lignager, peut
exercer le retrait de mi-denier au
partage, *id.* p. 350. — *Secùs,* si ce
n'étoit pas au partage que ce retrait
s'exerçât, *id.* p. 351. — Un lignager
peut exercer le retrait, quoiqu'il
soit devenu héritier du vendeur, à

moins que par clause spéciale on
eût garanti l'acheteur du retrait,
id. p. 111-113. — Quoiqu'il soit la
caution du vendeur, *id.* p. 114. —
Quoiqu'il ait autorisé sa femme,
dont il est lignager, pour vendre,
pourvu qu'il ne se soit pas porté
vendeur en son nom, *id.* p. 122. —
— Quoiqu'il ait vendu comme fondé
de procuration, comme tuteur,
comme curateur, *id.* p. 114. —
Quoiqu'on ait vendu sur lui comme
curateur à une succession vacante;
secùs, si on a vendu sur lui comme
héritier bénéficiaire, *id.* p. 114-115
— Quoiqu'il ait été le poursuivant
ou qu'il ait été opposant, ou qu'il
ait été le juge qui a adjugé le décret,
id. p. 115. — Quoiqu'il ait reçu
l'acte comme notaire, ou l'ait souscrit comme témoin, *id.* p. 122. —
Quoique le marché lui ait été proposé, *id.* p. 123-124. — La convention qu'a eue le lignager de ne
pas exercer le retrait, l'y rend non-
recevable vis-à-vis de l'acheteur,
soit qu'il ait eu cette convention
avec l'acheteur, *id.* p. 116. — S'il
l'avait eue avec le vendeur, *id.* p.
117-118. — Cette convention l'en-
gage-t-elle envers d'autres lignagers
sur lesquels il demande la préférence, *id.* p. 118-119. — Consentement donné à la vente par un lignager renferme-t-il une renonciation
au retrait, *id.* p. 119-120. — *Quid,*
de la cession qu'il auroit faite de
son droit à un étranger, *id.* p. 120-
121. — Un lignager, quoiqu'acheteur, peut exercer le retrait pour
les parts de ses co-acheteurs, *id.* p.
122. — De la préférence ou concurrence entre plusieurs lignagers qui
se présentent pour exercer le retrait.
(*Voyez* PRÉFÉRENCE, REPRÉ-
SENTATION.) — Sur qui s'exerce
le retrait lignager? contre l'acheteur étranger, ses héritiers et tiers
détenteurs, *id.* p. 132. — Le lignager doit-il se pourvoir contre le tiers
détenteur ou contre l'acheteur, *id.*
p. 132-133. — *Quid,* lorsque l'a-
cheteur étranger, avant aucune demande, a transmis l'héritage à un
successeur qui est de la famille,
id. p. 134. — S'exerce-t-il sur un

légataire à qui le testateur a légué un héritage, dans le cas auquel son héritier le vendroit, *id.* p. 135-136. — S'exerce-t-il sur le seigneur, *id.* p. 135. — Sur le roi, *id.* p. 137. — Sur un autre lignager, *id.* p. 138. — Sur un étranger qui est conjoint par mariage et en communauté de biens avec un lignager, *id.* p. 138-139. — Ou qui a des enfans lignagers, *id.* p. 140. (*Voy.* RETRAIT DE MI-DENIERS.) — S'il venoit à vendre l'héritage; les enfans pourroient-ils être admis au retrait du vivant de leur père, *id.* p. 141. — S'exerce-t-il sur un acquéreur qui, par un même marché, a acquis des héritages de sa ligne, et d'autres qui n'en sont pas, *id.* p. *id.* — Comment le retrait s'exerce-t-il lorsque tous les héritages compris au marché sont de la ligne du retrayant, et que le temps est passé pour quelques-uns et non pour les autres; est-il admis à retirer ceux pour lesquels le temps n'est pas passé; peut-on l'obliger à retirer le tout, *id.* p. 142. — Lorsqu'il n'y a que partie des choses comprises au marché qui soit de la ligne du retrayant, a-t-il droit de prendre tout le marché, et l'acquéreur peut-il l'y obliger, *id.* p. 149. — A quelle coutume doit-on avoir égard sur cette question, *id.* p. 150-151. — Lorsque, dans les héritages compris au marché, il y en a un dont le retrayant est propriétaire, est-il obligé de prendre tout le marché, *id.* p. 153-154. — Règles pour connoître s'il n'y a qu'un marché ou s'il y en a plusieurs, *id.* p. 148-149. — Le retrayant qui a donné une demande en retrait sur plusieurs marchés, peut-il se désister du retrait d'un marché sans se désister des autres, *id.* p. 149. — Sur le temps dans lequel le retrait doit être exercé, et sur la prescription qui résulte du laps de ce temps. (*Voyez* TEMPS, PRESCRIPTION.) Formalités requises par l'ordonnance et les coutumes, pour les retraits. L'exploit de demande en retrait doit être donné par un huissier compétent, *id.* p. 182. — Qui ne soit pas interdit

id. p. *id.* — Ni parent du demandeur, *id.* p. 183. — Doit-il être recordé de témoins, *id.* p. 183-184. — Doit-il être fait de jour ou de nuit, *id.* p. 184. — Peut-il être donné un jour de fête ou de dimanche, *id.* p. 184-186. — Défaut d'expression du degré de parenté, du jour auquel le défendeur est assigné, le délai trop long ou trop court, ne rendent l'exploit nul, *id.* p. 187-188. — Différentes formalités requises par les différentes coutumes: offres aux journées de la cause; consignation de quelques pièces de monnoie, etc., *id.* p. 188-189. — Election de domicile, dans la juridiction du domicile de l'ajourné, *id.* p. 190. — Quelle coutume doit-on suivre pour les formalités, *id.* p. 190-191. — Défaut de formalité emporte la déchéance du droit de retrait, *id.* p. 191. — Peut s'opposer en tout état de cause, même sur l'appel, *id.* p. 191-192. — Huissiers, procureurs, sont-ils responsables des défauts de formalités, *id.* p. 192-193. — Formalités pour faire courir le temps du retrait, rien n'en peut dispenser, *id.* p. 236. — Sur les obligations du retrayant après le retrait adjugé. (*Voyez* PRIX, LOYAUX-COUTS, IMPENSES, TIERS-ACQUÉREUR. — Dans quel temps et comment doit-il y satisfaire. — (*V.* TEMPS, DÉPÔT, AFFIRMATION, RECONNOISSANCE, OFFRES, CONSIGNATION.) — Charges imposées à l'acheteur outre le prix. Le retrayant doit l'indemniser lorsqu'elles sont appréciables, *id.* p. 208. — *Secùs*, lorsqu'elles ne sont pas appréciables, *id.* p. 210. — *Quid*, de la charge imposée à l'acheteur, de faire un prêt considérable au vendeur, *id.* p. 211. — Charges réelles imposées par l'acheteur s'éteignent par le retrait, *id.* p. 288. (*Voyez* DROITS RÉELS.) — Raison de cette disposition, *id.* p. *id.* — Si cependant l'hypothèque étoit acquise par une personne qui auroit prêté de l'argent à l'acquéreur pour acheter l'héritage, *id.* p. 289. — Si l'acheteur avoit fait donation d'un

15

droit dans l'héritage, *id.* p. 290-291. — Après le retrait adjugé, l'acheteur sur qui le retrait a été adjugé, peut-il contraindre le retrayant à prendre le marché, *id.* p. 257-258. — Des obligations de l'acheteur qui a reconnu le retrait, ou sur qui il a été adjugé. — (*Voyez* DÉLAIS, FRUITS, TRÉSOR, ALIÉNATION, DÉGRADATION, FAUTE, TIERS-ACQUÉREUR.) — L'acheteur ne peut changer la forme de l'héritage, *id.* p. 277-278. — Effet du retrait lignager, *id.* p. 278-279. Comment s'éteint le droit du retrait lignager, *id.* p. 317. — Par le retour de l'héritage à la famille ayant aucune demande en retrait, *id.* p. 317-318. — Exception à l'égard des coutumes qui préfèrent le plus proche, *id.* p. 319. — Si l'héritage avoit été revendu au vendeur avant la demande en retrait, mais sans que la tradition fût intervenue, *id.* p. 318. — Le droit de retrait s'éteint lorsque l'héritage qui y étoit sujet est péri, *id.* p. 319-320. — *Quid*, si c'étoit par la faute de l'acquéreur, *id.* p. *id.* — Si cette faute avoit été commise par l'acquéreur depuis sa demeure, *id.* p. 320. — Demeure-t-il pour la place et les matériaux qui restent, *id.* p. *id.* — (*Voy.* PRESCRIPTION.) — Procès intenté à l'acquéreur sur la propriété de l'héritage donne-t-il une exception contre la demande en retrait, *id.* p. 324-325. — Action de retrait lignager est personnelle et réelle, *id.* p. 12-13. — Est-elle transmissible, et à quels héritiers, *id.* p. 13-15. — Est-elle cessible, *id.* p. 16-17. — Est divisible, *id.* p. 18. — Un mari peut-il donner la demande en retrait pour sa femme, *id.* p. 181. — Par qui doit-elle être intentée pour un mineur, *id.* p. 181. — Pour des enfans sous puissance paternelle, *id.* p. 181. — Pour un posthume, *id.* p. 182. — Doit-il y être sursis pendant le procès intenté à l'acheteur sur la propriété de l'héritage, *id.* p. 324-325.

Retrait de mi-denier. Ce que c'est, t. IV, p. 325-326. — C'est un vrai retrait lignager, *id.* p. 326.

— Les mêmes contrats y donnent ouverture, sauf que ce n'est que du jour de la dissolution de la communauté, *id.* p. 326-329. — La séparation de biens intervenue durant le mariage y donne-t-elle ouverture, *id.* p. 330. — Il faut, pour qu'il y ait lieu à ce retrait, que l'héritage ait été acquis durant le mariage et pendant la communauté, *id.* p. 318. — Il faut que l'un des conjoints soit lignager et l'autre étranger, *id.* p. 327-328. — N'importe que la femme ait parlé ou non au contrat, *id.* p. 329. — *Quid*, lorsque le mari étranger aliène l'héritage durant le mariage, *id.* p. 332-333. — Le don mutuel arrête-t-il l'ouverture de ce retrait, *id.* p. 333-334. — Par la renonciation de la femme lignagère ou de ses héritiers, tout l'héritage est-il sujet à ce retrait, *id.* p. 335. — *Quid*, si au partage de la communauté le conjoint ou ses héritiers lignagers n'usent pas du retrait, et que l'héritage tombe entièrement dans le lot de l'étranger, *id.* p. 336-337. — Dans le retrait de mi-deniers le conjoint lignager ou ses héritiers, sont préférés aux autres lignagers du vendeur, *id.* p. 338. — Faut-il que ces héritiers soient lignagers pour être admis à ce retrait, *id.* p. *id.* — *Quid*, si entre les héritiers du conjoint lignager, les uns sont lignagers, les autres ne le sont pas, *id.* p. 339-340. — *Quid*, si les uns veulent exercer le retrait, et les autres ne le veulent pas, *id.* p. 341. — Ce retrait de mi-denier ne s'exerce sur les héritiers du conjoint étranger, s'ils sont lignagers, *id.* p. *id.* — Il ne s'exerce sur les héritiers du conjoint lignager, quand même ils seroient étrangers, sa part n'étant pas sujette à ce retrait, *id.* p. 342. — Le retrait de mi-denier doit s'exercer dans l'an et jour de la dissolution de communauté, *id.* p. *id.* — Les mêmes causes qui arrêtent le temps du retrait ordinaire, arrêtent celui-ci, *id.* p. 342-343. — Quand même il s'exerceroit au partage, *id.* p. 344. — Ce retrait n'est sujet aux formalités lorsqu'il s'exerce au partage;

sinon il y est sujet, *id.* p. *id.* — Comment s'exerce-t-il au partage, *id.* p. 345-346. — Les obligations du retrayant sont les mêmes que dans le retrait ordinaire, sauf qu'il est tenu du remboursement des mises utiles, *id.* p. 347-348. — Il n'y a pas même de terme fatal lorsqu'il s'exerce au partage, *id.* p. 349. — Lorsque le retrait de mi-denier s'est exercé au partage de la communauté, le retrayant possède l'héritage, comme un conquêt de cette communauté, *id.* p. 349-350. — Corollaires, *id.* p. 350-351. — Lorsqu'il ne s'exerce pas au partage, il a les mêmes effets que le retrait ordinaire, *id.* p. 348. (*Voyez* HYPOTHÈQUES.)

Retrait féodal ou seigneurial. Ce que c'est, t. IV, p. 362. — Sa nature, *id.* p. 363. — Il appartient à la nature du fief, *id.* p. *id.* — Le retrait lignager l'emporte sur le féodal, *id.* p. *id.* — L'action en retrait féodal est-elle réelle, *id.* p. 368-369. — Est-elle cessible, *id.* p. 369. — Quel est l'héritier qui y succède, *id.* p. 370-371. — Il n'y a que le fief même qui soit sujet au retrait féodal, *id.* p. 374-375. — L'article 393 d'Orléans ne s'étend pas à ce retrait, *id.* p. 375. — De quand le contrat de vente donne-t-il ouverture à ce retrait, *id.* p. 376-377. — A quel seigneur appartient-il; est-ce la coutume du fief dominant, ou celle du fief servant qui doit à cet égard décider, *id.* p. 378-379. — Le roi a-t-il ce droit, *id.* p. 380. — Par qui le retrait seigneurial peut-il être exercé, *id.* p. 382-383. (*Voy.* MARI, USUFRUITIER, SUZERAIN.) — Quand le seigneur est-il censé avoir répudié le retrait, *id.* p. 386. — Lorsque le fief a été vendu ou revendu plusieurs fois, il est au choix du seigneur d'exercer le retrait sur quelle vente il voudra, *id.* p. 389. — Le seigneur ne peut exercer le retrait que pour le total, lorsque tout ce qui est compris au marché relève d'une même seigneurie, *id.* p. 390. — Quel est le temps dans lequel ce retrait doit être exercé, *id.* p. 391-392. — Il s'exerce par action qui

n'est pas sujette aux formes du retrait lignager, *id.* p. 394. — Il s'exerce aussi par exception. *id.* p. *id.* — L'acquéreur qui ne connoît pas le seigneur qui a le droit du retrait féodal, peut-il faire des innovations dans l'héritage, *id.* p. 401-402.

Retrait conventionnel. Ce que c'est, t. IV, p. 360-361. — Le retrait conventionnel l'emporte sur le lignager, sur le féodal, *id.* p. 364-365. — Entre deux droits de retrait conventionnel, le plus ancien l'emporte, *id.* p. 367-368. — Retrait expressément stipulé par l'acte d'inféodation; n'est pas simplement seigneurial, mais est conventionnel, *id.* p. 365-366. — Droit de retrait conventionnel est un droit dans l'héritage, *id.* p. 368-369. — L'action est cessible, *id.* p. 369. — Si on est convenu du contraire, *id.* p. 372. — L'action, lorsqu'elle est née, est un acquêt qui se transmet à l'héritier aux acquêts, quoique le fonds du droit soit propre, *id.* p. *id.* — La disposition de l'article 395 de la coutume d'Orléans ne s'étend pas au retrait conventionnel, *id.* p. 375. — Le retrait conventionnel peut-il être exercé par les gens de mainmorte, *id.* p. 380-381. — Retrait conventionnel est un pur fruit, *id.* p. 384. — Corollaires, *id.* p. 384-385. — Le vendeur est garant du retrait conventionnel si la charge n'est pas déclarée par le contrat, *id.* p. 386. — Quand est-on censé avoir répudié le retrait conventionnel, *id.* p. 387. — Quand l'héritage a été plusieurs fois vendu et revendu, celui à qui le droit appartient peut choisir sur quelle vente il l'exercera, *id.* p. 389. — Le retrait conventionnel s'exerce-t-il pour partie, *id.* p. 390. — L'action n'est pas sujette aux formes du lignager, *id.* p. 391.

Retrait. Le propriétaire a-t-il droit de retrait sur l'étranger à qui la douairière a vendu ou affermé son usufruit, t. XIII, p. 175-176. — Héritage que le mari a retiré durant le mariage, par retrait seigneurial ou conventionnel, n'est sujet au douaire lorsque la vente qui y a

donné ouverture est intervenue durant le mariage, *id.* p. 31-34. — *Secùs*, si elle étoit intervenue avant, *id.* p. *id.*

Retrait. Le retrait lignager fait des propres de communauté, t. XI, p. 147-148. — *Secùs*, du conventionnel, *id.* p. 148-149.

Retrait féodal. La coutume d'Orléans ne l'accorde qu'aux seigneurs châtelains, t. XIX, p. 483. — De la nature du retrait féodal, *id.* p. *id.* — Définition du retrait féodal, suivant la jurisprudence du Parlement de Paris, *id.* p. 484. — Il y a ouverture au retrait féodal dans les mêmes cas où il y a ouverture au profit de quint, *id.* p. 486. — Les contrats qui donnent ouverture au retrait féodal, sont les contrats de vente ou équipollens à vente, *id.* p. 487. — Du contrat de vente. *(Voy.* VENTE.) — Toutes les choses qui sont tenues en fiefs, sont sujettes au retrait féodal quand elles sont vendues, *id.* p. 517. — Si une rente inféodée, qui n'est pas rachetable, est rachetée par le débiteur, y a-t-il lieu au retrait, *id.* p. 518. — *Quid*, des dîmes inféodées, *id.* p. *id.* — *Quid*, de la vente d'un bois de haute-futaie, *id.* p. 518-519. — D'un droit d'usufruit, *id.* p. 519. — D'une action pour avoir le fief, *id.* p. 519-520. — Quel seigneur a le droit d'exercer le retrait féodal, *id.* p. 521. — Si le roi doit être excepté, *id.* p. 522. — *Quid*, des seigneurs ecclésiastiqués, *id.* p. *id.* — Les ecclésiastiques peuvent-ils céder à un autre le retrait-féodal, *id.* p. 523-524. — Si un co-propriétaire du fief dominant peut, sans le consentement des autres co-propriétaires, exercer le retrait féodal, *id.* p. 525. — Limitation apportée par Dumoulin, *id.* p. *id.* — Si le seigneur, dont le droit est irrévocable, peut exercer le retrait féodal, *id.* p. 526. — Si le retrait féodal est cessible, *id.* p. 527-528. — Si le propriétaire du fief dominant, qui a aliéné, peut exercer l'action du retrait féodal qui est née pendant qu'il l'étoit, *id.* p. 529. — Si le retrait féodal peut appartenir à d'autres qu'au vrai propriétaire. (*Voy.* USUFRUITIER, FERMIER, MARI, TUTEUR, APANAGISTE.) — Dans quel temps le retrait féodal peut-il être exercé. Variété des coutumes de Paris et d'Orléans, *id.* p. 541-542. — De la notification et exhibition du contrat. (*V.* NOTIFICATION.) — Du terme de quarante jours prescrit pour exercer le retrait féodal, *id.* p. 546. — Cette prescription de quarante jours est interrompue par la mort du seigneur, *id.* p. 547-548. — Dumoulin décide que le terme ne court pas pendant le procès sur la validité de la vente, *id.* p. 548. — Des différentes manières d'exercer le retrait féodal. Exécution du retrait féodal se fait ou par la voie de la saisie féodale, ou par la voie d'exception, ou par la voie d'action, *id.* p. 550. — L'action peut s'intenter non-seulement contre l'acheteur, mais contre les tiers-détenteurs, *id.* p. 551. — Elle n'est sujette à aucune des formalités du retrait lignager, *id.* p. 552. — L'obligation du seigneur qui exerce le retrait, est de rendre à l'acheteur le prix et les loyaux-coûts, *id.* p. *id.* — Est-il obligé de rendre le prix que l'acheteur doit encore, *id.* p. 553. — *Quid*, si le vendeur a fait remise à l'acheteur, *id.* p. 553-554. — Le seigneur peut-il jouir du terme accordé par le contrat, *id.* p. 555. — *Quid*, si l'acheteur a constitué par le contrat rente pour le prix, *id.* p. 555-556. — Dans quel temps le seigneur doit-il rembourser, *id.* p. 557-558. — Ce qui fait partie des loyaux-coûts, *id.* p. 558-559. — Le seigneur ne peut être obligé de retirer autre chose que le fief relevant de lui, *id.* p. 559-560. — Et l'acheteur ne peut être contraint par le seigneur à lui bailler autre chose, *id.* p. 561. — Effets du retrait féodal, *id.* p. *id.* — Le seigneur acquiert le fief avec toutes les hypothèques et charges réelles imposées par le vendeur ou ses auteurs, *id.* p. *id.* — L'acheteur doit lui céder ses actions, *id.* p. 561-562. — Le seigneur est exclu du retrait féodal, 1.° par le laps de temps; 2.° par la réception de foi; 3.° par

le choix du profit ou quint, *id.* p. 562. — *Quid*, si le seigneur a donné souffrance à l'acheteur, *id.* p. 563. — Comment le seigneur est censé avoir fait choix du profit de quint, *id.* p. *id.* — Si le seigneur a composé du profit, il est exclu du retrait, *id.* p. 564. — *Quid*, si le seigneur a fait demande du profit, avant que le contrat lui ait été notifié, *id.* p. 565. — *Quid*, si le profit avoit été payé à un procureur fondé de procuration générale, *id.* p. 566-567. — Le seigneur n'est pas exclu du retrait pour avoir reçu le contrat comme notaire, ou assisté comme témoin, ou adjugé l'héritage comme juge, *id.* p. 567.

RETRANCHEMENT des donations pour la légitime des enfans, t. XXIII, p. 137. (*Voy.* LÉGITIME.) — Quelles donations sont sujettes au retranchement de la légitime, *id.* p. 141. — Les dots des filles y sont-elles sujettes du vivant du gendre, *id.* p. 142. — *Quid*, de la dot fournie pour la profession religieuse, *id.* p. 143. — Les conventions matrimoniales n'y sont pas sujettes, *id.* p. 144. — Effet de retranchement des donations pour cause de légitime, *id.* p. 153. — Ce retranchement donne lieu à un partage entre le donataire et le légitimaire, qui opère entre eux une garantie, *id.* p. 153-154. — Retranchement des donations dans quelques coutumes, pour la légitime coutumière, *id.* p. 157. — Quelles donations sont sujettes à ce retranchement, *id.* p. 159. — Retranchement que souffrent les donations par le premier chef de l'édit des secondes noces, *id.* p. 163. (*Voy.* ÉDIT DES SECONDES NOCES.) — Quelles donations sont sujettes à ce retranchement, *id.* p. 164. — Les avantages, de quelque espèce qu'ils soient, y sont sujets, *id.* p. 165. — Le douaire préfix, jusqu'à concurrence du coutumier, n'y est pas sujet, *id.* p. 167. — La prohibition de donner aux enfans du mari, renferme-t-elle les enfans communs, *id.* p. *id.* — Celles faites aux père et mère, ou enfans du second mari après la mort, n'y sont pas sujettes, *id.* p. 168. — Quand y a-t-il lieu à ce retranchement, *id.* p. 169. — Il faut que le conjoint qui a donné, ait des enfans ou petits-enfans d'un précédent mariage, *id.* p. 170 et suiv. — Comment se règle la part du mari lorsque les enfans ont des portions inégales, *id.* p. 172.

RÉUNION de fief, t. XVI, p. 270. — Comment se fait, *id.* p. 271.

Réunion des fiefs. Ce que c'est, t. XIX, p. 590. — La réunion ne se fait pas nécessairement, elle peut être empêchée par la déclaration contraire, *id.* p. 591. — Variété de la jurisprudence et des coutumes sur la manière dont se fait la réunion, *id.* p. 591-593. — Principes de la coutume de Paris sur la réunion, *id.* p. 594. — Il n'importe à quel titre celui qui étoit propriétaire de l'un des héritages, devient propriétaire de l'autre, il y a réunion, *id.* p. 594-595. — Il faut cependant qu'il soit propriétaire de l'un et l'autre d'une manière incommutable, *id.* p. 595-596. — Il peut néanmoins empêcher la réunion, par une déclaration contraire, faite *incontinenti*, *id.* p. 596-597. — Et même *ex intervallo*, aussitôt que la connoissance lui est venue que cet héritage relève du sien, *id.* p. 597. — L'héritier est tenu de réitérer la déclaration faite par le défunt, *id.* p. 598. — De la réunion pendant la communauté, soit quand le mari acquiert un fief relevant d'un propre du mari ou de la femme, *id.* p. 598-599. — Si la femme a ameubli un de ses propres, et que le mari acquière l'héritage qui en relève, y aura-t-il réunion, *id.* p. 601-602. — De la réunion par la confusion des successions paternelle et maternelle, *id.* p. 602. — Principes de la coutume d'Orléans sur la réunion, *id.* p. 602-603. — L'héritier de l'acquéreur peut-il, dans cette coutume, empêcher la réunion, *id.* p. 603.

RÉVÉLATIONS sont reçues par les curés et vicaires, et envoyées au greffe de la juridiction, t. XXV, p. 250. — Servent à faire assigner en témoignage ceux qui ont révélé, *id.* p. *id.*

REVENDICATION a lieu non-seulement contre celui qui possède indûment une chose, mais même contre celui qui, par dol, a cessé de la posséder, t. VII, p. 394.

Revendication. (Action en revendication.) Quelle est cette action, t. XIV, p. 494-495. — Quelles choses en peuvent être l'objet, *id.* p. 496. — Elle ne peut être ordinairement intentée que par celui qui a le domaine de la chose, *id.* p. 499. — Quel domaine faut-il avoir, *id.* p. 500. — Le possesseur de bonne foi d'une chose, qui en a perdu la possession, est reçu à cette action contre celui qui la possède sans titre, *id.* p. 501-502. — Cas auxquels il est reçu, même contre le propriétaire, *id.* p. 503-505. — Cette action se donne contre celui qui est trouvé en possession, et si c'est un fermier, il doit indiquer son bailleur, contre lequel le demandeur doit se pourvoir, *id.* p. 506-507. — Lorsque mon co-propriétaire possède la chose en commun avec un tiers qui n'y a aucun droit, contre qui doit se donner l'action, *id.* p. 507-508. — Lorsque la partie assignée dénie posséder, que doit ordonner le juge, *id.* p. 507-508. — *Quid*, si la partie assignée défend à la demande, quoiqu'elle ne possède pas, *id.* p. 509. — Cette action se donne-t-elle contre l'héritier du possesseur, s'il n'est pas lui-même possesseur, *id.* p. 509-512. — Distinction entre l'héritier du possesseur de bonne foi, et l'héritier du possesseur de mauvaise foi, 510-512. — Elle se donne contre celui qui, par dol, a cessé de posséder, *id.* p. 512-513. — Ce que doit observer le propriétaire avant d'intenter cette action, *id.* p. 513-514. (*Voy.* ENTIERCEMENT.) — Comment s'intente l'action en revendication des héritages, *id.* p. 518-519. (*Voy.* VUES ET MONTRÉES.) — Le possesseur ne doit être dépossédé pendant le procès; mais il ne doit rien innover, *id.* p. 520-521. — Lorsque c'est une rente revendiquée, qu'observe-t-on, *id.* p. 520-521. — Quels sont les titres qui peuvent fonder la demande en revendication,

et quand le demandeur paroît-il l'avoir fondé, *id.* p. 522-526. — Comment se fait la restitution du meuble entiercé, au demandeur qui a obtenu en sa demande, *id.* p. 526-227. — *Quid*, lorsque le meuble est entre les mains du défendeur, *id.* p. 227-228. — Comment se fait la restitution d'un héritage, *id.* p. 528. — D'une rente, *id.* p. 529. — En quel état doit être rendue la chose revendiquée. Distinction à cet égard, entre le possesseur de mauvaise foi et celui de bonne foi, *id.* p. 529-530. — De quels fruits doit faire raison le possesseur de mauvaise foi, *id.* p. 534-535. — Depuis quel temps, *id.* p. *id.* — De quand le possesseur de bonne foi est-il tenu des fruits, et de quels fruits, suivant le droit romain, *id.* p. 535-542. — Le possesseur de bonne foi n'est réputé tel par rapport aux fruits, que tant que sa bonne foi dure, *id.* p. 542. — *Quid*, si la demande étoit périmée, *id.* p. 544. — Principes du droit françois sur la restitution des fruits, *id.* p. 542-544. — Le demandeur doit rembourser le possesseur de ce qu'il a été obligé de payer à des créanciers hypothécaires, et des impenses nécessaires qu'il a faites sur l'héritage, *id.* p. 545. — Même les intérêts jusqu'à concurrence de ce qu'ils excéderoient les fruits perçus par le possesseur, *id.* p. 545-546. (*V.* IMPENSES.) (Propriété.) — Le demandeur n'est obligé de rembourser, même l'acheteur de bonne foi, du prix qu'il a payé, à moins qu'il n'ait tourné à son profit, auquel cas il en seroit tenu, même envers le possesseur de mauvaise foi, *id.* p. 559-560. — Dans quel délai et par quelles voies le possesseur est-il contraint de délaisser l'héritage qu'il a été condamné de laisser, *id.* p. 561. — A quoi doit être condamné le possesseur qui s'est mis, par son dol ou par sa faute, hors d'état de restituer la chose, *id.* p. 567-570.

RÉVISION du procès, t. XXV, p. 396. — Procédures pour y parvenir, *id.* p. 397. — Partie civile, s'il y en a, doit être assignée, *id.*

p. 398. — Ces lettres peuvent s'obtenir après la mort du condamné, *id.* p. *id.*

RÉVOCATION de procureur, t. IX, p. 127. — Comment se fait-elle, *id.* p. *id.*

Révocation des legs et autres dispositions testamentaires, t. XXII, p. 252. — Ce que c'est que la révocation expresse, *id.* p. 252-253. — Par quel acte elle peut se faire, *id.* p. 253. — Pour que la révocation soit valable, il faut que la chose dont le testateur prive le légataire, soit la chose léguée, ou en fasse partie, *id.* p. 254. — Révocation tacite se présume en plusieurs cas, *id.* p. 255. — Aliénation de la chose léguée, quand elle renferme révocation du legs, *id.* p. 259. — Le simple engagement de la chose léguée ne doit pas faire présumer la révocation du legs, *id.* p. 258. — Quand le motif qui a porté à léguer a cessé, le legs est censé révoqué, *id.* p. 260. — Le testateur peut-il s'interdire le pouvoir de révoquer les legs et autres dispositions, *id.* p. 260-261. — Testament mutuel, comment peut-il être révoqué, *id.* p. 262.

Révocation des donations, pour cause de survenance d'enfans, t. XXIII, p. 96. — Sur quelle raison est fondée la jurisprudence à ce sujet, *id.* p. 97. — Quelles donations sont sujettes à cette révocation, *id.* p. *id.* — Les donations, à quelque titre qu'elles aient été faites, encore qu'elles soient mutuelles, y sont sujettes, *id.* p. 98. — De même les rémunératoires, si les services ne sont pas appréciables à prix d'argent, *id.* p. 99-100. — De même les donations pour cause pies, *id.* p. 100. — Celles faites en faveur de mariage, y sont aussi sujettes, à l'exception de celles faites par les conjoints ou les ascendans, *id.* p. 100-101. — *Quid*, de la donation faite pour titre clérical, *id.* p. 101. — *Quid*, si la donation contient la clause qu'elle ne pourra être révoquée par survenance d'enfans, *id.* p. 104-105. — Il faut, pour donner lieu à une révocation, que le donateur n'eût pas d'enfans au temps de la donation, *id.* p. 105. — La révocation a lieu suivant l'ordonnance, encore que l'enfant du donateur fût conçu au temps, *id.* p. 106-107. — L'ordonnance n'entend parler que d'enfans légitimes, *id.* p. 108. — Cas où l'existence d'un enfant, au temps de la donation, n'empêche pas la révocation, *id.* p. 109. — Quelle espèce de survenance d'enfans donne lieu à la révocation, *id.* p. 110. — La survenance d'un petit-enfant feroit-elle révoquer la donation, *id.* p. 111. — *Quid*, de la naissance d'un posthume, *id.* p. 111-112. — Les donations sont révoquées de plein droit par la survenance d'enfans, *id.* p. 112. — L'action qu'à le donateur pour recouvrer les choses données, est une action personnelle, *conditiones sine causâ*, *id.* p. 112-113. — Le donateur rentre dans les héritages, sans aucunes charges d'hypothèques, servitudes et autres charges imposées par le donataire, *id.* p. 114-115.

Révocation pour cause d'ingratitude, t. XXIII, p. 120. (*Voy.* INGRATITUDE.) Quelles donations sont sujettes à cette sorte de révocation, *id.* p. 128. — Les mutuelles y sont-elles sujettes, *id.* p. 128-129. — Les remises faites à des débiteurs y sont-elles sujettes, *id.* p. 129.

RISQUES. La chose est aux risques de l'acheteur, aussitôt que le contrat est parfait, t. III, p. 237. — En général, quand le contrat est-il parfait, *id.* p. 241. — Dans les ventes des choses *quæ in quantitate consistunt*, quand le contrat est-il à cet égard censé parfait, *id.* p. 241-242. — De quand la chose est-elle aux risques de l'acheteur dans les ventes à la charge de goûter, *id.* p. 244-245. — Dans les ventes conditionnelles, *id.* p. 246. — Aux risques de qui sont les choses vendues, dans les ventes d'une alternative de deux ou plusieurs choses, *id.* p. *id.*

Risques dont sont tenus ou ne sont pas tenus les assureurs et les donneurs à la grosse, t. IX, p. 290.

(*Voy.* ASSUREURS, DONNEURS À LA GROSSE, CHANGEMENT DE ROUTE, DE VOYAGE OU DE VAISSEAU, REPRÉSAILLES, DÉCLARATION DE GUERRE, PILLAGE, FEU.)

RISTOURNE, t. VIII, p. 238.

ROI. N'est point censé s'être assujetti aux lois en y soumettant ses sujets, t. IV, p. 137.

S.

SAISIE. Différentes espèces. Saisie-exécution, ou saisie mobilière, ce que c'est, t. XVIII, p. 379. — Saisie de fruits, sans le fond, est saisie mobilière, *id.* p. 379-380. — Qui sont ceux qui peuvent procéder par saisie exécution, *id.* p. 381-382, 397. — Pour quelles dettes, *id.* p. 380-381. — Formalités de cette saisie, *id.* p. 382-383, — Concurrence des saisies, *id.* p. 384. — Des oppositions à la saisie par d'autres créanciers, *id.* p. 385. — Par le saisi, *id.* p. 386. — Saisie sur saisie ne vaut, *id.* p. 410. (*Voyez* EXÉCUTION) — Saisie-Arrêt. (*V.* ARRÊT.) — Saisie réelle des immeubles. Quelles choses peut-on saisir réellement, *id.* p. 419. — Pour quelles dettes, *id.* p. 421. — Sur qui, *id.* p. 422. — Commandemens dont la saisie réelle doit être précédée, *id.* p. 425. — Doit-elle être précédée d'une discussion mobilière, *id.* p. 465-486. — De la commission pour saisir, *id.* p. 486. — Formalités de l'exploit de saisie-réelle, *id.* p. 486-487. — Devant quel juge se doit porter la saisie, *id.* p. 428. — Procédure de la saisie réelle et son enregistrement, *id.* p. 430. — Si l'appel la suspend, *id.* p. *id.* — Si elle tombe en péremption, *id.* p. 433. — Effet de la saisie réelle et établissement de commissaire, *id.* p. 434; t. XVI, p. 322. (*Voy.* COMMISSAIRE et BAIL JUDICIAIRE.) — Des oppositions à la saisie. (*Voy.* OPPOSITION.) — Incidens sur la saisie, incidens de préférence entre deux saisissans, t. XVIII, p. 449. — Incident d'un opposant pour être subrogé à la saisie, *id.* p. 450. — Incident d'un premier créancier pour que l'héritage lui soit adjugé pour l'esti-

mation, *id.* p. 451. — Saisie réelle des offices. (*Voy.* OFFICES.)

Saisie féodale. Sa nature. t. XVI, p. 111. — Quand y a-t-il ouverture, *id.* p. 112. — Quelles personnes peuvent saisir féodalement, *id.* p. 113, 365-366. — Pour quelles causes, *id.* p. 117. — Formalités de cette saisie, *id.* p. 119. — Effets de cette saisie, *id.* p. 120. — Ce qu'elle donne au seigneur dans le fief saisi, *id.* p. 121. — Sous quelles charges, *id.* p. 122. — Comment doit-il jouir, *id.* p. 123. — Peine de l'infraction de la saisie, *id.* p. 375. — De l'opposition à la saisie, si la saisie tient pendant l'opposition, *id.* p. 124-125-155. — Quand finit la saisie, *id.* p. 124.

Saisie censuelle ou obstacle, t. XVI, p. 404. — De l'opposition à cette saisie, *id.* p. 409. — Forme particulière d'obstacle dans les censives à relevoisons à plaisir, *id.* p. 428-429.

Saisie-arrêt. Les rentes viagères en sont-elles susceptibles, et peut-on stipuler qu'elles ne le seront pas, t. V, p. 193-194.

Saisie. Droit qu'à le seigneur d'hôtel ou de métairie de s'opposer à la saisie des meubles, faite par un créancier de son locataire ou fermier, t. VI, p. 187-188.

Saisie réelle de l'héritage, faite par les créanciers du propriétaire de l'héritage, sujet à la rente, et bail judiciaire, n'empêche pas ce propriétaire d'être possesseur jusqu'à l'adjudication, t. VII, p. 66.

Saisie féodale. Ne le dépossède que vis-à-vis du seigneur, t. *id.* p. *id.*

Saisie. Le preneur peut-il s'opposer à la saisie du cheptel faite par les créanciers du bailleur, t. *id.* p.

372-373. — Le propriétaire locateur de la métairie où se trouvent les bêtes, peut s'y opposer, id. p. 375. — Le preneur peut-il s'opposer à la saisie du cheptel de fer faite par les créanciers du bailleur, id. p. 414.

Saisie réelle. Vente sur une saisie réelle faite par des créanciers postérieurs au mariage, ne fait pas cesser le douaire auquel l'héritage est sujet, t. XIII, p. 77-78. — *Secùs*, si le saisissant, ou quelqu'un des opposans, avoit une hypothèque antérieure au mariage, id. p. id. — La douairière peut-elle exercer son droit sur ce qui est resté du prix reçu par des créanciers antérieurs au mariage, id. p. 78.

Saisie censuelle. Ce que c'est, t. XX, p. 45. — Elle diffère totalement de la saisie féodale, id. p. id. — Elle diffère aussi de la saisie-exécution, id. p. 45-46. — Pour quelles choses la saisie peut-elle être faite, id. p. 47. — Dans la coutume d'Orléans, peut être faite pour tous les droits censuels, id. p. id. — Quelles personnes peuvent saisir censuellement, id. p. 47-48. — De la forme de la saisie censuelle, suivant la coutume d'Orléans et suivant celle de Pasis, id. p. 48. *Quid*, lorsque la maison ou héritage sont affermés, id. p. 48-49. — Doit se faire par un sergent, qui se transporte sur l'héritage, id. p. 50. — Doit être signifiée au censitaire, id. p. id. — De l'infraction de cette saisie, et si l'opposition à la saisie est une infraction, id. p. 50-51. — De l'amende pour infraction de la saisie, id. p. id. — De l'opposition à la saisie censuelle. (*Voy.* OPPOSITION.)

Saisie féodale. Ce que c'est et son origine, t. XIX, p. 87. — Qui sont ceux qui peuvent saisir féodalement, id. p. 89. — De l'apanagiste, de l'engagiste, id. p. 89-90. — Du grevé de substitution, du seigneur non investi, id. p. 90. — Du suzerain qui tient le fief de son vassal, id. p. 91. — Peut-il saisir les arrière-fiefs pour lesquels la foi a été portée au vassal, id. p. id. — La coutume d'Orléans décide pour l'affirmative, id. p. 92. — Du possesseur de bonne-foi, id. p. 96. — Du mari, id. p. 97. — Des tuteurs, curateurs, procureurs, titulaires de bénéfices, id. p. 97-98. — De l'usufruitier, du fermier, du commissaire à la saisie réelle, id. p. 99. — L'usufruitier a-t-il ce droit dans les coutumes qui ne s'en expliquent pas, id. p. 99-100. — Si la saisie féodale peut se faire pour partie id. p. 104. — Pour quelles causes la saisie féodale se fait-elle, id. p. 106. — La seule principale cause est le défaut de foi non faite, id. p. id. — Quand la saisie féodale peut-elle être faite, et quelles en sont les formalités. (*Voy.* COMMISSION.) — L'exploit de saisie féodale doit être revêtu des formalités que l'ordonnance exige pour les autres exploits, id. p. 114. — L'établissement de commissaire est-il nécessaire, id. p. 115. — La coutume de Paris exige l'enregistrement de la saisie en la justice du fief saisi, id. p. 116. — Des effets de la saisie féodale, id. p. 116-117. — A quelles choses s'étend la saisie féodale, id. p. 118. — Elle s'étend à tout ce qui fait partie du fief, comme fief, id. p. id. — Non aux fruits coupés, aux meubles, id. p. 118-119. — Non aux terres unies par destination, id. p. 119-120. — Quels sont les fruits que le seigneur a droit de percevoir, id. p. 121. — Les fruits naturels et industriels sont acquis irrévocablement au seigneur qui a saisi, dès l'instant qu'ils sont séparés de la terre, id. p. 122-123. — Lorsque le vassal vient à la foi pendant la récolte, à qui doivent appartenir les fruits, id. p. 124-125. — *Quid*, si le seigneur avoit coupé les fruits avant leur maturité, id. p. 126-127. — Le seigneur gagne-t-il entièrement la coupe d'un bois ou la pêche d'un étang, qu'il fait pendant la saisie, id. p. 127-128. — Des fruits civils, id. p. 129. — *Quid*, des fermes de campagne, id. p. 130. — *Quid*, des arrérages de cens, id. p. 130-131. — *Quid*, des profits qui arrivent pendant le cours de la saisie féodale, id. p.

131. — Des droits attachés au fief que le seigneur qui a saisi peut exercer, *id.* p. 134. — Le seigneur peut-il recevoir les gens de main morte, à vicaire et à payer indemnité, *id.* p. 135. — Il a le droit de nommer aux offices et aux bénéfices, *id.* p. 136. — Peut-il destituer les officiers, *id.* p. *id.* — Des charges de la saisie féodale, *id.* p. 138. — Des charges réelles, des anciennes et naturelles, *id.* p. 139-140. — Des charges nouvelles, imposées par le vassal, *id.* p. 141. — Des obligations du seigneur qui a saisi féodalement, *id.* p. 142. — Le seigneur doit jouir en bon père de famille, *id.* p. *id.* — De quelle faute est-il tenu, *id.* p. 143. — Si le seigneur est obligé d'entretenir les baux du vassal, *id.* p. 145. — Est tenu de les entretenir lorsqu'ils ont été faits de bonne foi et sans fraude, *id.* p. *id.* — Le vassal est-il garant de la solvabilité du fermier ou locataire, *id.* p. 147-148. — Le vassal, après la main-levée de la saisie, n'est point obligé d'entretenir les baux faits par le seigneur, *id.* p. 149. — Si le seigneur peut déloger son vassal, *id.* p. *id.* — Quand finit la saisie féodale, *id.* p. 151. — De l'opposition à la saisie féodale. (*Voy.* OPPOSITION.) — De la saisie féodale faute de dénombrement, *id.* p. 250. — Quand le seigneur peut saisir faute de dénombrement, *id.* p. *id.* — De la nature de cette saisie, *id.* p. 251. — Est différente de la saisie faute de foi, *id.* p. *id.* — Elle se fait dans la même forme que celle faute d'homme, *id.* p. 253. — Elle finit quand le dénombrement a été donné, *id.* p. 254. — Un dénombrement quoique défectueux en quelque chose, opère-t-il la main-levée de cette saisie, *id.* p. 255. — Opinion de Dumoulin préférée, *id.* p. 255-256.

Saisie-arrêt des créances qui appartiennent à notre débiteur. Ce que c'est, t. XXIV, p. 336. — Créances qui ne sont pas susceptibles de saisie-arrêt, *id.* p. 337. — Portions congrues des curés; si elles peuvent être saisies, *id.* p. 338. —

Rentes viagères sur l'Hôtel-de-Ville, et sur les tontines, *id.* p. 339. — Procédure à tenir sur la saisie-arrêt, *id.* p. 339-340. — Procédure à tenir, lorsqu'il y a d'autres créanciers arrêtans, *id.* p. 341. — Procédure contre celui pour le fait duquel l'arrêt est fait, *id.* p. 342. — Effet de la saisie-arrêt, *id.* p. 342-343. — Distribution entre les créanciers arrêtans, *id.* p. 343. (*Voy.* PRÉFÉRENCE.)

Saisie et exécution de meubles, t. XXIV, p. 288. (*V.* EXÉCUTION.) — Doit être précédée d'un commandement, *id.* p. 299. — Comment il se fait, *id.* p. *id.* — Son effet, *id.* p. 299-300. — Doit-il être laissé un délai entre le commandement et la saisie, *id.* p. 300. — Où l'on peut saisir, *id.* p. 301. — Si les meubles du débiteur sont en la maison d'un tiers, *id.* p. 302. — On ne peut saisir que de jour, *id.* p. *id.* — Et non un jour de dimanche ou de fête, *id.* p. *id.* — Formalités que l'huissier doit observer en la saisie, *id.* p. 302-303. — Formalité de la saisie des fruits pendans par les racines, *id.* p. 301-303. (*Voyez* JARDIN, DÉPOSITAIRE, COMMISSAIRE.) — Saisie sur saisie ne vaut; quand cette règle a lieu, *id.* p. 322. — Cas où la première saisie est convertie en opposition, *id.* p. 323. — Vente des effets saisis, *id.* p. 324. (*Voyez* VENTE.)

Saisie gagerie. Ce que c'est, t. XXIV, p. 351. — En quoi diffère des autres arrêts et saisies, *id.* p. 351.

Saisie réelle. Ce que c'est, t. *id.* p. 354. — Pour quelles dettes on peut saisir réellement, *id.* p. *id.* — Il faut que la dette soit d'une certaine considération, *id.* p. 355-356. — On ne peut saisir réellement que sur la personne obligée ou condamnée, *id.* p. 356. — La saisie réelle doit se faire sur le propriétaire de l'héritage, *id.* p. 356-35. — Cas où on peut saisir sur un curateur, *id.* p. 356. — En quelle juridiction doit se faire la saisie réelle, *id.* p. 358. — Celle qui se fait en vertu

d'une sentence se poursuit dans la juridiction où elle a été rendue; ce qui s'entend de la juridiction civile et ordinaire, *id.* p. 358-359. — Autrement elle se poursuit devant le juge du domicile du saisi, *id.* p. 359. — Ce qui doit précéder la saisie réelle, *id.* p. 361. — Commandemens qui doivent être faits, *id.* p. *id.* — S'ils doivent être recordés de témoins, *id.* p. *id.* — S'il doit en être fait deux, *id.* p. 362. — Si la discussion des meubles du débiteur doit précéder, *id.* p. 363. — Comment elle se fait à l'égard des mineurs, *id.* p. 364. — Commission spéciale nécessaire, pour saisir réellement, *id.* p. 366. — Où elle doit se prendre, *id.* p. 366-367. — Saisie réelle se fait par le ministère d'un huissier, *id.* p. 367. — Formalités particulières de l'exploit de saisie réelle, *id.* p. *id.* et suiv. — Doit-il contenir en détail la déclaration de toutes les pièces de terre, *id.* p. 368. — Le droit de justice est-il compris sous les termes d'appartenances et dépendances d'un fief ou seigneurie, *id.* p. 369-370. — La saisie réelle doit contenir la déclaration que l'huissier a mis *Panonceaux*, *id.* p. 371. — Affiches qui doivent être mises, *id.* p. 371-372. — Doit contenir établissement du commissaire, *id.* p. 372. (*Voy.* COMMISSAIRE.) — Doit être enregistrée au greffe de la justice et au bureau du commissaire, *id.* p. 373. — Comment l'instance de saisie réelle peut être interrompue, t. XXV, p. 27. — Elle se périme par discontinuation de procédure, lorsqu'il n'y a pas de bail judiciaire, *id.* p. 28. — Saisie-réelle des offices, *id.* p. 75. (*Voy.* OFFICES.)

SAISINE, de la règle, *le mort saisit le vif*, t. XIV, p. 471-472, 481.

SALAIRES. Fins de non-recevoir contre les salaires des procureurs et huissiers, t. II, p. 231.

SCEAU des provisions d'un office purge le douaire avant qu'il soit ouvert, t. XIII, p. 304.

SCELLÉ. Ce que c'est, et en quoi il diffère de la saisie-arrêt, t.

XXV, p. 163. — Cas où les créanciers peuvent le requérir, *id.* p. 164. — Les créanciers en vertu de billets peuvent aussi le requérir, *id.* p. 165. — Héritier présomptif peut aussi le requérir, quoiqu'il ne le soit qu'en partie, *id.* p. 166-167. — L'exécuteur testamentaire, les légataires ou donataires peuvent aussi le requérir, *id.* p. *id.* — Quand le ministère public peut requérir le scellé, *id.* p. *id.* et suiv. — Il peut le requérir à cause de la minorité de l'héritier, *id.* p. 168-169. — Et à la mort des bénéficiers, *id.* p. 169. — Cas où l'économe peut le requérir, *id.* p. *id.* — Cas où le ministère public peut le requérir sur les effets d'un homme vivant, *id.* p. 170. — C'est le juge du lieu qui est compétent pour l'apposer, *id.* p. 171. — Droit du commissaire au châtelet de Paris, *id.* p. *id.* — Juges des seigneurs sont compétens pour les apposer sur les effets des nobles et des ecclésiastiques dans leur juridiction, *id.* p. 171-172. — Juge d'un seigneur est compétent pour le mettre sur les effets de son seigneur, *id.* p. 172. — Exception, *id.* p. *id.* — Juges compétens pour certaines matières, *id.* p. *id.* — Forme de l'apposition des scellés, *id.* p. 173. — Que doit faire le juge lorsqu'il y a des effets réclamés par quelqu'un, *id.* p. 175. — Opposition aux scellés; comment elle se forme, *id.* p. 176. — Quand les scellés peuvent être levés, *id.* p. 176-177. — La levée doit être faite, les parties intéressées présentes ou dûment appelées, *id.* p. 178. — Forme du procès-verbal de la levée des scellés, *id.* p. 179. — *Quid*, si les scellés se trouvent altérés ou falsifiés, *id.* p. *id.* — Juges ne doivent assister à l'inventaire, *id.* p. *id.*

SECRÉTAIRES du roi ne sont pas compétens pour recevoir des testamens, t. XXII, p. 103.

SÉDUCTION. Est empêchement de mariage, t. X, p. 207. — Quand est-elle présumée dans les majeurs *id.* p. 208. — Est présumée dans les mineurs qui se marient sans le consentement de leurs père et mère,

tuteurs et curateurs, id. p. 207-208.

SEIGNEURS D'HOTEL ET DE MÉTAIRIE, leurs droits. — Droit de gage ou hypothèque sur les fruits de leur métairie, et sur les meubles qui garnissent l'hôtel ou la métairie, t. XVIII, p. 250. — Quelles choses y sont sujettes, id. p. 253. — Même les meubles des sous-locataires, id. p. 253-254. — Quand ceux qui appartiennent à des tiers y sont-ils sujets, id. p. 254. — Quelles personnes peuvent exercer ce droit des seigneurs d'hôtel, id. p. 251. — Pour quelles obligations, id. p. 252. — Droit qu'ils ont d'empêcher le déplacement des meubles exploitans leur hôtel ou métairie, et de suivre ceux qui ont été déplacés, id. p. 259, 316. — De leur droit d'exécution, id. p. 263, 305-306. — De leur droit de préférence aux autres créanciers, id. p. 262. — Du droit d'expulser le locataire ou le fermier s'il mésuse ou s'il ne garnit pas, id. p. 267, 312. — Ou pour rebâtir la maison, id. p. 267-268. — Ou lorsque le seigneur d'hôtel veut occuper son hôtel en personne, id. p. 268.

Seigneur de rente foncière. (Voyez RENTE FONCIÈRE.)

Seigneur suzerain; qui tient en sa main le fief de son vassal, peut-il exercer le retrait féodal, t. XIX, p. 539. — Le vassal, après qu'il aura eu main-levée de la saisie, pourra-t-il avoir le fief retiré par le suzerain en le remboursant, id. p. 539-540.

SEIGNEURIE UTILE. Droit de seigneurie utile sont sujets à retraits, t. IV, p. 20.

SEMENCE. Doit être remboursée à l'acquéreur, quoique faite du blé par lui recueilli, t. IV, p. 263.

Semences jetées en terre, acquises par droit d'accession au propriétaire de la terre, t. XIV, p. 409.

Semonce, ce que c'est, t. XIV, p. 373.

SENS. Lorsqu'une clause est susceptible de deux sens, lequel est préférable, t. I, p. 86-87.

SÉPARATION. Deux espèces : séparation d'habitation, séparation de biens ; comment se font-elles et pour quelles causes, t. XVII, p. 53, 130-131. — Clause de séparation de dettes, id. p. 47, 144. — Séparation des biens de la succession, que les créanciers du défunt ont droit de demander contre ceux de l'héritier, t. XVIII, p. 80. — Si ceux de l'héritier peuvent pareillement demander la séparation des biens de l'héritier, id. p. 81.

Séparation de biens donne-t-elle ouverture au retrait de mi-denier, t. IV, p. 330.

Séparation. Quel pouvoir donne à la femme la séparation de biens, et pour quels actes la dispense-t-elle d'autorisation, t. X, p. 662-665. — De quel droit prive-t-elle le mari, id. p. 720. — N'a d'effet si elle n'a été exécutée, id. p. 665-666. (Voy. RACHAT.)

Séparation d'habitation. Ce que c'est, t. X, p. 489. — Pour quelles causes est-il permis dans le for intérieur, à une femme, de demander la séparation d'habitation, id. p. 490-491. — Pour quelles causes y est-elle admise dans le for extérieur, id. p. 491. — Une accusation capitale formée par le mari contre sa femme, dans laquelle il a succombé, est pour la femme une juste cause de demander séparation, id. p. 494. — Profession d'hérésie, id. p. 495. — Maladie ou difformité, quelles grièves qu'elles soient, survenues depuis le mariage, ne sont cause de séparation, id. p. 495-496. — Ni la folie du mari, id. p. 496. — Une femme n'est pas écoutée, pour fonder sa demande en séparation, à alléguer les débauches et les adultères de son mari, id. p. 496. — La séparation d'habitation ne peut s'obtenir que par une sentence du juge, rendue en connoissance de cause, sur la demande de la femme contre le mari; tout autre acte par lequel elle seroit consentie entre les parties est de nul effet, id. p. 497. — Juge séculier est compétent pour en connoître, id. p. 498. — Procédure pour parvenir à la séparation, et office du juge, id. p. 498-501. —

Dans les demandes en séparation les faits avoués ne sont pour cela réputés avérés, le juge doit en ordonner la preuve, id. p. 498-499. — Quel est l'effet de la réconciliation, id. p. 499. — Effets de la séparation d'habitation, id. p. 500. — Elle est regardée comme non avenue, lorsque depuis les parties se sont remises ensemble, id. p. 501. — Cependant les actes valables faits par la femme subsistent, id. p. 501-502. — Dans quel cas la séparation intervient-elle sur la demande du mari, id. p. 501-502. — Demande en séparation d'habitation renferme celle en séparation de biens, id. p. 498-499.

Séparation de dette. Qu'est-ce que la convention de séparation de dettes, t. XI, p. 326. — S'infère-t-elle tacitement des apports déterminés des conjoints, id. p. 330-335. — Ces dettes ne sont exclues de la communauté que pour les principaux et les intérêts courus jusqu'au mariage; la communauté est tenue de ceux courus pendant qu'elle a duré, id. p. 337-338. — Pour que le mari poursuivi pendant le mariage par les créanciers de la femme puisse leur opposer cette convention, il faut, 1.° qu'il ait fait inventaire, id. p. 338-339. — 2.° Qu'il leur compte de ce que la femme a apporté, id. p. 339-340. — Doit-il leur compter des fruits, id. p. 341. — Après la dissolution de la communauté, les créancier de la femme n'ont contre le mari que la voie de la saisie-arrêt, id. p. 340-341.

Séparation contractuelle, son effet, t. XI, p. 438. — En quoi diffère-t-elle de la séparation judiciaire, id. p. 439. — Clause que la femme jouira séparément d'un certain héritage, id. p. 439-440.

Séparation de biens judiciaires. Pour quelles causes peut-elle être demandée, t. XII, p. 40-41. — Le mari peut-il la demander, id. p. 42. — Ne peut se faire par le seul consentement des parties, id. p. 43-44. — Procédure pour y parvenir, id. p. 44-45. — Quel juge en connoît, id. p. 45-46. — Publication de la sentence, id. p. 46-47. — La femme qui a obtenu la séparation, a-t-elle effet rétroactif au jour de la demande, id. p. 52-53. — Intérêts de la dot sont-ils dus du jour de la demande, id. p. 54. — Femme séparée de biens peut-elle aliéner sans être autorisée, id. p. 54-55. — Séparation judiciaire peut se détruire par un consentement mutuel, id. p. 55. — Le rétablissement de communauté doit-il être justifié par écrit, id. p. 56-59. — Effet de ce rétablissement, id. p. 59-60. — Les parties peuvent-elles apporter des restrictions à leur rétablissement de communauté, id. p. 61-62.

Séparation des biens de la succession d'avec ceux de l'héritier, t. XXI, p. 450. — Par qui elle peut être demandée, id. p. id. — Cette séparation a lieu contre tous les créanciers de l'héritier, quels qu'ils soient, id. p. 452. — Doit être demandée *rebus integris*, id. p. id. — Effet de la séparation, id. p. 453. — Les créanciers de l'héritier ne peuvent demander contre ceux de la succession, qu'on leur sépare les biens de l'héritier, id. p. 454. — *Quid*, si un débiteur insolvable acceptoit une succession notoirement mauvaise, en fraude de ses créanciers, id. p. 455.

SÉQUESTRE. Ce que c'est: deux espèces, t. VIII, p. 325-326. *Séquestre conventionnel.* Quatre différences de ce contrat et du dépôt simple, id. p. 326-327. — Conviennent au surplus, id. p. 328. — Lorsqu'il n'est pas gratuit, il est plutôt louage que dépôt, id. p. 329. *Séquestre judiciaire*, t. id. p. 330.

Séquestre. Ce que c'est, t. XXIV, p. 184. — Quand il s'ordonne, id. p. 185. — Comment la demande en séquestre se forme, id. p. id. — Séquestres ne peuvent être nommés qu'en connoissance de cause, id. p. 186. — Ce que doit contenir la sentence qui l'ordonne, id. p. id. — Procédure qui se fait en exécution, id. p. 187. — Qui peut être nommé pour séquestre, id. p. id. — Mise en possession du séquestre, id. p. 188.

— Ses fonctions, *id.* p. 188-189. — Quand il finit, *id.* p. 190.

SERFS tels qu'il y en a dans quelques provinces du royaume, sont différens des esclaves chez les Romains, t. XXIII p. 245. — Sont de trois espèces, *id.* p. 246. — Ce qui s'observe par rapport aux nègres, *id.* p. 245.

Serfs mortaillables ne peuvent transmettre leurs successions, si ce n'est à leurs enfans ou parens avec lesquels ils vivoient en communauté, t. XXI, p. 11.

SERMENT. Différentes espèces; serment employé pour assurer une promesse, t. I, p. 94. — Gens d'église en avoient introduit l'usage, pourquoi, *id.* p. 95 — Ce serment a-t-il quelque effet dans le for extérieur, *id.* p. 95-96. — Quel effet a-t-il dans le for de la conscience, *id.* p. 97. — Serment ajouté à la promesse d'une chose impossible ou illicite est nul, *id.* p. 98. — Serment extorqué par violence est-il valable dans le for de la conscience, *id.* p. 98 et suiv. — L'obligation qui résulte du serment ne passe à l'héritier, *id.* p. 99. — Le serment n'exclut la compensation, t. II, p. 128-129. — Serment décisoire, ce que c'est, *id.* p. 384. — On ne peut déférer le serment à quelqu'un, que sur un fait qui lui soit personnel; on ne le peut déférer aux héritiers, si ce n'est sur la connoissance qu'ils en ont, *id.* p. 385. — On peut le déférer en tout état de cause, *id.* p. *id.* — Est-il besoin d'avoir déjà quelque commencement de preuve, *id.* p. 386 et suiv. — Qui sont ceux qui peuvent déférer le serment, *id.* p. 390. — Celui à qui on ne pourroit le référer, peut-il le déférer, *id.* p. 391. — Celui à qui le serment a été déféré doit le faire, à peine de perte de la cause; il peut néanmoins le référer, lorsque la chose est du fait de l'une et de l'autre partie, *id.* p. 392. — Le serment décisoire tire toute sa force de la convention, *id.* p. 394. — De là suit que la délation de serment peut être révoquée, tant que la justice n'a pas encore accepté la

condition, *id.* p. 395. — De là suit qu'il n'a d'effet et ne fait de preuve qu'entre la partie qui l'a déféré, et celle à qui il a été déférée, *id.* p. *id.* — Quid, si l'un de deux créanciers solidaires m'avoit déféré le serment, *id.* p. 396-397. — Le serment tient lieu de paiement, d'où il suit que le serment décisoire, soit du débiteur principal, soit même de la caution, profite à tous ceux qui sont tenus de la dette, à moins que la caution n'ait juré sur le fait du cautionnement, *id.* p. 397. — Serment sur un interrogatoire sur faits et articles. (*Voy.* INTERROGATOIRE.) Serment qu'on appelle *juramentum judiciale*, a deux espèces, *id.* p. 401-402. — Première espèce: celui que le juge défère à l'une des parties pour suppléer à ce qui manque à l'entière preuve de la demande, ou des exceptions, et qui pour cela est appelé serment supplétoire, *id.* p. 402. — Trois choses doivent concourir pour déférer ce serment, *id.* p. 402-403. — Exemples de preuves incomplètes, que le juge peut suppléer par le serment, *id.* p. 405-406. — Dans quel état de cause fait-on usage du serment, *id.* p. *id.* — Seconde espèce de serment *judiciale*, celui qu'on appelle serment *in litem*, qui est déféré sur la quotité de la somme à laquelle doit monter la condamnation, *id.* p. 407.

Serment, de quelles choses le matelot ou le maître, doivent-ils être crus à leur serment, t. VI, p. 470.

Serment. Serment fait de payer des usures, n'est obligatoire ni dans l'un ni dans l'autre for, t. VIII, p. 197.

SERVICE des matelots; quand commence et quand finit le service auquel les matelots se sont engagés, t. VI, p. 480-481. — Comment y sont-ils contraints, *id.* p. 482-483. — Causes d'excuse, *id.* p. 484-485. — Le matelot qui s'est engagé à un maître, est-il obligé de servir sous un autre maître qui lui a été substitué, *id.* p. 485. — Quid, si l'on a substitué un autre navire à la place, *id.* p. 485-486. — Si le

voyage a été changé, *id.* p. 486.

SERVITEURS, s'ils peuvent être témoins; qui sont ceux compris sous ce nom, t. II, p. 308-309.

Serviteurs. Loyer des services n'est dû lorsque celui qui a loué ses services ne les a pas rendus, quoiqu'il en ait été empêché par force majeure, t. VI, p. 118-119. — N'est dû pour le temps qu'il a été empêché de les rendre, *id.* p. 119. — Lorsque l'ouvrage a fini avant la fin de la journée, la journée ne laisse pas d'être due en entier, *id.* p. *id.* Peut-on diminuer une partie du loyer des services pour le temps de la maladie du serviteur, *id.* p. 120-121. — Lorsque le serviteur quitte volontairement son service avant la fin du temps, il est tenu des dommages et intérêts, *id.* p. 122. — Quand même ce seroit par une cause honnête, *id.* p. 122-123. — *Quid,* si c'est pour éviter un décret de prise de corps, *id.* p. 123. Lorsque c'est par le fait du maître que le serviteur quitte, le maître doit le loyer en entier, *id.* p. 123-124. — *Secùs,* s'il y avoit juste sujet de mécontentement, *id.* p. 124. — Le maître en est-il cru, *id.* p. 125. — Les domestiques de ville peuvent-ils quitter sans congé *id.* p. *id.*

SERVITUDE. Droit de servitude; ce que c'est, sa nature, t. XVII, p. 216. — Deux espèces : les personnelles et les prédiales; nature particulière de celles-ci, *id.* p. 216-217. — Par qui peuvent-elles être constituées, *id.* p. 218-219. — A qui, *id.* p. 220. — Comment, *id.* p. 220-221. — Ne s'établissent sans titres, *id.* p. 229-230. — La possession centenaire en tient-elle lieu, *id.* p. 230. — Des actions confessoires et négatoires touchant les servitudes, *id.* p. 221-222. — Comment s'éteignent les servitudes, *id.* p. 223.

Servitudes. Lorsqu'un héritier a vendu ses droits successifs, il doit rétablir les servitudes que ses héritages devoient à ceux de la succession, et on doit établir celles que ceux de la succession devoient aux siens, t. III, p. 401-402.

Servitude. Droit de servitude peut-il se louer, t. VI, p. 12-13. — Droit de servitude est indivisible, *id.* p. 77-78.

Servitude. Le propriétaire peut-il, sans le consentement de l'usufruitier, imposer des servitudes sur l'héritage chargé d'usufruit, t. XIII, p. 219-220. — Peut-il en acquérir, *id.* p. 221.

SIGNIFICATION que l'assuré doit faire aux assureurs, de l'accident qui a causé la perte des effets assurés, t. IX, p. 341-342.

SITUATION. Où une chose est-elle censée avoir sa situation, t. XVI, p. 11. — Des choses qui n'ont aucune situation, par quelles lois se régissent-elles, *id.* p. 12.

SOCIÉTÉ. t. XII, p. 273. (*Voy.* CONTINUATION DE COMMUNAUTÉ.)

Société. Sa définition, t. VII, p. 149. — Sa différence de la communauté, *id.* p. 150-151. — A quelles classes de contrats doit-on la rapporter, *id.* p. 152. — Ce qui est de l'essence de ce contrat, *id.* p. 153. — Il faut que chacun des contractans apporte ou s'oblige d'apporter quelque chose, *id.* p. 153-154. — Il faut que ce soit quelque chose d'appréciable, *id.* p. 154. — Il est de l'essence de ce contrat qu'il se fasse pour l'intérêt commun des parties, *id.* p. 154-155. — Et qu'elles se proposent de faire un profit dans lequel chacun espère une part, *id.* p. 155. — Il faut que l'objet de la société soit quelque chose de licite, *id.* p. 157-158. — Règles pour que le contrat de société soit équitable, *id.* p. 158. — Première règle. Il faut que la part assignée à chacun des associés dans le profit espéré, soit en même proportion que ce qu'il a apporté, *id.* p. 158-159. — Exceptions, *id.* p. 160-161. — Seconde règle : Régulièrement, chacun doit porter sa part dans la perte comme dans le gain, *id.* p. 162. — Exceptions, *id.* p. 162-163. — Peut-on contracter société sous conditions, et à temps *id.* p. *id.* — Peut-on convenir qu'elle durera après la mort des parties, *id.* p. 252-253. — La société finit par l'expiration du temps pour lequel

elle a été contractée, *id.* p. 249.
— La prorogation doit être justifiée
par écrit, *id.* p. *id.* — La société
finit par l'extinction de la chose qui
en fait l'objet, *id.* p. 249-250. — Ou
par la consommation de la négociation, *id.* p. 251. — La société
finit par la mort de l'un des associés,
id. p. 251-252. — Elle ne subsiste
pas entre les survivans, *id.* p. *id.* —
Peut-on convenir, que l'héritier suc-
cédera à la société, *id.* p. 252-253.
— La faillite de l'un des associés
dissout la société, *id.* p. 254. — Les
sociétés faites sans limitation de
temps peuvent se dissoudre par la
renonciation de l'un des associés,
pourvu qu'elle soit faite *bona fide*,
et *tempestivè*, *id.* p. 254-257. — Lorsque la société a été contractée pour
un certain temps, l'un des associés
n'y peut renoncer avant le temps,
s'il n'a pas un juste sujet, *id.* p. 257-
258. — Ce que doit faire l'associé qui
veut renoncer à la société, *id.* p.
258-259. — Que comprend l'administration de la société, qui est confiée à quelqu'un des associés, *id.* p.
193-194. (*Voy.* ADMINISTRATION
DE LA SOCIÉTÉ.) — Quelle part
chaque associé doit-il avoir dans les
gains et les pertes, *id.* p. 198-199.
— Deux manières de récompenser
un associé qui met plus que l'autre
dans la société, quoiqu'ils soient
associés pour portions égales, *id.* p.
200 et suiv. — Droit des associés
par rapport aux choses communes;
chacun a le droit de s'en servir aux
usages auxquels elles sont destinées,
id. p. 210-211. — Chacun a le droit
d'obliger ses associés à contribuer
aux impenses nécessaires à leur conservation, *id.* p. 211. — N'y peut
faire, malgré l'autre, aucune inno-
vation, *id.* p. 212. — Ne peut les
changer ni engager que pour la part
qu'il y a, *id.* p. 213. — Ne peut
associer un tiers à la société malgré
les autres, mais seulement à sa part,
id. p. 214-215. — Droit des quasi-
associés par rapport aux choses
communes, *id.* p. 283-284. — Créances qu'un associé peut avoir contre
la société; la reprise des choses
dont il n'avoit apporté que la jouis-

sance à la société, *id.* p. 240-241.
— Le remboursement des dépenses
qu'il a faites, et l'indemnité des
dettes qu'il a contractées pour les
affaires de la société, *id.* p. 241-242.
— Un associé doit-il être indemnisé
des pertes qu'il a souffertes à l'occasion de la gestion des affaires de la
société, *id.* p. 242. — J'ai, pour mes
créances contre la société, action
contre chacun de mes associés, non-
seulement pour sa part en la société,
mais pour celles qu'il doit porter
de l'insolvabilité de ceux qui sont
insolvables, *id.* p. 245. — Dans les sociétés de commerce, chacun des
associés est tenu solidairement des
dettes de la société, *id.* p. 218-219.
— Il faut que deux choses concourent : 1.º que l'associé qui l'a contractée eût le pouvoir d'obliger les
autres, *id.* p. 218-221. — Il faut,
2.º qu'elle ait été contractée au nom
de la société, *id.* p. 222-223. — S'il
paroissoit que l'objet du contrat ne
concernât pas les affaires de la société, *id.* p. 223. — Comment les
associés sont-ils tenus des dettes
dans les sociétés en commandite et
anonymes, *id.* p. 224. — Dans les
sociétés qui ne sont pas sociétés de
commerce, *id.* p. 224-225. — Comment les quasi-associés sont-ils tenus
des dettes et charges réelles, *id.* p.
284-285.

Dissolution de société. Les contrats
que l'un des associés a faits depuis
la dissolution, sont pour son compte
et non pour celui de la société,
quoique faits au nom de la société,
à moins qu'ils ne fussent une suite
nécessaire de ceux faits pendant la
société, t. VII, p. 260. — A moins
que l'associé n'eût ignoré la dissolution, *id.* p. 261. — Le paiement
fait par l'un des débiteurs de la
société à l'un des associés est valable lorsqu'il ignoroit de bonne foi
la dissolution de la société, *id.* p.
262. — Fruits pendans sur l'héritage
de l'un des associés, lors de la dissolution, à qui doivent-ils appartenir, *id.* p. 263-264.

Société universorum bonorum, doit
être expresse, t. VII, p. 172. —
Comment se communiquent les biens

dans cette espèce de société, *id.* p. 173. — Ce qui y entre ou non, *id.* p. 174-175. — Quelles en sont les charges, *id.* p. 177 et suiv.

Société universorum quæ ex quæstu veniunt, t. VII, p. 181. — Est présumée de cette espèce, lorsque les parties contractent société sans s'expliquer davantage, *id.* p. *id.* — Quels biens y entrent, *id.* p. 182. —. Quelles en sont les charges, *id.* p. 184.

Sociétés particulières, *certarum rerum*, t. *id.* p. 185. — On y met, ou les choses même, ou les profits qu'elles produiront.

Société pour l'exercice d'une profession, t. *id.* p. 187.

Société de commerce, t. *id.* p. 188. Trois espèces :

Société en nom collectif, t. *id.* p. 188-190.

Société en commandite, t. *id.* p. 190.

Société anonyme ou *inconnue*, t. *id.* p. 190-191.

Sociétés taisibles, t. *id.* p. 206.

Sociétés contractées sous signature privée, t. *id.* p. 207.

Société taisible. Qu'est-ce qu'une société taisible, t. *id.* p. 206.

SOIN. Celui qui a reçu par erreur en paiement une chose qui ne lui étoit pas due, n'est tenu à aucun soin pour sa conservation, si ce n'est du jour qu'il a eu connoissance qu'elle ne lui étoit pas due, ou du jour de la demande, t. I, p. 122. (*Voy.* FAUTE, DÉPOSITAIRE.)

SOLIDITÉ. Obligation solidaire de la part des créanciers envers qui elle est contractée, t. I, p. 213.— Ses effets, *id.* p. 214. — Obligation solidaire de la part des débiteurs qui l'ont contractée ; sa nature, *id.* p. 215. — Débiteurs solidaires sont débiteurs du total vis-à-vis du créancier, mais entre eux ils ne le sont que pour la part que chacun a en la cause de la dette, *id.* p. 216-217. — En quel cas l'obligation est-elle solidaire entre plusieurs débiteurs, *id.* p. 218. — Lorsque la solidité est exprimée, *id.* p. 218-219. — Sans qu'elle soit exprimée entre associés, *id.* p. 219. — Entre plusieurs tuteurs et administrateurs, *id.* p. 220. — Entre ceux qui ont concouru à un délit, *id.* p. *id.* — Peuvent-ils opposer la division et la discussion, *id.* p. *id.* — Il résulte aussi des testamens une obligation solidaire, lorsque plusieurs sont grevés par une disjonctive, *id.* p. 220-221. — Effet de la solidité entre plusieurs débiteurs, *id.* p. 222 et suiv. (*Voy.* INTERPELLATION, DEMEURE, COMPENSATION.) — Remise réelle de la dette par le créancier en faveur de l'un des débiteurs solidaires, libère tous les autres, *id.* p. 227. — Simple décharge personnelle de l'un des débiteurs solidaires ne libère pas les autres, elle leur donne néanmoins l'exception *Cedendarum actionum* pour la part pour laquelle ils auroient eu recours contre le débiteur déchargé, *id.* p. 228-229. — La confusion de la dette arrivée en la personne de l'un des débiteurs solidaires ne libère pas les autres, *id.* p. 229-230. — Remise de solidité, *id.* p. 230 et suiv. — Créancier qui admet un débiteur à payer pour sa part nommément, est censé tacitement renoncer à la solidité vis-à-vis de lui, s'il n'a réservé expressément la solidité, *id.* p. *id.* et suiv. — Est-il censé y avoir renoncé vis-à-vis des autres, *id.* p. 236-237. — Créancier qui admet l'un des débiteurs de rente à payer pour sa part des arrérages de rente, n'est censé renoncer à la solidité que pour le passé, et non pour l'avenir, *id.* p. 238-239. — La demande que le créancier fait à l'un des débiteurs solidaires de payer sa part, lui fait-elle perdre la solidité, *id.* p. 234. — Le débiteur solidaire qui paie le total a droit de se faire subroger à tous les droits et actions du créancier contre tous les autres débiteurs, *id.* p. 240. — Acquiert-il cette subrogation de plein droit, sans l'avoir requise, *id.* p. *id.* et suiv. — peut-il, ayant cette subrogation, poursuivre solidairement chacun de ses co-débiteurs seulement sous la déduction de sa part dont il étoit tenu, *id.* p. 245-246. — Quelles actions a de son chef le débiteur solidaire qui a payé

16

sans subrogation contre ses co-débiteurs solidaires, *id.* p. 247 et suiv.

Solidité. Le créancier qui a laissé
prescrire sa rente sur une partie de
l'héritage qui y étoit sujet, perd-il
la solidité contre les détenteurs du
surplus, t. VII, p. 146-147. — La
perd-il lorsqu'il est rentré dans une
partie de l'héritage, *id.* p. 121-122.
— Détenteur subrogé aux droits du
créancier a-t-il recours solidaire contre ses co-détenteurs, *id.* p. 60.

Solidité. Exception au principe général que la solidité doit être exprimée, t. *id.* p. 218-219.

SOLIVE. (*Voy.* POUTRE.)

SOMMATIONS respectueuses que
les enfans majeurs sont tenus de
faire à leurs père et mère pour requérir leur consentement à leur mariage, t. X, p. 309.

SORT. Le sort est-il quelque
chose de religieux dont les jeux de
hazard soient une profanation, t. IX,
p. 443-448.

SOUFFRANCE. Deux espèces :
celle que la loi accorde, et celle qui
se doit demander, t. XVI, p. 102.
— Quelles personnes sont tenues de
la demander pour les mineurs, *id.*
p. 344. — Souffrance que demande
un curateur ou commissaire, *id.* p.
322. — Souffrance en cas de mutation par mort de vassal, *id.* p. 358-
359. — En cas de rétention d'usufruit, t. XVII, p. 383. — Effets de
la souffrance, *id.* p. 108-109, 340.

Souffrance. De la souffrance qui
se demande au seigneur, t. XIX,
p. 68. — Quelles personnes peuvent
demander cette souffrance, *id.* p.
id. — Disposition de la coutume
d'Orléans par rapport à la souffrance
qui peut être demandée pour les mineurs, *id.* p. 69. — Le mineur peut
la demander lui-même s'il est en
âge de raison, *id.* p. *id.* — A quelles
personnes peut être demandée la
souffrance, et qui peut l'accorder,
id. p. 70. — Où, comment et sous
quelles conditions la souffrance doit-
elle être demandée, *id.* p. *id.* — Il
n'y a aucune formalité à observer
pour la réquisition de la souffrance,
id. p. *id.* — Ce que les coutumes de
Paris et d'Orléans exigent du tuteur qui demande souffrance, *id.* p.
71. — De l'effet de la souffrance accordée ou valablement demandée,
id. p. *id.* — La souffrance équipolle
à foi tant qu'elle dure, *id.* p. *id.* —
La souffrance accordée pour des mineurs ne s'étend pas aux fiefs qu'ils
requerront par suite, *id.* p. 72-73.
— Quand expire la souffrance, *id.*
p. 73. — De la souffrance qui se demande par d'autres que par le vassal, *v. g.* par ses créanciers, *id.* p.
74. — Cette souffrance finit-elle par
la mort du commissaire, *id.* p. *id.*
— *Quid,* lorsque la succession du
vassal est vacante, *id.* p. 74-75.

SOURDS-MUETS. Procédure qui
leur est particulière, t. XXV, p.
371. — Fonctions du curateur qui
leur est nommé, 371-372. — Sourds-
Muets peuvent-ils être condamnés à
la question, *id.* p. 372-373. — Peuvent-ils être admis à rendre plainte,
id. p. 373.

SOUS-ORDRE. t. XVIII, p. 471.

SPECIFICATION. T. XIV, p.
418.

SPOLIATION. En matière de
spoliation, il n'y a lieu à la compensation, t. II, p. 125.

STATUES. Quand sont-elles censées faire partie d'une maison, t.
XI, p. 53-54.

STATUTS. Trois espèces, t.
XVI, p. 3. — Statuts personnels,
sur quelles personnes exercent-ils
leur empire, et par rapport à quelles
choses, *id.* p. 3-4. — Statuts réels,
sur quelles choses ont-ils empire,
et par rapport à quelles personnes,
id. p. 11 — Statuts qui concernent
la forme des actes, *id.* p. 12.

STELLIONAT. Quand y a-t-il
stellionat, t. V, p. 62-63.

Stellionat. Lorsque le débiteur a
donné à son créancier des gages
qu'il savoit ne pas lui appartenir,
t. IX, p. 239.

Stellionat. Ce que c'est, t. XXV,
p. 86 — Entraîne la contrainte par
corps, *id.* p. 87.

STIPULER. *Nemo alteri stipulari
potest.* Explication de cette règle,
t. I, p. 55. — Cette règle n'a lieu
que dans le for extérieur, *id.* p.
56. — Ce n'est pas stipuler pour

un autre, que de stipuler que le paiement se fera à un autre, *id.* p. 58-59. — Je ne stipule pas pour un autre lorsque je stipule qu'on fera pour un autre quelque chose que j'ai moi-même intérêt qu'on fasse, *id.* p. 59-60. — Nous pouvons stipuler pour nos héritiers en tant que nos héritiers, et pour la part seulement pour laquelle ils le seront, et ce n'est pas stipuler pour un autre, *id.* p. 61 et suiv. — Nous sommes présumés avoir stipulé pour nos héritiers, quoique cela ne soit pas exprimé, *id.* p. 62. — Exception de cette règle, *id.* p. 62-63. — Nous pouvons restreindre cette stipulation à l'un d'entre nos héritiers, *id.* p. 63. — Ce n'est pas stipuler pour un autre, lorsque nous stipulons par rapport à une chose qui nous appartient, quelque chose, non-seulement pour nous et nos héritiers, mais pour ceux qui nous succéderont, à quelque titre que ce soit, c'est ce qu'on appelle *nos ayant cause*, *id.* p. 68. — Nous sommes même censés avoir stipulé pour *nos ayant cause*, quoique cela ne soit point exprimé, si le contraire ne paroît, *id.* p. 68-69. — Ce n'est pas stipuler pour un autre que de prêter son ministère à un autre pour contracter, comme font les tuteurs, curateurs, procureurs, administrateurs, etc. *id.* p. 75 et suiv.

SUBROGATION aux droits et hypothèques d'un créancier; ce que c'est, t. XVIII, p. 363. — De celles qui se font de plein droit en vertu de la loi seule, comme lorsque la rente due par l'un des conjoints par mariage, est acquittée des deniers de la communauté, *id.* p. 364. — Lorsque le créancier hypothécaire postérieur paie l'antérieur, *aut vice versâ, id.* p. 365-366. — Le détenteur de la chose hypothéquée qui paie un créancier hypothécaire pour éviter le délai, est-il subrogé de plein droit, *id.* p. 366-367. — De la subrogation qui doit être requise, et de ceux qui ont ou n'ont pas le droit de la requérir, *id.* p. 367-368. — Peut-elle être requise ou accordée *ex intervallo*, après le paie-

ment, *id.* p. 369. — De la subrogation qui a lieu en vertu de la convention entre le débiteur et un nouveau créancier qui fournit des deniers pour payer un ancien créancier, *id.* p. 370 et suiv. — Effet de cette subrogation, *id.* p. 376-377. — En quel cas est-il utile à un débiteur qui paie, d'acquérir la subrogation aux droits du créancier, *id.* p. 374-375. — Le co-débiteur subrogé peut-il agir solidairement et contre ses co-débiteurs, sa part confuse, *id.* p. 375-376. — De l'effet de la subrogation d'un détenteur d'autres héritages hypothéqués à la même créance, *id.* p. 345-346.

Subrogation. Se fait *ex causâ necessaria*, t. VII, p. 126-127. — Débiteur de rente foncière peut, en payant, requérir la subrogation, *id.* p. 127. — Peut-il exercer la subrogation solidairement contre les co-détenteurs, *id.* p. *id.* — Possesseur de l'héritage affecté à l'action hypothécaire peut requérir la subrogation contre les précédens possesseurs ou leurs héritiers, *id.* p. 61.

Subrogation. Ce que c'est, t. XI, p. 174-175. — Ce qui est nécessaire pour que la fiction de subrogation ait lieu, soit en matière de succession, soit en matière de communauté, *id.* p. 174-178.

Subrogation de propres. Ce que c'est, t. XXII, p. 49. — Trois choses doivent concorder pour l'opérer, *id.* p. 49-50. — Dispositions de la coutume d'Orléans pour le cas de l'échange, *id.* p. 51. — *Quid* dans le cas où deux frères partagent les successions de leurs père et mère, et où l'un a en partage tous les héritages paternels, l'autre tous les maternels, *id.* p. 52-53. — L'héritage qu'un père donne de son propre à son fils pour le remplir de sa part dans les biens de la communauté, est-il propre maternel par subrogation, *id.* p. 54-55. — Si l'office qui m'est propre est supprimé, et qu'il en soit créé un autre par forme d'indemnité, sera-t-il propre, *id.* p. 56-57.

Subrogation à la saisie. Par qui et quand elle peut être demandée, t. XXV, p. 11. — Procédure qui se tient à ce sujet, *id.* p. 12. — Obligation imposée à celui qui est subrogé à la saisie, *id.* p. 12 et suiv.

SUBROGE-TUTEUR. (*Voy.* LÉGITIME CONTRADICTEUR.)

SUBSTITUER. Un procureur a-t-il pouvoir de substituer lorsque la procuration ne s'en explique pas, t. IX, p. 90-91. — La mort du procureur qui a substitué éteint-elle le pouvoir du substitué, *id.* p. 95-96.

SUBSTITUTION. Ce que c'est, t. XVII, p. 386. — Degrés de substitution, *id.* p. 386-387. — Formalités des substitutions, *id.* p. 398. — Ce que les héritiers et autres grevés de substitution sont tenus de faire pour la sûreté des substitutions qui ne sont pas encore ouvertes, *id.* p. 460-461. — De la restitution anticipée des substitutions, *id.* p. 446-447. — Règles pour l'interprétation des substitutions, *id.* p. 534 et suiv. — Substitutions faites à la famille, *id.* p. 547. — Quand la prohibition d'aliéner fait-elle substitution, *id.* p. 543-544.

Substitution (Biens substitués.) Peut-on vendre des biens substitués, t. III, p. 13-14. — Substitué, quoiqu'héritier du grevé, peut revendiquer les biens substitués que le grevé a vendus, *id.* p. 134-135. — Le grevé de substitution ne peut s'obliger à la garantie des biens substitués qu'il vend depuis la publication, *id.* p. 135-136. — Substitué, lorsqu'il est héritier du locateur, ne peut évincer le locataire, t. VI, p. 75.

Substitution. Une femme peut-elle, à défaut d'autre maison, prétendre un droit d'habitation dans une maison dont son mari étoit grevé de substitution, t. XIII, p. 372.

Substitution. Pour juger si des héritages que le mari n recueillis pendant le mariage, d'une substitution, sont sujets ou non au douaire, on considère l'auteur de la substitution et non le canal par lequel ils

lui sont venus, t. XIII, p. 39. — Les héritages du mari, quoique chargés de substitution faite par un de ses ascendans, sont sujets au douaire de la femme, en cas d'insuffisance de ses biens libres, *id.* p. 53-54. — Cela a lieu quand même la substitution n'auroit été faite que depuis le mariage, *id.* p. 55-56. — Les héritages du mari chargés d'une substitution faite par un collatéral ou un étranger, ne sont sujets à aucun douaire de la femme, si ce n'est en deux cas, *id.* p. 57-58. — Il y a lieu à ce douaire subsidiaire sur les biens chargés de substitution, pour tous les mariages du grevé, *id.* p. 57-58. — Et dans tous les degrés de substitution, *id.* p. 59. — L'auteur de la substitution peut-il déroger à ce droit par une clause expresse apposée à sa substitution, *id.* p. 60-61.

Substitutions fidéicommissaires. Ce que c'est, t. XXII, p. 21. — Dans quel cas les héritages que nous recueillons en vertu d'une substitution, nous sont-ils propres, *id.* p. *id.* et suiv. — *Quid,* lorsque le substitué est héritier du grevé, *id.* p. *id.*

§ *Substitution fidéicommissaire,* opère autant de mutations qu'il y a de personnes à la substitution, et donne lieu à autant de profits si les mutations se font en collatérale, t. XIX, p. 413. — *Quid,* si un père charge son fils de restituer à son autre fils; arrêt de réglement de 1737, *id.* p. *id.* — *Quid,* si un oncle charge son neveu de restituer à ses enfans, *id.* p. 414.

Substitutions. Deux espèces de substitutions en pays coutumiers, la vulgaire et la fidéicommissaire, t. XX, p. 305. — On divise les substitutions, tant vulgaires que fidéicommissaires, en simples et graduelles, *id.* p. 306. — En universelles et substitutions de choses particulières, *id.* p. *id.* — Actes par lesquels peuvent se faire les substitutions, (*Voy.* ACTES.) — Quelle est la nature d'une substitution portée par un acte qui ne contiendroit aucune autre disposi-

tion, *id.* p. 312-313. — Formalités intrinsèques des substitutions. Elles sont sujettes aux formalités des actes qui les contiennent, *id.* p. 313. — Si la substitution est portée par un acte qui ne contienne aucune autre disposition, elle est de la nature des dispositions testamentaires, et sujette aux formalités des testamens, *id.* p. 314. — Formalités particulières aux substitutions de deniers ou meubles, *id.* p. 314-315. — Formalités extrinsèques, *id.* p. 315. — Publication et insinuation des substitutions, ce que c'est, *id.* p. *id.* — Quelles substitutions y sont sujettes, *id.* p. 316. — *Quid,* d'une substitution apposée à une donation faite par le roi, *id.* p. 317. — Où la publication et insinuation des substitutions doit-elle être faite, *id.* p. 318. — Disposition de l'ordonnance de 1747 à ce sujet, *id.* p. 318-319. — *Quid,* lorsque la substitution comprend des droits réels, *id.* p. 320. — *Quid,* à l'égard des rentes constituées, ou des effets mobiliers, *id.* p. 320-321. — Comment se fait la publication et insinuation, *id.* p. 321. — Dans quel temps, *id.* p. *id.* — Le défaut de publication peut être opposé par les acquéreurs et par les créanciers hypothécaires du grevé, *id.* p. 322. — Quand même ils auroient eu connoissance de la substitution, *id.* p. 323-324. — Les héritiers, légataires universels et même les donataires ou légataires particuliers du grevé ne peuvent l'opposer, *id.* p. 324. — Il peut être opposé contre les substitués, tels qu'ils soient, *id.* p. 325. — Termes qui expriment la substitution, il n'importe, pourvu que le testateur ait suffisamment manifesté sa volonté, *id.* p. 326. — Il n'importe que le testateur se soit servi de termes impératifs, *id.* p. 327. — Les termes qui n'expriment qu'une recommandation vague ne renferment point de substitution, *id.* p. *id.* — *Quid,* lorsqu'on donne à quelques-uns et à ses hoirs, *id.* p. 328. — Disposition faite au profit des enfans nés et à naître, *id.* p. 328-329. — Quand doit-on supposer qu'une substitution est graduelle, *id.* p. 329. — Une substitution faite à une famille collectivement est-elle graduelle, *id.* p. 330. — Ce qui doit concourir pour supposer un premier degré de substitution entre deux héritiers ou légataires à qui on a substitué un bien, *id.* p. 336-338. — Doit-on supposer que celui qui est grevé de substitution envers un tiers, sous la condition seulement *sans enfans,* est grevé envers ses enfans, *id.* p. 339. — L'ordonnance de 1747 décide pour la négative, *id.* p. 340. — L'ordonnance admet une seule cause qui doit faire présumer la substitution au profit des enfans, mais dans la condition qui est, s'ils sont chargés de restituer, *id.* p. 344. — Différentes espèces sur cette question, *id.* p. 344-345. — Interprétations des substitutions, *id.* p. 347. — On doit rechercher ce qu'a voulu l'auteur de la substitution sans s'arrêter aux termes, *id.* p. *id.* — Le terme d'*enfans* employé dans la disposition, est restreint au premier degré dans la condition, comprend tous les descendans, *id.* p. 348. — Ce terme ne comprend que les enfans légitimes et ceux qui jouissent de l'état civil, *id.* p. 349. — Quoique le terme *enfans* soit mis au pluriel dans la condition, il suffit que le grevé en laisse un seul, *id.* p. 350. — *Quid,* si le grevé, et l'enfant unique qu'il avoit, sont morts en même temps, *id.* p. 351. — Le terme de *fils* ne comprend point les filles, *id.* p. 352. — S'étend-il aux petits-fils et aux autres descendans, *id.* p. *id.* — Les termes, *descendans mâles,* comprend-ils les descendans mâles des filles, *id.* p. 353. — Que signifie le terme de *famille* dans les substitutions, *id.* p. 355. — Doit-on entendre la famille du testateur, ou celle du grevé, *id.* p. 355-356. — Sont-ce ceux de la famille qui sont les plus proches du testateur, lors de l'ouverture, ou ceux qui sont les plus proches du grevé, qui doivent la recueillir, *id.* p. 357. — Doit-on suivre le même ordre que celui prescrit pour les successions *ab intestat, id.* p. 357.

358. — Entre les enfans du grevé, l'aîné ne doit avoir aucune prérogative d'aînesse, et entre les collatéraux, les mâles ne doivent point être préférés aux femelles, *id.* p. 359. — Substitution à celui de la famille que le grevé aura choisi, *id.* p. 359-360. — Le choix n'est point une disposition que fait le grevé mais un pur choix, *id.* p. 361. — C'est pourquoi il ne peut y imposer aucune charge, *id.* p. *id.* — Un mineur, pour faire ce choix, n'a pas besoin de l'autorité de son tuteur, *id.* p. 363. — *Quid*, si celui qui étoit ainsi grevé est décédé sans faire ce choix, ou s'il est demeuré caduc par le prédécès de celui qu'il a choisi, *id.* p. 363-364. — De la substitution qui résulte de la défense d'aliéner, *id.* p. 375. (*Voy.* DÉFENSE D'ALIÉNER.) — Quelles personnes peuvent faire des substitutions, *id.* p. *id.* — Des personnes qui peuvent être appelées à une substitution, *id.* p. 376. — La disposition, que nul ne peut être héritier ou légataire, a lieu à l'égard des substitutions testamentaires, *id.* p. 376-377. — *Quid*, si tous les héritiers étoient grevés de substitutions à leur décès, les uns envers les autres, *id.* p. 378. — Tous ceux à qui le testateur a laissé quelque chose, par quelque disposition testamentaire que ce soit, peuvent être par lui grevés de substitution, *id.* p. 378-379. — En quel temps pouvons-nous grever quelqu'un de substitution, *id.* p. 380. — Suivant la nouvelle ordonnance, les biens donnés par contrat de mariage, ou par donation, ne peuvent être ensuite grevés de substitution, *id.* p. 381-382. — Le donateur peut-il, par sa donation, se réserver la faculté de charger de substitution les biens donnés, *id.* p. 383. — On ne peut grever quelqu'un de substitution, que jusqu'à concurrence de ce qu'il a reçu, *id.* p. 383-384. — On doit comprendre les fruits perçus jusqu'à l'échéance de la substitution, *id.* p. 384. — Réserve coutumière que l'héritier grevé peut retenir, *id.* p. 385. — Choses dont les substitutions peuvent être l'objet, *id.* p. 386. — Les substitutions universelles sont composées de toutes les choses tant meubles qu'immeubles, auxquelles a succédé le grevé, *id.* p. *id.* — Ou de celles dont il est devenu propriétaire depuis, en vertu de quelque droit qu'il tient de l'auteur de la substitution, *id.* p. 386-387. — Exemples, *id.* p. 387-390. — Ce qui se réunit aux biens substitués est aussi compris en la substitution universelle, *id.* p. 391. — De l'union civile ou de simple destination, *id.* p. 392. — Les fruits perçus jusqu'à l'échéance de la substitution, n'y sont pas compris si le testateur ne l'a donné, *id.* p. 392-393. — *Quid*, des fiefs retirés par droit de retrait féodal, *id.* p. 394-395. — Le grevé peut retenir ce qu'il a payé pour les dettes de la succession, *id.* p. 396. — Ou les sommes qui lui étoient dues par le défunt, *id.* p. 397. — Ou ce qu'il a payé pour les charges de la succession, *id.* p. *id.* — On doit aussi lui tenir compte des mises qu'il a faites pour la succession, *id.* p. 398. — Mais non de celles de simple entretien, *id.* p. *id.* — Différence des impenses nécessaires et des utiles, *id.* p. 399-400. — *Quid*, des frais de procès, *id.* p. 401. — Substitutions faites sous certaines limitations, *v. g.* *Quòd ex hæreditate superfuerit*, *id.* p. 401-402. — Il faut, pour que les choses aliénées soient soustraites à la substitution, que les aliénations aient été faites de bonne foi, *id.* p. 402. — Comment le grevé peut-il aliéner pour ses besoins, *id.* p. 403. — Deux différences entre cette espèce de substitution et les substitutions universelles ordinaires, *id.* p. 404-405. — *Quid*, si la substitution étoit de tout ce qui restera en nature, *id.* p. 405-406. — *Quid*, si elle étoit de tout ce dont l'héritier n'auroit pas disposé, *id.* p. 406. — Toutes les choses qui peuvent être l'objet d'un legs particulier peuvent aussi être l'objet d'une substitution particulière, *id.* p. 407. — Comment les meubles peuvent être com-

pris dans une substitution particulière, *id.* p. 407-408. — Effet des substitutions avant leur ouverture, *id.* p. 408. — Le grevé avant l'ouverture étant seul propriétaire, les actions actives et passives de la succession résident en sa personne, *id.* p. 406. — Conséquences, *id.* p. 409-410. — Le substitué, lors de l'ouverture, ne peut faire revivre les droits de la succession, *id.* p. 410. — Les substitués ou curateurs peuvent seulement saisir et arrêter le prix des biens, *id.* p. 411-412. — Le grevé doit conserver les biens et choses données, *id.* p. 412. — Il ne peut les aliéner ni hypothéquer au préjudice de la substitution, *id.* p. 413. — Exception concernant l'hypothèque subsidiaire que le grevé peut accorder pour la restitution de la dot de la femme et de son douaire, *id.* p. 413-414. — En quel cas a lieu cette hypothèque, *id.* p. 414. — A l'égard de quelles personnes, *id.* p. 416. — A lieu indistinctement quand ce sont les enfans ou petits-enfans du testateur qui sont grevés, *id.* p. 416-417. — Si l'aliénation des biens substitués peut être permise pour des cas très-favorables, *id.* p. 420. — Si le substitué meurt avant l'ouverture de la substitution, il ne transmet rien à ses héritiers, *id.* p. 425. — Ceux qui ont acquis de lui avant l'ouverture de la substitution, ne peuvent, avant cette ouverture, acquérir aucune prescription, *id.* p. 426. — Le décret fait avant l'ouverture de la substitution d'un héritage substitué, ne purge point la substitution, *id.* p. 427. — Ni même celui qui est fait après l'ouverture, *id.* p. *id.* — Le substitué peut faire tous les actes conservatoires avant l'ouverture, *id.* p. 428. — Il peut demander l'emploi ou le dépôt des deniers provenans de la vente des meubles, *id.* p. 429. — Le grevé doit faire inventaire devant un notaire royal, en présence du substitué ou d'un curateur élu à la substitution, *id.* p. 429-430. — Doit faire insinuer et publier la substitution dans les six mois, *id.* p. 431-432. — Donner

requête au juge royal pour le mettre en possession, *id.* p. 431-432. — Doit faire vendre les meubles publiquement et en faire emploi, *id.* p. 432. — Ouverture des substitutions, *id.* p. 433. (*Voy.* OUVERTURE.) — Extinctions des substitutions, *id.* p. 445. — De la part de l'auteur, par sa mort civile ou par la révocation qu'il fait, *id.* p. 445-446. — Substitutions par contrat de mariage, ou par donation, sont irrévocables, *id.* p. 446. — En pays de droit écrit, par la caducité de l'institution de l'héritier, *id.* p. 446-447. — *Secùs*, en pays coutumier, *id.* p. 448. — Extinction de la substitution, lorsque le substitué meurt avant l'ouverture de la substitution, ou devient incapable par mort civile, *id.* p. 449. — L'est-elle par son exhérédation, *id.* p. *id.* — Elle s'éteint par la répudiation, *id.* p. 450. — Extinction de la substitution par l'extinction des choses y sujettes, *id.* p. 457. — Extinction par la défaillance des conditions, *id.* p. 458. — Distinction à faire, si les conditions sont apposées par une disjonctive, *id.* p. 459. — Extinction par le cas de la confusion d'hérédité, *id.* p. *id.* — Extinction par l'accomplissement des degrés limités par l'ordonnance, *id.* p. 460. — L'ordonnance de 1747 conforme à celle d'Orléans et de Moulins, *id.* p. 461. — Les testateurs ou donateurs n'y peuvent déroger, *id.* p. 462. — L'ordonnance de 1747 détermine comment se doivent compter les degrés de substitution conformément à la jurisprudence du parlement de Paris, *id.* p. 465. — On ne compte que les degrés qui ont eu effet, *id.* p. *id.* — Le premier degré de substitution n'est que le second dans la disposition, *id.* p. 466. — L'héritier *ab intestat*, qui est grevé, forme-t-il le premier degré, *id.* p. 468-469. — *Quid*, de celui qui est tenu de rendre les biens aussitôt, ou de les rendre avec les fruits, *id.* p. 470. — Répudiation d'une substitution : quand elle se fait, *id.* p. 451. — Comment elle se fait, soit avant, soit après l'ou-

verture de la substitution, *id.* p. *id.* — Le consentement formel donné par le substitué à la vente de l'héritage renferme-t-il une renonciation, *id.* p. *id.* — La répudiation faite après l'ouverture éteint le droit du substitué, *id.* p. 452. — Quel est l'effet de la renonciation faite avant l'ouverture, *id.* p. 453-454. — *Quid*, s'il y a plusieurs degrés de substitution, *id.* p. 455. — *Quid*, si deux frères mineurs, réciproquement grevés de substitution, avoient renoncé à la substitution, le mineur au profit de qui elle seroit ouverte pourroit-il être restitué contre cette convention, *id.* p. 456-457. — *Quid*, lorsque les grevés sont des collatéraux ou étrangers, *id.* p. 457. — Suivant la dernière ordonnance, elle a lieu dans tous les degrés de la substitution, *id.* p. 418. — A l'égard de tous les mariages, *id.* p. 419. — A-t-elle lieu pour la dot et le douaire d'un mariage contracté avant la substitution, *id.* p. 420. — Les biens substitués peuvent être hypothéqués subsidiairement à la restitution de la dot de la femme du grevé, tant pour le capital que pour les fruits et intérêts, *id.* p. 421. — Mais non pour le remploi des aliénations volontaires, *id.* p. 422. — Ni pour l'indemnité des dettes auxquelles elle s'est obligée, *id.* p. *id.* — L'hypothèque a lieu pour le douaire, tant pour le fonds que pour les arrérages; tant pour le douaire coutumier, que pour le conventionnel, *id.* p. 423. — Mais non pour le préciput, deuil, ou autres conventions, *id.* p. *id.* — Ce droit peut être exercé tant par la femme que par ses héritiers et créanciers, *id.* p. 424.

SUCCESSEUR. Successeur à titre singulier peut expulser le fermier ou locataire, t. VI, p. 202-205. — Quoiqu'il n'ait acquis que sous faculté de rachat, *id.* p. 206. — Exception lorsqu'il a acquis à la charge d'entretenir le bail, *id.* p. 203. — S'il étoit dit par le contrat qu'il acquitteroit le locataire des dommages-intérêts, *id.* p. 203-204. — Charge d'entretenir le bail s'in-

duit de la cession des droits du bail, et est sous-entendue dans les acquisitions qu'on a faites du fisc, *id.* p. 204-205. — Autre exception à l'égard du donataire entre-vifs, *id.* p. 206. — *Quid*, d'une douairière, *id.* p. 206-207. — Le successeur à titre singulier ne peut expulser le locataire ou fermier en sur-terme, *id.* p. 207. — Le fermier ou le locataire, n'est pas obligé envers le successeur à titre singulier, *id.* p. 207-208. — A moins que le successeur n'ait une cession des droits du bail, ou expresse ou tacite qui résulte de la clause de l'entretenir, *id.* p. 209. — Quand ce successeur est-il censé depuis son acquisition en avoir consenti l'exécution, *id.* p. *id.* — Est-ce un nouveau bail tacite, *id.* p. 209-210. — Un successeur qui ne tient pas du bailleur le droit qui lui survient dans l'héritage, tel qu'un substitué ou le successeur à un bénéfice, ne doit pas à plus forte raison être tenu des obligations du bail, ni succéder aux droits du bail, *id.* p. 210. — Exception à l'égard des résignataires, *id.* p. 211. — Du seigneur qui a saisi féodalement, *id.* p. 212.

SUCCESSION. Ce que c'est. t. XVIII, p. 1. — Ceux qui peuvent transmettre leur succession, *id.* p. 2-3. — Ceux qui peuvent succéder *id.* p. 3-4, 103. — De la succession des descendans du défunt, *id.* p. 10-11. (*Voy.* REPRÉSENTATION.) — De celle des ascendans aux meubles et acquêts, *id.* p. 14, 108-109. — A l'usufruit de leurs conquêts, *id.* p. 111 et suiv. — Si et quand les ascendans succèdent aux propres, *id.* p. 16. — De la succession des collatéraux, *id.* p. 16, 120. — De la préférence des mâles pour les fiefs, t. XVI, p. 391. — De la succession des propres, t. XVIII, p. 18-119. (*Voy.* REPRÉSENTATION, DOUBLE LIEN.) — De la succession *unde vir et uxor*, *id.* p. 20. — De l'ouverture des successions, *id.* p. 22-102. — Lorsque deux personnes habiles à se succéder meurent en même-temps, laquelle des deux successions est présumée ouverte la

première, *id.* p. 24-25. — De quand est présumée ouverte la succession d'un absent, *id.* p. 22-23. — Comment s'acquiert la succession, et de la règle *mort saisit le vif*, *id.* p. 26-102. — De l'acceptation des successions, par qui peut-elle être faite, *id.* p. 26. — Quand, *id.* p. 27. — Comment se fait l'acceptation pure et simple, *id.* p. 28, 128-129. (*V.* BÉNÉFICE D'INVENTAIRE.) — Renonciation aux successions échues, *id.* p. 39. — Futures, *id.* p. 10. — A qui accroît la part du renonçant, et comment, *id.* p. 144. — Des délais pour prendre qualité, *id.* p. 41-131. — Partages des successions. (*Voy.* PARTAGE.) — Dettes des successions; pour quelle part chacun des héritiers en est-il tenu personnellement, et *quatenùs*, *id.* p. 67. — Hypothécairement, *id.* p. 144-143. — Comment en sont tenus les cessionnaires de droits successifs, *id.* p. 68. — La communauté pour raison des biens de la succession qui y sont tombés, t. XVII, p. 17. — Les légataires et donataires universels, t. XVIII, p. 69. — Les légataires particuliers en sont-ils tenus, *id.* p. 69-70. — Comment se distribuent les dettes entre des héritiers qui succèdent à différens genres de biens, *id.* p. 70, 144-145. — Considère-t-on l'origine ou la cause de la dette, *id.* p. 71. — L'héritier aux propres doit-il contribuer, avec l'héritier aux acquêts, à l'acquittement des reprises de la veuve, *id.* p. 73-74. — Des dettes indivisibles, *id.* p. 77-78. — Des autres charges des successions, *id.* p. 79.

Succession. Succession vacante, est une personne civile, par qui ou envers qui peuvent être contractées des obligations, t. I, p. 111. — Les obligations et les droits qui en résultent subsistent dans la succession vacante du créancier ou du débiteur, *id.* p. *id.* — Succession future peut-elle être l'objet d'un contrat, *id.* p. 115-116.

Succession d'un homme vivant n'est susceptible d'aucune convention, excepté dans le contrat de mariage, t. XI, p. 2.

Succession. Ce que c'est, t. XXI, p. 1. — Par le droit Romain, deux espèces de successions, la testamentaire, et la légitime, *id.* p. *id.* — Le droit Coutumier n'admet que la légitime, *id.* p. *id.* — Le droit de succession est du droit civil. Quelles personnes peuvent le transmettre, *id.* p. 3. — Deux espèces de citoyens peuvent transmettre leurs successions, les François naturels et les François naturalisés, *id.* p. *id.* (*Voy.* AUBAINS, RELIGIEUX.) — Un bâtard peut transmettre sa succession à ses enfans ou à sa femme, *id.* p. 4-5. — Quelles personnes peuvent succéder, *id.* p. 11. — Existence nécessaire pour succéder, *id.* p. *id.* (*Voy.* AUBAIN, RELIGIEUX, PARENTÉ.) — Existence nécessaire au temps de l'ouverture de la succession, *id.* p. 11-12. — L'enfant qui n'étoit pas né, mais conçu au temps de la succession, succède, lorsqu'il naît, *id.* p. 12. — Il faut qu'il soit né à terme, *id.* p. 13. — Ceux qui prétendent qu'un absent a succédé à quelqu'un, doivent prouver qu'il existoit lors de l'ouverture, *id.* p. 14. — Erreur de quelques praticiens réfutées, *id.* p. 15. — Causes qui peuvent exclure un parent de succéder, *id.* p. 45. (*Voyez* EXHÉRÉDATION, INDIGNITÉ, RENONCIATION.) — Exclusion de succéder par rapport aux filles mariées, suivant quelques coutumes, *id.* p. 70. — Différentes dispositions des coutumes à ce sujet, *id.* p. 70-71. — Cette exclusion n'a pas lieu, si par le contrat la fille a été réservée à la succession de ses père et mère, *id.* p. 72. — Ou si elle a été rappelée, *id.* p. *id.* — Choses auxquelles on peut succéder, *id.* p. *id.* — Ordre de succéder : la succession d'un défunt est déférée, premièrement à ses enfans et descendans ; à défaut d'enfans, aux ascendans, ensuite aux collatéraux, *id.* p. 73. — Succession de la ligne directe descendante, *id.* p. *id.* — La loi observe entre les descendans

la priorité du degré, *id.* p. 73-74. — Excepté le cas de la représentation, *id.* p. 74. (*Voy.* REPRÉSENTATION.) — La plupart des coutumes accordent des avantages à l'aîné, *id.* p. 88. (*Voy.* DROIT D'AÎNESSE.) — Portion avantageuse de l'aîné dans le surplus des biens nobles, outre le manoir et vol de chapon, *id.* p. 132. — Doit-on compter dans le nombre des enfans, celui qui renonce, même gratuitement, *id.* p. 132-133. — Comment cette portion lui doit être délivrée, *id.* p. 135-136. — La succession à défaut d'enfant est déférée aux pères et mères ou autres ascendans, *id.* p. 147. — Succession des ascendans aux meubles et acquêts, selon les coutumes de Paris et d'Orléans, *id.* p. 149. — La coutume d'Orléans entièrement conforme à celle de Paris pour la succession des meubles, *id.* p. 150. — Différence par rapport à la succession des acquêts, *id.* p. *id.* — Sont exclus de la succession des propres qui ne sont pas de leur ligne, *id.* p. 151. (*Voy.* PROPRE.) — Tempérament apporté par les articles 314 de Paris et 316 d'Orléans, *id.* p. 154. — A quelles personnes la succession de l'usufruit des conquêts est déférée, et en quel cas, *id.* p. 154-155. — La femme qui a renoncé à la communauté peut-elle succéder à ses enfans, à l'usufruit des conquêts de la communauté, *id.* p. 156. — Sens de ces termes : *sans descendans d'eux, id.* p. 156-157. — *Quid*, en la coutume de Paris, *id.* p. 157-158. — Quels sont les héritages dont l'usufruit est accordé au survivant, par ces articles *id.* p. 159. — Le survivant pourroit-il succéder à l'usufruit des propres ameublis par le prédécédé, *id.* p. 160-161. — Le survivant succède à plus forte raison en usufruit aux propres qu'il a ameublis, *id.* p. 161. — *Quid*, s'il a ameubli indéterminément les immeubles jusqu'à concurrence d'une certaine somme, *id.* p. *id.* — Le survivant succède-t-il en usufruit aux conquêts de la communauté, que son

enfant a eus de la donation à lui faite par le prédécédé, *id.* p. 164. — L'aïeul succède-t-il à son petit-fils, à un conquêt de la communauté, qui a passé à son fils, et de suite à son petit-fils, *id.* p. 164-165. — Cet usufruit est accordé au survivant à titre de succession, *id.* p. 165-166. — Ce droit a-t-il lieu dans les coutumes qui ne s'en expliquent pas, *id.* p. 166. — Succession déférée aux ascendans des propres de leur côté, *id.* p. 166-167. — Dans le cas des articles 315 de Paris, et 317 d'Orléans, *id.* p. 167. — Quelle est la raison de préférence que la coutume donne aux frères du défunt, sur l'aïeul ou l'aïeule, *id.* p. 168. — La disposition de la coutume doit-elle s'étendre au bisaïeul et autres ascendans d'un degré ultérieur, *id.* p. 169-170. — Des cas des articles 313 de Paris et 315 d'Orléans, *id.* p. 171. — Le terme *de choses* dont se servent les coutumes dans ces articles, ne doit s'entendre que des immeubles, *id.* p. 171-172. — Quelles personnes sont préférées à l'ascendant donateur, *id.* p. 172-173. — Sens de ces termes, *descendans d'eux, id.* p. 173. — *Quid*, si j'ai donné à mon fils un héritage, et que mon fils l'ait donné à son fils, qui meurt sans enfans, *id.* p. 173-174. — C'est à titre de succession, et non de réversion, que l'ascendant donateur succède, *id.* p. 175. — Autres cas auxquels les ascendans succèdent aux propres de leurs descendans, *id.* p. 175-176. — Ordre de succéder en succession collatérale, *id.* p. 177. (*Voy.* REPRÉSENTATION et RAPPEL.) — Prérogative du double lien, *id.* p. 206. (*Voy.* DOUBLE LIEN.) — Succession des propres, *id.* p. 224. (*Voy.* PROPRES.) — De l'ouverture des successions, et comment elles s'acquièrent, *id.* p. 233. (*Voy.* OUVERTURE.) — Toutes les obligations d'un défunt, dès l'instant de sa mort, passent de sa personne en celle de ses héritiers, *id.* p. 244. — Même la possession qu'avoit le défunt des choses de la succession, *id.* p. *id.* — Mais il n'est pas saisi

des choses que le défunt possédoit en vertu d'un droit qui l'éteint par sa mort, *id.* p. 245. — Acceptation des successions, *id.* p. *id.* (*Voyez* ACCEPTATION.) — Répudiation des successions, *id.* p. 303. (*Voy.* RÉPUDIATION.) — Temps accordé à l'héritier, pour délibérer sur l'acceptation ou répudiation, *id.* p. 308. — Premier effet du délai accordé à l'héritier, qu'on ne peut obtenir contre lui condamnation, *id.* p. 309. — Second effet, qu'après le délai accordé, il doit se déterminer précisément, *id.* p. 310. — L'héritier condamné envers un créancier, faute d'avoir apporté sa renonciation, peut renoncer valablement vis-à-vis des autres créanciers, *id.* p. 312. — Du partage des successions, et des rapports qui s'y font, *id.* p. 313. (*Voy.* PARTAGE, RAPPORT.)

Successions irrégulières. Ce qu'on appelle ainsi, t. XXI, p. 456. — Cotte-morte ou pécule des religieux, à qui il appartient, *id.* p. *id.* — Charges de la succession dont les héritiers sont tenus, tels que frais funéraires, legs, *id.* p. 423. — Frais d'inventaires, par qui doivent être acquittés, *id.* p. 124.

Successions. Toute succession de nos parens fait des propres, t. XXII, p. 4. — Les héritages donnés par des ascendans à leurs enfans, et auxquels ils succèdent, sont propres, *id.* p. *id.* — Ceux échus à un conjoint, de la succession de l'autre conjoint, ne sont pas propres, *id.* p. 45. — Il en est de même de la succession à titre de déshérence, *id.* p. 7-8. — Titres équipollent à une succession, *id.* p. 8. (*Voy.* DONATION, SUBSTITUTION, CONFISCATION.) — Quelles choses nous sommes censés tenir à titre de succession, *id.* p. 26. — *Quid,* des choses auxquelles nous avons succédé, et ensuite aliéné, et dans lesquelles nous rentrons, *id.* p. 26-27. — *Quid,* si le titre n'est résolu que pour l'avenir, *id.* p. 29. — Différens exemples de résolution du titre d'aliénation, *id.* p. 30. — Des choses qui nous aviennent en vertu d'un droit auquel nous avons succédé, *id.* p. 32. — *Quid,* de celui qui m'est acquis en vertu d'un droit de refus auquel j'ai succédé, *id.* p. 36.

Succession. Quelles successions donnent lieu au rachat, t. XIX, p. 390. — Le plus grand nombre des coutumes exemptent de rachat toutes les successions en ligne directe, et s'accordent à y assujétir les successions en ligne collatérale, *id.* p. 390-391. — Il n'y a pas lieu aux profits par succession, si la succession n'a pas eu son effet, *id.* p. 392. — *Quid,* si l'héritier bénéficiaire renonce par la suite à la succession, *id.* p. 393. — L'héritier bénéficiaire peut-il coucher en mise les profits qu'il a payés, *id.* p. *id.* — *Quid,* de l'héritier qui se fait restituer contre son acceptation de la succession, *id.* p. 396. — L'héritier de celui qui est mort sans s'être expliqué sur l'acceptation de la succession, peut-il, s'il est lui-même en degré, renoncer du chef du défunt, et l'accepter de son chef, *id.* p. 397. — Lorsque, de deux enfans, l'un renonce à la succession de son père, l'autre l'accepte, est-il dû profit pour la part du renonçant qui accroît à l'acceptant, *id.* p. 398-399. — La renonciation faite par l'un des héritiers présomptifs, à prix d'argent, donne-t-elle lieu au profit, *id.* p. 399-400. — *Quid,* d'un jésuite congédié avant l'âge de trente-trois ans, auquel les biens de la succession du père sont remis par son frère pour moitié, *id.* p. 400-401.

SUGGESTION. Ce que c'est que le vice de suggestion, t. XXII, p. 141. — Si elle peut se prouver par écrit et par témoins, *id.* p. 141-142. — Cette suggestion doit être lors de la confection du testament, *id.* p. 143.

SUICIDE. (*Voy.* CADAVRE.)

SUITE. Droit de suite des locateurs de maisons ou métairies ; différence de notre droit et du droit romain, t. VI, p. 182. — Quel temps ont-ils pour l'exercer, *id.* p. 184-185. — Ce droit s'exerce par voie de saisie, *id.* p. *id.* — Ou par voie d'action, *id.* p. *id.* — Ce droit

s'exerce même contre les possesseurs et acquéreurs de bonne foi, même contre le propriétaire des meubles, qui les auroit loués ou prêtés, *id.* p. 186. — A moins qu'il ne justifie les avoir depuis achetés en marché public à l'encan, *id.* p. *id.* — Même contre un autre seigueur d'hôtel, *id.* p. 187. — Prescription contre ce droit de suite, *id.* p. *id.* — Limitation du droit de suite, *id.* p. 187-188.

Suite. (*Cheptel.*) Droit de suite qu'a le bailleur, t. VII, p. 379-380. — L'a-t-il pour les croîts comme pour les chefs, *id.* p. 380-381. — Il n'y a aucun temps limité, *id.* p. 381. — Le bailleur a-t-il droit, même contre l'acheteur judiciaire, *id.* p. 382-383. — Acheteur de bonne foi des bêtes du cheptel peut-il exiger du propriétaire de la chose qu'il lui rende le prix de son achat, *id.* p. 385 et suiv. — Le bailleur a-t-il action contre l'acheteur des bêtes du cheptel, même après qu'elles ne sont plus en nature, *id.* p. 394. — Quels frais de nourriture peuvent être demandés par l'acheteur sur qui on exerce le droit de suite, *id.* p. 385. — Le bailleur a-t-il le droit de suite, même contre un acheteur judiciaire, *id.* p. 382 et suiv.

SUPÉRIORITÉ que l'un des joueurs a sur l'autre au jeu, rend le contrat injuste, si elle n'est compensée. Deux manières de la compenser dans les jeux mixtes, t. IX, p. 459-460. — Une seule dans les jeux de pure adresse, *id.* p. 465-466. — Lorsque la supériorité n'a pas été compensée, le contrat est injuste, quoique le joueur ait été averti de la supériorité de celui contre qui il jouoit, à moins qu'il n'ait eu l'intention de le gratifier, *id.* p. 460-461. — Il n'est pas néanmoins entièrement nul, mais réductible à la somme contre laquelle le joueur supérieur et forcé auroit pu jouer équitablement celle qu'il a jouée, *id.* p. 462-463. — Y a-t-il lieu à cette réduction lorsque les joueurs ont joué sans se connoître, *id.* p. 463-464.

SUPPLIQUE pour obtenir dispense de mariage; ce que c'est, ce qu'elle doit contenir, t. X, p. 264, 273.

SURVIE. Lorsque deux personnes, dont l'une est héritière de l'autre, sont mortes à-peu-près dans le même temps, et qu'on ignore laquelle des deux est morte la première, quelle est, en ce cas, la présomption de survie, t. XXI, p. 235.

SUZERAIN. Lorsqu'il a exercé le retrait du fief mouvant de celui qu'il tenoit en sa main, le conserve après la main-levée de la saisie, t. IV, p. 384.

SYNALLAGMATIQUES. (*Voy* CONTRATS.)

T.

TABLETTES. (*V.* JOURNAUX.)

TACITE RECONDUCTION. Ce que c'est, t. VI, p. 236. — Fondée sur la présomption d'un consentement de renouveler un bail aux mêmes conditions, *id.* p. 237. — Plusieurs, dans lesquels n'y ayant pas lieu à cette présomption, il n'y a pas lieu à la tacite réconduction, *id.* p. 238. — Cette présomption se tire de la continuation de jouissance depuis l'expiration du bail au vu et su du locataire, *id.* p. 238-239. — *Quid*, si l'héritier a passé bail à un autre, *id.* p. 240. — Dans quelques coutumes, de la seule omission de dénonciation qu'on n'entend plus continuer, *id.* p. 241. — Effet de la clause portée au bail, que le fermier ne pourra prétendre de réconduction, quand même il continueroit d'exploiter la métairie, *id.* p. 242-243. — Pour quel temps a lieu la tacite réconduction à l'égard des maisons de ville, *id.* p. 243-244. — A l'égard des biens de campagne, *id.* p. 245. — Lorsqu'après l'expiration d'un bail par lequel je n'avois

donné à ferme qu'une saison de métairie, le fermier a continué de jouir de l'autre saison, pour quel temps et à quelles conditions aura lieu la tacite réconduction, *id.* p. 246-247. — La tacite réconduction est ordinairement présumée faite pour le même prix et aux mêmes conditions que celles portées au bail, *id.* p. 248. — Si un pot-de-vin étoit dû par le premier bail, en seroit-il dû un par la tacite réconduction, *id.* p. 248-249. — La soumission à la contrainte par corps doit-elle se présumer répétée dans la *réconduction*, *id.* p. 248. — Le locateur a-t-il pour la réconduction les hypothèques qu'il avoit pour le bail, *id.* p. 249. — Les fidéjusseurs qui avoient cautionné le conducteur, seront-ils obligés par la tacite réconduction, *id.* p. 250. — Le droit d'exécution que le bailleur avoit pour le bail résultant de l'acte pardevant notaire, n'a pas lieu pour la réconduction, *id.* p. 251. — Lorsque le même acte contenoit un bail à loyer et une vente de l'héritage, ou promesse de vendre, il n'y a que les clauses qui appartiennent au bail qui soient censées renouvellées par la réconduction, *id.* p. 251-252. — La tacite réconduction a-t-elle lieu à l'égard des baux à longues années, *id.* p. 253. — La tacite réconduction a-t-elle lieu à l'égard des baux des meubles, et pour quel temps, *id.* p. *id.* — Pour les services, *id.* p. 254-255. — Pour les droits incorporels, comme dîmes, champarts, offices, *id.* p. 255-256.

TACITE RENOUVELLEMENT du cheptel simple, t. VII, 372-373. — Du cheptel à moitié, *id.* p. 410.

TAILLES. Font une espèce de preuve littérale, lorsque l'échantillon est rapporté, t. II, p. 257. *Tailles* du pain et du vin, t. XVIII, p. 537. *Taille*. Seigneur de métairie n'est préféré que pour un an à la taille, t. VI, p. 180. — Seigneur d'hôtel pour six mois, *id.* p. 180-181. *Tailles d'église*. Le fermier ou locataire en est-il tenu, pour quelle part, t. *id.* p. 154-155. — Qui sont ceux qui y doivent contribuer, t. VII, p. 72.

TAUX. Changemens intervenus dans le taux des rentes, t. V, p. 8. — Rente constituée ne peut être acquise pour un prix moindre que le taux de l'ordonnance, mais peut l'être pour un prix plus fort, *id.* p. 9-10. — Quand un contrat de rente acquise pour un prix plus fort que le taux de l'ordonnance, est-il censé renfermer une donation, *id.* p. 10-11. — On ne peut rien stipuler indirectement de plus que le taux de l'ordonnance, *id.* p. 11-12. — Quand même la rente seroit constituée pour prix d'héritage, *id.* p. 13-14. — Ce n'est pas stipuler indirectement au-delà du taux de l'ordonnance, que de stipuler la solidité des débiteurs, *id.* p. 13. — On n'a égard qu'au taux qui avoit lieu au temps du contrat, *id.* p. 14-15. — Contraventions à la loi qui règle le taux des rentes, comment réprimées, *id.* p. 17. — Quelles contraventions donnent lieu à la nullité, et l'acte est-il entièrement nul, *id.* p. *id.* et suiv. — Quelles contraventions donnent lieu à la simple réformation, *id.* p. 21. — Aucun laps de temps ne couvre le vice de ces contraventions, *id.* p. 23. — *Quid*, de l'action en répétition, *id.* p. 24-25.

TÉMOIN, TÉMOIGNAGE. Combien peut-on produire de témoins sur un même fait, t. II, p. 303. — Lorsque la déposition d'un témoin est nulle, si c'est par la faute du juge on le peut faire entendre de nouveau; *secùs*, si c'est par le fait de la partie, *id.* p. 303-304. — Une déposition de témoin ne fait foi si elle est vague, ou si elle renferme des contradictions, *id.* p. 304. — On admet dans les enquêtes le témoignage des femmes, des étrangers, des religieux, *id.* p. 305. — Admet-on le témoignage des impubères, *id.* p. 306. — On rejette celui des infâmes et de ceux dont l'état de bonne fâme est suspendu par un décret, *id.* p. 306-307. — On rejette le témoignage de ceux qui ont intérêt personnel à la décision de la cause, *id.* p. 307. — De parens et

alliés, *id.* p. 308. — Doit-on rejeter celui des serviteurs et domestiques, *id.* p. 308-310. — On ne doit pas admettre le témoignage de l'avocat, ni du procureur de l'une des parties : ni encore moins de celui des parens, serviteurs ou domestiques de ceux qui ne sont parties qu'en nom qualifié, doit être admis, *id.* p. 310. — Lorsqu'un corps est partie, on n'admet pas le témoignage des membres, *id.* p. 311. — Doit-on rejeter le témoignage de ceux qui sont en procès contre l'une des parties, *id.* p. 311-312. (*V.* PREUVE TESTIMONIALE.)

Témoins doivent être nommés et suffisamment désignées dans le testament, t. XXII, p. 100. — Quelles personnes peuvent être témoins dans un testament, *id.* p. 109. — Etrangers, religieux ne peuvent l'être, *id.* p. *id.* — Religieux curé peut-il être témoin d'un testament, *id.* p. *id.* — Femmes ne peuvent être témoins dans les testamens, *id.* p. 111. — Age requis dans les témoins, *id.* p. *id.* — Témoins doivent signer, *id.* p. *id.* — Clercs, serviteurs et domestiques de la personne qui reçoit le testament, ne peuvent être témoins, *id.* p. *id.* — Qualité des témoins dans les testamens nuncupatifs ou mystiques, *id.* p. 114.

Témoins. Combien on peut en faire entendre en une instance, t. XXIV, p. 113. — On peut produire pour témoins les femmes aussi bien que les hommes, même les religieux, *id.* p. 114. — *Quid*, les impubères, *id.* p. *id.* — *Quid*, les infâmes, *id.* p. *id.* — Parens et alliés, jusqu'aux enfans des cousins issus de germains, ne peuvent déposer, *id.* p. 114-115. — *Quid*, des serviteurs et domestiques, *id.* p. 115. — Autres causes de reproche contre les témoins, *id.* p. 116. — Reproches doivent être signifiés, *id.* p. 117. — Doivent être jugés avant le procès, *id.* p. *id.*

TEMPS. Peut-on s'obliger jusqu'à un certain temps, t. II, p. 180. (*Voyez* OBLIGATION.)

Temps. Quel est le temps qu'accordent les coutumes pour exercer le retrait, t. IV, p. 155. — Quel est le temps réglé par les coutumes pour le retrait, et comment se compte-t-il, *id.* p. 156-157. — Peut-il être restreint ou prorogé par le contrat, *id.* p. 158. — De quand commence-t-il à courir ; variété des coutumes à cet égard, *id.* p. 158-159. — Par l'édit des insinuations, le temps de retrait ne peut commencer à courir que depuis l'insinuation, *id.* p. 163-164. (*V.* INSINUATION.) — Fraude pratiquée pour cacher le contrat, empêche le temps de courir tant qu'elle dure, *id.* p. 165-166. — Temps du retrait court-il pendant le temps du réméré, *id.* p. 167-168. — Dans les autres cas auxquels l'acquéreur a lieu de craindre éviction, *id.* p. 169. — Pendant le procès qu'il a sur la propriété, *id.* p. 169-170. — Pendant l'appel du décret qui a donné ouverture au retrait, *id.* p. 170. — Pendant la poursuite d'un décret volontaire, *id.* p. 171. — Pendant la minorité des lignagers, *id.* p. *id.* — Quoique destitué de tuteurs, *id.* p. *id.* — *Quid*, lorsque l'acquéreur étoit le tuteur du lignager, *id.* p. 171-172. — Suffit-il que l'exploit d'assignation soit donné dans le temps du retrait ; faut-il que le jour de l'échéance de l'assignation y tombe, *id.* p. 172-173. — Temps de la péremption des demandes en retrait, *id.* p. 179. — Pour l'appel d'une sentence du débouté de retrait, *id.* p. 179-180.

Temps pour le remboursement du prix que le retrayant doit faire à l'acheteur, différemment réglé par les coutumes, t. IV, p. 234-235. Le retrayant, en cas d'impossibilité de satisfaire dans le terme, doit obtenir du juge prorogation, *id.* p. 235. — De quand court le temps fixé par les coutumes, *id.* p. 236. — Dans celle de Paris, *id.* p. 237. — Dans celle d'Orléans, *id.* p. 241-242. — Ce temps est continu, *id.* p. 243. — Est fatal, *id.* p. 244. — Se compte-t-il *de momento ad momentum*, même dans les coutumes qui donnent huit jours, *id.* p. 244-245. — Dans quel temps doit se faire le remboursement des loyaux-coûts et mises, *id.* p. 245-246. — Offres ne suffisent sans

consignations, *id.* p. 246-247. — Lorsque le retrait a été adjugé à deux, celui des deux qui a remboursé l'acquéreur, doit-il être remboursé par son co-retrayant dans le temps fatal, *id.* p. 252.

Temps dans lequel doit être exercé le retrait seigneurial, t. IV, p. 391. — Le conventionnel, *id.* p. *id.* — Temps dans lequel, dans ces retraits, le remboursement doit se faire, *id.* p. 396.

Temps. Quel est le temps des baux à loyer, t. VI, p. 19-20. — Quel est-il, lorsqu'il n'est pas exprimé à l'égard des biens de campagne, *id.* p. 20-21. — A l'égard des maisons, *id.* p. 21-22. — A l'égard des chambres garnies ou des meubles, *id.* p. 22. — Quel est le temps dans le contrat du double louage, lorsqu'il n'est pas exprimé, *id.* p. 321-322. — Chacune des parties peut, par ce contrat, donner la jouissance de sa chose à l'autre, ou pour le même temps, ou pour un temps différent, *id.* p. *id.* — Elles sont censées se l'être donné pour le même temps, lorsqu'elles ne s'en sont pas expliquées, *id.* p. *id.*

Temps de la durée du cheptel simple, t. VII, p. 372. — Du cheptel de la métairie, du cheptel à moitié, *id.* p. 408-409.

Temps de la prescription, t. XV, p. 301-302. (*V.* PRESCRIPTION.)

TENEMENT DE CINQ ANS, t. *id.* p. 258-259. — Quelles choses peuvent être affranchies par cette prescription, *id.* p. 260-261. — Pour quelles charges cet affranchissement a lieu, *id.* p. 262-268. — Quelles personnes peuvent acquérir cet affranchissement, *id.* p. 268-279. — Contre quelles personnes court cette prescription, *id.* p. 280-284. — Quelles qualités doit avoir la possession, pour acquérir le tenement de cinq ans, *id.* p. 284-292. — De quand cette prescription commence-t-elle à courir, *id.* p. 292-293. — Quand est-elle accomplie, *id.* p. 293.

TERME de paiement. Différentes espèces, exprès ou tacite, t. I, p. 194. — Terme de droit, terme de grâce, *id.* p. 194-195. — Effet du terme; en quoi il diffère de la condition, et en quoi diffère le terme de grâce, du terme de droit, *id.* p. 195. — Terme est présumé n'être apposé qu'en faveur du débiteur; l'est quelquefois en faveur du créancier, *id.* p. 197. — Créancier peut-il être obligé de recevoir avant le terme, *id.* p. *id.* — Cas auxquels la dette peut être exigée avant le terme, *id.* p. *id.* — Quand le terme est-il censé n'être apposé qu'à la condition, et quand est-il censé être aussi apposé à la disposition, *id.* p. 198-199.

Testament de grâce. (*Voy.* PAIEMENT.)

TESTAMENT. Sa nature, t. XVII, p. 385-386. — On peut en faire plusieurs, *id.* p. 388-389. — Forme du testament olographe, *id.* p. 389. — Forme du testament solennel, *id.* p. 391-551. — Ceux qui peuvent recevoir testament, *id.* p. 392-552. — Ceux qui peuvent y être témoins, *id.* p. 392-393, 552. — Forme du testament militaire et de celui fait en temps de peste, *id.* p. 396. — Du maritime, *id.* p. 397. — Testamens mutuels abrogés, sauf dans le Dunois, *id.* p. 399. — Quelles personnes ont la capacité de tester, *id.* p. 405-556. — En quel temps est requise, *id.* p. 408. — Dispositions testamentaires; vices qui les annulent; incertitude de la personne à qui le testateur a voulu léguer, *id.* p. 401. — Vice dans le motif, *id.* p. 462. — Suggestions, *id.* p. 404. — Quelle erreur ne vicie pas, *id.* p. 404-405. — Condition impossible ne vicie pas, *id.* p. 405 — Clauses qui se trouvent dans les testamens, *id.* p. *id.* — Clauses d'exception, *id.* p. 519. De prorogation, *id.* p. *id.* — De répétition, *id.* p. 521. — D'augmentation, *id.* p. *id.* (*V.* LEGS, SUBSTITUTION, CONDITION.)

Testament. Femme mariée a-t-elle besoin d'autorisation pour faire son testament, t. XXII, p. 149-150. — *Testament mutuel.* Les testamens mutuels entre conjoints peuvent-ils encore avoir lieu dans le Dunois, depuis l'ordonnance de 1735, t.

XIV, p. 249-253. — Les conjoints ne peuvent disposer envers des tiers par des testamens mutuels, id. p. 253-254. — Ils ne peuvent disposer par testament mutuel, même entre eux, que des biens régis par la coutume de Dunois, id. p. 254.

Testament. Sa définition, t. XXII, p. 89. — Selon nos coutumes, il n'y a aucune différence entre testament et codicile, id. p. 89-90. — Forme des testamens, id. p. 90. — Ce que les différentes formes de testament ont de commun, id. p. id. et suiv. — Deux formes de testament, celle du testament olographe et celle du testament solennel, id. p. 92. — Ce que c'est que le testament olographe, id. p. 93. — Doit-on suivre la loi du domicile du testateur ou celle du lieu où le testament olographe a été écrit, id. p. id. — Formes intrinsèques du testament olographe, id. p. 94. — Ce que c'est que la date que l'ordonnance requiert, id. p. 95-96. — Effet des ratures qui s'y trouvent, id. p. 96. — Formes extrinsèques de ce testament, id. p. 97. — Formalités du testament solennel en pays coutumier, id. p. 99. — Doit être écrit par le notaire ou autre personne publique qui le recevra, id. p. 100. — Effet des ratures et interlignes, id. p. 101. — Capacité ou compétence de celui qui reçoit le testament, id. p. id. (V. NOTAIRE, CURÉ.) — Forme des testamens et codicilles dans le pays de droit écrit, id. p. 112. — Forme du testament nuncupatif, id. p. 112-113. — Forme du testament mystique, id. p. 113. — Forme des testamens inter liberos et des codicilles, id. p. 115. — Forme des testamens militaires, id. p. 116. — Quelles personnes peuvent le faire, id. p. 116-117. — Jusqu'à quand ils sont valables, id. p. 118. — Testamens en temps de peste, id. p. id. — Différentes dispositions que renferment les testamens, id. p. 119. (Voyez INSTITUTION D'HÉRITIER, LEGS et FIDÉICOMMIS.) — Autres dispositions qui peuvent y être contenues, id. p. 126. — Vices qui peuvent s'y rencontrer, id. p. 127. (Voyez OBSCURITÉ, ERREUR, CAPTATION, SUGGESTION.) — Défauts d'esprit et du corps, qui empêchent de tester, id. p. 158. — Des fous, id. p. 158-159. — Des prodigues, id. p. 159. — Des muets, id. p. 159-160.

Testament. Lorsqu'il est olographe, les parens en degrés de succéder ab intestat en peuvent demander la vérification, t. XIV, p. 581-582. — Quels défauts peut-on opposer contre un testament, id. p. 582-583. — Celui qui a reçu un legs porté par le testament, est-il non-recevable à attaquer le testament, id. p. 584. — Celui qui a impugné le testament et a succombé, est-il déchu de ce qui lui est légué par le testament, id. p. 585. — Tradition, id. p. 431. — Tradition réelle; comment se fait-elle, id. p. 431-433. — Tradition symbolique, id. p. 433-434. — Tradition longœ manus, id. p. 434-435. — La marque tient-elle lieu de tradition, id. p. 436-437. — Tradition brevis manûs, id. p. 437-438. — Traditions feintes qui résultent de différentes clauses, id. p. 439-442. — Tradition de droits en corporels, id. p. 442. — De créances, id. p. 443-444. — Tradition, pour qu'elle transfère la propriété, doit être faite par le propriétaire, ou de son consentement, au moins implicite, id. p. 445-448. — Ou de celui qui a la qualité pour consentir pour lui, id. p. 448-449. — Quand ce consentement doit-il intervenir, id. p. 447. — La tradition que fait en son nom celui que j'avois chargé de la faire au mien, est-elle censée faite de mon consentement, id. p. 449. — Deux cas où la tradition transfère la propriété sans le consentement du propriétaire, id. p. 449-450. — Pour que la tradition transfère la propriété, il faut que le propriétaire qui l'a faite ou consentie, soit capable d'aliéner, id. p. 451. — Différence à cet égard entre l'incapacité de la femme sous puissance de mari, et celle des mineurs, id. p. 451-452. — Doit-on mettre au rang

des incapables le débiteur qui aliéne en fraude de ses créanciers ; et le grevé de substitution, *id.* p. 452-453. --- La tradition pour transférer la propriété doit être faite en vertu d'un juste titre réel ou putatif, *id.* p. 453-454. --- Le consentement des parties, dans la tradition, doit intervenir sur la chose qui en fait l'objet, *id.* p. 455-456. -- Sur la personne à qui la tradition est faite, *id.* p. 456-457. --- Sur la translation de la propriété, *id.* p. 458-459. --- Doit-il aussi intervenir sur la cause, *id.* p. 460. --- Condition particulière requise dans la tradition qui se fait en exécution d'un contrat de vente pour la translation de la propriété, *id.* p. 461-464. --- La tradition transfère le domaine de la chose avec toutes les charges, et tel que l'avoit celui qui l'a faite ou consentie, *id.* p. 464-465. --- Quand transfère-t-elle *causam usucapionis*, *id.* p. 465-466. --- Les conventions, tant qu'elles ne sont pas executées par la tradition, ne peuvent, suivant le droit civil, transférer le domaine, *id.* p. 466-471. --- En est-il de même aux termes du pur droit naturel, *id.* p. 468. --- Exception au principe, *id.* p. 470. --- Corollaires du principe, *id.* p. 470-471.

TIREUR. Ce que c'est, t. V, p. 212-213. --- Quel contrat intervient entre le tireur et le donneur de valeur, *id.* p. 234. -- Obligation principale que contracte le tireur par le contrat, *id.* p. 245. --- Première obligation secondaire, de fournir la lettre; est-il tenu de la fournir avant qu'on lui en compte la valeur, *id.* p. 246. -- Deuxième obligation secondaire, des dommages et intérêts au cas que la lettre ne soit payée; en quoi consistent-ils, *id.* p. 247-252. --- Ou de rendre ce qu'il a reçu pour la valeur, au choix du propriétaire de la lettre, *id.* p. 252. --- Troisième obligation, de faire accepter la lettre; à quoi est-il tenu faute d'acceptation, *id.* p. 253-254. --- Par qui l'action qui naît de ces obligations peut-elle être donnée contre le tireur, *id.* p. 253. --- Un marchand peut-il tirer une

lettre-de-change sur un autre marchand qui est son débiteur, pour fait de marchandises, quoique ce débiteur pour fait de marchandises n'y ait pas expressément consenti, *id.* p. 269. --- Quel est le contrat qui intervient entre le tireur et celui sur qui la lettre est tirée, *id.* p. 268-269. --- Obligation de celui sur qui la lettre est tirée, qui naît de ce contrat, *id.* p. 270. --- Obligation du tireur envers l'accepteur, *id.* p. 271. --- Lorsque le tireur déclare par la lettre, qu'il tire pour le compte d'un autre, à quoi s'oblige-t-il, *id.* p. 279-280. -- *Quid*, si l'accepteur avoit, par son acceptation, déclaré qu'il ne l'acceptoit que pour faire honneur au tireur, *id.* p. 281.

TITRES. Les uns sont primordiaux, les autres récognitifs, t. II, p. 268. (*V.* RECONNOISSANCE.)

Titre. Ce que c'est qu'un juste titre, t. VII, p. 142.

Titres justes pour acquérir la prescription, t. XV, p. 146. --- Différentes espèces de justes titres, *id.* p. 148. -- Du titre *pro Emptore*, *id.* p. 148-149. - - Du titre *pro Hœrede*, *id.* p. 150-151. --- Du titre *pro Donato*, *id.* p. 152. --- Du titre *pro Derelicto*, *id.* p. id. --- Du titre *pro Legato*, *id.* 153. --- Du titre *pro Dote*, *id.* p. 153-158. -- Du titre *pro Suo*, *id.* p. 158-162. --- Du titre *pro Soluto*, *id.* p. 163-164. --- Des choses requises à l'égard du titre pour la prescription, *id.* p. 165 et suiv.

Titre coloré pour la possession d'un bénéfice. t. XV, p. 91.

TITULAIRE DE BÉNÉFICE peut-il constituer des rentes sur les biens de son bénéfice, t. V, p. 47-48.

TOISAGE, t. XVII, p. 245.

TONNES, t. VI, p. 467. --- Droits de tonnes, *id.* p. id.

TOUAGE. Droits de touage, t. VI, p. 465.

Touage. Ce que c'est, t. VI, p. 465.

TOURS D'ÉCHELLE, t. VII, p. 333.

TRADITION, t. XVI, p. 72-73;

t. XVIII, p. 510 et suiv. — Clause de dessaisine équipolle à tradition, t. XVII, p. 376-377.

Tradition. Tradition réelle, t. III, p. 247.

Tradition feinte. Plusieurs espèces; celle qui résulte de la clause de constitut, t. *id.* p. 248. — De la clause de dessaisine dans la coutume d'Orléans, *id.* p. *id.* — De la rétention d'usufruit, ou d'un bail fait au vendeur, *id.* p. *id.*

Tradition, *brevis manûs*, t. *id.* p. 248-249.

Tradition qui a lieu dans les choses de grand poids, et qui résulte de la faculté donnée par le vendeur, *in rem præsenti*, d'enlever, t. III, p. 249.

Tradition symbolique; t. *id.* p. *id.* — La marque équipolle-t-elle à la tradition, *id.* p. 250.

Tradition des droits incorporels *per usum et patientiam*, t. *id.* p. *id.* — Des créances par la signification du transport, *id.* p. *id.* — Celui qui n'est pas lui-même en possession de la chose n'en peut faire aucune tradition, il peut seulement subroger l'acheteur aux droits qu'il a de revendiquer la chose, *id.* p. 250-251. — Effet de la tradition est de transférer la propriété de la chose à l'acheteur, lorsque le vendeur en est le propriétaire, ou que le consentement du propriétaire intervient, *id.* p. 251. — *Quid*, si le vendeur vendoit et livroit la chose à un autre sans l'avoir livrée au premier acheteur, *id.* p. 251-252. — La tradition feinte a-t-elle effet vis-à-vis des tiers, *id.* p. 253-254. — La tradition en cas de vente ne transfère la propriété à l'acheteur que lorsqu'il a payé le prix ou qu'on lui en a fait crédit, *id.* p. 255-256. — Quand le vendeur est-il censé avoir voulu faire crédit, *id.* p. 256. — Le défaut de protestation lors de la tradition n'est une preuve suffisante que le vendeur a entendu faire crédit; un temps peu considérable qui s'est écoulé depuis la tradition en est une preuve, *id.* p. 256-257. — Quel droit transfère la tradition à l'acheteur lorsque le consentement du propriétaire n'est pas intervenu, *id.* p. 257.

Tradition qui doit être faite au locataire, t. VI, p. 39. — Aux frais de qui, où doit-elle se faire, *id.* p. 39-40. — Quand, *id.* p. 41. — Lorsque la chose a été louée par différens baux à deux, auquel des deux la tradition doit-elle être faite, *id.* p. 45-46. — Le locateur peut-il y être contraint *manu militari*, *id.* p. 48.

Tradition faite par mon débiteur, de mon ordre, d'une chose, à une personne prohibée, à qui je la veux donner, ne lui en transfère pas la propriété, t. XIV, p. 57-58.

Tradition requise dans les donations entre-vifs, t. XXIII, p. 49.

Tradition est réelle ou feinte, t. *id.* p. *id.* — Ce que c'est que la tradition feinte, *id.* p. 50. — Suffit dans les coutumes de Paris et d'Orléans, *id.* p. 51. — Clause *de saisine-saisine* particulière à la coutume d'Orléans, *id.* p. 52. — Ce qu'il faut pour que cette tradition feinte ait lieu, *id.* p. *id.* — Ce qui équipolle dans les donations de choses incorporelles, *id.* p. 53-54. — Le défaut de tradition peut-il être opposé par le donateur, *id.* p. 54-55. — Conséquences qui résultent de la nécessité de la tradition et de l'irrévocabilité, *id.* p. 56.

TRANSACTION. A quoi s'étend, t. I, p. 90-91.

Transaction. Transaction par laquelle je vous donne une chose qui ne faisoit pas l'objet de la contestation, pour que vous vous désistiez d'une demande, est un contrat *do ut facias*, qui donne lieu à la même garantie qu'en cas de vente, t. III, p. 490-491. — Lorsque l'une des parties par la transaction laisse à l'autre la chose qui faisoit l'objet de la contestation, et reçoit d'elle une somme pour se désister de ses prétentions, il n'y a pas lieu à la garantie, *id.* p. 491-492. — *Secùs*, si par la transaction je reconnoissois qu'elle vous appartient, et que je l'acquisse de vous pour une somme, *id.* p. 492.

Transaction. Donne-t-elle lieu au

profit de quint, soit que le fief reste au possesseur moyennant une somme d'argent qu'il donne, soit qu'il soit délaissé au demandeur moyennant une somme d'argent, t. XIX, p. 295. Avis de Delalande et de Dumoulin sur le premier cas, *id.* p. 296. — Avis des mêmes sur le second cas, *id.* p. 297. — *Quid,* de la transaction par laquelle l'acquéreur délaisse l'héritage au lignager retrayant, *id.* p. 298. — La transaction ne peut donner lieu au retrait féodal dans les cas auxquels elle ne donne pas lieu au profit de quint, *id.* p. 514. — *Quid,* si celui qui acquiert par la transaction n'étoit pas auparavant propriétaire, *id.* p. 515-516.

TRANSPORT. Comment des rentes ou autres créances peuvent-elles être transportées, t. III, p. 418-419. — Différence du transport-cession, de la délégation ou indication, *id.* p. 419. — La signification du transport est ce qu'est la tradition à l'égard des choses corporelles, *id.* p. *id.* — Corollaire : 1.° avant la signification le débiteur paie valablement au cédant, *id.* p. 419-420. — 2.° La dette transportée peut être saisie par les créanciers du cédant, *id.* p. 420. — 3.° Second cessionnaire qui a fait signifier avant le premier cessionnaire lui est préféré, *id.* p. 420-421. — Effet de la signification, *id.* p. 421. — Le débiteur peut opposer au cessionnaire la compensation de tout ce qui lui est dû par le cédant avant la signification du transport, *id.* p. 422-423. — Le vendeur d'une rente ou autre créance n'est pas garant de l'insolvabilité du débiteur, s'il n'y a clause au contrat, *id.* p. 423. — Néanmoins il en est tenu, si en ayant connoissance il l'a dissimulée à l'acheteur, *id.* p. 431. — Lorsqu'il n'y a pas clause de garantie, on peut dans le for extérieur acheter une créance pour un prix moindre que la somme due. On le peut même dans le for de la conscience, pourvu que la dette soit douteuse, et l'acheteur n'est pas obligé à restituer au ven-

deur ce qu'il a reçu de plus du débiteur, lorsque ce plus est de juste prix du risque que l'acheteur a couru, *id.* p. 432-433. — Lorsque la dette étoit notoirement bonne, l'achat qu'on en fait pour un moindre prix est injuste, et oblige dans le for de la conscience à restitution, *id.* p. 434. — L'acheteur est-il déchargé de cette restitution, si par des accidens qu'on ne pouvoit prévoir, et avant qu'il ait pu se faire payer, le débiteur qui étoit opulent est devenu insolvable; et en quoi peut en ce cas consister la restitution, *id.* p. 435 et suiv. — Lorsqu'une dette est cédée avec garantie, on ne peut l'acheter pour moins que la somme due; on peut seulement diminuer sur le prix celui du change au cours de la place, *id.* p. 438. — Lorsqu'une rente, quoique constituée au denier vingt, est vendue sans la garantie de la fournir et faire valoir, elle peut être vendue pour un prix moindre que son prix principal, ce qui n'est néanmoins permis dans le for intérieur qu'autant qu'elle ne seroit pas bien assurée, *id.* p. 439. — Si elle étoit vendue avec clause de garantie pour un moindre prix, le contrat seroit usuraire, *id.* p. 439-440. — Une rente, quoique vendue avec la garantie de fournir et faire valoir, lorsqu'elle est à un taux moindre que le denier vingt, peut être achetée pour un prix moindre que son principal, *id.* p. 440. — Il doit en ce cas être permis au vendeur de la racheter pour le prix qu'il en a reçu, *id.* p. 441. — Si l'acheteur en est remboursé par le débiteur, est-il tenu de faire raison au vendeur de ce qu'il a reçu de plus qu'il ne l'avoit acheté, *id.* p. 442-443. (*V.* GARANTIE DES RENTES.)

Transports de droits litigieux. Ce que c'est, t. III, p. 443. — Différence entre ces ventes et les ventes ordinaires de créances, *id.* p. 444. — A quoi la bonne-foi oblige-t-elle le vendeur dans ces transports, *id.* p. *id.* — On ne peut licitement vendre une prétention qu'on sait être mal fondée, *id.* p. 445. — A quelle

restitution une telle vente oblige-t-elle le vendeur envers l'acheteur, *id. p. id.* — Envers celui contre qui on cède cette prétention, *id.* p. 446. — Obligations de l'acheteur de droits litigieux, *id.* p. 447. — Lois *ab Anastasio et per diversas*, qui ordonne que l'acheteur de créances litigieuses ne puisse exiger du débiteur plus qu'il ne lui en a coûté par la cession qui lui a été faite; à l'égard de quels transports ont-elles lieu, *id.* p. 447-448. — *Quid*, lorsque le transport est mêlé de rente et de donation, *id.* p. 448. — Si la donation étoit simulée, *id. p. id.* — Motifs de ces lois; la haine que méritent les acheteurs de procès, *id.* p. 447. — Des transports qui ne sont pas dans le cas de ces lois; ceux que se fait faire quelqu'un par ses cohéritiers ou copropriétaires, *id.* p. 449. — *Quid*, de celui qu'un créancier reçoit en l'ayant de son débiteur, *id.* p. *id.* — *Quid*, du transport qu'acquiert le possesseur d'un héritage d'une créance litigieuse, à laquelle on prétendoit son héritage hypothéqué, *id.* p. 450. — Distinction à faire entre ces deux derniers cas, *id.* p. *id.* — *Quid*, de celui qui se fait *in consequentiam alterius rei venditæ*, *id.* p. 451. — Les ventes de droits litigieux sont-elles sujettes à ces lois lorsqu'elles ont été faites en justice, *id.* p. 452. — Il n'importe que cette cession ait été faite pour de l'argent ou pour autre chose, *id.* p. 453. — La dignité de l'acheteur des droits litigieux ne le soustrait à ces lois, *id.* p. 452. — Il n'importe que ces droits soient poursuivis par le cédant, ou par le cessionnaire, *id.* p. 453. — Le débiteur peut déférer le serment, *id.* p. *id.* — A quoi est tenu le débiteur pour exercer le retrait, *id.* p. 454. — Le débiteur est reçu à ces offres en tout état de cause, *id.* p. 454-455. — Le débiteur qui sait devoir, n'est pas dispensé dans le for de la conscience de payer le surplus, *id.* p. 455. — Est-ce au cédant ou au cessionnaire qu'il doit le payer, *id.* p. 455-456. — Le cédant n'a pas le droit de répéter sa créance en offrant de rembourser, *id.* p. 456.

Transport d'une créance sur un tiers, donnée par l'un des conjoints à l'autre, quoique signifié au débiteur, n'en saisit pas le donataire; la créance continue d'appartenir au donataire, et peut être saisie par les créanciers, t. XIV, p. 56-57.

TRÉSOR. Doit être rendu dans l'action rescisoire, t. III, p. 288. — *Secus*, dans le cas de réméré, *id.* p. 320. — Raison de cette différence, *id.* p. 321.

Trésor doit-il être rendu au retrayant pour la part qui en appartient au propriétaire, t. IV, p. 274.

Trésor trouvé dans l'héritage sujet au douaire n'appartient pas à la douairière, t. XIII, p. 177-178.

Trésor. Qu'est-ce qu'un trésor, t. XI, p. 214. — Trésor trouvé durant le mariage dans l'héritage propre de l'un des conjoints, entre-t-il en communauté, *id.* p. 90-91. — De quand y entre-t-il, *id.* p. 213-214. — *Quid*, du trésor qui appartient au seigneur et au conjoint qui l'a trouvé *jure interventionis*, *id.* p. 91-214.

Trésors à qui appartiennent-ils lorsqu'ils sont découverts, t. XIV, p. 334-335. — Qu'entend-on par trésor, *id.* p. 335-336.

TRICHERIES. Un joueur peut-il user de tricheries, lorsque son adversaire en use, t. IX, p. 467-468.

TROUBLE. Quand le locateur est-il censé, ou non, apporter trouble à la jouissance du fermier d'une terre, t. VI, p. 58 et suiv. — Le locataire d'une maison de ville, *id.* p. 60. — Répartitions, *id. p. id.* — De quels troubles apportés par des tiers le locateur est-il garant, *id.* p. 63-64. (*Voy.* ÉVICTION.)

TUTELLE. Tutelle légitime. (*V.* GARDE.) — Tutelle dative; comment se défère, t. XVI, p. 463. — Quels tuteurs doivent serment, *id.* p. 463. — Excuses de tutelle, *id.* p. 464-465. — Pouvoir des tuteurs, *id.* p. 465. — Leurs obligations et compte de tutelle, *id.* p. 466-467.

— Quand finit la tutelle, *id.* p. 469.

Tutelle. Ce que c'est et combien il y en a d'espèces, t. XXIII, p. 315. — Dans la plupart de nos coutumes, il n'y a que la tutelle dative, *id.* t. XXIII, p. 316.

Tutelle légitime. A qui elle étoit déférée par le droit romain; par qui elle l'est par quelques coutumes, et entr'autres par notre coutume d'Orléans, t. XXIII, p. *id.* — La garde prise pour la tutelle légitime est favorable, *id.* p. 317. — Conséquence qui en résulte pour l'interprétation des articles 23 et 1;8, *id.* p. *id.*

Tutelle légitime accordée aux collatéraux nobles, sous le nom de bail, t. XXIII, p. 318-319.

Tutelle dative est donnée par le juge du domicile du mineur, sur l'avis des parens assemblés, t. *id.* p. 319. — Qui sont ceux à qui elle peut être déférée, *id.* p. 320-321. — *Quid,* si les parens sont partagés d'avis, *id.* p. 321-322. — Causes d'excuses de tutelle, *id.* 322-323. — *Quid,* si les causes d'excuses surviennent depuis la tutelle acceptée; distinction à faire, *id.* p. 323-324. — Le tuteur qui se fait décharger, a-t-il la répétition des frais, *id.* p. 324-325. — Manières par lesquelles la tutelle finit, *id.* p. 340. — Elle finit par l'émancipation, qui s'obtient par lettres du prince, *id.* p. *id.*

TUTEUR. Ne peut acheter les biens de ceux dont il a l'administration, t. III, p. 12.

Tuteur. Peut-il constituer une rente sur les biens de son mineur, t. V, p. 45-46.

Tuteurs. Sont parties capables pour attaquer le mariage d'un mineur fait sans leur consentement, t. X, p. 418-419.

Tuteurs. Le consentement des tuteurs et curateurs requis pour la validité du mariage des mineurs, t. X, p. 303. — Différence entre le consentement des tuteurs et celui des père et mère, *id.* p. 304-305. — Lorsqu'un mineur a un tuteur onéraire et un tuteur honoraire lequel doit consentir, *id.* p. 303. — Lorsqu'il a un tuteur en France, et un aux colonies, *id.* p. 304.

Tuteurs et administrateurs sont incapables de recevoir des donations de ceux qui sont sous leur puissance, t. XXIII, p. 25. — Exception en faveur des ascendans qui ont la tutelle de leurs enfans, et qui ne se sont pas remariés, *id.* p. *id.* — L'incapacité des tuteurs dure jusqu'à ce qu'il ait rendu compte, *id.* p. 25-27. — Les enfans de l'administrateur sont aussi incapables de recevoir des donations, *id.* p. 29. — Pouvoir du tuteur sur la personne du mineur est semblable à la puissance paternelle, *id.* p. 326. — Le mineur ne peut aliéner, contracter ni s'obliger, sans y être autorisé par son tuteur, *id.* p. 326-327. — Le tuteur même ne peut consentir au mariage de son mineur sans l'avis des plus proches parens, *id.* p. 327. — Le pouvoir du tuteur sur les biens du mineur est tel, que ce qu'il fait par rapport à l'administration, a le même effet que si les biens lui appartenoient, *id.* p. *id.* — Conséquences qui en résultent, *id.* p. 327-328. — Les sentences rendues contre lui obligent le mineur, *id.* p. 329. — Le pouvoir du tuteur ne s'étend pas jusqu'à pouvoir aliéner les immeubles de son mineur, *id.* p. 330-331. — Ce qui s'entend des aliénations volontaires, *id.* p. 331. — Ce qu'il doit faire, quand il est menacé par les créanciers du mineur d'une saisie réelle, *id.* p. 332. — Obligations du tuteur, *id.* p. 333. — Doit faire inventaire, *id.* p. *id.* — Vendre les meubles, sinon payer la crue ou parisis, *id.* p. 334. — Faire payer ce qui est dû au mineur, *id.* p. *id.* — Faire emploi des deniers pupillaires, *id.* p. 335. — Entretenir en bon état les héritages du mineur, *id.* p. 336. — Affermer les héritages plutôt que de les exploiter par lui-même, *id.* p. 337. — Pourvoir aux alimens et à l'éducation du mineur, *id.* p. 338. — La tutelle finie, le tuteur doit rendre compte à son mineur, *id.* p. 341. — Comment ce

compte doit être composé, *id.* p. 342-343. — Les mises des tuteurs doivent être justifiées par des quittances, devis et marchés et autres pièces, *id.* p. 344. — Doit être rendu aux frais du mineur, *id.* p. 345. —Hypothèque du mineur pour le paiement du reliquat, *id.* p. 346.

Tuteur, Peut exercer le retrait, *tutorio nomine*, et le céder, t. XIX, p. 538. — De même le gardien noble, *id.* p. 538-539.

U.

UNION. Ce qui est uni au propre, est-il propre, t. IV, p. 39-40. — Union naturelle, industrielle, de simple destination, t. VII, p. 88. *Union réelle*, t. XI, p. 169-170. — Civile, *id.* p. 171. — De simple destination, *id.* p. 171-172. — Ce qui est uni réellement à un propre de communauté, prend sa qualité de propre; *secùs* de ce qui est uni par union civile et par destination, *id.* p. 169-172.

Union de la possession du possesseur avec celle de ses auteurs, pour acquérir la prescription, t. XV, p. 189, 222-229.

UNIVERSEL. Quelles dispositions sont universelles, t. XVII, p. 388. — De tout ce qui comprend un legs universel, ou substitution universelle, *id.* p. 458. — Ce que comprend la substitution *ejus quod ex hæreditate supererit*, *id.* p. 462-463.

USAGE. Une chose ne peut être louée que pour des choses honnêtes, t. VI, p. 17. — Le locataire ne peut s'en servir que pour l'usage pour lequel elle lui a été louée, *id.* p. 15-16. — Lorsque l'espèce d'usage n'a pas été exprimée, il ne peut s'en servir que pour celui auquel il est destiné, *id.* p. 16.

USANCE, ce que c'est, t. V, p. 211.

USUCAPION des meubles défend les tiers de l'action du donateur, t. XIV, p. 54. — Différence de temps entre la prescription des meubles et celle des immeubles, *id.* p. 54-55.

Usucapion. Ce que c'est, t. XV, p. 105-106.

USUFRUIT. En quoi consiste le droit d'usufruit (*Voy.* DOUAIRE.)

Les père et mère jouissent en usufruit des biens de leurs enfans, t. XVIII, p. 110-111. — Effet de la clause de rétention d'usufruit, t. XVII, p. 383.

Usufruit. Ususfructus formalis, ususfructus causalis, t. III, p. 415. — Droit d'usufruit ne peut être séparé de la personne de l'usufruitier, *id.* p. 416. — Lorsqu'il est cédé à un tiers, il cesse seulement par la mort du cédant, et non par celle du cessionnaire, *id.* p. 416-417. (*Voy.* VENTE D'USUFRUIT.)

Usufruit. Vente d'usufruit donne lieu au retrait, s'il n'y a fraude, t. IV, p. 25-26.

Usufruit de la douairière consiste dans le droit de percevoir les fruits qui seront perçus, t. XIII, p. 176. (*Voy.* FRUITS.) — Doit avoir la jouissance des choses accessoires à celle des héritages dont elle a droit de jouir en usufruit, *id.* p. 190. — Quel est le droit de la douairière par rapport aux droits honorifiques, *id.* p. 187. — Par rapport à des carrières, à des bois de haute futaie, à un trésor, *id.* p. 176-180. — Quelles sont les obligations de la douairière, qui résultent de son droit d'usufruit, *id.* p. 192-205. — De l'obligation de jouir en bon père de famille, *id.* p. 192-194. — De l'obligation de ne pas changer la forme des héritages dont elle jouit en usufruit, *id.* p. 195-199. — De celle de ne faire servir les héritages dont elle jouit qu'aux usages auxquels ils sont destinés, *id.* p. 198-199. — Action qui naît de ces obligations, *id.* p. 199. — De l'obligation de rendre les héritages en bon état, après l'usufruit fini. (*Voy.* RESTITUTION.) —Quelle caution la douairière doit-

elle donner pour son usufruit, *id.* p. 200. (*Voy.* CAUTION.) — La douairière est-elle obligée d'entretenir les baux faits par son mari, *id.* p. 203-204. —Charges de l'usufruit de la douairière, *id.* p. 206. — Celle d'acquitter les charges foncières, *id.* p. 206-211. —Celle des réparations qui surviennent durant l'usufruit, *id.* p. 212-216. —(*Voy.* RÉPARATION.)—A quoi l'usufruit de la douairière oblige-t-il le propriétaire envers elle, *id.* p. 217-225. —Ne peut rien faire qui puisse donner atteinte à sa jouissance : 1.° en détruisant, *id.* p. 217-218. —2.° En construisant sur l'héritage chargé d'usufruit, contre le gré de la douairière, *id.* p. 218-219. — 3.° En imposant quelque servitude, *id.* p. 219-220. — Mais peut en acquérir sans le consentement de la douairière, *id.* p. 221. —4.° Ne peut rien avoir sur l'héritage dont la douairière a l'usufruit, qui nuise à sa jouissance, *id.* p. 222-223. — Peut-il être obligé à faire les grosses réparations qui surviennent, *id.* p. 223-224. — *Quid*, des reconstructions entières, *id.* p. 225. — L'usufruit finit par la mort naturelle de la douairière, *id.* p. 225-226. — Par sa mort civile, *id.* p. 226. — Par la remise qu'elle en fait, *id.* p. 227-228. — Se perd *non utendo* : quand la douairière est-elle censée jouir par un autre, *id.* p. 228-232. —L'usufruit de la douairière se perd par la résolution du droit qu'avoit dans l'héritage le mari qui l'a constitué, lorsqu'elle arrive *ex causâ antiquâ et necessariâ*, *id.* p. 232-233. — Il se perd. *Consolidatione*, lorsque la douairière a acquis la propriété, *id.* p. 233. —Revit-il en cas d'éviction, *id.* p. 234. — L'usufruit de la douairière s'éteint par l'extinction de la chose, *id.* p. 236. — En est-il de même lorsqu'elle n'a fait que changer de forme, *id.* p. 236-237.

Usufruit En quoi consiste le droit d'usufruit du donataire mutuel dans les choses dont le don mutuel est composé, t. XIV, p. 179-185. — Comment s'éteint-il, et de la resti-

tution qui doit être faite après son estimation, *id.* p. 211-212.

USUFRUITIER peut-il exercer le retrait seigneurial, et le peut-il pour son compte ; il peut exercer le conventionnel, t. IV, p. 384-385.

Usufruitier. En quoi diffère du propriétaire dans le droit de louer, t. VI, p. 32. —A-t-il le privilége de la loi Æde, *id.* p. 229. — Usufruitier de l'héritage à qui celui qui a fait le bail a constitué un droit d'usufruit dans l'héritage dont il entretient les baux, *id.* p. 200.

Usufruitier est tenu des réparations viagères, t. VII, p. 31. —Ne peut changer la forme de l'héritage, *id.* p. 32.

Usufruitier peut-il intenter l'action en bornage ; peut-il y défendre, t. VII, p. 323-324.

Usufruitier du fief dominant, peut-il exercer le retrait pour son compte, t. XIX, p. 529. —Peut-il l'exercer *procuratorio nomine*, *id.* p. 531-532. — L'usufruitier ne peut l'exercer malgré le propriétaire ; et si le propriétaire veut l'exercer, il lui doit être préféré, *id.* p. 532. — Il ne peut le céder à un autre, *id.* p. 533.

USURE. Vice d'usure ne se couvre par aucun laps de temps, t. V, p. 23.

Usure, t. VIII, 131. — Deux espèces, *id.* p. *id.* — Usure proprement dite, ce que c'est, *id.* p. 131-132. — Usure contraire à l'équité, *id.* p. 132 et suiv. — Elle est condamnée par les lois de l'ancien testament, *id.* p. 135-138. —Par l'Évangile, *id.* p. 138-148. — Par les canons des apôtres, *id.* p. 139-140. — Par les conciles, *id.* p. 141-146. — Par les pères, *id.* p. 146. — Par les lois du royaume, *id.* p. 147-148. — Trois choses requises pour qu'il y ait usure : Il faut, 1.° qu'il intervienne un contrat de prêt, ou formel, ou déguisé sous l'apparence de quelqu'autre contrat, 169-170. — Exemples de prêts à intérêts déguisés, *id.* p. 170-171. — Convention par laquelle un créancier exige quel-

que chose pour donner terme, équipolle à prêt et à intérêt, *id.* p. 172. — Contrat de constitution par lequel le créancier s'est réservé le droit de contraindre le débiteur au remboursement du principal d'un prêt usuraire, *id.* p. 173-176. — Il faut 2.° que le prêteur reçoive quelque chose au-delà de la somme ou de la chose prêtée, provenant de la chose prêtée, *id.* p. 177-178. — Le prêteur d'un tonneau de vin est-il censé recevoir quelque chose de plus que ce qu'il a prêté lorsqu'on lui rend un tonneau de vin dans un temps où il étoit moralement certain que le vin seroit plus cher que lorsqu'il l'a prêté, *id.* p. 178. — Il faut 3.° que ce que le prêteur reçoit au-delà de la somme prêtée, soit un profit qu'il retire du prêt, comme une récompense du prêt; *secùs*, si ce n'est qu'un dédommagement du dommage que le prêt a causé au prêteur, ou du gain dont le prêt l'a privé, *id* p. 179. (*Voy.* INTÉRÊTS COMPENSATOIRES.) — *Secùs*, lorsque le prêt n'a pas été la cause principale du profit que le prêteur a perçu, mais n'en a été que l'occasion, *id.* p. 178-179. — Il faut, 4.° pour qu'il y ait usure, que ce que le prêteur a reçu, outre la somme prêtée, ait été par lui en quelque façon exigé, *id.* p. 179-180. — Suffit il, pour qu'il y ait usure, que le prêteur l'ait espéré, quoiqu'il n'ait témoigné par aucun signe qu'il l'exigeoit, *id.* p. 183. — Il y a usure, quelle que soit la chose, quel que soit le profit que le prêteur reçoit au-delà du sort principal, *id.* p. 184. — C'est une usure si le prêteur exige que l'emprunteur fasse quelque chose pour lui, et il doit lui en faire déduction, si le fait est appréciable, *id.* p. 186. — Lorsque le service n'est pas appréciable le prêteur ne doit pas l'exiger; mais si l'emprunteur lui a rendu ce service, le prêteur n'est pas obligé à lui faire aucune déduction sur la somme prêtée, *id.* p. 186-187. — C'est une usure si le prêteur applique à son profit la jouissance ou l'usage de la chose qui lui a été donnée en nantissement, *id.* p. 189-190. — Est-ce une convention usuraire que de prêter à la charge de revanche, *id.* p. 191-195. — L'emprunteur ne doit, ni dans l'un ni dans l'autre for, les usures qu'il a promises, même par serment, *id.* p. 196-197. — L'obligation de restituer les usures passe aux héritiers du prêteur qui les a reçues, *id.* p. 198. — La restitution des usures des deniers pupillaires reçus par le tuteur, et non pas par le mineur, *id.* p. 198-199.

Usure mentale, t. VIII, p. 182-183.

Usure paillée, t. *id.* p. 171-172.

Usure. Convention qui renferme trois contrats imaginés par les casuistes, est une usure paillée, t. VII, p. 164-165. — Société par laquelle on assure à l'un des associés son fonds, contient ordinairement un prêt usuraire, *id.* p. 170-171. — Cas auxquels cette convention n'est pas usuraire, *id.* p. 167-170. — Convention que l'on payera à un associé l'intérêt de ce qu'il apporte de plus que sa part, n'est usuraire, *id.* p. 202-203.

USURIERS. Peines établies par les lois contre les usuriers et les notaires qui prêtent sur usures, t. VIII, p. 199-200 — Par les canons, *id.* p. 200.

USURPATION. Fermier tenu des usurpations qu'il a laissé faire durant le cours du bail, sans en avertir, t. VI, p. 138.

V.

VAGABONDAGE. Ce que c'est, quel juge est compétent pour connoître de ce crime, t. XXV, p. 53.

VAGABONDS. Comment sont définis par la déclaration de 1731, t. *id.* p. 216.

VARECH ET CHOSES GAIVES. A qui appartiennent-elles, t. XIV, p. 346-347.

VELLEIEN. Sénatus - consulte, t. I, p. 383-384.

VENDEUR sans terme : son droit, t. XVIII, p. 414. — Privilége du vendeur. (V. PRIVILÈGE, ORDRE.)

Vendeur. Obligation du vendeur envers l'acheteur. (*Voy.* OBLIGATION DE GARANTIE, action *ex empto.*) — Vendeur qui a vendu sciemment la chose qu'il savoit appartenir à autrui, à quoi est-il obligé envers le propriétaire, t. III, p. 211-212. — Lorsque celui qui a vendu une chose qu'il savoit ne pas lui appartenir, en est devenu depuis possesseur, le propriétaire a-t-il le choix de réclamer ou la chose ou le prix qu'elle avoit été vendue, *id.* p. 212-213. — Vendeur qui a vendu de bonne foi la chose d'autrui, à quoi a-t-il tenu, *id.* p. 213-214. — Celui qui a vendu, quoique de bonne foi, la chose d'autrui qu'il possédoit à titre lucratif, est tenu d'en rendre le prix au propriétaire de la chose, *id.* p. 212. — *Quid,* s'il en étoit propriétaire à titre onéreux et que la chose fut périe, *id.* p. 214 et suiv. — Quel soin le vendeur doit-il apporter pour la conservation de la chose, et de quelle faute est-il tenu, *id.* p. 38-39. — Jusqu'à quand est-il tenu de ce soin, *id.* p. *id.*

Vendeur. Quel est le vendeur à la famille de qui la loi accorde le retrait, t. IV, p. 95-96. — Lorsque je vends votre héritage, lequel de nous est le vendeur, *id.* p. 101.

VENGEANCE. La femme qui n'a pas poursuivi la vengeance de la mort de son mari, est-elle sujette à quelque peine, t. XIII, p. 244.

VENTES, profit de ventes; différentes espèces, t. XVI, p. 409. — Vente de rente foncière sur l'héritage censuel, donne lieu au profit de ventes, *id.* p. 411-412. — *Secùs,* des rentes constituées, *id.* p. *id.* — Acte par lequel les parties se désistent d'un contrat de vente après la tradition, ne donne lieu à un nouveau profit, *id.* p. 416. — Vente suivie d'un décret ne donne lieu qu'à un profit, *id.* p. 417. — *Quid,*

de la vente par décret, sur l'éviction d'un créancier hypothécaire, *id.* p. 416-417. (*Voy.* QUINT.)

Vente. Contrat de vente. Définition du contrat de vente, et explication de la définition, t. III, p. 1-2. — Quelle espèce de contrat est-ce, *id.* p. 4. — Trois choses nécessaires pour ce contrat : une chose, un prix, un consentement. Le contrat n'est pas valable, si la chose n'existoit plus dès le temps du contrat, *id.* p. 5-6. — On peut vendre une chose qui n'existe pas encore, mais dont on attend la future existence, *id.* p. 6. — On peut vendre des êtres moraux, *id.* p. *id.* Même une simple espérance, *id.* p. *id.* — Espèce rapportée par Plutarque, vie de Solon, *id.* p. 6-7. — On peut acheter sa propre chose, *id.* p. 7-8. — Puis-je l'acheter au cas où elle cessera de m'appartenir, *id.* p. 9. — Les choses qui sont hors du commerce ne peuvent être vendues au moins *per se, id.* p. 10-11. — Ni celles dont les lois de police défendent la vente, *id.* p. 11-12. — Nous ne pouvons acheter valablement les choses qui font partie des biens dont nous avons l'administration, si ce n'est en certains cas d'exception, *id.* p. 12. — La nullité de ces ventes n'est que relative, *id.* p. 12-13. — Peut-on vendre les héritages des mineurs et ceux de l'église, *id.* p. 13. — Peut-on vendre les biens substitués, *id.* p. 12-13. (*Voy.* PRIX, CONSENTEMENT.) — Ventes de fruits avant la récolte, ou de laine avant la tonte, *id.* p. 233-234. — Ventes forcées. Différentes espèces de ventes forcées, en vertu d'une promesse de vendre, ou d'un testament, *id.* p. 385. — Pour cause de nécessité ou d'utilité publique, *id.* p. *id.* — Quelquefois pour une nécessité particulière, *id.* p. 387. — Ventes par licitation. (*Voyez* LICITATION, VENTES EN JUSTICE.) — Différentes espèces de ventes en justice, *id.* p. 389. — Les héritages des mineurs ne peuvent être vendus qu'en justice, *id.* p. 389-390. — Vente de droits successifs. (*Voyez*

HÉRÉDITÉ.) — Vente de rentes
et autres créances. (*Voy.* TRANS-
PORT-CESSION.) — Vente d'usufruit. Vente que fait le propriétaire de l'usufruit de la chose, *id.*
p. 415. — Vente que l'usufruitier
fait de son usufruit au propriétaire,
id. p. 416. — Vente que l'usufruitier fait de son usufruit à un autre,
id. p. 416-417. (*Voy.* USUFRUIT.)
— Clause qu'en cas d'éviction, le
vendeur sera tenu de restituer le
prix, et une certaine somme en
sus, *id.* p. 111-112. — Exception
à cette règle, *id.* p. 112-113. —
Quid, si cette convention n'étoit
faite qu'avec la caution du vendeur,
id. p. 113-114. — Clause par laquelle une chose est vendue à l'essai. (*Voy.* ESSAI.) — Clause pour
l'emploi du prix. (*Voy.* EMPLOI,
CLAUSE DE CONSTITUT, DE
DESSAISINE-SAISINE, TRADI-
TION.)

Vente. Quelles ventes donnent lieu
au retrait, t. IV, p. 49. — Simple
consentement à la vente, *id.* p. 49-
50. — Ventes forcées, *id.* p. 50.
— Ventes par décrets, *id.* p. 51.
— Ventes en direction sur un abandon fait par un débiteur à ses créanciers, *id.* p. 101. — Ventes sur un
curateur en délai, *id.* p. 100. —
Pour utilité publique, *id.* p. 52. —
Ventes à rentes viagères, *id.* p. 53.
— Contrat de vente qui porte la
remise entière du prix, n'est pas
un vrai contrat de vente : si elle
n'a été faite qu'*ex intervallo*, il demeure contrat de vente, *id.* p. 80.
— Ventes nulles ou simulées donnent-elles lieu au retrait, *id.* p. 90.
— Par quels actes le vendeur peut-
il prouver contre le retrayant la
simulation du contrat, *id.* p. 91. —
Ventes conditionnelles, *id.* p. 93.
— Vente qui n'a pas été encore
exécutée par la tradition, *id.* p. 91.

Vente. Procédure que doit faire
le créancier pour vendre la chose
qui lui a été donnée en nantissement, t. IX, p. 210. — La vente
du gage donne ouverture à l'action
pignoratitia, *id.* p 237.

Vente. Quand l'un des co parta-

geans peut-il demander la vente des
meubles, t. VII, p. 271.

Vente. Ce que c'est que le contrat
de vente proprement dit, t. XIX,
p. 272. — Des contrats équipollens
à vente, *id.* p. *id.* — Des contrats
mêlés de vente, *id.* p. 276-277. —
Exemples, *id.* p. 276 et suiv. —
Des contrats mêlés de vente et de
donation, *id.* p. 277. — *Quid*, si
par le contrat le vendeur fait remise
de partie du prix, *id.* p. 278. — De
quelques contrats dont on a douté
autrefois s'ils étoient contrats de
vente, *id.* p. 280. — De la vente
avec faculté de réméré, *id.* p. 280-
281. — *Quid*, de la faculté de réméré accordée *ex intervallo*, *id.* p.
283. — De la licitation entre co-
héritiers ou copropriétaires, *id.* p.
284. — Non-seulement la licitation
tient lieu de partage; il en est de
même de la vente que l'un des co-
héritiers et propriétaires fait à
l'autre, de sa portion, *id.* p. 286-
287. — *Quid*, d'un tiers qui a acquis la part indivise d'un des co-
propriétaires originaires, et qui est
ensuite adjudicataire par licitation,
id. p. 288. — Du fief donné pour
remploi des reprises de la femme,
id. p. 289. — *Quid*, si la femme a
renoncé à la communauté, et qu'on
lui donne en paiement des conquêts, *id.* p. 290. — *Quid*, si on
lui donne des propres du mari, *id.*
p. 291. — Des accommodemens de
famille entre les père et mère et
les enfans. (*Voyez* ACCOMMODE-
MENT.) — *Quid*, des transactions.
(*Voy.* TRANSACTION.) — Espèce
de contrat qui est gratuit de la
part de celui qui aliène, et acquisition à prix d'argent de la part de
celui qui acquiert, *id.* p. 299. —
Est-ce une vente, si je cède un fief
à Pierre, à la charge de payer
20,000 livres à Charles, à qui j'en
fais présent, *id.* p. 300. — Si la
vente d'un bois de haute futaie
donne lieu au profit de quint, *id.*
p. 301. — *Quid*, si le vassal, après
avoir vendu la coupe d'un bois de
haute futaie sur pied, vend, peu de
jours après, le fonds à la même

personne, *id.* p. 302. — La vente de l'usufruit ou autres droits réels sur le fief, ne donne pas lieu aux profits, *id.* p. *id.* — De même si je constitue rente sur mon fief, *id.* p. 303. — La vente des droits *ad rem* ne donne pas lieu à la foi ni aux profits, *id.* p. 304. — *Quid*, de la vente et transport que le vendeur fait à un tiers de son droit de réméré, *id.* p. 305. — *Quid*, si je faisois donation à un tiers de mon droit de réméré, ce tiers qui l'auroit exercé devroit-il profit de quint, *id.* p. 307-308. — La vente des droits successifs donne-t-elle lieu au profit de quint, *id.* p. 309-310. — De la vente conditionnelle du fief, *id.* p. 310. — De la vente appelée *addictio in diem*, et des adjudications sauf quinzaine, *id.* p. 311. — Du pacte commissoire, *id.* p. 314. — Des ventes non suivies de translation de propriété, et dont les parties se sont désistées avant la tradition, *id.* p. 315. — Sentimens de d'Argentré préféré, *id.* p. *id.* — De la vente de laquelle les parties se sont désistées, *id.* p. 318. — *Quid*, si elles se sont désistées avant la tradition réelle, mais après une tradition feinte, *id.* p. 319-3.. — De la vente qui n'a pas eu son effet, faute de paiement du prix, *id.* p. 320-321. — De la vente suivie du décret, *id.* p. 322. — *Quid*, si l'acheteur a couvert les enchères et s'est rendu adjudicataire pour un prix plus fort que celui de son contrat, *id.* p. 323-324. — Dans ce cas, lorsque les droits seigneuriaux ont été affermés à deux différentes personnes, auquel des deux fermiers le profit sera-t-il dû, *id.* p. 325. — Si l'acquéreur d'un fief, à titre de donation, le fait décréter sur lui et s'en rend adjudicataire, y aura-t-il lieu au profit de quint. *id.* p. 326. — Lorsque l'acheteur d'un fief a été évincé par une demande en revendication, y a-t-il lieu au profit, *id.* p. 327. — *Quid*, s'il est évincé sur une action hypothécaire, *id.* p. 327-328. — Disposition des coutumes de Paris et d'Orléans, *id.* p. 328. — Lorsque l'acheteur déguer-

pit sur la demande d'un créancier de rente foncière, a-t-il la répétition du profit qu'il a payé, *id.* p. 333-334. — *Quid*, si l'acheteur qui déguerpit ou délaisse, avoit possédé pendant un temps considérable, *id.* p. 334. — La vente est-elle sujette au profit, lorsque c'est le seigneur qui achète le fief relevant de lui, ou lorsqu'elle est faite pour cause d'utilité publique, *id.* p. 337. — Si le fief étoit retiré sur le seigneur lignager du vendeur, le lignager devroit-il profit, *id.* p. 338. — Il ne peut y avoir lieu au retrait féodal qu'il n'y ait une vente parfaite, *id.* p. 487. — *Quid*, de la vente sous condition, *id.* p. *id.* — La vente faite pour un prix, dont le vendeur fait remise en entier par le contrat, n'est pas une vraie vente, et ne donne pas lieu au retrait, *id.* p. 490-491. — La vente qui est parfaite, mais qui n'a pas été exécutée et consommée, donne-t-elle lieu au retrait, *id.* p. 491. — Les ventes forcées donnent lieu au retrait aussi bien que les ventes volontaires, *id.* p. 493. — Doit-on suivre cette règle dans la coutume d'Orléans, *id.* p. 443-440. — Les ventes faites avec faculté de réméré, donnent lieu au retrait, *id.* p. 494-495. — Ventes faites pour cause d'utilité publique, ne sont pas sujettes au retrait féodal, *id.* p. 497. — Vente d'une dime inféodée faite à l'Eglise n'est point sujette au retrait, *id.* p. *id.* — Les contrats mêlés de vente sont-ils pareillement sujets au retrait, *id.* p. 498. — Disposition de l'article 384 de la coutume d'Orléans, *id.* p. 500.

Vente des effets saisis, quand peut être faite, t. XXIV, p. 324. — Comment on y procède, *id.* p. 345. — Doit régulièrement se faire dans le plus prochain marché, *id.* p. *id.* — Exceptions, *id.* p. *id.* — Vaisselle d'argent doit être portée à la monnoie, *id.* p. 326. — Vins saisis, où doivent-ils être vendus, *id.* p. *id.* — Navires, moulins sur bateau, avec quelle formalité doivent être vendus, *id.* p. 326-327. — Le prix doit être payé sur-le-

champ , *id.* p. 327. — L'huissier doit garder minute de son procès-verbal , *id.* p. *id.* --- Distribution du prix de la vente, *id.* p. 328. (*Voy.* DISTRIBUTION.) — Vente des biens saisis réellement , sur une affiche et trois publications; quand a lieu, t. XXV, p. 15-16.

VENTILATION, lorsque le retrait ne s'exerce que par partie, aux frais de qui se fait la ventilation dans les différentes espèces de retrait , t. IV, p. 398.

VÉRIFICATION. Cas où elle est ordonnée , et procédures pour y parvenir, t. XXIV, p. 78. — Quelques sortes de pièces peuvent être employés pour comparaison, *id.* p. 79. — Actes privés ne peuvent être employés , *id.* p. 79-80. — Les parties doivent convenir d'experts pour la vérification, *id.* p. 80. (*V.* RAPPORT.) Condamnation d'amende contre celui qui a mal-à-propos denié son écriture, *id.* p. *id.*

VEUVES. Peines que l'ordonnance de Blois prononce contre les veuves qui se marient à des personnes indignes, t. X, p. 647. — Effet de l'interdiction que la loi prononce contre elles, *id.* p. 648-649. — Ces peines doivent-elles s'étendre à l'homme qui se remarie , *id.* p. 647-651.

VICAIRE, pour porter la foi au nom d'une communauté, t. XIX, p. 34-35. — Quel doit être ce vicaire, *id.* p. 35. — Si ce peut être un religieux, *id.*

Vicaires. L'ordonnance de 1735 leur a ôté le droit de recevoir des testamens, t. XXII, p. 107.

VICE. Quels vices le locateur doit-il garantir , t. VI, p. 84-85. — Soit de la chose louée, soit des accessoires, *id.* p. 84-85. — Même ceux dont il n'avoit pas connoissance, *id.* p. 35. — Même ceux survenus depuis le contrat, *id.* p. 85-86. — Non de ceux exceptés de bonne foi par le contrat, *id.* p. 79.

Vices des dispositions testamentaires, t. XXII, p. 127.

Vices redhibitoires. (*Voy.* REDHIBITOIRES.)

VIE CIVILE, t. XVI, p. 13.

Vie civile. Ceux qui l'ont perdue par une condamnation à une peine capitale, sont incapables de transmettre leur succession, t. XXI, p. 9. — Ceux dans les provinces où la confiscation n'a pas lieu, *id.* p. *id.* (*Voy.* RELIGIEUX.) — Pour être capable de succéder il faut avoir la vie civile, *id.* p. 16. (*V.* AUBAINS , RELIGIEUX.) — Ceux qui ont perdu la vie civile par une condamnation à peine capitale, sont incapables de succéder, *id.* p. 19. — *Quid*, si le condamné est mort pendant l'appel, *id.* p. 20. --- *Quid*, de celui qui est condamné par contumace, et qui meurt avant les cinq ans, *id.* p. 19-20. ---*Quid*, s'il s'est représenté ou constitué prisonnier, *id.* p. 21.

VINGTIÈMES. Le débiteur d'une rente foncière a droit de les retenir, t. VII, p. 27.

VIOLENCE. Contrat extorqué par violence n'est pas obligatoire, même dans le for de la conscience, envers celui qui l'a commise, t. I, p. 27 et suiv. — *Quid*, lorsqu'elle a été commise par un tiers, sans que celui envers qui je me suis obligé en ait été participant, *id.* p. 28 et suiv. — Promesse faite à quelqu'un pour qu'il me délivre de la violence, *id.* p. 30. — La violence qui vicie la convention doit être une violence *adversùs bonos mores*, *id.* p. 32-33. — Capable de faire impression sur une personne raisonnable, *id.* p. 31. — *Quid*, de la crainte révérentielle, *id.* p. 33. — Vice de violence, comment se purge, *id.* p. 27.

VISITE. Cas auquel il peut y avoir lieu à la visite de la chose en contestation, t. XXIV, p. 84. — Ce que doivent contenir les jugemens qui ordonnent la visite, *id.* p. 84-85. — Lorsque le lieu dont on ordonne la visite est éloigné, le juge qui l'ordonne peut commettre le juge du lieu, *id.* p. 85-86. — Procédure à tenir en exécution du jugement qui ordonne la visite, *id.* p. 86. — Quels experts peuvent être nommés pour faire la visite,

id. p. *id.* — Doivent comparoître pour prêter serment, à l'exception des experts jurés, *id.* p. 87. — Doivent ensuite procéder, le plutôt possible, à la visite, *id.* p. 88. — Et faire ensuite leur rapport, *id.* p. 89. (*Voy.* RAPPORT.) — Si les experts sont contraires, doit être nommé un tiers par le juge, et qui il doit être, *id.* p. 90.

VŒUX. Conditions qui doivent concourir pour qu'ils soient solennels, t. XXIII, p. 276. — Age prescrit par l'ordonnance de Blois, et depuis par édit du mois de mai 1768, *id.* p. *id.* — Intervalle d'un an entre la vêture et la profession, *id.* p. 276-277. — L'acte de vêture et celui de la profession, doivent être inscrits sur un registre, *id.* p. 277. — Temps de cinq ans prescrit pour réclamer contre ses vœux, *id.* p. 277-278. — Comment le religieux doit se pourvoir pour faire annuler ses vœux, *id.* p. 278.

Vœux simples ne rendent pas incapables d'effets civils, t. XXIII, p. 282.

Vœux qui se font dans des maisons et congrégations qui ne sont reçues que comme maisons régulières et congrégations ecclésiastiques, et non comme ordres religieux, ne sont que vœux simples et par conséquent ne forment point un empêchement dirimant de mariage, t. X, p. 97-98.

VOIE PUBLIQUE. Lorsque la voie publique est embarrassée, les voisins doivent prêter passage, t. VII, p. 334.

VOIES pour contraindre le condamné à exécuter le jugement, t. XXIV, p. 287. — Voie pour contraindre à délaisser un héritage, *id.* p. *id.* — Quand la partie condamnée est censée avoir fait le délai, *id.* p. *id.* — Voie de la saisie exécution, de la saisie arrêt, de la saisie réelle, *id.* p. 288. (*Voyez* SAISIE EXÉCUTION, SAISIE ARRET, SAISIE RÉELLE.)

VOISINAGE. Obligation que forme le voisinage, t. XVII, p. 238-239.

Voisinage est un quasi-contrat, t.

VII, p. 322. — Obligation de borner, *id.* p. *id.* — Obligation dans les villes de s'enclore par un mur de clôture ; variété des coutumes à cet égard, *id.* p. 325-333. — Obligation de ne rien faire parvenir de son héritage sur l'héritage voisin, qui puisse lui nuire, *id.* p. 328-329. — Mais je puis le priver d'une commodité qu'il reçoit de mon héritage, *id.* p. 334. — Obligation de laisser passer en cas de nécessité, *id.* p. *id.* — Obligation de vendre la communauté du mur au voisin pour la partie dont il veut se servir, *id.* p. 335.

VOITURES. Fermier qui s'est obligé de faire les voitures, pour les réparations : de quelles voitures est-il tenu, t. VI, 149-150.

VOL. Quand un aubergiste est-il tenu du vol ou du dommage fait, dans son hôtellerie, des choses qui ne lui ont point été données en garde, t. VIII, p. 318-322. — Emprunteur qui, contre la volonté du prêteur, se sert de la chose pour un autre usage que celui pour lequel elle lui a été prêtée, commet un vol, t. *id.* p. 38. — *Idem.* d'un dépositaire, *id.* p. 311 et suiv. — L'emprunteur est-il responsable du vol qui lui a été fait de la chose, t. *id.*, p. 38-39.

Vol. Le débiteur qui a donné une chose en nantissement, commet un vol lorsqu'il l'a soustrait au créancier à qui il l'a donnée, t. IX, p. 219-220.

Vol d'une somme d'argent que j'ai promis mettre en société, tombe-t-il sur moi seul, ou sur la société, t. VII, p. 232. — Vol que j'ai souffert en fesant les affaires de la société, en dois-je être indemnisé, *id.* p. *id.*

VOLEUR, est toujours censé en demeure, t. I, p. 124. — On n'examine pas, à son égard, si la chose dont il doit la restitution seroit également périe chez celui à qui elle est due, t. II, p. 169.

VOYAGE. Frais de voyage entrent-ils en loyaux-coûts, t. IV, p. 214.

Voyage. Engagement des matelots au voyage, t. VI, p. 474. — Différence entre le louage fait au voyage,

et le louage fait au mois, *id.* p. 4;4-475.

Voyage. Un mandataire doit-il déduire sur les frais de ses voyages ce qu'il eût dépensé s'il fût resté chez lui, t. IX, p. 45.

Voyages de longs cours, t. *id.* p. 34o.

VU. Quelle est la force du mot *vu* mis au bas d'une lettre de change, t. V, p. 231.

VUE. Lettre de change à vue; ce que c'est, t. *id.* p. 210. — A tant de jours de vue, *id.* p. 210-211.

VUES sur la maison voisine, t. XVII, p. 228-229. (*Voy.* SERVITUDE.)

Vues et montées. Exceptions que pouvoit autrefois opposer la partie assignée en revendication d'héritage, t. XIV, p. 520.

VUIDANGES *de privés*; de quel côté doit se faire, et comment se fait la contribution aux frais, t. VII, p. 319-320.

Y.

YVRESSE. N'excuse les délits, t. I, p. 106-107. — Empêche de contracter, *id.* p. 49.

Yvresse. Le contrat du jeu est-il valable, lorsque l'un des joueurs étoit ivre, t. IX, p. 452.

FIN DE LA TABLE GÉNÉRALE DES MATIÈRES.